Hofmann · Richard Wagners politische Theologie

Peter Hofmann

Richard Wagners politische Theologie

Kunst zwischen Revolution und Religion

Ferdinand Schöningh

Paderborn · München · Wien · Zürich

Bibliografische Information der Deutschen Bibliothek

Die Deutsche Bibliothek verzeichnet diese Publikation in der Deutschen Nationalbibliografie; detaillierte bibliografische Daten sind im Internet über http://dnb.ddb.de abrufbar.

Einbandgestaltung: Anna Braungart

Gedruckt auf umweltfreundlichem, chlorfrei gebleichtem
und alterungsbeständigem Papier ∞ ISO 9706

(Verlag Ferdinand Schöningh GmbH, Jühenplatz 1, D-33098 Paderborn)

Internet: www.schoeningh.de

Printed in Germany. Herstellung: Ferdinand Schöningh, Paderborn

ISBN 3-506-73929-8

Vorbemerkung

1865 notiert Richard Wagner in seinem *Braunen Buch*, ihm sei „dieser ganze katholische Kram in tiefster Seele zuwider".[1] Umgekehrt könnte es sich ein katholischer Theologe leicht machen und erklären, ihm sei der Wagnersche Kram ebenfalls zuwider. Dem ist nicht so. (Vielleicht ließe sich das sogar auf beiden Seiten sagen, falls ein Gespräch posthum möglich oder zumindest dessen Fiktion, für die das folgende Buch steht, sinnvoll wäre.) Wagner ist nicht irgendein Gesprächspartner, sondern eine prägende und belastete Wirklichkeit, ein intellektuelles Erlebnis ohne Vergleich und eine emotionelle Gefahr. Überdies ist er einer, von dem weniger bekannt ist, als man glauben mag, da man doch im positiven wie im negativen meist schon weiß, was von Wagner zu halten sei, ohne ihn einläßlich gehört oder gelesen zu haben. Walter Levin, Gründer des Lasalle-Quartetts, hat das auf gut Amerikanisch ausgedrückt: „Don't bother me with the facts, my mind is made up!"[2]

Sich mit Wagner befassen heißt, eine Menge Fakten und Materialien zu sichten und zu gewichten. Es heißt auch, manche Überraschung zu überleben: Formulierungen und Einsichten, Menschlichkeiten und Unmenschlichkeiten, die so nicht zu erwarten waren. Überdies ist die Wagner-Literatur insgesamt reich an Titeln, verhältnismäßig arm allerdings an Arbeiten, die sich mit seinem Profil als Theoretiker auseinandersetzen. Das mag zu tun haben einerseits mit der halboffiziellen Doktrin, er habe Schopenhauers Philosophie komponiert – auch wenn diese Doktrin zu Recht stark gelitten hat –, aber auch mit dem rezeptionsästhetischen Vorurteil, Wagners Kunst sei eine Kunst des Rausches – wenige Blicke in seine Partituren und Schriften belehren des Gegenteils. Zudem polarisiert „Wagner" meist und aus vielerlei Gründen; eine neutral-gelangweilte Rezeption als Klassiker ist ihm nie zugekommen.

So ist es dem Autor in jahrzehntelanger Beschäftigung mit Wagner ebenfalls ergangen: enthusiastische Aufnahme in frühen Jahren wich heftiger Ablehnung, deren Nachprüfung wiederum erneutem Enthusiasmus und vertiefter Auseinandersetzung.

Dankbar bin ich dem Nationalarchiv und der Forschungsstätte der Richard-Wagner-Stiftung Bayreuth, ihrem Leiter Dr. Sven Friedrich und dem hilfreichen Bibliothekar Günter Fischer. Prof. Dr. Dr. Günter Wegner und seiner Frau Christine sowie Felix Wendenburg sei herzlich gedankt für Hilfe und Rat bei den Korrekturen.

Hannover, im Oktober 2002 *Peter Hofmann*

---

1 *Das Braune Buch* 75.

2 Zit. nach Scholz, *Richard Wagners Antisemitismus* 7.

Inhalt

Stets konnte ich nur für den Leidenden Partei nehmen, und zwar ganz in dem Grade eifrig, als er sich gegen irgend welchen Druck wehrte: niemals habe ich es vermocht, irgend einer politisch konstruktiven Theorie zu lieb diese Parteinahme fallen zu lassen. Daher war meine Teilnahme an der politischen Erscheinungswelt insofern stets künstlerischer Natur gewesen, als ich unter ihrer formellen Äußerung auf ihren menschlichen Gehalt blickte: erst wenn ich dieses Formelle, wie es sich aus juristisch-traditionellen Rechtspunkten gestaltet, von den Erscheinungen abstreifen, und auf ihren inhaltlichen Kern als rein menschliches Wesen treffen konnte, vermochten sie mir Sympathie abzugewinnen; denn hier ersah ich dann genau dasselbe drängende Motiv, was mich als künstlerischen Menschen aus der schlechten sinnlichen Form der Gegenwart zum Gewinn einer neuen, dem wahren menschlichen Wesen entsprechenden sinnlichen Gestaltung heraustrieb, – einer Gestaltung, die eben nur durch Vernichtung der sinnlichen Form der Gegenwart, also durch die Revolution zu gewinnen ist.

Richard Wagner, *Eine Mitteilung an meine Freunde* (1851)[3]

Die drei Nornen. Zu End ewiges Wissen!
Der Welt melden
Weise nichts mehr. –

Götterdämmerung[4]

[...] ein heilig Traumgesicht
nun deutlich zu ihm spricht
durch hell erschauter Wortezeichen Male:
"durch Mitleid wissend,
der reine Tor,
harre sein,
den ich erkor!"
Parsifal[5]

3 SSD 4, 309.
4 Vorspiel: 757.
5 Erster Aufzug: 829.

Man muß ganz vorsichtig sein mit der Wagner-Literatur, mit der sogenannten, man muß zu den Quellen zurückgehen und alles selber lesen. Dann empfindet man diese merkwürdige, alles aufsaugende, große Persönlichkeit Wagners, der sich aus alledem ein eigenes Weltbild, eine eigene Philosophie gemacht hat. Man muß nicht darüber streiten, wohin gehört das oder jenes. Es wurde sein Ureigenstes, und so sieht auch das Werk aus.

Harry Kupfer im Gespräch mit Hans Mayer[6]

Einleitung

Wagners Denken. Das Problem und seine Geschichte

I.

Dem Versuch, über Wagners Denken zu schreiben bzw. es als eine „politische" Theologie zu rekonstruieren, wird weniger Enthusiasmus oder auch nur Skepsis begegnen als vielmehr ein herzhafter Vorwurf, wie ihn seinerzeit Thomas Mann gegen Emil Preetorius und seine Wagner-Schrift erhoben hat:

> In Ihrem Essay glauben Sie Wagnern allzuviel, lassen unwillkürlich und notwendigerweise zuviel weg von dem, was gräßlich an ihm war, und verklären noch seinen Welterfolg, daß es fast schon ans Unerlaubte grenzt.[7]

Er fährt fort: „Glauben Sie ernsthaft – Sie können es ja gar nicht glauben! –, daß dieser Siegeszug über die bourgeoise Welt einer Sehnsucht zu danken, ‚zurückzutauchen in den wiedervereinenden Abgrund und die heilige Nacht' –, und nicht vielmehr der deutschen Mischung aus Barbarismus und Raffinement, mit der ja auch Bismarck Europa unterworfen hat, – plus einem Erotizismus, wie er in Gesellschaft noch nie exhibiert worden war? Können Sie die Pariser Venusbergmusik noch gut hören? Es ist ja wirklich zuweilen unappetitlich. Und, wieder anders: Können Sie Hans Sachsens Theatersinnigkeit noch recht vertragen, die Gans, Evchen traut, den ‚Juden im Dorn' Beckmesser?"[8] Ana-

---

6 Kupfer im Gespräch mit Hans Mayer, in: Mayer, *Richard Wagner* 501.

7 *Wagner und keine Ende. An Emil Preetorius* (1949): GW 10, 925/926.

8 Ebd., 926. – Hier fällt das folgenreiche Wort: „gewiß, es ist viel ‚Hitler' in Wagner". Häufig genug wird es ohne die entscheidenden Anführungszeichen zitiert, obwohl es meint, was auf Hitler voraus weist und daher von ihm adaptiert werden konnte. Mit mehr Recht, als solche *post festum*-Prophetie haben kann, wären die Anführungszeichen allerdings umgekehrt zu setzen, denn es ist viel Hitler in „Wagner", nämlich seiner Rezeption durch die „Wagnerianer". Wie beides, die Aneignung Wagners durch die „Wagnerianer" und ihren Vollstrecker Hitler, möglich gewesen ist und was diese Möglichkeit über Wagner selbst (ohne Anführungszeichen!) aussagt, wäre die entscheidende Frage im Anschluß an Thomas Mann, die im folgenden auch dort mitklingt, wo sie nicht ausdrücklich gestellt wird.

log dürfte die Frage im Fall dieser Studie lauten, ob man denn ernsthaft glaube und glauben könne, daß Wagners Werk sogar einer respektablen Theologie zu danken sei – Theologie einmal nicht im fachspezifischen Sinne genommen, sondern als der Versuch, Religion und Kunst im weitesten Sinne miteinander theoretisch, praktisch und schöpferisch zu vereinbaren. Daß es eine solche Theologie Wagners spätestens in den letzten Schriften, latent und in verschiedenen Entwicklungsformen aber auch schon zuvor gegeben habe, daß *Parsifal* und der Festspielkult überhaupt ihre künstlerische Gestalt seien, daß diese Ideen und ihre Gestalt ferner im Bayreuther Kreis durch Hans von Wolzogen und Houston Stewart Chamberlain zu dem gefährlichen Amalgam eines „arischen Christentums" zusammengeschmolzen worden seien, ist mehr oder weniger bekannt, ebenso auch die politischen Folgen.[9] Daß es parallele und mit dieser konkurrierende Lesarten gäbe, die von Nietzsche her über Thomas Mann und Ernst Bloch zu Adornos *Versuch über Wagner* führen, ist ebenso geläufig. Und vor allem angesichts der lebhaften Bühnenwirklichkeit Wagners scheint die rezeptionsgeschichtliche Frage nach dem „wahren" Verhältnis von Text und Lesart, der Implikation des Textes und der Explikation der unterschiedlichsten Adressaten ein wenig idealistisch, um nicht zu sagen: illusorisch. „Wagner und kein Ende" (Thomas Mann) – dieses Nicht-Fazit[10] dürfte eher den Verzicht auf das Unternehmen nahelegen, ein „Denken" im Strom dieser Rezeptionsgeschichte Wagners zu rekonstruieren. Dazu kommt, daß die „Politische Theologie" Wagners, von der im folgenden die Rede sein wird, ebenfalls rezeptionsgeschichtlich verwoben ist mit der „Politischen Theologie" des Nationalsozialismus. Eine bloße *rélecture* Wagners setzte sich dem generellen Ideologieverdacht aus, aus welchen Motiven auch immer apologetisch an die Wagner-Panegyrik unseliger Zeiten anzuknüpfen.[11]

---

[9] Weniger bekannt ist sicherlich, daß ein Albert Schweitzer – gewiß kein belasteter Zeuge – bewundernd in Kontakt nicht zur Cosima und Siegfried Wagner tritt, sondern selbst Chamberlain „durch Unterhaltungen über Philosophie" kennenlernt. Ohne jeden negativen Unterton und nur vage andeutend hält er fest: „Aber erst seine späteren Schriften und die Art, wie er das lange Leiden trug, das ihm vor dem Sterben beschieden war, offenbarten mir sein eigentlichen Wesen. Unvergeßlich ist mir die letzte Stunde, die ich einige Zeit vor seinem Tode bei ihm verbringen durfte" (*Aus meinem Leben und Denken*: AW 1, 50) – kein Wort der zu erwartenden Kritik an diesen späten Schriften Chamberlains!

[10] Und ein Buchtitel von Egon Voss.

[11] Dabei entsprechen sich in Reichweite und Emphase allerdings Apologetik auf der einen und genereller Ideologieverdacht auf der anderen Seite, wie das Schloß Elmau-Symposion über *Richard Wagner im Dritten Reich* vom Juli 1999 gezeigt hat. Die „Apologetik" der einen verweist in (gelegentlich, nicht durchgängig!) textimmanenter Interpretation auf den Text des Werkes, der frei sei von eindeutigem Antisemitismus, und stellt den Ideologieverdacht gegen Wagner methodisch in Frage. Diesem (nicht selten recht idealistischen) Verfahren antwortet der gegenläufige Vorwurf, hier seien die „ideologischen Meinungsverschiedenheiten hinter methodischen Differenzen verborgen", und es lohne sich daher „zu überprüfen, was dabei ausgeblendet wird; mehr noch: eine „für den Ton der Debatte in der Nach-Holocaust-Ära charakteristische beißende Anklage und entrüstete Verteidigung" lasse vielleicht auf einen stillschweigenden deutsch-jüdischen Gegensatz schließen (so Marc A. Weiner in seinem Referat, das den Sammelband abschließt: *Über Wagner sprechen. Ideologie und Methodenstreit*, in: *Richard Wagner im Dritten Reich* 342-362, hier 342-344). Auch wenn der Idealismus textimmanenter Interpretation ein sol-

Daß es aber einen respektablen theologischen Ansatz oder zumindest etwas darin geben könne, was die fachliche Theologie zu diskutieren oder wovon sie zu lernen hätte – diese hier vertretene These wird mindestens auf Skepsis treffen. Sie muß sich in ihrer Durchführung rechtfertigen. „Des Philologen Recht auf Richard Wagner“ (Peter Wapnewski)[12] ist so umstritten wie das hier vertretene Recht des Theologen auf ihn. Es könnte scheinen, als solle neben vielen anderen glänzenden Etiketten nun auch ein theologisches Siegel auf das Werk Wagners geklebt werden – etwa eine Nobilitierung von der Art, die er selbst unter jeden Umständen abgewiesen hätte. Cosima Wagner berichtet für den 20. Dezember 1869 die „Zusendung des *Iftekhar*-Ordens durch den Bei von Tunis, eine große Silberblech-Brosche, welche R.[ichard] gleich für die Decke des Puppentheaters bestimmt und deren Empfang er gar nicht bescheinigen will, da es zu lächerlich ist, um es abzuschlagen“.[13] Indes dekoriert kein Stern von theologischem Blech das Wagnersche Theater, sondern ein veritables Bühnenmysterium oder „Bühnenweihfestspiel“, das sowohl das Urdrama

ches Problem anzeigen *kann*, muß umgekehrt gefragt werden, 1. wie sich ein genereller Ideologieverdacht von einer verständlichen Immunisierungsstrategie der eigenen Hypothesen unterscheiden lasse und wie 2. solche Hypothesen noch falsifizierbar sein können. Diese beiden Fragen bedürfen einer zureichenden methodischen Antwort, wenn die vorgetragenen Thesen überhaupt diskutiert werden sollen – und eine solche Diskussion kann so lange nicht stattfinden, als sich textimmanente Interpretation auf der einen und ideologiekritische Interpretation auf der anderen Seite unverständigt gegenüber stehen (oder gelegentlich auf einem Diskussionsforum im wesentlich unter sich bleiben und den Einspruch der jeweils anderen Seite von vornherein ausblenden). Daß Methodik und Ideologiekritik einander ausschlössen, wird wohl niemand behaupten wollen.

Eine provokative Seite der Wagner-Literatur hat seit Jahren Hartmut Zelinsky aufgeschlagen, der die ideologische Wagner-Rezeption des Bayreuther Kreises mehr oder weniger mit Wagner gleichsetzt und dies mit vielfältigen Zitaten zu belegen scheint. Ein Beispiel von vielen, hier für Wagners angebliches „Selbstvergottungs- und Selbstmythisierungs-Programm“, wie es Zelinsky nennt, soll folgen: „Es häuft sich der Begriff der Jesus nachfolgenden Selbstvernichtung, und er bezeichnet sein Leben als das Leben eines Verstorbenen, als ein ‚leben des todes‘, ein ‚Leben nach dem Tode‘ [hier die Anm. 61 mit dem Verweis auf SB 3, 312], und beginnt von seiner Gemeinde und den Eingeweihten zu sprechen, die ihr ‚Heil Wagner‘ aneinander band“ (*Verfall, Vernichtung, Weltentrückung. Richard Wagners antisemitische Werk-Idee als Kunstreligion und Zivilisationskritik und ihre Verbreitung bis 1933*, in: *Richard Wagner im Dritten Reich* 309-341, hier 329). Anführungszeichen und Anmerkung erwecken den Eindruck, als handele es sich bei den gekennzeichneten Worten um Originalzitate aus einem Brief Wagners an Julie Ritter vom 9. Juni 1850. Das ist aber nur für „ein leben des todes“ der Fall – ein Ausdruck für eine extreme Depression Wagners, die lt. Zelinsky durch den Tod der Mutter am 9. Januar 1848 (!) ausgelöst sein soll und den Anfang seiner „Selbstmythisierung“ markiere (solche Depressionen kehren in den fünfziger Jahren wieder, und zwar dort anläßlich der Wesendonck-Affäre). Die ebenfalls in Anführungszeichen gesetzten Wendungen sind im von Zelinsky angeführten Brief Wagners gerade nicht, auch nicht sinngemäß, zu finden; sie sollen offenbar einen Kontext suggerieren, der sich gerade durch die Dokumente nicht belegen läßt. Diese Art der Beweisführung erweckt weder großes Vertrauen in die Recherchen noch in deren hochspekulative Synthese; sie erschwert die Diskussion der Probleme, auf die gerade Zelinsky als einer der ersten mit allem Recht aufmerksam gemacht hat. Solche „beißende Anklage“ erzwingt geradezu eine „entrüstete Verteidigung“ und damit die Polarisierung, die Weiner beklagt (s. o.).

12 *Der traurige Gott* 20.

13 CT I, 179. – Vier Tage später hilft Nietzsche ihr, das Puppentheater entsprechend herzurichten (181).

Wagners als auch den in und mit ihm vertretenen Erlösungsanspruch in sich aufhebt. Dieser Vorgang aber ist von einer noch näher zu bestimmenden Theologie nicht zu trennen; sie wirkt als dramatische Idee im Werk und als ästhetische Theorie in den Schriften.

II.

Wenn von „Wagner" zu reden ist, bleibt vorab auch zu klären, welcher „Wagner" jeweils gemeint ist: in textimmanenter Lesart Schriften und Werke allein oder in ideologiekritischer Lesart das rezeptionsästhetische Gesamtphänomen „Wagner". Denn die Rezeptionsgeschichte fördert durchaus Schichten des vorgegebenen Textes zu Tage, die ihm immanent nicht abzulesen sind, aber ihn doch konstituieren können. „Wagner" ist gewiß auch das, was die Rezeptionsgeschichte als „epochemachend" in ihm gelesen hat, selbst wenn es in Text und Intention des Autors nicht unmittelbar enthalten ist. Doch das rezeptionsästhetische Gesamtphänomen „Wagner", die Geschichte der Lesarten also, steht nicht unvermittelt und feindlich gegen den ursprünglichen Text, der seinerseits mehr ist als eine idealistische Fiktion. Wäre es nicht so, dann müßte eine solche Rezeptionsästhetik für ihre eigenen Theorien auf eine Kontrollinstanz verzichten, die nur der Text selbst bieten kann. Umgekehrt steht der Text nie für sich allein jenseits späterer Lesarten, sondern wird durch sie vermittelt wahrgenommen. Der Text Wagners, aus seinen Schriften und Werken bestehend, ist kontextuell zu lesen: in seinem Zeit- und Biographiebezug, in seinem Stellenwert im Gesamt seiner Produktion und in seiner Rezeptionsgeschichte. Kurz: die Implikation des Textes und die Explikation seiner Lesarten, der implizite und der historische Leser stehen in einem dialektischen Verhältnis zueinander und bleiben aufeinander verwiesen. Fast immer ist die Frage angebracht, was mit „Wagner" jeweils gemeint ist: eine bestimmte (und dann genau zu beschreibende) Figur der Rezeptionsgeschichte oder der Text Wagners selbst, der jede Rezeption erst ermöglicht – auch wenn er immer nur innerhalb einer bestimmten Rezeption lesbar wird? An der mangelnden Unterscheidung beider „Wagner" und noch mehr an deren undialektischer Gleichsetzung krankt vieles, was apologetisch oder obsessiv ideologiekritisch vorgetragen wird.

Welcher Text steht welchen Lesarten gegenüber? Werke und Schriften Wagners stehen in einem komplexen Verhältnis, das überdies biographisch strukturiert ist. Seine Kunst und seine Theorie kommentieren und provozieren einander, und sie tun dies ebenso kontinuierlich wie entwicklungsfreudig. Die erste Lesart seines Werkes ist auch Wagners Theorie selbst; sie geht, wie längst gezeigt worden ist, in die paradigmatische Lesart Nietzsches ein[14], diese wiederum in die prominente Lesart Thomas Manns und in die ideologiekritische Lesart Theodor W. Adornos. Beide antworten zugleich auf die Wagner-Rezep-

[14] Vgl. die Beiträge Dieter Borchmeyers zum Thema, insbesondere die kommentierte Ausgabe der Textzeugen und den abschließenden Essay (*Nietzsche und Wagner*).

tion des Bayreuther Kreises und des Dritten Reiches, die in solcher Ideologiekritik notwendig stets indirekt gegenwärtig bleibt: eine ambivalente Lesart Wagners, an der sich jede Rezeption abzuarbeiten hat. Wenn Wagners Text als das dialektische Gegenüber dieser Lesarten sich neu erschließen soll, müssen diese prägenden Lesarten beim Namen genannt und genauer bestimmt werden, damit durch sie oder auch gegen sie die Implikationen des Textes wiedergelesen werden können.

Jörn Rüsen hat „im Blick auf Wagner vom hörenden Hören" gesprochen und vorgeschlagen, die systematisch unterschiedenen drei Ebenen der Interpretation von Kunst, wie sie Max Imdahl entwickelt hat, analog anzuwenden. Anzusetzen wäre bei der *ikonologischen* Ebene, dem äußeren Bedingungszusammenhang von Kunst (Markt, Materialität usw.), um von ihr aus die Ebene der *Ikonographie* und damit den inneren Bedingungszusammenhang der Kunst in ihrer Formensprache zu erreichen. Erst dann kann der Text selbst sprechen: auf dieser *ikonischen* Ebene zeigt er seine genuin ästhetische Qualität über beide Bedingtheiten hinaus.[15] Dieser Dreischritt von den Bedingungen und Fakten der Rezeption hin zur jeweiligen Formensprache des fraglichen Textes und seiner genuinen Qualität könnte ebenfalls das Problem lösen, an dem die Wagner-Diskussion häufig schwer trägt: die undialektische, ja feindliche Gegenüberstellung von Text und Rezeption, immanenter Deutung und ideologiekritischem Verdacht, Apologetik und Verdikt. Dabei müssen wesentliche Bereiche der Rezeptionsgeschichte noch immer als „Forschungslücke" (J. Rüsen)[16] gelten. Aber nicht nur das: vor allem die Schriften Wagners sind editorisch kaum greifbar – von wenigen Neuausgaben abgesehen –, sondern offensichtlich allenfalls eine Speziallektüre von Spezialisten.[17] Es wäre fahrlässig, mit großzügiger Geste diesen Text der theoretischen Schriften Wagners, der zugleich ein überaus aufschlußreicher Kontext zum Werk ist, beiseite zu schieben. Die Schriften bieten mehr als einen apologetischen Dauermonolog, der sie gelegentlich *auch* sind, nämlich eine ästhetisch-politische Theorie, die durchgehend theologisch grundiert bleibt. Gerade wenn die „Politische Theologie" des Nationalsozialismus für die Rezeptionsgeschichte Wagners prägend ist, muß Wagners eigener Text um so sorgfältiger als eine „Politische Theologie" *sui generis* expliziert werden.[18]

---

[15] *„Wagner im Dritten Reich". Von der Schwierigkeit, einen historischen Zusammenhang in den Blick zu nehmen*, in: *Richard Wagner im Dritten Reich* 15-23, hier 16/17. – Bezeichnenderweise steht dieser methodologische Hinweis für sich allein; die Beiträge des Sammelbandes folgen weder ihm noch ähnlichen methodischen Klärungen.

[16] Ebd., 15.

[17] So bietet die an Titeln überreiche Wagner-Literatur neben einer Fülle an rezeptionsgeschichtlich (mehr oder weniger) interessanten Wortmeldungen nicht allzu viele monographische Studien zum Corpus seiner Schriften. Ein typisches Beispiel ist der Umgang mit der Spätschrift *Religion und Kunst*, deren erster Satz gern zitiert wird, ohne daß die weitere Argumentation schon auf eine Lektüre des gesamten Textes schließen ließe. Für fast jede Hypothese lassen sich zudem Belege und Fundstellen anführen, auch wenn diese, im Kontext gelesen, manchmal recht vieldeutig sind oder sogar der Hypothese widersprechen, für die sie herhalten sollen. Eine zuverlässige und detailreiche Gesamtinformation bietet Jürgen Kühnel im *Wagner-Handbuch* (*Wagners Schriften*: 471-588).

[18] Vielleicht zeigt das Ergebnis, daß der harte Frontverlauf zwischen Apologetik und Ideologiekritik schon in der Sache unbegründet ist, denn auch in Wagners Theorie gibt es keinen durch-

Eine solche Explikation ist mühsam. Sie bedarf reichen Materials und genauer Belege, um nicht willkürlich eine vorgefaßte These mit präparierten Zitaten ohne deren Kontext zu illustrieren. So gehen die Anmerkungen dieser Arbeit gelegentlich rücksichtslos in die Einzelheiten von Material und Diskussion. Der Kontext der Fakten soll wenigstens in Ansätzen sichtbar bleiben, und auch der Kontext der nicht selten kontroversen Diskussion muß mitlesbar sein. Die Anmerkungen gehen daher über bloße Belege und Verweise notwendig hinaus. Sie entfalten die Subtexte der angebotenen Lesart im fortlaufenden Text; sie ziehen Verbindungen im Gewebe Wagnerschen Denkens und seiner Rezeption nach. Manche Anmerkung ist eher ein thematischer Exkurs oder auch eine Montage von Belegen, die einer im Text vertretenen Position insgesamt zu Grunde liegen; andere wiederum indizieren ein Desiderat der Forschung, deren Ergebnis nicht einfach thesenhaft vorweg genommen sein soll. Alles dient einer „Deutlichkeit", die oberstes Ziel gerade für Wagners musikalische Interpretation gewesen ist. Denn der theoretischen Ausführung ist billig, was der musikalische Aufführung recht sein muß:

> „!*Deutlichkeit*! Die grossen Noten kommen von selbst; die kleine Noten und ihr Text sind die Hauptsache.–"[19]

So auch mit den großen Thesen der Theorie: sie ergeben sich nahezu zwanglos, wenn die kleinen Noten und ihr (Anmerkungs-)Text stimmen.

III.

Die „Tendenz, alles, auch das Tragische, gleichsam schön erscheinen zu lassen, dieses Spielen mit der Sache"[20] macht der späte Richard Wagner dem bewunderten Vorbild Goethe zum eigentlichen Vorwurf. Gilt er nicht auch ihm selbst? Gemeint ist der Vorwurf spielerisch-schönen Scheins. Dieser Schein kann ironische Brechung sein oder in ästhetischer Überformung des „Tragischen" zum täuschenden Anschein einer falschen Versöhnung werden, die den Bruch im Ganzen überspielt. Das Ganze und sein Bruch, der fundamentale ästhetische Anspruch von Autor bzw. Werk und dessen ins Utopische verweisendes Scheitern bezeichnen genau genug das Paradox, für das der (von Wagner gerade nicht benutzte) Terminus „Gesamtkunstwerk" einsteht.[21] Denn die

---

gehend eindeutigen Text, sondern Widersprüche und Brüche, die nach verschiedenen Seiten offen sind.

19 So Wagners „Letzte Bitte an meine lieben Genossen" vom 13. August 1876 – ein Aushang, der die wichtigste Anforderung an die Ausführung formuliert: SSD 16, 160 (abgebildet in Mack/Voss, *Richard Wagner* 191).

20 CT II, 1044 (11. November 1882). Die zitierte Äußerung bezieht sich auf den entscheidenden ästhetischen „Bruch" am Ende der *Wahlverwandtschaften*, den Goethe ironisch-romantisch stilisiert: die Verklärung Ottilies als Heilige, die gemeinsame Auferstehungserwartung Ottilies und Eduards.

21 Für jeden Wagner-Diskurs ist zu beachten: das begriffliche Instrumentarium, mit dem üblicherweise über Wagner gehandelt wird, arbeitet mit Termini technici, die von Wagner bestenfalls

Ästhetik Wagners verweist auf Revolution und Zukunft, ohne zunächst zu bestimmen, ob und wie dieser totale und darin gerade nicht „affirmative“ Anspruch eines „Kunstwerks der Zukunft“ zu realisieren sei. Insoweit dieser Anspruch fundamental ist und spätestens im *Parsifal* ausdrücklich eine religiöse Dimension eröffnen will, fordert er eine theologische Auseinandersetzung unmittelbar heraus.

Deren Gegenstand kann nicht die schlichte Alternativ-Frage sein, ob Wagners Werk eine mit dem christlichen Glauben konkurrierende „Kunstreligion“ begründe oder doch im Horizont einer irgendwie zu bestimmenden „christlichen Kunst“ verständlich bleibe. Denn klärungsbedürftig scheint grundsätzlich beides, und die ästhetische Frage, die Wagners Werk aufwirft, zieht soteriologische und eschatologische Fragen nach sich, wie sich zeigen wird. Darum kann die (ohnehin bedenklich schmale) theologische Wagner-Rezeption für die folgenden Überlegungen keine größere Bedeutung haben. Kein theologisches Lexikon verhilft ihm zu Stichwortehren. Von Anfang an richtet sich die polemische Abwehr gegen den quasi-sakralen Charakter der Bayreuther Institution und ihrer Gemeinde, wie die zeitgenössischen jesuitischen „Stimmen aus Maria Laach“ nach der Uraufführung des *Parsifal* belegen. Problematischer als solches kulturkämpferische Pathos gegen eine vermeintliche neudeutsche Theaterreligion erscheinen allerdings theologische Adaptionen im Gefolge Houston Stewart Chamberlains und Arthur Gobineaus. Sie nehmen zwar Wagners Kritik religiöser Institutionen auf, wollen aber aus seinen Spätschriften eine christlich-germanische Religion gegen die katholische und lutherische Orthodoxie ableiten.[22] Das gilt für die von Pastor Otto Hartwich im Bremer Protestantenverein gehaltenen Vorträge unter dem Buchtitel *Richard Wagner und das Christentum* (1903)[23]. Sie greifen liberaltheologisch

geduldet, nicht aber selbst gebildet und grundlegend eingeführt worden sind. „Gesamtkunstwerk“ taucht in den Zürcher Revolutionsschriften peripher und in einem bestimmten historischen Kontext auf, „Musikdrama“ ist ein von Wagner zurückgewiesener Begriff Nietzsches, und „Leitmotiv“ erscheint bereits vor den Themenlisten Hans von Wolzogens in der Weber-Monographie von Friedrich Wilhelm Jähns (1870). So wären die Grundbegriffe strenggenommen sämtlich in Anführungszeichen zu setzen, wenn sie unvermeidlich zu verwenden sind.

22 Vgl. die von Bermbach als Interpretionsangebote zum *Parsifal* exemplarisch vorgestellten Deutungen dieses Werkes (*Liturgietransfer. Über einen Aspekt des Zusammenhangs von Richard Wagner mit Hitler und dem Dritten Reich*, in: *Richard Wagner im Dritten Reich* 40-65, hier 46-52. Außerdem zur Rolle der *Bayreuther Blätter* für die „Politische Theologie“ des Dritten Reiches vor allem Annette Hein, *Es ist viel „Hitler“ in Wagner. Antisemitismus und Deutschtumsideologie in den Bayreuther Blättern*. – Ein hochwichtiger Beitrag zur kirchlich-theologischen Rezeption insbesondere des *Parsifal* findet sich in Arthur Seidls *Wagneriana* unter dem Titel *„Parsifal“ und der „Fall Jatho“* (1911: ebd. Bd. I, 245-260). Er verteidigt aus der Sicht der nachwagnerschen Bayreuther Gnosis eine hermetische Deutung des *Parsifal* gegen den etwas schlichten Pantheismusvorwurf der Kölner Pfarrers Jatho. Der Wiederabdruck in Seidls Sammelband enthält zudem einen aufschlußreichen Literaturbericht, der auch die öffentliche Diskussion zum „Parsifal-Schutz“ widerspiegelt: Das Werk sollte gesetzlich für Bayreuth reserviert und damit als Kultdrama etabliert werden (256-260).

23 Hartwich beruft sich dabei durchgehend auf Chamberlains folgenreiches Wagner-Buch und gelegentlich auf Gobineau (*Richard Wagner und das Christentum* 148).

Wagners Spott über die „Tütendreher, Hofräte und Herr-Jesus-Männer"[24] auf: wenn der Bayreuther Gesamtkunstwerker der Kirche den „Makel des theatralischen Gaukelspiels" attestiert[25] und damit den gegen ihn erhobenen Vorwurf umkehrt, stimmt ihm der liberale Theologe zu. Das bloß formale kirchliche Christentum verdecke in beiden Konfessionen „das Wahre und Göttliche der Religion", der Gottesdienst werde nur anstandshalber abgehalten. Wagners Religionskritik – diese „Keulenschläge gegen die Pforten der Kirche"[26] – erkennt Hartwich durchaus in ihrer engagierten Christozentrik an. So spricht nicht nur der linkshegelianische Revolutionsdichter, der 1849 ein nichtvertontes Drama *Jesus von Nazareth* schrieb, sondern der fromme „Ketzer", der den Konfessionen mit der Frage entgegentritt: „Wer kennt denn nun noch Jesum?"[27] Nicht als illegitimer Konkurrent der Christentümer, sondern als Retter der christlichen Religion tritt Wagners Kunst ihr Erbe an. Solche Religionskritik aus Religion flüchtet sich auch mit katholischem Anspruch in die esoterische Aura des Kunstwerkes, wie Richard von Kralik im „Gralsbund" und später sein Schüler Anton Orel mit einem zwölfbändigen Wagner-Opus *Der deutsche Prophet* (1936) bezeugen. Von Hegel her hat Herbert Huber einen religionsphilosophischen (und auch fundamental theologischen) Weg zu Wagners *Ring* und insbesondere zum *Parsifal* gebahnt, dem er ausdrücklich eine „dogmatische Dignität" zuspricht.[28] Hans Küng hat in einem Beitrag zu einem Programmheft der Bayreuther Festspiele von 1982 zwar Wagners „Sehnsucht nach Erlösung"[29] aufgegriffen und die Mitleidsidee des *Parsifal* als genuin christlich begrüßt, Hubers Deutung jedoch abgewiesen, von der noch zu reden sein wird.[30] In dieser Deutungsperspektive erschließt Huber auch – ein Unikum[31] – den gesamten *Ring* religionsphilosophisch in der Form eines vollständigen

---

24 So zitiert bei Hartwich, ebd. 41, aus: *Kunst und Klima* (1850), Wagners Nachtrag zum *Kunstwerk der Zukunft*, in: SSD 3, 207-221, 215). Die ersten neun Bände sind in chronologischer Folge der Texte von Wagner selbst redigiert, die folgende Bände der verschiedenen späteren Ausgaben entsprechend aus dem Nachlaß ergänzt. Diese Ausgabe bildet die einzige relativ vollständige Textgrundlage für eine Auseinandersetzung mit Wagner, die (spät vollständig edierten) autobiographischen Texte *Mein Leben* und *Das Braune Buch* ausgenommen. Abgesehen von kritischen Neudrucken einzelner Texte und einer zehnbändigen Auswahlausgabe (durch D. Borchmeyer 1983) liegt bis heute keine moderne Gesamtausgabe der Schriften vor, während eine bislang achtbändige Gesamtausgabe sämtlicher Briefe seit 1967 erscheint (vorläufig 12 Bände).

25 Hartwich, ebd. 47. Vgl. Wagners *Über Staat und Religion* (1864): SSD 8, 3-29, bes. 28.

26 Hartwich, ebd. 48.

27 Hartwich, ebd. 118. – Vgl. Wagners Ausführungen zu *Religion und Kunst*: *„Erkenne Dich selbst"; Heldentum und Christentum* (1881), in: SSD 10, 263-274 bzw. 275-285.

28 *Nemo contra Deum, nisi Deus ipse. Das Wotan-Problem in Richard Wagners „Ring des Nibelungen"; Richard Wagners „Parsifal" und das Christentum. Zur religionsphilosophischen Bedeutung der Dichtung.*

29 So der Titel des Beitrags im Programmheft 1982 zum *Parsifal*, 1-38.

30 Küng (Anm. 29), 33f. Huber weist den Einspruch zurück, da der *Parsifal* *„kein Ersatz* für das Christentum, sondern dessen sachlich notwendige Ergänzung" sei (*Idealismus und Trinität, Pantheon und Götterdämmerung* 143, Anm. 2).

31 Vgl. auch A. Orel, *Der Ring des Nibelungen*; F. Winkler, *Richard Wagner, Der Ring des Nibelungen, verbunden mit einer Betrachtung über das Parsifal-Mysterium des Grals. Versuch zu einem tieferen Verstehen.*

Verskommentars und bestätigt so indirekt den fast religionsstiftenden Rang einer Weltdeutungsurkunde, den er dem „Ring" zumißt.[32]

Die Theologie im engeren Sinne hat sich von Wagner kaum inspirieren lassen. In der *Theodramatik* Hans Urs von Balthasars, die den kosmogonischen und soteriologischen Dramen oder auch ihrer ästhetischen Theorie durchaus Raum geboten hätte, bleibt er unbeachtet. In *Herrlichkeit* werden wohl der kolonische *Oidipus* und *Parsifal* als soteriologische Parallelen genannt[33], aber Balthasar weist die vermeintlichen „weltanschaulichen Zweideutigkeiten vom Holländer und Tannhäuser bis zum Parsifal" zurück, erst recht die angeblich rauschhafte „Apotheose des nachchristlichen absolut gesetzten Eros" als „Selbstherrlichkeit".[34] Für dieses im Rahmen seiner Ästhetik härteste Verdikt bleibt er indes Analyse und Argument schuldig, und wie sich zeigen wird, trifft das Gegenteil zu. Auch die unvermittelte These, Wagner erschaffe „mit den Mitteln aller Künste eine Phantasmagorie", die sogar „die Kulisse für den kurzen Mythos des Dritten Reiches" leihe, schreibt lediglich die zentralen Thesen Adornos aus – dessen *Versuch über Wagner* (1939) bzw. die zugehörige *Notiz zur Erstausgabe* (1952) – , ohne sie zu diskutieren.[35]

Ein genuin theologischer Zugang zu Wagner scheint also nicht einmal dort eröffnet, wo er sich mit Recht erwarten ließe. Umgekehrt ist sind die apologetischen und polemischen Voten zur religiösen Problematik des *Parsifal* so zahlreich und auch vielfach unbefriedigend, daß entweder Schweigen oder aber präzises Fragen geboten scheint, wie sich das „Verhältnis eines nicht-liturgischen Kunstwerks zur Religion" überhaupt bestimmen lasse.[36] Denkbar wären ein biographischer Zugang, der die religiöse Intention des Autors klärt, ein wirkungsgeschichtlicher oder ein werkimmanenter Zugang, ja selbst ein religionsphänomenologischer Ansatz, der sich an Rudolf Ottos Kategorien des „Heiligen" orientierte.[37] Ob sich in Wagners Fall die Wege sauber trennen lassen? Das Werk, auch wenn es für sich zu nehmen wäre, bleibt an seine szenische Realisierung und damit unmittelbar an die Rezeption gebunden, in der sich seine Aura bildet. Von dieser ist die Aura des Autors kaum zu unterscheiden, zumal seine mutmaßlichen Intentionen jenseits expliziter Selbstinterpretation kaum Gegenstand der Deutung sein können. Und auch der religionsphänomenologische Ansatz

---

32 *Der Ring des Nibelungen. Nach seinem mythologischen, theologischen und philosophischen Gehalt Vers für Vers erklärt von Herbert Huber.* – Vgl. aus der Sicht lutherischer Theologie H. Jungheinrich, *Richard Wagners Weltschau. Verhängnis oder Verheißung?* (zur Erlösungsthematik 99-133).

33 *Herrlichkeit. Eine theologische Ästhetik. Bd. III/1: Im Raum der Metaphysik, Teil 1: Altertum*, 119 (im Kapitel über den zeitweiligen Wagnerianer Paul Claudel).

34 *Herrlichkeit. Eine theologische Ästhetik. Bd. III/2: Im Raum der Metaphysik, Teil 2: Neuzeit*, 626.

35 Ebd., 752; vgl. auch 536. – Der wiederholte und nirgends begründet eingeführte Topos „Rauschtheater", mehr noch die häufige gleichzeitige Nennung Wagners und Hebbels in Bezug auf den „germanischen Mythos" läßt nicht allein an einer tieferen Vertrautheit mit dem Werk Wagners stark zweifeln, sondern auch an der Bereitschaft, es sachlich zur Kenntnis zu nehmen.

36 Vgl. beispielhaft A. Nowak, *Wagners Parsifal und die Idee einer Kunstreligion*, in: C. Dahlhaus, *Richard Wagner. Werk und Wirkung*, 161-174.

37 So Nowak, ebd.

würde schon vorweg implizit anerkennen, was er zu untersuchen hätte, wenn er ernsthaft die quasi-sakrale Aura „Bayreuths" zum Ausgang nähme.

So erscheint Wagners Werk von Paradoxa umstellt, aber auch von allbekannten Tabus und Klischees vielfacher Art abgesperrt – wie die schlafende Brünnhilde auf dem feuerumwaberten Walkürenfelsen. Doch ist dieses Sperrfeuer genauso ambivalent, wie sich zeigen wird, wie Loge, der Feuergott und „trickster" der germanischen Mythologie. Im Sperrfeuer um Wagner ist mehr Loge als Logik. Die angesichts schwieriger Sachlage und drohender Autoritäten von Nietzsche bis Adorno sehr berechtigte Furcht, dieses Feuer zu durchschreiten, muß für den folgenden theologischen Versuch suspendiert werden. Es gilt, den ästhetischen Status von Wagners Werk gegenüber den prägenden Lesarten Nietzsches und Thomas Manns zu klären. Erst dann läßt sich Adornos Wagner-Kritik in ihren Grundbegriffen revidieren und die Aura des „Gesamtkunstwerkes" genauer bestimmen: so wird klarer, in welchem Sinne der naturwüchsige Linkshegelianer Wagners das idealistische Identitätssystem beerbt und „aufhebt". Dieser erste Hauptteil – er kann bei eiligem Lesen überschlagen werden – gilt den *Lesarten* des Phänomens Wagner; er zieht in knappster Form die Leitlinien der Wagner-Kritik bis zu dem Punkt aus, an dem unvermeidlich nach dem genauen Text zu fragen ist, dem diese Kritik gilt.

Wagners Schriften sind zugleich Selbstauskunft und Monument einer ästhetischen Dauerreflexion. Sie verdienen eine erneute Lektüre, die sie in ihrem biographischen und schöpferischen Kontext liest. Sie zeigen eine Geschlossenheit des Denkens, die jenseits der wechselnden begrifflichen und ideologischen Anleihen etwa bei Feuerbach oder Schopenhauer liegt, die aber auch gelegentlich gegen Wagners eigene Inkonsequenz zu schützen ist. Insgesamt liest und erschließt der zweite Hauptteil *Wagners theologische Ästhetik* diesen intellektuell-künstlerischen Meister-Roman nach einer naheliegenden Analogie: Sie ist in den Folgen und Formen gegeben, mit denen sich Goethes *Wilhelm Meister* von seiner *theatralischen Sendung* (Teil *I*) her über lange *Lehrjahre* (Teil *II*) hin zu neuen *Wanderjahren* entfaltet (Teil *III*) – eine sich selbst bildende Suchbewegung nach der Kunst des Lebens. Am Ende dieses Romans steht der Beruf des Heilers, den Wilhelm Meister ergreift; am Ende des ästhetischen Wagner-Romans steht die Bühnenparabel vom heilenden Handeln dessen, der „durch Mitleid wissend" wird. Erst dann läßt sich auch genauer sagen, inwieweit Wagners Werk eine ästhetisch-politische Theologie von „Revolution" und „Regeneration" enthält: denn sie spricht vom leidenden Gott und erinnert eine „Erlösung", die utopisch gegen jeden Systemanspruch steht und über ihn hinausweist (*Epilog*).

Am Ende könnte diese Lesart von Wagners Denken ein Vorwurf treffen, den Wagner selbst seinem Porträtisten Auguste Renoir gemacht hat: „‚Ah! Ah! Ich sehe aus wie ein protestantischer Pfarrer.' Was auch wahr ist. Kurz, ich war sehr froh, daß ich nicht allzusehr Fiasko gemacht hatte. Es ist doch eine kleine Erinnerung an diesen wundervollen Kopf" – schreibt Renoir, den dieser Kopf niemals losläßt.[38] So könnte auch der Theologe schreiben, den dieser

[38] Zit. nach Dieckmann, *Richard Wagner in Venedig* 204. – Renoirs bekanntem Porträt vom 15. Januar 1882 geht eine Bleistiftzeichnung (nach einer Photographie von Pierson von 1867) vor

Kopf ebenso wenig losgelassen hat. Aber ist es nicht legitim, diesen so überaus bekannten und gleichzeitig recht unbekannten Kopf (im Sinne Walter Benjamins) zu „retten", indem gerade die Differenzen zwischen dem Werk und seiner historischen Rezeption fruchtbar und deutlich gemacht werden? Dazu bedarf es keiner Polemik im Apologetischen oder im Ideologiekritischen, sondern ein erneutes Hinhören auf Wagners Werk und dessen Theorie – denn beider Melodie „ist viel zu weithin hallend, um ein Ende zu sein statt des Paradoxes einer Wiederholung hin ins Neue" (Ernst Bloch).[39]

aus; ihm folgen eine weitere Bleistiftzeichnung von 1883 (!), ein Ölbild von 1893 und schließlich eine Lithographie von 1900 (alle bei Dieckmann wiedergegeben). Ihnen gemeinsam ist: der kindlich-greisenhafte Anblick dieses während der Sitzungen beredt Schweigenden. Vor Renoirs Bild empfindet er sich „wie der Embryo eines Engels, als Auster von einem Epikuräer verschluckt" (15. Januar 1882: CT II, 873). Dieckmann kommentiert: „vor einem impressionistischen Bild erfindet Wagner den Surrealismus" (ebd., 202).

39 *Paradoxa und Pastorale in Wagners Musik* (1960) 168.

A. Lesarten

Wer Wagner ist und wie man ihm beikommt, weiß man in aller Regel, bevor man ihn gehört oder auch gelesen hat. Diese an und für sich triviale hermeneutische Einsicht bietet im Fall Wagner allerdings eine besondere Brisanz: nicht daß Person und Werk des Bayreuthers über und über mit Etiketten beklebt und kaum noch kenntlich sind, bezeichnet das eigentliche Problem. Das Problem ist vielmehr der Rang derer, die seit der Grundsteinlegung des Festspielhauses solche Etiketten geklebt haben, und der Umstand, daß Sache und Etikett nicht mehr zu trennen, aber sorgfältig zu unterscheiden sind. So haften nicht nur hermeneutische Vor-Urteile an Wagner, sondern auch kleinliche Verzeichnungen, die durch solche Vor-Urteile gedeckt erscheinen und durch biographische oder werkanalytische Kleinarbeit sich kaum korrigieren lassen. Dem widerwilligen oder enthusiastischen Staunen vor dem Phänomen Wagner hält meist, in vorgeblich gerechter Balance, die moralische Abscheu vor seiner Person die Waage – als brauche es wenigstens in dieser Hinsicht etwas ethischen Vorbehalt, wenn der ästhetische Rausch am Werk eingetreten oder ausgeklungen ist.

Das Muster ist bekannt. Exemplarisch zeigt es sich, um ein weniger belastetes Beispiel heranzuziehen, schon bei Kierkegaard, der am scheinbar allzu ästhetischen Goethe allerhand ethisch auszusetzen findet und angesichts eines solchen Phänomens zur Entscheidung auffordert. „Entweder – Oder“, so scheint es auch für jegliche Bezugnahme auf Wagner zu gelten, die selten eine abwägende Mitte, meist jedoch energisches Für und Wider und manchmal sogar beides zugleich aufweckt. Nietzsches Wagner-Kritik, die erste und bis heute paradigmatische Form dieser Kritik, bleibt ein Panegyricus mit wechselnden Vorzeichen, und dieselbe Ambivalenz durchzieht die lebenslange Auseinandersetzung Thomas Manns mit Wagner, wenngleich bei ihm freier, nämlich in spielerischer Ironie. Adornos zorniger *Versuch über Wagner* neigt ebenfalls ungewollt ins Panegyrische, denn was so befehdet wird, muß gewiß Größe haben. Daher haben Benjamin und Bloch die Kategorien von „Rettung“ und „Utopie“ nachgetragen und eine Perspektive eröffnet, in der das „Entweder – Oder“ von Ästhetik und Ethik nicht als unversöhnlicher konträrer Gegensatz stehenbleiben muß.

Das sind klassische Lesarten Wagners. Sie bilden einen zusammenhängenden Diskurs auf höchstem Niveau, der bis in die Gegenwart anhält, und haben die Strukturen der Wagner-Rezeption vorgeprägt. Alle diese Lesarten jedoch klammern Wagners eigene Lesart aus, die er im umfangreichen Corpus seiner Schriften, Briefe und Gespräche – auch hierin Goethe ähnlich – entwickelt hat. Diese ursprünglichste Lesart bildet den fortlaufenden Subtext der verschiedenen Lektüren, durch die Wagner und sein Werk bis heute lesbar geblieben sind. Lektüren und Subtext sind voneinander nicht zu trennen, aber zu unterscheiden. Der Zugang zu Wagner ist mittelbar: er führt nicht an Nietzsche, Mann, Adorno, Benjamin oder Bloch vorbei, sondern durch ihre Lesarten zurück zum Text.

Solche paradigmatischen Lesarten sollen im folgenden rekonstruiert werden. Dabei kann der gelegentliche Vorgriff auf diesen Text nicht unterbleiben, auch wenn er erst im Hauptteil dieser Studie systematisch wiedergelesen werden soll: liefert doch dieser Text seinerseits die maßgebliche Kritik seiner Lesarten.

Alles hat dieser schlechte Mensch [Nietzsche] von einem, selbst die Waffen, die er nun gegen mich führt. So pervers zu sein, so raffiniert und dabei so seicht!
Wagner[1]

Ich bin so gut wie Wagner ein Kind dieser Zeit, will sagen ein *décadent*: nur daß ich das begriff, nur daß ich mich dagegen wehrte. Der Philosoph in mir wehrte sich dagegen.
Was mich am tiefsten beschäftigt hat, das ist in der That das Problem der décadence, – ich habe Gründe gehabt. [...] Sonst kann man vielleicht ohne Wagner auskommen: dem Philosophen aber steht es nicht frei, Wagner's zu entrathen.
Nietzsche[2]

1. Nietzsche: Dekadenz und Übermensch

Als „einen Panegyricus mit umgekehrtem Vorzeichen, als eine andere Form der Verherrlichung" hat Thomas Mann die Wagnerkritik Nietzsches gelesen.[3] Tatsächlich ist das philosophische Lebenswerk von der paradigmatischen Kunst (und auch Kunsttheorie) Richard Wagners nicht abzulösen. Mit der Grundsteinlegung des Bayreuther Festspielhauses 1872 zugleich, in der eine ästhetische Utopie ihre provisorische Form anzunehmen begann, erscheint auch die Urkunde ihres philosophischen Geburtshelfers Nietzsche, die „Geburt der Tragödie aus dem Geiste der Musik". Sie beendet die philologischzünftige Laufbahn ihres Autors und eröffnet seinen philosophischen Sonderweg. Bereits im Mai desselben Jahres erscheint die vernichtende Polemik Ulrich von Wilamowitz-Moellendorfs „Zukunftsphilologie! – Eine Erwiderung auf Friedrich Nietzsches Geburt der Tragödie", im Juni Wagners offener Brief in der Norddeutschen Allgemeinen Zeitung als Entgegnung.[4] Offensichtlich wechselt dabei die Rolle des Stichwortgebers: Mit dem Selbstverständnis und der Effizienz der „deutschen Bildungsanstalten"[5] steht nun umgekehrt für Wagner die Grundlage der philologischen Antikritik selbst zur Frage. Ein staatlich organisierter philologischer Betrieb, der sich in seiner Selbstreproduktion erschöpft, kann nicht mehr sein als eine Art Meisterredner-Zunft, die den regelwidrigen Außenseiter ausschließen muß. Eben davon handelt Nietzsche in seinen sechs öffentlichen Vorträgen *Ueber die Zukunft unserer Bildungsanstalten* vom Anfang desselben Jahres. Wagners Parteinahme und ihr Rückgriff auf Nietzsche kommt allerdings in seinen *Gesammelten Schriften*

1 Vom 2. August 1878: CT I, S. 153.
2 Vorwort zu *Der Fall Wagner* (1888): KSA 6, S. 11 (die Sperrungen im Original werden hier kursiv wiedergegeben).
3 *Leiden und Größe Richard Wagners*: GW 9, 373.
4 In der *Norddeutschen Allgemeinen Zeitung*; aufgenommen in SSD 9, 295-302.
5 SSD 9, 301.

unmittelbar neben seine erste öffentliche, wenn auch nicht namentliche Nietzsche-Kritik an dessen Begriff „Musikdrama“[6] zu stehen.[7] So deutet schon das Gefüge dieser Veröffentlichungen an, wie eng sich Parteinahme und distanzierende Verwahrung der beiden Gesprächspartner verflechten. Die Nachlaßtexte Nietzsche dokumentieren ebenso wie die Gesprächsnotizen Cosima Wagners, daß sich der Diskurs beider weder auf das nach außen dokumentierte Meister-Jünger-Verhältnis noch auf eine vordergründig verstandene „Sternenfreundschaft“[8] festlegen läßt. Sie sind „Antipoden“[9], und zu klären bleibt, worin und warum.

a) Nietzsches Tragödie und Wagners Festspiel

Derselbe Theodor Fontane, der gleichzeitig Hauptmanns Erstling „Vor Sonnenaufgang“ als Erfüllung Ibsens begrüßt und sich dennoch Dichter und Werk persönlich fernhält, besucht im August 1889 Bayreuth. Doch während er die dramatische Aura des Einen emphatisch erlebt und mitbegründet, entflieht er Wagners *Parsifal* schon im Vorspiel: „ein schwacher Lichtschimmer, genau wie in ‚Macbeth‘, wenn König Duncan ermordet wird“, geht einem „Tubablasen“ voraus, das er den „Posaunen des Letzten Gerichts“ vergleicht. „Also wieder raus“ – er kehrt ohne Bedauern „Bayreuth inmitten seiner Wagnersaison und seines Wagnerkultus“ den Rücken.[10] Seine fluchtartige Abwehr und sein negatives Erlebnis der Festspiel-Aura bleibt, für einen Kritiker seines Formates, erstaunlich bar jeder Reflexion und jedes ausdrücklichen Urteils.[11] Gleichzeitig berührt es sich mit Nietzsches später Kritik an Wagners „Thea-

[6] KSA 1, 515-532; Nietzsches im selben Kontext entstandene Nachlaßschrift *Sokrates und die griechische Tragödie* (ebd, 603-640) modifiziert die in der *Geburt der Tragödie* noch recht plakative Kritik an Sokrates und Euripides, orientiert sich aber weiterhin mit Wagner am Paradigma der Tragödie des Aischylos. – „Musikdrama“ ist ein Begriff Theodor Mundts aus seiner 1833 in den *Kritischen Wäldern* erschienenen Schrift *Über Oper, Drama und Melodrama in ihrem Verhältnis zueinander und zum Theater* und bezeichnet als Oberbegriff die Gattung der „Oper“ überhaupt.

[7] SSD 9, 302-310.

[8] Nietzsche, Aphorismus 279 von *Die fröhliche Wissenschaft* (KSA 3, 523ff.): „Wir sind zwei Schiffe, deren jedes sein Ziel und seine Bahn hat; wir können uns wohl kreuzen und ein Fest miteinander feiern, wie wir es gethan haben [...]. Es giebt wahrscheinlich eine ungeheure unsichtbare Curve und Sternenbahn, in der unsere so verschiedenen Strassen und Ziele als kleine Wegstrecken *einbegriffen* sein mögen, – erheben wir uns zu diesem Gedanken!“

[9] Vgl. das Kapitel „Wir Antipoden“ in *Nietzsche contra Wagner* (KSA 6, 424ff.).

[10] Brief an Karl Zöllner vom 19.8.1889, in: Barth, *Der Festspielhügel* 74. – Ähnlich verweigerte sich 1951 Theodor Heuß als Bundespräsident den wiedereröffneten Festspielen mit dem Bonmot, er wünsche nicht, von Wagner erlöst zu werden. Walter Scheel wiederum betonte im selben hohen Amt, aber anwesend, seine äußerste Distanz zum wiedererbauten Haus Wahnfried 1976.

[11] Auch Fontanes Wagner-Brief über die *Nibelungen*-Tetralogie oder die Spiegelungen in *L'Adultera* sind mehr scharfsinnig als kenntnisreich: Reaktionen auf den zeitgenössischen Wagnerianismus, weniger auf Wagner selbst (vgl. Borchmeyer, *Das Theater Richard Wagners* 316-324).

tokratie", dessen Festspiel „eine Form der Demolatrie in Sachen des Geschmacks" sei – „Typisches Telegramm aus Bayreuth: *bereits bereut*".[12] Die Flucht vor Wagner stilisieren beide als gewissermaßen diätetische Selbsterhaltung. Anders als Fontane bringt jedoch Nietzsches Wagner-Kritik das „schlechte Gewissen an der Musik"[13] zum Sprechen. Seine 1886 mit dem „Versuch einer Selbstkritik" wiederveröffentlichte *Geburt der Tragödie* markiert den Anfang und die ununterschreitbare Reflexionshöhe einer Kritik, die sich Wagners künstlerischem und theoretischem Werk stellt. Zugleich stellt sie die frühe Gefolgschaft des Philosophen in Frage, indem sie den kritischen Subtext dieser Wagner-Schrift lesbar macht. Vorstudien und unterdrückte Texte aus dem Nachlaß bestätigen, daß die Vorzeichen des Panegyricus immer wieder überraschend (und deswegen nicht unbedingt „dialektisch") wechseln: Fluch und Verherrlichung durchdringen sich, Wagners Aura bleibt für Nietzsche „sakral" im ambivalenten Sinn dieses Wortes.[14]

Alles beginnt mit Nietzsches vorgeblichen „Zwiegespräch" mit Wagner[15], das zugleich ein in seiner Ironie erst spät durchschautes Selbstgespräch des prometheischen Monomanen Nietzsches ist.[16] Seine Rechtfertigung Wagnerscher Aura kennt „nur einen Künstler-Sinn und -Hintersinn hinter allem Geschehen", mithin Kunst-Religion, die ihrerseits Hegels Verdikt gegen die Vergangenheit der Kunst aufhebt. Diese Kunst ist auratisch-gegenwärtig, weil sie sich im mythischen Spiel vergegenwärtigt. Wenn solche Kunst nicht mehr nur flankierende „memoria" des absoluten „christlichen" Geistes ist, dann steht sie im Gegensatz zu einer moralischen „christlichen" Kunst und vertritt zumindest einen „Pessimismus ‚jenseits von Gut und Böse'", der sich darin auch von Schopenhauer ablöst. „Die Welt, in jedem Augenblicke die *erreichte* Erlösung Gottes, als die ewig wechselnde, ewig neue Vision des Leidendsten, Gegensätzlichsten, Widerspruchsreichsten, der nur im *Scheine* sich zu erlösen weiss: diese ganze Artisten-Metaphysik"[17] schlage zuletzt in „das übliche Romantiker-Finale" um und breche „vor einem alten Glauben, vor *dem* alten Gotte" nieder, um doch nur ein „Narkotikum" zu bieten.[18] Nietzsche muß ei-

---

12 „Nachschrift" zu *Der Fall Wagner* (KSA 6, 44).

13 So der bezeichnende Buchtitel von Hanjo Kestings Aufsatzsammlung zu Wagner mit dem abschließenden Brief an Walter Dirks, in dem er dessen Appell aufgreift: „Die Intellektuellen dürfen Bayreuth nicht im Stich lassen" (165-174, 171).

14 Auch hier gilt: „die Wunde schließt / der Speer nur, der sie schlug" (*Parsifal*, 3. Aufzug, letzte Szene: 864). Vielleicht wäre gerade die Rolle des geschlagenen Amfortas ein fruchtbares Interpretament für Nietzsche selbst. Er ist zugleich an den Gral gefesselt und verweigert seinen Anblick, denn was ihn am Leben hält, läßt ihn auch leiden. Die Selbstidentifikation Nietzsches mit Brünnhilde gegenüber Siegfried=Wagner verleiht der Beziehung etwas Erotisches, wenn er bedeutsam zitiert: „Verwundet hat mich [,] der mich erweckt." (*Nachlaß-Fragment* 28 [33]: KSA 8, 507 – vgl. *Siegfried*, 3. Aufzug, 3. Szene: 533).

15 *Versuch einer Selbstkritik*: KSA 1, 13.

16 Sein Verdacht gegen „Wissenschaftlichkeit" als „Furcht und Ausflucht vor dem Pessimismus", als „feine Notwehr gegen – die *Wahrheit*?", zugleich als die eigentliche sokratische Ironie identifiziert, fällt rückwirkend auch auf die dramatische Theorie der *Geburt der Tragödie* (ebd., 12f.).

17 Ebd. 17f.

18 Ebd. 21.

nen Bruch im Werk Wagners konstruieren, den er erst nachträglich wahrgenommen haben will.[19] Nur so kann er seine frühere demonstrative Parteinahme rechtfertigen und zugleich den kritischen Subtext zum eigentlichen Text erklären. Wie verträgt sich diese neue Lesart mit dem „entfesselten Prometheus auf dem Titelblatte" des Erstlings[20]? Es bleibt ihm lebenslang zu tragen peinlich.[21] Thomas Mann wird Nietzsche darin besonders gut verstehen und ihm bewußt folgen: auch er, „als ein Schüler des ungeheueren Künstlers"[22], stellt, wie Nietzsche den vierteiligen „Zarathustra", dem „Ring" eine epische Tetralogie entgegen, seinen „Joseph"-Roman.

Derselbe Nietzsche jedoch begründet den auratischen Anspruch des Bayreuther Festspiels und bedient sich dabei eines aufschlußreichen Anachronismus. Während Wagner den „mystischen Abgrund" seines verdeckten Orchesters zum modernen Äquivalent der griechischen Orchestra bestimmt, setzt Nietzsche beide gleich und spielt überdies mit der Polarität des Apollinischen und Dionysischen das „grandiose *griechische Problem*" erst nachträglich in die „modernsten Dinge" des wagnerschen Dramas hinein.[23] Die Anregung und den Verweis auf die Quelle für den ideellen Kontrast des Apollinischen und

---

19 Entsprechend ist das nahezu kulturkämpferische Pathos befremdlich (und späteren Ideologen dienlich), mit dem Nietzsche in titulierender Parenthese („- Ist das noch deutsch? -") vor dem späten Wagner warnt („Erwägt! Noch steht ihr an der Pforte: – / Denn, was ihr hört, ist *Rom*, – *Rom's Glaube ohne Worte*!" (*Jenseits von Gut und Böse*, in: KSA 5, 204). Diese eindimensionale, um nicht zu sagen etwas schlichte Deutungstradition hält sich bis zu Nike Wagners „Unbehagen am Parsifal", dieser zwinge „am Ende alles in die Eindeutigkeit des einen christlichen Heils, das alles andere ausschließt" und biete damit eine „undialektische ‚Lösung' aller Konflikte", zumal das „Kreuz" darin „geistesgeschichtlich gesehen [...] antiemanzipatorisch, geradezu fundamentalistisch" wirke (*Wagner Theater* 212-234, 218f.) Immerhin wird auch Wieland Wagners Äußerung überliefert: „*Parsifal* ist immer ein Dorn im Auge der Machthaber gewesen, nicht nur der kirchlichen, sondern auch der nazistischen. Hitler hat den *Parsifal* praktisch verboten" (ebd., 225). Die gegenteilige Vermutung, Hitler habe den *Parsifal* als das Allerheiligste seiner politischen Religion nicht profanieren wollen, wirkt ebenso spekulativ, wie sie unbelegbar und unwiderleglich ist.

20 Hans Blumenbergs *Arbeit am Mythos* bleibt so sehr auf das Prometheische fixiert, daß er für Wagners Musik-Mythos nur einen kluger Seitenblick findet: „Die Musik bewahrt den Mythos vor der Allegorisierung, vor der Verfreundlichung dessen, was doch ein *Jugendtraum* der Griechen gewesen war, zu einer *historisch-pragmatischen Jugendgeschichte*. Gab es eine der Musik Wagners vergleichbare Macht, Prometheus an der Heimkehr in die Behaglichkeit des attischer Töpfergottes im Hain des akademischen Apollo zu hindern? / Aber die Umkehrbarkeit der Geschichte führt nicht zur bloßen Symmetrie ihres ganz frühen und ihres ganz späten Teils. Die Eschatologie der Oper [!] hat das Zeug, die Protologie der Tragödie zu überbieten" (670).

21 Wie sehr Nietzsches Wagner-Polemik eine mimomanische Selbstbespiegelung ist, hat detailfreudig Manfred Eger resümiert (vgl. *Nietzsches Wagner – Nietzsches Spiegel*; *Nietzsches Bayreuther Passion*). Im Ganzen und im Einzelnen fordert seine Arbeit, das Verhältnis Nietzsche-Wagner neu zu bewerten.

22 *Richard Wagner und der „Ring des Nibelungen":* GW 9, 503.

23 Nietzsche bedauert nicht nur, „mit Schopenhauerschen Formeln dionysische Ahnungen verdunkelt und verdorben zu haben", sondern vor allem, daß er sich „nämlich überhaupt das grandiose *griechische Problem*, wie es mir aufgegangen war, durch Einmischung der modernsten Dinge *verdarb*" (*Versuch einer Selbstkritik*: KSA1, 20). Vgl. *Die dionysische Weltanschauung* (Sommer 1870: in KSA 1, 551-577) als Vorstudie, die diesen neuen Gedanken in die Wagner-Schrift einführt.

des Dionysischen dürfte Nietzsche ebenfalls durch Wagner erhalten haben, der Karl Otfried Müllers *Geschichten hellenischer Stämme und Städte* von 1844 bereits in seiner Dresdener Bibliothek studiert hat.[24] Die erst später aufgeworfene philologisch-philosophische Frage nach dem Ursprung der Tragödie verdirbt, was ursprünglich durchaus als theoretische Auratisierung Wagners und zudem fast vollständig mit dessen eigenen theoretischen Mitteln entworfen wird.[25] Nietzsche führt den Begriff des Musikdramas ein[26], ohne ihn allerdings – nach Wagners Verweis[27] – in der „Geburt der Tragödie" zu verwenden. Während Wagner die Musik als „metaphysische" Größe[28] zum „Mutterschoß" der attischen Tragödie bestimmt und sie deswegen für das (Theater-)Kunstwerk der Zukunft fordert, setzt Nietzsche völlig unhistorisch den attischen Chor mit dem modernen Orchester gleich.[29] Für Wagner gehört der Chor, weil im modernen Orchester „aufgehoben", demnach nicht mehr (verdoppelnd und damit dramaturgisch falsch) zur Szene (ab „Das Rheingold"); er steht ihr kommentierend gegenüber als ein Teil des Dramas, mehr noch und später ausdrücklich: er umfängt sie als deren apriorische Bedingung der Möglichkeit, er ist der metaphysisch-musikalische „Mutterschoß" des Dramas.[30] Weil das Orchester im verdeckten Graben des Bayreuther Theaters Träger des „Metaphysischen", „mystischer Abgrund" und gewissermaßen delphischer Erdspalt ist, muß es für die Wahrnehmung unsichtbar und scheinbar ortlos bleiben.[31] Daß sich in dieser Bestimmung des Dramas durch Wagner eine

---

24 Vgl. Westernhagen, *Richard Wagners Dresdener Bibliothek* 42f. – Nietzsches erster Besuch und erstes Gespräch im Tribschener Salon Wagners 1869 hat unter einem der Lieblingsbilder Wagners stattgefunden, dem Aquarell *Dionysos von Musen erzogen* (ebd., 43).

25 Wagner trifft durchaus den Punkt, wenn er sagt: „Alles hat dieser schlechte Mensch von einem, selbst die Waffen, die er nun gegen mich führt. So pervers zu sein, so raffiniert und dabei so seicht" (CT I, 153). Zu den grundlegenden Schriften Wagners, denen Nietzsche die Waffen entleiht, gehören „Oper und Drama" (1851) und, während der Vorstudien, „Beethoven" (1870). Vgl. dazu grundlegend Dieter Borchmeyer, Richard Wagner und Nietzsche, in: *Wagner-Handbuch* 114-136, 117-119. Ferner: ders., *Das Theater Richard Wagners* 151-175, bes. 159ff.

26 Vgl. CT I, 243.

27 „Name: Musikdrama verwerflich (nach Richard Wagner)": *Nachlaß-Fragment* 3 [70] von 1869/70 (KSA 7, 79).

28 Im Unterschied zu dem in *Oper und Drama* verwendeten „empirischen" Begriff von Musik, die komplementierender Teil der Szene ist (die geläufige Unterscheidung „empirisch – metaphysisch" geht auf Carl Dahlhaus zurück).

29 Vgl. ausführlich Borchmeyer, *Das Theater Richard Wagners* 166ff.

30 Die verschiedenen Stadien dieser Theorie werden im Hauptteil dieses Buches entwickelt.

31 Der „mystische Abgrund" habe für den Zuschauer „die Realität von der Idealität zu trennen" (*Das Bühnenfestspielhaus in Bayreuth*: SSD 10, 322-344, 337), während die daraus „geisterhaft erklingende Musik, gleich den, unter dem Sitze der Pythia dem heiligen Urschoße Gaias entsteigenden Dämpfen, ihn in jenen begeisterten Zustand des Hellsehens versetzt, in welchem das erschaute szenische Bild ihm jetzt zum wahrhaftigsten Abbilde des Lebens selbst wird" (338). Das unsichtbare Ideale soll real „erscheinen" und „hellsichtig" wahrgenommen werden, ja das Bühnenfestspiel soll „das (geistige) Schauen der Ideen" vermitteln, indem das bloße Sehen einer vom Subjekt völlig verschiedenen Welt als Täuschung und Schein aufgehoben wird (vgl. *Beethoven*, in: SSD 9, 61-126, 70). Daher unterscheidet sich Wagners ästhetische Theorie grundlegend von Illusionismus bzw. quasi-cineastischem „Realismus" (den seine Regievorschriften manchmal zu fordern scheinen), denn sein Festspiel will eine gleichsam ekstatische Wahrnehmung erzeugen, was immer nur näherungsweise und provisorisch möglich ist.

utopische Pointe verbirgt, mit der die Festspiel-Aura nicht der theatralischen Illusion und ihrem immer falschen Schein geopfert wird, belegt Wagners Äußerung während der Komposition des „Parsifal“: „[...] nachdem ich das unsichtbare Orchester geschaffen, möchte ich auch das unsichtbare Theater erfinden! – Und das unhörbare Orchester“[32].

Als „apollinischer Traumkünstler oder dionysischer Rauschkünstler“ (oder auch als beides zugleich) steht Wagner aber in den Augen des frühen Nietzsche da.[33] Der Künstler als Autor feiert im Bühnenspiel die Theodizee seiner Schein-Welt und damit auch die ästhetische Theodizee der in diesem Spiel vergegenwärtigten Welt überhaupt,

> – denn nur als *aesthetisches Phaenomen* ist das Dasein und die Welt ewig *gerechtfertigt:* – während freilich unser Bewusstsein über diese unsere Bedeutung kaum ein andres ist als es die auf Leinwand gemalten Krieger von der auf ihr dargestellten Schlacht haben. Somit ist unser ganzes Kunstwissen im Grunde ein völlig illusorisches, weil wir als Wissende mit jenem Wesen nicht eins und identisch sind, das sich, als einziger Schöpfer und Zuschauer jener Kunstkomödie, einen ewigen Genuss bereitet.[34]

Damit ist das Grundthema der Schrift ausgesprochen. Der prometheische Künstler, mithin Wagner, gestaltet dieses illusorische Kunstwissen: ein absolutes ästhetisches Ich. Der Philosoph, Nietzsche also, bildet die Theorie dieses illusorischen Wissens, um es zu durchschauen. Die Frage, welcher Art das Publikum sein müsse oder ob es ein solches Publikum überhaupt gebe, das den Genuß eines solchen Welttheaters goutieren könne, stellt Nietzsche nicht, obwohl er der utopischen Dimension des Wagner-Theaters selten näher gekommen ist.[35] Es scheint, als spiele das Stück sich selbst in ewiger Wiederkehr des Gleichen und gelegentlich aufdämmerndem Übermenschentum.[36]

---

[32] CT II, 181 (23.9.1878). Cosima schreibt im Anschluß an seine Überlegung, das bloß „Konstruktive“ des Sozialismus sei „kindisch“, weil er den Menschen zu ändern hoffe (und dabei Utopisches realisieren wolle): „Man müsse dennoch ohne Hoffen arbeiten, und er sei mit seinem ‚Parsifal‘ doch ein Beispiel davon“ (ebd.).

[33] KSA 1, 30.

[34] KSA 1, 47.

[35] „Nur soweit der Genius im Actus der künstlerischen Zeugung mit jenem Urkünstler der Welt verschmilzt, weiss er etwas über das ewige Wesen der Kunst; denn in jenem Zustande ist er, wunderbarer Weise, dem unheimlichen Bild des Mährchens gleich, das die Augen drehn und sich selber anschauen kann; jetzt ist er zugleich Subject und Object, zugleich Dichter, Schauspieler und Zuschauer“ (KSA 1, 47/48). Was Nietzsche als Vexierbild des Welttheaters beschreibt, läßt sich durchaus in seiner theologisch-eschatologischen Dimension erfassen. Hans Urs von Balthasar entfaltet in seiner *Theodramatik* die „Trias der Produktion“ des Dramas, die Autor, Schauspieler und Regisseur bilden (Bd. 1, 247-283). Damit ist für ihn die trinitarische Struktur vorgezeichnet, in der sich Gott und Welt beschreiben lassen. Aber auch für Wagner sind „Dichter, Theaterdirektor und Akteur“ in der Person des „Improvisator“ eins: im „*Kasperltheater* unsrer Jahrmärkte“, der Urform des *Faust*-Theaters (*Über Schauspieler und Sänger*: SSD 9, 181-183).

[36] „[...] diese kleinen abgespielten Tragikomödien [des Lebens] werden bei jeder ihrer ungezählten und unzählbaren Aufführungen immer wieder von neuen Schauspielern dargestellt und hören deshalb nicht auf, interessirte Zuschauer zu haben: während man glauben sollte, das die gesammte Zuschauerschaft des Erdentheaters sich längst, aus Ueberdruss daran, an allen Bäumen aufgehängt hätte. So viel liegt an neuen Schauspielern, so wenig am Stück“ (*Menschliches, Allzumenschliches* II, *Der Wanderer und sein Schatten* 58: KSA 2, 578/579).

Das machtwillige Leben produziert Masken seiner selbst und schaut ihnen zu, um es (und sich) in seiner *décadence* zu durchschauen. So der Dramatiker Wagner – in der Sicht Nietzsches.

Was aber illusorisch ist wie alles Theater, muß auch durchschaut werden: der Schauspieler hinter seiner Maske und insbesondere der „Histrione", der „Mime", der „Erzschauspieler" Wagner. Die *Geburt der Tragödie* versucht beides. Sie versucht, mehr oder weniger philologische Rechenschaft von der attischen Tragödie zu geben und sie gegen den sokratischen Optimismus auszuspielen, in dem Nietzsche die moderne Zivilisation zu erkennen meint.[37] Sie versucht aber auch, Wagner als Symptom zu durchschauen, wie ein Entwurf zum *Mahnruf an die Deutschen* in Sachen Bayreuth deutlich sagt:

> wir schreiben nicht das Wort Wagner auf unser Programm, aber wir haben begriffen, was für ein Gedanke in den Werken Wagners mächtig ist. Wir begreifen die Tendenz der Wagnerianer, aber wir wollen etwas anderes.[38]

Das ist Absicht auch der Tragödien-Schrift, deren Autor erklärt, „zugleich schauen zu müssen und zugleich über das Schauen sich hinaus zu sehnen"[39]. Das kann nichts anderes als „Durchschauen" meinen und damit „eine noch höhere Befriedigung an der Vernichtung der sichtbaren Scheinwelt", die auch dem tragischen Künstler (Wagner) eigen sei.[40] Daher sei seine

> Kunst [...] überfliegend und transcendental, was soll unsre arme deutsche Niedrigkeit damit anfangen! Sie hat etwas wie Flucht aus dieser Welt, sie negirt dieselbe, sie verklärt diese Welt nicht. [...] Nur um seiner Kunst eine Stätte in dieser Welt zu bereiten, sehen wir ihn beschäftigt und activ: aber was geht uns ein Tannhäuser Lohengrin Tristan Siegfried an! Das scheint aber das Loos der Kunst zu sein, in einer solchen Gegenwart, sie nimmt der absterbenden Religion ein Theil ihrer Kraft ab.
> [...]
> In einer solchen Stellung der Kunst liegt ihre Stärke und ihre Schwäche: es ist so schwer, von dort her zu dem einfachen Leben zurückzukehren. Die Verbesserung

---

37 Dieser Zivilisationskritik fällt auch der Theologie David Friedrich Strauß in der ersten der *Unzeitgemäßen Betrachtungen* erbarmungslos zum Opfer, die ohne Nietzsches Kenntnis von dessen letzter und vorgeblich die Kritik erregender Schrift entsteht: auf Drängen Wagners nämlich (vgl. Gregor-Dellin, *Richard Wagner* 665). Anlaß ist die Kritik Wagners an den Münchner *Tannhäuser*-Proben unter der Leitung Franz Lachners 1868 – „Martyrien, welche selbst ein kaltblütiger Evangelienkritiker mit zwei Sonetten zu besingen sich gedrungen fühlte" (Wagner über Strauss, in: *Über das Dirigieren* [SSD 8, 308]). Wagner hat seinerseits mit drei Sonetten geantwortet: „Blieb Christ, der Heiland, Dir auch unbewiesen, / lässt Du dafür uns doch Franz Lachner gelten" (vgl. *Das Braune Buch* 149/150 sowie 231). Während sich Wagner an der liberalen Theologie als solche stört und den Zusammenstoß mit Lachner nur zum Anlaß seiner Sonette nimmt, ist für Nietzsche der „incurable Optimismus" anstößig, den er dem „Philisterhäuptling" Strauss zuschreibt (*David Strauss der Bekenner und der Schriftsteller*: KSA 1, 190/191). Kurz: die eigentliche Zielrichtung von Wagners Kritik ignoriert Nietzsche und kapriziert sich stattdessen auf philologisch-zivilisationskritischen Spott.

38 *Fragment* 8 [109]: KSA 7, 264 (Sommer 1872 als Notiz zum *Mahnruf an die Deutschen*, KSA 1, 891-897).

39 KSA 1, 150.

40 Ebd., 151.

> des Wirklichen ist nicht mehr das Ziel, sondern das Vernichten oder das Hinwegtäuschen des Wirklichen. Die Stärke liegt in dem sektirerischen Charakter: sie ist extrem und verlangt von dem Menschen eine unbedingte Entscheidung.[41]

So versteht Nietzsche die „Tendenz der Wagnerianer" und unterscheidet, selbst noch in der nicht gelüfteten Maske des Wagnerianers, zwischen Wagner und dem „sektirerischen" Bayreuther Zirkel – eine Unterscheidung, die er zu seinem und Wagners Nachteil nicht vertieft und nicht konsequent durchgehalten hat.[42] Ob auch die Tendenz Wagners gemeint und getroffen ist, bleibt zunächst offen – jedenfalls will Nietzsche etwas anderes, und dies von vornherein. Der oft beschriebene und am *Parsifal* festgemachte „Bruch" mit Wagner durchzieht das „Zwiegespräch" von Anfang an. Er tritt aber erst zu Tage, als das brüchige Fundament von beiden Seiten her mit Werk- und Theoriegebäuden belastet wird, die es nicht zugleich tragen kann.[43]

Zunächst erkennt Nietzsche das Nicht-Affirmative dieser negierenden, sogar weltflüchtigen Kunst. Der ästhetische Schein des Kunstwerks überstrahlt die Wirklichkeit und mag insofern über sie hinwegtäuschen. In allem wittert Nietzsche, wie sich hier einer durch die Kraft der „absterbenden Religion" tragen läßt und von den Adepten seiner Kunst sogar „unbedingte Entscheidung" einfordert. Dieses ambivalente Verhältnis zum Christentum nährt früh Nietzsches Verdacht, für den er noch nicht die vieldeutige Formel der „décadence" entwickelt hat. Er hätte sie bei Wagner finden können (und hat sie möglicherweise auch gesprächsweise gefunden). Dessen Nachlaßfragmente zum „Künstlerthum der zukunft" [sic] enthalten die Keimzellen nicht nur zu seiner eigenen theoretischen Hauptschrift *Oper und Drama* (1851), sondern auch zu deren Modifikationen.

> Geburt aus der musik: Aeschylos.
> Decadence – Euripides.
> – Dass seitdem aus dem Trauerspiele etwas ward war nur die that des einzelnen Genie's – Shakespeare. Sonst als gattung das Drama – nichts.
>
> * * *

[41] *Fragment* 32 [44], Anfang Frühjahr 1874: KSA 7, 767/778.

[42] „Man hat Wagner ins Deutsche übersetzt! Der Wagnerianer war Herr über Wagner geworden! – Die *deutsche* Kunst! der *deutsche* Meister! das *deutsche* Bier!" (*Menschliches, Allzumenschliches*: KSA 6, 323). Auch Wagner unterscheidet hier deutlich. Vorgreifend anekdotenhaft: der „Hofbiograph" Carl Friedrich Glasenapp berichtet von Wagners Bitte an das Publikum des *Parsifal*, auf Hervorrufe zu verzichten, doch wird er dahingehend mißverstanden, jeglicher Schlußapplaus sei zu unterlassen. Seine diesbezügliche Äußerung, „die ‚Wagnerianer' seien so dumme Leute, man könne die Wände mit ihnen durchrennen", will Glasenapp „für echt, ihre Ausbreitung von Mund zu Mund aber nicht für sehr liebevoll gehalten" wissen (*Das Leben Richard Wagners* 6, 636; vgl. Gregor-Dellin, *Richard Wagner* 820). Das Wort bündelt unmutig, was Wagner auch sonst über das Publikum der Festspiele theoretisiert – wie sich anläßlich seiner Überlegungen zum Problem des Publikums zeigen wird.

[43] Erst Manfred Eger hat die nötige Klarheit in das Zusammenspiel von Psychologie und Philosophie im Fall „Nietzsches Wagner" gebracht (vgl. *Nietzsches Bayreuther Passion* und dazu meine Rezension).

> Oper eben nur ähnlich der Wirkung im Concertsaal: Depotenzierung der Vernunft. – Umgekehrt nun im vollendeten Drama die vollen Gestalten des erschauten Traumbildes, die andere Welt, wie durch die Laterna magica, vor uns hin projezirt, leibhaftig – wie beim Geistersehen die Gestalten aller Zeiten u. Räume deutlich vor uns. Musik ist das Licht dieser Laterne.[44]

Musik ist also der „Mutterschoß" des attischen Dramas und seiner Vollendung bei Aischylos, mithin nicht nur eine gestaltende Kraft im Ensemble der Bühnenkünste, in der griechisch-antiken *musiké*, sondern gleichsam die metaphysische Größe, aus der sich alle empirischen Künste erst entfalten. Mit dem Drama des Euripides und ihrem musikalischen Defizit verfällt die Tragödie. Während *Oper und Drama* noch zwischen einem empirischen und einem metaphysischen Begriff der Musik schwankt, kann Wagner später von Schopenhauer her diesen ursprünglich angezielten Begriff konsequent ausbauen und den Begriff einer Musik als bloße Komponente des Gesamtdramas verabschieden.[45] Im Drama beginnt die Musik zu sprechen und zu reflektieren. Sie ist die Kraft, die nun „die vollen Gestalten des erschauten Traumbildes" deutlich, nämlich bedeutend und ausdeutend, erschafft. Auch dieser Gedanke findet seine begriffliche Form erst durch Schopenhauers Traum- und Somnambulismus-Theorie, um dann auf der *Meistersinger*-Bühne ausgesungen zu werden: „all Dichtkunst und Poeterei / ist nichts als Wahrtraumdeuterei".[46] Wovon und wessen? Der Erscheinungswelt durch den denkenden Künstler. Diese gedeutete Erscheinungswelt nun, faktisch die Welt einer dekadenten Zivilisation, hebt die Musik als eigentlich autonome (nicht „absolute"!) Kunst auf – „wie das Tageslicht den Lampenschein"[47]. Es ist die symphonische Kunst Beethovens, in der sich dialektisch einerseits diese aufhebende metaphysische Größe der Musik ausdrückt, andererseits aber auch die Rückkehr zur Sprache, zum gesungenen Wort und damit zur Bühne andeutet. Wagners Tragödie knüpft daher an den Beethoven der 9. Symphonie an, in der sich – so eine zentrale These Wagners – zugleich die Autonomie und auch die dramaturgische Kraft solcher Musik zeigen. Eben so verhält sich für Nietzsche

> die dionysische Musik zur Civilisation. Von letzterer sagt Richard Wagner, dass sie von der Musik aufgehoben werde wie der Lampenschein vom Tageslicht. In gleicher Weise, glaube ich, fühlte sich der griechische Culturmensch im Angesicht des Satyrchors aufgehoben: und dies ist die nächste Wirkung der dionysischen Tragödie, dass der Staat und die Gesellschaft, überhaupt die Klüfte zwischen Mensch und Mensch einem übermächtigen Einheitsgefühle weichen, welches an das Herz der Natur zurückführt. Der metaphysische Trost, – mit welchem [...] uns jede wah-

---

[44] Wagner, *Entwürfe* 68/69. – SSD 12, 280/281 enthält dieselben Texte in angeglichener Orthographie, aber nicht in unmittelbarer Aufeinanderfolge.

[45] Dieses begriffliche Schwanken ist Wagner häufig angelastet worden – zu Unrecht, wie sich zeigen wird. Seine Theorie erwirbt sich das begriffliche Instrumentarium schrittweise, angeregt jeweils von den verschiedenen Philosophien, mit denen er in Berührung kommt.

[46] 3. Aufzug, 2. Szene (463). Und weiter: „*Walther*: So wär's nicht Traum, doch Dichterei? *Sachs*: 's sind Freunde beid, stehn gern sich bei" (465).

[47] *Beethoven* (1870): SSD 9, 61-126, 120.

> re Tragödie entlässt – dass das Leben im Grunde der Dinge, trotz allem Wechsel der Erscheinungen unzerstörbar mächtig und lustvoll sei, dieser Trost erscheint in leibhafter Deutlichkeit als Satyrchor, als Chor von Naturwesen, die gleichsam hinter aller Civilisation unvertilgbar leben und [...] ewig dieselben bleiben.[48]

Das ist *in nuce* Nietzsches Theorie der Tragödie. Überdeutlich knüpft sie an die einschlägigen Schriften Wagners an und setzt für die Lektüre eine gewisse Kenntnis der Zürcher Kunst-Schriften der frühen fünfziger Jahre bis zum programmatischen *Beethoven* von 1870 voraus. Der vieljährige Gesprächsaustausch beider von 1869 an mag dabei die eigentliche Lektüre Wagners überlagert haben, wie sich *en détail* belegen läßt: Was immer wieder emphatisch nach Wagner klingt, ist schon unter der Hand in neue Kontexte gestellt und zu Nietzsche geworden. Wie weit Wagner selbst sich dessen bewußt ist, läßt sich wohl niemals ganz klären. In der *Geburt der Tragödie* sieht er zunächst jedenfalls die akademisch-fachliche Sekundanz des jungen Basler Professors, die ihm strategisch nützt[49], denn das theoretische Gebäude des Festspielgedankens ist längst vor Bayreuth und auch vor Nietzsche aufgeführt, es bedarf dieser Bestätigung in der Sache nicht. Parallel zur eben erhaltenen *Geburt der Tragödie* liest Wagner gerade die *Orestie* des Aischylos, das Schlüsselwerk des eigenen Schaffens und Theoretisierens, Platons *Staat* und immer wieder Schopenhauer, und überdies nimmt er die spätestens seit der *Beethoven*-Schrift fälligen Korrekturen an *Oper und Drama* vor.[50] Durch Nietzsches Vermittlung kehrt also eine wesentliche Steigerung der Festspielidee zu ihrem Urheber zurück. Hat Wagner die gravierenden Abweichungen wahrgenommen oder wahrnehmen wollen?

Die Tagebücher Cosimas geben nichts dazu her.[51] Im Nachlaßfragment *Socrates und die Tragoedie* setzt Nietzsche attische Tragödie und Wagners Dra-

---

[48] *Die Geburt der Tragödie*: KSA 1, 55/56.

[49] So wird Nietzsche unter dem ersten Eindruck seines Buches für eine Bayreuther „Revue“ von Wagner als Redakteur vorgesehen (3. Januar 1872: CT I, 476) – diese Rolle übernimmt später für die „Bayreuther Blätter“ Hans von Wolzogen, ebenfalls Philologe, der sich in unmittelbarer Nähe von „Wahnfried“ niederläßt.

[50] „Ich weiß, was Nietzsche darin nicht paßte, das ist auch das, was Kossak aufnahm und Schopenhauer gegen mich aufbrachte, was ich über das Wort sagte: damals wagte ich noch nicht zu sagen, daß die Musik das Drama produziert habe, obgleich ich es in mir wußte“ (14. Februar 1872: CT I, 490).

[51] Was nicht viel besagen muß, da Wagner sein theoretisches und musikalisches Produzieren in „Wahnfried“ immer nur im Ergebnis vorgestellt hat. Wollte er sich der Illusion nicht berauben, einen hochrangigen Adlatus heranzuziehen (der von der Öffentlichkeitsarbeit bis hin zum Wäscheeinkauf zugleich freiwillig eine Rolle als *factotum* spielte, die ihn mindestens vor sich selbst kompromittieren mußte)? Andererseits empfängt Cosima durchaus persönliche Briefe und gelegentlich Kompositionen Nietzsches, dessen Verehrung für Cosima-Ariadne nach Wagners Tod literarische Form annahm. Waren sich beide Wagners über Nietzsche einig? Wenn Cosima in einem gleichlautenden Widmungsgedicht an sie und an Nietzsches Schwester „einen bedenklichen Zug, wie eine Sucht des Verrats, gleichsam um sich gegen einen großen Eindruck zu rächen“, erkennen will, dann gilt der „Verrat“ sicher eben so sehr Cosima wie Richard (vgl. CT I, 387). Noch aufschlußreicher ist wohl die Tatsache, daß Cosima Wagners sonst umständliche Tagebücher über die Gespräche mit Nietzsche auffallend schweigen (vgl. Westernhagen, *Wagner* 10).

ma ungeschichtlich gleich[52], der Titel einer anderen Vorstudie gibt sogar die Formel dafür: *Das griechische Musikdrama*. In ihm sei „jenes Kunstwerk der Zukunft durchaus nicht etwa eine glänzende, doch täuschende Luftspiegelung [...]: was wir von der Zukunft erhoffen, das war schon einmal Wirklichkeit [...]".[53] Das ist in der Tat „Zukunfts-Philologie", wie Wilamowitz-Moellendorf in seinem Pamphlet höhnt, nämlich Rückprojektion einer utopischen Zielgröße Wagners, die an die „Revolution" und jedenfalls die Zukunft gebunden bleibt, in die griechische Antike. Der Nicht-Philologe Wagner selbst sieht das attische Drama dagegen korrekt als unwiederholbar historische Größe, deren Idee es zu entwickeln gelte. Nietzsche knüpft an den Chor als strukturell wichtigste Größe des antiken Dramas an.[54] Musik hingegen sei „Mittel zum Zweck", nämlich „das Erleiden des Gottes und des Helden in stärkstes Mitleiden bei den Hörern umzusetzen".[55] Die Tanzbewegung, die „Orchestik", erklärt ihrerseits die Musik, deren Aufgabe es ist, „die Wirkung der Dichtung" zu steigern.[56] Diese Vorstudien verraten eine trivialisierte Auffassung der Positionen, die Wagner in *Oper und Drama* vertreten, aber längst deutlich revidiert hat – trivial deswegen, weil sie nicht nur den erheblich komplexeren Gang der Argumentation Wagners auslassen, sondern auch dessen Ergebnisse ohne methodische Reflexion in das attische Drama zurückprojizieren.[57] Nietzsche macht für diesen verfehlten Ansatz Wagner verantwortlich, wenn er im *Versuch einer Selbstkritik* der Neuausgabe von 1886 betont, daß er sich „das grandiose *griechische Problem*, wie mir es aufgegangen war, durch Einmischung der modernsten Dinge *verdarb*"[58]. Diese „Einmischung" aber ist in Wagners eigener Theorie nicht vorgebildet, sondern in erst in Nietzsches Adaption angelegt, die vorsichtig tastend den „dionysischen" Rausch zugleich mit der „apollinischen" Klarheit gegen die „modernsten Dinge", nämlich die Allverständigkeit einer optimistischen Zivilisation, ausspielt. Aber auch hier kehrt derselbe Anachronismus als methodischer Fehler wieder, der die Legitimation Wagners durch das attische Drama zum Begründungszirkel rundet: Nietzsche will im *„aesthetischen Sokratismus"*[59] die eigene zeitgenössische „Civilisation" wiedererkennen.

---

52 „Ist das Musikdrama wirklich todt, für alle Zeiten todt? Soll der Germane wirklich jenem entschwundenen Kunstwerk der Vergangenheit nichts anderes zur Seite stellen dürfen, als die ‚große Oper' [...]?" (KSA 1, 549).

53 KSA 1, 532.

54 KSA 1, 526.

55 KSA 1, 528 (unter Berufung auf Christoph Willibald Glucks Vorrede zur *Alceste*).

56 KSA 1, 530. Im katholischen Hochamt habe sich diese Aufgabe der Musik als ein rituell-gesanglich gesteigertes Sprechen erhalten (531).

57 Treffend sagt es Dieter Borchmeyer: Nietzsches „Erstlingsschrift und die sie vorbereitenden Vorträge bilden ein System von Reprojektionen moderner Probleme und Gegebenheiten auf die griechische Tragödie respective eine Projektion derselben auf das musikalische Drama Richard Wagners. Das ‚Kunstwerk der Zukunft' wird durch den Nachweis, daß es im Grunde schon einmal da war, beglaubigt und legitimiert" (*Richard Wagner und Nietzsche* 117).

58 KSA 1, 20.

59 KSA 1, 85.

> Der unumschränkt sich wähnende Optimismus! Nun soll man nicht erschrecken, wenn die Früchte dieses Optimismus reifen, wenn die von einer derartigen Cultur bis in die niedrigsten Schichten hinein durchsäuerte Gesellschaft allmählich unter üppigen Wallungen und Begehrungen erzittert, wenn der Glaube an das Erdenglück Aller, wenn der Glaube an die Möglichkeit einer solchen allgemeinen Wissenscultur allmählich in die drohende Forderung eines solchen alexandrinischen Erdenglückes, in die Beschwörung eines Euripideischen deux ex machina umschlägt.[60]

Den „Gehalt dieser sokratischen Cultur" will Nietzsche „*die Cultur der Oper*" nennen[61], diese selbst „als das Oppositionsdogma vom ‚guten Menschen'" verstehen[62]. Das hat alles Nähe zur Opernkritik Wagners, sofern die „Oper" als Selbstfeier einer dekadenten Zivilisation bestimmt wird. Allerdings fehlt bei Nietzsche jegliche politisch-ökonomische Analyse der Oper als „Industrie" und damit Ausdruck einer spezifischen Gesellschaftsstruktur, der nur mit Revolution oder Antizipation (einer ihrerseits utopischen Kunst) beizukommen ist. Vor allem fehlt eine wirkliche ästhetische Theorie, die das Drama historisch und in seinem Verhältnis zur Musik detailliert bestimmt – eben dies ist Inhalt von Wagners *Oper und Drama.*

Für Nietzsche ist die attische „*Tragödie aus dem tragischen Chore entstanden*", und dieser wiederum sei „der ‚idealische Zuschauer'", dessen „dionysische Erregung" alle Teilnehmenden einbezieht: „Dieser Prozess des Tragödienchors ist das *dramatische* Urphänomen."[63] Das ist die Einsicht, „dass die Scene mitsamt der Action im Grunde und ursprünglich nur als *Vision* gedacht wurde, dass die einzige ‚Realität' eben der Chor ist, der die Vision aus sich erzeugt und von ihr mit der ganzen Symbolik des Tanzes, des Tones und des Wortes redet". In dieser Massenchoreographie des singend gesteigerten Wortes ist Dionysos „Bühnenheld und Mittelpunkt der Vision"[64]: Aber: eine philologische Klärung oder dramaturgische Funktionsanalyse gibt Nietzsches Text nicht, und das unterscheidet ihn von der nüchternen Reflexion Wagners in *Oper und Drama*, der dem modernen Orchester in Analogie und deutlicher Unterscheidung vom antiken Chor seine dramatische Rolle zuweist.[65]

---

[60] KSA 1, 117.

[61] KSA 1, 120; vgl. 95 („Die optimistische Dialektik treibt mit der Geissel ihrer Syllogismen die *Musik* aus der Tragödie: d. h. sie zerstört das Wesen der Tragödie, welches sich einzig als eine Manifestation und Verbildlichung dionysischer Zustände, als sichtbare Symbolisirung der Musik, als die Traumwelt eines dionysischen Rausches interpretiren lässt").

[62] KSA 1, 122.

[63] KSA 1, 52, 59, 61.

[64] KSA 1, 62/63. – Manfred Frank hat mehrfach auf Nietzsches „unausgewiesene Benutzung von Grundgedanken der Schellingschen Dionysos- und Mysterien-Interpretation" verwiesen (in der *Geburt der Tragödie* an entscheidender Stelle: KSA 1, 71ff.); vgl. *Der Ring-Mythos als „Totschlägerreihe"* 92, A. 37.

[65] Wenn Assoziationen in Betreff Wagners üblich sind, so mögen sie hier einmal in Bezug auf Nietzsche verzeihlich sein: Dieser dionysische Massenrausch des allumfassenden Chores (der *orchestra*) erinnert nicht an Wagners differenziert-reflektierendes und im „mystischen Abgrund" versenktes Organ, sondern eher an die Selbstfeier aufmarschierender Massen im 20. Jahrhundert und ihren quasi-dionysischen Rausch.

b) „Absolute Musik“ und Dilettantismus

Erschöpft sich Wagners Welttheater in der ästhetischen Lust am schönen Schein und seiner gleichzeitigen Aufhebung, wie es Nietzsche versteht? „Wenn Richard Wagner der Musik den Charakter des ‚Erhabenen‘ zuschreibt, im Gegensatze zum Gefällig-Schönen, so zeigt sich hierin die *moralische* Seite der neueren Kunst“.[66] Dies irritiert Nietzsche ebenso wie Wagners durchgehend erklärte Absicht, er wolle mehr als eben „nur Musik“[67]: nämlich zunächst Reform oder Revolution und schließlich Religion. Dies sei „sehr charakteristisch für den Schauspieler“ und erzwingt die Frage: „wenn die Musik hier *Mittel des Ausdrucks* ist, was ist der Zweck? Der kann also nicht in der Musik liegen.“[68] Damit artikuliert sich früh der Verdacht gegen Wagners vermeintliche Charaktermaske: Er ist der mutmaßliche „Histrione“ oder „Mimomane“, dessen „Theatrolatrie“ Nietzsche zunehmend abstößt (die doch der verzweifelte Versuch ist, eine Utopie in die Wirklichkeit zu zwingen, statt sie theoretisch oder ästhetisch nur zu beschwören).[69]

Nietzsche wird Opfer einer begrifflichen Konfusion, zu der Wagners Theorie allen Anlaß gegeben hat.[70] Deren ambivalenter Begriff der Musik als Mittel zum Zweck des Dramas einerseits und als metaphysischer Urgrund des Dra-

---

66 *Nachlaß-Fragment* 9 [106]: KSA 7, 313. – Im Entwurf zur programmatischen *Beethoven*-Schrift, die gewissermaßen die Ästhetik des *Ring* formuliert, heißt es: „Die Wirkung des Schönen ist erst die Bedingung für den Eintritt der wahren Wirkung des Kunstwerkes, nämlich der erhabenen. In der Musik wird die erste Wirkung sofort und durchgehends durch ihre Form erreicht, eben weil sie reine Form ist. – Führt es nicht zur erhabenen Wirkung, so ist das Schöne überhaupt nur Spielerei“ (*Das Braune Buch* 211).

67 *Der Fall Wagner*: KSA 6, 35. – Im Ganzen: „Thatsächlich hat er sein ganzes Leben Einen Satz wiederholt: dass seine Musik nicht nur Musik bedeute! Sondern mehr! Sondern unendlich viel mehr! ... ‚*Nicht nur* Musik‘ – so redet kein Musiker.“ So redet aber auch – umgekehrt – kein Philosoph aus dem Geist der Philologie, der von der Defizienz „moderner“ Musik (als „abstrakter“ oder „absoluter“ Teilkunst) in Bezug auf die umfassende „musiké“ der griechischen Antike wissen sollte. Nietzsche vertritt vielmehr die romantische Unendlichkeits-Ästhetik einer selbstbezüglichen „Musik“, die ohne Wagners ausgeführte „Musiksoziologie“ und mit flüchtig-falscher Wiedergabe ihrer Theorien auskommt (vgl. detailliert Borchmeyer, *Das Theater Richard Wagners* 102-125, bes. 106ff.).

68 *Nachlaßfragment* 32 [52]: KSA 7, 770.

69 „Was geht mich das Drama an! [...] Was der ganze Gebärden-Hokuspokus des Schauspielers! ... Man erräth, ich bin wesentlich antitheatralisch geartet, – aber Wagner war umgekehrt wesentlich Theatermensch und Schauspieler, der begeistertste Mimomane, den es gegeben hat, auch noch als Musiker! .. [...] wenn es Wagner's Theorie gewesen ist ‚das Drama ist der Zweck, die Musik ist immer nur dessen Mittel‘, – seine *Praxis* dagegen war, von Anfang bis zum Ende, ‚die Attitüde ist der Zweck, das Drama, auch die Musik ist immer nur *ihr* Mittel“ (*Die fröhliche Wissenschaft*: KSA 3, 617). Liest sich aber nicht auch dies wie eine Rückprojektion des philosophierenden Mimomanen und Maskenträgers Nietzsche, der seinerseits die rhetorische Pose gelegentlich mehr als den Begriff liebt? „Auch in der Musik giebt es eine *Logik* und eine *Rhetorik* als Stilgegensätze. / Wagner wird Rhetor, wenn er ein Thema behandelt“ (*Nachlaß-Fragment* 27 [60]: KSA 8, 497). Wo wäre Nietzsche in diesem Sinne *logisch*?

70 Diese Konfusion zieht sich bis in die Gegenwart hinein und prägt auch die Analysen von Egon Voss (*Richard Wagner und die Instrumentalmusik*, vgl. bes. *Legitimation des Musikdramas durch die Symphonie* 153-181); dazu später ausführlich im Kontext der theoretischen Schriften Wagners.

mas andererseits findet erst nach den Zürcher Kunstschriften seine endgültige, an Schopenhauer orientierte Bestimmung in der *Beethoven*-Schrift (1870) – ohne daß jedoch die dramaturgische Begründung der Kompositionstechnik je aufgegeben würde.[71] Musik ist der metaphysische Ort der „Handlung“, wie der aktionsarme *Tristan* in seiner symphonischen Faktur sowie mit seinem bezeichnenden Untertitel „Handlung in drei Aufzügen“ zeigt. Sie enthält – mit Schopenhauer formuliert – die *universalia ante rem* und kommentiert (in ihrer Rolle als Chor bzw. „orchestra“) die *universalia in rem*, wie sie sich in der Bühnenaktion darstellen. So ist sie sowohl deutende und bedeutende Gebärde, insofern sie an der Bühnenaktion teilnimmt, als auch der alles umfassende „Mutterschoß“ der Tragödie. Als solche ist die Musik tatsächlich symphonische Kunst und keine „absolute“ Teilkunst, die erst nachträglich und zum Nachteil aller mit den übrigen Bühnenkünsten zu einem „Gesamtkunstwerk“ zusammenzuführen wäre.

Nicht allein der Begriff der Musik ist also ambivalent, sondern erst recht der von Nietzsche gegen Wagner ausgespielte Begriff einer „absoluten“ Musik. Soll „absolut“ eine separate und also aus der Sicht des Dramatikers zweckfrei-abgelöste Teilkunst bezeichnen? Soll „absolut“ im prägnanten Wortsinn Hegels eine transzendente Qualität der Musik bezeichnen, die alle möglichen und wirklichen Relationen erst in ihr selbst entfaltet? Der Sache nach meint Nietzsche eher diese metaphysische Qualität von Wagners Musik und Musiktheorie, wenn er von der „Widerspruchs-Natur im Grunde der deutschen Seele“ spricht, „welche Hegel in System gebracht, Richard Wagner zuletzt noch in Musik gesetzt hat“[72]. Aber was besagt die Anmerkung über ihre Intuition hinaus (oder: was wußte Nietzsche wirklich von Hegel und vom faktischen Hegelianismus Wagners)? Nietzsche „schwebte eine sich mit dem Drama *deckende Symphonie* vor. Vom Liede aus sich erweiternd. / Aber die Oper, der Effekt, das Undeutsche zog Wagner anderswohin. Alle denkbaren Kunstmittel in der höchsten Steigerung.“[73] Das „Experimentiren auf diesem Gebiete“[74] erregt Nietzsches Verdacht

[71] Das zeigt die Spätschrift *Über die Anwendung der Musik auf das Drama* (1879), die kompositionstechnische Wagnisse nicht ausschließlich innermusikalisch, sondern aus der dramaturgischen Notwendigkeit erklärt (SSD 10, 176-193). Die Analogie von Musik und Drama bestimmt die Gestalt beider, statt daß die metaphysische Konzeption der Musik auf eine Symphonie mit obligater Bühnenaktion hinausliefe. Oder umgekehrt: was ein dramaturgisches Recht in der Musik hat, muß deswegen nicht symphonisch zwingend sein. Wagner besteht daher auf dem Gattungs- und Stilunterschied zwischen symphonischen Vorspiel (ohne Bühne! – was für die Aufführungspraxis von Bedeutung ist) und dem chorisch-symphonischen Urgrund des Orchesters für die Bühnenaktion (vgl. 187ff zum 2. Aufzug von *Walküre*).

[72] *Jenseits von Gut und Böse*: KSA 5, 185. – „Richard Wagner hat sich bis in die Mitte seines Lebens durch Hegel irreführen lassen; er that dasselbe noch einmal, als er später Schopenhauer's Lehre aus seinen Gestalten herauslas und [...] sich selber zu formuliren begann“ (*Die fröhliche Wissenschaft*: KSA 3, 455). Und schließlich: „Lassen wir die Moral aus dem Spiele: Hegel ist ein *Geschmack...* [...] Ein Geschmack, den Wagner begriff! – dem er sich gewachsen fühlte! den er verewigt hat! – Er machte bloß die Nutzanwendung auf die Musik – er erfand sich einen Stil, der ‚Unendliches bedeutet‘, – er wurde der *Erbe Hegel's* ... Die Musik als ‚Idee‘ —“ (*Der Fall Wagner*: KSA 6, 36).

[73] *Nachlaß-Fragment* 30 [110]: KSA 8, 541.

[74] *Nachlaß-Fragment* 10 [E 92]: KSA 9, 434.

gegen Wagners Kunst, denn: „Ungeheure Antriebe sind in ihr – *sie treibt über sich selbst hinaus*“[75] und macht sich dabei im Einzelnen verdächtig und angreifbar. Dennoch relativiert er selbst Recht und Reichweite seiner Kritik: „Aber als Ganzes ist die Erscheinung jedem Angriff gewachsen.“[76] Wie verhalten sich Nietzsches Angriffe auf Einzelnes zu diesem bis zuletzt bewunderten Ganzen?

Eine Notiz vom Frühjahr 1874 unterscheidet

> Mittel und Zweck – Musik und Drama – ältere Lehre.
> *Allgemeines* und *Beispiel* – Musik und Drama – neuere Lehre.
> Ist die letztere wahr, so darf das Allgemeine ganz und gar nicht abgängig vom Beispiel sein, d. h. die absolute Musik ist im Recht, und auch die Musik des Drama's muss absolute Musik sein.[77]

Die Bühnenaktion ist also die spezifische Gestalt dessen, was die musikalische Allgemeinheit (des Orchesters) formuliert, und nicht mehr der Zweck aller künstlerischen Mittel, die für das Drama zusammenfinden. Da aber der Gesamtzusammenhang des Dramas faktisch und in beiden Fällen außerhalb der Musik liege, könne sich diese nicht autonom und „organisch“ entwickeln: beides stehe im „vollen Widerspruch“ zueinander.[78] Also dürfe der Dramatiker „zugunsten des Drama's die Musik als Mittel gebrauchen“, wie er eben auch die übrigen künstlerischen Mittel einsetze: allegorisch gewissermaßen[79], aber nicht im Sinne einer eigengesetzlichen, organischen oder „absoluten“ Musik. Eine solche Musik zweiter Ordnung ist keine eigentliche, sondern angewandte Musik, und daher gilt für Wagner: „der ächte Musiker betrachtet ihn als einen Eindringling, als illegitim“[80]. Nietzsche läßt es auch nicht am Hinweis fehlen, es sei „ein Glück, dass Wagner nicht auf einer höheren Stelle, als Edelmann, geboren ist und nicht auf die politische Sphäre verfiel“.[81] Was wie eine Vorwegnahme der Musiksoziologie Adornos und ihrer Ideologiekritik an Wagner klingt, verblüfft durch eben diese schlichte Feststellung , denn „dass Wagner [...] nicht auf die politischen Sphäre verfiel“, läßt sich gerade nicht von ihm behaupten. Der Dresdner Revolutionär von 1849 verlagert – dies die Pointe von Werk und Lehre! – den politischen Umsturz in die künstlerische Utopie des Festspiels, das für alle Zeiten auf sein ihm gemäßes nachrevolutionäres Publikum warten muß. Dazwischen liegen vielfältige politische Aktivitäten,

---

75 *Nachlaß-Fragment* 29 [48]: KSA: 8, 520.

76 *Nachlaß-Fragment* 30 [80]: KSA 8, 536.

77 *Nachlaß-Fragment* 32 [52]: KSA 7, 770.

78 „[...] ein ganz specieller Ausdruck des Gefühls als Musik, ganz bestimmt – und daneben das Drama, ein Nebeneinander von Ausdrücken ganz bestimmter Gefühle, der dramatischen Personen, durch Wort und Bewegung. Wie können diese je sich decken?“ (KSA 7, 771).

79 KSA 7, 773.

80 *Nachlaß-Fragment* 32 [34]: KSA 7, 765.

81 *Nachlaß-Fragment* 32 [35]: ebd. – Bayreuth seit „Nichts harmloses“, sondern eine „*Revolution*, [...] die Constitution einer neuen Macht, die fern davon ist, sich nur aesthetisch zu fühlen“: das „politische Prunken mit dem Nationalen (während das, was von den Nationalen verehrt wird, gerade uns beinahe als das Feindselige, als das Gefährlichste gilt)“, führt Nietzsche genieästhetisch auf den „*Fortgang* des deutschen Geistes“ zurück (*Nachlaß-Fragment* 12 [9] 1875: KSA 8, 248/249).

die von der Barrikade bis zur Bayerischen Staatskanzlei reichen. Eben diese latente Totalität von künstlerischer Zielsetzung und deren politischer Dimension scheint spätestens in den Zürcher Schriften auf. Und auch darin kommt Adorno ein halbes Jahrhundert später mit Nietzsche überein, daß er sich wie dieser in das Konstrukt einer politisch unverdächtigen „absoluten Musik" rettet und von ihm her das Wagnersche Festspiel analysiert.

Bereits im Herbst 1866, zwei Jahre vor der ersten Begegnung mit Wagner, nimmt Nietzsche die später präzise entwickelte Kritik vorweg, indem er die Vortragsbezeichnung „Stürmisch", mit der das Vorspiel zur *Walküre* überschrieben ist, als ein „Programm wertet, das dem Zuhörer ein poetisches Bild vor die Seele zaubert" – es könne aber auch, dem akustischen Eindruck nach, ein „Dampfzug" sein.[82] Der Einwand übersieht einmal, daß „stürmisch" ebenso wie „agitato" und ähnliche Vortragsbezeichnungen das Orchester nicht programmatisch inspirieren, sondern über eine bloße Tempobezeichnung hinaus die Art dessen angibt, was vorzutragen ist. Vor allem geht das Vorspiel ohne jede Klangornamentik ganz elementar, wie es Wagner für die dramaturgische Rolle eines solchen Instrumentalstücks fordert, nur aus den prägnanten Motiven und ihrem internen „Beziehungszauber" hervor, die das *Rheingold* bereits eingeführt hat. Dieses Spiel der Motive verläuft analog, aber eigengesetzlich zu dem Sturm, der sich für die Bühnenaktion imaginieren oder inszenieren läßt. „Die musikalische Ästhetik liegt im Argen: es fehlt ein Lessing, der ihre Grenzen gegenüber der Poesie absteckte" – dieser charakteristische Anfangssatz verfehlt aber die Pointe, die Nietzsche anzielt. Denn die „Natur" nämlich scheine „Poesie und Musik [...] nicht sowohl zur Verbindung als vielmehr zu einer und derselben Kunst bestimmt zu haben", führt gerade Lessing in nachgelassenen Materialien zum *Laokoon* aus.[83] Und auf Lessing beruft sich Wagner selbst in der Einleitung zum zweiten Teil von *Oper und Drama*, dessen Grenzziehung zwischen Poesie und Musik wohl das „Literaturdrama" oder die abstrakte Instrumentalmusik („Klavier"), nicht aber das Drama und die Musik überhaupt, die beide zurückführen „auf den lebendigen *menschlichen Sprachton*, der mit dem *Gesangtone* ein und dasselbe ist, und ohne den wir weder Klavier noch Literaturdrama kennen würden".[84] Wenn aber die von Nietzsche vorausgesetzte Grenzziehung weder durch Lessing legitimiert noch in der Sache berechtigt ist, verliert seine Kritik an der sekundären oder abgeleiteten Musik des „Erzschauspielers" Wagner im Ganzen und an ihren musikalischen „Gebärden" im Einzelnen[85] ihre Grundlage – sind doch diese Ge-

82 BAW 3, 303ff.

83 Zit. nach Borchmeyer, Nachwort zu *Nietzsche und Wagner* 1279.

84 SSD 4, 1-6, hier 6.

85 Nietzsche sieht klar, daß die *Oresteia* des Aischylos Wagners Paradigma ist („nie hat ein antikes Werk so mächtig gewirkt wie die Oresteia auf Wagner": *Nachlaß-Fragment* 5 [109]: KSA 8, 69). Um so wertvoller ist die Gesprächsnotiz Cosimas vom 30. Mai 1871: „Nach Tisch Gespräch über Aischylos, ‚er sei trunken gewesen', lautet der mißverstandne Spruch, und Schauspieler, wie auch Sophokles eine Zeitlang. Und die Tragödie sei ganz entschieden aus der Improvisation entstanden. Dies alles von Pr.[ofessor] Nietzsche mitgeteilt, mit dem Spruch Sophokles' über Aischylos: ‚Er tue das Rechte ohne es zu wissen', was R.[ichard] mit dem Spruch

bärden selbst weder Illustrationen noch, für sich genommen, bloße Analogien zur Bühnenaktion, sondern eigenständiges musikalisches Material, das allerdings zugleich der Bühne und dem Orchestergraben gehört.[86] Der klassischen Ablehnung „nicht-absoluter“ Musik als „Programm-Musik“ tritt Wagner in einem bemerkenswerten Brief-Essay vom 17. Februar 1857 an Marie von Sayn-Wittgenstein, die Lebensgefährtin von Franz Liszt, entgegen. Er erklärt ihr seinen durch Schopenhauer bestärkten

> Glauben: die Musik kann nie und in keiner Verbindung, die sie eingeht, aufhören, die höchste, die erlösendste Kunst zu sein; es ist diess ihr Wesen, dass, was alle anderen Künste nur andeuten, durch sie u. in ihr zur unbezweifeltsten Gewissheit, zur allerunmittelbarst bestimmenden Wahrheit wird. [...] Nichts ist für seine Erscheinung im Leben weniger absolut, als die Musik, und die Verfechter einer absoluten Musik sind offenbar sinnlose Köpfe, denen [!] man zu ihrer Verwirrung nur aufzufordern hätte, uns eine Musik ausserhalb der Form zu zeigen, die sie der körperlichen Bewegung oder dem Spracheverse (dem causalen Zusammenhange nach) entnahm.[87]

Dem Superlativ dieses musikästhetischen *Credo* entspricht zugleich eine metaphysische und eine genetische Begründung; die Musik ist unmittelbar erscheinender „Welt-Wille“ und zugleich eine nie ganz von ihren Ursprüngen abzulösende Körpersprache. Das Drama setzt beides voraus, wenn es Handlung als Sprache und Gebärde musikalisch als Einheit realisiert.

Im Einzelnen gilt Nietzsches Kritik – darin wiederum Adorno vorwegnehmend – Wagners Melodik und deren Entwicklung, ohne daß er die Voraussetzung seines eigenen Begriffs von „absoluter Musik“ bzw. „Melodie“ entwickelt. Wagners „Ton-Semiotik“ übersetze Gebärden in „kleine Einheiten“, doch: „der Rest taugt Nichts.“ Er entwickle seine Motive „laienhaft“ und sei unfähig „zum organischen Gestalten“; seine Gebärdenkunst reiche hin, ihn „als

---

Schopenhauer's über den Musiker [vergleicht]: Er spräche die höchste Weisheit in einer Sprache, die seine Vernunft nicht versteht“ (CT I, 393). Die Charakteristik des Aischylos könnte sublim auf Wagner selbst zielen, den in seiner Improvisation trunkenen Schauspieler, der wiederum selbst seine Rolle als Musiker von Schopenhauer her metaphysisch überhöht.

86 Es ist bezeichnend, daß Bruckner als Symphoniker die Festspiele Wagners bei zugezogenem Logenvorhang genossen und geschätzt hat, sich mithin auf die „universalia ante rem“ beschränkte und sie nachvollzog, ohne die „universalia in re“ zu vermissen (um nochmals Schopenhauers „scholastische“ Terminologie zu verwenden). Auch die Symphonik Gustav Mahlers profitiert bis in Einzelheiten von Wagners symphonischer Technik, ohne umgekehrt einer Bühne zu bedürfen. Für Albert Schweitzer gilt das „Ideal einer klassischen Musik“, zurechtgemacht „als reine Musik“, gerade nicht als tauglicher Einwand gegen Wagner: „Dem Bach der Gralswächter der reinen Musik setze ich in meinem Buche [*Bach, le musicien-poète*: Paris/Leipzig 1905] denjenigen entgegen, der Dichter und Maler in Musik ist“. Das Argument der „Tonsprache“, das Nikolaus Harnoncourts Wendung von der „Klangrede“ vorwegnimmt, entkräftet den Einwand der „Antiwagnerianer“, indem es die Fiktion der „reinen Musik“ zerstört. Nicht nur das: für Schweitzer steht Bach sogar noch näher bei Berlioz als bei Wagner (*Aus meinem Leben und Denken*: AW 1, 82). So kann er sagen: „Mit der Verehrung Bachs ging bei mir die Richard Wagners zusammen“ (ebd., 32; vgl. 376). Anhand der Choralvorspiele, aus deren Analyse sein *Bach*-Buch entsteht, demonstriert er in Straßburg Cosima Wagner seine „Ansicht, daß Bachs Musik deskriptiv“ sei (50).

87 *Briefe* 315.

unsern grössten *Miniaturisten* der Musik" zu proklamieren, „der in den kleinsten Raum eine Unendlichkeit von Sinn und Süsse drängt".[88] Zumindest im Ergebnis reicht auch Adornos *Versuch über Wagner* nicht weiter als Nietzsches Einwand. Darum lohnt es sich, dessen Voraussetzungen genauer zu fassen, zumal Nietzsche es an Belegen durchweg fehlen läßt.

Zunächst: Wagners „Musik fehlt, was seinen Schriften fehlt – Dialectik", während umgekehrt die „Kunst der *Amplification* sehr gross" sei.[89] Das improvisatorische Ausspinnen der Themen sei die Stärke, die Melodik die Schwäche Wagners, denn er sei arm an und in der Melodie, die Nietzsche klassisch als „ein *Ganzes* mit vielen schönen Proportionen" versteht.[90] Melodik dieser Art und ihre in sich geschlossene „Quadratur" lehnt Wagner indes seit dem *Lohengrin* systematisch als untauglich ab für das Drama. Sie führt zur „Arie" und geschlossenen „Nummer", aus denen sich die „Oper" aufbaut und gerade der Musik wegen die Handlung in das Rezitativ bzw. den gesprochenen Dialog verbannen, damit aber die dramatische Einheit aufgeben muß. „Handlung" und Musik schließen sich unter dieser Voraussetzung gegenseitig aus. Weil Nietzsche Wagners Begriff und Kritik der Melodie umgeht, muß er „die ‚unendliche Melodie' [...] ein hölzernes Eisen" nennen: „‚die nicht Gestalt gewordene, fertig gewordene Gestalt' – das ist ein Ausdruck für das Unvermögen der Form und eine Art Princip aus dem Unvermögen gemacht".[91] Aus der nicht durchschauten Voraussetzung der Kritik folgt unmittelbar ihr (von Hanslick bis Adorno) wiederholtes Verdikt[92], dramatische Musik („Attitüden-Musik") vertrage „sich freilich am besten mit der formlosen, fließenden Musik" und sei „*niederer* Gattung".[93] Nietzsche vermißt in der „unendlichen Melodie" den festen, verläßlichen „Rhythmus", der den Tanz erlaubt; das „hierzu nöthige Maass" (genauer also: das deutlich hörbare Metrum) gehe gerade in

---

88 *Der Fall Wagner*: KSA 6, 28. – Kurz: „Das Ganze lebt überhaupt nicht mehr: es ist zusammengesetzt, gerechnet, künstlich, ein Artefakt" (ebd., 27). Dies muß kein Tadel sein, und gerade in der artifiziellen Kombinatorik hat bekanntlich Thomas Mann Wagners Methode für seine eigenen „Partituren" fruchtbar gemacht. Im übrigen verträgt sich das Hochartifizielle dieser Kunst gerade nicht mit Wagners angeblichem „espressivo um jeden Preis", das Nietzsche, besorgt um seine und der Kunst Gesundheit, vehement ablehnt (*Nietzsche contra Wagner*: KSA 6, 422; vgl. *Nachlaß-Fragment* 15 [111]: KSA 13, 471). Müssen kontradiktorische Gegensätze dieser Art, in denen Nietzsches Kritik so häufig changiert, als „Dialektik" entschuldigt werden? Der Zauberstab der Dialektik schafft eben nicht aus jedem Widerspruch ein höheres Ganzes.

89 *Nachlaß-Fragment* 27 [24]: KSA 8, 491.

90 *Nachlaß-Fragment* 27 [50]: KSA 8, 496.

91 *Nachlaß-Fragment* 11 [198]: KSA 9, 521.

92 Manfred Eger hat in seiner Nietzsche-Kritik diesen kritischen Verdacht zugespitzt und die These belegt, Nietzsches konvergiere nicht nur in seinen Voraussetzungen mit der Ästhetik Hanslicks, sondern montiere sogar deren Texte (*Nietzsches Bayreuther Passion* 319-334, 409-412). Insgesamt leuchtet die These völlig ein, der an Wagner gescheiterte philosophisch-musikalische „Dilettant" Nietzsche räche sich am musikalischen „Dilettanten" Wagner und mißbrauche ihn als Projektionsfläche für eigene Wünsche und Defizite.

93 Ebd. – Sachs mahnt die Meister nach dem Vortrag Walthers so: „Wollt ihr nach Regeln messen, / was nicht nach eurer Regeln Lauf, / der eignen Spur vergessen, / sucht davon erst die Regeln auf!" (*Meistersinger* 1. Aufzug, 3. Szene: 424).

dem „Reichtthum der Erfindung“ verloren, „in dem, was einem älteren Ohre als rhythmische Paradoxie und Lästerung klingt“.[94] Das mag sein; nur kennt die rhythmische Komplexität in Wagners Polyphonie durchaus eine Fülle von tänzerischen Formen[95], zumal der Tanz (und seine „Apotheose“ in Wagners Deutung von Beethovens A-Dur-Symphonie) ein wesentliches Element der musikalischen Ästhetik Wagners darstellt. Das hindert aber nicht die sublime Synkopierung, die das Metrum unmerklich aufhebt, indem sie es als Ordnungsfunktion negiert und überdies die Melodie aus der „Quadratur“ formelhafter Perioden freisetzt. Beides ist als die jeweilige musikalische Gestalt des Dramas nicht von der Bühnenaktion zu trennen, und nur als Ganzes ist es eine „unendliche Melodie“, weil es eben nicht Formbauteile aneinanderreiht, denen es an dramaturgischer Begründung fehlte.

„Versungen und vertan!“[96] – so lautet das Fazit dieser meistersingerischen Kritik an Wagner, die in Nietzsche ihren Sprecher und „Merker“ findet. Aber er zeigt sich dabei auch als „der unbedingte Ideologe der absoluten Musik“ (D. Borchmeyer)[97], deren von Wagner anspruchsvoll diskutierte Voraussetzung er offenbar niemals in Frage gestellt hat.[98] Unter diesem Aspekt erschließt sich auch der folgenreiche, von Thomas Mann bis Theodor W. Adorno tradierte Einwand des „Dilettantismus“, den er gegen Wagner erhebt.[99] „Die Jugend Wagner's ist die eines vielseitigen Dilettanten, aus dem nichts Rechtes werden will“[100] – das ist eine gezielte, biographisch keineswegs stichhaltige

---

94 Die Gefahr heißt: „die vollkommene Entartung des rhythmischen Gefühls, das *Chaos* an Stelle des Rhythmus“ (*Nietzsche contra Wagner*: KSA 6, 422). Das ist indes ein geläufiger Einwand gegen jede jeweils „neuere“ Musik.

95 Um ein paar Beispiele fast beliebig herauszugreifen: im *Ring* der Gesang der Rheintöchter als „Weltwiegenlied“ (Wagner), der Walkürenritt, das dritte *Siegfried*-Finale, die Rheinfahrt und Mannenchor; das Prügelfugato der *Meistersinger*, das Handlung und Form in eine Gestalt zusammenzieht; das große Duett im zweiten *Tristan*-Akt mit seiner reichgegliederten Binnenrhythmik; sämtliche Ensemble-Szenen des *Parsifal*. – Nietzsche selbst ist um entsprechende Beispiele nicht verlegen, solange er sich eingesteht, „eine besondere Gattung rhythmischer Freuden des höchsten Grades“ in Wagners Werk zu ahnen (*Nachlaß-Fragment* 11 [41]: KSA 8, 233).

96 *Meistersinger* 3. Aufzug, 3. Szene: 428.

97 *Richard Wagner und Nietzsche* 124.

98 Ein frühes Fragment von 1871 verzeichnet allerdings unter „*Nachträge.* [...] Hanslick: findet den Inhalt nicht und meint es gebe nur Form“ (KSA 7, 273). Das klingt nach vorübergehender Distanznahme von der These einer „absoluten Musik“. Klare Indizien für ein diesbezügliches Gespräch zwischen Wagner und Nietzsche liefern die Tagebücher nicht, obwohl Nietzsche am 27. Oktober während eines Besuchs in Tribschen den Titel seines Buches „„Die Entstehung der Tragödie aus der Musik“‘ mitteilt (CT I 454).

99 Die Formel „Dilettantismus“ für Wagner läßt sich bei Nietzsches Lehrer Otto Jahn und noch zuvor bei Mendelssohn und Schumann belegen; sie zählt nach dem Stichwort „Zukunftsmusik“ zu den beliebtesten Spottvokabeln der Wagner-Gegner (vgl. Borchmeyer, Nachwort zu *Nietzsche und Wagner* 1282). Wagner selbst sieht im Dilettantismus eher die Reaktion des kritischen Autodidakten gegen „zünftige“ Künste und Wissenschaften: „Bei uns ist jede Wissenschaft mit dem Makel und daher dem Verdachte der Unredlichkeit und Unwahrhaftigkeit der Maassen behaftet, dass als Reaktion hiergegen der phantastische Dilettantismus hervorgerufen wird. (Medizin!)“ (*Das Braune Buch* 240).

100 *Nachlaß-Fragment* 32 [15] vom Frühjahr 1874: KSA 7, 759.

Fiktion Nietzsches.[101] Mehr noch: „Das ‚Philosophiren‘ Wagner's gehört zu den unerlaubtesten Arten der Dilettanterei“[102], wehrt Nietzsche ab und entzieht sich so bequem der Mühe der Begriffe, die von Wagner geprägt worden sind.[103] Selbst die Panegyrik der vierten *Unzeitgemäßen Betrachtung*, die Studie *Richard Wagner in Bayreuth*, deutet vorsichtig an, daß, „wer oberflächlich hinblickte, mochte meinen, er sei zum Dilettantisiren geboren“. Nietzsche gibt seine psychologische Anmerkung als Argument: die „gefährliche Lust am geistigen Anschmecken“, der „mit dem Vielerlei-Wissen verbundene Dünkel“ verweise auf „die unkräftige Vielseitigkeit des modernen Lebens“.[104] Er attestiert Wagner eine außergewöhnliche „*Begabung des Lernens*“ und greift damit den Vorwurf noch einmal sublim auf[105]: sublim, weil er ihn unter der Hand umwertet, denn eben dieser „Dilettantismus“ befreit Wagner zu sich selbst. „Jeder seiner Triebe strebte in's Ungemessene, alle daseinsfreudigen Begabungen wollten sich einzeln losreissen und für sich befriedigen“[106]. Darin vergleicht Nietzsche ihn mit dem ebenfalls im Lernen und Wissen universalen „Dilettanten“ Goethe[107], denn von einem

> solchen Unternehmen, wie dem Bayreuther, gab es keine Vorzeichen, keine Uebergänge, keine Vermittelungen; den langen Weg zum Ziele und das Ziel selber wusste Keiner ausser Wagner. Es ist die erste Weltumsegelung im Reiche der Kunst: wobei, wie es scheint, nicht nur eine neue Kunst, sondern die Kunst selber entdeckt wurde. Alle bisherigen modernen Künste sind dadurch, als einsiedlerisch-verkümmerte oder als Luxus-Künste, halb und halb entwerthet [...].[108]

---

101 Tatsächlich ist Wagner Schüler des Leipziger Thomaskantors Theodor Weinlig gewesen und hat früh die Aufführung eigener Orchesterwerke im dortigen Gewandhaus erlebt, bevor er zwanzigjährig als Chordirektor nach Würzburg geht und ein Jahr später als komponierender Musikdirektor in Lauchstädt bzw. Magdeburg seinen Weg beginnt.

102 *Nachlaß-Fragment* 36 [14] Juni-Juli 1885: KSA 11, 555.

103 An dieser Stelle mag der Hinweis erlaubt sein, daß der *Philologe* Nietzsche als Musikästhetiker ebenfalls auf fremden Gebieten „dilettiert“, nämlich sowohl dem der *Philosophie* als auch dem der *Musik*. Gerade die *Geburt der Tragödie* ist im strengen Sinne dilettantisch, weil sie weder die philosophischen noch die musikalischen Voraussetzungen ihrer Theorie argumentativ durchführt, sondern vorbei am fachspezifischen Diskurs Neues erprobt. Nietzsches Musikkritik ist durchaus „dilettantisch“ in einem problematischen Sinne, wie seine demonstrative Hochschätzung von Peter Gast (alias Heinrich Köselitz) oder auch der eigenen Kompositionen umgekehrt anzeigt. In einem Brief an Köselitz vom 25. Juli 1885 nennt er einige Stellen aus seinem in früher Jugend komponierten Weihnachtsoratorium „ergreifender“ als alles, was er Lou Salomé aus Wagners *Parsifal* vorgeführt habe, „aber doch ganz parsifalesk“ – ohne damit diesen loben zu wollen, dessen „plötzliche décadence“ und „Cagliostricismus“ er, ebenso plötzlich, trotz aller zuvor betonten Verwandtschaft mit dem angeblich überwundenen Wagner, verurteilt (zit. nach Borchmeyer, Nachwort zu *Nietzsche und Wagner* 1339).

104 *Richard Wagner in Bayreuth*: KSA 1, 436.

105 KSA 1, 441.

106 KSA 1, 439.

107 KSA 1, 442.

108 KSA 1, 433. – Der „Dilettant“ steht darum auch als „Revolutionär“ da (475), der sein Werk für die Nachwelt sichern muß (so deutet Nietzsche die Bayreuther Idee: 481 bzw. 501). Zudem hat sich Wagner selbst in seinen autobiographischen Schriften als verspäteter Musiker stilisiert, der über die Literatur zur Musik gekommen sei. Richtiger wäre zu sagen: über das Drama. Denn Ur-Drama wäre dann das kindliche Opernprojekt *Leubald* gewesen *(Mein Leben* 32ff.), ange-

Wagner selbst formuliert die Ambivalenz des Dilettantischen nüchterner:

> Wir sind so gar keine Künstler; die Novellen von Lope und Cervantes, auch wenn sie unbedeutend sind, welch eine feste Form haben sie; während selbst Goethe und Schiller immer nur suchend, experimentierend waren.[109]

Der Weltumsegler im Reich der Kunst kann also nur Dilettant sein, weil er nicht nur im Einzelnen, sondern im Ganzen experimentiert. Wie aber, wenn er Schiffbruch erleidet und seine nautische Ästhetik revidiert werden muß? Dann gelten wieder die altbewährten Kriterien der zünftigen Künste, und seine Weltumsegelung hat zu nichts geführt: die dramatische Gebärde war groß(artig), doch „der Rest taugt Nichts“[110]. In eben diese Richtung wendet sich zuletzt Nietzsches ambivalentes Dilettantismus-Votum. Unter der revolutionären Gebärde seines Panegyricus lauert bereits die „reaktionäre“ Revision. Warum sie so heftig ausfällt und worin, über biographische und ästhetische Belange der „Sternen-Freundschaft“ hinaus, der bleibende Kern für die einseitige Kontroverse *Nietzsche contra Wagner* liegt, ist noch nicht klar geworden. Erst spät, aber in steigernder Heftigkeit, bezieht Nietzsche auch den heimlich geliebten Wagner in seine philosophischen Destruktionen ein, ja in gewisser Weise trifft gerade der letzte Schlag seiner philosophischen Anweisung, „wie man mit dem Hammer philosophirt“[111], den alten Zauberer von Bayreuth – und mit ihm auch den, der sich in ihn und sein Werk immer wieder reprojiziert hat.[112]

c) „Décadence“ und Wagnersches Christentum

Der Bruch zwischen Nietzsche und Wagner geht von Anfang an durch das Gefüge der „Sternen-Freundschaft“, wie sich gezeigt hat. Zwei Publikationen

---

regt wiederum durch Webers *Freischütz* – nicht zu vergessen das Ur-Erlebnis des Elfjährigen, der mit seinem Puppentheater eine Freilichtaufführung im Loschwitzer Grund improvisiert und mit seiner Bühne im Gewitter untergeht: Wilhelm Meisters „theatralische Sendung“ und zugleich erste „Götterdämmerung“ (Gregor-Dellin, *Richard Wagner* 53).

109 12. November 1879: CT II, 440.

110 *Der Fall Wagner*: KSA 6, 28. – Vgl. zum „Nichtigen“ bei Wagner Adorno, *Versuch über Wagner* 140ff.

111 So der Untertitel von *Götzen-Dämmerung* (1889).

112 Selbst Nietzsches Zusammenbruch in Turin wirkt wie eine *imitatio*, wenn er am 27. Dezember 1888 das geschundene Pferd einer Mietkutsche umarmt und nicht loslassen will. So legt sich Wagner in London 1855 mit einem Kutscher an, der sein Pferd prügelt, ebenso kurz darauf in Zürich, worüber ein Dankschreiben des Zürcher Tierschutzvereins berichtet (vgl. Gregor-Dellin, *Richard Wagner* 402). Daß es sich hier nicht um vereinzelte biographische Anekdoten handelt, zeigt der Kontext von Wagners Schriften und Eingaben zum Thema Tierschutz und Vivisektion, die insbesondere in den letzten Jahren zunehmend religiös grundiert und sachlich von den wichtigen „Regenerationsschriften“ nicht zu trennen sind. Selbst wenn Nietzsche diese Schriften nicht gekannt haben sollte, so dürfte er ihre Grundideen gesprächsweise erfahren haben. Dazu ausführlich im Hauptteil.

Nietzsches indizieren noch zu Lebzeiten Wagners, daß und wieweit er sich von seinem selbsterwählten Gott gelöst hat. Ironischerweise ist es die Schrift, in der er als Parteigänger und Bayreuther Herold seine panegyrische Rhetorik auf das äußerste zuspitzt, nämlich *Richard Wagner in Bayreuth.* Diese

> Festrede [...] war zugleich ein Lossage- und Entfremdungsakt. Wagner selbst täuschte sich darüber nicht: so lange man liebt, malt man keine solchen „Porträts" und „betrachtet" überhaupt nicht – [113]

da deren Betrachtung „eine geheimnißvolle *Gegnerschaft* [...] des *Entgegenschauens*" fordert. Eine solche metakritische Position nimmt die Festrede eben ein: wo sie das Werk selbst nicht prinzipieller Kritik unterwirft, ignoriert sie doch dessen theoretische Grundlagen und zieht ein negatives Fazit.[114] Daß Nietzsches Abkehr erst *post mortem* durchbricht, erklärt die eigentümliche Schärfe, mit der es geschieht. Der offizielle Parteigänger muß den Bruch verbergen und die panegyrische Maske anlegen, da zugleich verzweifelte Freundschaft für Wagner und der Konkurrenzdruck dessen auf ihm lasten, der ihm „alle die Menschen weggenommen hatte, auf welche in Deutschland zu wirken überhaupt Sinn haben kann"[115]. Er schätzt an Wagner

> das gute Stück Antichrist, das er mit seiner Kunst und Art vertrat (oh so klug – [!; danach Absatz] ich bin der Enttäuschteste aller Wagnerianer; denn in dem Augenblick, wo es anständiger als je war, Heide zu sein, wurde er Christ.[116]

Das Argument kennt zahlreiche Varianten. Das Schiff des „Weltumseglers" sei „lange Zeit lustig auf *dieser* Bahn" gelaufen, ja Wagner habe „auf ihr *sein* höchstes Ziel" gesucht, bis er am „Riff" der Schopenhauerschen Philosophie havarierte. Die Formel lautet: „erst der *Philosoph* der *décadence* gab dem Künstler der décadence *sich selbst* –".[117] Der „*Künstler der décadence* – da

---

113 *Nachlaß-Fragment* 6 [4] Sommer 1886: KSA 12, 233.

114 Die Bildnis-Metapher taucht schon 1878 (*Nachlaß-Fragment* 27 [44]: KSA 8, 495) und 1884 mit bösem Humor auf: „In meiner Jugend [etwa acht Jahre zuvor also!], wo ich vielerlei war, zum Beispiel auch Maler, habe ich einmal ein Bild von Richard Wagner gemalt, unter dem Titel: Richard Wagner in Bayreuth. Einige Jahre später sagte ich mir: ‚Teufel! es ist gar nicht ähnlich'. Noch ein paar Jahre später antwortete ich ‚um so besser! um so besser!'– In gewissen Jahren des Lebens hat man das Recht, Dinge und Menschen falsch zu sehen, – Vergrößerungsgläser, welche die Hoffnung uns giebt" (*Nachlaß-Fragment* 26 [406]: KSA 11, 257/258). Womit die Optik nicht ganz treffend bezeichnet ist, denn die Hellsicht der Darstellung vergrößert tatsächlich, was Nietzsche lieber nicht sehen will und auf Jahre verschweigt.

115 „Es war hart sehr hart, sechs Jahre lang jemandem Gegner sein zu müssen, den man so verehrt und geliebt hat, wie ich Wagner geliebt habe; ja und als Gegner selbst sich zum Schweigen verurteilen zu müssen – um der Verehrung willen, die der Mann als ganzes verdient" (Brief Nietzsches an Peter Gast vom 19. Februar 1883 – also sechs Tage nach Wagners Tod in Venedig! – : zit. nach Borchmeyer, *Richard Wagner und Nietzsche* 131).

116 *Nachlaß-Fragment* 9 [66] Herbst 1887: KSA 12, 370.

117 So die offizielle und vielzitierte Variante in *Der Fall Wagner*: KSA 6, 20. – Wichtig die Kurzformel Sommer 1882: „Wagner's Kunst durch Schopenhauer falsch [...]. / Erst meine Philosophie ist recht dafür. Siegfried." (*Nachlaß-Fragment* 21 [3]: KSA 9, 685). „Siegfried" mag hier analog für „Uebermensch" stehen. In Bezug auf Wagner als *Wotan* allerdings bezeichnet der Name Nietzsche selbst und seinen Anspruch, Wagner zu beerben; vgl. Eger, *Nietzsches Bayreuther Passion* 81, 84, 109.

steht das Wort“[118], das nun nicht allein den geschichtlichen Verfall in der Moderne bezeichnet, sondern diesen im Anschluß an Paul Bourgets *Théorie de la décadence* (in den *Essais de psychologie contemporaine* von 1883) ästhetizistisch grundiert. Verfall ist Lebensschwäche, die mit nervöser Überfeinerung und Skepsis einhergeht und zuletzt in die Sympathie mit dem Tod mündet. Wagners Romantik sei eine Kunst „des letzten Viertels“ gewesen: „bald wird es Nacht sein“, ist die 1878 erinnerte Wertung des Studenten Nietzsche. Diese *décadence* aber maskiert sich christlich, lautet Nietzsches zentraler Vorwurf, der rückwirkend das Werk zwei einander sekundierenden Lesarten unterwirft. Denn entweder ist Wagner als *décadent* irgendwann vor dem Kreuz niedergebrochen, oder seine Dramatik übersetzt von Anfang an die religiöse Problematik der Erlösung ins Ästhetische. Die Lesart des Plötzlichen erlaubt es Nietzsche, den internen „Bruch“ von 1876 und die offizielle Apostasie nach Wagners Tod plausibel zu gestalten. Dazu gehört die Legende vom letzten Spaziergang mit Wagner im November 1878 in Sorrent, dessen Gesprächsgegenstand und Anstoß der *Parsifal* gewesen sei: ein allerdings für Nietzsche seit Jahren vertrautes und zumindest nicht offiziell anstößiges Sujet.[119] Es erlaubt ihm, mit einer Person und ihrem Schlüsselwerk die Begriffe von Christentum und Dekadenz zu verschmelzen, an denen er sich in seinen späten Schriften abarbeitet. Das liest sich in letzter Instanz so:

> Richard Wagner, scheinbar der Siegreichste, in Wahrheit ein morsch gewordner verzweifelnder décadent, sank plötzlich, hülflos und zerbrochen, vor dem christlichen Kreuze nieder... [...] War ich der Einzige, der mit ihm litt? [...] Denn ich hatte Niemanden gehabt als Richard Wagner...[120]

Vor dem Kreuz kreuzen sich Bücher und Waffen, wenn gleichzeitig mit Absendung der ersten offen wagnerkritischen Schrift *Menschliches, Allzumenschliches* der *Parsifal*-Text eintrifft („Diese Kreuzung der zwei Bücher- [...] Klang es nicht, als ob sich *Degen* kreuzten? ... Jedenfalls empfanden wir es beide so: denn wir schwiegen beide“). Das Widmungsexemplar an Nietzsche trägt den ironischen Vermerk „seinem theuren Freunde Friedrich Nietzsche, Richard Wagner, Kirchenrath“. Weiter: „Und um diese Zeit erschienen die ersten Bayreuther Blätter [als deren Redakteur Nietzsche ehemals vorgesehen war!]: ich begriff, *wozu* es höchste Zeit gewesen war. – Unglaublich! Wagner war fromm geworden...“[121]. Sein Drama repräsentiert nun die „Decadence-Form der Mu-

---

118 Mit ihm beginnt Nietzsche in *Der Fall Wagner* einen neuen Abschnitt: den Versuch einer pathologischen Analyse (KSA 6, 21).

119 Am 25. Dezember 1869 notiert Cosima Wagner: „[...] mit Pr[ofessor]. Nietzsche Parcival gelesen, erneuerter furchtbarer Eindruck. Dann erhabenes Gespräch R[ichard].'s über die Philosophie der Musik“ (CT I, 182). Gemeint ist Wagners detaillierter *Parsifal*-Entwurf von 1865. Am 10. Oktober 1877 schreibt Nietzsche in einem Brief an Cosima über „die herrliche Verheißung des Parcifal“ (zit. nach Borchmeyer, *Richard Wagner und Nietzsche* 129), die angeblich ein Vierteljahr später, mit Wagners Zusendung des *Parsifal*-Textes am 3. Januar 1878, den Bruch ausgelöst habe.

120 *Nietzsche contra Wagner*: KSA 6, 431/432.

121 *Ecce homo*: KSA 6, 327.

sik".[122] Die *Bayreuther Blätter* enthalten wenige Monate später, im August-Heft, Wagners Antwort auf Nietzsches Buch in seinem Aufsatz *Publikum und Popularität*. Sie ironisiert den „*Nützlichkeits*kreislauf unseres akademischen Staatslebens", in dem „das rein erkennende Subjekt, auf dem Katheder sitzend, allein als existenzberechtigt übrig bleibt. Eine würdige Erscheinung am Schlusse der Welttragödie!"[123] – der deutsche Professor als letzte Charge der *décadence*. In seiner Person „dürfte der zweifelnde und verzweifelnde Teil der Menschheit endlich in dem so trivialen Bekenntnisse des Atheismus zusammentreffen".[124] Die Replik ist scharf und durchaus elegant, denn sie erstattet den impliziten Vorwurf dekadenter Verzweiflung mit umgekehrten Vorzeichen an Nietzsche zurück. Das Gefecht wird also mit gleichen Waffen geführt, nur von Wagners Seite aus in gesellschaftlicher und publizistischer Übermacht. In einem Punkt behält Nietzsche jedoch recht. Wagners publizistische Bekenntnisse zu einem kirchlichen Christentum häufen sich. Sie reichen von einer Kritik der liberalen und historischen Theologie, die der Vielleser angestrengt verfolgt, bis dahin, daß er für die Zukunft der in „Barbarei" versinkenden Moderne die „als mystisches Dogma festgehaltene Wiederkehr des Heilandes, vielleicht selbst unter den in der Apokalypse geschilderten nicht ganz unähnlichen Bedingungen", bekräftigt.[125] Die Spätschriften im Gefolge des *Parsifal* zusammen mit den biographischen Dokumenten belegen, daß es ihm ernst ist mit einer solchen Überwindung der *décadence*. Damit relativiert sich Nietzsches Feststellung, er sei „so gut wie Wagner das Kind dieser Zeit, will sagen ein *décadent*: nur dass ich das begriff, nur dass ich mich dagegen wehrte. Der Philosoph in mir wehrte sich dagegen."[126] Wagner begreift es auf seine Weise auch, nur anders als Nietzsche. Doch der Theologe in ihm wehrt sich dagegen.[127]

Damit dürfte sich Nietzsches Lesart des Plötzlichen erübrigen, einmal weil er selbst die Brüche frühzeitig erkannt hat, die zum finalen Bruch führen mußten, andererseits weil Wagner von Anfang an in Theorie und Werk um „Erlösung", „Revolution", „Reform" oder „Regeneration" kreist. Seine Musik scheint zuletzt also nur in einer Zweck-Mittel-Relation zu seinen religiösen

122 *Nachlaß-Fragment* 11 [322] 1887/1888: KSA 13, 136.

123 SSD 10, 81 bzw. 85.

124 SSD 10, 88.

125 SSD 10, 89.

126 Vorwort zu *Der Fall Wagner*: KSA 6, 11.

127 In ihrem heiligen Zorn wirkt eine Notiz von 1887/1888 über das religiöse Bedürfnis in der Musik etwas schlicht: „Stellt man dagegen, wie es W<agner> in seinen letzten Tagen mit gefährlicher Verlogenheit that, die religiöse Symbolik daneben, wie im Parsifal, wo er auf den abergläubischen Unsinn des Abendmahls anspielt und nicht nur anspielt: so erregt eine solche Musik Entrüstung..." (*Nachlaß-Fragment* 11 [87]: KSA 13, 42). Allerdings nicht nur, rühmt er doch Monate zuvor das „Vorspiel des P<arsifal>, größte Wohltat, die mir seit langem erwiesen ist. Die Macht und Strenge des Gefühls, unbeschreiblich, ich kenne nichts, was das Christenthum so in der Tiefe nähme und so scharf zum Mitgefühl brächte. Ganz erhoben und ergriffen – kein Maler hat einen so unbeschreiblich schwermüthigen und zärtlichen *Blick* gemalt wie Wagner" (*Nachlaß-Fragment* 5 [41] im Kontext von *Genealogie der Moral* 1886/1887: KSA 12, 199). Nietzsche hörte das *Parsifal*-Vorspiel Anfang 1887 erstmals in Monte Carlo.

Zielen zu stehen. Das aber sei, wie Nietzsche einwendet, im doppelten Sinn eine „Heimtückische Christlichkeit: Typus der Musik des ‚letzten Wagner‘“[128]. Die Heimtücke bestehe nicht nur in der musikalischen Verführung zur „Religion“, sondern auch darin, daß es dem „Zauberer“ mit ihr nicht ernst sei. Die Musik diene zur Maske des Religiösen, das Religiöse wiederum zur Maske des „Erzschauspielers“ Wagner. „Lass ab, sagte der alte Mann und sprang vom Boden auf, schlage nicht mehr, oh Zarathustra! Ich trieb's also nur zum Spiele!“, bittet der Zauberer, der für seine Jammerlieder geschlagen wird[129]. In Wagners *Parcival*-Entwurf von 1865 ist es übrigens Klingsor, der als „Zauberer“ und dekadenter Gegenspieler auftritt[130], und Nietzsche hat diesen Entwurf seit 1869 gekannt. Aber selbst die Jammerlieder des Zauberers in Nietzsche *Zarathustra* können als Reprojektionen Nietzsches gelesen werden, der seinerseits „Dem unbekannten Gotte!“ ein Jugendgedicht gesungen hat. Vor solcher Irritation schützen ihn zuletzt nur die ironische Antithese und Attitüde, auch der nicht ganz ernst gemeinte Kontrast-Bezug auf Georges Bizet und Jacques Offenbach. Wagners „Parsifal, der von ihm mit so verfänglichen Mitteln schliesslich katholisch gemacht wird – wie? war dieser Parsifal überhaupt *ernst* gemeint?“[131] Ist es aber nicht umgekehrt der *Zarathustra* – kein „Musikdrama“, aber immerhin Sprachmusik – , dessen tetralogische Konzeption in vier Büchern sich zugleich auf Wagners *Ring* und das Evangelium bezieht und der faktisch ein philosophisch-literarisches Gegenstück zum *Parsifal* versucht?[132]

Die Musik also, so die kritische Pointe, diene zur Maske des Religiösen, das Religiöse wiederum zur Maske des „Erzschauspielers“ Wagner. Aber hinter der doppelten Maske wittert Nietzsche das Suchen nach Größe, an deren Anmaßung der Zauberer zerbricht. Nur dieses „Zerbrechen ist *ächt*!“, nämlich die Götzendämmerung dieser maskierten *décadence*, wie sie Nietzsche herbeiführen will und in Wagner zu erleben meint. Wenn Wagner die Maske des

---

128 *Nachlaß-Fragment* Frühjahr 1888: KSA 13, 239.

129 „Mein unbekannter Gott! Mein Schmerz! Mein letztes – Glück!“: *Also sprach Zarathustra* (KSA 4, 317).

130 Vgl. *Das Braune Buch* 54.

131 *Zur Genealogie der Moral*: KSA 5, 341.

132 Auch als Komponist bemüht sich Nietzsche verzweifelt und völlig erfolglos darum, Wagner Konkurrenz zu machen. In seiner Besprechung von *Der Fall Wagner* schreibt Richard Pohl, unter dem Titel *Der Fall Nietzsche. Ein psychologisches Problem* (Musikalisches Wochenblatt, Jg. 19, Nr. 44, 25.10.1888, 517-520, hier 520; zit. nach *Friedrich Nietzsche: Chronik* 704): „Sein Urtheil über Musik kann uns gar nicht interessiren, denn er ist eine unmusikalische Natur. Nun kommt aber das Sonderbarste: Herr Nietzsche componirt [...] ich weiss es von Richard Wagner selbst, dem er die Oper – natürlich ein selbstgedichtetes musikalisches Drama – gezeigt hat. – Ich fragte Wagner schüchtern: ‚Und was sagen Sie dazu?‘ – ‚Dummes Zeug!‘ warf er leicht hin“. Ob Pohl sich hinsichtlich der Komposition täuscht (oder sie mit der durch Nietzsche empfohlenen Oper *Der Löwe von Venedig* von Peter Gast verwechselt), ist unerheblich; die Rezension verrät viel über Art und Grad der Antipodenschaft Wagner-Nietzsche. (Der Verlag E. W. Fritzsch in Leipzig, in dessen Wochenschrift die Rezension erschien, veröffentlichte ab Sommer 1886 alle Schriften Nietzsches bis zum dritten Teil des *Zarathustra*; vgl. *Chronik*, ebd.).

Christen angelegt hat, so trägt Nietzsche nun immer häufiger die Maske des „Antichrist“.[133] Entsprechend wechselt er das Vorzeichen für die Analogie, in der er Wagner zu Goethe stellt, denn seine Musik sei „*antigoethisch*“.[134] Goethe hingegen, als experimentierender „Dilettant“, habe sich selbst zur „*Totalität*“ erschaffen und „dionysisch“ bejaht.[135]

Wagner seinerseits kreist ebenfalls um die Totalität, die als „Erlösung“ im Bühnenfestspiel nicht nur ästhetische Gestalt annehmen soll. Doch scheint Nietzsche diese Tendenz tatsächlich von Anfang an zu verkennen. Sonst hätte er nicht Siegfrieds Scheitern dem Riff der Schopenhauerschen Philosophie zuschreiben können, denn gerade aus *Siegfrieds Tod* (so der ursprüngliche Titel der *Götterdämmerung*) erwächst die *Ring*-Tetralogie, während der *Parsifal* als Umkehrung des *Siegfried*- bzw. *Ring*-Themas durchgeführt wird. Nietzsches Stichworte von 1875, mit denen er die Dramen Wagners dialektisch auf Formeln bringen möchte, wirken bemüht und etwas schlicht, wenn man sie nicht gerade als Platitüden im Stil eines schlechten Opernführers verstehen möchte.[136] Angesichts einer so harmlosen Rezeption muß allerdings um so

---

[133] Wiederum spielt Nietzsche hier ein subtiles Spiel der Dialektik mit den beiden letzten Schriften, deren Publikation er bis zum 2. Januar 1889 beabsichtigte. Schleudert er in der Charaktermaske des *Antichrist* seinen *Fluch auf das Christenthum* als die konkrete Gestalt der *décadence*, so spricht er im Gegenzug auch sein *Ecce homo:* „[...] *ich bin*“ (KSA 6, 257), „und erst, *wenn ihr mich Alle verleugnet habt*, will ich euch wiederkehren...“ (261). Die tragische Ambivalenz von „Dionysos“ und dem „Gekreuzigten“ hat ihre letzten literarischen Formen in diesen Schriften gefunden.

[134] *Nachlaß-Fragment* 15 [12]: KSA 13, 411.

[135] *Götzen-Dämmerung*: KSA 6, 152. – Statt Wagner ist nun „Goethe [...] der letzte Deutsche, vor dem ich Ehrfurcht habe [...], – auch verstehen wir uns über das ‚Kreuz‘...“ (153). Aber auch dies ist in der Sache wiederum Reprojektion und Suche nach dem Meister, der seiner Verehrung wert ist (vgl. über Goethe und das Kreuz: Hofmann, *Goethes Theologie* 414-422) – ohne mit der Gefahr lebendiger Konkurrenz zu drohen.

[136] „*Wagner's Kampf im Kunstwerk.* / Rienzi – Gegensatz zur ‚Ordnung‘, der Reformator. / Holländer – das Mythische gegen das Historische. / Tannhäuser Lohengrin – das Katholische gegen das Protestantische (das Romantische gegen die Aufklärung). / Meistersinger – Gegensatz zur Civilisation, das Deutsche gegen das Französische. / Tristan – Gegensatz zur Erscheinung. Das Metaphysische gegen das Leben. / Nibelungen – freiwilliges Verzichten der bisherigen Weltmächte: Gegensätze von Weltperioden – mit Umwandlung der Richtung und Ziele“ (*Nachlaß-Fragment* 12 [29]: KSA 8, 267/268). Die Gegensatzformel sind ebenso plakativ wie verfehlt, was für die Bemerkungen zu den frühen Opern offensichtlich sein dürfte. Erstaunlich ist, daß Nietzsche den *Meistersingern* gerade nicht den ästhetischen Diskurs abliest oder anhört, den schon ihr Titel anspricht, erstaunlich auch, daß er im *Tristan* nicht die Negation negierter Liebe und damit eine letzte Bejahung erkennt. Unverständlich bleibt aber auch, daß er in der *ananké* des *Ring* nur „freiwilliges Verzichten“ sieht, wo die Handlung eine Obstruktion aller Handelnden betreibt und Wagner so jegliche Sinn-Konstruktion dramatisch *ad absurdum* führt. „Als Siegfried stirbt, wird Wotan seine Schuld ledig und wählt den Untergang“ (*Nachlaß-Fragment* 11 [56]: KSA 8, 243; vgl. auch 30 [175/176]: ebd., 554): das ist falsch, da sich Wotan den „Fluch“ als Schuldspruch bis hin zum Untergang zuzieht, diesen Untergang jedoch von vornherein für unausweichlich hält und will (vgl. *Walküre*, 2. Aufzug, 2. Szene). „W<agner>s Wotan leidet an der Schwäche des deutschen Charakters, er will zu vielerlei und nicht völlig bestimmt“ (8 [110]: KSA 9, 406), und er weckt „mit ungeheurer Wichtigkeit die alte Erda aus ihrem Schlafe [...], um ihr zu sagen, daß sie weiter schlafen könne“ (12 [189]: ebd., 608; ähnlich im *Zarathustra* III, *Der Genesende*: „Herauf, abgründlicher Gedanke, aus meiner Tiefe!“ [KSA 4, 270/271]). Falls es nicht allein die ungezügelte (und

plötzlicher die Einsicht gewirkt haben, daß Wagner von vornherein, um die *décadence* zu bewältigen, einen anderen Weg als Nietzsche gewählt hat und dieser ihm, wider bessere Intuition und stillschweigende Einsicht, viel zu weit gefolgt ist („[...] ich *konnte* nicht anders, aber ich *kannte* es besser“[137]). Er schließt öffentlich seine Akten über den *Fall Wagner* mit dem halben Zugeständnis, seine eigene Krankengeschichte als Wagnerianer gehöre zu seiner eigenen „Erlösung“[138] von aller *décadence*: „Ich würde aber auch einen Philosophen verstehn, der erklärte: ‚Wagner *resümirt* die Modernität. Es hilft nichts, man muss erst Wagnerianer sein...‘“.[139]

auch undialektische) Lust am Bonmot ist, so fragt sich spätestens hier, ob und wie genau Nietzsche die Partituren Wagners kannte, zumal er schon dessen zentrale Schriften kaum zur Kenntnis nahm.

137 *Nachlaß-Fragment* 27 [3]: KSA 8, 487.

138 Noch im Frühjahr 1888 notiert Nietzsche ein Projekt mit dem Titel „*Wagner als Problem.* Ein Wort zur Aufklärung“. „Diese sehr zweideutige Personnage [Wagner], auf deren Grab nichtsdestoweniger ein Wagner-Verein – der Münchener – einen Kranz mit der Inschrift niederlegte: / Erlösung dem Erlöser!... / Man sieht, das Problem ist groß, das Mißverständniß ungeheuer. / Wenn Wagner zum Erlöser werden konnte, / Wer erlöst uns von dieser Erlösung? / wer erlöst uns von diesem Erlöser?...“ (*Nachlaß-Fragment* 14 [52]: KSA 13, 243). Eine letzte, schon verschattete Antwort deuten die mit „Der Gekreuzigte“ bzw. „Dionysos“ unterzeichneten späten Briefe und Billets an, auch und entschiedener noch eine der letzten Notizen im Januar 1889: „Kurz und gut, *sehr* gut sogar: nachdem der alte Gott abgeschafft ist, bin ich bereit, *die Welt zu regieren...*“ (überschrieben als *Letzte Erwägung*: 25 [19]: KSA 13, 646).

139 *Der Fall Wagner*: KSA 6, 12. – Nietzsche schließt insofern die Akten über den Fall, als er das Material seiner Beweisaufnahme gegen Wagner – als „Aktenstücke eines Psychologen“ und in ihrer Zusammenstellung als ein Florilegium seines ununterbrochenen Wagner-Diskurses – vier Tage vor seinem psychischen Zusammenbruch, nämlich am 2. Januar 1889, nicht mehr publizieren will.

Ein Philologieprofessor hat mich darüber belehrt, daß das Wort ‚Drama' dorischer Herkunft ist und nach dorischem Sprachgebrauch ‚Ereignis', ‚Geschichte' bedeutet, und zwar im Sinne der ‚heiligen Geschichte', der Ortslegende, auf der die Gründung des Kultus ruhte.

Thomas Mann[140]

2. Thomas Mann: Ritualisierter Mythos und humanistische Kritik

Wagnerianer ist auch Thomas Mann Zeit seines Lebens.[141] Im Unterschied zu Nietzsche jedoch, der Wagners Schriften immerhin ungenau liest und das „‚Philosophiren' Wagner's [...] den unerlaubtesten Arten der Dilettanterei" zuweist, verzichtet Mann ausdrücklich und entschieden auf

> Wagners Theorie, – kaum habe ich mich je bereden können, zu glauben, daß überhaupt jemand sie ernst genommen habe. Was sollte ich anfangen mit dieser Addition von Musik, Wort, Malerei und Gebärde, die sich als das allein Wahre und als die Erfüllung aller künstlerischen Sehnsucht ausgab?[142]

„[...] Wagners siegreiches Werk beweist nicht seine Theorie, sondern nur sich selbst"[143]: mit dieser Formel sucht Mann das Doppelphänomen Wagner und sein Bühnenfestspiel zu erschließen. Sein im Wagner-Jahr 1933 gehaltener Münchner Vortrag über *Leiden und Größe Richard Wagners* zeigt eine berechtigte Vorsicht und Abwehr, da Wagners Schriften im Kontext der *Bayreuther Blätter* und des Bayreuther Kreises einen kanonischen Rang und eine fixierte Lesart haben, an die Mann nicht anknüpfen kann und will. Wenn Houston Stewart Chamberlain in seinem 1896 erstmals publizierten Wagner-Buch „Wagner's Schriften, Briefe und Werke [...] auf alle Zeiten die wichtigste – ich möchte eigentlich sagen, die einzige – Quelle" für „eine tiefere Kenntnis des seltenen Mannes"[144] nennt, hat er methodisch durchaus recht. Allerdings fließt das Wasser dieser

---

[140] *Versuch über das Theater*: GW 10, 47. – Vgl. Borchmeyer, *Das Theater Richard Wagners* 296.

[141] Vorzüglich im Überblick Borchmeyer, *Das Theater Richard Wagners* 324-334.

[142] *Leiden und Größe Richard Wagners*: GW 9, 373/374 („Addition" heißt es in wortgleicher Formulierung schon 1911 in der *Auseinandersetzung mit Richard Wagner*: GW 10, 841). – Plakativ und platt spricht Mann über Wagners „melancholischen Relativismus. Seine liberale Anhänglichkeit an Vernunft und Fortschritt scheint uns belächelnswert, sein Materialismus allzu kompakt, sein monistischer Welträtselungsdünkel außerordentlich seicht" (363), seine „Kunstlehre" sei „*schlechtes* neunzehntes Jahrhundert, eine schlimm mechanistische Denkungsweise" (374).

[143] Ebd., 374.

[144] Einleitung der Neuausgabe von 1901: 17. – Chamberlain verwischt übrigens die Differenzen zwischen Gobineaus Rassenlehre und Wagners Regenerationsschriften keineswegs (213ff., 223f., 229ff.) und geht in seiner zeittypischen Kritik an aller „Zivilisation" kaum über das hinaus, was auch Thomas Mann bis hin zu den *Betrachtungen eines Unpolitischen* (1918) ganz

Quelle längst in die trüben Kanäle der *Bayreuther Blätter* und ihres Interpretationsmonopols. Die Publizistik des nachwagnerschen Bayreuth, in Verbindung mit der Rassentheorie Arthur Gobineaus, hat „die Grundbegriffe der modernen nationalsozialistischen Philosophie, Politik und Kulturpolitik" geprägt, wie der Kritiker Hans Heinz Stuckenschmidt im Jahr von Manns Münchner Wagner-Vortrag anmerkt. Bezeichnenderweise haben die zunächst als Organ der Wagner-Vereine konzipierten *Blätter*[145] ihr Erscheinen mit dem Tod ihres einzigen Herausgebers Hans von Wolzogen 1938 ihr Erscheinen eingestellt – was aus der Quelle der Wagnerschen Schriften floß und hier *post mortem* kanalisiert wurde, versickerte endgültig in der Wagner-Propaganda des Dritten Reiches.[146]

a) „Mythus" und „Psychologie"

So wenig Thomas Mann umhin kann, unter gegebenen Voraussetzungen die theoretische Prosa Wagners auszuklammern, so wenig wird er ihr allerdings in der Sache gerecht, wenn er sie als „so durchaus etwas Sekundäres, [...] so ganz eine nachträgliche und überflüssige Verherrlichung seines Talentes", „als Parteischriften und nicht Bekenntnisse" wertet, die „sein Werk [...] sehr mangelhaft, sehr mißverständlich kommentieren".[147]

> Was ist es mit der Heilsbotschaft vom Gesamtkunstwerk, das allein die Kunst verwirklichen und dem die Zukunft gehören sollte? – Das war Kampfdialektik, leidenschaftliche und unentbehrliche Propaganda seiner selbst. Es mag im Buch stehen bleiben.[148]

---

selbstverständlich vertritt. Andererseits sekundiert Chamberlain, seit 1908 mit Eva Wagner verheiratet und so dynastisch als Gralshüter legitimiert, auch als Autor seiner populärphilosophischen *Kant*- und *Goethe*-Bücher sowie seiner rassenideologischen *Grundlagen des 19. Jahrhunderts* (1899) dem Nationalsozialismus, ja unmittelbar Hitlers Wagnerdeutung. Er begrüßte den Vorsitzenden der NSDAP noch vor dem Novemberputsch von 1923 als den Repräsentanten seines „arischen Christus", den er u. a. mit von Wolzogen und Glasenapp aus den Regenerationsschriften Wagners konstruierte. Hitler mußte in dieser Perspektive als Wagner *redivivus*, dieser wiederum als „ein Deutscher im ausschliessenden Sinn des Wortes und [...] zugleich Allmensch nach dem Vorbild Jesu Christi" (*Richard Wagner*, 161; vgl. die *Worte Christi*) erscheinen. – Dazu orientierend Ernst Hanisch, *Die politisch-ideologische Wirkung Wagners* im *Wagner-Handbuch*, 633-636.

145 Der Artikel „Bayreuth" erschien in „Musikblätter des Anbruchs" (Wien 1933; wiederabgedruckt in: Barth, *Der Festspielhügel* 140-143, hier 142). Die *Blätter* sollen nach Wagners Wort *Zur Einführung* „nur als Mitteilungen innerhalb des Vereins gelten" (im ersten Heft 1878: SSD 10, 22) und eine Schulbildung hinsichtlich der Aufführungspraxis der Bühnenfestspiele bzw. die interne Diskussion der theoretischen Schriften Wagners fördern (20ff. bzw. 24). Weitere Wirkung zielt Wagner ausdrücklich nicht an (22), sondern erbittet sich ausdrücklich „von jenen da außen [...] Nichtbeachtung"; entsprechend soll auch die Uraufführung des *Parsifal* „diesmal unfehlbar ganz – / *unter uns!*" (24) vorgehen.

146 Eine Dissertation von H. Böhm über *Hans von Wolzogen als Herausgeber der „Bayreuther Blätter"* erschien 1943 in München; Annette Hein hat 1997 (!) erstmals methodisch diesen Rezeptionsstrang erschlossen (*Es ist viel „Hitler" in Wagner*).

147 „Es ist wahr, man kann aus Wagners Schriften nicht viel über Wagner lernen": *Auseinandersetzung mit Richard Wagner* (GW 10, 841/842).

148 *Richard Wagner und der „Ring des Nibelungen"* (1937): GW 9, 506.

Dabei begibt sich Mann der entscheidenden Interpretamente, die Wagner selbst zur Verfügung stellt, die aber auch längst dem Deutungsmonopol unterworfen sind, das die *Bayreuther Blätter* an die nationalsozialistische Ideologie abgeben. So entsteht deren „Sumpf", der das „Festspielhaus schließlich zu Hitlers Hoftheater erniedrigte".[149] Dennoch zwingt die brutale Reaktion unmittelbar nach dem Vortrag zu Flucht und Exil; ein „Protest der Richard-Wagner-Stadt München" quittiert das Geschehene mit prominenten Unterzeichnern, darunter Hans Pfitzner, der sich daran stört, daß und wie Mann die Wagner-Kritik Nietzsches beerbt.[150]

Die Begriffe, mit denen er diesem Werk begegnet, muß Mann aus anderen Kontexten gewinnen, wenn er den unmittelbaren Rückgang auf Wagners Theorie verweigert. Dazu eignen sich seine literarischen Adaptionen Wagnerscher Formprinzipien, wie er sie versteht – machen sie doch im eigenen Werk eben das fruchtbar, was er dem Werk Wagners produktiv abgewinnt, und legitimieren nun im Gegenzug die Analyse des großen Vorbildes. *Aus* Wagner bezieht er also mittelbar zugleich Reflexion und Legitimation des eigenen Schaffens, *auf* Wagner wendet er unmittelbar die Wagner-Adaptionen des eigenen Werks an – ein durchaus zirkuläres und nicht immer durchsichtiges Verfahren. So bestimmt er zwischen Wagner und Tolstoi die „Kunst" als ambivalente Erscheinung: „ein heiliges Arkanum" einerseits, ein nahezu frivoler „Luxus" andererseits. In dieser klassischen Spannung von ästhetizistischer Kunstreligion und rigider Ethik entfalten sich die magischen Bühnenspiele Wagners und Ibsens: wie dieser sich von der „Technik des Dumas-Dramas" löst, so befreit

149 *Briefe Richard Wagners* (1951): GW 10, 793. – Manns Ton verschärft sich nach dem 2. Weltkrieg, ganz abgesehen von einem eigens aufzustellenden Register seiner Schimpfworte („das Pumpgenie, der luxusbedürftige Revolutionär, der namenlos unbescheidene, nur von sich erfüllte, ewig monologisierende, rodomontierende, die Welt über alles belehrende Propagandist und Schauspieler seiner selbst, der theatromanische Kostümfex, ‚Friseur und Charlatan'"). Er findet „zuviel Abstoßendes, zuviel ‚Hitler', wirklich zuviel latentes und alsbald auch manifestes Nazitum [...]. Und doch!" (796/797). Zorn, der sich manieriert ironisch gibt, oder Ironie, in der sich ein histrionischer Zorn ausspricht? Die gesuchte Nähe zu Nietzsche ist offenkundig, auch im Brief an Preetorius von 1949 („eine namenlose Unbescheidenheit, die Hitler vorbildet, – gewiß, es ist viel ‚Hitler' in Wagner": *Wagner und kein Ende*: GW 10, 926). Und auch von Adorno übernimmt er ein kritisches Motiv, „den ‚Juden im Dorn' Beckmesser" (ebd.).

150 Vgl. die *[Erwiderung auf den Protest der ‚Richard-Wagner-Stadt München']* (GW 13, 76-77) und vor allem *[Antwort an Hans Pfitzner]*, der sich „an diesem hirnlosen Lynchgericht beteiligt hat" (GW 13, 83). Denn „es war kein Protest, es war eine lebensgefährliche Denunziation, die gesellschaftliche Ächtung, die nationale Exkommunikation (ebd., 91, wörtlich auch in *[„Ich kann dem Befehl nicht gehorchen": ebd.*, 92-95, hier 94). „Ich kann nicht wieder unter Menschen leben, die ihres nationalen Rausches so wenig Herr waren, daß sie diese Roheit begingen" (ebd., 94). So ist es unter den politischen Vorzeichen des Wagner-Jahres 1933 ausgeschlossen, sachgerecht über den „monumentalen und ins Geniehafte getriebenen Dilettantismus" Wagners zu streiten und nach bzw. mit Nietzsche den Wagner-Diskurs fortzusetzen. – Der Vollständigkeit halber sei aber auch erwähnt: der Initiator des Protestes, der Münchner Generalmusikdirektor Hans Knappertsbusch (als Dirigent Schüler Hans Richters und ein Monument des alten Bayreuth), wurde 1936 zum Rücktritt vom Amt gezwungen, weil er nicht zum Beitritt in die NSDAP bereits war, und emigrierte nach Wien. Der „Protest" selbst liegt untrennbar im Fahrwasser des Nationalsozialismus, ist aber in seiner Motivation und Wagner-Orthodoxie durchaus davon zu unterscheiden.

sich Wagner von den Konventionen der „Oper“. „*Psychologie* und *Mythus*“, die rationale Analyse der handelnden Persönlichkeiten und die vorgeblich irrationale Gestalt ihrer archetypischen Schicksale gehen eine nur scheinbar widersprüchliche Beziehung ein, da für Mann „ebendieser Komplex von Psychologie, Mythus und Musik [...] gleich in zwei großen Fällen, in Nietzsche und Wagner, als organische Wirklichkeit vor Augen steht“.[151] Das ist nicht genau, aber aufschlußreich formuliert: nicht genau, denn das entscheidende *tertium* dieses Vergleichs, die produktiv ausgeübte Musik nämlich, verbindet Nietzsche und Wagner im strengen Sinne nicht; aufschlußreich, da Mann den Namen Nietzsche voranstellt und damit seine Lesart kennzeichnet. Wagner betreibe durch systematische Technik des Erinnerungsmotivs eine „Analyse“ seiner dramatischen Gestalten mit musikalischen Mitteln – darin und in manchem Detail erinnert er an Freud; als Mythiker sei er „Entdecker des Mythus für die Oper“ und „Erlöser der Oper durch den Mythus“.[152] Es schafft aber die Voraussetzung für Manns literarische Adaptionen Wagnerscher Vorgaben.[153] Dazu gehören: die Leitmotivtechnik der epischen „Partituren“, wie Mann seine Romane gern nennt, ihren ironisch gebrochenen Anspruch auf Weltdeutung in literarischen Form-Äquivalenten (der *Joseph-Roman* als Tetralogie, der *Doktor Faustus* als Parallele zum *Parsifal*), die wiederum ironische Koppelung von Psychologie und Mythos, die Wagners dramaturgische Moderne begründet, zuletzt auch die Selbststilisierung als „Magier“ und Meister, ausdrücklich mit dem von Nietzsche für Wagner geprägten Titel „der Zauberer“. Thomas Mann formt „offenkundig Nietzsches Beziehung zu Wagner nach seinem eigenen Bild“ (Joachim Kaiser).[154] Daher gilt auch für ihn, was er Nietzsche klarsichtig attestiert: „- eine Kunst ist es auch, ihn zu lesen [...]. Wer Nietzsche ‚eigentlich‘ nimmt, wörtlich nimmt, wer ihm glaubt, ist verloren“.[155] Eher ist Mann in seinem Bekenntnis zu vertrauen, er erlebe als

> der so viel geringere Nachkömmling das Wagner'sche Kunstwerk und in ihm beinahe die Kunst selbst durch das Medium dieser Kritik leidenschaftlich – und dies in entscheidenden Jahren, so daß alle meine Begriffe von Kunst und Künstlertum auf immer davon bestimmt, oder, wenn nicht bestimmt, so doch gefärbt und beeinflußt wurden – und zwar in einem nichts weniger als herzlich-gläubigen, vielmehr einem nur allzu skeptisch-verschlagenen Sinn.[156]

---

151 *Leiden und Größe Richard Wagners*: GW 9, 368.

152 Ebd., 371.

153 So heißt es an René Schickele am 16. Mai 1934: „Ihr Wort vom Roman als Gesamtkunstwerk! Es ist eine alte Lieblingsidee von mir. Der Wagner'sche Begriff davon war lächerlich mechanisch“ (in: *Wagner und unsere Zeit* 124). Entsprechend weist schon der *Versuch über das Theater* von 1908 die „oberlehrerhafte“ Meinung ab, das Drama sei die höchste Dichtungsart, denn gerade Wagner sei ein „theatralischer Epiker“ (GW 10, 27). Damit ist der Weg frei, sich selbst als Erbe Wagners im Dichterischen und zugleich als Erbe Nietzsche im Essayistischen zu stilisieren. Dafür stehen in aller Mißverständlichkeit insbesondere die *Betrachtungen eines Unpolitischen* von 1918.

154 *Leben mit Wagner* 186.

155 *Nietzsche's Philosophie im Lichte unserer Erfahrung* (1947): GW 10, 675-713, 708. Er belegt diese ironische Schubumkehr in dem Brief an Carl Fuchs von 1888 (ausgerechnet über Wagner).

156 *Betrachtungen eines Unpolitischen*: GW 12, 74. – Kann es sein, daß der ehemals „unpolitische Betrachter Mann im „Bruder Wagner“ die eigene problematische Identität vor seiner demokratischen Wende meinte?

„Skeptisch-verschlagen" steht Mann auch zur Musik Wagners, ohne Nietzsches Kritik und seine undiskutierte Voraussetzung einer „absoluten Musik" zu übernehmen. In konventioneller Sicht wie auch in enthusiastischer Wagner-Gefolgschaft sei es „gar keine Musik mehr", jedenfalls „nicht Musik in dem reinen und vollwertigen Sinn jener verwirrten Kunstrichter". Aber „was wir heute als bewunderungsvolles Ja aussprechen, wie hätte es nicht anfangs als zorniges Nein lauten sollen?"[157]

b) Ambivalenz und Ironie

Bereits die *Betrachtungen eines Unpolitischen* nennen allerdings eine leider nicht weiter verfolgte Spur seiner Nietzsche-Kritik. Er distanziert sich vom blind-hingegebenen Wagner-Haß Nietzsches, denn dessen Beschäftigung mit Wagners Kunst „wird beinahe zum Laster, sie wird *moralisch*, wird zur rücksichtslos ethischen Hingabe an das Schädliche und Verzehrende, wenn sie nicht gläubig-enthusiastisch, sondern mit einer Analyse verquickt ist, deren gehässigste Erkenntnisse zuletzt eine Form der Verherrlichung und wiederum nur Ausdruck der Leidenschaft sind"[158]. Das hieße doch, Nietzsches Ambivalenz gegenüber Wagner sei so wenig ernsthaft und moralisch, daß sie selbst zur Dekadenz neige und überdies ihrem Objekt restlos verfalle. Schon hier ist es also die Ironie, mit der sich Mann vor der so ähnlichen Ambivalenz seiner Wagner-Passion schützt; nur sie erlaubt ihm das freie Spiel seiner Essayistik.[159]

Damit fällt auch genügend Licht auf seine Adaption des Mythischen im „Joseph"-Roman. Auch das ambivalente „Einst"[160], das Vergangenheit und Zukunft vergegenwärtigend ineinander deutet, ist bei Mann durchaus ironisch gebrochen, kurz: der Ambivalenz des Mythischen bei Wagner entspricht in Thomas Manns produktiver Aneignung die Ironie. Das schließt nicht durchgehende ironische Elemente im *Ring* aus. Vor allem *Das Rheingold* wertet die psychologische zugeschärfte Ambivalenz des Mythischen geradezu parodistisch aus und inszeniert eine aufklärerische Götter-Komödie. Ernst wird es mit den Göttern erst in *Die Walküre*, wenn mit Siegmund der tragische Mensch ins Spiel kommt und die Götter, allen voran Wotan, sich aus der aktiven Spiel-

---

157 *Leiden und Größe Richard Wagners*: GW 9, 380/381. – Die Übereinstimmungen zwischen Nietzsche und Mann frappieren auch da, wo es kaum um direkte Übernahmen durch den Späteren gehen kann. Manns Wort von der „blau-silbernen Schönheit" des *Lohengrin* ist bekannt (*Wagner und kein Ende*: GW 10, 927), Nietzsches Satz nebst Begründung weniger: „Im Lohengrin giebt es viele *blaue* Musik. Wagner kennt die opiatischen und narkotischen Wirkungen und braucht sie gegen die ihm gut bewußte nervöse Zerfahrenheit seiner musikalischen Erfindungskraft" (*Nachlaß-Fragment* 11 [251]: KSA 9, 536).

158 Ebd., 75.

159 Das gibt ihm, im Unterschied zu Nietzsche, eine Freiheit des essayistischen Spiels gegenüber Wagner: „Es ist und bleibt ‚ambivalent', und ich kann heute so über ihn schreiben und morgen so" (an Agnes E. Meyer vom 18. Februar 1942, zit. nach *Wagner und unsere Zeit* 161).

160 Vgl. D. Borchmeyer, *Wagners Mythos vom Anfang und Ende der Welt*, in: U. Bermbach/D. Borchmeyer (Hg.), *Richard Wagner – „Der Ring des Nibelungen"* 7f..

leitung zurückziehen müssen. Erst die *vox humana* des Emigranten und Götterverweigerer Siegmund durchbricht das ironische Spiel und macht Ernst. Dieses „Paradox", diese „Irradiation" im *Ring* gilt einer „Wiederholung hin ins Neue" (Ernst Bloch), in dem sich mehr als nur das mythische „Einst", nämlich das überschießende Utopische ausdrückt.[161]

Thomas Manns „Arbeit am Mythos" unterscheidet sich grundlegend von Wagners Werk, dessen Brüche utopisch-eschatologischer Art sind und deshalb einen geradezu rituellen Ernst beanspruchen können – sind sie doch weder (affirmativ oder reaktionär) bloße Begründung dessen, was ist, noch bloße Wiederholung dessen, was immer sein wird. Manns Ironie vertritt die Utopie: sie kann sich den Mythos gönnen, ohne ihn zu glauben und auf sein utopisches Potential hin zu radikalisieren.[162] Dies vor allem unterscheidet beider Zeitbegriffe und Gegenwartsansprüche: Thomas Manns gebildete Rückkehr zum Mythos ist keine, sondern bleibt ein maniriert-artifizielles Spiel aus humanistischer Position.[163] Umgekehrt ist Wagners Rückkehr zum Mythos (in *Ring* und *Parsifal* vor allem) nicht einfach regressiv[164], sondern antizipierend: der

161 Bloch, *Paradoxa und Pastorale in Wagners Musik* (1960), in: Barth (Hg.), *Der Festspielhügel* 168.

162 Bei Mann zielt diese humanistische Ironie in der Tradition der Aufklärung in ganz eigener Weise auf Zukunft, die aber nicht aus dem Potential des Mythos selbst verheißen, sondern hoffnungsvoll beschworen wird. So lautet der Schluß der *Joseph*-Tetralogie, in unterscheidender Parallele zur finalen Katastrophe und musikalischen Verheißung des *Ring*, etwas betulich versöhnlich mit den Worten Josephs: „Daß ich nicht lache! Denn ein Mann, der die Macht braucht, nur weil er sie hat, gegen Recht und Verstand, der ist zum Lachen. Ist er's aber heute noch nicht, so soll er's in Zukunft sein, und wir halten's mit dieser. Schlafet getrost!" (*Joseph, der Ernährer* 643).

163 Manns beziehungsreich-artifizielles Spiel schließt sich darin dem späten Goethe an, wie der Brief an Karl Kerény, den beratenden Mythenforscher bei der Entstehung des *Joseph*, deutlich zeigt: „Das Mythologische bei Goethe, besonders in der ‚Klassischen Walpurgisnacht', deutet für mich immer die Brücke von ihm zu Wagner, der grade diesen Teil des ‚Faust' besonders liebte" (vom 6. Dezember 1938, in: *Wagner und unsere Zeit* 152). Ausgeführt findet sich dieser Ansatz, Wagner und Goethe zu versöhnen, in *Richard Wagner und ‚Der Ring des Nibelungen'* von 1937, allerdings mit der lebensgeschichtlichen Akzentverschiebung auf Goethe hin: „[...] – welch ein Antagonismus der künstlerischen Haltung und Gesinnung! Größe, unzweifelhafte Größe da wie dort. [...] Aber die Großartigkeit der Goethe'schen Vision ist ohne jeden pathetischen und tragischen Akzent; er zelebriert den Mythus nicht, er scherzt mit ihm, er behandelt ihn mit liebevoll-vertraulicher Neckerei [...] und macht ihn mit einer Genauigkeit sichtbar, die mehr von Komik, ja von zärtlicher Parodie als von Erhabenheit hat. [...] Aber nichts kann unwagnerischer sein, als Goethe's ironische Art, den Mythus zu beschwören, und dem jüngeren, selbst noch werkgebundenen Wagner hat die ‚Klassische Walpurgisnacht' gewiß wenig oder nichts zu sagen gehabt. Erst sein zu rein objektiver Anschauung befreiter Kunstverstand vermag sie zu bewundern" (GW 9, 507/508). Der essayistische Spiegel zeigt also jeweils Goethe oder Wagner nach Thomas Manns eigenem Bild.

164 Mann trifft die Ambivalenz genau: „Es sind *reaktionäre* Züge in Wagners Erscheinung, Züge von Rückwärtsgewandtheit und dunklem Vergangenheitskult; man könnte die Vorliebe fürs Mystische und Mythisch-Ursagenhafte, den protestantischen Nationalismus der ‚Meistersinger' sowohl als das Katholisieren im ‚Parsifal', die Neigung zum Mittelalter, Ritter- und Fürstenwesen, zu Wundern und Glaubensinbrunst in diesem Sinne deuten. Und doch verbietet jedes Gefühl für die eigentliche und wahre Natur dieses durch und durch auf Neuerung, Änderung, Befreiung gestellten Künstlertums es aufs strikteste, seine Sprache und Ausdrucksweise wörtlich zu nehmen und nicht als das, was sie ist: ein Künstleridiom eben sehr uneigentlicher Art,

„Mythos“ erschöpft sich nicht darin, ein geschlossenes System von Verweisen zu sein, das die Wirklichkeit ästhetisch in sich aufhebt, sondern er wird destruiert und ins Utopische aufgelöst.[165] Musik und Regieanweisungen verdeutlichen diese eigentümliche Bewegung, sie treiben in das hinein, was Wagner linkshegelianisch in verschiedensten Kontexten mit „Vernichtung“ bezeichnet[166]: „Aus den Trümmern der zusammengestürzten Halle sehen die Männer und Frauen, in höchster Ergriffenheit, dem wachsenden Feuerscheine am Himmel zu“, heißt es zum Schluß der *Götterdämmerung*.[167] „Zunehmende Dämmerung in der Tiefe bei wachsendem Lichtscheine aus der Höhe“ begleitet den allseitigen *chorus mysticus* des *Parsifal*-Schlusses.[168] Diese Aufklärung nach oben hin ist vom *Holländer* an allen Bühnenwerken Wagners eigen (auch die *Meistersinger* nahen „gen den Tag“, dessen Morgenröte sie feiern). Sie durchbricht den Mythos ein zweites Mal, nachdem bereits der geschichtlich deutende (Psycho-)Logos ihn aufgehoben hat und in dem dieser selbst wiederum ins Utopische aufgehoben wird. Wenn sich hier ein Kreis schließt, dann jedenfalls nicht in einer bloßen Rückkehr zum Mythos, sondern als Antizipation eines neuen Anfangs am Ende, die über jeden geschlossenen Kreis der Vergegenwärtigung hinaus weist.[169] Kurz: „Nicht aus antiquarischem Interesse greift Wagner auf den Mythos zurück, sondern um dessen utopischen

---

mit dem auf Schritt und Tritt ganz anderes, vollkommen Revolutionäres gemeint ist“ (425). Mit dieser Schlußwendung seines Münchner Vortrags entzieht Mann Werk und Person Wagners jeder ideologischen Adaption.

165 Oder so mit Richard Klein: „Vielleicht liegt die Modernität des *Ring* gerade darin: Indem er mit dem Pathos des Ganzen aufs Ganze geht, führt er uns seine Grenzen, seine Lücken, seine Deformationen, seine Brüche und seine Spaltungen vor. In dieser Vieldeutigkeit, diesem spezifischen Ineinander von totalisierenden und dissoziativen, holistischen und dekonstruktiven Tendenzen konkretisiert sich Wagners Impuls der Subversion, die Kraft der Verweigerung einer semantischen Lichtquelle [...] gegen das eigene idealistische Programm“ *(Wagners plurale Moderne. Eine Konstruktion von Unvereinbarkeiten*, in: Mahnkopf [Hg.], *Richard Wagner. Konstrukteur der Moderne* 223.

166 Im Traktat *Über das Judentum in der Musik* von 1850 liest sich das so: „Gemeinschaftlich mit uns Mensch werden, heißt für den Juden aber zu allernächst so viel als: aufhören, Jude zu sein. [...] Nehmt rücksichtslos an diesem durch Selbstvernichtung wiedergebärenden Erlösungswerke teil, so sind wir einig und ununterschieden! Aber bedenkt, daß nur Eines eure Erlösung von dem auf Euch lastenden Fluche sein kann: Die Erlösung Ahasvers, – der *Untergang*!“ (zit. nach der kritischen Textausgabe von J. M. Fischer, *Richard Wagners „Das Judentum in der Musik“. Eine kritische Dokumentation als Beitrag zur Geschichte des Antisemitismus*, 173; vgl. die ausführliche Wiederaufnahme dieses Appells am Schluß der Schrift, 194-195). Die offensichtlichen Synonyme „Untergang“, (Selbst-)„Vernichtung“ und „Erlösung“ als Assimilationsappelle an die jüdischen Leser nimmt der judenfeindlichen (und erst später im strikten Sinne antisemitischen) Spitze des Textes nichts von dem, was ihn so schlimm und folgenreich machte. Aber er liefert keine exterminatorische Handlungsanweisung, die gegen Begriffe und Grammatik des Textes hineingelesen worden sind.

167 815.

168 Ebd., 864.

169 Vgl. die zu Recht sehr kritische Sichtung des Mythosbegriffes (Kurt Hübners bzw. Dieter Borchmeyers) in der aktuellen Wagnerdiskussion bei Wolfram Ette *(Vom Ursprung weg und in den Ursprung hinein. Zum Mythos bei Wagner und Thomas Mann*, in: Mahnkopf, *Richard Wagner*, bes. 230-240).

Potentials wegen" (Jan Rohls).[170] Ihm folgt geschichtlich die Revolution, die das Vorausempfundene realisieren soll und erst die Möglichkeit herstellt, eine Kunst als „Gesamtkunstwerk" zu haben und zu rezipieren. Die Aura des Werkes, als Festspiel „mit freiem Volk auf freiem Grunde" darzubieten, bleibt utopischer Vorgriff und bedingt notwendig die Brüche jeder gelungenen Aufführung, ohne die sie eben diese Aura verlöre.[171]

c) Theater und Ritus

Aber ritualisiert Wagner nicht doch den Mythos und schafft ihm eine bedenkliche sakrale Aura, in der das Kunstwerk eine Kunst-Religion trägt und mit seinem totalen Anspruch unmerklich ins Totalitäre gleitet? Auch das ist, wiederum, zunächst eine frühere und vielleicht nie ganz aufgegebene Lesart des Nietzscheaners Thomas Mann, der seinen zweideutigen Lehrer ins unmittelbar Zeitgeistige übersetzt. Sein *Versuch über das Theater* von 1908 gilt deutlich nicht den Zeitgenossen Tschechow und Hauptmann, sondern „Bayreuth": „Denn", so lautet die Schlußpointe, „das Theater erfüllt seine schönste Aufgabe, indem es, ein kindlich hoher Zeitvertreib, die Masse zum Volke weiht."[172] „Volk" ist hier kaum von Hegels „Volksgeist" her, sondern auf Bayreuths (Kult-)Gemeinde-Geist hin zu lesen, habe doch ein „Philologieprofessor" Mann

> darüber belehrt, daß das Wort ‚Drama' dorischer Herkunft ist und nach dorischem Sprachgebrauch ‚Ereignis', ‚Geschichte' bedeutet, und zwar im Sinne der ‚heiligen' Geschichte, der Ortslegende, auf der die Gründung des Kultus ruhte.[173]

Das ist Bayreuther Mythos, sogar Kultätiologie, die distanzlos Nietzsches frühe Wagner-Prophetie mit Wagner selbst vermischt. So bildet Manns frühe Wagner-Kritik im Ansatz auch ein getreues Abbild von Nietzsches zwiespältiger Panegyrik. Denn hinter dem „Philologieprofessor" verbirgt sich der Basler Ordinarius Friedrich Nietzsche.[174] Die „Handlung" – so lautet auch der

---

170 *Der Mythos nach dem Tode Gottes*, D. Borchmeyer (Hg.), *Wege des Mythos in der Moderne. Richard Wagner, ‚Der Ring des Nibelungen'. Eine Münchner Ringvorlesung* 89.

171 Auch Friedrich Schlegels romantische Gesamtkunst kann „ewig nur werden, nie vollendet sein", denn alle „romantische Poesie ist eine progressive Universalpoesie" (*116. Athenäumsfragment*, in: *Schriften* 182f). Insofern ist sie „unendlich", weil unabschließbar. Wagners progressive Unendlichkeit dagegen ist sehr wohl theoretisch fundiert: seine Theorie von *Oper und Drama* (1852) greift auf die Antike als Klassik zurück, ohne klassizistisch zu sein, und auf die Revolution aus, ohne deren utopisches Ziel vorwegzunehmen. Sein „Gesamtkunstwerk" ist daher ein unendliches Provisorium, keineswegs aber romantische Subjektivität, „die als ihr erstes Gesetz anerkennt, daß die Willkür des Dichters kein Gesetz über sich leide" (Schlegel, ebd., 183). Wagner bezieht sich indes nicht auf Schlegel, noch weniger dürfte er bewußt an ihn anknüpfen.

172 *Versuch über das Theater*: GW 10, 62.

173 Ebd., 47.

174 Vgl. Borchmeyer, *Das Theater Richard Wagners* 296.

schlichte und unprätentiöse Gattungstitel Wagners für den *Tristan* – enthüllt sich durch Manns Nietzsche als „heilige Handlung", ja „Weiheakt": im *Parsifal* strebe das Drama zu seinem Ursprung, zur rituellen Handlung zurück.[175] Ob ein inszenierter Ritus auf der Bühne tatsächlich Kult oder eher nur dessen täuschender Vor-Schein sein könne, fragt Mann nicht, auch nicht, wie sich dramatischer Kult (des attischen Dramas oder der religiösen Handlung überhaupt) und inszenierter Kult (der modernen Bühne) zu einander verhalten. Noch bedenklicher ist, daß diese Lesart das moderne Drama schlicht ausschließt – wobei die Moderne nicht erst bei Ibsen, sondern analog auch schon bei Euripides anzusetzen wäre. Mann erklärt, als ein etwas distanzloser Wagner-Schüler, das moderne Schauspiel „aus der leiblichen Darstellung des Abenteuerromans", was heißt: „die beliebtesten Schauspiele sind in Wahrheit nur szenisch komprimierte Romane".[176] Tatsächlich spitzt Mann hier lediglich einen Gedankengang zu, mit dem Wagner im 1. Kapitel des zweiten Buches von *Oper und Drama* Roman und antikes Drama gegenüberstellt, ohne sie allerdings wie Mann von einem vagen Kult-Begriff her definitiv und ausschließlich gegeneinander auszuspielen.[177] Das spätere beiläufige Abtun von Wagners Ästhetik gilt in der Sache weniger Wagners Theorie, sondern dient eher Manns konsequentem Mißverstehen(-wollen) und eigener Legitimation: Es ist die stilisierte Selbstbespiegelung in Wagner, die ihn mit Nietzsche verbindet. Ihr muß weichen, was ihr entgegensteht, nämlich Wagners eigene Theorie. Solche Theaterästhetik zielt zu Lasten Wagners auf das zeitgenössische Bayreuth, dessen Hügel „das Theater auf seinem Gipfel" sei, repräsentiert durch den *Parsifal*, den allerdings erst der späte Mann der letzten Tagebücher wirklich kennengelernt haben will. Mann läßt das „Leitmotiv" zur liturgischen (Bayreuther!) Formel erstarren, wie sie die Motiv-Kataloge Hans von Wolzogens bis in die Gegenwart quasi-dogmatisch aufstellen, ja zur „Monstranz, es nimmt eine fast schon religiöse Autorität in Anspruch" und führe „mit Notwendigkeit ins Zelebrierend-Kirchliche zurück". Dem ästhetischen Dogma des nachwagnerischen Bayreuths folgt das emphatische Bekenntnis:

> ja ich glaube, daß die heimliche Sehnsucht, der letzte Ehrgeiz alles Theaters der Ritus ist".[178]

Daß diese Sehnsucht nicht diejenige Wagners ist, haben dessen Zürcher ästhetischen Schriften verdeutlicht; daß seine Musik nicht der späteren Bayreuther Dogmatik gehorcht, muß sich noch zeigen. Manns Wagner-Deutung dürfte in wesentlichen Partien ein historisches Mißverständnis und damit als

---

175 „Die Rütliszene ist eine ‚Handlung' ja nur im Sinne von Zeremonie; und im ‚Parsifal' ist der Kultus in Form von Taufe, Fußwaschung, Abendmahl und Monstranzenthüllung auf die Bühne zurückgekehrt" (*Versuch über das Theater*: GW 10, 47).

176 Ebd., 49.

177 *Oper und Drama* 132-159. Während Wagner allerdings das „Literaturdrama" Goethes nicht ausschließen muß (148ff.), ist bei Mann folgerichtig keine Rede mehr von ihm.

178 *Versuch über das Theater*: GW 10, 54. – „Kirche und Theater, so weit auch ihre Wege auseinandergegangen sind, so sind sie doch stets durch ein geheimes Band verbunden geblieben" (ebd.).

Interpretament so wenig brauchbar sein wie Nietzsches Wagner.[179] Sie relativiert sich erst mit dem Münchner Vortrag von 1933, der den Leitbegriff „Kult" fallenläßt und durch die neuen, auch für die eigenen Roman-"Partituren" gültigen Leitbegriffe von „Mythus" und „Psychologie" ersetzt. Erst jetzt gelingt es Mann, die Ambivalenz dieses Mythischen im Drama oder im Kunstwerk schlechthin zu erschließen und durch Ironie fruchtbar zu machen. Der Essay über *das* Werk schlechthin, *Richard Wagner und ‚Der Ring des Nibelungen‘* von 1937, zieht die Summe – anders als der Münchner Vortrag ausdrücklich mit Goethe, indem er die „Prophetie" der Schlüsse von *Faust* und *Ring* in unmittelbare Beziehung zueinander setzt. Damit ist Wagner, allem „‚Hitler'" in ihm zum Trotz, nicht mehr als „künstlerischer Prophet einer politischen Gegenwart" zu mißbrauchen – das Festspiel hält der humanistischen Kritik stand und hat seine Zukunft.[180] Spät erst gewahrt Mann in den Briefen der Sammlung Burrell die eigentliche Tragweite der Festspiel-Idee, die „gründlich revolutionären Ursprungs" ist und „hoch-utopische Bilder vom Volks- und Ideal-Theater der Zukunft", die in Bayreuth, „wenn nicht gerade wahr, so doch wirklich" geworden sind: „arrivierte Utopie" nämlich.[181]

Der versöhnliche Ton Manns klingt ein wenig nach angestrengter Fest-Rede. Wesentliche Probleme der Wagner-Kritik bleiben ungelöst: die Frage nach dem Gestisch-Gebärdenhaften von Wagners Kunst, dem „Histrionischen" oder auch der Täuschung des „schönen Scheins", ebenso auch die Frage nach ei-

---

179 Es sei nur beiläufig erwähnt, daß Interpretamente dieser Art rasch zum vielseitig verwendbaren Klischee erstarren. So haben Thomas Manns „Bruder Hitler" bzw. die These vom „‚Hitler' in Wagner" als historischer Umkehrschluß eine eigene Kategorie der Wagner-Literatur mitdefiniert, die in Joachim Köhlers *Wagners Hitler. Der Prophet und sein Vollstrecker* (1997) einen vorläufigen Tiefpunkt erreicht. Sie lebt von der Rückprojektion der historischen Wagner-Aneignung (oder besser Enteignung) von H. S. Chamberlain bis Hitler auf Wagner selbst; ihre Methodik schreckt vor Zitaten und Zitatmontagen nicht zurück, die den ursprünglichen Kontext bewußt ausblenden oder nicht einmal verifizierbar sind. Zur Antwort sei hier lediglich das Bonmot Ernst Blochs erinnert, das Horst-Wessel-Lied, nicht das *Meistersinger*-Vorspiel sei die Musik der Nazis gewesen (Wolfgang Wagner, *Lebens-Akte* 48; vgl. auch Scholz, *Richard Wagner im Jahre*; ders., *Richard Wagners Antisemitismus*; ein Kaleidoskop der möglichen Positionen bietet der von Friedländer/Rüsen herausgegebene Symposionband *Richard Wagner im Dritten Reich*). – Dieter Borchmeyer resümiert 1982: „Scheint der Altwagnerianismus gegenwärtig glücklicherweise auf verlorenem Posten zu stehen, so erfreut sich sein polemisches Komplementärphänomen nicht zu unterschätzender Resonanz" (*Das Theater Richard Wagners* 393, Anm. 258). An triftigen Argumenten indes hat es beiden Seiten immer gefehlt, an sektiererischer Leidenschaft weniger.

180 „Der Schöpfer des ‚Ringes‘ ist mit seiner vergangenheits- und zukunftstrunkenen Kunst aus dem Zeitalter bürgerlicher Bildung nicht herausgetreten, um eine geistmörderische Staatstotalität dafür einzutauschen. Deutscher Geist war ihm alles, deutscher Staat nichts" *(Richard Wagner und ‚Der Ring des Nibelungen‘*: GW 9, 527).

181 *Briefe Richard Wagners*: GW 10, 800/801. – „Es war die arrivierte Utopie. Und Nietzsche floh..." Dieser Schluß scheint die Einsicht einer Pointe zu opfern, die wiederum Nietzsche zum Vorläufer der eigenen Lesart stilisiert. Gewiß floh Nietzsche vor dem Arrivierten dessen, was er als *décadence* zu durchschauen meinte. Ob er aber auch „Utopie" in Wagner gesehen hat – in seinem „Siegfried" oder dessen Spiegelung in der Idee des „Übermenschen"? Reform oder Revolution sind allerdings nicht Nietzsches Sache gewesen, eher schon, wenn auch in anderem Sinn als bei Wagner, „Regeneration".

nem Grundbegriff von Kunstwerk und Musik, die sich angesichts der Aura des Festspiels zu einer Frage nach der gesellschaftlichen Wirklichkeit solcher Kunst zuspitzt. Und stellt Manns eigene Lösung der Probleme, die das Mythische im Theater Wagners macht, nicht gerade dasjenige Problem neu, dessen Lösung das Festspiel geben soll? Die „Tendenz, alles, auch das Tragische, gleichsam schön erscheinen zu lassen, dieses Spielen mit der Sache“[182] macht der späte Richard Wagner dem bewunderten Vorbild Goethe zum eigentlichen Vorwurf. Gemeint ist der Vorwurf spielerisch-schönen Scheins. Dieser Schein kann ironische Brechung sein (wie bei Thomas Mann und Goethe) oder in ästhetischer Überformung des „Tragischen“ zum täuschenden Anschein einer falschen Versöhnung werden (wie bei Richard Wagner), die den Bruch im Ganzen überspielt. Das Ganze und sein Bruch, der fundamentale ästhetische Anspruch von Autor bzw. Werk und dessen ins Utopische verweisendes Scheitern bezeichnen genau genug das Paradox, für das der (von Wagner gerade nicht benutzte) Terminus „Gesamtkunstwerk“ einsteht. Denn die Ästhetik Wagners verweist auf Revolution und Zukunft, seine Kunst der Erhabenheit hat eine ethische Komponente, die unbedingte Entscheidungen einfordert und nicht einfach als „Kunst“ oder „Oper“ goutiert sein will – ohne daß damit schon bestimmt wäre, ob und wie dieser totale und darin gerade nicht „affirmative“ Anspruch eines „Kunstwerks der Zukunft“ zu realisieren sei.

Diese Fragen, wiederum mehr oder weniger ausdrücklich in der Tradition von Nietzsches Wagner-Kritik und ihrer Kultur des Verdachts, stellen sich mit Thomas Mann zur selben Zeit Walter Benjamin, Theodor W. Adorno und Ernst Bloch, und sie finden ein spätes Echo in der Skepsis Odo Marquards gegenüber aller Totalität.

---

[182] CT II, 1044.

Wenn die Form des Rings als Gleichnis der Totalität von Weltgeschichte, die im Selbstbewußtsein sich vollendet, was sie an sich von je war, nicht weniger an Hegel mahnt als an den Schopenhauer, dem der allegorische Inhalt entlehnt ist, so kommt darüber hinaus der Ring in einem bestimmten Moment mit der Hegelschen Geschichtsphilosophie überein. Es ist das der List der Vernunft. Was immer an Opposition gegen das „Totale" geschieht, gegen den Weltwillen Wotans, geschieht zugleich in dessen Sinn, wäre es auch bloß, weil der absolute Geist Wotans nichts anderes denkt als die eigene Vernichtung.

Theodor W. Adorno[183]

3. Walter Benjamin, Theodor W. Adorno und Odo Marquard: Affirmation und Ideologiekritik

Die Opposition gegen das „Totale" geschieht immer auch zugleich in dessen Sinn, wie Adorno eingangs des Kapitels „Gott und Bettler" in seinem *Versuch über Wagner* erinnert. Ironischerweise scheint diese List der Vernunft nicht nur die werkimmanente Opposition, sondern auch die Wagner-Kritik in jeder Form zu ereilen. Sie scheint also ein Teil der Aura von Werk und Festspiel, auch wenn sie ihr frei gegenüber steht. Das gilt von Nietzsches lebensprägender Wagner-Kritik ebenso wie für Thomas Manns Passion, die er gelegentlich neutraler mit „Interesse" (also genauer, weil das Inbegriffensein beschreibend) bezeichnet. Sie gilt in gewisser Weise auch für Adornos negativ-dialektische (Ideologie-)Kritik, deren Kehrseite mit messianisch-positivem Vorzeichen Walter Benjamins Kritik im Zeichen der „Rettung" ist. Mit Adornos *Versuch über Wagner* erreicht die philosophierende Wagner-Kritik ihre volle Höhe. Sie knüpft an Nietzsches Metaphysik des Verdachts gegenüber Wagner an und unterläuft zugleich die ambivalenten *Betrachtungen eines Unpolitischen*, wie sie Thomas Mann vor seinem Exil angestellt hat. Dennoch setzt sie in ihren Motiven die Wagner-Kritik Nietzsches und Thomas Manns unmittelbar fort, wie dieser 1949 selbst festhält:

> Adorno gab mir damals seine sehr kluge Abhandlung über Wagner zu lesen, deren kritischer Gebrochenheit und nie ganz ins Negative abgleitender Aufsässigkeit es nicht an Verwandtschaft mit meinem eigenen Versuch ‚Leiden und Größe Richard Wagners' fehlt.[184]

Anders als Manns Wagner-Vortrag formuliert sie ausdrücklich eine prinzipielle Kritik an der Aura des Bayreuther Festspiels als politisches „Gesamtkunst-

---

183 *Versuch über Wagner* 123.
184 *Die Entstehung des Doktor Faustus*: GW 11, 207.

werk“ und setzt so ihre Zeitgenossenschaft für das Jahr 1939 argumentativ um. Damit erweitert sie die Wagner-Kritik in einem ihrer Hauptmotive, der Kritik an Bayreuth und den Wagnerianern, die bei Nietzsche mehr angespielt als durchgeführt ist.

Nun ist „Gesamtkunstwerk“ gerade kein zentraler Begriff Wagners für Wagners dramatische Ästhetik[185], sondern bezeichnet die revolutionäre Utopie auch der gesellschaftlichen vollendeten (Selbst-)Darstellung der Menschheit; nur diese antizipierte Menschheit kann das Publikum eines solchen Kunstwerkes sein. Wagners späterer „metaphysischer“ Begriff der Musik relativiert die Rede vom „Gesamtkunstwerk“, da die Musik die apriorische Bedingung der Szene ebenso wird wie für Schopenhauer der Wille zum Grund von Welt und Vorstellung. Wenn dennoch der strittige Begriff verwendet wird, dann steht er, unter dem Vorbehalt der revolutionären Ästhetik, für das Utopische und nicht für das Affirmative ein. Er muß überdies auf den komplexeren Musikbegriff bezogen werden, ohne den Wagners musikalische Theorie und Praxis seit dem „Ring“ nicht zu verstehen ist. Das „Auratische“ hingegen, wie es bisher wiederholt anklang, bleibt eine durchaus klärungsbedürftige Umschreibung für die besondere Rezeptionsästhetik, die einerseits in der Wagnertradition von Nietzsche zu Mann die Begriffe von Tragödie und Drama trägt und andererseits das spezifische Festspielerlebnis bezeichnen soll. Werkästhetik und Rezeptionsästhetik sind nicht zu trennen, aber strikt zu unterscheiden, wenn der Weg von der Rezeption zum Werk und von diesem wieder zu ihr zurückführen soll.

a) Reauratisierung (Walter Benjamin)?

Während der frühe Thomas Mann ganz unpolitisch das eigentliche Drama als Kunstritual zur Metapher zivilisationskritischer Sehnsucht erhebt und damit eine konservative, fast „regressive“ Utopie anvisiert, geht Gerhart Hauptmanns lebenslange Suche nach dem „Urdrama“ gleichzeitig rückwärts zur attischen Tragödie und vorwärts zu deren unmittelbar politisch-sozialer Bedeutung.[186] Es ist ausdrücklich religiöser Durst „nach geistiger, kultischer Konvention“, den der junge Walter Benjamin feststellt.[187] Während Brecht solche Mystik, genauer: die Sehnsucht nach einer im Kunstwerk vermittelten *unio*

[185] Das Wort erscheint „lediglich in der Peripherie der Revolutionsschriften“ und bezieht sich auf die „synästhetische Vereinigung der Einzelkünste“ (Friedrich, *Das auratische Kunstwerk* 187), wie sie Wagner vom *Künstlertum der Zukunft* 1849 erwartet (vgl. SSD 12, 254-282).

[186] Dem mythischen und geschichtlich gerade nicht aufzulösenden Verhängnis der Atriden-Tetralogie Gerhart Hauptmanns (1941-1947) steht Manns Roman-Tetralogie entgegen. Spätestens im amerikanischen Exil wird sich Thomas Mann seinerseits das utopische Potential des Mythos in ironischer Brechung erschließen und zu den sehr politischen Betrachtungen des *Joseph*-Romans finden. Dessen „Einst“ gilt dann bekenntnishaft der Zukunft: „wir halten's mit dieser“ (*Joseph, der Ernährer* 643).

[187] *Dialog über die Religiösität der Gegenwart* (1912), in: Gesammelte Schriften II/1, 29.

mystica, als „spleen“ abwehrt[188], hätten nach Adorno im Denken Benjamins „ein letztes Mal Mystik und Aufklärung zusammengefunden“[189]. Tatsächlich scheinen sich in Benjamins kulturkritischer Lesart noch einmal Mythos und Logos, der objektiv-symbolische Verweisungszusammenhang und die subjektiv-kritische Vernunft zu begegnen. Der Begriff der „Aura“ ist das Segel, mit dem Benjamin den „Wind der Geschichte“ aufnehmen will.[190] Wie setzt er dieses Segel?

Bekanntlich markiert die mechanische Reproduktion eines Kunstwerks einen qualitativen Sprung: Der Reproduktionsprozeß wird zeitgleich zum Reproduzierten und verschwindet in ihm. Einmaligkeit und deren Tradition, damit auch der „Kultwert“ des Kunstwerkes, gehen darin unter, seine Aura, die „*einmalige Erscheinung einer Ferne, so nah sie sein mag*“[191], schwindet. Das Arkanum des Kunstwerks wird zur „Ware“, umgekehrt entsteht die Kunst, die „Ware“ als Arkanum erscheinen zu lassen. Der „schöne Schein“ der Ware verdeckt ihren Produktionsprozeß und damit ihren Warencharakter – daß solche Kunst „zu einer bloßen geschäftlichen Routine“ verkomme, weiß jedoch bereits der Wagner der Zürcher Kunstschriften.[192] Das autonome Kunstwerk hingegen, wie es Benjamin und auch Wagner verstehen – ohne daß Benjamin sich dessen offenbar bewußt ist –, gewinnt eine geradezu (gegen-)revolutionäre Funktion. Diese mythologische Auffassung einer „magischen Aura“ wirft auch die geschichtsphilosophische Frage auf, ob eine quasi-messianische Hoffnung auf eine „zweite Technik“ oder den emanzipatorischen Dienst der Massenmedien berechtigt sein könne.[193] Die Parallele jedenfalls zu Wagners ästhetischen Revolutionsschriften der Zürcher Zeit ist evident. Dort wäre es die „Technik“ des Festspieles, das die Aura neu erzeugen und so an die Stelle der zur Ware abgesunkenen „Oper“ treten soll. Dort stellte sich auch bereits die Frage, ob solche ästhetische Antizipation der „Zukunft“ und ihrer gesellschaftlich-geschichtlichen Dimension einer Öffentlichkeit entspreche, die sich als „Publikum“ zugleich im Festspiel repräsentiert. Wagner selbst wich ins Utopische aus, (Alt-)Bayreuth zog sich in die Erzeugung einer mythischen Illusion zurück, deren schöner Schein alle Brüche überdeckt. Das Festspiel gibt sich sakral und schreibt als Institution zugleich dogmatisch den Stifterwillen des „Meisters“ (so die kanonische Anrede oder Umschreibung Wagners in Bayreuth) fest. Darin ist der Dauerstreit zwischen Orthodoxie und Heterodoxie angelegt, der sich regelmäßig an „brüchigen“ Inszenierungen entzündet – solchen, die das utopische „Mehr“ im Werk nicht der in sich geschlossenen Il-

188 *Arbeitsjournal* Bd. 1 (1938-1942), 16.

189 *Charakteristik Walter Benjamins*, in: Adorno, *Prismen. Kulturkritik und Gesellschaft* 301.

190 Vgl. Benjamin, *Passagen*, in: Gesammelte Schriften Bd. V/1, 591f.

191 *Das Kunstwerk im Zeitalter seiner technischen Reproduzierbarkeit*, in: Gesammelte Schriften II/1, 378.

192 *Erleuchtung durch Dunkelmänner* (1932), in: Gesammelte Schriften III, 360. – Vgl. im selben Sinne Wagners Reformschrift *Ein Theater in Zürich* (1851): SSD 5, 20-52, 46.

193 Vgl. zur Kritik Adornos zusammenfassend: J. Fürnkäs, Art. „Aura“. In: Opitz/Wizisla (Hg.), *Benjamins Begriffe* 1, 123ff. – In Bezug auf Wagner vgl. vor allem Friedrich, *Das auratische Kunstwerk* 14-41; 166-207, bes. 184ff.

lusion opfern. Was den einen die sakrale Aura bedeutet, meinen die anderen als den schönen Schein „falscher Identität" zu durchschauen. Was umgekehrt deutend das unerschöpfte Potential des Werkes freilegt, wird abgewehrt als eine Inszenierung gegen ein kanonisiertes Wagnerbild und den vermeintlich fixierten Willen des „Meisters".[194]

b) Ideologiekritik (Theodor W. Adorno)?

Diesem schönen Schein „falscher Identität", wie er teilweise im Bayreuth nach dem 1. Weltkrieg und explizit im Wagnerkult des Dritten Reiches hergestellt wird, und den Bedingungen seiner Möglichkeit im Werk selbst gilt Adornos *Versuch über Wagner* (1939/1952).[195] Die Methode sei „mikrologisch", der Teil stehe ihr für das Ganze; der Begriff solle „Breschen schlagen in das Labyrinth der Werke", ohne sich zu vermessen, „die Vieldeutigkeit seines Gegenstandes zu rationalisieren".[196] Die schroffe Metapher von der Bresche ins Undurchdringliche deutet auf ein gewaltsames Rationalisieren des Widerständigen; dem entspricht die kaleidoskopische Struktur des „Versuchs" in zehn Breschen, die alle gewisse Einblicke gewähren, sich vielfach überschneiden und vielleicht doch nur gelegentlich in die Mitte des Labyrinths führen.[197] Pejorativ *ad hominem*, nicht aber analytisch, setzt bereits das „Kapitel" Sozialcharakter" ein und zeichnet das Biographische eines sadistisch-sentimentalen Künstlers unmittelbar in sein Werk ein.[198] Der intermittierende „Gestus" des Schauspielers Wagner – ein Selbstbespiegelungs-Topos Nietzsches und Thomas Manns! – ersetze kompositorisch, was dem Werk an „Form" abgehe, und verfälsche den Ausdruck in sich selbst: er degeneriere zur „Lüge".[199] Wagners „Formlosigkeit", die „Ewigkeit" seiner Musik sei Fiktion und falsche Identität, letztlich ein „Nichts-ist-geschehen".[200] Die „Leitmotive" – kein Begriff Wagners! – seien starr identifizierende „Allegorien", „dinghaft" aneinandergereiht, atomisiertes Material, das den Einzelmoment gegenüber der Totalität entwerte und lediglich Ausdruck des Autors, nicht der *dramatis personarum* sei.[201] Der gemischte „Klang" verleugne die unmittelbare Produktion des

[194] Die orthodoxe *Deutsche Richard-Wagner-Gesellschaft* entstand 1976 aus Protest gegen die *Ring*-Inszenierung von P. Chéreau.

[195] Der „Selbstanzeige" beschreibt den *Versuch über Wagner* als einen Teil der Aufgabe des Instituts für Sozialforschung, „dem Nationalsozialismus gegenüber [...] begreifend standzuhalten" und die „Herkunft der Hitlerideologie" zu erforschen (GS 13, 504).

[196] Ebd., 505 bzw. 507.

[197] „Sozialcharakter", „Gestus", „Motiv", „Klang", „Farbe", „Phantasmagorie", „Musikdrama", „Mythos", „Gott und Bettler" sowie „Chimäre" heißen diese Breschen.

[198] So die angeblichen Judenkarikaturen vom *Ring* bis zum *Parsifal* – eine Tradition, die von Adorno über Thomas Mann hin zu Zelinsky, Rose und Weiner führt. Vgl. dazu grundsätzlich kritisch Borchmeyer, *Richard Wagner und der Antisemitismus*, in: *Wagner-Handbuch*, bes. 159ff.

[199] *Versuch über Wagner* 32 bzw. 35.

[200] Ebd., 37, 39.

[201] Ebd., 43, 47, 48, 57.

Tons; so sei er verdinglichtes Produkt und letztlich nur „Ware".[202] Kurz: es gebe weder Dynamik noch zielgerichtete Entwicklung. Am Ende steht die „Phantasmagorie" als „Blendwerk", der lückenlose Schein steht für Sein – was alles bereits Wagner selbst in seinen Zürcher Reformschriften der „Oper" vorwirft, um ihr zuletzt seine revolutionäre Idee des Festspiels entgegenzustellen.[203]

Adorno erliegt über weite Strecken offensichtlich dem Zauber seiner Zentralmetaphern, die er Benjamin entleiht, ohne dabei zu bemerken, daß seine „kritische Theorie" tatsächlich die Argumentationsfigur von Wagners revolutionärer Theorie des Festspiels wiederholt. Sequenz und Variation seines *Versuchs über Wagner* umkreisen in unermüdlich-ermüdender Wiederholung den einen Grundgedanken, der gerade nicht analytisch entwickelt, „mikrologisch" exemplifiziert und am Ganzen erprobt wird: „Nicht länger gehorcht das Kunstwerk seiner Hegelschen Definition als das sinnliche Scheinen der Idee, sondern das Sinnliche wird arrangiert, um zu scheinen, als wäre es der Idee mächtig: das ist der wahre Grund des allegorischen Zuges in Wagner, der Beschwörung unwiederbringlicher Wesenheit."[204] Solche überredende Beschwörung sei „regressiv", der Kern des Beschworenen leer. „In der innersten Zelle der Erlösungskonstruktion wohnt das Nichts".[205] Nur dies erscheine in

---

202 Ebd., 79.

203 Im kritischen Jargon: „Die Verdeckung der Produktion durch die Erscheinung des Produkts ist das Formgesetz Richard Wagners. Das Produkt präsentiert sich als sich selbst Produzierendes: daher auch der Primat von Leitton und Chroma. Indem die ästhetische Erscheinung keinen Blick mehr durchläßt auf Kräfte und Bedingungen ihres realen Produziertseins, erhebt ihr Schein als lückenloser den Anspruch des Seins" (ebd., 82). Wagner verdecke „durch artifizielle Vollendung alle Nahtstellen des Artefakts" (92). Bei Wagner hätte Adorno nachlesen können: „Das Publikum kann [...] nicht anders als die Leistungen der Kunst gemeinhin mit den Produkten der Industrie verwechseln; es bezahlt diese wie jene mit seinem Gelde und bleibt vor der in seiner Ansicht zu einem Industriezweige erniedrigten Kunst selbst aller künstlerischen Bildung bar" (*Ein Theater in Zürich*: SSD 5, 20-52, 47). Die Zürcher Reformschriften Wagners stellen sich eben diesem Problem, um das revolutionäre „Kunstwerk der Zukunft" theoretisch zu begründen und praktisch zu realisieren, was weder Adorno noch Benjamin berücksichtigen. Faktisch wenden beide das Wagnersche Argument gegen die Industrieware „Oper" gegen das nachwagnerische Bayreuth: Damit bestätigen sie *ex negativo* Wagner selbst und seine „kritische (Reform-)Theorie".

204 Ebd., 102.

205 Ebd., 139. – Vgl. *Mahler. Eine musikalische Physiognomik* (1960): GS 13, 283): „Was Durkheim, etwa als die Weihfestspiele vom Parsifal bis zur Achten Symphonie [Mahlers] entstanden, den Religionen nachsagte: sie seien Selbstdarstellungen des kollektiven Geistes, das gilt prägnant jedenfalls für die ritualen Kunstwerke im Spätkapitalismus. Ihr Allerheiligstes ist leer." Entscheidend wäre nun zu prüfen, ob es als erfüllt vorgetäuscht oder als erfüllbare Leere, als zukunftsträchtige Dekonstruktion zu verstehen ist. So verstehe ich auch Richard Kleins Auseinandersetzung mit Adornos stillschweigender Teleologie: Wagners musikalisch-dramatische Arbeit ist nicht zielorientiert, sondern unterläuft die aktionistische Entropie des Dramatischen durch episches Erinnern, das seinerseits eine zweite musikalische Struktur freisetzt (*Gebrochene Temporalität* 208). Die zentrale Kategorie wäre *memoria*, Stillstand der Handlung und deren Paraphrase (die großen Vergewisserungserzählungen in nahezu allen Bühnenwerken, angefangen mit der Rom-Erzählung im *Tannhäuser* bis zum *in illo tempore* des Gurnemanz), oder, ausdrücklich bezogen auf den Typos des scheiternden Protagonisten Siegfried in *Götterdämmerung*: „der paradoxe Versuch des Helden ohne Gedächtnis, ein geschichtliches Verhältnis zu

Wagners „Phantasmagorie“: „so wird der Umriß des Nichtigen utopisch als Gegensatz zu dem des eigenen Zeitalters“.[206] Das Werk selbst aber mit seiner falschen Aura verwechsele „das Venerabile des Geistes mit sich selbst“; in solchem falschen Bewußtsein verwirre es Kunst und Religion. Die von Benjamin ersehnte *unio mystica* ereignet sich gerade nicht, sondern jenseits des schönen Scheins deren nichtig-negatives Abbild als Utopie.

Damit führt Adorno den Aura-Begriff Benjamins am Beispiel Wagners zu seinem paradoxen Ende, auch wenn seine „mikrologischen“ Analysen im Einzelnen ebenso problematisch sein mögen wie sein Fazit. Denn weder erschöpft sich Wagners Leitmotivik in starrer Allegorese – Strawinsky spricht zu Unrecht von den musikalischen „Garderobenmarken“ –, noch verwechselt seine Kunst einfachhin „das Venerabile des Geistes mit sich selbst“.[207] Adorno geht von einem Begriff „abstrakt“-absoluter Musik aus, der seine dialektische Gegensatzeinheit aus sich hervortreibt. Die Musik Wagners hat ihre Logik sowohl in sich selbst (als metaphysische Größe, die das Drama trägt) als auch außerhalb ihrer (als empirische Größe, die interaktiv zur dramatischen Szene steht). Sie ist immanent und transzendent zur szenischen Verwirklichung. Daher bleibt sie nicht auf die quasi-sinfonische Evolution des Materials ausgerichtet, und der strukturelle (oder auch destruktionalistische)Verlauf der Musik bedarf keiner Teleologie. Der ideologiekritische Vorwurf der „Regression“ taugt nicht dazu, die falsche Aura des Werkes zu entzaubern, denn er setzt eine geschichtliche Teleologie voraus, die es erlaubt, von einer „Entwicklung“ der Musik und einer Geschichtsteleologie insgesamt zu reden. Weder der formalistische Ansatz eines Alfred Lorenz[208] noch Adornos dialektische Ideologiekritik treffen das Problem unmittelbar, da beider Interpretationsmuster die konfligierenden Medien von Musik und Text gerade hinsichtlich in ihrer szenischen Gestalt, nämlich als *Musikdrama* verfehlen. Das temporale Diskontinuum von Wagners Bühnenfestspiel greift auf eine mythisch-geschichtliche Totale aus. Dabei sind die agierenden Bühnensubjekte ebenso wie die ihnen entsprechenden musikalischen Formen sowohl Träger als auch Opfer der Entwicklung insgesamt. Zeit ist nicht einfachhin die dialektische Struktur eines *vorhandenen* Ganzen. Das Ganze ist nur im utopischen Vorgriff gegenwärtig: als „gebrochene Temporalität“ (Richard Klein) von Verheißung und scheinbarer („dekonstruktiver“) Erfüllung. Das Kunstwerk feiert gerade als Bühnenfestspiel nicht sich selbst. „Im Musikdrama ist gleichsam die anthropozentrische Mitte der Kunst, der goldene Schnitt menschlicher Weltwahrneh-

---

seinem Leben zu entwickeln“ (ebd., 209). Vgl. ferner grundsätzlich zu dieser Adorno-Kritik auch Klein, *Solidarität mit Metaphysik?*, sowie ders., *Der Kampf mit dem Höllenfürst*. Dieser Aufsatz bündelt seine Kritik an Adornos teleologischem Geschichtsdenken und den daraus folgenden Prämissen seines *Versuch über Wagner*; er greift die Intention Adornos gegen dessen Ergebnisse auf und macht den *Versuch* erneut fruchtbar.

206 Ebd., 142.

207 Pierre Boulez wehrt sich als philosophierender Musiker scharf gegen Adornos „Amalgam“ von Soziologie und Ästhetik. Er läßt es sich nicht nehmen, dessen Epigonen zu parodieren, „um Gedankengänge dieser Art ins Absurde zu treiben“ (*Die neuerforschte Zeit* [1976] 293f.).

208 *Das Geheimnis der Form bei Richard Wagner* (1924/1933).

mung verlorengegangen"[209] – falls es diese Mitte jemals derart gegeben hat. Das Bühnenfestspiel kennt diesen schönen Schein der Mitte nicht, auch wenn sie mit allen Mitteln auf ihn zielt. Eben so beschreibt Wagner die „Wirkung der Musik unsrer ganzen Zivilisation gegenüber; die Musik hebt sie auf, wie das Tageslicht den Lampenschein".[210] Das ist utopisch und beschreibt hinreichend die aufklärerische Seite der Festspielaura, die zu denken gibt.

Nicht der Verfall der Aura, wie ihn Benjamin konservativ-regressiv beklagt, sondern der Verfall des schönen Scheins ist Adornos Problem, das er revolutionär-progressiv formuliert. Die teleologisch verstandene Geschichte kann, im Selbstwiderspruch falscher Identität, nur Verfallsgeschichte sein, die philosophische Sicht der Geschichte demgemäß Ideologiekritik. In ihrer Sicht ist das gefällige und bruchlose Ästhetische kein wie auch immer geratenes „Ganzes" mehr, sondern nur dessen täuschender Schein, zugleich ökonomisch eine „Ware" und in der Tendenz totalitaristisch, ganz gleich ob kapitalistisch oder faschistisch.[211]

In Wagner und Adorno, vermittelt durch die Interpretamente Benjamins, stehen sich zuletzt die idealistisch-romantische „Reauratisierung" (Sven Friedrich) und die späteste aufklärerische Entzauberung der Geschichte nackt gegenüber. Das eine kann gegen das jeweils andere ausgespielt nur verlieren. Darum bleibt Adornos Ringen um Wagner zuletzt ein „Versuch", der das gestellte Problem verschärft, ohne es zu „lösen". Erst später bestimmt er *Wagners Aktualität* (so der Titel seines Beitrages im Programmheft der Bayreuther Festspiele von 1964) genauer und mit neu gewonnener Distanz[212], wenn er empfiehlt, inszenierend „das Falsche, Brüchige, Antinomische selbst zur Erscheinung" zu zwingen. Eben diese Brüche resultieren aus dem utopischen Anspruch auf Totalität, der Wagners Werk trägt und zugleich über es hinausträgt. Weil seine Musik, „was sie verhieß, am Ende nicht realisiert, darum ist sie, die fehlbare, unfertig in unsere Hände gegeben als das, was weiterzutreiben wäre, unvollendet in sich. Sie wartet auf das, was sie weitertreiben wird zu sich selbst."[213]

---

209 Klein, *Gebrochene Temporalität* 171-181, 179. – Wagner kommt tatsächlich Adorno näher, als diesem lieb gewesen sein mag. Klein formuliert „den Eindruck, daß Adorno sich einerseits in Wagner mit gewissen nihilistisch-romantischen Implikationen des eigenen Ansatzes konfrontiert sah, vor denen er letztlich zurückgeschreckt ist, daß ihm aber andererseits Wagner so nahe war, als er in einem ähnlich ambivalenten, nämlich ineins linksrevolutionären und ‚pessimistischen' Verhältnis zu Hegels Philosophie der spekulativen Weltvernunft steht wie Adorno selbst. Der *Ring* ist auch die ‚Dialektik der Aufklärung' *als Mythos* – und noch dazu auf dem Theater. Daraus ergeben sich Konsequenzen für das Verständnis beider von ‚Dialektik'" (ebd., 175/176, Anm. 13), wie sie programmatisch von Wolfram Ette schon gezogen wurden (*Mythos und negative Dialektik in Wagners Ring*, bes. 146ff.). Eine gemeinsame Arbeit von Klein und Ette soll das aufgezeigte Problem demnächst systematisch bearbeiten.

210 *Beethoven*: SSD 9, 120.

211 Vgl. auch Friedrich, *Das auratische Kunstwerk* 35-41.

212 Wieder abgedruckt in: Mack, *Richard Wagner* 251-269, 251.

213 Ebd., S. 269. – So gewinnt Adorno auch eine tröstliche Perspektive für den neuen Umgang mit dem Werk: „Wahrscheinlich fällt das Wagnersche Werk entsühnt erst einer Welt zu, die selber entsühnt ist; in der nicht mehr von dem realen Verhängnis fortschwelt, das er im Bild verherrlicht, und in der er als Spiel der Erinnerung die Unschuld wiedergewinnt, die Wagner, nach

Der Sache nach klingt in diesem versöhnlich-abschließenden Wort Adornos wohl auch der Messianismus Benjamins durch, die Absage an eine Teleologie der Geschichte, die „Historisches von sich aus auf Messianisches beziehen" will. Denn erst die angebrochene Vollendung in Person, „der Messias selbst vollendet alles historische Geschehen, und zwar in dem Sinne, daß er dessen Beziehung auf das Messianische selbst erst erlöst, vollendet, schafft".[214] Das Reich Gottes ist nicht das (immanente) Ziel, sondern das (transzendente) Ende der Geschichte. Nur dieses kommt am Schluß der *Götterdämmerung* in den Blick; wenn aber das „Ziel" selbst in den Blick kommt, wie es der *Parsifal* ausdrücklich beansprucht, so kann es nicht aus dem Werk immanent erzeugt werden. Es muß bereits zuvor gesagt und gegeben sein. Eben dies gilt, wie zu zeigen sein wird, für das Schlußwerk Wagners. Von der Aura des Festspieles ist die Weihe der messianischen Erlösung noch einmal strikt zu unterscheiden. Das „Bühnenweihfestspiel" erzeugt diese Weihe nicht selbst; es zitiert sie und wird zur *memoria*.

Führt der Weg damit, gegen das Verdikt Adornos, zurück zur Ästhetik Hegels und bestätigt so einen Verdacht Nietzsches gegen Wagner als den tönenden Fortsetzer Hegels? Dann wäre zuletzt der Verdacht auszuräumen, Wagners „Gesamtkunstwerk" beerbe einfachhin das idealistische Identitätssystem und betreibe somit unmittelbar die religiöse Praxis dessen, was Schelling als Kunst bestimmt hat. Es scheint die Grenze zwischen ästhetischer Fiktion und Realität zu verwischen, mit der Sache zu spielen und zuletzt auch das Tragische nur schön scheinen zu lassen. Im Absoluten des auratischen Kunstwerkes sei „alles eins", wie es analog Hegel in den scharfen Passagen seiner Vorrede zur „Phänomenologie des Geistes" dem Philosophieren Schellings vorwirft.[215] Was er Schelling an „Unmethode [...] der Begeisterung" sowie tabellensüchtigem „Formalismus" vorwirft[216], ließe sich vielleicht analog Wagner als Hang zu Narkotikum und Rauschtheater bzw. starrem Formalismus der Motivik vorhalten. Beides indes verfehlte die subjektiv-methodische Entwicklung des musikalischen Materials, die alles andere als rauschhaft ist, wie auch dessen objektiv-organische Selbstentfaltung, die treffender eine „Metamorphose" im Sinne Goethes zu nennen wäre und keine starren Formeln kennt.[217] Am Ende bleibt nicht, wie Adorno mit Hegel gegen Wagner meint, das „Nichts", gewissermaßen „die reine Identität, das formlose Weiße", das sich in seiner Abso-

---

dem Weltuntergang, von dem Augenblick sich erhoffte, da die Rheintöchter das Gold als Spielzeug zurückerlangen" (*Nachschrift zur Wagner-Diskussion* [1964], in: Mack, *Richard Wagner* 270-274, 274).

214 Benjamin, *Theologisch-politisches Fragment*, in: Gesammelte Schriften Bd. II/1, 203.

215 Hegel, *Phänomenologie des Geistes*, in: Werke 3, 22.

216 Ebd., 48 bzw. 49.

217 So vergleicht Carl Dahlhaus Wagners „Leitmotiv" mit Goethes „Urpflanze", die beide zwischen „Idee" und „Erfahrung" changieren: weder die (ideale) Urpflanze noch das (ideale) Leitmotiv sind unabhängig von ihrer sich stets entwickelnden (realen) Gestalt abzulösen (*Die Musik*, in: *Wagner-Handbuch* 197-221, Kap. „Musikdrama und musikalische Form", 205-209, 208). Anzugeben wäre, in welchem Kontext jeweils die konkrete Gestalt des Einen wie des Anderen sich zeigt. Alle sind einander ähnlich, aber gerade nicht als Varianten eines festen „Typus", sondern als jeweils konkrete Erscheinung der Idee.

lutheit vom Schwarzen nicht unterscheiden und „alle Kühe schwarz sein läßt“.[218] Wagners „Weltennacht“ ist differenziert und löst nichts auf: die Liebe Tristans und Isolde geht in ihr gerade nicht einfachhin unter, sondern wird gut hegelianisch aufgehoben. Sie versichert sich sogar (im „sophistischen“ Dialog des zweiten Aufzuges) ihrer Ewigkeit und Unsterblichkeit, denn: „Welches Todes Streichen / könnte je sie weichen?“[219]

c) Systemanspruch (Odo Marquard)?

Odo Marquard hat Schellings *Philosophie der Kunst* (1802-1805) als „Ermächtigung der Illusion“, damit aber ausdrücklich als Vorläufer und mögliche „Ankündigung von Wagner“ gelesen.[220] Die additive Gesamtgestalt aller Einzelkünste beschränke das Identitätssystem einseitig auf einen Kunst-Kult: das Gesamtkunstwerk biete Trost für „die revolutionäre Naherwartung nach ihrer Enttäuschung“.[221] Das ist ebenso pointiert wie falsch, weil Wagner gerade das utopische Potential des Mythos freisetzen und auf die ihr entsprechende utopische Öffentlichkeit beziehen will; die aber fällt gerade nicht mit dem Festspiel-Publikum in eins, sondern steht am Ende (und nicht am Ziel) einer revolutionären Entwicklung. Das Festspiel lebt davon, „Antizipando“ dieser Wirklichkeit zu sein. Insofern trifft Marquards Feststellung zu, das Ästhetische werde eben dort „unerträglich, wo es *zu wirklich* wird: wo das identitätssystematische Programm [...] Kunst und Wirklichkeit identisch setzt [...] und dadurch beiden seine Identitäten absolut aufzwingt“.[222] Dann, in der Tat, ist die Wirklichkeit nicht mehr sie selbst, sondern wird „identitätssystematisch“ zur Illusion erklärt, und eben dies wäre das Totalitäre (und latent Faschistische) seines realisierten Anspruches. Er äußert sich im Hang zum Esoterischen ebenso wie in der Tendenz, Geschichte ins Mythische zurückzunehmen.[223]

---

218 *Phänomenologie des Geistes*, in: Werke 3, 22.

219 „Was stürbe dem Tod, / als was uns stört, / was Tristan wehrt, Isolde immer zu lieben, / ewig ihr nur zu leben?“ (die „Sophistereien“ [Wagner] der Liebenden im 2. Aufzug, in: Musikdramen [Anm. 56], S. 357). In diesem Kontext wollen die oft mißverstanden Schlußverse des „Tristan“ verstanden sein: kein auflösendes „Ertrinken“ und „Versinken“, sondern Aufgehobenwerden und eben „Verklärung“.

220 *Gesamtkunstwerk und Identitätssystem* 106.

221 Ebd., 107.

222 Ebd., 111.

223 Vgl. ebd., 112. – Fruchtbarer scheint mir Marquards Hinweis darauf zu sein, Wagner nehme „unbewußt Schellings weltalterphilosophischen Mythos auf von dem Gott, dessen Ich es mit seinem Es so schwer hat, daß ihm der – dabei autonom werdende – Mensch bei seiner Erlösung helfen muß, und gibt ihm in seinen Musikdramen – extrem im ‚Ring‘ – jene Gestalt, in der er nach Schopenhauer möglich bleibt: als Mythos vom ‚traurigen Gott‘ (Wapnewski). Das Gesamtkunstwerk wird zum Gottesdienst dieses endsüchtigen Gottes“ (107). Das gilt unmittelbar für den Wotan des *Ring*, *mutatis mutandis* aber für den *Parsifal* und seine schwierige Schlußformel „Erlösung dem Erlöser!“ Sie ist Antwort auf die sog. „Heilandsklage“, die Zentrum und Achse des Werkes bildet.

Doch dies ist kaum die Gefahr Wagners und seines Festspieles, sondern die Gefahr, die von „Bayreuth“ als Institution und den „Wagnerianern“ als Gemeinde ausgeht. Der naturwüchsige Linkshegelianismus Wagners hat ihn selbst vor dieser Konsequenz bewahrt. Das soll sich nun insbesondere am Schlußwerk, am *Parsifal* bestätigen. An ihm wird sich konkretisieren, was mit der utopischen Bruchstelle im Werk und der in ihr angesprochenen Wirklichkeit gemeint ist: das Leiden, dessen tätiges Erkennen wissend macht. Dieses Leid-Motiv verweist ins Utopische, wo nicht allein die Hoffnung, sondern auch Glauben und Liebe zu Hause sind. Davon zuletzt erzählt „*Wagner*, der Meister vom tönenden Schweigen“ (Ernst Bloch)[224] – ein schöngeprägtes Wort, das allerdings unmittelbar auf seinen Adressaten Wagner selbst zurückgeht[225] und dessen Bekenntnisformel streift:

> In Wahrheit ist die Größe des Dichters am meisten danach zu ermessen, was er verschweigt, um uns das Unaussprechliche selbst schweigend uns sagen zu lassen; der Musiker ist es nun, der dieses Verschwiegene zum hellen Ertönen bringt, und die untrüglichste Form seines laut erklingenden Schweigens ist die *unendliche Melodie*.[226]

Worte verschweigen die mögliche Antwort auf die Frage „Warum?“ oder auch „Woher?“, während der „hellsehend machende Zauber“[227] des musikalischen Dramas die tönend-schweigende Antwort gibt.

Doch hat Wagners „rodomontierende“, allbelehrende und monomanisch-monologische Erklärungs- und Mitteilungssucht es mit diesem Schweigen ironischer- und glücklicherweise nicht allzu ernst genommen. Dem Maß der Extroversion entspricht hier das Maß der Introversion dergestalt, daß eines das andere verbergen kann, wie Cosima Wagner in einer Tagebuchnotiz anmerkt:

> Zuweilen ist mir übrigens seine Redseligkeit wie ein vollständiges inneres sich Abschließen, alles von sich Abwehren, was nach innen dringen könnte; gar wenige verstehen diesen tollen Wellenschlag des Witzes, durch welchen ich die sich verschließende, keimsprossende Tiefe erblicke.[228]

---

224 *Das Prinzip Hoffnung* (Kap. 40) 971.

225 An Mathilde Wesendonck vom 12.10.1859: „Ich kehre nun zum ‚Tristan‘ zurück, um an ihm die tiefe Kunst des Schweigens für mich zu Dir sprechen zu lassen“ (*Richard Wagner an Mathilde Wesendonk* 68).

226 *„Zukunftsmusik“:* SSD 7, 87-137, hier 130.

227 Ebd., 121; vgl. 113. – Wird diese Frage innerhalb der musikalisch-dramatischen Aktion gestellt, so entzaubert sie die Musik und ihr tönendes Schweigen: der „Schrei“ Elsas nach dem „*Woher*?“ Lohengrins und der von ihm vermittelten Erlösung zerstört diesen Zauber – es wird deutlich, „wie eigentümlich dieses tragische Woher? mit dem zuvor von mir bezeichneten theoretischen Warum? zusammenfällt!“ (122). Es gäbe demnach kein (dramatisch-tragisches) Woher oder (theoretisch-problematisches) Warum, das auf eine Ursache jenseits des „tönenden Schweigens“ zielen könnte, wie es die von Wagner ganz metaphysisch verstandene Musik darstellt. Auch der „Charfreitags Zauber“ des *Parsifal* läßt die „entsündigte Natur“ musikalisch sprechen, formuliert aber nun die ausdrücklich christliche Deutung: „Nun freut sich alle Kreatur / auf des Erlösers holder Spur [...]. Ihn selbst am Kreuze kann sie nicht erschauen; / da blickt sie zum erlösten Menschen auf“ (*Parsifal* 861).

228 Vom 30. September 1879: CT II, 417.

Wo jedes Wort zu viel ist, weil es nicht hinreicht, gilt das Paradox: jedes Wort ist zu wenig, eben weil es hinter dem zurückbleibt, was zu sagen wäre. So ist Wagner unermüdlich bemüht, in Briefen, Gesprächen und theoretischen Schriften Aufschluß über das zu geben, was er im Werk gestaltet. Daß dieses Werk klüger ist als sein Autor, hindert nicht, dessen Maximen und Reflexionen in ihrem Anspruch und in ihrer Fülle ernstzunehmen.

Der in allen vorgestellten Lesarten immer mitlesbare und mitzulesende Subtext von Wagners Theorie bedarf einer umfassenden Rekonstruktion, die ihn lesbar macht wie die ursprüngliche Schrift eines Palimpsestes. Dazu hat in einem ersten Zugang der Versuch gedient, die für die philosophische Wagner-Rezeption leitenden kritischen Lesarten sichtbar zu machen, die sämtlich mit Nietzsches Wagner-Kritik verknüpft oder unmittelbar und ausdrücklich aus ihr hervorgegangen sind. Bezeichnend bleibt, daß keine dieser Lesarten auf Wagners eigene Theorie oder auch nur auf seine leitenden Begriffe zurückgeht. „Gesamtkunstwerk" taucht in den Zürcher Revolutionsschriften peripher und in einem bestimmten historischen Kontext auf, „Musikdrama" ist ein von Wagner zurückgewiesener Begriff Nietzsches, und „Leitmotiv" erscheint bereits vor den Themenlisten Hans von Wolzogens in der Weber-Monographie von Friedrich Wilhelm Jähns (1870). So wären die Grundbegriffe strenggenommen sämtlich in Anführungszeichen zu setzen, wenn sie unvermeidlich zu verwenden sind. Authentisch sind dagegen Begriffe wie „romantische Oper" (für *Lohengrin*), „Handlung" (für *Tristan*) und „Bühnenfestspiel" für den *Ring* bzw. „Bühnenweihfestspiel" *Parsifal.*

Damit sind nicht nur fachspezifische Fragen nach korrekten Gattungsbezeichnungen oder für die Analyse unverzichtbaren Begriffen gemeint. Der Anspruch, der sich mit Wagners Werk verknüpft, geht erheblich weiter, und gerade die Wagner-Kritik hat die Kreise des Diskurses von vornherein derart weit ausgezogen, daß es sich verbietet, den Wagner-Diskurs auf eine ästhetische oder gar nur musiktheoretische Fragestellung zu verengen. Nietzsche stellt sie in der Mitte seiner Metaphysik des Verdachts:

> [...] dem Philosophen aber steht es nicht frei, Wagner's zu entrathen. Er hat das schlechte Gewissen seiner Zeit zu sein, – dazu muss er deren bestes Wissen haben. Aber wo fände er für das Labyrinth der modernen Seele einen eingeweihteren Führer, einen beredteren Seelenkünder als Wagner? Durch Wagner redet die Modernität ihre *intimste* Sprache: sie verbirgt weder ihr Gutes, noch ihr Böses, sie hat alle Scham vor sich verlernt. Und umgekehrt: man hat beinahe eine Abrechnung über den *Werth* des Modernen gemacht, wenn man über Gut und Böse bei Wagner mit sich im Klaren ist. – Ich verstehe es vollkommen, wenn heut ein Musiker sagt, „ich hasse Wagner, aber ich halte keine andre Musik mehr aus". Ich würde aber auch einen Philosophen verstehn, der erklärte: „Wagner *resümirt* die Modernität. Es hilft nichts, man muss erst Wagnerianer sein..."[229]

Wenn eine philosophische Reflexion der Moderne nur schwer an Wagner vorbeikommt, so wird sich die theologische Reflexion um so weniger an ihm vorbei schleichen dürfen, als er selbst kryptotheologische und sogar ausdrücklich

229 Vorwort zu *Der Fall Wagner*, 12.

theologische Ansprüche in Konkurrenz zum theologischen Theoriemonopol der christlichen Kirchen erhebt. In der Praxis ist das Bayreuther Festspiel ohnehin längst, analog zu anderen Stätten kunstreligiöser Übungen, eine quasiliturgische Institution, die sich von Anfang an dieses auratischen Status bewußt ist und ihn auch ausdrücklich angestrebt hat. Daß und in welchem Ausmaß die Theorie und Praxis des Wagnerschen Festspiels umstritten sind, zeigen die diskutierten Lesarten an, und auch, welche strittigen Punkte eine strukturelle Bedeutung für den Diskurs haben. Nun ist der Text der theoretischen Prosa Wagners freizulegen. Auch dafür gilt Nietzsches Wort am Beginn seiner *Fall*-Studie: „Es hilft nichts, man muss erst Wagnerianer sein...".[230]

[230] Insgesamt gilt, was Gerd Rienäcker programmatisch für „Bayreuth" formuliert, vom musikalischen und theoretischen Werk: „Von einer Theaterwerkstatt ist die Rede: Auf das Vorläufige einer jeden Lesart, auch der Wagnerschen – ernst zu nehmen ist sein Unbehagen! – , wird jeder zurückzukommen haben, der Richard Wagner verstanden hat" (*Richard Wagner* 38).

B. Wagners theologische Ästhetik: Das Kunstwerk zwischen Revolution und Religion

Wagners Werk ist eine intentionierte künstlerische Revolution, die, verfehlt, schließlich Religion geworden ist – so ließe sich in Anlehnung an Goethes bekannten Aphorismus über die christliche Religion formulieren.[1] Und auch die Umkehrung dieses Satzes ergäbe mehr als ein bedenkenswertes Bonmot. Wagners „Bemühen, die Barrikaden von Dresden im Gralstempel wieder aufzurichten“ (Bernard Shaw)[2], gilt nicht nur für die Musik der *Götterdämmerung*, sondern für sein musikalisches und schriftstellerisches Werk insgesamt, wie sich zeigen wird. Der transponierte Aphorismus zeichnet zudem drei Aspekte und thematische Bereiche vor, die sich in chronologischer Folge und zugleich in der Logik der Sache auseinander entwickeln: Inwiefern trifft 1. die „musiksoziologische“ Kategorie einer künstlerischen Revolution für Wagners Werk zu, in welchem Sinn 2. verfehlt er sie, und was bedeutet 3. die Aufhebung solcher Revolution in Religion?

Dabei klingt nicht zufällig und keinesfalls als hagiographisches Stilmittel ein naheliegender Bezug auf Goethes *Meister*-Romane an. Die fragmentarische Vorform der *Lehrjahre* von 1777 bis 1785 geht schon im prägnanten Titel von einer „theatralischen Sendung“ des Protagonisten aus, ohne eine bürgerliche Theaterkultur (als Ziel oder als Durchgangsphase?) zu begründen und vorzustellen. Der frühe Wagner beschreibt einen ganz ähnlichen Entwicklungsbogen, wenn ihn die reflektierte eigene Theaterpraxis als Autor und Interpret von aufführungspraktischen Fragen zu dem grundsätzlichen Problem leitet, wie in einer modernen und von ihm als „dekadent“ gewerteten Kultur das Drama als ästhetische Ganzheit möglich sein könne. Und wie Goethe die *Lehrjahre* seines Wilhelm Meister erst nach dem ästhetisch-politischen Bruch der französischen Revolution von 1789 ausführt, so setzt auch Wagner nach dem Einschnitt der Dresdner Revolution von 1849 seinen ästhetischen Diskurs in den Zürcher Revolutionsschriften fort.[3] *Oper und Drama* von 1852 markiert den theoretischen Höhepunkt mit der Idee des Festspiels, und der Bayreuther *Ring* von 1876 im eigenen Festspielhaus prägt dessen theaterpraktische Gestalt. Diese Lehrjahre entlassen einen Dramatiker und Festspielunternehmer, der sich selbst als „Meister“ seines eigenen Bildungsromans stilisiert und gleichzeitig am Produkt seiner Lehrjahre zweifelt. Die ersten

---

1 „Die christliche Religion / Ist eine intentionierte Politische Revolution / die, verfehlt, nachher moralisch geworden ist“: Goethe, *Maximen und Reflexionen* 819 (MA 17, 865).

2 *Wagner-Brevier* 195. – In neuerer Zeit hat Ekkehart Krippendorff Shaws Ansatz politikwissenschaftlich aufgenommen (*Richard Wagners Ring-Parabel von den Aporien der Macht und des Staates*, in: ders., *Politische Interpretationen* 72-94).

3 Die bislang einzige und solide einführende Monographie dazu hat Rainer Franke vorgelegt (*Richard Wagners Zürcher Kunstschriften*) und die desolate Lage der Sekundärliteratur benannt (ebd., 9-22).

Festspiele markieren, als Erfüllung und Enttäuschung zugleich, einen neuen Bruch in Theorie und Praxis, den erst der *Parsifal* von 1882 als „Bühnenweihfestspiel" heilen soll. Die verfehlte künstlerische Revolution wendet sich auch ideologisch nach innen und nimmt die Gestalt dessen an, was die späten Schriften als „Regeneration" mißverständlich genug fordern, nämlich die religiös gemeinte Erlösung durch eine auratische Kunst. Damit beginnen die letzten „Wanderjahre" des Bayreuther Wagner, der wie sein Protagonist Parsifal „der Irrnis und der Leiden Pfade"[4] geht. Erst *post mortem* beginnt die Gralsritterschaft der Wagnerianer, der Bayreuther Kreis, Stil und Ideologie dieser stetigen „Verwandlungsmusik" zu fixieren und für eine politische Instrumentalisierung tauglich zu machen.

Musikdramatische Werke und die Selbstauskünfte der Schriften lassen sich bei Wagner nicht trennen. Sie kommentieren und widersprechen einander ebenso, wie sie jeweils für sich immanente produktive Widersprüche formulieren. Aus beiden läßt sich kein System bereiten: weder ein kanonisches System der Aufführung, in der „nichts zu erfinden, sondern nur im einzelnen zu vervollkommnen" wäre[5], noch eine kanonische Gesamtdeutung von Werk und Idee aus der mutmaßlichen Autorintention, die zur enzyklopädischen Weltanschauung entfaltet und in den *Bayreuther Blättern* bis 1938 popularisiert wird.[6] Das Bayreuth Cosima Wagners steht für ein solches ideologisches System, das den „Meister" zum paradigmatischen Hermeneuten seiner selbst erklärt. Im Zirkel dieses Verstehens steht die Zeit still, die nur nach außen von dieser Mitte her gedeutet wird – ein hermeneutisches System konzentrischer Zirkel um das Festspielhaus und „Wahnfried", außerhalb dessen es nur „konterrevolutionäre" oder „revisionistische" Ansätze geben kann. „Wer die ‚Gesammelten Schriften' kennt – und diese Kenntnis unterscheidet den Wagnerianer von der Allgemeinheit der Kunstliebhaber –, weiß, was der Meister mit dem Namen Bayreuth noch verband".[7] Dieses Schibboleth läßt sich nur unter der genannten hermeneutischen Voraussetzung gegen die kritische Lektüre Wagners umkehren, daß seine Schriften ein geschlossenes System von Kunst und Ästhetik repräsentieren, nicht aber „vielmehr Selbstreflektion, -vergewisserung, -bestätigung und -rechtfertigung des Gemachten sind" (Sven Friedrich)[8]. Ih-

4 „[...] zahllose Nöte, / Kämpfe und Streite, / zwangen mich ab vom Pfade, / wähnt ich ihn recht schon erkannt. / Da mußte ich Verzeiflung fassen": *Parsifal*, 3. Aufzug (857).

5 So Cosima Wagner gegen den Inszenierungsansatz Adolphe Appias (an Hermann Graf Keyserling vom 11.4.1903: *Das zweite Leben* 630).

6 So in den Schriften des Hausbiographen Carl Friedrich Glasenapp: *Wagner-Lexikon. Hauptbegriffe der Kunst- und Weltanschauung Richard Wagners* (Stuttgart 1983); *Wagner-Encyclopädie. Haupterscheinungen der Kunst- und Kulturgeschichte im Lichte der Anschauung Richard Wagners* (Leipzig 1891); *Das Leben Richard Wagners* (sechsbändig in verschiedenen Revisionen 1894-1923).

7 Cosima Wagner an Christoph Krafft Graf von Krailsheim vom 1.3.1902 (*Das zweite Leben* 610). Charakteristisch heißt es weiter: Wagner „berief zur Vertretung seiner Gedanken über das Verhältnis zur Kunst zu den anderen Kulturerscheinungen *Freiherrn Hans von Wolzogen*" (ebd.). Als dessen unmittelbarer Nachfolger muß Houston Stewart Chamberlain, als dessen mittelbarer und von ihm designierter Erbe Adolf Hitler gelten.

8 *Das auratische Kunstwerk* 9.

rem Anspruch nach wollen sie dies und zugleich auch eine Einladung zum ästhetischen Diskurs sein. Über den bloßen Status erhellender Dokumente hinaus stehen sie im Kontext einer romantischen und einer linkshegelianischen revolutionären Ästhetik, deren *relécture* im allgemeinen lohnt und für den Fall Wagner unvermeidlich ist. Sie bezeichnen die Brüche in seinen künstlerischen Metamorphosen: Wagner nennt den Zustand mehrfach „abnorm" und „krankhaft",

> weil ich das in der künstlerischen Anschauung und Produktion mir unmittelbar gewiß und unzweifellos Gewordene, um es auch meinem reflektierenden Bewußtsein ganz klar zu machen, als ein theoretisches Problem zu behandeln mich gedrängt fühlte.[9]

Die unfachliche Not dieser Selbstauskünfte und die innere Nötigung, nicht mißverstanden zu werden, bestimmen Form und Stil des Autors, denn „die stets das ganze Bild seines Gegenstandes in sich schließende Anschauung möchte er in jedem Satze vollständig geben".[10] Der wiederholte „Krampf", der aus dem Widerstreit von Produktion und Reflexion entsteht, erzwingen den „barocken Faltenwurf seiner hypotaktischen Satzperioden" (Dieter Borchmeyer) und die manchmal lederne Prosa seines theoretischen Enthusiasmus. Der Komponist, der erklärt, „kein Musiker"[11] zu sein und sich damit der akademischen Theorie entzieht, ist nach eigener Einsicht auch „kein Schriftsteller"[12]. Der widerwillige Zwang, sich zu erklären, findet in der Theorie keine Befriedigung. Zwar ist sie „fast nichts anderes als ein abstrakter Ausdruck des in mir sich bildenden künstlerisch-produktiven Prozesses", aber als „System" findet sie im Werk „nur erst eine sehr bedingte Anwendung". Umgekehrt überflügelt „endlich mit der vollsten Freiheit und mit der gänzlichsten Rücksichtslosigkeit" das Werk (gemeint ist *Tristan*) in seiner Ausführung jedes „System", und nur deshalb genügt es ihm paradoxerweise in allen Anforderungen:

> nicht weil ich es nach meinem System geformt hätte, denn alle Theorie war vollständig von mir vergessen.[13]

Das „Wohlgefühl" dieses freien und doch gesetzmäßigen Produzierens empfindet der Rezipient des Werkes möglicherweise ebenso, begleitet aber mit der „großen Abneigung", die theoretischen Schriften wiederzulesen, die Wagner

---

9 *„Zukunftsmusik"* (1860): SSD 7, 113. – „[...] ich bin und leiste nur dann etwas, wenn ich im Affect alle meine Fähigkeiten zusammenfasse, und rücksichtslos sie und mich darin verzehre. Worauf mich dann mein Affect hinweist, das werde ich, so lange als nöthig – sei es Musiker, Dichter, Dirigent, Schriftsteller, Recitator, oder was sonst. So war ich auch einmal speculativer Kunstphilosoph" (an Franz Liszt vom 16.8.1853: SB 5, 400). Damit begründet Wagner seine Abneigung gegen Liszts Antrag, zusammen mit Georg Herwegh die „Blätter für Gegenwart und Zukunft der Gesammt-Kunst" zu begründen und zu redigieren. Er ist so wenig Propagator der eigenen Kunst, daß er den Titel („Gesammt-Kunst"!) unglücklich nennt und eine Zeitschrift ausdrücklich für zweck- und wertlos erklärt, die von seiner Mitarbeit abhinge (ebd., 401).

10 SSD 7, 113.

11 23.2.1876 (CT I, 971). „Bei mir ist der Akzent auf die Vereinigung des Dichters und des Musikers zu legen, als bloßer Musiker hätte ich nicht viel zu bedeuten" (19.8.1869: CT I, 141).

12 22.7.1880 (CT II, 575/576).

13 SSD 7, 119.

mit ihm teilt.[14] Seit diese Lektüre nicht mehr zu den dogmatischen Übungen eines vergangenen „Alt-Bayreuth" zählt, läßt sie sich jedoch unbefangener, neugieriger vornehmen.

Wagner schätzt andererseits den ästhetischen Diskurs, den die Sammlung seiner Schriften bildet, so hoch ein, daß er dem „Bedürfnis einer sorgfältig angeordneten Vollständigkeit" nachgibt. Er widersteht aber der Versuchung, die Spannung dieses Diskurses nach der systematischen oder biographischen Seite hin aufzulösen. Eine „gewissermaßen psychologische Methode" baut den Diskurs chronologisch auf und macht den biographischen Kontext sichtbar:

> [...] ich entging der Versuchung, meine zerstreuten Kunstschriften in der Weise zusammenzustellen, daß sie den Anschein eines wirklichen wissenschaftlichen Systems hätten gewinnen können, was unsre Ästhetiker von Fach wohl leicht als Unverschämtheit behandelt haben würden; andererseits aber durfte ich so, indem ich eine Art von Tagebuch über alle meine Arbeiten führte, auch meine Dichtungen an der rechten biographischen Seite einstreuen, anstatt sie etwa in einem besonderen Bande zusammenzustellen, wodurch ich jedenfalls den verachtungsvollen Ärger unsrer Dichter von Profession erregt [...] haben würde [...].[15]

Mit dieser stolzen Gebärde des „Dilettanten", der außerhalb der Zünfte „ohne Meister selig sein"[16] will, verwirft er das Dilemma von System und Biographie, an dem spätere Wagnerianer und Wagner-Kritiker so nachhaltig gescheitert sind. Die Schriften dokumentieren eine künstlerische Werkstatt, die das „Werk" über das jeweils fixierte Stadium als Partitur hinaus insgesamt *in statu nascendi* zeigt und deshalb nicht von ihm abzutrennen ist. Wagners Werk ist insgesamt so sehr *work in progress*, daß der arbeitsparende Versuch, die Partituren und die Schriften jeweils für sich zu bearbeiten, entweder fertige „Werke" unabhängig von ihrer reflektierten Entstehung und Aufführungspraxis oder aber ein fertiges ästhetisches System fingiert. Wagners widerspruchsreiches Theoretisieren unterscheidet sich grundsätzlich von einer fixierten musikalischen Ästhetik, wie sie Eduard Hanslick in seiner Lehre „Vom Musikalisch-Schönen" (1854) entwickelt und als heteronomen Maßstab benutzt hat. In diesem Sinne gilt von der „absoluten Musik" wie von ihrer ebenso absoluten Theorie, daß sie, eben weil sie abgelöst ist vom Kontext künstlerischen Produzierens, ein klassizistisches Regelwerk etabliert, das dem eigentlichen Kunstwerk und seiner Aufführung undialektisch gegenüber steht.

Wagners Schriften haben ihr eigentümliches Schicksal. Er selbst sieht sich gerade dort ernstgenommen,

> wo nichts wahrhaft ernst genommen wird, nämlich in der Sphäre unsrer wissenschaftlich sich gebärdenden Belletristik [...]. Ich habe bemerkt, daß dieses System biederer Calomnie sich auf die Annahme dessen gründet, daß die dort besprochenen Schriften und Bücher vom Leser nicht gelesen werden.[17]

---

[14] SSD 7, 88.

[15] *Vorwort zur Gesamtherausgabe* (1871): SSD 1, IV.

[16] *Meistersinger*, 3. Aufzug: 491.

[17] SSD 1, V.

Auch darin dürften sich Wagnerianer und Wagnerkritiker nicht selten einig gewesen sein: Wagners Schriften sind Texte, die eher beschworen als studiert werden. Zu dieser Diagnose paßt, daß der Diskurs über Wagner zumeist mit Begriffen bestritten wird, die er selbst als untauglich abgewiesen hat, die aber zugleich als „wagnerisch" gelten (obwohl von teilweiser obskurer Herkunft z. B. „Leitmotiv", „Musikdrama", „Gesamtkunstwerk"[18]), oder mit Begriffen, deren Bedeutung nicht durch Untersuchung des Wortfeldes hinreichend bestimmt oder auch nur im jeweiligen Kontext geklärt ist. Überhaupt ist Wagners umgangreiche Hinterlassenschaft erst in jüngster Zeit annähernd erschlossen worden: Ein Werkverzeichnis (1986) und ein Briefverzeichnis (1998) erlauben eine gewisse Vollständigkeit, die Primärquellen zu erfassen. Weder die kritischen Ausgaben der Werke (1970ff.) noch der Briefe (1967ff.) werden jedoch in nächster Zeit vollständig verfügbar sein. Die Schriften liegen lediglich in Gestalt der von Wagner herausgegebenen *Gesammelten Schriften und Dichtungen* (1871-1883) und deren ergänzten Nachauflagen (unter demselben Titel bzw. als *Sämtliche Schriften und Dichtungen* ab 1911-1916) vor. Sie sind, abgesehen von einem Reprint (1976) sowie einer Auswahlausgabe (1983 in zehn Bänden), nur in wenigen Einzelausgaben greifbar.[19] Die Ehre einer historisch-kritischen Gesamtausgabe ist ihnen bisher nicht zuteil geworden – was viel besagt angesichts einer seltenen Fülle von Sekundärliteratur und anhaltendem wissenschaftlichen Streit um gerade diesen Autor und dieses Werk.[20] John Deathridge, Mitherausgeber des Wagner-Werk-Verzeichnis und mit der Quellen- bzw. Rezeptionslage handwerklich vertraut, nennt „Authentizität" als eines „der brisantesten Probleme der Wagnerforschung"[21]: Es gilt, sich durch

---

18 Übrigens ein Begriff aus der philosophischen Ästhetik Trahndorffs von 1827 (vgl. Borchmeyers Art. „Gesamtkunstwerk" im *MGG*).

19 Dazu zählen vor allem *Oper und Drama* in der Ausgabe durch Klaus Kropfinger (1994), die späten Schriften zur Dramaturgie der Oper in der Ausgabe von Egon Voss (1996) und *Das Judentum in der Musik*, ausführlich ediert und dokumentiert durch Jens Malte Fischer (2000). Die historisch-kritische Ausgabe der Schriften ist in Arbeit und wird sich der Werk-Ausgabe anschließen.

20 „Möglicherweise hängt die geringe Anzahl von wissenschaftlichen Analysen der Schriften Wagners u. a. mit dem Fehlen einer kritischen Edition zusammen, die die Balance zwischen Methode und Absicht dadurch wieder herstellt, daß sie verbindliche Texte für wissenschaftliche Untersuchungen liefert. Allerdings sind die Schwierigkeiten, die eine solche Edition mit sich bringt, enorm: Ein Großteil von Wagners Schriften wurde in unbedeutenden Zeitungen und Zeitschriften abgedruckt, die heute kaum noch zugänglich sind. Außerdem veröffentlichte er viele Aufsätze, Besprechungen und Vorträge entweder anonym unter einem Pseudonym – eine Tatsache, die die Frage der Authentizität außerordentlich kompliziert" (*Grundzüge der Wagnerforschung* 813). Auch die relativ vollständigen, editorisch jedoch teilweise bedenklichen *Gesammelten* bzw. *Sämtlichen Schriften und Dichtungen* sind nicht durchweg in Bibliotheken zugänglich (vgl. die Referate von Dahlhaus, Deathridge und Voss vom Münchner Wagner-Symposium 1983 in *Wagnerliteratur und Wagnerforschung*). – Selbst die Kompositionen sind auf Tonträgern eher problematisch und unvollständig dokumentiert. Trotz einer Fülle von Produktionen und Mitschnitten der Bühnenwerke sind die jeweiligen Fassungen und Striche häufig nicht kenntlich gemacht. Die übrigen Werke liegen bestenfalls verstreut vor, und die diskographischen Lücken öffnen sich so schnell und zufällig wieder, wie sie vorübergehend geschlossen werden.

21 *Grundzüge der Wagnerforschung* 805.

die Jahresringe einer problematischen Rezeptionsgeschichte mühsam durchzuarbeiten, die wagnerianische (und antiwagnerianische) Lesarten auch editorisch um sein Werk angelagert haben.

Kurz es wird niemand wundern daß er, wie so viele andere, ans Theater gefesselt war, wenn man recht fühlt, wie alles unnatürliche Naturgefühl auf diesen Brennpunkt zusammen gebannt ist.

Goethe, *Wilhelm Meisters theatralische Sendung*[22]

I. „Theatralische Sendung“: Reform und Revolution

Bekanntlich steht Wagners *Ring*, das eigentliche Bayreuther „Werk“ auch und gerade im Verhältnis zum beschließenden *Parsifal*, weniger für einen hermetischen Zirkel als vielmehr für die insgesamt mehrdeutige Figur einer Tetralogie, deren vier Segmente sich in „gebrochener Temporalität“ (Richard Klein) und krebsgängig zu einem intentionierten Ganzen runden. Denn die Genese des Werks beschreibt genau gegenläufig den Entwicklungsbogen, den das Werk selbst musikalisch und dramatisch inszeniert. Von *Siegfrieds Tod* ausgehend sinkt es immer tiefer in den Brunnen der Vergangenheit, um durch manche Vorgeschichten und Vorvorgeschichten hindurch den letzten Grund zu erreichen, aus dem die dramatische Aktion hervorströmt, der aber zugleich ihre Genese als Werk beendet.[23] Der Anfang als das immer schon Vorausliegende und also Vergangene bleibt immer präsent. So gibt es eigentlich keinen Anfang, wohl aber einen Beginn, „einen ästhetischen Schnitt in die Erzählung des – nennen wir es mal: unproblematisierten- Ganzen“[24]. In der Partitur markiert der Einsatz der Kontrabässe auf dem Subcontra-Es diesen Initialschnitt. Wagner hat dieses musikalische Ereignis auch als ein biographisches Geschehen gestaltet, wenn er es als Audition stilisiert und darin die Keimzelle des Ganzen sehen will. Während einer Badereise nach Italien unternimmt er einen ermüdenden Ausflug nach La Spezia, findet danach aber keine Ruhe im Schlaf;

> dafür versank ich in eine Art von somnambulen Zustand, in welchem ich plötzlich die Empfindung, als ob ich in ein starkfließendes Wasser versänke, erhielt. Das Rauschen desselben stellte sich mir bald im musikalischen Klange des *Es-dur-* Akkordes dar, welcher unaufhaltsam in figurierter Brechung dahinwogte; diese Brechungen zeigten sich als melodische Figurationen von zunehmender Bewegung, nie aber veränderte sich der reine Dreiklang von *Es-dur*, welcher durch seine

---

22 MA 2.2, 31/32.

23 Die Partitur vermerkt für die Regie: „(*Auf dem Grund* des Rheines. [...])“ [Hervorhebung v. P. H.].

24 Klaus Zehelein im Gespräch zur Stuttgarter *Ring*-Inszenierung 1999/2000 (*Das Ganze und seine Stücke*, in: *Narben des Gesamtkunstwerks* 277-292, 288). – Vgl. zum Problem des Anfangs musikphilosophisch vor allem Ette, *Mythos und negative Dialektik* 136f., und Klein, *Gebrochene Temporalität* 190.

> Ausdauer dem Elemente, darin ich versank, eine unendliche Bedeutung geben zu wollen schien. Mit der Empfindung, als ob die Wogen jetzt hoch über mich dahinbrausten, erwachte ich in jähem Schreck aus meinem Halbschlaf. Sogleich erkannte ich, daß das Orchester-Vorspiel zum *„Rheingold“*, wie ich es in mir herumtrug, doch aber nicht genau hatte finden können, mir aufgegangen war; und schnell begriff ich auch, welche Bewandtnis es mit mir habe: nicht von außen, sondern nur von innen sollte der Lebensstrom mir zufließen.[25]

Initiation als Audition: der Anfang datiert sich auf den 5. September 1853 und ist doch gewiß ein Schnitt, den der Autobiograph selbst bedeutungsvoll vornimmt.[26] Was sich musikalisch-szenisch im Bild des Traumerlebens verdichtet, zeigt deutlich die Konturen von Schopenhauers Traumtheorie der Kunst, von der noch zu reden ist. Als reflektierende und aufgeklärte Kunst im Sinne Wagners ist sie zugleich „Wahrtraumdeuterei“[27], ihr Urerlebnis der Klang, in dem der künftige Autor von musikalischen Traum-Notaten zu ertrinken und versinken droht. Solche Musik sei nicht „komponiert“, will der Text zu verstehen geben, sondern erlauscht oder improvisatorisch erzeugt: Schöpfungs- und Schaffensprozeß fallen in eins, und so ist der Autor ein Schöpfer zweiter Ordnung, der nicht mit vorgegebenem heteronomen Material arbeitet. Damit votiert diese Schlüsselfiktion Wagners zugleich gegen die musikästhetischen Basisoptionen von „absoluter Musik“ und „Programm-Musik“, denn der akustische und lediglich nachkomponierte „Lebensstrom“ fließt „nur von innen“. Der Faden dieser Musik scheint sich von selbst zur „unendlichen Melodie“ zu spinnen, die aus solcher Musik geborene Tragödie organisch und bruchlos zu wachsen, so daß ein artifizielles Ganzes wie eine zweite Natur entsteht. Doch dieser Schein, dem manche anspruchsvolle Wagner-Deutung gern erlegen ist, trügt nicht nur in der Sache, wie sich zeigen wird, sondern ist auch in Wagners Fiktion nicht angelegt, die nur den Beginn von *Rheingold* und *Ring* zum Anfang schlechthin stilisiert, vergangenen Ursprung wieder-holen will. Diese Ur-Wiederholung trägt nicht nur als Ritus mythische Züge, sondern auch als Versuch, die Genealogie der musikalisch-dramatischen Materialien herzustellen. So beginnen alle Vorspiele der späten Wagner-Werke bewußt elementarisch, um aus diesem Urmaterial ein Gewebe von wandelbaren Motiven und Verweisungszusammenhängen zu entwickeln. Das schließt Brüche nicht nur nicht aus, sondern bedarf ihrer gerade als Ausgangspunkt. Die Tetralogie entwickelt sich genetisch-rückläufig aus *Siegfrieds Tod*, also dem finalen Bruch aller Handlung, und auch die rituelle Wiederholung, als die das Vorspiel zum *Rheingold* einsetzt, ist ihrerseits ein Schnitt: es muß beginnen, was nie aufgehört hat. Wo läßt sich ein solcher Ring fassen, der sich wohl zum Kreis rundet, aber nie schließt?

---

25 *Mein Leben* 512.

26 Auch für den *Parsifal* gibt es eine, allerdings erheblich weniger ausdrucksstarke Stilisierung: das angebliche Erlebnis des Karfreitagszaubers am 10. April 1857 im Gartenhaus („Asyl“) neben der Wesendonck-Villa oberhalb Zürichs. Vgl. *Mein Leben* 561.

27 Sachs über die Dichtung (*Meistersinger* III,2: 463).

Ach! ich bin kein Komponist [...] nur so viel wollt ich erlernen,
um *Leubald und Adelaide* zu komponieren;
und so ist es geblieben, nur die Sujets sind anders geworden.[28]

1. Traum-Spiel und Emanzipation: Vom Urdrama zum *Fliegenden Holländer*

Die „recherche du temps perdu“ (Marcel Proust) gilt dem Ur-Drama. Sie ist zugleich auch die Erinnerungsarbeit des Autors und seiner Protagonisten. Wagner selbst bemüht sich in seiner immer wieder aufgenommenen musikästhetischen Spekulation um solche Anamnese: Für ihn ist sie die Suche nach der Geburt seiner musikalischen Tragödie aus dem Geist der Musik (*Oper und Drama*), nach dem Ursprung des Dramas als Traumbild im Schrei des Erwachens (*Beethoven*). Das enthebt diese Suche von vornherein jedem Systemzwang, auch wenn sie dessen Gefahren theoretisch und praktisch nie ganz entgeht, und verbindet sie mit der biographischen und schöpferischen Selbstvergewisserung, die sich insgesamt zum Lebens-Werk entfaltet. Damit deutet sich auch methodisch an, wie biographische und systematische Zugänge zum theoretischen Werk Wagners einander bedingen und zugleich unterscheiden. Sie *bedingen* sich, insofern sie temporäre und nicht immer gleichbleibend gültige Selbstvergewisserung eines Künstlers sind, und sie *unterscheiden* sich, insofern der Argumentationswert dieser Ästhetik auch unabhängig davon gilt, ob ihr das musikalisch-dramatisch Werk tatsächlich folgt. In gewissen Sinn folgt die Suche nach dem Anfang von Wagners Ästhetik dem rückläufigen Kreisgang seiner *Ring*-Genese, denn zu finden ist der biographische Schnitt, der einen Beginn der Rekonstruktion erlaubt.

1.1. „Liebe – Tragik“[29]

Einen solchen Schnittpunkt markiert Wagners erlebtes und erdichtetes Urdrama in seiner frühesten greifbaren Gestalt. Die Schwester Cäcilie will sich an einen frühen Sommeraufenthalt der Familie im Loschwitzer Grund bei Dresden erinnern. Diese Erinnerung spiegelt eine theatralische Sendung des

28 31. Januar 1870: CT I, 193.

29 Die beiden letzten Worte in Wagners letztem Fragment *Über das Weibliche im Menschlichen* (SSD 12, 345) – nicht vielleicht der Weisheit, aber des Lebens letzter Schluß.

Kindes ganz nach dem Vorbild Goethes, hatte doch der frühverstorbene Stiefvater dem Sohn eine Puppenbühne samt Personal hinterlassen.

> Dort besaßen die Geyers[30] eine Hütte, und neben der Burgbergtreppe befand sich die kleine Bühne des Kosaken[31]. An einem Geburtstag, vermutlich war es sein zehnter, kam es zu einer denkwürdigen Veranstaltung. Cäcilie mußte schon vormittags die Kulissen den Berg hinauftragen. Mittags war auch der letzte Küchenschemel den Berg hinaufgeschleppt, und als die Mutter Richard zu Tisch rief, war er nicht dazu zu bewegen, seinen Kunsttempel zu verlassen. Cäcilie brachte ihm das Essen. Um vier Uhr, unter glühender Sonne, begab sich die Kindergesellschaft, der sich Hauslehrer Humann und die Mutter angeschlossen hatten, auf den Burgberg, und Neugierige aus Loschwitz umstanden den Zuschauerraum. Große Erwartung, atemlose Stille, der Vorhang öffnete sich, da ließ sich ein Rummeln aus der Ferne vernehmen, ein Gewitter zog herauf. Richard dirigierte seine Figuren und sprach für alle, und mit dem näherkommenden Donner wuchs die Leidenschaftlichkeit seiner Stimme. Ein Tumult entspann sich auf der Bühne. Plötzlich erhob sich ein Sturm und riß das leichte Theater in die Höhe, der Vorhang ging in Fetzen, die Figuren flogen nach allen Seiten davon, der Himmel öffnete sich zu einem wolkenbruchartigen Regen, und die Zuschauer flüchteten die Treppe hinab. Richard aber spielte mit tränenerstickter Stimme und fliegenden Haaren weiter, die Reste seines zerstörten Theaters mit den Armen umschlingend. Weinend ließ er sich nach Hause führen.[32]

Festspielunordnung und frühes Leid – wobei die finale Götterdämmerung die Bühne miterfaßt und das Provisorium zerstört. Diese Metapher des Anfangs erhebt sich als Spiegelung über das Anekdotenhafte, das sie *auch* ist. Als mehrfache Projektion zeichnet sie das Bayreuther Finale nicht nur in einen mutmaßlichen biographischen Anfang ein, sondern gestaltet es zugleich nach dem Bild des theatralischen Stiefvaters Goethe. Seit Thomas Manns *Buddenbrooks* gehört ein solches biographisches Bild zu den Initialrequisiten des Bildungsromans. Hier hat es vielfache Lebenswahrheit, da schön der zwölfjährige Wagner mit Schulfreunden den Weberschen *Freischütz* aus dem Gedächtnis aufführt und eine Rittertragödie verfaßt (mit dem von der Schwester wenig geschätzten Vers: „Ich höre schon den Ritter trabsen“[33]). In den Jahren von 1826 bis 1828 beschäftigt ihn das Projekt eines Trauerspiels *Leubald*[34], dessen Protagonistin auf Beethovens *Adelaide* verweist („deren schwärmerischer Refrain mir als Symbol aller Liebesanrufung erschien“[35]). Dieses dramatische

[30] Nach dem Tode des Vaters Friedrich Wagner am 23. November 1813 heiratete der Schauspieler, Porträtmaler und Dichter Ludwig Geyer die Mutter Richard Wagners am 28. August 1814. Er starb am 30. September 1821.

[31] Familiärer Spitzname Richard Wagners.

[32] Nach Gregor-Dellin, *Richard Wagner* 53.

[33] Ebd.

[34] Teilabdruck in SSD 16, 179-183. Der erste vollständige Abdruck des postum aufgetauchten und schwer transkribierbaren Dramas unter dem Titel *Leubald* (nicht, wie Wagner sich sinngemäß, aber falsch erinnert: *Leubald und Adelaide:* vgl. *Mein Leben* 34) findet sich erst 1988 im Programmheft der *Meistersinger* (95-107) mit einer hilfreichen Einführung von Isolde Vetter (ebd., 1-19); vgl. Bermbach, *Der Wahn des Gesamtkunstwerks* 16-19.

[35] *Mein Leben* 33

Amalgam von *Hamlet*, *Macbeth*, *King Lear* und *Götz von Berlichingen* – die erste Nummer im heutigen Wagner-Werk-Verzeichnis[36] – ist sowohl Movens als auch Ergebnis des initialen Ur-Dramas. Als Ergebnis ein Entwurf von 61 Seiten, in dem bereits drei Lieder zur Komposition bestimmt sein dürften, als Movens die Entscheidung des jungen Dramatikers, ein solches Werk nun fachlich zu verfertigen.

> Ach! ich bin kein Komponist [...] nur so viel wollt ich erlernen, um *Leubald und Adelaide* zu komponieren; und so ist es geblieben, nur die Sujets sind anders geworden.[37]

Diese Äußerung Wagners während der Komposition des dritten *Siegfried*-Aktes deckt sich mit den biographischen Notizen zum Ur-Drama. Die *Rote Brieftasche* (*Autobiographische Skizze* 1842/1843) nennt das Vorbild Shakespeares[38], die Autobiographie verweist angesichts der familiären Ablehnung des Projekts auf das,

> was noch niemand wissen konnte, nämlich daß mein Werk erst richtig beurteilt werden könnte, wenn es mit der *Musik* versehen sein würde, welche ich dazu zu schreiben beschlossen hatte und welche ich nächstens auszuführen demnach beabsichtigte.[39]

Webers *Freischütz* und Beethovens Schauspielmusik zum *Egmont* sowie die *Fidelio*-Ouvertüre begleiten das unausführbare Projekt und drängen zu autodidaktischen Musikstudien, aus denen immerhin eine Klaviersonate in d-moll sowie eine Arie, die, instrumentiert durch den befreundeten Musiker Flachs, in einem Leipziger Gartenlokal aufgeführt worden sei.[40] Während des Kompositionsunterrichts bei Christian Gottlieb Müller 1828 bis 1831, einem Mitglied des Leipziger Gewandhausorchester und späteren Dirigenten der Konzerte der Leipziger Musikgesellschaft „Euterpe“, entstehen weitere Fingerübungen, die manches ahnen lassen: neben diversen Konzertouvertüren auch eine verschollene Schäferoper, für die Goethes *Laune des Verliebten* als Vorbild dient, der erste Klavierauszug von Beethovens 9. Sinfonie, eine Ouvertüre nebst Chören zu Schillers *Braut von Messina* sowie sieben Kompositionen zu Goethes *Faust* I. Den Weg vom „trabsenden Ritter“ zu Goethe und Beethoven durchläuft der Autodidakt allzu rasch. Die handwerklichen Kompositionsstudien beim Leipziger Thomaskantor Theodor Weinlig ab 1831 ver-

---

36 *WWV* 63/64.

37 31. Januar 1870: CT I, 193.

38 „[...] der Plan war äußerst großartig; zweiundvierzig Menschen starben im Verlaufe des Stückes, und ich sah mich bei der Ausführung genöthigt, die Meisten als Geister wiederkommen zu lassen, weil mir sonst in den letzten Akten die Personen ausgegangen wären. Dieses Stück beschäftigte mich zwei Jahre lang“ (SB 1, 96 bzw. SSD 1, 5).

39 *Mein Leben* 34. – Vgl. auch den Brief an Ludwig Feuerbach: „Nicht Eitelkeit, sondern ein unabweisbares Bedürfniß, hat mich – für kurze Zeit – zum Schriftsteller gemacht. In frühester Jugend machte ich Gedichte u. Schauspiele; zu einem dieser Schauspiele verlangte es mich Musik zu schreiben: um diese Kunst zu erlernen ward ich Musiker“ (wahrscheinlich vom 21. November 1849: SB 3, 163).

40 So Wagner in literarischer Stilisierung (*Mein Leben* 40).

langsamen sein Tempo allerdings nicht; unter weiteren Klavierwerken entsteht immerhin die *Fantasie in fis-moll* (*WWV* 22), deren szenisch-improvisatorisches Material in der ersten wirklich ausgeführten Oper *Die Feen* (1833/1834) ihr dramatisches Leben entwickelt, und die *Sinfonie in C-Dur* von 1832 (*WWV* 29), auf die Wagner mit einer gewissen Zufriedenheit noch nach dem *Parsifal* zurückgreift. Die Instrumentalkompositionen steuern die Form der Konzert- oder Opernouvertüre und damit indirekt der späteren „Sinfonischen Dichtung“ eines Franz Liszt an. Ihr sinfonischer Ehrgeiz erschöpft sich nicht in den Formen dessen, was Wagner später als „absolute Musik“ bezeichnen und verwerfen wird. Insofern ist er kein „Komponist“, nämlich keiner, der nach gegebenen Regeln musikalisches Material zusammenstellt, sondern einer, der als „Dilettant“ und hinsichtlich der neu zu gewinnenden Formen als Autodidakt sich entwickelt, dabei aber durchaus sein Handwerk erlernt und beherrscht.

Dabei entwickelt sich das Ur-Drama auf neuer Stufe zu einem wirklichen Opernfragment von 39 Partiturseiten, das auch die Zustimmung des Lehrers findet, während der Text „kassirt und zerrissen“[41] wird, da er Wagners Schwester Rosalie nicht gefällt[42] und somit keine Chance auf ihre Protektion als Schauspielerin am Königlich Sächsischen Hoftheater in Leipzig hat. Wagner ist bereits hier sein eigener Librettist und verwirklicht im Ansatz, was im *Leubald und Adelaide*-Projekt intuitiv erfaßt sein dürfte. „Dieses vollkommene Nachtstück von schwärzester Farbe, in welches aus weiter Jugendferne ‚Leubald und Adelaide‘ veredelt hineinklangen“, verzichtet nicht nur auf das Tageslicht gesellschaftlicher Konvention, das der Titel verheißt, sondern versagt sich ausdrücklich „jeder ungehörigen opernhaften Ausschmückung“, wie Wagner nicht ganz zutreffend in seiner Autobiographie notiert[43]: denn das romantische Sujet hat durchaus seine Vorbilder im Werk Heinrich Marschners, auch wenn es den klassischen Romeo-und-Julia-Konflikt ausschließlich als mystisches Notturno erfaßt. Die Braut dieser *Hochzeit* tötet den geliebten Nebenbuhler ihres Bräutigams, die Hochzeitsnacht wird zu ihrer Todesnacht, wenn sie an seinem Sarge hinsinkt. Rahmen und Szene wirken „tristanesk“, mehr noch die dramaturgische Konsequenz, die erkennbar die Handlung verdichtet und keinerlei Kontraste zuläßt. „Liebe – Tragik“, die Chiffre, mit der Wagners letzter fragmentarischer Aufsatz *Über das Weibliche im Menschen* (13. Februar 1883) in Venedig schließt, erläutert auch das Sujet der *Hochzeit*.

> Liebestreue: Ehe; hier liegt die Macht des Menschen über die Natur, und wir nennen sie göttlich. Sie ist die Bildnerin der edlen Rassen. [...] Von vorzüglichen Köpfen wird die Polygamie als der natürlichere Zustand angesehen, wogegen die monogamische Ehe als ein stets neu unternommenes Wagnis gegen die Natur gilt.[44]

Treue bezeichnet, was die Tragik der Liebe „erlösen“ kann. Eine solche paradoxe und daher tragische Treue hält die Braut der *Hochzeit* sowohl ihrem Bräutigam als auch ihrem Geliebten, und auch hier „geht der Prozeß der Emanzi-

41 An Theodor Apel vom 3. Januar 1833 (SB 1, 134).
42 Vgl. *Autobiographische Skizze*: SB 1, 100.
43 *Mein Leben* 76.
44 *Über das Weibliche im Menschen* (SSD 12, 344/345).

pation des Weibes nur unter ekstatischen Zuckungen vor sich", wie der letzte von Wagner geschriebene Satz formuliert.[45] Der späte Text, der sich auf irritierende Weise als Glosse zum ersten wirklichen Opernfragment Wagners lesen läßt, verbindet seinerseits das Menschenbild Feuerbachs mit derselben Idee der „Regeneration" der menschlichen Rassen durch die „Geschlechtsliebe"[46], die Wagner schon früh gegen Schopenhauer anführt und die, wie sich zeigen wird, über dessen Einfluß hinaus nicht nur den *Tristan* entscheidend geprägt hat.

Die gedankliche und dramaturgische Ur-Konstellation Wagners gewinnt in der *Hochzeit* also bereits eindeutige Züge. Was nach einem atmosphärisch dichten Tableau der großen Oper aussieht und zunächst auch ist, wird als Konstellation und Handlung aus einem Punkt stringent entwickelt. Der Tod in diesem schwarzen Nachtstück ist keine Schauergestalt, sondern Chiffre für eine Vernichtung, die das Ende menschlicher Handlungsmöglichkeit und damit „Aufhebung" oder „Erlösung" bedeutet. Tragisch verneinte Liebe, durch den Tod wiederum verneint: das doppelt Negierte ist eine Positivität zunächst unbestimmter Art. Es transzendiert nicht nur den Begriff, sondern auch die jeweilige Bühnengestalt als das handelnde Projekt möglicher und tatsächlich scheiternder Identität. Etwas ist „jenseits" dieser dialektischen Handlung, für das die Musik einzustehen hat. So wird sie schon hier zum Träger des Utopischen, dessen also, was weder im Begriff noch auf der Bühne zu Hause ist.

Mit dieser Tendenz ins Utopische berührt sich die politische Konstellation, in der Wagner aufwächst. Die Spanne reicht vom Geburtsjahr 1813 mitten im Befreiungskrieg der deutschen Staaten über die griechische Freiheitskämpfe von 1821, 1825/1826 und 1828/1829:

> Nun kam aber die Julirevolution [1830]; mit einem Schlage wurde ich Revolutionär und gelangte zu der Überzeugung, jeder halbwegs strebsame Mensch dürfe sich ausschließlich nur mit Politik beschäftigen. Mir war nur noch im Umgang mit politischen Litteraten wohl: ich begann auch eine Ouvertüre, die ein politisches Thema behandelte.[47]

Diese bekennerische Emphase der *Autobiographischen Skizze* klingt in der Autobiographie deutlich, wenngleich differenzierter nach. Revolution versteht sich nun „unter der Form eines mutigen und siegreichen Volkskampfes, frei von allen den Flecken der schrecklichen Auswüchse der ersten französischen Revolution", und die *Politische Ouvertüre* (*WWV* 11), für eins „der Leipziger Gartenkonzerte" gedacht, rückt in die Nachbarschaft der Leipziger Studentenunruhen.[48] Der Versuch, den Karzer zu sprengen, wird zum komischen Imitat des Sturms auf die Bastille stilisiert. Der studentische Sturm auf ein Bordell ermuntert aber

---

[45] Ebd.

[46] Damit unterscheidet sich – um es vorgreifend anzumerken – Wagners merkwürdige späte Regenerationslehre schon im Ansatz vom biologistischen Rassismus Arthur Gobineaus, da sie lediglich die zivilisationskritische Linie der Schriften insgesamt weiterführt.

[47] SB 1, 98.

[48] *Mein Leben* 47.

> die niederen Volksklassen, namentlich das Arbeiterproletariat, zu ähnlichen Exzessen gegen mißliebige Fabrikherren und dergleichen: nun wurde die Sache ernster; das Eigentum war bedroht, der Kampf zwischen arm und reich stand grinsend vor den Häusern.[49]

Diese kontextuelle Deutung der „politisch-musikalischen Entwürfe“ Wagners, denen sich anläßlich des Polnischen Aufstandes von 1831 noch zwei Polonäsen (*WWV* 23) sowie die *Polonia*-Ouvertüre (1836: *WWV* 39) anschließen, zeichnet in der Rückschau schon die Linien seiner Zivilisationskritik nach. Sie führen von Bakunins Theorien zum Nibelungen-Proletariat im *Rheingold,* durchziehen aber bereits das ursprüngliche Bild, dessen Vorzeichnungen auf den prägenden Mentor der Jugendjahre, den Onkel Adolf Wagner zurückverweisen.[50] Dessen Studien führen ihn in Leipzig ab 1792 von der Theologie zur klassischen Philologie und Universalgeschichte, dann ab 1798 im Jena Goethes zur Philosophie Fichtes und Schelling sowie zur persönlichen engeren Bekanntschaft mit Schiller und Johannes Falk, dessen ausgewählte Werke er 1819 herausgibt. Der Leipziger Privatgelehrte dediziert seinen *Parnasso italiano*, ein Kompendium italienischer Dichtung, Goethe[51], der seinerseits über ausdrückliche Würdigung „der herrlichen Gabe“ hinaus mit einem silbernen Trinkbecher dankt.[52] Das Werk sei „eine vollständige Bibliothek, die wohl hinreichend wäre, ein ganzes Leben zu beschäftigen und den vollständigen Menschen auszubilden“.[53] Letzteres geschieht in Ansätzen zumindest während der täglichen Promenaden mit dem Neffen Richard; auch die „reichhaltige Bibliothek“ habe diesen „fieberhaft nach allen Seiten hin aufgeregt“[54], so daß der gelehrte Philologe das entfachte Feuer des Ur-Dramas *Leubald* selbst wieder einzudämmen sucht. An ihm scheitert dieser erste Versuch des Neffen, als genialer Dilettant dem „Schulpedantismus“ der Leipziger Nikolaischule zu entkommen.[55]

1.2. Kein Liebesverbot: Das „Junge Deutschland“

Mit Heinrich Laube, dem ehemaligen Studenten der Theologie in Halle und Breslau und jetzigen Redakteur der Leipziger *Zeitung für die elegante Welt*,

---

49 *Mein Leben* 49.

50 Vgl. Glasenapp, *Das Leben Richard Wagners* 1, 20-30. – Aufschlußreich Wagners eigenes Zeugnis gegenüber Cosima: „Du bist das einzige Wesen, das mir etwas gegeben hat, dem ich gern und aufmerksam zuhörte; du und Onkel Adolph; sonst hat mir niemand etwas gebracht“ (27. August 1872: CT I, 567).

51 Das Unternehmen sei „groß und bedeutend“ (26. August 1826: WA IV/41, 130).

52 Vgl. *Mein Leben* 11 bzw. 16.

53 29. Oktober 1827: WA IV/43, 138.

54 *Mein Leben* 30.

55 *Mein Leben* 32.

tritt das „Junge Deutschland“ 1833 in Person und mit führendem Publikationsorgan in Wagners Lebenskreis und eröffnet ihm die Schriften Heinrich Heines und Ludwig Börnes. Den Vorschlag einer politischen Oper über den polnischen Freiheitskämpfer Tadeusz Kosciuszko führt Wagner jedoch ebensowenig aus wie das Projekt einer *Politischen Ouvertüre* von 1830. Laubes Briefroman *Das junge Europa* (1833) macht ihn mit der Idee eines Zukunftsstaates vertraut, der als übernationale Universalrepublik eine Art politisches Gesamtkunstwerk anzielt – eine Idee, die sich in Wilhelm Heinses *Ardinghello und die glückseligen Inseln* (1787) vorgebildet findet.[56] Mehr noch als der in „Sturm und Drang“ geborene, von Eigentum freie Idealstaat Laubes präfiguriert dieser im „jungen Deutschland“ wiederentdeckte Künstlerroman die Festspielidee und ihr Vorbild in der attischen Tragödie, die es zugleich in ihrer politischen Dimension erschließt.[57] Denn:

> Alle Künste sind verwandt; sie zusammen erhöhen und verstärken die Glückseligkeit des Menschen, bilden sein Gefühl, mehr als alles, für die Schönheiten der Natur und setzen ihn über das Tier.[58]

Die Schönheit der Architektur zum Beispiel ziehe ihren „Reiz bloß aus der Metaphysik [...] und nicht aus der Wirklichkeit“[59], kurz: die theoretische Konstruktion einer solchen Ästhetik sei abstraktiv. Mit den Worten des späteren Wagner. Sie begründe eine „absolute“, d. h. aus dem gemeinsamen Gesamtkontext von Kunst und Leben abgelöste Kunstübung.

Ardinghello fordert für die Politik die Herrschaft der „Verständigen“ im voraus zu einer bestimmten Staatsverfassung.[60] Dennoch bildet das attische Theater im Gegenzug zu den Versammlungsplätzen der christlichen Kirchen das Leitbild und Muster, denn es ist

---

[56] Später finden sich in Wagners Dresdener Bibliothek die *Sämtlichen Schriften* Heinses in zehn Bänden in der Ausgabe Heinrich Laubes.

[57] Wagner kommt während der gemeinsamen abendlichen Lektüren des *Ardinghello* mit Cosima „immer wieder darauf zurück, wie dieses Buch auf ihn gewirkt hätte und die Konzeption des ‚Kunstwerkes der Zukunft‘ beeinflußt hätte“ (15. Juni 1873 während der Arbeit an der Partitur von *Götterdämmerung*: CT I, 695).

[58] *Ardinghello* 21.

[59] *Ardinghello* 27.

[60] „‚Wo die Verständigen nicht herrschen, ist keine Staatsverfassung gut; jedoch mit dem Unterschiede, daß zum Exempel bei einer Million Bürgern in einer Demokratie fünfmalhunderttausend und etliche Narren über viermalhunderttausendundneunhundert gescheite Leute den Ausschlag geben: und in einer Monarchie ein Narr neunmalhunderttausendneunhundertundneunundneunzig Philosophen ins Verderben stürzen könnte, wenn sie nach dem auf Schulen gelehrten Staatsrechte keine Rebellen sein wollen‘“ (*Ardinghello* 26). Wagner beantwortet fünfzehn Jahre später die Frage der Dresdener Revolution (*Wie verhalten sich republikanische Bestrebungen dem Königtume gegenüber?* SSD 12, 220-229) von diesem Ansatz her und versucht die Gesamtversöhnung „aller streitenden Parteien“ (229). Die bürgerliche „Emanzipation des Königtums“ solle den Monarchismus beenden (er schreibt „erlösen“!: 228). Sie hebe den König als *„der erste des Volkes, der freieste der Freien*“ in der Republik demokratisch auf – eine „Aufhebung“, die Wagner explizit christlich wertet („Würde dies nicht zugleich die schönste deutsche Auslegung des Ausspruches Christus‘ sein: ‚*Der höchste unter euch soll der Knecht aller sein*‘?“ (ebd.). Diese christologisch gewendete Dialektik von Herr und Knecht trägt noch lange: bis zu den Schriften *Über Staat und Religion* (1864) sowie *Deutsche Kunst und Politik* (1867), die beide Ludwig II. von Bayern zum Adressaten haben.

> die natürlichste Form für eine große Menge, worin jede Person ihren Posten wie in einer Republik, einer Demokratie einzunehmen scheint und ein herrliches Ganzes bildet. Und sind wir nicht gegen das Wesen der Wesen all gleich?[61]

Daher muß ein „Staat von Menschen, die des Namens würdig sind, vollkommen für alle und jeden, [...] im Grund immer eine Demokratie sein“, in der „das Wohl des Ganzen allem andern“ vorgeht[62], selbst dann, wenn kein „Universalwesen“ denkbar und die Welt als atomistische Versammlung vorzustellen wäre.[63]

Mehr noch als diese jungdeutsch wiederentdeckten Ansätze ästhetischer Bildung dürfte den jungen Wagner berührt haben, welche Rolle Heinse lange vor Schopenhauer (und ohne dessen negative Vorzeichen) der Musik in diesem Gesamtentwurf von Politik und Kunst der Zukunft anweist. Wenn die Kunst ein „neues Ganzes“ durch Dichtung, Malerei und Tonkunst erzeugen soll, das kurze Leben aber bevorzugt, „wer uns ein Ganzes täuschend am geschwindesten in die Seele bringt“, so kündigt sich in der Musik etwas an, was alle Einzelkünste und auch ihre Vereinigung zu einem neuen Ganzen transzendiert:

> Die Musik überhaupt geht ganz aus der sichtbaren Welt hinaus und wirkt mit bloßen verschiednen Arten von Bewegung, die von der Materie nur den Punkt zu ihrem Anflug nehmen, und durch ihre Proportionen Empfindungen erregen: und ich glaube schier nach dem Pythagoras, daß das eigentliche Element, worin die Geister existieren, reiner Klang und reiner Ton ist.[64]

Die Musik Beethovens und Mozarts hat den fünfzehnjährigen Wagner früh zum „tollsten Mystizismus aufgeregt“ und „Visionen“ erzeugt, in denen ihm „Grundton, Terz und Quinte leibhaft erschienen und [...] ihre wichtige Bedeutung offenbarten“.[65] Kaum sechs Jahre später spuken ihm „‚Ardinghello‘ und ‚das junge Europa‘ [...] durch alle Glieder“ und führen ihn vom „abstrakten Mystizismus“ dieser musikalischen Initialerlebnisse zur „Materie“ und auch dazu, „der Gährung sich zu überlassen“, in der alles begriffen zu sein scheint.[66] „Materie“ meint hier Sujet und Gestalt der beiden vollendeten Jugendopern *Die Feen* und *Das Liebesverbot*, „Gährung“ auch der Weg in die musikalisch-praktische Selbständigkeit als Chorleiter in Würzburg (1833/1834) und Musikdirektor in Magdeburg (1834-1836). Zudem verweist

---

61 *Ardinghello* 30. – Heinse entwickelt nebenbei auch das Paradox: „In unsern Kirchen mit langem gleichplatten Boden [...] stehen und liegen [sie] ohne Ordnung untereinander, im eigentlichsten Verstande wie die Schafe“ (ebd.), während gerade das gestufte (und im Verhältnis zur *orchestra* hierarchische) Amphitheater die Gleichheit aller ermögliche.

62 *Ardinghello* 137.

63 „[...] so müßten wir doch billig Hochachtung vor der wiewohl komischen und bunten ungeheuern Menge haben, obgleich diese Meinung bei keinem, der den Abgrund des Äthers anschaut, und fühlt und denkt, Ernst sein kann, sondern ein grillenhaftes Nadelspitzensystem ist. [Absatz] Und dies wäre denn *Weltdemokratie* oder das eigentliche atheistische System“, wie Heinse, in Sprach- und Denkfigur Jean Paul sowie im möglichen Ansatz Feuerbach vorwegnehmend, ergänzt (*Ardinghello* 290).

64 *Ardinghello* 160/161.

65 *Autobiographische Skizze*: SB 1, 97.

66 *Autobiographische Skizze*: SB 1, 101/102.

Heinses Idee des utopischen Staates der Zukunft bereits auf den *buono stato* im späteren *Rienzi*.

In Laubes *Zeitung für die elegante Welt* begleitet Wagner seinen Opernerstling mit jungdeutscher Reflexion. Sein erster Aufsatz *Die deutsche Oper* (1834) markiert schon mit dem Titel die künstlerische Leerstelle, die er in Theorie und Praxis füllen will. Die deutsche „Gelehrtheit" („dieser Quell aller deutschen Übel!") habe die deutsche Oper und das Nationaldrama verhindert, denn „kein deutscher Opernkomponist" habe sich „die Stimme des Volkes zu verschaffen" gewußt: „ – das heißt, weil keiner das wahre, warme Leben packte, wie es ist", nämlich in der Gestalt des schönen Gesangs. Ein jung-europäischer Appell schließt den Essay:

> Wir müssen die Zeit packen und ihre neuen Formen gediegen auszubilden suchen; und der wird der Meister sein, der weder italienisch, französisch – noch auch aber deutsch schreibt.[67]

Unter dem „bedeutenden" Pseudonym *Canto Spianato* (=ebenmäßiger Gesang) präzisiert das *Pasticcio* diesen ästhetischen Ansatz. Der Opernsänger müsse als singender Darsteller „*über* dem ganzen Gebilde seiner Darstellung" stehen; der Komponist müsse „stimmgemäß schreiben", und die Instrumentalisten „sollen eine Ehrengarde der Singstimme sein".[68] Diese praktische Ästhetik der Aufführung und ihrer notwendigen Voraussetzungen nimmt im Selbstzitat die Aufgabe wieder auf, „*das warme, wahre Leben*" zu packen, „*wie es ist*".

> Das Wesentliche der dramatischen Kunst beruht durchaus nicht auf den besonderen Stoffen und Gesichtspunkten, sondern darauf, ob es gelingt, das innere Wesen alles menschlichen Handelns und Lebens, die Idee, aufzufassen und darzustellen.[69]

---

[67] *Die deutsche Oper*: SSD 12, 2 (wörtlich nochmals am Schluß des *Pasticcio*: ebd., 11). – Es geht Wagner in der Oper um „den Eindruck des Ganzen", für den die „Gesangsschönheit" nach italienischem Vorbild alles entscheide (vgl. *Der dramatische Gesang* [1837]: SSD 12, 15-18). Er betont den Eindruck, „den in neuester Zeit eine *Bellinische* Oper [*I Capuleti ed i Montecchi*, mit Wilhelmine Schröder-Devrient als Romeo, Leipzig im März 1834] auf mich machte, nachdem ich des ewig allegorisierenden Orchestergewühls herzlich satt war und sich endlich wieder ein einfach edler Gesang zeigte" (ebd., 1/2; vgl. dazu *Bellini. Ein Wort zu seiner Zeit* [1837]: SSD 12, 19-21). Das „allegorisierende Orchestergewühl" verdoppele und verdecke so die kantable Aussage, da sie nicht dramatisch motiviert sei, sondern nur „Gelehrtheit" demonstriere.

[68] Er fährt bezeichnend fort: „ bei uns sind die Instrumente des Sängers Schergen geworden, die ihm bei jedem freien Gefühlsausdruck Ketten und Banden anlegen", d. h. sein dramatisches Agieren als Sänger behindern (*Pasticcio*: SSD 12, 8). Ferne Nachklänge dieser praktischen Gesangsästhetik finden sich bei George Bernard Shaw und Richard Strauss. „Selbst in normalen Opernhäusern, wo das Orchester direkt zwischen Sängern und Publikum untergebracht ist, bleibt Wagners Instrumentierung für die menschliche Stimme durchlässiger als die jedes anderen Komponisten seit Mozart" (Shaw, *Wagner-Brevier* 185). „Das ideale Verhältnis zwischen Singstimme und Orchester weisen Richard Wagners Werke auf", die Stimmen seien „geführt und gestützt von einem in plastischer motivischer Arbeit und niemals überflüssiger Polyphonie erklärendem [!] und erregenden Orchester" (*Geleitwort* der Partitur zu *Capriccio*, Mainz 1942, Seite 3).

[69] *Pasticcio*: SSD 12, 11. – Die Echtheit von *Die deutsche Oper* und *Pasticcio* ist umstritten, obwohl beide Aufsätze Wagners Begriff des musikalischen Dramas vorwegnehmen; vgl. Voss, *Wagner und kein Ende* 253 sowie Konrad, *Robert Schumann und Richard Wagner*.

Weder ist es die Aufgabe der Kunst zu idealisieren noch die „modernen romantischen Fratzen“ künstlich zu beleben, da „zu einer Oper nur *ein* Ding nötig ist – nämlich *Poesie*! Worte und Töne sind nur ihr Ausdruck“, der über „Musiknummern ohne psychologische Verbindung“ hinauszugreifen habe. Nach den Vorbildern Gluck und Mozart ließen sich „dramatische Werke liefern, die selbst der strengsten Kritik genügen“.[70] Wagners Fortsetzung seines ersten Pariser Beitrags für die *Revue et Gazette Musicale*, erst 1886 aus dem Originalmanuskript unter dem nichtoriginalen Titel *Über Meyerbeers ‚Hugenotten‘* veröffentlicht und fälschlich auf 1837 datiert, erweitert die Reihe der Vorbilder um ein freundlich-strategisches Porträt Giacomo Meyerbeers. Während mit Aubers *Muette de Portici* die französische Oper ihren „äußersten Höhepunkt“ erreicht habe, habe Meyerbeer, „mit deutscher Gediegenheit und italienischer Schönheit ausgerüstet“, als Deutscher einen übernationalen Stil klassischer Schönheit entwickelt.[71] Das Universalgenie habe, wie Wagner seltsam gewunden peroriert, „das möglichst vollendetste Ideal dieser Periode“ zu schaffen. An Meyerbeer rühmt er die klare Ordnung und Einfachheit der Mittel. Zudem habe dieser gezeigt, „wie auch auf der Bühne Religion gepredigt werden kann“[72]. Dieser Panegyricus darf – zumal als geplanter Zeitschriftenbeitrag der frühen Pariser Zeit – durchaus mit Vorsicht, also genaugenommen mit umgekehrten Vorzeichen gelesen werden. Denn Wagner nimmt weder die dramaturgischen Forderungen der früheren Arbeiten auf, noch kann sein überschwängliches Lob nach ihrem Maßstab als ehrliches Lob gelten, eher schon als raffinierte Kritik. Denn das gerühmte schöne Maß verträgt sich nicht *per se* mit dramatischer Wahrheit in der Verbindung aller theatralischen Mittel, und die Religionspredigt auf der Bühne folgt kaum aus dem ästhetischen Credo der Jungdeutschen, wie Wagners *Liebesverbot* nur zu deutlich zeigt. So darf man vermuten, warum der Aufsatz nicht publiziert worden ist: Das Lob ist durchschaubar und im Detail nichtssagend, auch wenig typisch für den schon entwickelten Stil seines Autors.[73]

Deutlicher spricht schon jetzt sein Werk. *Die Feen* (1834: *WWV* 32), eine Bearbeitung von Carlo Gozzis Märchenspiel *La donna serpente* (1762), verweisen auf die Lektüre von E. T. A. Hoffmanns[74] *Serapions-Brüder* (1819-

[70] Ebd. – Wieweit das dramatische Vorbild Glucks und Mozarts reicht, belegen Wagners eigene Bearbeitungen: der *Iphigenie in Aulis* (1846/1847: *WWV* 77), die einer teilweisen Neukomposition mit verändertem Schluß darstellt, und des *Don Giovanni* (1850: *WWV* 83) im Sinne einer verdeutlichenden Aufführungspraxis (Retuschen im Orchester, kleinere Eingriffe in die Nummer und neuübersetzte Dialoge).

[71] *Über Meyerbeers ‚Hugenotten‘*: SSD 12, 27.

[72] Ebd., 28.

[73] Der vorausgegangene, immerhin als fiktive Veröffentlichung „aus dem Nachlasse meines verstorbenen Freundes“ abgesicherte Aufsatz *Über deutsches Musikwesen* (SSD 1, 149-166, 149) knüpft an die Kritik der „gelehrten“ deutschen Musik an, beklagt ein noch ausstehendes „großes National-Musikwerk“ und rühmt das aufgestellte, aber nicht erreichte Ideal in Mozarts *Zauberflöte*. Der Schluß betont das unparteisch-gerechte Wesen des deutschen Musikers und rühmt die „schöne Vereinigung“ deutscher und französischer dramatischer Musik: eine deutliche Grußadresse an Meyerbeer und zugleich ein Entrée für seinen heimlichen Konkurrenten, der sich in der sekretierten Fortsetzung etwas zu unverblümt andient.

[74] Borchmeyer verweist auf Hoffmanns Musikästhetik: Der Begriff des „musikalischen Dramas“ findet sich bereits in den *Serapions-Brüdern* (*Das Theater Richard Wagners* 100ff.); vgl. über

1821) und seine Zauberoper *Undine* (1813/1814): Geister- und Menschenwelt stehen in tragischem Konflikt (Frageverbot!), aus dem nur Liebe erlöst (und ein bißchen Zauber, für den etwas unmotiviert und wie ein euripideischer *deus ex machina* der Zauberer Groma sorgt). Aber „das eigentliche Element, worin die Geister existieren" (Wilhelm Heinse), die Musik nämlich, geht bereits in der Ouvertüre eigene harmonische Wege, auch wenn Mendelssohns Ouvertüre zum *Sommernachtstraum* hörbar anregendes Vorbild bleibt; die harmonische Entwicklung der Eingangstakte kehrt nicht innerhalb der Periode zur Grundtonart zurück, sondern verläuft „ergebnisoffen". So kehrt sie auch dramaturgisch wieder, nämlich als Musik des neuen Orpheus Arindal. Wie Tamino durchwandert der von Geistern geprüfte Arindal die Unterwelt und erlöst die versteinerte Feenkönigin Ada ideell durch seine Treue und szenisch-musikalisch durch sein Spiel auf der Leier. Die Erlösung der Versteinerten erhebt ihn zum Unsterblichen im Reich der Feen[75] – ein frühe (Er-)Lösung mit verborgener finaler Tragik. Denn nicht die Menschwerdung beider Protagonisten und ihre „Erlösung" ins „Reinmenschliche" beschließt die Oper, sondern deren Aufnahme in den kalten Himmel der Feen-Aristokratie. Das ist eine arrivierte, eine in der aristokratischen Umarmung der Feenkönigin erstickte Utopie.[76] Und damit bleibt ein tragischer Konflikt bei aller opernhaften Affirmation unaufgelöst: Das Frageverbot der Ada[77], diesem weiblichen Lohengrin und verhinderten „Weib der Zukunft", wird von Arindal gebrochen, ihr selbst die Menschwerdung verwehrt und die Gemeinsamkeit dieses „hohen Paares" nur märchenhaft-illusorisch hergestellt. Das herkömmliche Affirmationsfinale täuscht darüber hinweg, daß hier – zum ersten Mal bei Wagner – die Versöhnung der beiden Sphären scheitert, Oberwelt und Menschenwelt nicht zueinander finden. Schlimmer noch: die aristokratische Feenwelt verweigert sich ebenso mitleidlos den Menschen, wie umgekehrt die Menschenwelt im *Lohengrin* sich dem Mitleid der Gralswelt verschließt.

---

die romantische Musikästhetik in Verbindung mit der *Idee der absoluten Musik* das gleichnamige Buch von Carl Dahlhaus (dort zu Wackenroder, Tieck und vor allem Hoffmann 17ff., 47ff., 62ff., 82ff. 91ff.), ferner Franke, *Richard Wagners Zürcher Kunstschriften* 146-160.

75 Die Fabel erinnert nicht nur äußerlich an *Die Frau ohne Schatten* von Hofmannsthal/Strauss. In beiden Fällen zeigt sich die Feenprinzessin als verwundete Beute des Mannes, als „Hirschin" (Wagner) oder als Gazelle (Hofmannsthal); in beiden Fällen verwandelt sich das geliebte Feenwesen nicht nach Gozzis Vorgabe in eine Schlange, sondern wird zu Stein. Strauss übernahm für die posthume Uraufführung am 29. Juni 1888 in München die musikalische Einstudierung für den Dirigenten Franz Fischer (nicht Hermann Levi, wie häufig tradiert wird), seine Frau Pauline de Ahna sang die Ada bei der Wiederaufnahme 1895. Insbesondere die mittleren Akte beider Opern bzw. deren Schlüsse zeigen, daß Strauss sich teilweise sogar an den musikalisch-dramatischen Aufbau von Wagners Jugendwerk anlehnt.

76 *Die Feen – ein unbekanntes Werk* 285; vgl. Voss, *„Die Feen" – eine Oper für Wagners Familie*, in: ders., *Wagner und kein Ende* 15-30, 19. Vgl. Bermbach, *Der Wahn des Gesamtkunstwerks* 22-27.

77 „„Ich liebe dich, wie du mich liebst, / doch eh ich ganz dein Eigen bin, / hast du noch viel zu überstehn. / Vor allem magst acht Jahre lang / du nimmer fragen, wer ich sei!"" (*Die Feen* 47). Nie soll er sie befragen, doch er tut es. Allein die Kunst, als orpheische Musik geübt, erlöst die Versteinte aus der Unterwelt, um sie, in Umgehung der Menschenwelt, der Oberwelt der Feen zurückzuerstatten – eine Schein-Lösung.

Ein jungdeutsches Satyrspiel zur Liebes-Tragik der Märchenoper bietet *Das Liebesverbot oder Die Novize von Palermo* (1834-1836: *WWV* 39) nach Shakespeares *Measure for Measure*. Dem Genrewechsel entspricht das quasi-bellinische Idiom dieser Partitur; sie ist, im Unterschied zu den *Feen*, eine effektsichere Erprobung des eigenen Talentes, ohne „französische und italienische Anklänge zu vermeiden“[78]. Dennoch gelingen Motiverfindungen, die bis in Tannhäusers Romerzählung nachwirken, wie das *Salve Regina* (Akt I, Nr. 3). Überhaupt läßt sich *Tannhäuser und der Sängerkrieg auf der Wartburg* (1842-1845 und weitere Fassungen: *WWV* 70) als eine Art „Liebesverbot“ mit umgekehrten Vorzeichen verstehen. Diese Umkehrung gilt überraschend auch rein musikalisch. So läßt sich das „Motiv des Liebesverbotes“ präzise als Umkehrung des *Tristan*- Motivs verstehen: niederdrückend-verbietend das erste, aufsteigend und „schmachtend“ das zweite. Der jungdeutsch-komödiantische Freiheitsanspruch schlägt wieder in die romantische Tragödie um, behält aber stets seine antiklerikale Zielrichtung bei.[79] Wenn „Liebe – Tragik“ die dramatische Urkonstellation Wagners bedeutet, so wird sie hier gekonnt überspielt.

Zur echten Tragödie in großem Stil kommt es erst in *Rienzi, der Letzte der Tribunen* (1838-1840: *WWV* 49), der in mehrfacher Hinsicht ein Werk der Brüche und Übergänge, der Über- und Ungleichzeitigkeit ist. Als *Grand Opéra* kommt es zu spät, wenn auch am Bestimmungsort Paris, zur Welt; als historische große Oper überhaupt fällt es hinter den *Fliegenden Holländer* zurück, mit dem es zeitgleich und doch stilistisch ungleichzeitig entsteht. Tragische Liebe und revolutionäre Politik verbinden sich in der Person des Volkstribunen Rienzi, der mit der Idee des von Heinse her zu deutenden *buono stato* unter den Trümmern des einstürzenden Kapitols begraben wird. Beethovens Revolutionsoper *Fidelio* findet hier sein tragisches Gegenstück. Neben dem noch in Riga begonnenen, nach abenteuerlicher Flucht und Seereise 1840 in Paris beendeten *Rienzi*, der auf Wagners frühe Lektüre von Edward George Bulwer-Lyttons 1835 entstandenen Roman und ausdrücklich jungdeutsche Sympathien

[78] *Autobiographische Skizze*: SB 1, 102. Dieser Selbstkommentar und der beinahe erfolgreiche Vermittlungsversuch Meyerbeers, das *Liebesverbot* 1840 im Pariser Théâtre de la Renaissance aufführen zu lassen, mag im Zusammenhang mit dem sekretierten Aufsatz für die *Revue et Gazette musicale* zusammenstimmen.

[79] Vgl. Bermbach, *Der Wahn des Gesamtkunstwerks* 28-33. – Auch hier findet sich eine Parallele bei Richard Strauss. Seine zweite Oper *Feuersnot*, in der Partitur an Wagners 88. Geburtstag fertiggestellt (Vermerk: „Vollendet am Geburtstage und zur höheren Ehre des Allmächtigen! Charlottenburg, 22. Mai 1901“), parodiert die Handlungsführung Wagners im *Liebesverbot*. Der Münchner Kunrad ruft auf seine Stadt, die „der Minne Macht verlacht“, Zauberstrafen herab. Auch sonst überziehen die Autoren Ernst von Wolzogen und Richard Strauss die Oper mit einem Netz parodistischer Anspielungen: Sonnwendabend und München auf der einen, Johannisnacht und Nürnberg auf der anderen Seite – auch manches musikalische Motiv Wagners (u. a. Fafner-, Walhall-, Holländer-Motiv) geistert durch die Partitur, die Straussens Nachfolge-Anspruch sogar explizit erhebt, wenn der aus München vertriebene Meister Reichhart (=Richard) beschworen wird: „Sein Wagen kam allzu gewagt Euch vor, da triebt Ihr den Wagner aus dem Tor – den bösen Feind, den triebt Ihr nit aus – der stellt sich Euch immer aufs Neue zum Strauss“. Die quasi-jungdeutsche Spitze war noch im wilhelminischen Berlin von 1902 spürbar, als auf Betreiben der Kaiserin das obszön empfundene Stück abgesetzt werden mußte.

zurückgeht[80], entsteht bereits der *Fliegende Holländer*. Während *Rienzi* noch als Einstand für die Pariser Große Oper in der Nachfolge Aubers entworfen ist, gestaltet Wagner nun die tragische Innenansicht dieser politisch motivierten Katastrophe.[81] Warum?

Die Vorzüge von Aubers Revolutionsoper *La Muette de Portici* hat Wagner insbesondere 1840[82] und 1871[83] gerühmt: Auber gehe „auf die Wurzel des eigentlichen Volksgeistes“[84] zurück, und Wagner versteht „die ‚Stumme‘ als einen *Exzeß* ihres Autors“ ebenso wie die Pariser Julirevolution 1830. Beide seien nicht mehr goutiert worden, als Wagner 1839 in Paris ankam; vielmehr habe sich der nationale französische Geschmack in einer Art von Selbstekel „der geschlechtslosen italienischen Opernmuse“ hingegeben. Diese Kritik ist offensichtlich politisch motiviert. Musik („in einem opiatischen Schönheitsrausche“) diene nicht mehr der Selbstvergewisserung des Volkes im Medium theatralischer Kunst, sondern werde zum opernhaften Selbstzweck eines großbürgerlich-adeligen Publikums, das sich in diesem Medium selbst genieße – so ließe sich die kritische These Wagners gegen die kulinarische und im Wesen undramatische Oper Rossinis und Meyerbeers nachformulieren. Während die eine den *belcanto* an sich schätzt, feiert die andere sich selbst im festlich-aufwendigen Tableau. Aber auch „Aubers ganzes Gepräge ist so entschieden *national*, daß es dem *dramatischen* Komponisten nicht selten zur Einseitigkeit wird“[85], da seine dramatische Melodie den abgeschlossenen rhythmischen Bau der Perioden bevorzugt. Aus diesem „Geleise konventioneller Rhythmen und Melismen“ sei erst Fromental Halévy in *La Juive* ausgewichen und habe „die freie, unbeschränkte, bloß in der Wahrheit des Ausdruckes bedingte Bahn des *schaffenden Dichters* eingeschlagen“.[86] Das ist angesichts von Wagners theoretischen Prämissen das höchste Lob, das er spenden kann, obwohl er nüchtern registriert, in welchem Ausmaß eine solche Opernproduktion für die Bühne zur industriellen Ware und zum Spekulationsobjekt degeneriert. Dieser Vorwurf gilt indes nicht Halévys unbestrittenem Rang als Komponist, sondern der Pariser Opernindustrie und ihrer kleinformatigen provinzdeutschen Adaption, wie sie der *Bericht über eine neue Pariser Oper* (1842) detailfreu-

---

80 Laube hat bereits 1833 und 1834 in seiner *Zeitung für die elegante Welt* den Earl Bulwer-Lytton als „Hauptsprecher der englischen Radikalen“ bzw. als „Ultraliberalen“ etikettiert (vgl. SB 1, 50).

81 Vgl. Wagners Brief an den Jugendfreund Theodor Apel vom 20. September 1840 (SB 1, 409f.).

82 *Über deutsches Musikwesen*: SSD 1, 185.

83 *Erinnerungen an Auber*: SSD 9, 48-51. – Das Revolutionspathos der *Hohen Braut* (*WWV* 40), eines von Wagner nicht ausgeführten Opernsujets von 1836, verdankt sich dem Anreger Heinrich Laube; vgl. auch Bermbach, *Der Wahn des Gesamtkunstwerks* 33-37. Im *Rienzi* erhält es sich als politisches Freiheitspathos gegen jegliche Art von Institution, die zuletzt in der Gestalt des zusammenstürzenden Kapitols den Protagonisten unter sich begräbt (vgl. nochmals Bermbach ebd., 37-54, bes. 41ff.

84 SSD 9, 51.

85 *Halévy und die Französische Oper* (1842): SSD 12, 137.

86 In Paris fertigt Wagner Arrangements zu Halévys *Le Guitarrero* (*WWV* 62D) und *La Reine de Chypre* (*WWV* 62E) an. Während seiner Dresdner Zeit als Hofkapellmeister steht *La Juive* auf dem Spielplan.

dig in seine Analysen einbezieht.[87] Indes verweist die Kritik am schematischen Periodenbau Aubers und das Lob Halévys bereits auf theoretische Einsichten, die erstmals im dritten Teil von *Oper und Drama* („Dichtkunst und Tonkunst im Drama der Zukunft“) systematisch ausgeführt werden. Daß sich Wagner solcher Einsichten schon jetzt bewußt ist, wenn er vom *Fliegenden Holländer* an immer entschiedeneren Gebrauch von ihnen macht, indiziert einen beachtlichen Lernschub der Pariser Jahre. Wenn Wagner am Ende seines Lebenswerkes die Pariser Zeit „die vergeudetste seines Lebens“ nennt, so trifft diese Wertung allenfalls die hochfliegenden Hoffnungen des Emigranten, einen unmittelbaren Erfolg unter der Protektion Meyerbeers zu erreichen. Die Pariser *mise en scène* hat er zu Recht immer hochgeschätzt und bereits in Dresden, ja sogar noch in der späten Bayreuther Zeit schmerzlich vermißt. Zudem hat ihm als Musikdirektor das „Einstudieren und Dirigieren jener leichtgelenkigen französischen Modeopern, das Pfiffige und Protzige ihrer Orchestereffekte [...] oft kindische Freude“ gemacht, wenn er „vom Dirigentenpult aus links und rechts das Zeug loslassen durfte“.[88] Eine gewisse „Kunst des Übergangs“ erscheint auch in der stilistischen Entwicklung der Werke, die sich, wie Sven Friedrich betont, durchaus nicht „in schroffer Antithese zu den bestehenden Formmodellen“, sondern in deren dramaturgisch stringenter Weiterentwicklung und Integration bewähren.[89]

1.3. Zwischen Goethes Faust und Beethovens neunter Sinfonie

Der äußere Erfolg bleibt in Paris aus. Das kompositorische Ergebnis, der vollendete *Rienzi*, *Der fliegende Holländer* und *Eine Faust-Ouvertüre* zeigt einen

[87] SSD 1, bes. 241-246, 254-257. – Vgl. auch seinen französischen Beitrag *La Reine de Chypre d'Halévy* (SSD 12, 406-413), der die musiksoziologischen und satirischen Aspekte vorsichtig abblendet.

[88] *Eine Mitteilung an meine Freunde* (1851): SSD 4, 256.

[89] *Tannhäuser und die ‚Grand Opéra‘* 71. – Das erklärt die eher konventionellen Lösungen vom *Holländer* bis zum *Lohengrin*, ohne daß sie, wie in der älteren Wagner-Literatur häufig geschehen, apologetisch verschleiert werden müßten. Umgekehrt lassen sich bewußte Rückgriffe auf dramaturgisch „überholte“ Formmodelle in den späten Werken als virtuose Versuche verstehen, solche Lösungen der Großen Oper nicht einfach zu adaptieren, sondern gleichsam aus dem Drama neu zu erfinden und so die „Wirkung“ der dramatischen „Ursache“ zurück zu erstatten. Die konventionellen „Effekte“ und Formen gerade der *Götterdämmerung*, die schon Shaw irritiert haben, gehen bruchlos aus dem Drama hervor. So kann ein solches Werk paradoxerweise von zwei Seiten betrachtet werden: als „Rückfall“ in die Große Oper oder als musikdramatische Neuerfindung ihrer elementaren Formen. Warum sollte das Musikdrama keine Arien, Duette, Terzette und Tableaus kennen? Wagner entwickelt diese Modelle aus dem Drama, und eben darin scheint er sich mit Verdis *parola scenica* im Ergebnis häufiger zu treffen, als manchem Altwagnerianer lieb gewesen sein dürfte. Analoges gilt im Blick auf Meyerbeer.

Entwicklungssprung, der nicht zufällig in einer vermehrten literarischen Produktion dokumentiert und reflektiert wird. Es ist keineswegs so, „daß ein Componist nur dann schriftstellert, wenn er mehr Geld braucht, als ihm seine Musik gerade einbringt".[90] Der Name Beethovens bestimmt die ausgeführten und unausgeführten Projekte: die Novellen *Eine Pilgerfahrt zu Beethoven, Ein Ende in Paris* und *Ein glücklicher Abend* (1841) sowie eine zweibändige Beethoven-Biographie in Zusammenarbeit mit einem Archivar der Kaiserlichen Bibliothek, dem Freund Gottfried Engelbert Anders.

> Bei Vermeidung von Auskramerei aller pedantischen Citationsgelehrsamkeit, soll unser Buch mehr einem großen Künstler-Romane, als einer trockenen Aufzählung von chronologisch geordneten Daten und Anekdoten gleichen; bei alledem aber wird nichts mitgetheilt werden, was nicht der gewissenhaftesten und peinlichsten historischen Kritik Stich zu halten im Stande sei. Zugleich aber, und in die historische Darstellung eingewebt, soll unser Buch eine ausführliche Besprechung und Bezeichnung der großen musikalischen Epoche enthalten, die durch Beethoven's Genie erschaffen wurde und aus seinen Werken sich auf alle neuere Musik ausbreitete.[91]

Ein „vollständiges Verzeichniß der Beethoven'schen Compositionen nach chronologischer Ordnung" sowie Faksimiles sollen dieses epochale Beethovenbild ergänzen – ein Projekt, dessen systematische Optionen in die *Beethoven*-Schrift von 1871 eingehen. In diesem Zusammenhang lesen sich die beiden ausgeführten und vielgelesenen Novellen als Vorstudien und Fingerübungen, die am Maßstab von Wagners Beethoven-Deutung den eigenen Standort als Opernkomponist prüfen. Der fiktive Beethoven der *Pilgerfahrt*-Novelle kennt „kein Theater in der Welt", für das er eine Oper schreiben möchte, und will auf den üblichen Formenkanon verzichten. Ein Publikum für „ein wahres musikalisches Drama", dessen Vorbild nur Shakespeare sein könne, gebe es nicht. In den menschlichen Stimmen repräsentieren sich die empfindenden Individuen, in den Instrumentalstimmen „die Urorgane der Schöpfung und der Natur" und die ihnen entsprechenden „Urgefühle". Beide Elemente, dialektisch einander entgegengestellt, finden erst so zu sich selbst, indem die menschliche Stimme „den Kampf der Urgefühle" schlichtet, ihrerseits aber, dadurch „unendlich erkräftigt und erweitert, fähig sein [wird], die frühere unbestimmte Ahnung des Höchsten, zum göttlichen Bewußtsein umgewandelt, klar in sich zu fühlen".[92]

Es ist durchaus möglich, aber in der Sache nicht einmal nötig, Wagners Ausdrücke gegen Schopenhauers Begriffe auszutauschen, wie er es später (zu seinem Nachteil und manchem Mißverstand) selbst getan hat: die menschliche Stimme als der seiner selbst bewußte Wille, die Instrumentalstimmen als un-

---

90 Wagners Antwort an den Stuttgarter Verleger August Lewald vom 4. März 1841, in der er Beiträge für dessen Wochenschrift *Europa* ankündigt (SB 1, 450).

91 An Theodor Winkler vom 7. Mai 1841: SB 1, 483.

92 *Eine Pilgerfahrt zu Beethoven*: SSD 1, 111. – Auch Isoldes „Mild und leise" taucht in den instrumentalen „Kampf der Urgefühle" ein, indem sie ihn deutet und bejaht. Die zitierte Passage aus der Beethoven-Novelle läßt sich mit wenig Phantasie als Kommentar dem *Tristan*-Schluß unterlegen.

mittelbare Objektivationen desselben Willens, beide insgesamt „Abbild des Willen selbst“ und insofern wesentlich-ideal, weil sie dessen Wesen und Idee darstellen. Die Musik wäre bis zu diesem Punkt ideelle Kunst und daher als „tönend bewegte Form“ schön, wie es Eduard Hanslick wenig später formuliert – wenn nicht das Wort zum Problem würde:

> Freilich stößt man bei dem Versuch zur Lösung dieser Aufgabe auf manchen Übelstand; um singen zu lassen, braucht man der Worte.[93]

Und um in der Oper singen zu lassen, braucht man die dramatische Dichtung, ließe sich ergänzen. Der Einwand des fiktiven Beethoven trifft, denn die menschliche Stimme ist für Wagner als Objektivation des Elementaren nicht nur eine unter dessen vielen Individuationen, sondern eben diejenige, die ihr nicht etwa in der Vokalise, sondern durch das Wort deutend, gestaltend und bewußt-affirmativ entgegentritt.[94] Entsprechend habe Beethoven – dies ist eine dogmatische Prämisse Wagners schon hier – in seiner letzten Symphonie Schillers Hymnus *An die Freude* einbezogen und „auf der Basis der Mozartschen Symphonien einen völlig neuen Kunstgenre erschaffen“, aber zugleich auch vollendet.[95] Die musikalische Wesensaussage verträgt sich nicht mit Tonmalerei; der Komponist brauche kein außermusikalisches Programm, wohl aber „die anregende Gewalt einer Empfindung, die in der Stunde der Konzeption sein ganzes Wesen überwältigt“.[96] Die autonome musikalische Aussage steht in Analogie zu dieser „Empfindung“ und kann daher nachträglich benannt, nämlich in ihrer „Idee“ bezeichnet und erfaßt werden, die als solche nicht außerhalb der Musik liegt, denn auch sie repräsentiert das Elementare auf ihre Weise in ihren „Objektivationen“ von instrumentalen und menschlichen Stimmen.

Werden diese Stimmen zum Selbstzweck, so entsteht das Virtuosentum, als industrielle Ware für ein zahlendes Publikum, mit all seinen ästhetisch fragwürdigen Exzessen. Wagner parodiert all das virtuos und bissig in seiner Glosse über das hohe B des Startenors Rubini und sein dankbares Publikum, dem Mozarts *Don Giovanni* nur als Mittel dient.

> Alle Dämonen waren entfesselt, und zwar nicht, wie am Schlusse der Oper auf der Bühne, sondern im Publikum. Das Rätsel war gelöst: um dieses Kunststück zu hören, hatte man sich versammelt, ertrug zwei Stunden über die vollständige Absenz aller gewohnten Operndelikatessen [...] und fühlte sich nun selig belohnt [...].
> Rubini hatte sich glücklicherweise auf sein hohes B geschwungen: da blickte er schmunzelnd herab, und sah dem Teufel gemütlich zu. ich dachte mir: Gott! wenn er nun den holte! -
> Verruchter Gedanke! Das ganze Publikum wäre ihm in die Hölle nachgestürzt. – (Fortsetzung im Jenseits!)[97]

---

93 *Eine Pilgerfahrt zu Beethoven*: SSD 1, 111.

94 Ein Beispiel: Auf die elementare und konfliktträchtige Exposition der Motive im Vorspiel zum ersten Aufzug der *Walküre* folgt die *vox humana*, Siegmunds Stimme unbegleitet.

95 *Ein glücklicher Abend*: SSD 1, 145.

96 *Ein glücklicher Abend*: SSD 1, 147.

97 *Der Virtuos und der Künstler* (1840): SSD 1, 179/180.

Von dieser Folie, die Wagners glänzendes Feuilleton ausbreitet, hebt sich das verwirklichte Ziel seiner theoretischen und praktischen Musikästhetik in der *Faust-Ouvertüre* (*WWV* 59) und im *Holländer* (*WWV* 63) um so schwärzer ab. Wagner stilisiert für die als erster Satz einer *Faust-Symphonie* geplante Ouvertüre ein Pariser Konzerterlebnis von Beethovens 9. Sinfonie, geleitet von Francois Habeneck, während er tatsächlich eine Aufführung von Berlioz' dramatischer Sinfonie *Roméo et Juliette* gehört hat. Mit den kompositorischen Mitteln und der dramaturgischen Konzeption des französischen Vorbildes stimmt überein, daß auch Wagners Ouvertüre ursprünglich als dramatische Sinfonie angelegt ist und ein hochliterarisches Sujet aufgreift. Damit tritt Wagner als Sinfoniker ebenso in Konkurrenz zu Berlioz, wie er als musikalischer Dramatiker die Große Oper mit ihren eigenen Mitteln revolutionieren will.[98] Da aber Wagner auch der letzten Beethoven-Sinfonie ein dramatisches Programm aus dem *Faust* zu besserem Verständnis unterlegt, kann seine literarische Deutung umgekehrt auch das eigene Werk und dessen Ästhetik aufschließen. Auch hier behauptet Wagner keinen unmittelbar programmatischen Bezug von Text und Musik, sondern eine hermeneutisch dienliche Analogie der „Stimmungen".

> Das große Hauptthema, das gleich anfangs wie aus einem unheimlich bergenden Schleier nackt und mächtig heraustritt, könnte dem Sinne der ganzen Tondichtung [!] nicht durchaus unangemessen vielleicht übersetzt werden durch *Goethes* Worte: ‚*Entbehren* sollst du! Sollst *entbehren*!'
> [...]
> Am Schlusse des Satzes scheint diese düstere, freudlose Stimmung zu riesenhafter Größe anwachsend, das All zu umspannen, um in furchtbar erhabener Majestät Besitz von dieser Welt nehmen zu wollen, die Gott – zur *Freude* schuf.[99]

Erst die überarbeitete Fassung des Sinfonie-Fragmentes für eine Aufführung im Palais des Großen Gartens in Dresden 1844 ist mit *Ouverture* überschrieben. Damit steht das Werk zwischen dem frühen Klavierauszug von Beethovens 9. Sinfonie (1831: *WWV* 9), der Pariser sinfonischen Konzeption unter Anregung von Berlioz (1840), der vorläufigen Aufführungsfassung von 1844 und der Dresdner Beethoven-Aufführung von 1846. Die Geschichte dieses sinfonischen *Faust*-Projektes ist zugleich die seiner Rücknahme: Ursprünglich als „dramatische Sinfonie" konzipiert, wird diese sinfonische Intention nun auf die dramatische Funktion zurückgeführt. Es heißt nun konsequent „Ouverture" und gibt eine uneingelöste Verheißung auf das musikalische Drama, das ihr eigentlich folgen müßte.[100] Neben das programmatische Schlüsselwort

---

98 Vgl. Voss, *Richard Wagner und die Instrumentalmusik* 70-78; *Wagner-Werk-Verzeichnis* 109ff.

99 *Bericht über die Aufführung der neunten Symphonie von Beethoven* [...] *nebst Programm dazu* (1846): SSD 2, 57/58.

100 Mit der Übersendung an Liszt im Januar 1849 und dessen Weimarer Aufführung der Partitur hat Wagner dieses Dokument seines Anspruchs, Beethoven unmittelbar sinfonisch zu folgen, buchstäblich aus der Hand gegeben – nicht ohne es 1855 nochmals zu überarbeiten. So schreibt er am 9. November an Liszt: „Will ich nun – aus einem letzten rest von schwäche und eitelkeit – die Faustkomposition nicht ganz umkommen lassen, so habe ich allerdings etwas zu überarbeiten – aber doch nur die instrumentative modulation" (SB 5, 96).

für den Kopfsatz der Beethoven-Sinfonie („*Entbehren*...") tritt 1855 – nun übrigens in Konkurrenz zur *Faust-Sinfonie* Franz Liszts – das charakteristische *Studierzimmer*-Wort Fausts: „„[...] Und so ist mir das Dasein eine Last, / der Tod erwünscht, das Leben mir verhasst"".[101]

Tod und Vernichtung als Erlösung? Den „einsamen Faust" dieser Ouverture ohne Drama überblendet Wagner unmerklich in den *Fliegenden Holländer* und gibt ihn so als unmittelbar produktive Aneignung des *Faust* zu erkennen.

> Damals wollte ich eine ganze Faustsymphonie schreiben: der erste theil (der fertige) war eben der ‚einsame Faust' [...]. [...] Erst der zweite Satz sollte nun Gretchen – das Weib – vorführen: schon hatte ich das thema für sie – – es war aber eben ein thema – – : das Ganze blieb liegen – ich schrieb meinen ‚fliegenden Holländer' [...].[102]

Gegenüber seinem Dresdner Freund und erstem musikästhetischen Agitator Theodor Uhlig wird er deutlicher. Liszts Anregung, die Ouverture im gattungstechnischen Sinn zu vervollständigen, nämlich ihr ein dialektisches Gretchen-Thema nachzutragen und sie damit als eine wirkliche Einleitung zu *Faust* I auszuführen, führt zur Einsicht in die musikästhetischen Ansprüche, die er kompositorisch bereits einzulösen begonnen hat:

> Schon hatte ich thema und Stimmung dazu: – da – gab ich das Ganze auf und machte mich – meiner Natur getreu – an den „fliegenden Holländer", womit ich mich aus allem Instrumental=Musik=Nebel zur bestimmtheit des Drama's erlös'te.[103]

„Bestimmtheit" und „Erlösung": das bedeutet Aufhebung einer „absoluten" Idee in das Konkrete der dramatischen Gestalt, die jetzt auch die Ouvertüre miterfaßt. Zwar zeigt sie im Themenschnitt noch die vertraute dialektische Anlage, wenn das lyrische Gegenthema (gewissermaßen als „Gretchen-Thema") schlicht in der Dur-Paralle F erscheint; umgekehrt steht die Senta-Ballade, als weibliches Gegenstück zur d-moll-Ouvertüre, in der Dominante a-moll[104] und bringt mit dem Holländer-Thema deren unerlöste „Instrumental=Musik=Nebel"-Geschichte zum dramatischen Sprechen.[105] Überhaupt tritt, gerade im

[101] Aber: „Auf keinen Fall geb' ich sie heraus." (an Franz Liszt vom 19. Januar 1855: SB 6, 329).

[102] An Franz Liszt vom 19. Januar 1855: SB 6, 329.

[103] Auch hier schließt sich ein bezeichnender Satz an, der Wagners schweren Abschied von der sinfonischen Gattung andeutet: „Dennoch bleibt mir meine Komposition nicht uninteressant" (27. November 1852: SB 5, 122). Möglicherweise trifft das auch für Anton Bruckner zu, der den dritten Satz seiner neunten Sinfonie mit einem Thema eröffnet, das mit dem Hauptthema der *Faust-Ouvertüre* (genetisch?) verwandt ist; vgl. das Vorwort von Ernst Praetorius zur Partitur der Ouvertüre: VII).

[104] So sieht es Wagners Autograph vor (1960 erstmals von Wolfgang Sawallisch wieder realisiert). Erst für die Uraufführung wurde zugunsten Wilhelmine Schröder-Devrients nach g-moll transponiert.

[105] Weder die Ballade noch die Ouvertüre sind, entgegen späterer Behauptung Wagners, nachweislich der Kern der *Holländer*-Genese, die sich wie eine auch sonst übliche Opernkomposition nummernweise vollzog (vgl. *Wagner-Werk-Verzeichnis* 237ff. u. 239ff.) Sie stehen aber in exponierter Stellung innerhalb der Oper und auch zueinander in der Verknüpfung nicht der „leitenden", wohl aber die szenische Entwicklung prägenden Motive. Vgl. Borchmeyer, *Das Theater Richard Wagners* 177-183.

Blick auf den Eröffnungsgestus, mehr die *Holländer*-Ouvertüre als das *Faust*-Fragment das Erbe von Beethovens 9. Sinfonie an. Die leeren Streicherquinten der Haupttonart d-moll wiederholen sich auch im Bläserthema, ohne daß die Tonika in diesem ersten Abschnitt auch nur ein einziges Mal erklingt. Der „Instrumentalnebel" artikuliert das Gespensterhafte des Holländers, zugleich den Verweis auf die „mystische" Eröffnung im Kopfsatz der Neunten.[106]

> Schon das Einstimmen der Instrumente setzte mich in mystische Aufregung: ich entsinne mich, daß namentlich das Anstreichen der Quinten auf der Violine mir wie eine Begrüßung aus der Geisterwelt dünkte – was beiläufig erwähnt bei mir seinen ganz buchstäblichen Sinn hatte.[107]

Persönliche Obsession und künstlerische Anknüpfung an Beethoven fallen hier in eins.

Der erste Auftritt des Holländers steht nicht in musikalisch-motivischem Bezug zur Ouvertüre oder Ballade. Die Titel-Figur ist durchaus Faust, aus seinem Studierzimmer in einen apokalyptischen Elementaraufruhr versetzt. „Die Frist ist um, ... und abermals verstrichen / sind sieben Jahr..." – das Element wirft ihn unvermittelt aus („voll Überdruß"), in dem er den erlösenden Tod nicht finden kann.[108] Er sucht „Heil", nicht Heimat. Aber er sucht es weniger, wie Wagner in späterer eigener Deutung meint, in „dem Verlangen nach einem Neuen, Unbekannten, noch nicht sichtbar Vorhandenen, aber im voraus Empfundenen", als vielmehr in einer Sehnsucht nach dem Ende. Nicht nur der Odysseus- bzw. Ahasver-Mythos[109] oder Kolumbus als Leitfigur dessen, der nach neuen Küsten sucht[110], sondern auch Gedanken und Aussagen biblischer Apokalyptik spielen hinein: „der Verdammnis Schreckgebot" entspricht präzise dem, was das siebente Siegel der Johannes-Apokalypse entfesselt. „Und in jenen Tagen werden die Menschen den Tod suchen und nicht finden, sie werden begehren zu sterben, und der Tod wird vor ihnen fliehen" (Offb 9,6). Und weiter: „Und das Meer gab die Toten heraus, die darin waren, und der Tod und sein Reich gaben die Toten heraus, die darin waren" (Offb 20, 13). Gemäß diesem Interpretament steht der Holländer zwischen dem drohenden „zweiten Tod" der Apokalypse („der feurige Pfuhl": Offb 20,14) und dem in

---

106 Das Bild des Schiffers kehrt im *Kunstwerk der Zukunft* wieder. Wagner bezieht es auf den „Hellenen", der als Küstenfahrer das Gegenständlich-Konkrete nicht aus dem Blick verliert, während der „Christ" „auf dem Ozeane zwischen Meer und Himmel grenzenlos allein" ist und, ohne den Kompaß des Glaubens, verzweifelt nach neuen Küsten sucht, um auch den Ozean „zum Binnenmeere" zu machen. Kolumbus als Entdecker, dem ja eine frühe Ouvertüre Wagners gilt, ist die neue Metapher in Person, und Beethoven als Musiker schließlich der Held, „der das weite uferlose Meer der absoluten Musik bis an seine Grenzen durchschiffte" (SSD 3, 84/85). Insofern kann der Holländer rückwirkend sogar zur Metapher für Beethoven erklärt werden.

107 *Mein Leben* 36.

108 Insofern ist die lakonische Auskunft des Holländers an Daland zugleich indirekter Ausdruck des Verdammungsspruches, unter dem er lebt: „Mein Schiff ist fest ... es leidet keinen Schaden" (*Holländer* 187).

109 Vgl. *Eine Mitteilung an meine Freunde* (1851): SSD 4, 265.

110 An Wagners Schauspielmusik zu Theodor Apels historischem Drama *Columbus* (1835: *WWV* 37) sei erinnert.

die Erlösung „aufgehobenen“ Tod („der Tod wird nicht mehr sein“: Offb 20,4). In diesem Niemandsland zwischen zwei Vernichtungen stellt der Holländer die Ijob-Frage:

> Dich frage ich, gepries'ner Engel Gottes,
> der meines Heils Bedingung mir gewann!
> War ich Unsel'ger Spielwerk deines Spottes,
> als die Erlösung du mir zeigtest an?[111]

Der Monolog liest sich wie eine Paraphrase von Ijobs Klage („– die auf den Tod warten, und er kommt nicht“: Ijob 3,21).[112] Nicht zufällig reimt sich auch hier, wie später wieder im problematischen *Tannhäuser*-Schluß, „Gott“ auf „Spott“, worin Wagner ausdrücklich „nicht den Zwangreim, sondern das bezeichnendste poetische Wort für die Entstellung des göttlichen Erbarmen's von Seiten eines hartherzigen Priesterthumes“[113] sieht. Der apokalyptische Unerlöste stellt allerdings den religiösen Kontext bestenfalls rhetorisch her; die Allusionen werden nicht zum Zitat, auch wenn er den „Tag des Gerichtes! Jüngster Tag!“ herbeiruft. Die gesteigerte romantische Sehnsucht gilt dem „Vernichtungs-Schlag“, nicht der Vergebung, und setzt sich einer allversöhnenden Erlösung ausdrücklich entgegen.[114] Der Abgang des Holländers erscheint als ausdrücklicher Verzicht auf sein „Heil, in Ewigkeit“ – auch hier will er, zwischen Ijob und dem Wotan der *Walküre* stehend, das Ende. Als ein anderer Faust hinterläßt er sein Gretchen im Kerker der Spinnstube und der Dalandschen Konventionen, nach denen sie als Ware verhandelt werden soll. Die Treueerklärung der nachstürzenden Senta bleibt dramaturgisch offen für eine Deutung, die lediglich in der Regieanweisung gegeben ist.[115] Erst der neu-

---

[111] *Holländer* 185.

[112] Als Frage gilt sie dem „Engel Gottes“ und stellt damit ebenfalls den apokalyptischen Bezug her (vgl. den siebten Engel in Offb 11,15). Wer will, mag auch den zur stockenden Dissonanzballung führenden Einsatz der Posaunen in der *Holländer*-Ouvertüre (ab Takt 9) diesem Kontext zurechnen.

[113] So betont er gegenüber den kritischen Anmerkungen Karl Gaillards zum *Tannhäuser* brieflich am 5. Juni 1845 (SB 2, 435). – Im *Holländer*-Schluß taucht der Reim bereits exponiert auf: „Ich zweifl' an dir! Ich zweif'l an Gott! / Dahin! Dahin ist alle Treue! / Was du gelobtest, war dir Spott! / Dahin! Dahin! Ewig dahin!“ (*Holländer* 207).

[114] Die zweite Hälfte des mit *feroce* überschriebenen Teils, der hier im Monolog nach dem „Rezitativ“ die Funktion der „Arie“ übernimmt: „Wann alle Toten auferstehn, / dann werde ich in Nichts vergehn! Ihr Welten, endet euren Lauf! / Ew'ge Vernichtung, nimm mich auf!“ (*Holländer* 185).

[115] „[...] *Der Holländer und Senta, beide in verklärter Gestalt, entsteigen dem Meere; er hält sie umschlungen.*“ (*Holländer* 208). – Wagners eigene Deutungen gehen sämtlich auf Erlösung. „Ein Herz erschloß seine unendlichste Tiefe dem ungeheuren Leiden des Verdammten; es muß sich ihm opfern, vor Mitgefühl brechen, um mit seinem Leiden sich zu vernichten [!]. Vor dieser göttlichen Erscheinung bricht der Unselige zusammen, wie sein Schiff in Trümmer zerschellt; der Meeresgrund verschlingt dies: doch den Fluten entsteigt er, heilig und hehr, von der siegprangenden Erlöserin [!] an rettender Hand der Morgenröte erhabenster Liebe zugeleitet“ (programmatische Erklärung der *Ouvertüre zum „fliegenden Holländer“:* SSD 5, 177). Doch dazu will die in die Haupthandlung eingeschachtelte Tragödie Sentas nicht ganz passen, die von ihrem Vater Daland als Handelsware an den Holländer verkauft wird und den tragischen Konflikt, sich Erik verlobt und dem Holländer versprochen zum haben, durch Selbsttö-

gefaßte tristaneske Schluß geht von der Ouvertüre aus (1860) und trägt diese Deutung in die Partitur ein.[116] Aus der Sicht des späten Wagner ist er der Welt nicht nur den *Tannhäuser*, sondern auch den *Holländer* schuldig geblieben. Es bleibt beim „Faust in der Einsamkeit"[117]. Erlösung entzieht sich und besteht nur als utopische Verheißung. Ihr negativer Abdruck heißt bis auf weiteres „Vernichtung". Bis heute nimmt sich der *Fliegende Holländer* auf der Opernbühne dunkel und fremd aus, anders jedenfalls als die strahlende Verklärung aller Vernichtung im *Tristan* und im *Ring*. Aber auch und gerade dies ist eine angemessene Antwort auf die Frage der Theodizee. Im Buch Ijob hingegen unterläuft die Epiphanie Jahwes das aufgeworfene Problem und hebt es in der umfassenden Selbstoffenbarung Gottes auf. Eine solche letzte Auskunft ist keine Sache des Theaters, auch wenn der im Urdrama Wagners exponierte Konflikt nur durch die vielberufene „Erlösung" ausgetragen und befriedet werden kann.[118]

tung entzieht. Darin wäre das Werk klüger und unerbittlicher als sein erlösungssüchtiger Autor und Deuter. Der moderne Regieansatz Harry Kupfers, die Beziehung Sentas zum Holländer als deren Traumprojektion zu entwickeln und mit ihrem selbstgewählten Tod zu beenden, hat mehr Konsequenz als Wagners eigene Deutung – die nicht seine ursprüngliche Intention wiedergeben muß, sondern durchaus eine spätere, harmonisierende Zurücknahme dessen sein kann, was in der Auftrittsszene des Holländers viel drastischer exponiert wird. Daran schließt sich die oben entwickelte Deutung an, nicht an die spätere Retusche der Finaltakte und deren Analogon in der Ouvertüre.

116 Ob eine noch spät angestrebte Umarbeitung des *Holländers* auch diese Schlußfassung insgesamt plausibler machen sollte, bleibt offen (vgl. eine Notiz Cosima Wagners vom 9. April 1880: CT II, 519).

117 Brief an Theodor Uhlig vom 27. November 1852: SB 5, 122.

118 Eine mögliche Auskunft wäre das Zitat geschehener Erlösung innerhalb des Dramas, wie es im *Parsifal* anklingt. Auch hier ist Goethes *Faust* das Leitbild, wie sich zeigen wird; vgl. Hofmann, *Goethes Theologie* 372-374, 429.

Während Lohengrin immer ferner gesehen wird, sinkt langsam der Vorhang.[119]

2. *Lohengrin* oder Das Ende aller Offenbarung

Paris und seine *Grand Opéra* bringen Wagner ebenso Selbstklärung wie seine zunächst noch in den Gattungen von Essay, Feuilleton und Novelle tastenden Schriften. Dabei erscheint ihm der Operntypus, den Giacomo Meyerbeer repräsentiert, zunächst als Höhe- und Endpunkt möglicher Entwicklung.

> Zu welcher Höhe die Franzosen diese Periode führten, haben wir schon berührt, und es bleibt nur noch übrig, vollkommen inne zu werden, daß sie durch Meyerbeer auf ihren höchsten Punkt und bis zu universeller Bedeutung angelangt betrachtet werden müßte.[120]

Erst die zweite Fassung dieses Passus zeigt, wie wenig sich Wagner noch in Paris seiner Einschätzung Meyerbeers sicher ist und wie schwer es ihm fällt, sich positiv von ihm abzugrenzen.[121] Denn wie Beethoven in Wagners Sicht die Gattung der Sinfonie erfüllt und abgeschlossen hat, so bedeutet auch Meyerbeer den Kulminationspunkt der Oper – mit der vagen, aber verheißungsvollen Einschränkung,

> daß die Zeit in ihrer rastlosen Schöpfungskraft eine neue Richtung hervorbringen muß, in der dasselbe wieder zu leisten sein würde, was jene Heroen [Händel, Gluck, Mozart, Beethoven] geleistet haben.[122]

Was hier zu leisten wäre, vermag Wagner noch nicht als ästhetischen Anspruch zu formulieren. Im *Holländer* legt er statt dessen ein Werkmuster vor, dem er in Dresden den *Tannhäuser* an die Seite stellen wird.

---

119 Wagners Regieanweisung für den Schluß des *Lohengrin* 310.

120 <*Über Meyerbeers „Hugenotten“*>: SSD 12, 29, Anm. (der Titel ist nicht original, sondern Zutat des Herausgebers Richard Sternfeld, der den Aufsatz auch aus der Pariser Zeit zurück auf 1837 datieren will, um das Lob Meyerbeers zu entschärfen).

121 Später hat er diese problematische Abgrenzung in ausschließliche Polemik umgewandelt, die seine Unsicherheit indirekt eher betont.

122 <*Über Meyerbeers „Hugenotten“*>: SSD 12, 30.

2.1. Das Prinzip Erlösungshoffnung

Theoretische Lektüren und Studien in der Hauptstadt der Revolution sind nicht dokumentiert, und so hat es einigen metaphorischen Wert zu erfahren, daß eine seiner dortigen Wohnungen kurze Zeit nach ihm von Pierre Joseph Proudhon belegt wurde. Dessen 1840 erschienene Schrift *Was ist Eigentum?* hat er wahrscheinlich erst nach dem Dresdner Aufstand während des zweiten Aufenthalts in Paris gelesen.[123] Heinrich Heine nimmt er als feuilletonistisches Vorbild. Aus dem *Buch der Lieder* vertont er französisch *Les Deux grenadiers* und bezieht dabei wie Schumann die *Marseillaise* dekorativ ein; die *Memoiren des Herren von Schnabelewopski* (1834) befreunden ihn mit dem *Holländer*-Stoff; *Der Tannhäuser* (1836) regt ein neues Opernsujet an; doch die philosophischen und politischen Schriften Heines hinterlassen, falls er sie in seiner Leipziger Studienzeit oder in Paris gelesen hat, keine wahrnehmbaren Spuren. Mehr als von Wagners „Ärger, wiederum stark Gratis-Korrespondenz für die ‚Abendzeitung' schreiben zu müssen", da der *Rienzi* der Dresdener Intendanz zur Annahme vorliegt, ist vom Ende der Pariser Lehrjahre kaum zu berichten.

Friedrich von Raumers *Geschichte der Hohenstaufen und ihrer Zeit*[124] regt Wagner zu einem Manfred-Drama an, dessen Protagonistin Fatima, die unerkannte Schwester Manfreds, mit dem Titel *Die Sarazenin* (*WWV* 66) benannt ist. Aber hier herrscht große tragische Oper, wenn Manfred die eigene Schwester und Prophetin tötet – Wagner hat sich zu seinem Vorteil die Komposition des fertigen Librettos erspart. *Die Bergwerke von Falun* (*WWV* 67) nach der Erzählung E. T. A. Hoffmanns werden August Röckel, dem Dresdner Musikdirektor und Freund, später zur Komposition überlassen.[125] Bei aller Sorgfalt der Ausarbeitung scheinen die Sujets allzusehr *Grand Opéra* zu sein, ohne die Konstellation des Urdramas zu wiederholen und damit die Inspiration freizusetzen, deren Wagner grundsätzlich und zudem angesichts der gewachsenen ästhetischen Forderungen an sich selbst bedarf. Diese Bedingungen scheint erst der *Tannhäuser*-Stoff zu erfüllen, nachdem sich seine dramatische Struktur klärt; Ludwig Tiecks Erzählung im *Phantasus* ist ihm dabei ebenso geläufig wie Hoffmanns Erzählung vom *Sängerkrieg auf der Wartburg* in den *Serapions-Brüdern*. Die Verknüpfung beider Sujets erzeugt die dramatische Konstellation eines romantischen *Faust*-Stoffes. Die Rückkehr nach Thüringen und die Begegnung mit der Wartburg scheinen die dramatische Bestimmtheit zu herzustellen, die eine „Verdichtung" möglich macht.[126] Den Einwand,

---

123 Vgl. *Mein Leben* 433. – Die Dresdener Bibliothek enthält keinerlei politische Literatur. Vgl. insgesamt Kreckel, *Richard Wagner und die französischen Frühsozialisten*.

124 Der Bestand von Wagners Dresdener Bibliothek weist drei von insgesamt sechs Bänden aus (Nr. 112 in Westernhagen, *Richard Wagners Dresdener Bibliothek 1842-1849*, 101).

125 Vgl. *Wagner-Werk-Verzeichnis* 248.

126 Bei aller Stilisierung klingt die autobiographische Auskunft glaubhaft: „Der Anblick des Bergschlosses [...] regte mich ungemein warm an. Einen seitab von ihr [der Wartburg] gelegenen ferneren Bergrücken stempelte ich sogleich zum ‚Hörselberg' und konstruierte mir so, in dem Tal dahinfahrend, die Szene zum dritten Akte meines ‚*Tannhäuser*', wie ich sie seitdem als Bild

daß er dabei „von einer künstlerisch formellen Absicht aus auf die Konstruktion von ‚romantischen‘ Opern ausging“, sucht er aus der Genese des *Holländer*, des *Tannhäuser* und des *Lohengrin* zu widerlegen. Nicht die Erfordernisse einer Gattungskonvention, sondern die dramatische Konstellation und ihre angemessene Ausführung bestimmen die Gestalt der Werke, die zwar in ihren Mitteln an die *Grand Opéra* anknüpfen, aber in ihren Zwecken auf neues Gebiet führen. Das „*Volksgedicht*“, als Sage noch vor dem Mythos bedeutsam, bildet den Fundus der Stoffe für diesen national-romantischen Ansatz. Das historische Vorbild ist dabei Carl Maria von Weber, dessen Erbe Wagner ausdrücklich beansprucht.[127] Wichtiger noch wäre der *Freischütz* als populäre Opernversion des *Faust*-Stoffes, denn er entfaltet eben dieselbe dramatische Konstellation, die auch Wagner immer verfolgt. Dabei habe er keine „Reflexion [...] aus der Kombination vorhandener Erscheinungen als Beispiele [...] gewinnen“ können, sondern ein neues „Verfahren“ entwickeln und selbst als Dichter und Komponist seiner dramatischen Sujets auftreten müssen. Diese „tief empfundene, nicht aber mit dem praktischen Verstande gewußte, zwingende Notwendigkeit“ habe seine drei „romantischen“ Opern hervorgetrieben. Er beruft sich auf das positiv verstandene Stigma des Dilettanten, wenn er die prinzipielle Unzufriedenheit mit ästhetischen Vorgaben, den “Zufall, nicht *erzogen* zu werden“, poetisch als Geburtsgabe der „Norn“ deutet:

> Vor der Abwehr eines Vaters, der an meiner Wiege starb, sicher, schlüpfte vielleicht die so oft verjagte Norn an meine Wiege und verlieh mir ihre Gabe, die mich Zuchtlosen nie verließ, und, in voller Anarchie, das Leben, die Kunst, und mich selbst zu meinem einzigen Erzieher machte.–[128]

Der anarchische Gestus, mit dem sich der Anti-Mime Wagner schon hier zum Siegfried seines späteren *Nibelungen*-Projektes stilisiert[129], hält sich durch bis in die Aufführungszyklen der späten Bayreuther Zeit. Auch hier verdanke sich „die erstaunlich sichere Ausführung aller szenischen, musikalischen wie dramatischen Vorgänge“ gerade der „Anarchie [...], indem ein jeder täte, was er *wolle*, nämlich das Richtige“ aus dem Verständnis des Ganzen.[130] Die Barrikaden stehen also noch im Gralstempel. Der arrivierte Meister bleibt Anarchist und stiftet an zur Anarchie.

---

in mir festhielt und später dem Dekorationsmaler *Despléchin* mit genauer Angabe meines Planes zur Ausführung anwies“ (*Mein Leben* 231). Die Szenerien des ersten und dritten Aktes visualisieren das Drama ebenso, wie es die abgestuften Raumwirkungen der Musik tun. Ohne Bezug auf das fertige innere Bild haben bestimmte szenisch-musikalische Abläufe des *Tannhäuser* wenig Sinn (z. B. die Erfurter Domglocken und die Jagdhornsignale im ersten Akt, die Entfernung Elisabeths und ihr Leichenzug im dritten Akt).

127 Vgl. *Mein Leben* 259/260; auch bezüglich der richtigen, d. h. authentischen Tempi tritt Wagner als Nachfolger Webers, legitimiert durch seine Witwe, auf (264). Die Überführung seiner Asche von London nach Dresden auf Wagners Initiative im Dezember 1844 dient, zusammen mit der musikalischen Feier dieses Aktes – *An Webers Grabe* (*WWV* 72) und der *Trauermusik* (*WWV* 73) – , als Legitimation.

128 *Eine Mitteilung an meine Freunde*: SSD 4, 251.

129 Vgl. die zahlreichen Bezüge zu Siegfried, der konsequent als Dilettant und Anarchist in eigener Sache auftritt (vor allem *Siegfried*, erster Aufzug).

130 *Das Bühnenweihfestspiel in Bayreuth 1882*: SSD 10, 297/298.

Aber auch der heimatlose Künstler als Anarchist sucht, wie der *Fliegende Holländer*, den Hafen und die Erlösung durch „das Weib der Zukunft".[131] Nur Senta kann dem Holländer die Heimat geben, die er selbst nicht findet und *eo ipso* durch seine Existenz ausschließt. Vernichtung kann aber die Gestalt der „Aufhebung" gewinnen, zu der eine „heilige Elisabeth" (heilig, weil zum „Heil" als Ganzsein leitend) den Tannhäuser führt. Nicht zufällig kommt die künstlerische Heimatsuche des Heimkehrers Wagner mit seiner dramatische Utopie hier überein und besiegelt den Tannhäuser-Stoff durch die Gestalt der Elisabeth, wie er sie erfindet. Sie ist das erlösende Weib, „das weibliche Element überhaupt" in bewußter Analogie zum „Ewig-Weiblichen" des *Faust*-Schlusses, und nur von ihr her zeigt sich das erlösende „*Finis*" des Welttheaters – von Isolde als „Assunta" Tizians[132] über die neue Eva der *Meistersinger*, die „Parnaß und Paradies" aussöhnt, bis zum erlösenden Selbstopfer der menschgewordenen Göttin Brünnhilde:

> und dies Element gewann hier den Ausdruck der Heimat, d. h. des Umschlossenseins von einem innig vertrauten Allgemeinen, aber einem Allgemeinen, das ich noch nicht kannte, sondern eben nur ersehnte, nach der Verwirklichung des Begriffes ‚Heimat'.[133]

Das Prinzip Erlösungshoffnung erfüllt sich mit dem Geist der Utopie. „*Die wirkliche Genesis ist nicht am Anfang, sondern am Ende*, und sie beginnt erst anzufangen, wenn Gesellschaft und Dasein radikal werden, das heißt sich an der Wurzel fassen. Die Wurzel der Geschichte aber ist der arbeitende, schaffende, die Gegebenheiten umbildende und überholende Mensch. Hat er sich erfaßt und das Seine ohne Entäußerung und Entfremdung in realer Demokratie begründet, so entsteht in der Welt etwas, das allen in die Kindheit scheint und worin noch niemand war: Heimat".[134] Diese berühmte Schlußwendung Ernst Blochs ist in Sache und Stil durchaus „wagnerisch", nicht aber in der utopischen Pointe. Denn Wagners Radikalität zeigt den „Helden", der sich eben nicht an der Wurzel fassen kann, sondern an seiner Radikalität unbedingt scheitern muß. Daher heißt die Heimat seiner Utopie „Erlösung" und ist seine Geschichte nicht „Vorgeschichte" mit ihrer immanenten „Tendenz-Latenz" der Welt (E. Bloch) – es sei denn zu etwas, was über diese Geschichte von anderswo her einbricht. Das macht seine utopischen Schlüsse so hoffnungslos-verzweifelt in der Sache, so strahlend-überscheinend jedoch in der Musik, ohne daß diese Spannung vor dem *Parsifal* eine Auflösung findet.

---

131 Vgl. den entsprechenden Passus der *Mitteilung* (SSD 4, 265/266). „Wagner verknüpft in dieser kühnen mythologischen Synopse Altertum (Sehnsucht nach der Heimat [Odysseus]), Mittelalter (Sehnsucht nach dem Tode [Ahasver]) und Neuzeit (Sehnsucht nach dem Neuen [Kolumbus]) zu einem utopischen Mythos" (Borchmeyer, *Das Theater Richard Wagners* 184) – dies allerdings erneut als heimatloser Künstler in der Rückschau etwa ein Jahrzehnt später.

132 Vgl. Borchmeyer, *Das Theater Richard Wagners* 282-287.

133 *Eine Mitteilung an meine Freunde*: SSD 4, 268.

134 Bloch, *Das Prinzip Hoffnung* 1628.

2.2. Tannhäuser: Das „Heil“ zwischen Welt und Schein-Welt

Die *terra utopica* des *Tannhäuser* ist, anders als noch im *Holländer*, die wirkliche Erde, die ihm aber weder als Venus-Jünger noch als Pilger wirklich zugänglich ist. Tannhäuser tritt auf als ein gestrandeter Odysseus im Reich der Sirenen, der Kirke oder auch Kalypso.[135] Aus dem Bacchanal des *Tannhäuser*-Beginns, einer Art romantischer unterirdischer Walpurgisnacht, löst sich als erstes heimat-verheißendes, doch trügendes Wort der Gesang: „Naht euch dem Strande!“ Letzte Sehnsucht soll vorläufig gestillt werden und bleibt doch stärker, denn es „reut“ den gestrandeten Protagonisten, „ein Gott zu sein“.[136] Seine Hymnen auf Venus und ihr *paradis artificiel* schlagen im Höhepunkt um – erneute Sehnsucht bricht auf. So wie sich Parsifal im Zaubergarten Klingsors der Wunde des Amfortas erinnert, so erinnert sich Tannhäuser der eigenen Leiden und der wirklichen Welt.

> Nach Freude, ach! nach herrlichem Genießen
> verlangt mein Herz, es dürstete mein Sinn:
> da, was nur Göttern einstens du erwiesen,
> gab deine Gunst mir Sterblichen dahin.-
> Doch sterblich, ach! bin ich geblieben,
> und übergroß ist mir dein Lieben;
> wenn stets ein Gott genießen kann,
> bin ich dem Wechsel untertan;
> nicht Lust allein liegt mir am Herzen,
> aus Freuden sehn ich mich nach Schmerzen!
> Aus deinem Reiche muß ich fliehn, –
> oh, Königin! Göttin, laß mich ziehn![137]

So wird nun die wirkliche Welt utopisch, nämlich unendlich bejaht und unerreichbar zugleich. Tannhäusers Tragödie ist, daß er seiner Utopie nur in Gestalt einer konkreten geschichtlichen Welt nachgehen kann; doch die Welt wird ihn ebenso ausschließen, wie er sich selbst in utopischer Sehnsucht aus der virtuellen Lust- und Gegen-Welt der Venus ausschließt. So ruft er das „Ewig-Weibliche“ unter dem religiösen Namen an, der im Kontext seines Stoffes vorgegeben ist: „Mein Heil! Mein Heil ruht in Maria!“[138] Die Grotte der Venus

---

135 Vgl. *Eine Mitteilung an meine Freunde*: SSD 4, 289.

136 Dieses *Tannhäuser*-Motiv findet seine Entsprechung wiederum im *Faust* und seinem mehrfachen Fluch, vom unsichtbaren Geisterchor kommentiert: „Du hast sie zerstört, / Die schöne Welt, / Mit mächtiger Faust, / Sie stürzt, sie zerfällt! / Ein Halbgott hat sie zerschlagen!“ (Vv. 1608-1612: MA 6.1, 578). Der göttlich-halbgöttliche Tannhäuser zerschlägt die wiedergefundene „schöne Welt“ im Sängerstreit erneut, wenn er sich im Preislied der Venus über die wirkliche Welt erhebt (240).

137 *Tannhäuser* 225. – Auch hier bietet der *Faust* I die anregende Parallele: „Aus dieser Erde quillen meine Freuden, / Und diese Sonne scheinet meinen Leiden; / Kann ich mich erst von ihnen scheiden, / Dann mag was will und kann geschehn“ (Vv. 1663-1666: MA 6.1, 580).

138 *Tannhäuser* 228.

hält dem Aufschrei der Utopie ebenso wenig stand wie Klingsors Zaubergarten; beide versinken vor dem heilssüchtigen Leidenswillen. Tannhäuser hört Schalmei, Pilgergesang und Domglocken neu als *paradis vert* verlorener Kindheit.[139] Das ist Faust, der die „süßen Himmelslieder" beschwört: „Die Träne quillt, die Erde hat mich wieder!"[140] Dreimal bricht Tannhäuser derart aus, jeweils einmal an der Peripetie eines jeden Aktes. So wird er im Sängerkrieg seiner venerischen halbgöttlichen Überlegenheit angesichts der Wartburg-Konventionen rasch inne, wenn er die bieder-halbherzigen Minnelieder mit seinem Venus-Hymnus abwehrt. Dieser zweiten Peripetie der dramatischen Kurve entspricht schließlich die dritte und letzte in der Rom-Erzählung. Denn die Versöhnung mit der geschichtlichen Welt und ihrer kirchlichen Institution, die das Heil exklusiv verwaltet und zur Utopie erklärt, bleibt aus.[141] Tannhäusers Reue, ein Gott im Venusberg gewesen zu sein und sich das „Ewig-Weibliche" in der Gestalt Elisabeths anzueignen, wird nicht vergeben.

> Dann sank ich in Vernichtung dumpf darnieder, –
> die Sinne schwanden mir... Als ich erwacht,
> auf ödem Platze lagerte die Nacht, –
> von fern ertönten holde Gnadenlieder...
> Da ekelte mich der holde Sang![142]

Wiederum parodiert Wagner die „süßen Himmelslieder" Fausts, die ihn aber dieses Mal nicht mehr zum utopischen Heil ziehen, sondern in die virtuelle Venuswelt als Heilsersatz. Was folgt, ist ein visionäres Bild, das sich von der Uraufführung an durch alle Bearbeitungsstadien seiner szenischen Realisierung verweigert. Faust und Tannhäuser sind in ihrem „Unmaß der Sünde" dem Heil näher als der Zyniker Don Giovanni.[143] Die unmittelbare Repräsentantin dieses Heils und dessen Vermittlerin ist Elisabeth, die auf andere Weise in der geschichtlichen Welt von Wartburg und ritterlicher Konvention ebenso fremd ist wie Tannhäuser selbst. Analog wiederum zur Bergschluchten-Szene, die den *Faust* nicht beschließt, sondern dem Ende zu „nach oben" öffnet, konstruiert auch Wagner seine tiefengestaffelte Bühne der Verheißung. Dem rosigen Kunstlicht der Venus stellt sich erst der helle Fackelschein des von oben herabsteigenden Trauerzuges entgegen, der den Sarg Elisabeths in die Tiefe des Tals trägt. Die aufgehende Sonne überblendet alles. Männergesang, herabsteigend von oben, preist „himmlischer Freuden Hochgewinn!", wobei

---

139 Erst für Tannhäuser ist die vom Hirten ganz naiv begrüßte „Frau Holda" die Göttin Venus und ihr blühender Mai eine Lusthölle; die Ambivalenz bestimmt sich durch den Bezug der jeweiligen Person zu Holda/Venus.

140 *Faust* I, Vv. 784/785: MA 6.1, 556.

141 „„Wie dieser Stab in meiner Hand / nie mehr sich schmückt mit frischem Grün, / kann aus der Hölle heißem Brand / Erlösung nimmer dir erblühen!"", erklärt der Papst dem Pilger durchaus korrekt (*Tannhäuser* 249). Nur ist von Gnade hier, wo sie erbeten wird, nicht die Rede – dies ist das Problem beider.

142 *Tannhäuser* 249. – Die Partitur zitiert das Motiv der „Gnadenlieder" aus dem „Salve Regina" der frühen Oper *Das Liebesverbot*. Wagners jungdeutscher Glaube an Freiheit und Liebe ist also schon hier, lange vor *Parsifal*, gebrochen und ins Utopische gewendet.

143 Vgl. Borchmeyer, *Das Theater Richard Wagners* 201.

die jüngeren Pilger „*während des Sonnenaufgangs die Bühne vom Vordergrund her*“ (so die Regieanweisung) betreten. In der Mitte der Bühne steht Faust=Tannhäuser („*ersterbend*“), von Wolfram als „Pater seraphicus“ oder „Doctor marianus“ „sanft umschlungen“ gehalten. Dessen Frage „Und hörst du den Gesang?“ beantwortet er mit einem schlichten „Ich höre!“, das letzte Wort formt sich zur Vergebungsbitte: „Heilige Elisabeth, bitte für mich!“ Das ist viel für einen der großen Verweigerer, die Wagner von Anfang an mit Arindal (*Die Feen*), Rienzi, dem Holländer und dem Tannhäuser auf seine Bühne stellt und noch stellen wird. Es gilt auch für den Achilleus, der aus Treue zu seinem toten Freund Patroklos die Unsterblichkeit verweigert und dessen göttliche Mutter sich vor solcher Menschengröße neigt[144], den sich fliegend nach oben entziehenden Wieland, den Empörer aus Liebe Jesus von Nazareth bis hin zu Parsifal, der sich weder mit der Gralsritter- noch der Klingsorwelt verträgt.

Der *Tannhäuser*-Schluß zeigt Wagners Welttheater erstmals in ritueller Form, als Weihfestspiel in Latenz. Er übernimmt das Tableau der *Grand Opéra* und transponiert es, motiviert und entwickelt aus der Konstellation seines Urdramas, in ein visionäres musikalisches Drama – visionär deswegen, weil es nicht zeigen kann, daß die finale Lösung tatsächlich „Erlösung“ ist, und weil diese als Utopie auch keine unmittelbare Bühnengestalt finden kann. Was die Requisiten wie der neuergrünte Stab des Papstes als Vergebungszeichen nicht leisten können, muß bereits hier die Lichtregie andeuten. Das Kunstlicht der täuschenden Tiefe schwindet im Sonnenaufgang. Zumindest geschieht dies in der Musik überhaupt und vor allem in der Sinfonik Beethovens, wie sie der reife Wagner deutet:

> Erfahre jeder an sich, wie die ganze moderne Erscheinungswelt, welche ihn überall zu seiner Verzweiflung undurchbrechbar einschließt, plötzlich in nichts vor ihm verschwindet [...]. [...] die Musik hebt sie auf, wie das Tageslicht den Lampenschein.[145]

Nichts anderes geschieht auf der *Faust*-Bühne des *Tannhäuser*-Schlusses. Nirgends zeigen sich aber die Überschneidungen und Brüche zwischen Großer Oper und musikalischem Drama deutlicher, wobei Rückgriffe auf konventionelle Modelle wie im H-Dur-Finale des zweiten Aktes keine Rückfälle sein müssen, sondern Vorhandenes transponieren. So zeigt der *Tannhäuser* das charakteristische Doppelgesicht des Übergangs, wenn er auf die Große Oper dankbar und routiniert zurückblickt, gleichzeitig aber ihre Schemata spielerisch be-

---

[144] Der Plan zu *Achilleus* von 1849 (SSD 12, 283) wird noch nach dem *Parzival*-Entwurf verfolgt. In Siegmunds Weigerung, der Walküre nach Walhall zu folgen, und seiner Treue zu Sieglinde ist das Sujet allerdings schon in die *Walküre* eingegangen – auch hier beugt sich die Göttin vor der Größe des Menschen (Zweiter Aufzug, vierte Szene). Bloch nennt dies „ein unerwartetes Stück Beethoven bei Wagner: Siegmund verhält sich als der wachste, freieste, wenigst Konforme aller ‚Ring‘-Helden“, ein „auch im Totschlag durch Wotan nicht Widerlegter“ (*Paradoxa und Pastorale* 165/166).

[145] *Beethoven*: SSD 9, 120. – Schon Leubald stirbt in die aufgehende Sonne hinein – ein dramatisches Urbild des szenischen Visionärs Wagners von erstaunlicher Konstanz: „– – Gelt! 's ist die Sonne, was da aufbricht, Liebste?“ (*Leubald* 207).

handelt und teilweise transzendiert.[146] Beide großen Opern Wagners, der *Holländer* ebenso wie der *Tannhäuser*, greifen weit aus, reduzieren sie doch das *Faust*-Projekt Goethes mit seinen unterschiedlichen Lösungen auf die urdramatische Konstellation und kleiden es in romantische Mythen ein. Dabei wird ihm die „Wahlverwandtschaft" nicht entgangen sein, die seine eigenen Textbücher mit der konstitutiv opernhaften Tendenz in Goethes Dramatik verbindet. Das Problem des Finales, im *Holländer* noch durch eine großzügig-imaginative Regieanweisung und dann durch eine tristaneske Erweiterung der Partitur überspielt, erbt von Goethe die komplexe Anlage des *Faust*-Schlusses. Als Epilog transzendiert die jeweilige Finallösung den eigentlichen dramatischen Vorgang, wie die Schlußansprachen Isoldes, Hans Sachsens und Brünnhildes zeigen, doch sie tut dies gerade so, daß der dramatische Vorgang erst in ihr zu sich selbst kommt. Das als „biblische Szene" (!) bestimmte *Liebesmahl der Apostel* (1843: *WWV* 69) führt experimentell ein solches mögliches Finale vor, indem es die hierarchische Stufung des Kirchenraums analog zur Bergschluchten-Szene im *Faust* akustisch ausnützt. Was immer von der ästhetischen Qualität gerade dieses Werkmusters zu halten ist, so greift es doch szenisch-musikalisch deutlich auf den *Parsifal*-Schluß vor und belegt die Kontinuität von Problemstellung und Lösungsversuchen.[147] Eine vordergründige, nämlich „spezifisch christliche, impotent verhimmelnde Tendenz"[148] weist Wagner für den *Tannhäuser* entschieden zurück, da die Tendenz zum Erlösungs-Finale in der dramatische Konstellation gründet und nicht in der opernhaften Einkleidung irgendeiner vorgegebenen Botschaft.

---

146 Dies gilt auf höchster Ebene auch von den *Meistersingern*, die im ersten Entwurf von Marienbad 1845 noch als Kontrast- und Satyrspiel zum *Tannhäuser* angelegt sind: der bürgerliche Wettstreit um die rechte Ästhetik gegen den romantisch-tragischen Sängerkrieg. Insofern erben hier Hans Sachs und der junge Ritter gemeinsam das Doppelgesicht Tannhäusers, zugleich innerhalb und außerhalb ihres sozialen und künstlerischen Diskurses zu stehen, so wie sie gemeinsam durch die neue Elisabeth, die hier noch nicht den sprechenden Namen Eva trägt, in den ästhetischen Diskurs der Handlung eingebunden werden. Der Bezug auf das gesamte Personal der Wagnerschen Werke ab dem *Tannhäuser* sei zumindest angedeutet: Passend bezieht sich der junge Ritter, der Meister-Minnesänger auf eigene Hand, auf Wolfram, dessen *Parzival* sogar angeführt wird (SSD 11, 344 bzw. 346) Der Wolfram im *Tannhäuser* ist der entsagende Sänger (im Lied an den Abendstern), der neue Wolfram der *Meistersinger* der einzige Kompetent und so auch Sieger im Wettstreit (im Lied an die aufgehende Sonne: „Morgenlich leuchtend" in der endgültigen Fassung), denn Hans Sachs verzichtet darauf, die Rolle Tristans zu spielen. „Heil" am Ende der Bühnenliturgie, nicht anders als im *Parsifal* – Synopsen dieser Art durch Wagners Werk ließen sich von vielen Bezugspunkten aus entwerfen. Sie belegen spielerisch, wie stark die urdramatische Konstellation auch die Realisierung in den einzelnen Werken bestimmt.

147 An den Prager Freund Johann Kittl, dem er das Libretto *Die hohe Braut* (nach dem Roman Heinrich Königs) unter dem Titel *Bianca und Giuseppe* zur Vertonung überlassen hat, schreibt Wagner: „Weißt Du, was der Schluß einer Oper ist? – *Alles!*" (SB 2, 586). Er rechnet auf die „Sturmschnelle des Schlusses", die nichts von der Katastrophe der Handlung wegnimmt, während Kittl gegen Wagners Rat ein ausgedehntes konventionelles Chorfinale schreibt. – Die „Sturmschnelle" vieler Aktschlüsse Wagners (zum Beispiel der zweiten Aufzüge von *Walküre* und *Tristan*) doppelt nicht die Handlung, sondern setzt ein szenisches Ausrufungszeichen an ihr Ende.

148 *Eine Mitteilung an meine Freunde*: SSD 4, 279.

> Mit diesem Werke schrieb ich mir mein Todesurteil: vor der modernen Kunstwelt konnte ich nun nicht mehr auf Leben hoffen. Dies *fühlte* ich; aber noch *wußte* ich es nicht mit voller Klarheit: – dies Wissen sollte ich mir erst noch gewinnen.[149]

Anläßlich der Frankfurter *Tannhäuser*-Aufführung wird der Schluß zum zentralen Problem und Ansatzpunkt, wie er dem dortigen Kapellmeister Gustav Schmidt mitteilt:

> Beiläufig: Sie verstehen mich falsch! Gerade *das w o l l t e* ich durch den neuen Schluß deutlich hervorheben, daß Tannhäuser *nicht* durch die *i m p o t e n t* sich erklärende *Kirche*, sondern durch die gränzenlose Liebe eines Weibes (trotz der Kirche) erlöst wird. Der grünende Stab entspringt nur dem Opfertode der Elisabeth: er desavouirt die Kirche.– [150]

Schon hier assistiert Wagners Kunst der Religion. Sie übernimmt dabei zugleich die jungdeutsche Kritik an ihren Institutionen. Im *Lohengrin* wird das bisher inszenierte radikale Prinzip der Erlösung nun selbst fragwürdig. Kann denn „Aufklärung“ von oben so geschehen, daß sie von unten angenommen wird?[151] Hinter dieser offenbarungstheologischen Frage steht auch die praktische Erfahrung, daß Wagners Versuche, die politischen und künstlerischen Verhältnisse in Dresden zu reformieren, am Widerstand beider Ebenen scheitern. Auf diese Erfahrung und die aus ihr entspringende Reflexion, die unmittelbar in politische Agitation und in die Revolutionsschriften Wagners führen, wird noch zurückzukommen sein.

2.3. Offenbarung auf dem Theater

Die Zwischenstufen zum *Lohengrin* hin bezeichnen der szenische Entwurf *Friedrich I.* (1846 und 1848/1849: *WWV* 76) sowie die Bearbeitung von Glucks Tragédie opéra *Iphigénie en Aulide* (1847: *WWV* 77). Der *Friedrich*-Stoff trägt alle Züge der Großen Oper, wird von Wagner aber erst in der Rückschau abgelehnt, weil er nicht musiktauglich sei. Als „rezitiertes Schauspiel“

---

[149] *Eine Mitteilung an meine Freunde*: SSD 4, 279/280. – Vgl. die *Tannhäuser*-Studie Sven Friedrichs, die von diesem Satz ausgeht (*Tannhäuser und die „Grand Opéra“*).

[150] 28. Januar 1853: SB 5, 170. – Daraus erklärt sich Wagners Akzent auf dem Opfer Elisabeths: die Wartburg-Gesellschaft und deren Gegenwelt, der Venusberg, beanspruchen Tannhäuser jeweils für ihre eigene Welt, ohne ihn selbst zu meinen und zu „erlösen“. Insofern ist die erste Fassung die radikalste, gemessen an der zitierten Intention, weil sie Tannhäuser mit sich (durch die Spiegelung in Wolframs Einsamkeit nur noch gesteigert) und Elisabeth allein läßt. Die Fassung von 1853 verbindet das Opfer Elisabeths sinnfällig mit dem Wunder des grünenden Stabes, das die göttliche Erlösung durch Gnade anzeigt und den Erlösungstod Elisabeths beglaubigt – ebenfalls an Kirche, Wartburg-Gesellschaft und Venusberg-Personal vorbei. Ob Wagners Änderungen die Konzeption betreffen oder nicht doch eher die Art, wie sie szenisch sinnfällig zu realisieren sei, bleibt zu diskutieren (vgl. anders Voss, *Wagner und kein Ende* 273-274).

stellt er es kontrastierend gegen den *Siegfried* (gemeint ist *Siegfrieds Tod* als Kerndrama des *Nibelungen*-Projektes). Er begründet diese Entscheidung aus der Alternative von „Mythos und Geschichte", denn nur ein sagenhafter oder mythischer Stoff eignet sich angesichts der nachrevolutionären Standards für das musikalische Drama Wagners – einmal weil er ursprüngliche Dichtung des Volkes sei, zum anderen weil er die nötige „Verdichtung" erlaube, um die urdramatische Konstellation herzustellen.[152] Der *Tannhäuser* gilt Wagner durchaus als Werkmuster des neuen Dramentyps, wie er ihn gegenüber Karl Gaillard entwickelt:

> Als Musiker kann ich aber Stoffe wählen, Situationen u. Contraste erfinden, die dem dramatischen Dichter für das Schauspiel stets fremd bleiben müssen. Hier dürfte aber auch der Punkt sein, wo Oper u. Drama sich vollkommen scheidet, u. beide neben einander ruhig ihre Richtung verfolgen können. Wenn es die heutige Aufgabe des dramatischen Dichter's ist, die materiellen Interessen unsrer Zeit vom moralischen Standpunkte aus zu läutern u. zu vergeistigen, so ist dem Opern-Dichter u. Componisten überlassen, die ganze heilige Poesie, wie sie uns aus den Sagen u. Geschichten der Vorzeit anweht, in dem ganzen ihr eigenen Dufte hervorzuzaubern, denn die Musik bietet hier das Mittel zu Combinationen, wie sie dem Dichter allein, zumal unsern Schauspielern gegenüber, nicht zu Gebote stehen.[153]

Der ausführliche Brief an Eduard Hanslick – das einzige Dokumente musikästhetischer Reflexion, das mit den genannten Projekten *Friedrich I.* und der Bearbeitung von Glucks *Iphigénie* in Verbindung steht – argumentiert ähnlich. Er bezieht die aufführungspraktische Erfahrung Wagners in die Problemstellung ein. Das Drama muß als musikalisches Kunstwerk nicht nur kompositorisch, sondern auch szenisch zu realisieren sein. Die Aufführungen des *Tannhäuser* führen dementsprechend zu neuen Stadien der Partiturfassung, so daß spätestens jetzt der Werk-Begriff sich nicht mehr allein auf die fertige Partitur, sondern auf den Vorgang der Aufführung insgesamt ausdehnt. Die vielfachen Stadien eines solchen Werkes zeigen, wie weit es *work in progress* ist und so auch in seiner Form unabschließbar bleibt.[154] Diese offene Form teilt

---

151 Der *Tannhäuser*-Schluß trägt die Züge eines Mysterienspieles: „Himmel" und Hölle" streiten sich um Tannhäuser, personifiziert Wartburg-Gesellschaft und Venusberg-Personal – ohne daß allerdings diese Analogie allzu buchstäblich zu nehmen wäre. Auch darin zeigt sich der *Tannhäuser* als ein romantischer *Faust*; himmlische Knaben streiten dort mit dem allegorischen Höllenrachen, die jungen Pilger kontrastieren hier mit dem rötlichen Schein des Venusbergs und seiner szenisch etwas prekären Präsenz in der Frau Venus. Deren Rolle tendiert in ihrer Ambivalenz durch die verschiedenen Fassungen bis 1860 hindurch zur Figur der Kundry (wie Voss betont: *Wagner und kein Ende* 274), ohne im dramatischen Haushalt des *Tannhäuser* letztlich ihren Platz finden zu können. Entscheidend bleibt der Erlösungstod Elisabeths, der im Wunder des blühenden Stabes noch einmal aufscheint: Wie Gretchen zieht sie Tannhäusers „Unsterbliches" himmelwärts.

152 Vgl. *Eine Mitteilung an meine Freunde*: SSD 4, 311, sowie den Entwurf in SSD 11, 270-272; ausführlich zum Szenarium *Mein Leben* 390.

153 Vom 30. Januar 1844: SB 2, 359.

154 Ohne den Prozeß der künstlerischen Produktion im Ganzen gilt: „Unser verfluchtes abstraktes dichten und componiren bringt den teufel was zuwege: wir wollen und können nicht" (an Theodor Uhlig vom 27. Dezember 1849: SB 3, 200). Die Geschichte des *Tannhäuser* ist laut Egon

es kongruent mit seinem Gehalt, der ins Utopische verweist; jede Aufführung hinterläßt einen Überschuß an nicht Realisiertem bzw. nicht Realisierbarem.[155] Das Werk bleibt „Werkstatt“.[156] Der Begriff findet sich spätestens ausdrücklich in Nietzsches *Mahnruf an die Deutschen* (1873), „dem wagenden und versuchenden Geiste der deutschen Kunst eine solche Werkstatt“ aufzubauen, wie sie den Wissenschaften „freigebig mit kostspieligen Versuchs-Werkstätten“ zugestanden wird.[157] Zur Kunst-Werkstatt Wagners gehören ein unter den Bedingungen der Musik konzipiertes Wort-Drama, das den Menschen im Ganzen agieren läßt und so die urdramatische Konstellation zu entfalten erlaubt, und der Prozeß der Aufführung insgesamt, deren mögliches Gelingen ein in sich stimmiges Wort-Ton-Drama voraussetzt. Wagner formuliert diese Grundeinsicht in seinem Dankschreiben an Hanslick, der den Dresdner *Tannhäuser* in der *Allgemeinen Wiener Musikzeitung* 1846 besprochen hat.

> Je mehr ich mit immer bestimterem [!] künstlerischen Bewußtsein produzire, je mehr verlangt es mich einen *ganzen* Menschen zu machen; ich will Knochen, Blut u. Fleisch geben, ich will den Menschen gehen, frei und wahrhaftig sich bewegen lassen, – [...].
> [...] Ich kann keinen dichterischen Stoff ergreifen, der sich nicht durch die Musik erst bedingt: mein Sängerkrieg, wenn das dichterische Element darin vorwaltet, war meiner höheren Absicht nach aber auch ohne Musik nicht möglich. – Ein Kunstwerk existiert aber auch nur dadurch, daß es zur Erscheinung kommt: dies Moment ist für das Drama die Aufführung auf der Bühne [...]. In diesem Sinne kann mein Gelingen sich nur in dem unmittelbaren Erfolg der Aufführung [...] aussprechen, u. es beruhigt mich, bei edlem Zweck dies Gelingen nur durch edle Mittel erreichbar zu wissen. Wo ich dies Gelingen nicht erreicht sehen konnte, erkannte ich stets einen Fehler, nicht jedoch in dem einzelnen Mittel, sondern im wesentlichen Ganzen.[158]

Voss „die der Bearbeitung in Permanenz“ (*Wagner und kein Ende* 270). Das gilt, wenn auch wenig bekannt, insbesondere für den *Tristan* und seine verschiedenen Strichfassungen, die nicht nur durch mangelhafte Fähigkeiten zeitgenössischer Protagonisten bedingt sind, sondern durch den eruptiven und teilweise erst im nachhinein reflektierten Produktionsprozeß Wagners, wie ebenfalls Voss gezeigt hat (ebd., 310-319, 320-333). Wagner hielt den Einwänden Hermann Levis entgegen: „‚Ach was – nur keine Sentimentalität – Diese Stellen sollen ein für alle Mal wegbleiben‘“ (nach Levi, zit. bei Voss, ebd. 327). Der Text der Partitur ist nicht sakrosankt, sondern allein der Aufgabe verpflichtet, das Drama zu realisieren („‚Streichen Sie von der Instrumentation weg, was Ihnen zum Verständlichwerden der Sänger nothwendig erscheint‘“; nach Levi, zit. bei Voss, ebd., 331).

155 Arthur Schnabels schönes Bonmot zielt auf denselben Sachverhalt: „Ich spiele nur Musik, die besser ist, als man sie spielen kann“.

156 Das spiegelt sich auch im *Wagner-Werk-Verzeichnis*, das in der Tat auch zu einem Werkstattverzeichnis der Produktionsbedingungen gediehen ist. Der „Widerspruch zwischen Werkbegriff und Entstehungsgeschichte“ wird in diesem Verzeichnis bewußt nicht aufgelöst (*Wagner-Werk-Verzeichnis* 11).

157 KSA 1, 895. – Der Begriff macht eine Anregung durch den Theaterpraktiker Wagner wahrscheinlicher als eine Intuition Nietzsches.

158 18. Januar 1847: SB 2, 537/538. – Gegenüber Hanslick betont Wagner überdeutlich seinen Anspruch, verstanden und nicht nur gefühlt zu werden: „Schlagen Sie die Kraft der Reflexion nicht zu gering an; das bewußtlos produzirte Kunstwerk gehört Perioden an, die von der unseren fern ab liegen: das Kunstwerk der höchsten Bildungsperiode kann nicht anders als im Be-

Der vielschichtige Text enthält Wagners Theaterästhetik *in nuce* und deutet voraus, was erst in den Revolutions- und den Zürcher Kunstschriften klare theoretische Gestalt gewinnt. In Verbindung mit einem politischen Schönheitsbegriff, wie er sich in Schillers Briefen *Über die ästhetische Erziehung des Menschen* (1795) und in Hegels *Ästhetik* entfaltet, zeigt sich das Theater als moralische Institution einer Ästhetik des Erhabenen; so findet es im griechischen Staat als politisches Kunstwerk seine Entsprechung, im modernen Staat aber seinen Gegensatz bis hin zum ausschließenden Widerspruch. Denn Wagner hat sich

> die schöne Aufgabe gestellt, Webers Werk fortzusetzen, d. h. Dresden musikalisch emancipiren zu helfen, dem Philistrismus über's Ohr zu hauen, den Geschmack des Publikum's für das Edle auszubilden und somit seine Stimme geltend zu machen.[159]

Insofern ist Wagners Anliegen einer Reform des Musiktheaters kein ästhetischer Selbstzweck oder bloße politische Agitation in eigener Sache – als sollten „Reform" oder „Revolution" nur seinen theatralischen Ehrgeiz politisch sichern und finanzieren – , sondern, wie ihm im Schweizer Exil deutlich wird, ein konstitutiver Teil seines Werkes, in dessen Tendenz eine Institution wie die Bayreuther Festspiele von Anfang an liegen.[160]

Vor diesem Hintergrund gewinnt Wagners Einrichtung von Glucks *Iphigénie en Aulide* besonderes Interesse, weil sie sein Verständnis von Werk und Aufführungspraxis darstellt, zugleich aber den Versuch, aus einer konventionellen Vorlage, zu der die einstige Reformoper geworden ist, ein musikalisches Drama herzustellen und dazu entsprechende Eingriffe in dessen Substanz vorzunehmen. Warum gerade Glucks *Iphigénie*? Der Stoff ist mythisch, die Konstellation kommt Wagners Suche nach dem Urdrama der Erlösung entgegen. Es ist bezeichnend, daß Wagners Eingriffe über Retuschen in Text und Partitur hinaus dem Anfang und dem Schluß der Oper gelten. Wagner reicht in seiner Studie über Glucks Ouvertüre 1854 die Begründung nach. Denn geht „das anfängliche ‚Andante' [...] über die Ouvertüre bis über den Anfang der ersten Szene unverändert fort", so wird die Eröffnung zum Teil des Dramas, und die

---

wußtsein produzirt werden. Die Christliche Dichtung des Mittelalter's z. B. war diese unmittelbare, bewußtlose: das vollgültige Kunstwerk wurde aber damals nicht geschaffen, – das war Goethe in unsrer Zeit der Objectivität vorbehalten" (ebd.). Ein Brief an den Weimarer Freiherrn von Biedenfeld, der einen Aufsatz über den *Tannhäuser* schreiben will, betont (in Grimmscher Rechtschreibung): „Das drama selbst mußte also für den ausdruck sich erweitern, und diese, dem reichthum musikalischen ausdruckes entsprechende fähigkeit in ihm zu entdecken und fortzubilden, schien mir lediglich dem musiker selbst möglich zu sein". Bezüglich des schwierigen Ensembles am Ende des zweiten *Tannhäuser*-Aktes und seiner gelungenen Aufführung spricht er vom „triumph, unser hierfür sehr entwöhntes publikum in der *oper* durch den *gedanken* zu fassen, nicht bloß durch die *empfindung*" (17. Januar 1849: SB 2, 638). Diese Absicht gilt nicht nur hier; ihre Erklärung korrigiert das geläufige Mißverständnis, Wagners musikalische Szene wolle ein passives Publikum „überrumpeln", statt vielmehr aktiv vernommen und verstanden zu werden.

159 An Karl Gaillard vom 5. Juni 1845: SB 2, 431.

160 Vgl. Borchmeyer, *Das Theater Richard Wagners* 64ff.

strittigen Phrasierungen der Ouvertüre erklären sich aus der Aktion, die sie einleitet.[161] Daher kann die Eröffnung ihrerseits nicht wiederum schließen, sondern nur in die Tonika zurückleiten. Das klingt wie ein Vorgriff Wagners auf seine spätere Forderung an das Vorspiel, nur das Elementare der szenischen Aktion in ihrer musikalischen Substanz zu exponieren, statt diese Aktion schon mit „absoluten“ musikalischen Mitteln („dialektisch“) im voraus auszutragen.[162] Das entspricht der Art, wie Mozart sowohl die *Entführung aus dem Serail* als auch den *Don Giovanni* eröffnet, aber mehr noch liest es sich wie eine theoretische und experimentelle Vorwegnahme der Pariser Neufassung des *Tannhäuser* – auch diese gilt wesentlich den noch ungelösten Problemen von Anfang und Schluß des Dramas.[163] Die festlich-konventionelle *mariage* der Oper entfällt bei Wagner. Dabei greift er nicht auf die Vorlage des Euripides zurück, dessen Dramatik er später ohnehin als Verfallssymptom deuten wird, sondern läßt Artemis als *dea ex machina* erscheinen. Sie fordert zur Versöhnung das symbolische Opfer der Iphigenie:

> Nicht dürste ich nach Iphigenias Blut,
> es ist ihr hoher Geist, den ich erkor!
> Mein Opfer führ ich in ein fernes Land,
> als Priesterin dort meine Huld zu lehren. [...]
> Nun seid versöhnt, versöhnet bin auch ich!
> Die Winde wehn, ruhmvoll sei eure Fahrt![164]

Es ist kaum übertrieben, in dieser Bearbeitung eine erste Rückwendung zur attischen Tragödie (und darin eine erste indirekte Kritik an Euripides) und einen Vorgriff auf die Dramaturgie des *Ring* zu finden. Der Verzicht auf eine „befriedigende“ Lösung, die nur den Ausblick auf die Utopie von Erlösung verstellte, und der Gedanke des versöhnenden Selbstopfers rücken Iphigenie in die Nähe Brünnhildes und Isoldes. Allerdings müssen die Protagonisten Wagners ohne maschinelle göttliche Eingriffe auskommen. Der einzige Versuch, den Gott in Menschengestalt unmittelbar auf die Bühne zu stellen, ist *Lohengrin*. Er scheitert, und das bestimmt ihn mehr als jedes andere Werk Wagners auch zu seiner einzigen wirklichen Tragödie, schwarz auf bekanntlich blau-silbernem Grund.

---

161 *Glucks Ouvertüre zu „Iphigenia zu Aulis“:* SSD 5, 114.

162 Das „Ende“ der Ouvertüre bedeute dramaturgisch einen „Waffenstillstand“, „keinen vollen Frieden“. Denn: „Welches erhabene Kunstwerk gäbe übrigens auch einen vollen, behaglichen Frieden? Ist es nicht eine der edelsten Wirkungen der Kunst überhaupt, in einem höchsten Sinne nur anzuregen?“ (*Glucks Ouvertüre*: SSD 5, 119/120). Entsprechend verwirft Wagner den von Mozart nachkomponierten Schluß, eben weil die „dichterische Absicht“ der Ouvertüre „jeden willkürlichen musikalischen Schluß von sich wies“ (118). Damit folgt er Mozarts Vorbild (in den Ouvertüren zur *Entführung* und zu *Don Giovanni*) gegen Mozarts Bearbeitung.

163 Umgekehrt projiziert noch die programmatische Erklärung der *Ouvertüre zu „Tannhäuser“* die Bühnenhandlung in den musikalischen Ablauf hinein. Das geht nicht ganz ungezwungen, denn spätestens die Wiederkehr des Pilger-Themas verdankt sich weniger einem „Programm“ als vielmehr der Forderung formaler Symmetrie („Doch bereits dämmert der Morgen herauf: aus weiter Ferne läßt sich der nahende Pilgergesang vernehmen“ usw.: SSD 5, 178).

164 Zit. nach Westernhagen, *Richard Wagners Dresdener Bibliothek 1842-1849* 22.

Auf die Traumprojektion Sentas, aus der sich die *Holländer*-Tragödie herleitet, folgt im *Lohengrin* ganz ähnlich die Traumprojektion Elsas. Während Senta ihrem Lebensplan nach zu ihrem Verlobten Erik und ihrer Lebenswelt nach zu ihrem Vater Daland gehört, also gerade nicht ohne Selbstwiderspruch dem Holländer ihre erlösende Hand und Treue bieten darf, zeigt Elsa sich dem erträumten Erlöser Lohengrin nicht gewachsen. Ihr Versuch, den Erlösungstraum in ihre Wirklichkeit zu zwingen – dies eben will das „Frageverbot" Lohengrins verhindern –, zerstört den Traum: Lohengrin zieht sich in die unnahbare Gralswelt zurück, Elsa ist zurückverwiesen auf die wirkliche Zukunft, die ihr in dem zu irdischer Kenntlichkeit zurückverwandelten Bruder Gottfried, dem Erben von Brabant, entgegentritt. Der Schwan schwindet, und die Utopie trägt die brüderlichen Züge, nun menschlich vertraut. Es ist kein Zufall, daß die Erscheinung und Verwandlung des Schwans und damit das, was aus dem Ritter Lohengrin den Schwanenritter und überweltlichen Verheißungsträger macht, ein nahezu unlösbares Problem der Werkstatt bleibt. Der Schwan läßt sich nicht realisieren, das Göttliche, um dessen Herabkunft es geht, nicht auf die Weltbühne spielen. Nach den strengen ästhetischen Maßstäben Wagners scheitert mit der Aufführung aber nicht nur der Versuch, ein vorgegebenes und fertiges Werk zu realisieren, sondern das Werk selbst. Kurz: Lohengrins Tragödie ist auch die Tragödie *Lohengrins*, des Werkes.

Paradox in dieser pointierten Diagnose ist, daß gerade die gescheiterte dramatische Form und damit die gebrochene Ästhetik des Werkes mit ihrem Gehalt zusammenstimmt.[165] Der schöne Schein der Bühnenoffenbarung zerbricht in der Aufführung und löst gerade so nicht täuschend ein, was er über das Werk hinaus verheißt. Der Schluß ist rätselhaft ungreifbar wie ein Traum Elsas, der im Erwachen seine Konturen und seine für die Träumende zwingende innere Logik verliert. Die Elsa des Schlusses steht dort, wo die Elsa der anfänglichen Traumvision gestanden hat: Ihr Angstschrei („ein Laut so klagevoll, / der zu gewalt'gem Tönen / weit in die Lüfte schwoll: –"[166]), dem Schlaf und Traum gefolgt sind, kehrt wieder im Angstschrei ihres trostlosen Erwachens („Mein Gatte! Mein Gatte!"[167]). So verläuft die eigentliche Handlung zwischen zwei Schreien der Protagonistin, so steht das Nachtstück des zweiten Aktes in der Mitte; alles aber bleibt doch blau-silbern überglänzt vom Vorspiel zum ersten Akt. Aber das Vorspiel ist nicht das Drama, sondern der utopische Glanz, von dem es lebt.

Die formale Konsequenz im *Lohengrin* erstaunt angesichts seines traumverworrenen Inhalts. Wagner selbst erklärt:

> Ich empfand, den Erscheinungen der modernen Theaterkunst gegenüber, wohl den bedeutenderen Inhalt meiner Schöpfungen, zugleich aber auch das Unbestimmte,

---

165 Darin unterscheiden sich, knapp gesagt, *Lohengrin* und Neuschwanstein. Das eine Werk deckt die Kulissenhaftigkeit des Welttheaters auf, das andere stellt die Kulisse in die Wirklichkeit, als sei sie deren rechtmäßiger Teil.

166 *Lohengrin* 270/271.

167 *Lohengrin* 310.

> oft Unbedeutliche [!] der Gestaltung dieses Inhaltes, dem jene notwendige, scharfe Individualität somit selbst noch gar nicht zu eigen sein konnte.[168]

Das gilt vor allem dem *Holländer*, aber *mutatis mutandis* auch noch den beiden anderen großen romantischen Opern. Sie präparieren den gesuchten Mythos in dem vielschichtigen Kontext des Stoffes, ohne ihn doch herauszulösen. So verliert die wirkliche Welt im *Holländer* nicht die schroffen Konturen der Handelswelt, in der auch eine Tochter zur Ware für das Institut der Ehe wird. Wagner hält diesen Kontrast scharf fest und wird ihn in seinen Versuchen zu einer *Metaphysik der Geschlechtsliebe*[169] auch theoretisch fassen. Ähnliches gilt für den *Tannhäuser*, dessen Ritterwelt zwischen Konvention und Minnephrasen für Wagners Helden nur die Rolle des Empörers und Exilierten bereithält. Im *Lohengrin* vermittelt der Mythos des Erlösers aus „fernem Land, unnahbar euren Schritten“ den ästhetisch-religiösen mit dem politischen Diskurs und bringt beider Konfliktpotential zum Austrag. Nicht zufällig geht Wagner vom Marienbader Entwurf der *Meistersinger* unmittelbar zur Konzeption des *Lohengrin* über. Der *Meistersinger*-Entwurf spielt den ironischen Kontrast zum *Tannhäuser* als Gesellschaftssatire aus. Denn:

> Die einzige, für unsre Öffentlichkeit verständliche, und deshalb irgendwie wirksame Form des Heiteren ist, sobald in ihr ein wirklicher Gehalt sich kundgeben soll, nur die Ironie. Sie greift das Naturwidrige unsrer öffentlichen Zustände bei der Form an, und ist hierin wirksam, weil die Form, als das sinnlich unmittelbar Wahrnehmbare, das Einleuchtendste und jedem Verständlichste ist; während der Inhalt dieser Form eben das Unbegriffene ist, in welchem wir unbewußt befangen sind, und aus dem wir unwillkürlich immer wieder zur Äußerung in jener, von uns selbst verspotteten Form gedrängt werden. So ist die Ironie selbst die Form der Heiterkeit, in der sie ihrem wirklichen Inhalte und Wesen nach nie zum offenen Durchbruch, zur hellen, ihr selbst eigentümlichen Äußerungen als wirkliche Lebenskraft kommen kann.[170]

Der ironische Kontrast verschärft den tragischen Gehalt des *Tannhäuser*, ebenso die zunehmend für Wagners Reformideen ungünstige politische Entwicklung der Hofstadt Dresden, die den fremdartigen Musiker im Ganzen ebenso wenig schätzt wie die politische Reaktionärin Ortrud den Lohengrin. Entsprechend schärfer faßt Wagner in diesem dritten Anlauf zur großen romantischen Oper nun die tragische Konstellation des Mythos, der im *Lohengrin* ebenso wenig spezifisch christlich ist wie im *Tannhäuser*. Der *Lohengrin* sei

> kein eben nur der christlichen Anschauung entwachsenes, sondern ein uralt menschliches Gedicht; wie es überhaupt ein gründlicher Irrtum unsrer oberflächlichen Betrachtungsweise ist, wenn wir die spezifisch christliche Anschauung für irgendwie urschöpferisch in ihren Gestaltungen halten.

---

168 *Eine Mitteilung an meine Freunde*: SSD 4, 283.

169 Als Bruchstück eines Briefes an Arthur Schopenhauer 1858 (und zugleich Beleg dafür, daß gerade der *Tristan* nicht die musizierte Philosophie des bewunderten Philosophen ist, sondern dessen produktive Kritik im Werk): SSD 12, 291.

170 *Eine Mitteilung an meine Freunde*: SSD 4, 287.

Wagner erhebt mit seinem mythologischen Präparat ausdrücklich den philologischen Anspruch, den Mythos selbst von seinen Überformungen „zu läutern“: „dies war die Aufgabe des neueren Forschers, die dem Dichter zu vollenden übrig bleiben mußte“.[171] Wagners Dresdener Bibliothek dokumentiert erschöpfend diesen Anspruch. Sie enthält das Wesentliche, was von antiker und mittelalterlicher Mythologie und Sage in Quellen und Sekundärliteratur verfügbar ist, darunter Jacob Grimms *Deutsche Grammatik*, *Deutsche Mythologie*, *Geschichte der Deutschen Sprache* und *Ueber den altdeutschen Meistergesang* sowie Wilhelm Grimms *Die Deutsche Heldensage* und die von beiden herausgegebenen *Deutschen Sagen*, Karl Simrocks *Nibelungenlied*, außerdem Homer, Pindar, Thukydides, Platon, Aristoteles, Aischylos, Sophokles, Euripides, Aristophanes, Vergil, Horaz, Tacitus, die Edda, die Minnesinger, Wolfram von Eschenbach, Gottfried von Straßburg, Shakespeare (auch Quellensammlungen!), Hans Sachs, Molière, Lessing, Heinse, Schiller, Goethe, Byron und Tieck in vollständigen Ausgaben. Ferner finden sich Dantes *Divina commedia* in Original und zwei Übersetzungen sowie Sammlungen der Werke des Boccaccio, Calderón de la Barca, Cervantes, Tasso, Rousseau, Herder, Heine, ferner die *Wunderhorn*-Lieder. Der philologische Anspruch, der von Adolf Wagner übernommen und durch den Pariser Freund Samuel Lehrs neu belebt wurde, prägt diese sehr steile und gezielte Auswahl von Weltliteratur, ergänzt durch zeitgenössische geschichtliche Werke. Das *Neue Testament* weist die meisten Randstriche des viel, aber nicht vieles Lesenden auf.

Neben den genannten klassischen philosophischen und theologischen Werken ist nur Hegel mit den *Vorlesungen zur Philosophie der Geschichte* (in der Ausgabe von Eduard Gans) vertreten; obwohl ihm während des Studiums „in Leipzig Schelling's transcendentaler Idealismus zwischen die Beine kam“[172], finden sich weder dessen Freiheitsschrift oder Kunstphilosophie von 1809 noch die *Philosophie der Mythologie* von 1842.[173] Politische Literatur fehlt gänzlich. Hegel hat er jedoch zur Einführung seiner historischen Studien gelesen, wie eine ausführliche autobiographische Notiz belegt, geht aber dessen „‚Absolutum‘“ eher mit revolutionären Umwegen auf den Grund:

> die praktischen Tendenzen für eine neue Gestaltung der Gesellschaft führten mich ab, und, wie ich bereits erwähnt, war es ein ehemaliger Theologe, damals deutschkatholischer Prediger und politischer Agitator mit einem Kalabreser Hute namens *Metzdorf*, welcher mich zuerst auf den „rechten und einzigen Philosophen der Neuzeit“, *Ludwig Feuerbach*, verwies.[174]

171 *Eine Mitteilung an meine Freunde*: SSD 4, 289.

172 An August Lewald vom 12. November 1838: SB 1, 354.

173 Joachim Köhler folgt der Spur, die Manfred Frank im Bayreuther Festspielführer 1994 gelegt hat (*„Weltgeschichte aus der Sage“*), um deutliche Parallelen zwischen Schelling und Wagner aufzuzeigen (*Der Letzte der Titanen* 380-391). Auf Vertrautheit oder Lektüre Schellings lassen sie allerdings kaum schließen. Köhler vermutet, Wagner habe in seinen frühen Leipziger Jahren „die spekulative Philosophie Schellings durch seinen gelehrten Onkel [Adolph], der dessen Vorlesungen in Jena besucht hatte“, kennengelernt (383) – was durchaus möglich ist.

174 *Mein Leben* 442.

Von ihm nimmt er zunächst nur gesprächsweise Kenntnis. Wieweit solche undeutliche Kenntnis in sein mythologisches Präparat des *Lohengrin* und die künstlerische Destruktion gerade dieses Offenbarungs- und Erlösungsmythos eingeflossen ist, läßt sich kaum entscheiden. Jedenfalls rekonstruiert und inszeniert Wagner schon hier keineswegs mythenfromm, sondern schöpferisch dekonstruktiv. „Dekonstruktiv“ soll heißen: Er zerstört stets auch, wenn er konstruiert, das Konstrukt, in dem gerade so das Utopische aufscheinen kann. Der „Ring“ seiner Konstruktionen rundet sich zwar ästhetisch, schließt sich aber weder zum System noch zum restaurierten Mythos. Deswegen ist das Werk in seinen Brüchen konsequent und insofern ästhetisch stimmig. Dies trifft auch zu auf Wagners Aneignung des Mythos von Zeus und Semele, den er als Kern des Lohengrin-Mythos erkennen will.[175] Der „Glanz seiner göttlichen Erscheinung“ vernichtet die Geliebte, als sie ihn „in der vollen sinnlichen Erscheinung seines Wesens“ erkennen will – in Wortwahl und Deutungsperspektive lehnt sich Wagners *Mitteilung an seine Freunde* später an Feuerbach an und bestimmt Elsas Sehnsucht aus der „*Notwendigkeit der Liebe*“ als „*Verlangen nach voller sinnlicher Wirklichkeit*“, die nur das „Reinmenschliche“ anstreben könne.

> Muß in dieser endlichen, sinnlich gewissen Umarmung der *Gott* nicht vergehen und entschwinden? Ist der Mensch, der nach dem Gotte sich *sehnte*, nicht verneint, nicht vernichtet? Ist die *Liebe* in ihrem wahrsten und höchsten Wesen somit nicht aber *offenbar* geworden?[176]

Eben dies offenbare der „Mythos des Volkes“ (oder der „Menschheit“ als Gattung, wie er mit Feuerbach genauer sagen könnte), der, christlich überformt, das „ätherische Gebiet, aus dem der Gott herab nach dem Menschen sich sehnt, [...] in die undenklichsten Fernen ausgedehnt“ hat.[177] Das Göttliche: „In fernem Land, unnahbar euren Schritten“[178] entschwindet, wenn es sich der Mensch in Sehnsucht und Liebe aneignen will. Es scheint der linkshegelianischen Dialektik zum Vernichtungsopfer zu fallen. Dies ist allerdings eine nachträglich gewähltes Interpretament, das Wagner für sein Werk wählt – immer bereit, sich mit dem jeweils neu erschlossenen theoretischen Instrumentarium verständlich zu machen und zugleich neue Widersprüche zu stiften. Die ursprüngliche Lesart klingt wenig aufgeklärt-dialektisch; sie läßt es noch nicht zu, die wirkliche Tragödie des Lohengrin in den linkshegelianischen Begriff aufzuheben. Eine erste Spur führt von der zweiten Hälfte der Gralserzählung zur ursprünglichen Intention zurück. Diesen bedeutsamen Teil der Originalpartitur hat Wagner für die Weimarer Uraufführung 1850, von Liszt programmatisch auf den 101. Geburtstag Goethes angesetzt, gestrichen[179], obwohl ge-

---

[175] Die Parallele im Mythos von Amor und Psyche erwähnt er nicht.

[176] *Eine Mitteilung an meine Freunde*: SSD 4, 289/290.

[177] Ebd.

[178] *Lohengrin* 306 (Gralserzählung).

[179] Der Strich erleichtert die ungemein schwierige und vor allem nahezu pausenlose Partie des Protagonisten ein wenig. Erst Wilhelm Furtwängler hat in der Neuinszenierung von 1936 diesen Strich wieder „aufgemacht“ (mit dem belastbaren und unvergleichlichen Franz Völker),

rade er die Hieroglyphe des Finales deutet. Denn er nimmt nicht nur Bezug auf den Traum Elsas vom Erlöser und erklärt ihn so zum „Wahr-Traum", der *in persona* wirklich wird – so strukturieren die Erzählungen Elsas und Lohengrins formal und inhaltlich die Oper insgesamt. Er löst auch das Rätsel des Schwans und seiner Verwandlung. Der Schwan ist Gottfried, der wirkliche und menschliche Herzog von Brabant („zum Führer sei er euch ernannt"), und er wird Mensch und Erlöser an Stelle Lohengrins. Damit erst wird die finale Hieroglyphe lesbar. Sie läßt den Mythos vom göttlichen Kind aufscheinen, das zugleich das ursprünglich menschliche Kind ist.

So stellt der *Lohengrin* nicht die Über-Ordnung der Gralswelt in Frage, in die Lohengrin zurückkehrt, wohl aber wiederum die urdramatische Konflikt-Konstellation und die Möglichkeit ihrer Lösung. Lohengrin spiegelt, wenn man sein Drama wie das des Tannhäuser als Künstlerdrama faßt, *auch* den unverstandenen Wagner, der bereits 1848 in Wien nichts „Abschreckendes" darin sieht, einen ihm „fruchtlos gebliebenen bürgerlichen Verband zu verlassen, nackt u. bloß noch einmal von vorn anzufangen".[180] Auch Amerika wird jetzt wie auch viel später zur Zeit der ersten Bayreuther Festspiele erwogen[181]; der Fehler arrivierter Selbstzufriedenheit bleibt Wagner immer fremd. Aber: wie jede Deutung des Werks als biographischer Spiegel griffe auch diese Deutung zu kurz, denn sie gölte weder der eigentlichen dramatischen Konstellation noch der im *Lohengrin* unmißverständlich einbezogenen Utopie ihrer Lösung. Beide Aspekte hat Wagner selbst benannt:

> [...] die *Trennung*, die Idee der Trennung, erschien mir von Anfange her beim ersten Bekanntwerden mit dem Stoffe als das Eigenthümliche, besonders Bezeichnende desselben [...]. Als Symbol der Fabel kann ich nur festhalten: die Berührung einer übersinnlichen Erscheinung mit der menschlichen Natur und die Unmöglichkeit einer Dauer derselben. Die Lehre würde sein: der liebe Gott* thäte klüger, uns mit Offenbarungen zu verschonen, da er doch die Gesetze der Natur nicht lösen darf: die Natur, hier die menschliche Natur, muß sich rächen und die Offenbarung zu nichte machen. Dies scheint mir der Sinn der Meisten jener wundervollen Sagen, die nicht von Pfaffen gemacht worden sind. Wie ging es der *Semele* mit *Zeus*?
>
> *) Ich meine: der Christengott. -
> (Ich fürchte, bei dieser Gelegenheit viel Unsinn gesagt zu haben: es fehlt mir da recht am Zeug, um mich ausdrücken zu können.)[182]

---

ohne daß sich die vollständige Fassung auf der Bühne oder im Tonstudio etabliert hätte (Ausnahmen: Sandor Konya und James King). Auch dies ist ein Beispiel, wie unbekannt selbst der populäre Wagner sein kann: Die Gralserzählung ist meist nur zu Hälfte geläufig.

180 An Eduard Devrient vom 18. Juli 1848: SB 2, 617. – Oder mit den Worten des Holländers gesagt: „...und abermals verstrichen / sind sieben Jahr...voll Überdruß wirft mich das Meer an Land" (*Der Fliegende Holländer* 184/185). In der *Mitteilung an meine Freunde* liest sich das so: „Ich war mir jetzt meiner vollsten *Einsamkeit* als künstlerischer Mensch in einer Weise bewußt geworden, daß ich zunächst einzig aus dem Gefühle dieser Einsamkeit wiederum die Anregung und das Vermögen zur Mitteilung an meine Umgebung schöpfen konnte" (SSD 4, 294). Die Sucht nach Mitteilung spiegelt sich hier (und auch sonst) in der „Sehnsucht *aus der Höhe nach der Tiefe*" (295; vg. auch 299), die Lohengrin antreibt.

181 Vgl. den Brief an Franz Löbmann vom 5. Juli 1848: SB 2, 607.

182 An Hermann Franck vom 30. Mai 1846 (während der Kompositionsarbeit in Groß-Graupa): SB 2, 511/512.

Der Text und die salvatorische Klausel der Anmerkung sind aufschlußreich, geht es doch nicht nur um das dramaturgische Problem der Trennung von Protagonisten, sondern um das, was das mythologische Symbol dieser Trennung bezeichnet: das unvermeidliche Scheitern oder auch die Unmöglichkeit einer wirklichen Offenbarung, die mehr ist als ein notgeborener Traum zwischen den Schreien Elsas am Anfang und am Ende der Handlung. Was Wagner hier als Problem extemporiert (und zuvorkommend als „Unsinn“ abtut), legt er mit einer fast beiläufigen Wendung zu Feuerbach wenig später vorübergehend zu den Akten, nämlich die Frage nach der Möglichkeit von Offenbarung und Erlösung, die sich in der Utopie als Hoffnung erhält, und die spezifischere Frage nach dem, was gerade Feuerbach als das *Wesen des Christentums* bestimmt.

> Das ätherische Gebiet, aus dem Gott herab nach dem Menschen sich sehnt, hatte durch die christliche Sehnsucht sich in die undenklichsten Fernen ausgedehnt. Dem Hellenen war es noch das wolkige Reich des Blitzes und des Donners, aus dem lockige Zeus sich herabschwang, um mit kundigem Wissen Mensch zu werden: dem Christen zerfloß der blaue Himmel in ein unendliches Meer schwelgerisch sehnsüchtigen Gefühls, in dem ihm alle Göttergestalten verschwammen, bis endlich nur sein eigenes Bild, der sehnsüchtige Mensch, aus dem Meere seiner Phantasie ihm entgegentreten konnte.[183]

Aber diese *Mitteilung an meine Freunde* geht doch, nur wenige Seiten später, zum Eingeständnis schöpferischer Einsamkeit, der Sehnsucht „nach *Liebe*, nach *Geliebtsein*, nach *Verstandensein durch die Liebe*“ über, die Wagner wie Lohengrin antreibt. Aus der Rückschau des politischen Exilanten fühlt er „das Tieftragische dieses Stoffes“ neu und deutet einen Gedanken an, den die Dramentheorie von *Oper und Drama* parallel entfaltet. Er versteht Lohengrin nun

> *als den Typus des eigentlichen einzigen tragischen Stoffes, überhaupt der Tragik des Lebenselementes der modernen Gegenwart*, und zwar von der gleichen Bedeutung für die *Gegenwart*, wie die „Antigone“ – in einem allerdings andern Verhältnisse – für das griechische Staatsleben es war.[184]

Die Stelle klärt sich im Vorgriff auf *Oper und Drama*. Dort ruft Wagner die „*Heilige Antigone!*“ als Muse der Tragödie an (199). Der tragische Konflikt entsteht im unlösbaren Widerspruch zwischen vernünftigem („politischem“) Gesetz und menschlichem („natürlichem“ bzw. „unwillkürlichem“) Gefühl. Lohengrins „*Zwang*, statt an das Gefühl sich fast einzig nur an den kritischen Verstand mitteilen zu dürfen – dies eben ist das Tragische seiner Situation“[185], der umgekehrt der „unwillkürliche“ Zwang Elsas entspricht, über ihr Gefühl hinaus verständige Aufklärung über ihren traumwirklichen Erlöser zu erlangen. Insofern spricht das Frageverbot Lohengrins das Tabu über den potentiellen Konflikt aus:

> Nie sollst du mich befragen,
> noch Wissens Sorge tragen,

---

[183] SSD 4, 290/291.

[184] *Eine Mitteilung an meine Freunde*: SSD 4, 296/297.

[185] *Eine Mitteilung an meine Freunde*: SSD 4, 299.

woher ich kam der Fahrt,
noch wie mein Nam' und Art![186]

Dabei ist wenig wahrscheinlich, daß Wagner „Verstand" (hier wohl kaum im Unterschied zu „Vernunft" gebraucht) und „Gefühl" als unversöhnliche Größen gegeneinander stellt, denn Lohengrin fordert ausdrücklich „*Verstandensein durch Liebe*".[187] Vielmehr entsteht der tragische Konflikt zwischen Verstand und Gefühl, der jeder der beiden Protagonisten in sich (aus-)trägt und der beide in den eigentlichen tragischen-dramatischen Konflikt zwingt, erst aus dem Mißtrauen: des Verstandes gegen das Gefühl und des Gefühls gegen den Verstand. Mißtrauen ist gebrochene Treue. An ihr scheitert Lohengrins Versuch, im Ewig-Weiblichen Elsas zur Welt zu kommen, und umgekehrt Elsas Anspruch, ihren Traum wahr werden zu sehen. Die mißtrauische Aufklärung über Lohengrins „Nam' und Art" verdankt sich der „politischen" Intervention Ortruds, dem schwarzen Gegenbild zu dem in Elsa repräsentierten Ewig-Weiblichen. Sie kennt nicht die Liebe.

> Ihr Wesen ist Politik. Ein politischer *Mann* ist widerlich, ein politisches *Weib* aber grauenhaft: diese Grauenhaftigkeit hatte ich darzustellen. Es ist eine Liebe in diesem Weibe, die Liebe zu der Vergangenheit, zu untergegangenen Geschlechtern, die entsetzlich wahnsinnige Liebe des Ahnenstolzes, die sich nur als Haß gegen alles Lebende, wirklich Existirende äußern kann. [...] ihre ganze Leidenschaft enthüllt sich einzig in der Scene des IIen Actes, wo sie [...] von den Stufen des Münsters aufspringt, und ihre alten längst verschollenen Götter anruft. Sie ist eine Reaktionärin, eine nur auf das Alte bedachte und deshalb allem Neuen Feindgesinnte, und zwar im wüthendsten Sinne des Wortes: sie möchte die Welt und die Natur ausrotten, nur um ihren vermoderten Göttern wieder Leben zu schaffen.[188]

„Politisch" steht hier für antirevolutionäre Agitation im Namen der alten Götter, denen auch die Zukunft in der Gestalt Gottfrieds (durch „Zauberei") zum Opfer gebracht wird; darin ist Ortrud „furchtbar *großartig*"[189]. Es bedarf einer Offenbarung, die zumindest darin nicht scheitert, daß sie diese Zukunft als ihren utopischen Überschuß wieder freisetzt und die tragische Handlung mit einem Hoffnungszeichen schließt. Insofern ist der *Lohengrin*, gerade wenn das Interpretament der gescheiterten und nichtetablierten Offenbarung aufgenommen wird, auch ein Drama des politischen Messianismus: politisch, weil es um die Abkehr von den alten Göttern und ihrem Machtzauber geht, und messianisch, weil gerade der scheiternde Lohengrin den künftigen Menschen freisetzt. Der Erlöser selbst kehrt unerlöst in das Gralsreich seines Vaters Parzival zurück. „Erlösung dem Erlöser"?

Die Schlußhieroglyphe des *Lohengrin* bleibt also ambivalent. Die Trennung von Elsa und Lohengrin ist ein endgültiger Bruch im dargestellten Sinn. Je-

---

186 *Lohengrin* 276.

187 *Eine Mitteilung an meine Freunde*: SSD 4, 296.

188 An Franz Liszt vom 30. Januar 1852: SB 4, 273/274. – Wagners Äußerung knüpft an Mitteilungen von Liszts Lebensgefährtin Carolyne von Sayn-Wittgenstein über die Partie der Ortrud an.

189 Ebd., 274.

der bleibt für sich: die erlösungsbedürftige Elsa und der unerlöste Erlöser Lohengrin. Dennoch geht aus dem re- oder dekonstruierten Mythos (was bei Wagner auf dasselbe zielt) wiederum ein utopischer Überschuß hervor, der im Symbol des verwandelten und zurückverwandelten Schwans seine Gestalt hat. Sie deutet, ohne ihn zu versinnlichen, auf den Mythos vom göttlichen Kind, das in einer verödeten Welt anlandet, die doch zugleich *terra utopica* und damit bejaht ist. Diesen Mythos wird Wagner im Auge behalten und in der Verheißung der Walküre an Sieglinde ebenso verfolgen wie im Bild des göttlichen Knaben Parsifal. Der vorübergehende Feuerbach-Anhänger mag seine Utopie weder einer völligen Zeitablehnung noch einem durchschaubaren Konstrukt einer Versöhnung opfern:

> Das irrende Problem bleibt bei diesen Fragen immer, in diese furchtbare Welt, über die hinaus eben nur das Nichts übrig bleibt, sich einen Gott zu construiren, der uns die ungeheuren Leiden des Daseins zu nur scheinbaren, dagegen die ersehnte Erlösung als einen ganz real Wirklichen und mit Bewusstsein zu Geniessenden [!] machen soll. Das mag für den Philister [...] recht gut sein: er findet sich deshalb auch ganz prächtig mit seinem Gotte ab, indem er mit ihm einen Contract macht, nach welchem er, durch die Erfüllung so und so vieler Contractpunkte, schließlich zum Lohn für verschiedene Falliments an dieser Welt, drüben ewige Glückseligkeit geniesst. Allein, was haben *wir* mit solchen pöbelhaften Vorstellungen zu schaffen?[190]

Die Frage gilt in Wagners „Buddha-Brief“ Franz Liszt und dessen Absicht, seine *Dante-Sinfonie* mit einem sinfonisch gemalten Paradies zu schließen. An die Stelle eines als „jüdisch“ negativ apostrophierten Theismus will Wagner eine „*Sympathie* mit den Dingen ausser uns“ als „*Mit-Leiden*“ setzen, die sich nur „in der *vollkommenen Verneinung* des Willens zum Leben“ erfüllt.[191] Ob er diesem seltsamen, immer neu legierten Amalgam aus christlicher Agape, buddhistischer Sympathie und schopenhauerischer Weltverneinung jemals ganz getraut hat, bleibt sehr fraglich. Denn gerade das eigene Kunstwerk bietet demgegenüber einen utopischen und bejahenden Überschuß, der eine solche Zeitablehnungs-Virtuosität entbehrlich macht, wie er Liszt indirekt gesteht:

> Ach, gemarterte Heilige sind wir Alle: vielleicht werde ich's noch einmal ganz – dann aber – hört auch die *Kunst* für mich auf – diese[s] schöne Spiel zur letzten, erhabenen Täuschung über das Elend der Welt![192]

190 An Franz Liszt vom 7. Juni 1855: SB 7, 204. – Der hochspekulative Versuch Stefan Breuers, Wagner eine umfassende „Zeitablehnung“ und daher (einen in der Konsequenz ästhetischen) „Fundamentalismus“ zu attestieren, geht an dieser durchgängigen Ambivalenz vorbei (*Richard Wagners Fundamentalismus*, bes. 40, 47, 51) – Wagners Zeitablehnung ist eine bedingte Ablehnung unter dem kritischen Vorbehalt der Zukunft und steht einer „negativen Dialektik“ gerade darin näher als einem ästhetisch-politischen Totalanspruch, der seine Einlösbarkeit zu Lasten der „Zeit“ beansprucht.

191 Ebd., 207.

192 Vom 20. (?) März 1855: SB 7, 57/58. – An den Revolutionsfreund August Röckel schreibt er ähnlich: „Ich bin nur Künstler: – und das ist mein Segen und mein Fluch; sonst möchte ich gern Heiliger sein, und das Leben auf die einfachste Weise für mich abgethan wissen“ (23. August 1856: SB 8, 154).

Er traut zuletzt der im eigenen Werk freigesetzten Utopie mehr als ihrer skeptischen Bestreitung, für die immer wieder Schopenhauer zitiert wird. Ein Versuch, beides zu verbinden, liegt vor im Entwurf eines durchaus musiktauglichen Dramas: *Jesus von Nazareth*. Im Unterschied zum quasi-buddhistischen Lieblingsprojekt *Die Sieger*, das er nach dem *Parsifal* noch verfolgt, rückt es unmittelbar mit der Dresdner Mai-Revolution in greifbare Nähe. Deutet sich im mythischen *Lohengrin* die politische Reaktion gegen die Revolution „von oben" an, so betritt das *Jesus*-Drama einen historisch-religiösen Boden und geht dasselbe Ziel „von unten" an. Im *Parsifal* erst werden sich beide Ziellinien kreuzen.

„Aber was erhoffen Sie sich denn von der Revolution?“ erwiderte er.
„Wollen Sie Partituren für die Barrikaden schreiben?“
Worauf ich ihm versicherte, daß ich ja überhaupt an Partiturschreiben gar nicht dächte.
Wir schieden, offenbar ohne es zu einem gegenseitigen Verständnis gebracht zu haben.
Meyerbeer im Gespräch mit Wagner in Paris, 2. Juni 1849[193]

Bakunins Äußerung, daß er, auf dem Punkte des Ekels an unsrer Zivilisation angekommen,
Lust empfunden habe, Musiker zu werden.[194]

3. *Jesus von Nazareth* und die Idee der Revolution

Auf Cosimas Lob seiner „Besonnenheit [...], die Gestalt Chr.[isti] aufgegeben zu haben und dafür Parsifal geschaffen“, erwidert Wagner: „„von einem Tenoristen Chr.[istus] gegeben, pfui T.[eufel]“.[195] An eine Aufführung gerade dieses Revolutionsdramas *vor* der Revolution in Dresden wird er schon als zensurerfahrener Theaterpraktiker nicht ernsthaft gedacht haben, selbst wenn sich die ästhetisch-theologischen Probleme des Sujets befriedigend hätten lösen lassen. Möglicherweise verdankt sich das Drama dem Interim zwischen der in Dresden nicht mehr erwünschten Aufführung des *Lohengrin*[196] und einer politischen Naherwartung, die sich bereits im Mai 1849 endgültig getäuscht sieht.

Wagner will seine unmittelbar politischen Schriften nicht und kann ausgerechnet diesen Entwurf nicht in die *Gesammelten Schriften und Dichtungen* aufnehmen, weil Liszts Lebensgefährtin, die Fürstin Sayn-Wittgenstein, das geliehene Manuskript nicht herausgibt: „Aus Besitztumsnot oder aus religiöser Vorsicht?“, fragt Cosima in ihrer Tagebuchnotiz vom 24. Januar 1869.[197]

---

193 *Mein Leben* 431. – Diese Schlüsselstelle eröffnet eine Erklärung für den abrupten Ausbruch von Wagners antisemitischem Denken, das unmittelbar aus einer Übertragung radikal-revolutionärer Ideen auf eine verallgemeinerte biographische Fehldeutung entsteht und zu bösen Ergebnissen führt.

194 Aphorismus aus dem Nachlaß (1849-1851): SSD 12, 272.

195 23. Oktober 1882: CT II, 1029.

196 Es ist bei einer konzertanten Uraufführung des ersten Finales in Dresden im September 1848 geblieben. Die Uraufführung nach der Mai-Revolution von 1849 folgt bekanntlich erst 1850 durch Liszt in Weimar. Die Naherwartung dieser messianisch-politischen Tragödie erfüllt sich also immerhin ästhetisch, gewissermaßen in der Nachfolge Goethes: am 28. August 1850 und somit zu dessen 101. Geburtstag.

197 CT I, 42. – Eine Notiz in *Mein Leben* bestätigt die Vermutung religiöser Vorsicht. Während seiner Flucht aus Dresden sucht Wagner am 13. Mai 1849 Liszt in Weimar auf. Im Gespräch mit

Für Paris, das als Uraufführungsort in Frage kommt, sind es „in nicht gar zu ferner Zukunft“ eintretende Zustände, die Wagner erwartet: die Revolution, die ein Projekt wie dieses ermöglichte.[198]

> Ich hatte damals, von der Lektüre der Evangelien angezogen, einen für die ideale Bühne der Zukunft entworfenen Plan zu einer Tragödie „Jesus von Nazareth“ verfaßt; *Bakunin* bat mich, ihn mit der Bekanntmachung damit zu verschonen; da ich ihn durch einige mündliche Andeutungen meines Planes dafür zu gewinnen schien, wünschte er mir Glück, bat mich aber völlig inständig, *Jesus* jedenfalls als schwach erscheinen zu lassen. In betreff der Musik riet er mir in allen Variationen die Komposition nur eines Textes an: der Tenor solle singen: „Köpfet ihn!“, der Sopran: „Hängt ihn!“ und der Basso continuo: „Feuer, Feuer!“[199]

3.1. Revolution und „Christuslehre“

Der *cantus firmus* der „Vernichtung“, den Wagner dem befreundeten Anarchisten und im Dresdner Mai-Aufstand behilflichen Berufsrevolutionär Michail Bakunin in den Mund legt, ist auch sein eigener. Erst nachträglich sind die nationaldeutschen Töne im ersten Akt des *Lohengrin*, mehr Revolutionsfanal als Reichsfanfare, in einen verfremdenden Klangraum geströmt; ursprünglich gelten sie einem Retter des Reiches, der als Barrikadenheld und Schrecken des *ancien régime* auftritt: Lohengrin und Elsa als Revolution gegen die Reaktion Ortruds und Telramunds. In der Tat: „ein unerhörtes, nie geseh'nes Wunder!“[200] Wirklich wird es nur auf Wagners imaginärer Revolutionsbühne, denn nur sie zeigt „die vollen Gestalten des erschauten Traumbildes, die andere Welt, wie durch eine Laterna magica vor uns hin projiziert, leibhaftig [...]. Musik ist das Licht dieser Laterne“.[201]

In der Wirklichkeit steht ihm die magische Laterne der Dresdener Oper nicht für *Lohengrin* zur Verfügung, das Licht erlischt für lange Jahre.[202] Das

---

ihm und der Fürstin „entspann sich eines Nachmittags eine lebhafte Diskussion über meinen mündlich mitgeteilten Entwurf zu einer Tragödie ‚Jesus von Nazareth‘, nach dessen Mitteilung *Liszt* ein bedenkliches Schweigen beobachtete, die Fürstin *v. Wittgenstein* jedoch lebhaft gegen das Vorhaben, einen solchen Stoff auf das Theater zu bringen, sich ereiferte. An dem wenigen Ernst, meine in diesem Betreff aufgestellten paradoxen Thesen festzuhalten, merkte ich selbst, wie um diese Zeit es innerlich mit mir stand; ich war und blieb, ohne daß man es mir deutlich anmerkte, von den erlebten Ereignissen bis auf den tiefsten Grund meines Wesens erschüttert“ (425).

198 An Ferdinand Heine vom 19. November 1849: SB 3, 150.

199 *Mein Leben* 400/401.

200 *Lohengrin* 274 (Ausruf der Männer bei Lohengrins Ankunft).

201 Aphorismus aus *Das Künstlertum der Zukunft* (Entwürfe der Zürcher Zeit): SSD 12, 281.

202 Wahrscheinlich ist ein so rede- und bekenntnisfreudiger Kapellmeister, zumal als Komponist von *Rienzi* und *Lohengrin*, allseitig mit größtem Argwohn beobachtet worden, obwohl ihm sein Intendant von Lüttichau relativ großes Entgegenkommen gezeigt hat. Die politische Dimen-

Jesus-Drama aber markiert zusammen mit einem Schub revolutionstheoretischer Schriften einen Wendepunkt im Denken Wagners. Die durchgängig reformerischen Ansätze[203], die später auch in Zürich und München auf eine Reform der Theaterpraxis zielen und in die Bayreuther Festspiel münden, treiben nun revolutionäre bis anarchistische Blüten, zum einen aus der Erfahrung, daß kaum eine der bisher angestrebten Reformen von oben gelingt, zum anderen aus der Einsicht, daß nur eine gesamtdeutsche Revolution von unten die politischen, sozialen und künstlerischen Verhältnisse wirklich ordnen kann. Wagners künstlerisches „Hineinpredigen in das Publikum“ hilft nicht weiter: „Hier ist ein Damm zu durchbrechen und das Mittel heißt: Revolution! Die positive Basis muß gewonnen werden“[204], und zu diesem Zweck will der königliche Kapellmeister Wagner theoretisch und praktisch klären, wie „sich republikanische Bestrebungen dem Königthume gegenüber“ verhalten. Die entsprechende Rede im Dresdener „Vaterlandsverein“ am 15. Juni 1848, am Vortag anonym in einer Sonderbeilage des *Dresdener Anzeigers* erschienen, folgt nur den Weichen, die er bereits in seinem *Brief an Professor Franz Wigard, Mitglied der deutschen Nationalversammlung in Frankfurt* und sächsischer Abgeordneter der Nationalversammlung am 18. Mai 1848 stellt. Das Parlament soll „die einzige konstituierende Gewalt“ und damit das Recht haben, eine provisorische Reichsregierung zu ernennen. Dazu fordert er Volksbewaffnung, ein Bündnis mit Frankreich sowie eine Territorialreform, die Kleinstaaterei und Hegemonialmacht in Deutschland verhindert, denn nur so könne eine Verfassung einen praktikablen Sinn haben. Fürsten, die diese Territorialreform nicht akzeptierten, seien „in den Anklagestand zu versetzen“; die Anklage sei „auf völlig historischer Basis zu begründen“.[205]

In einem Gemenge von Stoffen und Anregungen verdichtet sich das *Jesus*-Fragment. Vorangegangen ist die mythologisch-historische Nibelungenstudie (*Weltgeschichte aus der Sage*), mit der er die Arbeit an dem nun aufgegebenen *Friedrich I.* ablöst und indirekt fortsetzend vertieft, sowie *Der Nibelungen-Mythus* (als *Nibelungensaga* entworfen). Dieser Prosaentwurf zu *Siegfrieds Tod* zieht die gedankliche Linie bis zur 1874 abgeschlossenen *Götterdämmerung* aus: die „Götter“ heben sich selbst auf in der „Freiheit des menschlichen Bewußtseins“.[206] Die Weltgeschichte ist eine *politische* Schuldgeschichte, und im abdankenden Wotan spiegelt sich die ersehnte Abdankung des *ancien régime* zugunsten des freien Menschen:

---

sion des *Lohengrin* vor der Hintergrund der Paulskirchen-Versammlung dürfte manchem *Rienzi*-Entusiasten unmittelbar eingeleuchtet haben („Die Nobili / verlassen bald die Stadt – die Zeit ist da!“ – wie es denn wörtlich auf die Flucht des Königs zutreffen sollte; vgl. *Rienzi* I. Akt, 1. Szene 134).

[203] Die detaillierte Schrift *Die königliche Kapelle betreffend* (in SSD 12) zeugt von immenser künstlerischer sowie sozialer Verantwortung, was Stellung und Versorgung der königlichen Kapellmusiker angeht, nebenbei auch von pragmatischer Kalkulation. Vgl. auch ausführlich Franke, *Richard Wagners Zürcher Kunstschriften* 48-60.

[204] An Ernst Kossak vom 23. November 1847: SB 2, 578.

[205] SSD 16, 11/12.

[206] *Der Nibelungen-Mythus*: SSD 2, 158.

> nur ein von den Göttern selbst unabhängiger, freier Wille, der alle Schuld auf sich zu laden und zu büßen imstande ist, kann den Zauber lösen, und in dem Menschen ersehen die Götter die Fähigkeit zu solchem freien Willen.[207]

Freier Wille im Mythos einerseits und Wahlrecht für alle mündigen Menschen andererseits – so verhalten sich die republikanischen Bestrebungen den Göttern dieser Welt und auch dem sächsischen Königtum gegenüber.[208] Die republikanische Rede deutet den Handlungskern von *Siegfrieds Tod*, das eben als Revolutionsdrama und künstlerischer Ausdruck von Wagners politischer Agitation entworfen wird. Sein Ziel: „Das wird die *volle Emanzipation des Menschengeschlechtes*, das wird die *Erfüllung der reinen Christuslehre* sein, die sie uns neidisch verbergen hinter prunkenden Dogmen".[209] Denn Ursache des gesellschaftlichen Elends sei die abstrakte („dämonische") Macht des Geldes, die in der menschlichen Gesellschaft an die Stelle der „*Tätigkeit ihrer Glieder*" getreten sei. Wagner will nicht „etwa Lehren des *Kommunismus*" vertreten, wie er in Anspielung auf das *Kommunistische Manifest* erklärt[210], obwohl er selbst ausdrücklich das „*Prinzip des Kommunismus*" als „vollkommenste Befriedigung des Egoismus" bzw. „vollständige Verneinung, Aufhebung des Egoismus" vertritt.[211] Gemeint ist „ein sozialpolitisches Ideal als Prinzip", mit dem er

> das „Volk" in dem Sinne der unvergleichlichen Produktivität der vorgeschichtlichen Urgemeinschaftlichkeit auffaßte, und dieses im vollendetsten Maße als allgemeinschaftliches Wesen der Zukunft wieder hergestellt dachte.[212]

Dieser „Ideal-Kommunismus" als Leitgedanke seines Republikanismus nimmt während seiner parallelen Lektüren von Hegels *Vorlesungen über die Philosophie der Geschichte* und des *Neuen Testaments* im *Jesus von Nazareth*-Entwurf Gestalt an. Dabei läßt sich nicht mehr klären, wie weit *Das Leben Jesu, kritisch betrachtet* von David Friedrich Strauß (1835) und *Das Evangelium des armen Sünders* von Wilhelm Weitling (1845) sein Denken beeinflußt haben.[213]

---

207 Ebd.

208 *Wie verhalten sich republikanische Bestrebungen dem Königtum gegenüber?*: SSD 12, 221.

209 Ebd., 223.

210 Vgl. die Paraphrase des einleitenden Satzes aus dem *Kommunistischen Manifest* in Wagners Nachlaßaphorismus: „Eine ungeheure Bewegung schreitet durch die Welt: es ist der Sturm der europäischen Revolution; jeder nimmt an ihr teil, und wer sie nicht fördert, der stärkt sie durch Gegendruck" (1849-1851: SSD 12, 278).

211 *Das Künstlertum der Zukunft* (Vorstudien 1849): SSD 12, 255/256.

212 *Einleitung zum dritten und vierten Bande*: SSD 3, 5.

213 Nietzsches unrühmliche Attacke gegen den alten Strauß geht auf Wagners Anregung zurück (vgl. Teil A, Kap. 1), so daß eine genauere Kenntnis zumindest nicht auszuschließen ist. Andererseits gibt es keine Lektüre-Hinweise für den *Jesus von Nazareth*-Entwurf, aber ein bleibendes ironisch-distanziertes Verhältnis Wagners zu Strauß, wie aus einer anekdotischen Notiz Cosimas hervorgeht: „[...] wie bei Tisch Fidi [Siegfried] erzählt, jemand habe ihm ein Straußen-Ei geschenkt, sagt R.[ichard]: ‚Wenn du es aufmachst, da ist das Leben Jesu darin.'" (11. Oktober 1881: CT II, 806).

3.2. Das Drama des Erlösers als Revolutionär

Der umfangreiche Entwurf enthält drei Textgruppen und bietet damit Einblick in Wagners Arbeitsweise. Der Prosaentwurf des Dramas skizziert das Szenarium der fünf Akte und vermerkt in Randglossen handelnde Personen, Optionen für Handlungsführung bzw. Regieanweisung und eine Formulierung für die Ausarbeitung („[*Jesus*] Daß ich ewig bei euch sei, muß ich jetzt von euch scheiden.“)[214].

Eine kurze Übersicht über das dramatische Argument soll folgen. Akt I: Judas Ischarioth und Barrabas wollen die messianische Wirkung Jesu für ihren Aufstand gegen die römische Macht nutzen; sie werden Zeuge, daß er ein totes Mädchen auferweckt und die Ehebrecherin freispricht. Akt II: Jesus führt vor Maria Magdalena seine Berufung nicht auf das dynastische Königtum Davids zurück, sondern auf seine Gottessohnschaft, während die Brüder Jesu auf Öffentlichkeit seiner Sendung drängen und das Volk ihn zum König erklären will; er lehrt es vom Schiff aus („Trost und Seligsprechung: vom Himmelreich im Menschen; seine Sendung zu ihnen als Arzt, als Lehrer: seine Gemeindeanordnungen“)[215]. Die vergebliche Berufung des reichen Jünglings verbindet die beiden Hauptszenen. Akt III: Pilatus und Kaiphas halten die Bewegung Jesu für gefährlicher als den bereits erstickten Aufstand des Barrabas, zumal er von davidischer Herkunft sei; Pilatus droht mit der Macht des Kaisers, Kaiphas hingegen will Tempel und Gesetz schützen, indem er durch Judas Ischarioth die Schwäche Jesu ausspäht. Vor der Tempeltreppe spricht Jesus gegen die Tempelschänder und vertreibt gewaltsam die Verkäufer; vor den Pharisäern wird er als „der Gesalbte des Herrn, der König“ ausgerufen und wendet sich gegen „das Gesetz, gegen Druck und Ungerechtigkeit“. Als Gottes Sohn verkündige er „die Erlösung aller Völker der Erde durch *ihn*, nicht der Juden allein“; sein Reich sei „kein irdisches Machtreich“. Im Tumult zieht sich Jesus zurück, während Maria Magdalena die Kollaboration des Judas mit den Pharisäern beobachtet. Akt IV: Jesus hält mit den wenigen Getreuen das Abendmahl. Judas vermißt die Zeichen der messianischen Sendung; auf Maria Magdalenas Frage, ob die Absicht des Judas auch sein Wille sei, weist Jesus sie mit der Hand ab und läßt sich von ihr, unter fortgesetzten Vorwürfen des Judas, salben. Sein Opfertod und die Aussendung des heiligen Geistes soll die Jünger in das Verständnis seiner Sendung führen. Maria Magdalena wird Zeugin für den geplanten Verrat des Judas und von den Kriegsknechten des Kaiphas in Gewahrsam genommen. Judas verrät Jesus in Gethsemane. Akt V: Pilatus verurteilt Jesus auf die Vorwürfe der Pharisäer hin, er habe sich als König ausgegeben, und aufgrund der Anklage des Kaiphas, er nenne sich Sohn Gottes. Pilatus gibt Barabbas frei und läßt Jesus zur Hinrichtung führen; Petrus erklärt dem verzweifelnden Judas, „den Opfertod Jesus‘ [...]! dieser Tod

[214] *Jesus von Nazareth*: SSD 11, 273-284, hier 280. – Diese Formulierung ist typisch für Wagners hier durch seine Hegel-Lektüre angeregte Lust an dialektischer Formulierung.

[215] Ebd., 276.

sei seine Verklärung und nicht das Wunderzeichen, das Judas von ihm erwartet habe“[216]. Mit der deutenden Predigt des Petrus nach dem Tod Jesu schließt der Entwurf.

Die Auferstehung liegt außerhalb der Tragödie, und so ist sie nur vorausdeutend greifbar in der Schlußpredigt des Petrus – auch dies ein epilogischer Ausblick ins Utopische als das Jenseits zur (Bühnen-)Handlung, den dieser Entwurf mit dem *Ring*, dem *Tristan* und der *Meistersingern* gemeinsam hat. Die innere Revolution Jesu, für die er wie Lohengrin durch göttliche Sendung legitimiert ist, kontrastiert zur scheiternden Revolte des Barrabas=Bakunin. Nicht das erfolgreiche politische Zeichen, das Judas als Verbindungsträger zwischen Barrabas und Jesus fordert, sondern der tragische Opfertod bekräftigt den messianischen Anspruch Jesu von Nazareth. Zwischen den verschiedenen Welten bewegt sich Maria Magdalena wie eine Vorstudie zur Kundry. Im szenischen Zentrum des Dramas steht die Reinigung des Tempels von Macht und Geld.

Die gedrängte Konstellation der Personen (Jesus – Maria Magdalena – Judas – Barrabas) trägt den stoffreichen Entwurf. Wagner kombiniert geschickt jesuanische Zeichenhandlungen mit Anleihen aus seinen Lehrreden und fügt sie in den Spannungsbogen der klassischen fünfaktigen Tragödie ein. Kein Passionsspiel steckt in diesem Entwurf, sondern eine Art biblisches Ideendrama und Lehrstück, das „die *volle Emanzipation des Menschengeschlechtes*“ als „die *Erfüllung der reinen Christuslehre*“[217] sinnfällig deuten will.

Die zweite und umfangreichste Textgruppe des Entwurfs bietet ein zwischen angelesener Hegelscher Dialektik und revolutionärer Rhetorik schillerndes theologisches Impromptu, das mit der Frage nach Identität und Würde Jesu von Nazereth einsetzt. Sein Herrschaftsanspruch gründe sich „auf Adam den Gottentsprossenen“; aus dem Menschen komme also die helfende Kraft: „diese ist sein Wissen von sich vor Gott, der im Menschen sich verkündigt“ (285). Jesus wende sich den Leidenden zu und werde von Volk und Aristokratie in seinem Anspruch mißverstanden.[218] Wagner deutet das jüdische Gesetz (in seiner institutionellen Anwendung) als Vertragsrecht einer Gesellschaft, die durch Macht und Herrschaft den Besitz schützt.

> Fraget ihr nun, weshalb denn der Mensch ein Gesetz schuf, das seiner eignen Natur widerstrebte, so erkennen wir den großen Irrtum der Menschheit bis auf den heutigen Tag; nämlich das bis jetzt falsch verstandene Prinzip der Gesellschaft, die zunächst dadurch gesichert zu werden müssen schien, daß das Gesetz den Besitz, nicht aber das Wesen der menschlichen Natur in seiner Freiheit beschützte. (288)

Der Genuß des Lebens erstarrt zur Institution und wird zum Besitz bzw. Eigentum herunterbestimmt, statt dem von Jesus verkündeten Gebot der Gottes-

---

216 Ebd., 284.

217 *Wie verhalten sich republikanische Bestrebungen dem Königtum gegenüber?*: SSD 12, 223.

218 „So lange die jüdische Stammaristokratie in dem Messias den weltlichen Rächer an Rom erblicken zu dürfen glaubte, mochte sie den Volksberichten über Jesus nicht ohne Interesse lauschen“ (*Jesus von Nazareth*: SSD 11, 285).

liebe zu folgen.[219] Diese sei „das Leben selbst, welches der vernünftige Gottesdienst ist“, wie Wagner in seinen den jeweiligen Akten zugeordneten Paraphrasen jesuanischer Lehrreden formuliert (292). Er bestimmt das Gesetz als partikularistische jüdische Machtinstitution und betont im Gegenzug Jesu „Menschen-, nicht: Judenerlöseramt“ (286), das demnach auch eine Erlösung *vom* Judentum einschließe. Andererseits relativiert sich selbst diese bedenkliche Pointe insofern, als Wagner ebenso das kirchliche Christentum als (dialektisch) notwendigen „Irrtum“ geschichtsteleologisch bestimmt und dabei auf die kirchliche Institution als Nachfolge des „Gesetzes“ anzuspielen scheint.[220] Für seine späte theologische Ästhetik ist deswegen die Kunst berufen, den Gehalt einer Religion zu retten, die als Institution selbst „künstlich“ wird.[221]

3.3. Dramatische Soteriologie ohne Theismus?

Wieweit der Gottesbegriff überhaupt noch auf eine transzendente Größe im theistischen Sinn zielt, ist nicht deutlich. Er mag als eine quasi-dialektische Chiffre dienen, die das „Reinmenschliche“ gegen das faktische bloß Menschliche ausspielt, oder auch als leerer Platzhalter-Begriff, der sich später von Feuerbachs Kritik des Christentums her mit neuem Inhalt füllen läßt. Positiv bietet das Gesetz der menschlichen Gesellschaft „Rettung“, indem es das Gute deklariert, negativ wendet es sich zuletzt „gegen Gott selbst“, wenn es den Menschen, der seiner Natur folgt, „sündig werden“ läßt (297; vgl. 306). Der Impromptu-Charakter der Ausführungen verstärkt sich zum Ende dieser Textgruppe:

---

219 In Wagners Exemplar des *Neuen Testaments* aus seiner Dresdener Bibliothek finden sich zahlreiche Anstreichungen von Versen, die sich auf Besitz von und Umgang mit Eigentum beziehen (z. B. Joh 12,4 mit doppeltem Randstrich; Apg 8,20; 19,25-28; 20,33-35; Offb 18,23). Besonders ausführlich angestrichen und mit römischen Ziffern (als Zuordnung zu den fünf Akten des geplanten Dramas) versehen ist die Bergpredigt (Mt 5-7); überhaupt bevorzugt findet sich Randstriche bzw. Stellenverweise in den Evangelien nach Matthäus und Johannes, der Apostelgeschichte, dem Römerbrief und beiden Korintherbriefen.

220 „[...] erst der große Volksirrtum des Christentums hatte die ungeheuere Wucht, sich selbst zu vernichten“ (*Das Künstlertum der Zukunft* [1848]: SSD 12, 261). Weiter: erst als das Christentum „wieder zum Gegenstande der Intelligenz, der Wissenschaft, ward, zeigt sich in ihm der Irrtum unredlich, heuchlerisch, als Theologie – wo die Theologie nicht weiter konnte, trat die Philosophie ein, und diese endlich hebt sich selbst auf, indem sie den Irrtum in sich, auf einer unnatürlichsten Höhe vernichtet, sich selbst – als Wissenschaft – verneint und der Natur und Notwendigkeit nur noch die Ehre läßt: – und siehe da, als die Wissenschaft so weit ist, stellt sich von selbst bereits der populäre Ausdruck ihres Resultates im Kommunismus heraus, der wiederum nur aus dem Volk entsprungen ist“ (ebd.). Wird für „Volk“ der Gattungsbegriff „Mensch“ gesetzt, so ergibt sich eine zwischen Feuerbach und Marx changierende Religionskritik, die einen dialektisch-teleologischen Prozeß der Geschichte unterstellt: Sie geht aus vom Menschen als Ursprung der Religion, deren Gegensatz die partikularistische Institution auf der jeweils komplexeren Stufe des notwendigen Prozesses ist.

221 So die einleitende These von *Religion und Kunst* (1880): SSD 10, 211.

> (*Sehr auszuführen.*) Das Gesetz stehet statt der Allgemeinheit, also zwischen mir und dem Allgemeinen: mein bereichertes Aufgehen in das Allgemeine ward nun ein Aufgehen in das Gesetz, also eine Bereicherung des Todes, denn das Gesetz verdrängt das Leben: das Gesetz ist die Lieblosigkeit, und selbst da, wo es die Liebe gebieten würde, würde ich in seiner Befolgung nicht Liebe üben, denn die Liebe handelt nur nach sich selbst, nicht nach einem Gebot. Die Versöhnung der Welt ist daher nur durch Aufhebung des Gesetzes zu bewirken, welches den Einzelnen von seiner freien Entäußerung seines Ichs an die Allgemeinheit abhält, ihn von ihr trennt. (308)

Wagner ringt mit dem Phänomen des objektiven Geistes. Gleichzeitig bemüht er sich, die kantische Dialektik eines Handelns aus Pflicht und eines nur pflichtgemäßen Handelns zu überwinden, indem er ähnlich wie Schiller das Handeln aus Neigung als Erfüllung des Gesetzes aus der Liebe zu bestimmen sucht. Wotans Speer als Symbol der Herrschaft durch Verträge vertritt in der *Ring*-Parabel das Gesetz, gegen das Siegfried „reinmenschlich" antritt, um es zu zerbrechen – allerdings als der freie Mensch, dessen Freiheit ein Teil des paradoxen Weltplanes ist und der überdies an dieser nur negativ definierten Freiheit zerbricht. Insofern ist – jenseits der kantischen Begrifflichkeit – ein freier Wille (Siegfried) und ein Wille unter dem Gesetz (Siegfried als Erfüllungsgehilfe Wotans und dessen personifizierte „List der Vernunft") durchaus nicht dasselbe, sondern ein tragischer Konfliktfall. Erst in seinem tödlichen Scheitern wird Siegfried „wissend" und erinnert sich seiner Liebe zu Brünnhilde, die seine Freiheit positiv bestimmt.[222] Das Leiden und der Tod als Selbstentäußerung des Egoismus an die Allgemeinheit deutet auf die „Unsterblichkeit, die in meinem freien Willen liegt". Der unfreie Mensch begreife die Natur nur im Bezug auf sich selbst:

> die Natur, soweit sie außer ihm ist, ist ihm daher Nichts, nur sein Ich ist ihm Etwas. Erst nach erlangter Reife, wenn der Mensch in der Liebe sich seiner selbst wieder entäußert, wird ihm die Natur in dem Maße Etwas, als er sich in sie hineinversenkt, denn durch die Liebe geht er aus sich und findet sich im Gegensatz wieder. Daher auch das Verständnis der Natur erst durch die Liebe. (307)

Den Gegensatz von Partikularität und Allgemeinheit bezieht Wagner originär aus seiner dialektischen Lektüre des *Neuen Testaments*, indem er den objektiven Geist des „Gesetzes" als partikularistischen Schein gegen den heiligen Geist der Liebe stellt.

222 In *Siegfrieds Tod* ist der Tod des Protagonisten Anamnese: mit der Erinnerung kommt ihm auch der Sinn seines Todes, verkörpert im Bild Brünnhildes als Wotanskind, das ihn nach Walhall weist (SSD 2, 221/222). Die endgültige Fassung heißt sie die „Heilige Braut!", die er als Sterbender erwachend begrüßt: „Ach! Dieses Auge – / ewig nun offen! [...] Süßes Vergehen, – seliges Grauen!" Sein erinnerndes Verdämmern ist der Kern der *Götterdämmerung* (Dritter Aufzug, zweite Szene: 807). Die Komposition als anamnetisches Spiel von „Fragmentierung, Auflösung und Reihung" *kom-poniert* die zerbrochene Identität Siegfrieds, der „zu der Musik stirbt, die einst Brünnhildes Erwachen zum Leben Ausdruck verliehen hat", wie Richard Klein in seiner Analyse zeigt. „Es bleibt einer der genialsten Züge Wagners, daß er gerade den Tatmenschen und Totschläger par excellence, den reflexionslos vorwärtsstürmenden Vitalisten, mittels Erinnerungsarbeit im besten Sinne des Wortes in den Tod geschickt hat" (*Gebrochene Temporalität* 205).

Wagner will

> im Betracht des Ewigen beides als dieselbe Äußerung der schöpferischen Kraft erkennen: die ursprüngliche Einheit Gottes mit der Welt wird uns somit im Bewußtsein neu gewonnen, und die Sünde, somit das Leiden dadurch aufgehoben, daß wir das unbeholfene Menschengesetz – das sich als Staat der Natur entgegenstellte – durch die Erkenntnis Gottes, des *einigen*, an uns, in uns und in der Einheit mit der Natur – welche wir selbst als ungeteilt erkennen – aufheben. Jesus hat diesen Zwiespalt aufgehoben und die Einheit Gottes hergestellt durch die Verkündung der *Liebe*. (297/298)

Diese – im guten Sinne dilettantische – Theologie unterläuft die kontroversen reformatorischen und katholischen Auffassungen von Gesetz und Freiheit dialektisch, wenn sie im „Geist“, der „die ewige Liebe“ ist, die eigentliche evangelische Freiheit und zugleich die wiederhergestellte vor-gesetzliche Natur des Menschen erkennen will. „Die Liebe ist aber mächtiger als das Gesetz, denn sie ist das Urgesetz des Lebens“ (306). Dem dritten Akt des Dramas und seiner Deutung der Tempelreinigung ordnet er eine trinitarische Erklärung zu, die er Jesus in den Mund legt:

> „Zwischen Vater und Sohn, d. i. dem ewig lebendigen Gott, habt ihr das Gesetz gestellt, und so Gott mit sich entzweit: ich töte das Gesetz und verkünde statt seiner den heiligen Geist, – das ist die ewige Liebe.“ (298).[223]

Diese trinitarische Bestimmung tendiert zu einer „theopaschitischen“ Formulierung, wenn sie vom Leiden Gottes spricht und damit die klassisch-theologische Behauptung seiner „Apathie“ aufgibt. Wagner arbeitet dabei mit dem Begriffsinstrumentarium Hegels, das das menschliche Leiden bestimmt als „das Leiden Gottes selbst, der sich in den Menschen noch nicht zum Bewußtsein gekommen ist“ – ein Bewußtsein, das zu erlangen sei, indem „das Wesen des Menschen selbst als das unmittelbare Gottsein“ gesetzt wird.[224] Für solche Formeln „unmittelbarer“ Identität von Gott und Mensch bzw. Gott und Welt[225] bleibt die entscheidende Frage, von welcher Seite aus sie gelesen werden sollen. Vom Begriff eines transzendenten Schöpfergottes her enthält die Formel durchaus den Gehalt der klassischen theologischen Dogmatik; vom Begriff des „Reinmenschlichen“ her, den Wagner seinem Religionsbegriff in *Oper und Drama* zugrunde legt[226], läßt sich die Formel zwanglos von Feuerbach her deuten. Daß diese Deutung zumindest vorübergehend dominiert, belegt Wagners Widmung seines Hauptwerkes an Feuerbach von 1850, mit dem er das von ihm entliehene gedankliche Eigentum ausdrücklich an den Wid-

---

223 Die auffälligste Anstreichung in Wagners Exemplar des *Neuen Testaments* aus seiner Dresdener Bibliothek betrifft Joh 10, 30: „Ich und der Vater sind Eines.“ Der Satz ist im Text unterstrichen und am Rand mit drei (!) Kreuzen markiert. Wenn sich auch diese Anstreichung positiv als Zustimmung lesen läßt, gibt sie eine eindeutige Auskunft zu der nicht unwesentlichen Frage, wie Wagner Jesus in Bezug auf Gott verstehen will.

224 SSD 11, 297/298.

225 „Gott war mit der Welt von Anfang an eins: die ersten Geschlechter (Adam und Eva) lebten und webten in dieser Einheit unschuldig, ohne von ihr zu wissen“ (SSD 11, 297).

226 Vgl. SSD 4, 72ff.

mungsträger zurückerstattet.[227] Insofern ist Wagners ausdrückliche und in Werk und Theorie immer wiederkehrende Parteinahme für den Leidenden religiös motiviert. Sie ist Parteinahme für den *so* verstandenen Gott im

> Geist der Revolution [...], als die reine menschliche Natur sich gegen den politisch-juristischen Formalismus empörte: in diesem Sinne war ein Kriminalfall für mich von demselben Interesse, wie eine politische Aktion. Stets konnte ich nur für den Leidenden Partei nehmen, und zwar ganz in dem Grade eifrig, als er sich gegen irgend welchen Druck wehrte: niemals habe ich es vermocht, irgend einer politisch konstruktiven Idee zu lieb diese Parteinahme fallen zu lassen.[228]

Daher erhebt Wagner den Anspruch, er sei in seinem Verlangen, sich „der Nichtswürdigkeit der modernen Welt zu entwinden, *Christ* gewesen".[229] Moderne Welt heißt: Herrschaft des Egoismus im Vertragsrecht der Gesellschaft und in der Macht des Geldes. Das Leiden daran „ist so alt wie das Gesetz", das bewußte Leiden daran als vorweggenommene Erkenntnis Gottes aber Seligkeit (298). Insofern spricht er dem Tod als bewußtes Opfer den Rang einer „sittlichen Tat" zu, weil er die Partikularität des Egoismus und ihre objektiven gesellschaftlichen Herrschaftsformen ins Allgemeine aufhebt. Zu diesen Partikularismen zählt Wagner daher auch den Patriotismus (301ff.). In seiner an König Ludwig II. adressierten Schrift *Über Staat und Religion* von 1864 nimmt er diesen Gedanken erneut auf; er bestimmt den Patriotismus als den „Wahn" des politischen Lebens, in dem sich der bürgerliche Egoismus dem partikularen Staat und seiner Selbsterhaltung aufopfert. Er wird „für das Interesse der Menschheit überhaupt" blind, so daß „Ungerechtigkeit und Gewaltsamkeit gegen andere Staaten und Völker [...] daher von je die wahre Kraftäußerung des Patriotismus gewesen" sind.[230]

Die abschließende Notiz der Textgruppe bestimmt das Thema dieser theologischen Reflexionen und damit die Identität des dramatischen Protagonisten (bewußt?) treffsicher von Eph 2,14 her. Diese Briefstelle meint mit der Metapher vom „Zaun" tatsächlich die Schranke im Vorhof des Jerusalemer Tem-

---

227 *„Das Kunstwerk der Zukunft". Ludwig Feuerbach in dankbarer Verehrung gewidmet*: SSD 12, 284.

228 *Eine Mitteilung an meine Freunde*: SSD 4, 309. – Cosima Wagner notiert die Frage ihres Mannes an sie: „‚Was würdest du wohl Pilatus geantwortet haben, wie er frug: was ist Wahrheit; – – – das, was man den Lügenhaften nicht sagen kann?' Ich: ‚Ich glaube, ich hätte auch geschwiegen u.s.w.'. Er: ‚Ganz richtig, die Wahrheit ist, nicht zu sprechen, sondern zu handeln, der ganze Schwerpunkt liegt in der Moralität.'" (28. Oktober 1881: CT II, 816). Cosima Wagners spätes Interesse an Kierkegaard hat gewiß hier einen ihrer Anhaltspunkte (vgl. das Vorwort von Dietrich Mack zu *Das zweite Leben* 19).

229 Wagner ist nach eigenem Bekunden „[...] ein ehrlicherer Christ als alle die, die mir jetzt den Abfall vom Christentume mit impertinenter Frömmigkeit vorwerfen" (*Eine Mitteilung an meine Freunde*: SSD 4, 304). Ähnlich äußert sich der späte Goethe gegenüber Kanzler von Müller am 7. April 1830: „Sie wissen, wie ich das Christenthum achte – oder Sie wissen es vielleicht auch nicht – wer ist denn noch heutzutage ein Christ, wie Christus ihn haben wollte? Ich allein vielleicht, ob ihr mich gleich für einen Heiden haltet" (*Gespräche* III/2, 602).

230 SSD 8, 12/13. – Damit erledigt sich schon im Ansatz die geläufige Auffassung, der arrivierte Wagner habe mit seinen revolutionären Idealen gebrochen, um den jeweiligen wirklichen oder ersehnten Mäzenen zu huldigen.

pels, die zwischen Juden und Heiden trennt. In den eingefügten Glossen paraphrasiert Wagner selbst das Zitat mit seiner am Text entwickelten Begrifflichkeit:

> Denn er ist unser Friede, der aus beiden [Gott und dem Menschen, d. i. dem Allgemeinen und dem Einzelnen][231] *eines* gemacht, und hat abgebrochen den Zaun, der dazwischen war, in dem, daß er durch sein Fleisch wegnahm die Feindschaft, – nämlich das Gesetz, so in Geboten gestellet war, auf daß er aus zweien *einen* neuen Menschen in ihm selber schaffete [d. i. den in der Allgemeinheit sich mit Bewußtsein wiederfindenden Einzelnen] und Friede machete, und daß er beide versöhnete mit Gott in *einem* Leibe durch das Kreuz, und hat die Feindschaft getötet durch sich selbst. (308)

Die dritte Textgruppe beschließt den Entwurf als Florilegiensammlung neutestamentlicher Stellen und Vorrat für Textmontagen zu den einzelnen Akten (308-324). Die entsprechenden Studien lassen sich anhand der Randstriche und Anmerkungen in Wagners *Neuen Testament* nachvollziehen. Die Verse sind zunächst markiert und, wahrscheinlich in einem oder mehreren weiteren Durchgängen, offenbar aber nach einem vorgefaßten Szenarium mit den römischen Ziffern I bis V versehen und so den Akten zugeordnet worden. Auch die Entwürfe zu *Jesus von Nazareth* liegen in einer Reihenfolge vor, die diese Vermutung bestätigt: Teil 1 enthält ein fertiges Szenarium, Teil 2 dessen ästhetisch-theologische Reflexion, Teil 3 die dem Szenarium zugeordneten Verse. Insgesamt hat Wagner seine Vorstudien, ausgehend von einer mehr oder weniger ausgeprägten szenischen Vision, sorgfältig und intensiv durchgeführt. Dabei müssen ihm die Szenen und Figuren im Detail bereits deutlich gewesen sein, bevor er die einzelnen Belege zusammenstellt. Dies setzt sowohl eine solide Kenntnis des *Neuen Testaments* als auch mindestens Grundkenntnisse der aktuellen Leben-Jesu-Forschung voraus, mithin eine theologische Ambition und auch Sicherheit, die weit über die geläufigen Standards eines Nichttheologen hinausreicht. Insgesamt steht der durchstrukturierte *Jesus von Nazareth*-Entwurf unmittelbar neben dem *Siegfried*-Projekt. Für beide Vorhaben läßt sich Wagner auf ausgedehnte Quellenstudien ein, beide Vorhaben kreisen um die Idee des Opfertodes, der entweder Partikularität in Allgemeinheit (*Jesus von Nazareth*) oder die Negation des „ewig Reinmenschlichen“[232] durch Negation (*Siegfrieds Tod*) aufheben soll. Dabei ist „Vernichtung“ immer synomym zur „Aufhebung“ im Verständnis Hegels gebraucht, nämlich als dialektische Negation, die wiederum zur höheren Synthese einer neuen Position treibt. Für diese Erhöhung benutzt Wagner durchgehend das emphatische Wort „Erlösung“, so daß alle drei Begriffe mit unterschiedlichem Akzent im jeweiligen Kontext auf dasselbe zielen.

Im Unterschied zum „Reinmenschlichen“ des *Siegfried*-Stoffes ist Jesus von Nazareth die historische Person, mit deren Wirken Wagner sich „dem Urquell aller modernen Vorstellungen von diesem Verhältnisse“ von Erlösungssehnsucht und Erlösung nähern will, „nämlich dem menschlichen *Jesus von Na-*

[231] Zusatz Wagners.

[232] *Eine Mitteilung an meine Freunde*: SSD 4, 331.

zareth".[233] Von ihm, dem historischen Jesus der mit David Friedrich Strauß einsetzenden Leben-Jesu-Forschung, unterscheidet Wagner jedoch, anders als sein theologischer Anreger, nicht historisch-kritisch den mythologischen, sondern menschlich-künstlerisch „den symbolischen Christus"[234] in seiner analogen Bedeutung für das „Reinmenschliche". Er wird ihm bis zur Komposition des *Parsifal* treu bleiben.

> Es reizte mich nun, die Natur Jesus', wie sie *unserm*, der Bewegung des Lebens zugewandten Bewußtsein deutlich geworden ist, in der Weise darzutun, daß das Selbstopfer Jesus nur die unvollkommene Äußerung desjenigen menschlichen Triebes sei, der das Individuum zur Empörung gegen eine lieblose Allgemeinheit drängt, zu einer Empörung, die der durchaus Einzelne allerdings nur durch Selbstvernichtung beschließen kann, die gerade aus dieser Selbstvernichtung heraus aber noch ihre wahre Natur dahin kundgibt, daß sie wirklich nicht auf den eigenen Tod, sondern auf die Verneinung der lieblosen Allgemeinheit ausging.[235]

Jesus als Empörer im Namen des „Reinmenschlichen" – der Begriff, auf den Wagner in der Perspektive seiner Revolutions- und Kunstschriften nachträglich den großen Stoff bringt, reduziert dessen Komplexität erheblich. Denn hinter der Figur Jesu von Nazareth scheint nicht nur eine ästhetische Recherche nach den Quellen der Moderne auf der Suche nach ihrer dramatischen Gestaltung, sondern eine durchaus komplexe theologische Frage nach „Vernichtung" als „Erlösung" auf. Sie muß hinter der Re- und Dekonstruktion des *Nibelungen*-Weltmythos für lange Zeit zurücktreten, um, nach einem folgenlosen Zwischenspiel in der Konzeption des *Tristan* (Parsifal als Bote an Tristans Krankenbett), schließlich nach der „Götterdämmerung" aller Ausgriffe auf „Erlösung" zurückzukehren. *Parsifal* als gesteigerter Siegfried gibt dem Stoff die endgültige Gestalt. So klingt der *Jesus von Nazareth*-Stoff bis dahin wie ein unaufgelöster Vorhalt. Ihm geht ein erster Vorklang des *Nibelungen*-Akkordes, allerdings als ein Trugschluß, voran.[236] Es ist der *Wibelungen*-Aufsatz mit der anschließenden Konzeption von *Siegfrieds Tod*. Aus ihm erwachsen die Revolutions-Schriften, die sich über den biographischen Bruch der Flucht aus Dresden ins Zürcher Exil als Kontinuum durchhalten. Dort erst wird sich Wagner über *Oper und Drama* klar werden, um seinen *Ring* zu schmieden.

---

233 Ebd.

234 Ebd.

235 Ebd., 332.

236 Ein Trugschluß im eigentlichen Sinn, denn der *Ring* endet nicht, sondern schafft am Schluß die anarchisch freie Bühne, auf der seine Handlung gesteigert wiederum aufgenommen werden kann: im *Parsifal*.

Wollen wir mit dieser Welt Verträge schließen? – Nein!
Denn auch die demütigendsten Verträge würden uns als Ausgeschlossene hinstellen.
[...]
Wo nun der Staatsmann verzweifelt, der Politiker die Hände sinken läßt, der Sozialist mit fruchtlosen Systemen sich plagt, ja selbst der Philosoph nur noch deuten, nicht aber vorausverkündigen kann [...],
da ist es der *Künstler*, der mit klarem Auge Gestalten ersehen kann, wie sie der Sehnsucht sich zeigen,
die nach dem einzig Wahren – *dem Menschen* – verlangt.
Der Künstler vermag es, eine noch ungestaltete Welt im voraus zu gestalten.[1]

II. „Lehrjahre": Dialektik der Verneinung

Mit dem *Lohengrin* erhält Wagners Urdrama seine gültige Gestalt; doch nicht in Dresden, aus dem Wagner am 9. Mai 1849 flieht, sondern erst in Weimar wird diese politische Utopie der Offenbarung ein Jahr später ihre Uraufführung erleben. Nicht erst die Revolution läßt Wagner ortlos werden. Sie deckt ihm die fundamentale Ortlosigkeit seiner Dramatik auf und zwingt ihn zu neuer Ortsbestimmung. Mit der Revolution sollte die „positive Basis [...] gewonnen werden"[2], nachdem die Brücke zu Dresden und der dortigen vorrevolutionären Existenz endgültig hinter Wagner eingestürzt ist.[3] Noch ist die Gestalt Jesu von Nazareth als Empörer gegen die Ersatzgottheit des Geldes nicht nur ein Paradigma *in persona*, sondern erscheint als dramatisches Sujet ausführbar.[4] Umgekehrt entdeckt Wagner das „Reinmenschliche" mit den Gedanken Schillers und in der Begrifflichkeit Ludwig Feuerbachs. Mit ihm teilt er in vorwegnehmender Intuition die Wendung gegen die „absolute Philosophie" der Hegelschen Geschichtsdialektik, bald aber auch den Verleger, Otto Wigand in Leipzig, nachdem die französische Zeitschrift *National* einen Abdruck ablehnt.[5] Auf die *Die Wibelungen. Weltgeschichte aus der Sage* folgt im selben Jahr 1850 die Trias der Revolutionsschriften: *Die Kunst und die Revolution*, *Das Kunstwerk der Zukunft* und das Fragment gebliebene *Künstlertum der Zukunft*.

> Unbedingt notwendig ist es mir aber diese arbeiten zu machen und in die welt zu schicken ehe ich in meinem unmittelbaren künstlerischen produziren fortfahre: ich muß mir [!] selbst, und diejenigen, die sich für mein künstlerisches wesen interessiren, müssen mit mir sich einmal zu einer präzisen verständigung herbeilassen, sonst tappen wir alle zusammen ewig in einem widerlichen helldunkel her-

1 *Oper und Drama* 390/391.
2 An Ernst Kossak vom 23. November 1847: SB 2, 578.
3 Er legt Wert darauf, sie nicht selbst hinter sich abgebrochen zu haben; vgl. den Brief an Ferdinand Heine vom 4. Dezember 1849 (SB 3, 182).
4 Vgl. ebd., 178 bzw. 182ff.

> um, das schlimmer ist als die absolute, bornirte nacht, in der man gar nichts sieht und nur an der altgewohnten geländerhandhabe sich fromm-gläubig weiterkrampt.[6]

Die fortzusetzende künstlerische Produktion gilt dem *Nibelungen*-Stoff. Er ist die ideelle Brücke, die als Kontinuum von Dresden über Zürich bis hin zu Bayreuth reicht. Die reale Brücke bricht hinter Wagner nicht ohne seine Mithilfe zusammen. Seine Antwort auf die Frage *Wie verhalten sich republikanische Bestrebungen dem Königtum gegenüber?* vom 15. Juni 1848 will alle Stände „in den einen großen Stand des freien Volkes vereinigt“ sehen und von der abstrakten Herrschaft des Geldes erlösen.[7] Diese Bewegung der „Emanzipation“ will auch den König aus dem Monarchismus erlösen; als *„der erste und allerechteste Republikaner“*[8] soll er „die schönste deutsche Auslegung des Ausspruches Christus‘ sein: *‚Der höchste unter euch soll der Knecht aller sein* [...]‘“ und die streitenden Parteien versöhnen, indem er die *volonté générale* gegenüber der *volonté de tous* der einzelnen Stände verkörpert.[9] Diese emanzipatorische Reform von oben krönt die verschiedenen Reformprojekte Wagners[10] mit demselben Paradox, auf das auch die politischen Schriften für Ludwig II. von Bayern (1864 bzw. 1867/1868), allerdings unter teilweisem Ersatz der revolutionären Rhetorik durch die Begrifflichkeit Schopenhauers, zielen.[11] Seinen mythologischen Ausdruck findet dieser Appell an den König in den Schlußworten des *Wibelungen*-Aufsatzes, die ihrerseits das Finale der äs-

---

5 Vgl. den Brief an Karl Ritter vom 21. November 1849: SB 3, 161.

6 An Theodor Uhlig vom 16. September 1849: SB 3, 123. – Der Text scheint auf Hegels berühmte Schelling-Kritik in der Einleitung zur *Phänomenologie des Geistes* anzuspielen, nämlich auf Schellings absolut-idealistischen Versuch, das „eine Wissen, daß im Absoluten alles gleich ist, der unterscheidenden und erfüllten oder Erfüllung suchenden Erkenntnis entgegenzusetzen oder sein *Absolutes* für die Nacht auszugeben, worin, wie man zu sagen pflegt, alle Kühe schwarz sind“ (Werke 3, 22). Eine Lektüre wenigstes der Einleitung ist für Wagner durchaus anzunehmen. Seine Abneigung gegenüber der „absoluten“ Philosophie Schellings ist auch sonst dokumentiert (vgl. den Brief an August Lewald vom 12. November 1838: SB 1, 354: „[...] wie uns später in Leipzig Schelling's transcendentaler Idealismus zwischen die Beine kam“). Spätere, wenig erfreute Schelling-Lektüren, u. a. der *Philosophie der Offenbarung*, fallen in die Wintermonate 1880 (vgl. CT II, 635ff. u. passim). Eine Auseinandersetzung mit der Kunstphilosophie Schellings, die hier und später zu erwarten wäre, ist nicht zu belegen, und kann allenfalls gesprächsweise stattgefunden haben.

7 SSD 12, 222ff.

8 Ebd., 225.

9 Ebd., 228. – Vgl. auch *Deutschland und seine Fürsten* (15.10.1848: SSD 12, 414-419) sowie *Der Mensch und die bestehende Gesellschaft* (10.2.1849: SSD 12, 240-244). – Vgl. zum Problem und seiner Ideengeschichte Bermbach, *Der Wahn des Gesamtkunstwerks* 76-83.

10 Vgl. den *Entwurf zur Organisation eines deutschen National-Theaters für das Königreich Sachsen* (als Denkschrift an den Minister des Inneren am 15. Mai 1848 eingegeben: SSD 2, 233-273); *Über Eduard Devrients ‚Geschichte der deutschen Schauspielkunst‘* (8.1.1849: SSD 12, 425); *Theaterreform* (16.1.1849: SSD 12, 233-236) und *Nochmals Theaterreform* (18.1.1849: SSD 12, 237-239).

11 Vgl. *Über Staat und Religion* (1864: SSD 8, 26ff.) und die fünfzehnteilige Essay-Folge *Deutsche Kunst und deutsche Politik* (1867/1867), deren Publikation in der halbregierungsoffiziellen *Süddeutschen Presse* mit Nr. XII eingestellt worden ist (SSD 8, 31-124; das Nachwort der Buchausgabe von 1868 in SSD 16, 92-93).

thetisch-politischen *Götterdämmerung* am Ende der *Ring*-Tetralogie vorweg deuten:

> „Wann kommst du wieder, Friedrich, du herrlicher Siegfried! und schlägst den bösen nagenden Wurm der Menschheit?“ –
> „„Zwei Raben fliegen um meinen Berg, – sie mästeten sich fett vom Raube des Reiches! Von Südost hackt der eine, von Nordost hackt der andere: – verjagt die Raben und der Hort ist euer! – Mich aber laßt ruhig in meinem Götterberge!“‘[12]

Doch am Ende des *Ring* steht der Tod Siegfrieds, und die heimkehrenden Raben verkünden dem Gott dieser Welt die ewige Ruhe.[13] In Wahrheit ist der Traum einer Revolution von oben (durch den König bzw. Wotan) ebenso wie der Traum einer Revolution von unten (durch das Volk bzw. Siegfried) dort ausgeträumt; er läßt auf der Bühne „die Männer und Frauen in höchster Ergriffenheit“ zurück, ohne Reich, ohne Walhall, ohne Lösung.[14] Am Ende dieser Dekonstruktion aller revolutionären Mythen bleibt nur visionäre Anarchie.[15]

Damit bleibt der Hymnus auf *Die Revolution* vom 8. April 1849 ein Zwischenspiel, das Wagner gern zurückgenommen hätte und dessen Folgen er bald umgedeutet hat.[16] Dort ist es „die erhabene Göttin **Revolution**“, „das ewig verjüngende, das ewig schaffende Leben“, das „die bestehende Ordnung der Dinge“ zerstört, um den freien Menschen hervorzubringen.[17] Doch das Werk weiß es schon jetzt besser als die Proklamation, die ihm gilt, und so beginnt das *Nibelungen*- Projekt mit *Siegfrieds Tod*. Es setzt ein nach dem Ende und Scheitern der Revolution, die auch den freien Menschen nur hervorbringt, damit er sich selbst vernichtet – ohne Lösung oder Erlösung. Wagners erster Brief nach seiner Flucht aus Dresden zieht die Summe seiner kurzen Karriere als Revolutionär, der er eigentlich nicht gewesen ist, da „ein wirklicher Revo-

---

[12] SSD 12, 229. – Dieser originale Schluß des *Wibelungen*-Aufsatzes fehlt in den *Gesammelten Schriften* (und analog in SSD 3); dort schläft der Drachentöter Friedrich (= Siegfried) im Kyffhäuser inmitten des Nibelungenhortes, „in einen alten Götterberg war er wieder versenkt“ (SSD 3, 155).

[13] „Ruhe, ruhe, du Gott!“ Mit diesem Requiem auf die weltlich-göttliche und längst korrumpierte Macht des Vertrages übergibt Brünnhilde den Leichnam Siegfrieds und sich selbst dem reinigenden Feuer. „Fliegt heim, ihr Raben! [...] Denn der Götter Ende dämmert nun auf“ (*Götterdämmerung* 813/814).

[14] Ebd., 815. – Auch der Schluß der *Meistersinger* gibt weder eine „Apotheose des Hans Sachs“ noch einen nationalistischen Appell, sondern zieht das Fazit der Destruktion. Auf den „Dunst“ des vergangen Reiches folgt die „heil'ge deutsche Kunst“, so wie das Schöne in der Ästhetik Schillers sich nicht im Zwang des „Staates“, sondern im freien Spiel des reinen Menschen entfaltet. Über Schillers *Ästhetische Erziehung des Menschen* und ihre Wirkung auf Wagners Ästhetik des Dramas handelt das nächste Kapitel.

[15] Der Zauberberg, dieses bürgerliche Walhall Thomas Manns, findet nicht zufällig ein ähnliches Ende und stellt auf seine Weise die Frage, die nach der Destruktion aller bürgerlichen Mythen offen bleibt: „Wird auch aus diesem Weltfest des Todes, auch aus der schlimmen Fieberbrunst, die rings den regnerischen Abendhimmel entzündet, einmal die Liebe steigen?“ (GW 9, 1006).

[16] Diese hat er – wie die meisten unmittelbaren Revolutionsschriften, die nicht dem *Nibelungen*-Projekt unmittelbar dienen sollen – nicht in die *Gesammelten Schriften* ab 1871 aufgenommen: eine historisch-biographische Retusche, die aber in der Sache konsequent ist.

[17] *Die Revolution*: SSD 12, 245-251.

lutionär gänzlich ohne alle Rücksicht verfahren muß“.[18] Das heißt: er muß wie ein Siegfried ohne die Erinnerung an Gewesenes und Verpflichtendes verfahren. Erst in seinem Tod kehrt die Erinnerung wieder: Anamnese des selbst- und weltvergessenen Revolutionärs und damit auch sein Erwachen in die Utopie.

> [...] wir sind Revolutionäre um auf einem frischen Boden *aufbauen* zu können; nicht das *Zerstören* reizt uns, sondern das *Neugestalten* [...]. *So scheide ich mich von der Revolution....*[19]

Er ist „wieder ganz *Künstler* geworden“[20] – allerdings ein politisierender Künstler – und geht im Kontinuum des *Nibelungen*-Projektes auf, zu dem die Zürcher Schriften unmittelbar gehören.[21] Erst das Ende auch dieses Projektes mit dem ersten Festspielzyklus von Bayreuth 1876 markiert einen ähnlichen Einschnitt. Wie er sich der Revolution durch Flucht in das revolutionäre Kunstwerk entzieht, so entzieht er sich dem realisierten Festspiel schließlich in das *Bühnenweihfestspiel*: *Parsifal* wird aus der Dialektik der Verneinung hervorgehen und auf höherer Stufe auch den Entwurf des *Jesus von Nazareth* realisieren.

---

[18] An Minna Wagner vom 14. Mai 1849: SB 2, 653.

[19] Ebd., 654. – Vgl. Wagners nüchterne Analyse der revolutionären Vorgänge, aber auch seine Apologie im Brief an Eduard Devrient, der drei Tage später denselben Gedanken in nahezu identischer Formulierung wiederholt (17. Mai 1849: SSD 2, 660ff. und vor allem 665).

[20] An Minna Wagner vom 14. Mai 1849: SSD 2, 655.

[21] „Nur 48, der Völkerfrühling“, habe den „Grund zu Deutschlands Einheit damals gelegt [...]. Ich selbst, ich hätte, glaube ich, den Ring nicht konzipiert ohne diese Bewegung“ (2. Mai 1874: CT I, 814). – Über die politischen Grundbegriffe Wagners und ihre Problemgeschichte orientiert umfassend Udo Bermbach (*Der Wahn des Gesamtkunstwerks* 101-224); seine politikwissenschaftlichen Studien berühren sich vielfach mit dem hier Vorgetragenen.

Heilige Antigone! Dich rufe ich nun an!
Laß Deine Fahne wehen, daß wir unter ihr vernichten und erlösen! – – [22]

[...] aber meinem Unvermögen [...] schreiben Sie es zu, wenn Sie im Lauf dieser Untersuchungen an irgendeine besondre Schule erinnert werden sollten.
Schiller, *Über die ästhetische Erziehung des Menschen*[23]

1. Die ästhetischen Hauptschriften: Von der Revolution zur Kunst

Wagners Anläufe, den Nibelungen-Mythos in seiner spezifischen dramatischen Konstellation zu erfassen und als Welttheater zu entwickeln, greifen ähnlich weit aus wie seine Studien zu *Jesus von Nazareth*. Dabei markiert der Aufsatz *Die Wibelungen. Weltgeschichte aus der Sage* vom Spätsommer 1848 die Schnittstelle zum *Friedrich*-Projekt, dessen ideell-ideologische Grundlinien in der Gestalt Siegfrieds zusammentreffen und eine eigene musikdramatische Bearbeitung erübrigen. Aus den kaum überschaubaren Korrespondenzen zwischen den Konstrukten einer deutschen Geschichte und der mythischen Weltsicht, in der sie sich vorgeblich deutet, entwickelt sich die eigentliche *Ring*-Fabel in einem gültigen Prosaentwurf zum *Nibelungen-Mythus*, der auf den hochproblematischen und hochspekulativen Versuch einer unmittelbaren Geschichtsdeutung verzichtet. *Siegfrieds Tod* als ausgeführtes Drama beendet diesen Prozeß vorläufig: Es markiert den Schluß der Tetralogie, aus dem sich die gesamte Fabel rückschreitend bis zur leitenden Idee des Hortes im *Rheingold* entfalten läßt. Dieser Hort, im *Wibelungen*-Aufsatz noch mit „der utopischen Idee des ‚Grals'"[24] identifiziert, verweist nun nicht mehr auf ein verlorenes und wiederkehrendes goldenes Zeitalter. Die *Ring*-Fabel umschließt den *Parsifal*-Stoff nicht länger, sondern gibt ihn zu eigener Gestaltung frei, während der ambivalente Hort das Initialproblem der Tetralogie symbolisiert.

Der *Wibelungen*-Aufsatz bietet eine hochspekulative Mythen-Synopse, die sich vordergründig als Weltgeschichtsdeutung des mythendichtenden deutschen Volkes entwickelt. Der ästhetischen Totale des Stoffes opfert Wagner gern die philologische Methode. Er leitet unhistorisch-unkritisch die Ghibellinen als „Waiblinger" von den „Wibelungen" (statt Nibelungen) her, damit Geschichte und Mythos im Stabreim zueinander finden können – stehen sich doch nun „Wibelungen" und Welfen, deutsche Gesamtherrschaft und deutsch-oberitalienisch-kirchlicher Partikularismus unmittelbar im Kampf um den ide-

---

22 *Oper und Drama* II, 199.
23 *Sämtliche Werke* III, 570.
24 Kühnel, *Wagners Schriften* 492.

ellen Hort des Deutschtums gegenüber. Aus dem mythischen goldenen Zeitalter tritt so das urkönigliche Patriarchat mit dem fränkischen Königtum ins Licht der Geschichte. Siegfried als Licht- und Sonnengott verwaltet den Nibelungenhort als Inbegriff irdischer Macht. Er selbst ist Nibelung wie auch der fränkische Herrscherstamm, der sich diesen symbolischen Hort aneignet. Als Eigentum ist dieser Hort ambivalent: Wie Siegfried als Lichtgott den Chaosdrachen der Finsternis besiegt[25], so wird er Herr des Hortes und als nunmehriger Nibelung wiederum durch den Erben des Drachen getötet. Der spätere Nibelungenfluch auf den Ring deutet sich an, denn es ist das Unrecht der Aneignung, das den Gegenstand des Besitzes und seinen Besitzer belastet. Licht und Finsternis wechseln zyklisch im Besitz des Hortes, der als ideeller Hort die Erde selbst[26], als *„das besondere Werk der Nibelungen“* aber deren materielle Aneignung und Ausbeutung ist.[27] Hier schließt sich der Kreis der mythischen Spekulation zum mythischen Kreis einer Geschichte, die kein Lichtgott oder Erlöser durchbrechen kann. Jeder Tag dieses mythischen Weltdramas muß mit *Siegfrieds Tod* enden, jeder neue Tag mit seinem Sieg über den Drachen der Nacht beginnen.

> Der abstrakte höchste Gott der Deutschen, Wuotan, brauchte dem Gotte der Christen nicht eigentlich Platz zu machen; er konnte vielmehr gänzlich mit ihm identifiziert werden. [...]
> Jener eine, heimische Stammgott, von dem die einzelnen Geschlechter ihr irdisches Dasein unmittelbar ableiteten, ist aber gewiß am allerwenigsten aufgegeben worden: denn an ihm fand sich mit Christus, Gottes Sohne, selbst die entscheidende Ähnlichkeit vor, daß auch er gestorben war, beklagt und gerächt wurde, – wie wir noch heute an den Juden Christus rächen.[28]

Dem mythischen Lichtgott Siegfried entspricht der geschichtliche Friedrich I. Mit seiner Person will Wagner allerdings den mythischen Zyklus durchbrechen, wenn er seinen Helden in das fernste Indien auf die Suche nach dem „heiligen Gral“ schickt. An diesem Punkt zerbricht Wagners mythologische Konstruktion der Weltgeschichte endgültig, mit ihr aber auch der mythische Zwang zur Wiederholung, der den *Ring* immer wieder rundet. Denn der Gral tritt an die Stelle des ideellen und materiellen Hortes, und aus fernstem Orient leuchtet dem suchenden Abendland ein neues Licht. Einmal nur sei es in den Niederlanden aufgeschienen (*Lohengrin*!), werde aber „in einer Burg auf

---

[25] Bezeichnend ist, daß in *Siegfrieds Tod* der Protagonist als „Glanz der Welt! [...] Wonne der Götter!“ (SSD 2, 172), in *Götterdämmerung* jedoch deutlich wieder als „siegendes Licht!“ apostrophiert wird (760).

[26] Der symbolische Hort *„ist die Erde mit all ihrer Herrlichkeit selbst, die wir beim Anbruche des Tages, beim frohen Leuchten der Sonne als unser Eigentum erkennen und genießen, nachdem die Nacht verjagt, die ihre düsteren Drachenflügel über die reichen Schätze der Welt gespenstisch grauenhaft ausgebreitet hielt“* (*Die Wibelungen*: SSD 2, 133).

[27] Ebd. – Vgl. bes. den Schlußabschnitt „Historischer Niederschlag des realen Inhaltes des Hortes im ‚tatsächlichen Besitz‘“, 152-155, der dessen politisch-ökonomische Seite als „Kapital“ analysiert.

[28] Ebd., 144. – Der charakteristische Halbsatz ordnet den christlichen Judenhaß in ein mythologisches Schema ein, das im Text jedoch nicht angewendet wird.

hohem Gebirge in Indien [...] nun wieder verwahrt".[29] Dieses „Aufgehen des idealen Inhaltes des Hortes in den ‚heiligen Gral'"[30] verläßt aber auch den eigentlichen Raum der *Nibelungen*-Fabel, in der er später konsequent auch nicht wieder auftaucht. Im Gralssucher Friedrich zeigt sich weniger der wiedererstandene Lichtgott Siegfried als vielmehr der „reine Tor" *Parsifal*. Nicht der Übermensch Siegfried dämmert in ewiger Wiederkehr auf, um immer neu zu sterben: das mythische Schema wird verlassen und eine Erlösung gesucht, die den Ring mythisch-ewiger Wiederkehr zerbricht.

So enthält der *Wibelungen*-Aufsatz beides: den Versuch, die „Weltgeschichte aus der Sage" mythologisch zu *rekonstruieren*, und, da dieser Versuch mißlingt, dessen *Dekonstruktion* aus der Sicht einer utopischen Erlösungshoffnung, deren utopischer Ausdruck die offene Suche nach dem Gral ist. Was immer das „fernste Indien" der unnahbar entlegenen Gralsburg sein mag – es liegt außerhalb des mythisch erschlossenen Geländes und bleibt *terra incognita*, ja *terra utopica*. Der Lichtgott Siegfried wird mit Friedrich zum Menschen, der den wahren Hort anderswo sucht. Was eben heißt: außerhalb des Mythos.

Im *Nibelungen-Mythus* unternimmt Wagner noch den widersprüchlichen Versuch, die Lösung des Konflikts in den mythischen Raum zurück zu verlagern. Zwar ist Wotan hier nicht mehr der abstrakte Hochgott, sondern der positive Ausdruck der Ambivalenz, mit der sich der Hort als rechtmäßiges Eigentum darstellt: eine problematische Ordnung der Verhältnisse. Aber Gottheit und Götterherrschaft zielen auf Weltordnung. „Die Absicht ihrer höheren Weltordnung ist sittliches Bewußtsein"[31], das jedoch Schuld und Unrecht dafür hinnimmt, indem sie den Frieden auf geraubte Herrschaft gründet. Daher kann die Herrschaft „Allvaters" – von Brünnhilde am Ende der Handlung erneut proklamiert – nicht einfach wiederhergestellt werden. Wenn „nur ein, von den Göttern selbst unabhängiger, freier Wille, der alle Schuld auf sich selbst zu laden und zu büßen imstande ist, [...] den Zauber lösen" kann, so wird die von den Göttern erhoffte und ins Werk gesetzte menschliche Freiheit prinzipiell einem Zweck unterworfen, der ihren Charakter als Freiheit aufhebt. Eine Entschuldung der Götter durch eine quasi-soteriologische Stellvertretung Siegfrieds bleibt bloße Fiktion:

> Er hat schuldlos die Schuld der Götter übernommen, ihr Unrecht büßt er an sich durch seinen Trotz, seine Selbständigkeit.[32]

Siegfrieds Tod, Ausgangs- und Endpunkt der Fabel, folgt jedoch nicht aus der für die Götter stellvertretend getragenen Schuld, sondern aus seiner unmittelbaren Teilnahme an demselben Schuld- und Trugzusammenhang (Ring und Tarnhelm), die auch ihn schuldig werden läßt. Der schuldige Mittäter verliert die Voraussetzung dafür, „Erlöser" zu sein und die Götterherrschaft zu restau-

---

29 Ebd., 151.
30 So der vorletzte Zwischentitel: ebd., 150.
31 *Der Nibelungen-Mythus* 157.
32 Ebd., 163.

rieren. Siegfrieds Auffahrt nach Walhall und die damit besiegelte Rekonstruktion der Weltordnung, wie sie als Schluß des *Nibelungen-Mythus* verkündet wird, enthält einen entscheidenden Widerspruch, über den das Pathos der Worte Brünnhildes nicht hinwegspielen kann:

> Hört denn, ihr herrlichen Götter, euer Unrecht ist getilgt: dankt ihm, dem Helden, der eure Schuld auf sich nahm. Er gab es nun in meine Hand, das Werk zu vollenden: gelöset sei der Nibelungen Knechtschaft, der Ring soll sie nicht mehr binden. Nicht soll ihn Alberich empfangen; der soll nicht mehr euch knechten; dafür sei er aber selbst auch frei wie ihr. Denn diesen Ring stelle ich euch zu, weise Schwestern der Wassertiefe; die Glut, die mich verbrennt, soll das böse Kleinod reinigen; ihr löset es auf und bewahret es harmlos, das Rheingold, das euch geraubt, um Knechtschaft und Unheil daraus zu schmieden. Nur einer herrsche, Allvater, herrlicher, du! Daß ewig deine Macht sei, führ‘ ich dir diesen zu: empfange ihn wohl, er ist dess’ wert![33]

Hier wird die *Götterdämmerung* ausgesetzt zugunsten ästhetisch-politischer Restauration. Die unmögliche *Apokatastasis* dieses Finales bleibt opernhaft, Siegfried ein im Sterben erlöster Operntenor, der zugleich den Erlöser im Mysterienspiel geben soll. Die Tetralogie weiß es besser; ihre konsequente Komposition vom *Rheingold* her dekomponiert den Mythos, so daß sich der *Ring* nicht zu einem „verabredeten“ Finale glanzvoll rundet und schließt, sondern die Katastrophe geschehen läßt und dadurch die Utopie freigibt: „Mit welch großbogigem Jubel endet und endet auch nicht die seligmachende Melodie in den letzten Takten der ‚Götterdämmerung‘, das Gegenland zum bombastischen Einzug in Walhall, der hier auch musikhaft entsühnt wird“ (Ernst Bloch).[34] Der Weg vom opernhaft restaurierten Mythos führt zu dessen Dekonstruktion im musikalischen Drama – mitten durch die verschiedenen Stadien der *Ring*-Entwürfe und der auf sie folgenden ästhetischen Selbstklärungen hindurch.

---

[33] Ebd., 166.

[34] *Das Prinzip Hoffnung* 974. – Bloch spricht vielfach vom „verabredeten“ Glanz der Höhepunkte, kurz: den affirmativen Finali mit ihrer „Konvention des Höhepunkts“, in denen er den „Satansengel“, den „Repräsentationsglanz des Barock mitten in der Bourgoisie“, die klischeehafte Vortäuschung finaler (Er-)Lösung erkennt. Es ist die jeder Utopie todfeindliche „Gefahr des falschen Vor-Scheins von Glanzmündung, Mündungsglanz“, der Wagner in der Tetralogie glücklich ebenso entgeht wie im „Wach auf!“ des dritten *Meistersinger*-Aktes – „diese unerwartet mächtige Morgenröte, nachdem doch jede Steigerung des Tags schon gekommen schien“ (973).

Zur Zeit ihrer Blüte war die Kunst bei den Griechen [...] *konservativ*, weil sie dem öffentlichen Bewußtsein als ein gültiger und entsprechender Ausdruck vorhanden war: bei uns ist die echte Kunst *revolutionär*, weil sie nur im Gegensatz zur gültigen Allgemeinheit existiert.

Die Kunst und die Revolution[35]

1.1. Revolution und Zukunft

Revolution ist antithetisch und paradox, denn sie zerstört das Überkommene und greift auf die Synthese der Zukunft aus, ohne sie herzustellen zu können. Die „Kunst als Ergebnis des staatlichen Lebens zu ergründen, die Kunst als soziales Produkt zu erkennen“, ist Wagners selbstgestellte Aufgabe in seiner musikästhetischen Revolutionsschrift. Eine selbstzweckliche „absolute“ Kunst schließt er im Ansatz aus, denn ihr Begriff kann nur das Ergebnis einer (Selbst-)Täuschung sein.[36] Damit trennt er sich grundsätzlich von einer „bürgerlich“-selbstbezüglichen Musikästhetik, wie sie fast gleichzeitig von Eduard Hanslick in seiner Lehre vom „Musikalisch-Schönen“ vertreten wird.[37] Musik als Kunst kann absolut weder in dem Sinne sein, daß sie in ihren Mitteln und Inhalten autonom ist, noch derart „rein um der Kunst willen“[38] betrieben werden, daß ihr öffentlicher („staatlich-sozialer“) Charakter abzublenden wäre. Das gilt auch für den griechischen Ursprung der Kunst, die Wagner als *musiké* im Auge hat, nämlich das „höchste erdenkliche Kunstwerk, das *Drama*“.[39]

> Solch' ein Tragödientag war ein Gottesfest, denn hier sprach der Gott sich deutlich und vernehmbar aus: der Dichter war sein hoher Priester, der wirklich und leibhaftig in seinem Kunstwerk darinnen stand, die Reigen der Tänzer führte, die Stimme zum Chor erhob und in tönenden Worten die Sprüche göttlichen Wissens verkündete.[40]

Der späte Wagner hat das Verhältnis von *Religion und Kunst* nur deswegen von der Religion her bestimmen können, weil er diese Umkehrung bereits hier im Verhältnis der Kunst zur Religion grundsätzlich anlegt. Der „Tragödientag“ ist ein „Gottesfest“: eine von beiden Seiten zu lesende Gleichung, deren spezifische Seite, nämlich das Drama, er hier analysiert. Im tragischen Kunstwerk des Apollon artikuliere sich

---

35 SSD 3, 28.

36 *Die Kunst und die Revolution*: SSD 3, 9.

37 Zur Geschichte des Begriffs „absolute Musik“ und zu Hanslicks Theorie vgl. Dahlhaus, *Die Idee der absoluten Musik* 24-46 (zu Hanslick 33ff. und 111; zu Nietzsche 36ff.; zu Hostinskys Vermittlung zwischen Hanslick und Wagner 40-42). Außerdem Kropfinger, *Wagner und Beethoven* 133-136 (speziell zu Beethoven 137-146, 157-163).

38 Ebd.

39 Vgl. zu Wagners unklassizistischem Bild der griechischen Antike Schadewaldt, *Richard Wagner und die Griechen*; außerdem Franke, *Richard Wagners Zürcher Kunstschriften* 37-47, 256/257.

40 *Die Kunst und die Revolution*: SSD 3, 11.

> das Orakel der Pythia, Gott und Priester zugleich, herrlicher göttlicher Mensch, er in der Allgemeinheit, die Allgemeinheit in ihm.[41]

Diese gleichsam auratische Einheit des Kunstwerks, das in der Aufführung Aufführende und Publikum als dieselbe Öffentlichkeit repräsentiert, verfällt auch mit dem athenischen Staat als ihrem Träger. Ihr folgen die Philosophie und eine Kunstübung, die nie mehr „der freie Ausdruck einer freien Allgemeinheit selbst“ sind. An die Stelle der lebensbejahenden Kunst als auratische Repräsentation des Lebens tritt zuletzt das Christentum mit „Selbstverachtung, Ekel vor dem Dasein, Grauen vor der Allgemeinheit“, das Wagner durchaus von der „Ansicht jenes armen galiläischen Zimmermannssohn“ unterscheidet.[42] In der mythologischen Typologie löst der Betrüger „*Mercurius*“ den seelenführenden „*Hermes*“ ab, und seine „gelehrige Dienerin, die *moderne Kunst*“, vereinbart den göttlichen Anspruch mit dem trügerischen Geschäft.

> Das ist die Kunst, wie sie jetzt die ganze zivilisierte Welt erfüllt! Ihr wirkliches Wesen ist die Industrie, ihr moralischer Zweck der Gelderwerb, ihr ästhetisches Vorgeben die Unterhaltung der Gelangweilten. [...]
> Ihren Lieblingsplatz hat sie im *Theater* aufgeschlagen, gerade wie die griechische Kunst in ihrer Blütezeit; und sie hat ein Recht auf das Theater, weil sie der Ausdruck des gültigen öffentlichen Lebens unsrer Gegenwart ist.[43]

Modernes Theater und Oper vertreten gerade nicht das *Drama*, sondern arbeiten als „industrielle Anstalt“ und als „ein geistschwächendes, Bewegung absorbierendes, erfolgreiches Ableitungsmittel für die gefahrdrohende Regsamkeit des erhitzten Menschenverstandes“ – mithin als staatserhaltendes Opiat gegen alle Aufklärung, als nicht durchschauter täuschender Vor-Schein von Versöhnung. Dem Kunsthandwerker bleibt wie jedem anderen „Sklaven der Industrie“ vom „Produkt seiner Arbeit [...] nur der abstrakte Geldeswert“, mit dem er sein Leben erhält,

> und so sehen wir mit Entsetzen in einer heutigen Baumwollenfabrik den Geist des Christentums ganz aufrichtig verkörpert: zugunsten der Reichen ist Gott Industrie geworden, die den armen christlichen Arbeiter nur so lange am Leben erhält, bis himmlische Handelskonstellationen die gnadenvolle Notwendigkeit herbeiführen, ihn in eine bessere Welt zu entlassen.[44]

---

[41] Ebd., 12.

[42] Ebd., 14/15. – Wagner vertieft diesen strukturellen Gegensatz und erweitert ihn zu einer typischen Dekadenztheorie von ursprünglicher Reinheit und späterem Verfall: „Wo der Grieche zu seiner Erbauung sich auf wenige, des tiefsten Gehaltes voll Stunden im Amphitheater versammelte, schloß sich der Christ auf Lebenszeit in ein Kloster ein: dort richtete die Volksversammlung, hier die Inquisition; dort richtet sich der Senat zu einer aufrichtigen Demokratie, hier zu einem heuchlerischen Absolutismus“ (16). Andererseits enthält angesichts dieser Bestimmungen gerade Wotans Resignation überaus „christliche“ Züge, zumal eine bloß affirmative Aneignung des Mythos ohnehin nicht Wagners Absicht sein kann: „Zum Ekel find ich / ewig nur mich / in Allem, was ich erwirke; / das Andre, das ich ersehne, / das Andre erseh ich nie: / denn selbst muß der Freie sich schaffen; / Knechte erknet ich mir nur“ (*Walküre*, zweiter Aufzug: 615).

[43] *Die Kunst und die Revolution*: SSD 3, 19.

[44] Ebd., 26.

Die Analytik mancher Passagen verweist nicht nur auf Proudhon oder Marx[45], sondern läßt in ihrer ironischen Schwärze auch Heinrich Heines Polemik anklingen.[46] Wenn aber der „*Sklave* [...] nun die verhängnisvolle Angel alles Weltgeschicks geworden ist“ und bereits „die Niedrigkeit und Flüchtigkeit aller Schönheit und Stärke des griechischen Sondermenschentums aufgedeckt“ hat[47], verbietet sich der restaurative Rückweg in die griechische Antike gleich doppelt. Denn einmal baut auch sie auf dem Widerspruch von Freiheit und Unfreiheit auf, der in der Moderne die Form des abstrakten Geldwertes angenommen hat, und zum anderen wäre ein moderner „Tragödientag“ als „Gottesdienst“ keineswegs die wiederbelebte ursprüngliche Idee des Theaters, sondern eine fromme oder absichtsvolle Täuschung – „unser Gott aber ist das Geld, unsre Religion der Gelderwerb“.[48] Weder das Griechentum noch sein Mythos können rekonstruiert werden, ohne daß beide einer Dekonstruktion entgehen. Das große *konservative* griechische „Gesamtkunstwerk“, das seine Öffentlichkeit gültig repräsentiert, läßt sich in der Moderne nicht wiederholen.[49] Das moderne (Opern-)Theater, das ebenfalls seine moderne Öffentlichkeit gültig repräsentiert, ist daher eine durchschaubare ästhetisch-politische Täuschung. Eben darum ist „bei uns die echte Kunst *revolutionär*, weil sie nur im Gegensatz zur gültigen Allgemeinheit existiert“.[50] Diese Revolution versteht Wagner ganz politisch als „die soziale Bewegung“ der menschlichen Natur[51], die ihr „gesellschaftliches Glaubensbekenntnis nur in einer positiven Bestätigung jener Lehre Jesus‘“ sprechen kann, daß der „himmlische Vater“ alles von selbst gegeben habe. Nochmals greift dieser ästhetische Ansatz einer politischen Theologie ein Leitmotiv des *Jesus von Nazareth*-Fragmentes auf, stellt es aber dabei ausdrücklich in den linkshegelianischen Horizont Ludwig Feuerbachs:

> Dieser himmlische Vater wird dann kein andrer sein, als die soziale Vernunft der Menschheit, welche die Natur und ihre Fülle sich zum Wohle aller zu eigen macht.[52]

Eine solche Kunst wird erst in der Zukunft *konservativ* sein können, wenn sie nach der Revolution tatsächlich zum gültigen Ausdruck der Allgemeinheit geworden sein wird. Der wirkliche Künstler arbeitet „schon jetzt daher an dem

---

45 Vgl. Kreckel, *Richard Wagner und die französischen Frühsozialisten*; Bermbach, *Der Wahn des Gesamtkunstwerks* 85ff.

46 „Der weltliche Nutzen ist ihre eigentliche Religion, und das Geld ist ihr Gott, ihr einziger, allmächtiger Gott“ (Heine, *Ludwig Börne. Eine Denkschrift*: Werke 6, 117). Oder: „Besteht nun die heutige Religion in der Geldwerdung Gottes oder in der Gottwerdung des Geldes? Genug, die Leute glauben nur an Geld; nur dem gemünzten Metall, den silbernen und goldenen Hostien, schreiben sie eine Wunderkraft zu; das Geld ist der Anfang und das Ende aller ihrer Werke“ (*Die romantische Schule*: Werke 5, 131).

47 *Die Kunst und die Revolution*: SSD 3, 26.

48 Ebd., 28.

49 „Nein, wir wollen nicht wieder Griechen werden; denn was die Griechen nicht wußten, und weswegen sie eben zugrunde gehen mußten, das wissen *wir*“ (ebd., 30).

50 Ebd., 28.

51 Ebd., 31.

52 Ebd., 33.

Kunstwerk der Zukunft“, das im Theater als „die umfassendste, die einflußreichste Kunstanstalt“ hervortreten soll.[53]

Wagner ist sich dessen bewußt, daß er eine *terra utopica* beschwört[54]. Er weiß aber auch, daß nur dieser Vorgriff auf die utopische Zukunft die ästhetische Gegenwart legitimieren kann, wenn die Kunst sich nicht restaurativ in bloß wiederholter Vergangenheit erschöpfen oder sich affirmativ als „Repräsentationsglanz“ (Ernst Bloch) der Gegenwart aufführen will. Das ist die „Zukunftsmusik“ der Revolution, die sich für ihre Ästhetik zugleich auf zwei Heilige beruft:

> So würde uns denn *Jesus* gezeigt haben, daß wir Menschen alle gleich und Brüder sind; *Apollon* aber würde diesem großen Bruderbunde das Siegel der Stärke und Schönheit aufgedrückt, er würde den Menschen vom Zweifel an seinem Werte zum Bewußtsein seiner höchsten göttlichen Macht geführt haben. So laßt uns denn den Altar der Zukunft, im Leben wie in der lebendigen Kunst, den zwei erhabensten Lehrern der Menschheit errichten: – *Jesus, der für die Menschheit litt, und Apollon, der sie zu ihrer friedenvollen Würde erhob*![55]

Jesus von Nazareth, von Wagner als historische Person zunächst in seiner symbolischen Bedeutung erfaßt, steht damit als „mythologischer Christus“ (im Sinne eines David Friedrich Strauß) neben Apollon. Diese mythologische Gleichung von Religion und Kunst leiht manche Begriffe von Ludwig Feuerbach, einige Gedanken aber von Friedrich Schiller, dessen Gegensatzpaar von Würde und Anmut es entspricht. Über seine Begrifflichkeit hat Wagner selbst vorsichtig Aufschluß gegeben: in der *Einleitung zum dritten und vierten Bande* der *Schriften*.

> Lag es mir fern, das Neue zu bezeichnen, was auf den Trümmern einer lügenhaften Welt
> als neue *politische* Ordnung erwachsen sollte, so fühlte ich mich dagegen begeistert, das *Kunstwerk* zu zeichnen, welches auf den Trümmern einer lügenhaften Kunst erstehen sollte.[56]

1.2. Ästhetik zwischen Feuerbach und Schiller

Die Niederschrift der Zürcher Revolutionsschriften geht mit der Lektüre Feuerbachscher Werke einher und erweckt den Wunsch, schon *Die Kunst und die*

---

53 Ebd., 37/38.

54 „‚Utopien! Utopien!‘ höre ich sie rufen, die großen Weisen und Überzuckerer unsrer modernen Staats- und Kunstbarbarei [...]. ‚Schönes Ideal, das, wie jedes Ideal, uns nur vorschweben, von dem zur Unvollkommenheit verdammten Menschen leider nicht erreicht werden soll.‘ So seufzt der gutmütige Schwärmer für das Himmelreich, in welchem, wenigstens für seine Person, Gott den unbegreiflichen Fehler dieser Erd- und Menschenschöpfung wieder gut machen wird“ (ebd., 35).

55 Ebd., 41.

56 *Einleitung zum dritten und vierten Bande*: SSD 3, 2.

Revolution diesem Philosophen zu widmen[57], während tatsächlich erst für *Das Kunstwerk der Zukunft* eine Widmungsadresse entsteht.[58] Die *Gedanken über Tod und Unsterblichkeit* (1830) und *Das Wesen des Christenthums* (1841) werden ausdrücklich genannt[59]; die *Grundsätze der Philosophie der Zukunft* (1843) und *Das Wesen der Religion* (1843) dürfte er ebenfalls gelesen haben, zumal er als vorübergehender Feuerbachianer die weihnachtliche Bescherung auf Silvester verlegt („das Weihnachtsfest ist somit bei uns aufgehoben")[60] und den Lingshegelianer emphatisch als seinen Hausphilosophen anpreist – bis zur Entdeckung Schopenhauers.[61]

> Zu allen zeiten ist den menschen Gott *das* gewesen, was sie gemeinsam als das höchste erkannten, das stärkste gemeinsame gefühl, die mächtigste gemeinsame anschauung, die wir menschen – weil wir doch immer alles nur wieder nach menschlichen wesen uns denken können – personificirt als gott uns darstellten.[62]

Dieser etwas verwaschene Linkshegelianismus bedient sich für die Ästhetik einiger Begriffe Feuerbachs, die dort nicht recht geläufig sind, und er belegt so „eine gewisse leidenschaftliche Verwirrung, welche sich als Voreiligkeit und Undeutlichkeit im Gebrauche philosophischer Schemata kundgab".[63] Diese

57 Diese Absicht teilt Wagner dem Leipziger Verlege Otto Wigand mit, der diese Schrift neben den Werken Feuerbachs herausgebracht hat; Wagners Bemerkung im Nachsatz, es sei ihm noch nicht möglich gewesen, „von Feuerbach's werken mehr als den dritten band mit den ‚gedanken über tod und unsterblichkeit' zur kenntnis zu erhalten", bezieht sich auf diese Ausgabe, nicht aber auf dessen zuvor erschienenen Einzelschriften (vom 4. August 1849: SB 3, 105).

58 An Ludwig Feuerbach vom 21. November 1849: SB 3, 163/164. – Auch *Oper und Drama* sendet Wagner an Feuerbach in der Hoffnung, die Schrift seiner „durchsicht für werth zu halten", sowie der Einladung, ihn in Zürich zu besuchen (vom 3. Dezember 1851: SB 4, 205).

59 „Feuerbach" wird einmal sogar zum philosophischen Schibboleth gegenüber dem Freund Eduard Devrient erklärt, wenn Wagner an Theodor Uhlig schreibt: „Bring' mir von Ed. Devrient das geständniß, daß er den lieben gott und die unsterblichkeit der seele fahren lasse, so will ich an ihn glauben; [...]. – Frage jeden, mit dem Du streiten willst, ob er an Gott und die unsterblichkeit glaube? aus seiner antwort weißt Du auch woran Du mit ihm für unsre kunst bist. – Nun, ich hab' genug mit solchen menschen hier zu thun: ich brauche keinen Dresdener hoftheater=Deisten noch!" (vom 6. oder 7. Mai 1852: SB 4, 357/358).

60 An Theodor Uhlig vom 27. Dezember 1851: SB 4, 244/245.

61 „Hausphilosoph" darf wörtlich verstanden werden: Wagner hat – gemeinsam mit Georg Herwegh, aber durchaus vergeblich – versucht, Feuerbach in seinen Züricher Kreis zu ziehen (vgl. an Theodor Uhlig vom 3. Dezember 1851: SB 4, 208). Gegenüber Liszt betont er provozierend, wenn auch im Argument etwas schlicht: „ich habe den Glauben an die Zukunft des Menschengeschlechtes", und nur die *„Lieblosigkeit"* als *„Verirrung"* stehe diesem „Glauben an ein Jenseits" entgegen (am 13. April 1853: SB 5, 257/258). – Über Wagners Feuerbach-Kenntnis vgl. Franke, *Richard Wagners Zürcher Kunstschriften* 194-198; Franke verlegt Wagners Feuerbach-Lektüre aufgrund seines ausführlichen Gebrauchs des Begriffs „Leben" bereits in die Dresdener Zeit (248). Doch sind keine Exemplare der Werke Feuerbachs aus Wagners Besitz überliefert, auch nicht aus der Wahnfried-Bibliothek.

62 An Ferdinand Heine vom 4. Dezember 1849: SB 3, 182. – In diesem Credo nach Feuerbach bringt Wagner zwanglos seinen dialektischen Gegensatz von Egoismus und allgemeiner menschlicher Natur unter und erhebt „die egoistische selbstbeherrschung zu einer religiösen pflicht". Sein Gott ist seine „kunst, wie das Schöne, Edle und Wahre überhaupt", und „dieser gott ist nichts anderes als die gesunde – ursprünglich *allgemeine* – menschliche natur" (ebd., 184/185).

63 *Einleitung*: SSD 3, 3.

Selbstkorrektur ist durchaus berechtigt und gilt, wie sich zeigen wird, auch für die spätere Adaption Schopenhauerscher „Schemata“; gerade ihretwegen distanziert sich Wagner 1871 so deutlich von seinem ehemaligen Hausphilosophen, was er zu seinem Nachteil gegenüber Schopenhauer nur ansatzweise getan hat. Er nennt das Begriffspaar „*Willkür* und *Unwillkür*“ und meint damit nun den Gegensatz von freiem (Verstandes-)Willen und „dem reinen Willen, wie er als *Ding an sich* im Menschen bewußt wird“.[64] Hier wird deutlich Feuerbach mit Schopenhauer übermalt. Auch das harmlose Gegenüber von „Sinnlichkeit“ (als gegenständliche, fühlbare Konkretheit) und „Gedanklichkeit“ bzw. „der intuitiven und der abstrakten Erkenntnis“ scheint klärender Worte zu bedürfen, vor allem aber der inzwischen politisch riskante Gegensatz von Egoismus und „Kommunismus“, den er dennoch im Jahr der Reichsgründung durch Bismarck festhält.[65] Noch auf das von Bismarck 1878 nach dem Attentat auf Kaiser Wilhelm I. durchgebrachte Sozialistengesetz reagiert Wagner gegenüber Friedrich von Feustel, dem nationalliberalen Bayreuther Abgeordneten und Freund, mit der Bemerkung, diese Repression sei töricht gegenüber einer Bewegung, der ohnehin die Zukunft gehöre.[66]

Dieser Zukunft gilt auch das gleichfalls utopische Kunstwerk. Im Menschen gelangt die Natur zum Bewußtsein, im Kunstwerk sind Denken und Wissenschaft erlöst, mit dem sich das Volk („als Inbegriff aller derjenigen, *welche eine gemeinschaftliche Not empfinden*“[67]) von den „unwillkürlichen“ Irrtümern seiner religiösen Anschauungen befreit. „Not“ entspringt dem wahren

---

64 Ebd., 4.

65 Ebd. 4/5. Wagner betont jedoch konsequent, ihm sei „in diesem Begriffe [...] auch ein sozialpolitisches Ideal als Prinzip aufgegangen [...], nach welchem ich das ‚Volk‘ in dem Sinne der unvergleichlichen Produktivität der vorgeschichtlichen Urgemeinschaftlichkeit auffaßte, und dieses im vollendetsten Maße als allgemeinschaftliches Wesen der Zukunft wieder hergestellt dachte“ (5). Dennoch: „Es ist polizei-gefährlich dieses Wort zu gebrauchen: dennoch gibt es keines, welches besser und bestimmter den reinen Gegensatz zu *Egoismus* bezeichnet. Wer sich heutzutage schämt, als Egoist zu gelten – und das will ja niemand offen und umunwunden –, der muß es sich schon gefallen lassen, Kommunist genannt zu werden“ (134, Anm.).

66 „‚Reaktion ist immer schlimm; wir haben eine leichtsinnig gegebene Gesetzgebung, deren Folgen wir jetzt büßen.‘ Gewiß sind die Führer der [sozialdemokratischen] Bewegung konfuse Menschen und vielleicht auch intrigante, der Bewegung selbst aber gehöre die Zukunft, um so mehr als wir nichts wissen, um sie aufzuhalten, als törichte Repressionsmaßregeln. N.[apoleon] III. hat es wenigstens dadurch verstanden, daß er sein Volk reich machte und in einem fort Arbeiten schaffte. Was tun wir aber? Wir gründen ein preußisches Reich mit Berlin als Hauptstadt! So ist es mit dem [Kultur-]Kampf gegen Rom, auch da nur Polizei-Maßregeln, nichts, wobei das deutsche Gemüt aufatmen kann. Es ist trostlos. Nun bittet sich der deutsche Kaiser mehr Christentum aus, und die einfachsten Versammlungen der Sozialisten, z. B. worin die Abgeordneten Bericht ihren Wählern erstatten wollen, werden durch die Polizei aufgehoben!...“ (31. Mai 1878: CT II, 103). Der Beleg mag hier für viele ähnliche stehen, die Wagners ausdrücklichen „Ekel“ vor dem Kaiserreich und auch seinen Haß auf den „Sauhetzer“ Bismarck artikulieren: Der Revolutionär hat sich mit dem „Reich“ nie versöhnt.

67 *Das Kunstwerk der Zukunft*: SSD 3, 48. – Feuerbachs *Vorläufige Thesen zur Reform der Philosophie* (1842) bestimmen „Not“ und „Schmerz“ als Grund menschlichen Wesens: „Ein Wesen ohne Not ist ein Wesen ohne Grund. Nur was leiden kann, verdient zu existieren. Nur das *schmerzensreiche Wesen ist göttliches Wesen*. Ein Wesen *ohne Leiden* ist ein Wesen *ohne Wesen*“ (2, 222-244, hier 233). Vgl. Köhler, *Der Letzte der Titanen* 353.

Bedürfnis, „Luxus" (und die ihm entspringende „Mode") dem eingebildeten Bedürfnis: „er ist die Seele dieser Industrie, die den Menschen tötet, um ihn als Maschine zu verwenden".[68]

Die hellenische Kunst habe „das *Gewand der Religion*" getragen, die sich zur „Religion der Zukunft, der der *Allgemeinsamkeit*" erweitern müsse: „Das Kunstwerk ist die lebendig dargestellte Religion; – Religionen aber erfindet nicht der Künstler, die entstehen nur aus dem *Volke*".[69] Eine solche Kunst muß auch in sich den Egoismus der Einzelkünste überwinden, die sich jeweils für sich „als allgemeine Kunst gebärden" und den Teil für das Ganze des Kunstwerkes setzen möchten.[70] Doch gerade die „*Oper*, als scheinbare Vereinigung aller drei verwandten Kunstarten [von Tanz-, Ton- und Dichtkunst] ist der Sammelpunkt der eigensüchtigsten Bestrebungen dieser Schwestern geworden", wenn unter der Suprematie der Musik Tanz- und Dichtkunst dienen sollen, aber „ein beständiges Reaktionsgelüst gegen die herrschsüchtige Schwester" aufregen.[71] Die Oper als ästhetische Form des Vertrags zwischen drei egoistischen bzw. partikularistischen Einzelkünsten spiegelt die sozial-politische Verfassung auch der Gesellschaft, die sich in ihr gültig repräsentiert: „*Das ist die moderne Freiheit im getreuen Abbilde der Kunst*!"[72] Baukunst, Bildhauerkunst und Malerkunst leiden unter dem *pars pro toto* ihrer Anwendung. „Der zum volksgemeinschaftlichen Schauplatze höchster menschlicher Kunst erweiterte Göttertempel war aber *das Theater*" der griechischen Antike[73], während die „eigentlichen Tempel unsrer modernen Religion, die Börsengebäude", sich ebenso wie Bahnhofsgiebel und militärische Wachtgebäude griechischer Versatzstücke zitierend bedienen. Solche Baukunst vermöge „immer nur nachzuahmen, zusammenzustellen", und auch dies nur „im Sinne des stupidesten Utilismus"[74]; erfinderisch sei sie nur im „Bedürfnis des Luxus, des Unnöti-

---

68 Ebd., 49. – „So ist denn die *Maschine* der kalte, herzlose Wohltäter der luxusbedürftigen Menschheit" und der gegenständliche Gegensatz zur Natur (ebd., 58). Wieweit dieser Wertung der Maschine bereits die spätere unermüdliche Lektüre von Goethes *Wanderjahren* zugrunde liegt, läßt sich kaum ermitteln („Das überhand nehmende Maschinenwesen quält und ängstigt mich, es wälzt sich heran wie ein Gewitter, langsam, langsam; aber es hat seine Richtung genommen, es wird kommen und treffen": MA 17, 657). In seiner deskriptiven Analyse der Produktion mißt Goethe der maschinellen Fertigung dieselbe Bedeutung bei wie Wagner.

69 *Das Kunstwerk der Zukunft*: SSD 3, 63; vgl. 32.

70 Ebd., 71. – „*Nur, wo Auge und Ohr sich gegenseitig seiner Erscheinung versichern, ist aber der ganze Mensch vorhanden*" (95). Es geht also nicht um additive Steigerung oder erst recht nicht um „eine schlimm mechanistische Denkungsweise" , die mit Thomas Mann in der Tat „*schlechtes* neunzehntes Jahrhundert" wäre (*Leiden und Größe Richard Wagners*: GW 9, 374), sich aber gerade bei Wagner nirgends findet – es geht vielmehr um eine ideale ästhetische Totalität der *musiké*, dic das Ganze dem Teil logisch voranstellt.

71 *Das Kunstwerk der Zukunft*: SSD 3, 119/120.

72 Ebd., 121.

73 Ebd., 126.

74 Ebd., 129. – Wenige Seiten später spricht Wagner bereits vom „jüdisch modernen Utilismus" und macht die „jüdisch-orientalische Nützlichkeitsvorstellung" für den Verfall des griechischen Geistes und der christlichen Lehre im Kaiserreich von Byzanz verantwortlich. Seine Argumentation kommt im Ansatz ohne diese Konnotation aus; ihr Nachtrag ist nur zu erklären aus einer feindseligen Rückprojektion des Judentums, wie Wagner es zeitgenössisch zu erkennen meint.

gen“[75] – eine erstaunliche deskriptive Analyse des klassizistischen bzw. historistischen Bauens. Die Bildhauerkunst halte sich an die hellenistische Skulptur, die sich als Verfallsform längst aus ihrem religiösen Kontext gelöst habe – schon diese sei „bewegungslos und kalt, wie eine versteinerte Erinnerung, wie die *Mumie des Griechentums*“[76], das als öffentliches Leben in seiner gültigen Repräsentation selbst insgesamt ein religiöses Kunstwerk gewesen sei. Die Malerkunst jedoch bezieht die Naturszene in ihre Darstellung ein, ohne Anspruch auf eine verlorene Kunst zu machen.[77] Insgesamt ist das Kunstwerk die Aufführung selbst, in der die einzelnen Künste ineinander über- und aufgehen, wo ihre jeweiligen Möglichkeiten für sich genommen enden, und sich gerade so „frei und selbständig“ bewahren.[78]

> Der Raum, in dem sich dieser wundervolle Prozeß bewerkstelligt, ist aber die *theatralische* Bühne; das künstlerische Gesamtwerk, welches er zutage fördert, das *Drama*. [...][79]

Wie das freie gemeinsame Wirken der Künste das künstlerische Gesamtwerk hervorbringt, so ist „*die freie künstlerische Genossenschaft* [...] daher der Grund und die Bedingung des Kunstwerkes selbst“. Ihr stehen der moderne (dynastisch-monarchistische) Staat und dessen gesellschaftliches Abbild, „das gegenwärtige Leben in seiner modisch-polizeilichen Einförmigkeit“, entgegen.[80] Aber auch die Künstlerschaft ist im eigentlichen Sinn das Volk, zu dem alle gehören, „welche ihre eigene Not als eine gemeinschaftliche erkennen“[81].

Diese Operation ist unhistorisch und argumentativ gerade in seinem eigenen Bezugsrahmen falsch. Hier kündigt sich an, was in seiner Polemik *Das Judentum in der Musik* (1850/1869) quasi als Exkurs zu den ästhetischen Schriften nachgeliefert wird – bei genauerer Lektüre keineswegs so unvermittelt und überraschend, wie es auf den ersten Blick erscheinen mag.

75 Ebd., 128/129.

76 Ebd., 137.

77 Ebd., 142 bzw. 146ff. – Diese hochproblematische Deutung führt Wagner auf einen ästhetischen Irrweg, der die Bayreuther *mise en scène* lange Zeit geprägt hat. Die ihm persönliche relativ fernstehende Kunst stellt er ganz naiv in den Dienst der Illusion, wenn der Theatermaler die Szene „durch künstlerische Verwendung aller ihm zu Gebote stehenden Mittel der Optik, der künstlerischen Lichtbenutzung, zur vollendet täuschenden Anschauung bringen“ soll (153). Unmittelbar verschwimmt hier der „schöne Schein“ der Kunst mit bloßer Täuschung, die allerdings Wagner selbst in seinen Aufführungen gerade nicht befriedigt hat.

78 „Der *mimische Tänzer* wird seines Unvermögens ledig, sobald er singen und sprechen kann; die Schöpfungen der *Tonkunst* gewinnen allverständigende Deutung durch den Mimiker wie durch das gedichtete Wort, und zwar ganz in dem Maße, als sie selbst in der Bewegung des Mimikers und dem Worte des Dichters aufzugehen vermag. Der *Dichter* aber wird wahrhaft erst Mensch durch sein Übergehen in das Fleisch und Blut des *Darstellers*; weist er jeder künstlerischen Erscheinung die sie alle bindende und zu einem gemeinsamen Ziele hinleitende Absicht an, so wird diese Absicht aus einem Wollen zum Können erst dadurch, *daß eben dieses dichterische Wollen im Können der Darstellung untergeht*“ (ebd., 156).

79 Ebd., 159.

80 Wagner ergänzt spöttisch: „mit seinen *Ständen*, *Anstellungen*, *Standrechten*, *stehenden Heeren* – und was sonst noch alles in ihm *stehen* möge“ (ebd., 169). Darin mag sein revolutionärer Dresdner Hohn auf stehende Heere und eine „liegende Kommunalgarde“ nachklingen. Vgl. auch seine Polemik gegen die stehenden Heere der patriotischen (National-)Staaten in *Staat und Religion*: SSD 8, 14.

81 *Das Kunstwerk der Zukunft*: SSD 3, 48.

Bildteil

Abb. 1 Richard Wagner, Photographie London 1877 (Elliot & Fry).

Abb. 2 Melodram Gretchens (aus Liedern zu Goethes „Faust" 1832; Ausgabe Balling, Nachdruck Dover: New York 1992, 20).

Abb. 3 „Der fliegende Holländer“, 1. Seite der Partitur.

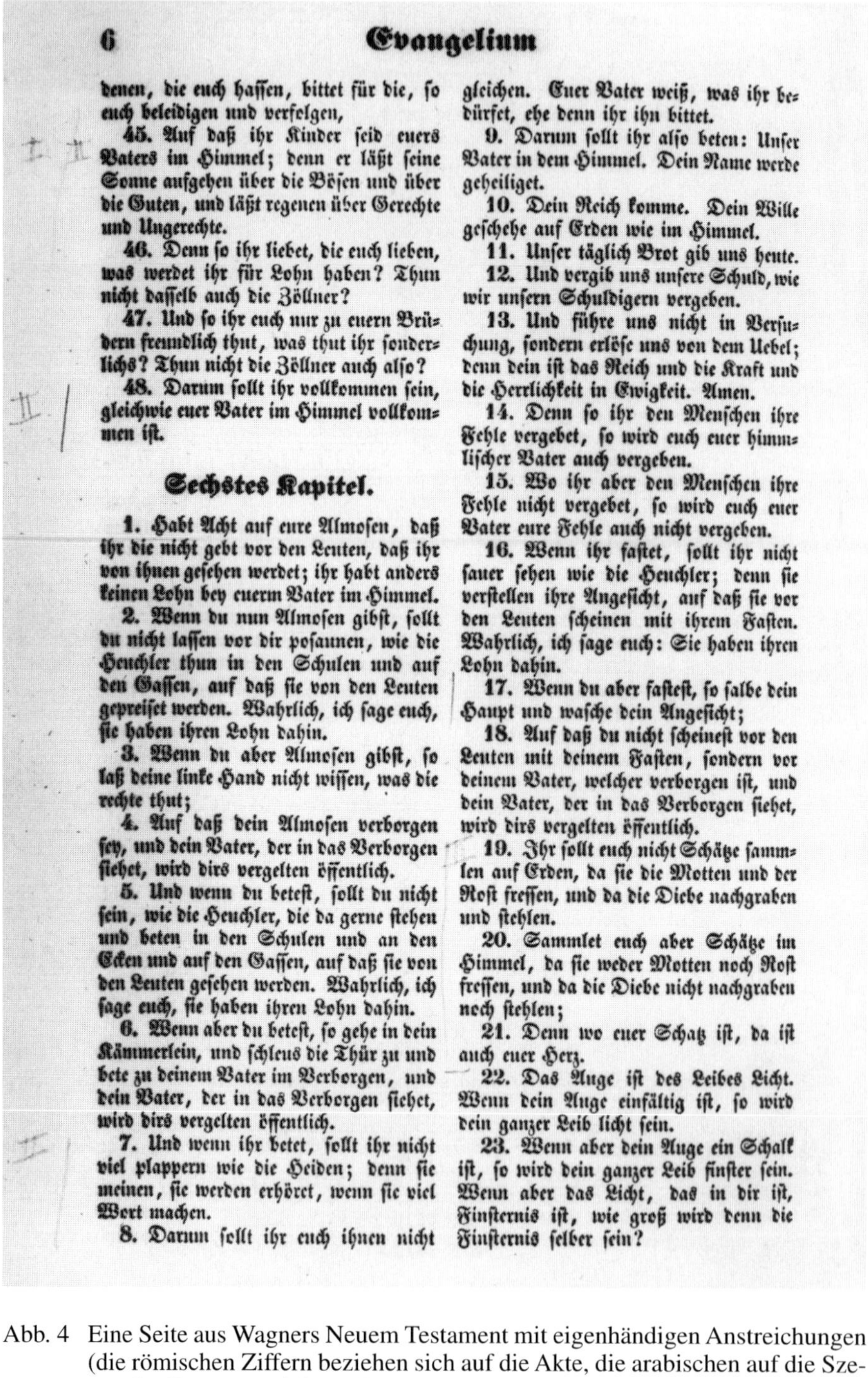

6 **Evangelium**

denen, die euch hassen, bittet für die, so euch beleidigen und verfolgen,

45. Auf daß ihr Kinder seid euers Vaters im Himmel; denn er läßt seine Sonne aufgehen über die Bösen und über die Guten, und läßt regenen über Gerechte und Ungerechte.

46. Denn so ihr liebet, die euch lieben, was werdet ihr für Lohn haben? Thun nicht dasselb auch die Zöllner?

47. Und so ihr euch nur zu euern Brüdern freundlich thut, was thut ihr sonderlichs? Thun nicht die Zöllner auch also?

48. Darum sollt ihr vollkommen sein, gleichwie euer Vater im Himmel vollkommen ist.

Sechstes Kapitel.

1. Habt Acht auf eure Almosen, daß ihr die nicht gebt vor den Leuten, daß ihr von ihnen gesehen werdet; ihr habt anders keinen Lohn bey euerm Vater im Himmel.

2. Wenn du nun Almosen gibst, sollt du nicht lassen vor dir posaunen, wie die Heuchler thun in den Schulen und auf den Gassen, auf daß sie von den Leuten gepreiset werden. Wahrlich, ich sage euch, sie haben ihren Lohn dahin.

3. Wenn du aber Almosen gibst, so laß deine linke Hand nicht wissen, was die rechte thut;

4. Auf daß dein Almosen verborgen sey, und dein Vater, der in das Verborgen siehet, wird dirs vergelten öffentlich.

5. Und wenn du betest, sollt du nicht sein, wie die Heuchler, die da gerne stehen und beten in den Schulen und an den Ecken und auf den Gassen, auf daß sie von den Leuten gesehen werden. Wahrlich, ich sage euch, sie haben ihren Lohn dahin.

6. Wenn aber du betest, so gehe in dein Kämmerlein, und schleus die Thür zu und bete zu deinem Vater im Verborgen, und dein Vater, der in das Verborgen siehet, wird dirs vergelten öffentlich.

7. Und wenn ihr betet, sollt ihr nicht viel plappern wie die Heiden; denn sie meinen, sie werden erhöret, wenn sie viel Wort machen.

8. Darum sollt ihr euch ihnen nicht gleichen. Euer Vater weiß, was ihr bedürfet, ehe denn ihr ihn bittet.

9. Darum sollt ihr also beten: Unser Vater in dem Himmel. Dein Name werde geheiliget.

10. Dein Reich komme. Dein Wille geschehe auf Erden wie im Himmel.

11. Unser täglich Brot gib uns heute.

12. Und vergib uns unsere Schuld, wie wir unsern Schuldigern vergeben.

13. Und führe uns nicht in Versuchung, sondern erlöse uns von dem Uebel; denn dein ist das Reich und die Kraft und die Herrlichkeit in Ewigkeit. Amen.

14. Denn so ihr den Menschen ihre Fehle vergebet, so wird euch euer himmlischer Vater auch vergeben.

15. Wo ihr aber den Menschen ihre Fehle nicht vergebet, so wird euch euer Vater eure Fehle auch nicht vergeben.

16. Wenn ihr fastet, sollt ihr nicht sauer sehen wie die Heuchler; denn sie verstellen ihre Angesicht, auf daß sie vor den Leuten scheinen mit ihrem Fasten. Wahrlich, ich sage euch: Sie haben ihren Lohn dahin.

17. Wenn du aber fastest, so salbe dein Haupt und wasche dein Angesicht;

18. Auf daß du nicht scheinest vor den Leuten mit deinem Fasten, sondern vor deinem Vater, welcher verborgen ist, und dein Vater, der in das Verborgen siehet, wird dirs vergelten öffentlich.

19. Ihr sollt euch nicht Schätze sammlen auf Erden, da sie die Motten und der Rost fressen, und da die Diebe nachgraben und stehlen.

20. Sammlet euch aber Schätze im Himmel, da sie weder Motten noch Rost fressen, und da die Diebe nicht nachgraben noch stehlen;

21. Denn wo euer Schatz ist, da ist auch euer Herz.

22. Das Auge ist des Leibes Licht. Wenn dein Auge einfältig ist, so wird dein ganzer Leib licht sein.

23. Wenn aber dein Auge ein Schalk ist, so wird dein ganzer Leib finster sein. Wenn aber das Licht, das in dir ist, Finsternis ist, wie groß wird denn die Finsternis selber sein?

Abb. 4 Eine Seite aus Wagners Neuem Testament mit eigenhändigen Anstreichungen (die römischen Ziffern beziehen sich auf die Akte, die arabischen auf die Szenen des Dramenprojektes „Jesus von Nazareth“).

Abb. 5 „ Rächt euch an der Reaktion!“ (Zeichnung zum Dresdener Aufstand am 3. Mai 1849).

Abb. 6 Bildbeilage zu Wagners Steckbrief von 1853 (nach einer Porträtzeichnung von Ernst Kietz, Paris 1842).

Abb. 7 Tizian, Assunta
(als szenische Imagination des „Tristan“ -Finales: Isoldes Verklärung)

Abb. 8 Gern hätte Wagner seinen „Huldigungsmarsch“ für den bayerischen König Ludwig II. (1864/1865) „zu einer eigentlichen Nationalmusik der neuen Bayerischen Zeit erhoben“ gesehen (Widmungsbrief an den König vom 13. Juli 1871).

Abb. 9 Auguste Renoir: Richard Wagner (Bleistiftzeichnung von 1867 nach einer Photographie).

Abb. 10 Notenskizze Wagners zum sinfonischen Projekt „ Romeo und Julie“ vom 7. Mai 1868 (thematische Keimzelle zu „ Parsifal“, 3. Aufzug).

Abb. 11 „Der Generalissimus der deutschen Armee“ (Karikatur aus „L’eclipse“, Paris 1870).

Abb. 12 Wagner dirigiert Bethovens 9. Sinfonie im Markgräflichen Opernhaus Bayreuth nach der Grundsteinlegung des Festspielhauses am 22. Mai 1872 (die Leuchter stellte die benachbarte Synagogengemeinde zur Verfügung).

Abb. 13 Adolph von Menzel, Wagner bei den Proben zum ersten „Ring“-Zyklus in Bayreuth 1876.

Abb. 14 Das Festspielhaus in Bayreuth (Photographie von 1876).

Abb. 15 Ludwig Bechstein, Wagner bei einer Orchesterprobe auf der Bühne des Festspielhauses mit Hans Richter am Pult (Zeichnung von 1876).

Abb. 16 Auguste Renoir, Wagner (Ölbild von 1882).

Abb. 17 Paul von Joukowsky, Wagners Himmelfahrt (Ölbild).

Abb. 18 Gestickte Ikone auf Wagners handschriftlicher Partitur des „ Parsifal“.

Abb. 19 Paul von Joukowsky, Wagner spielend (Zeichnung vom 10. Februar 1883 in Venedig).

Abb. 20 Paul von Joukowsky, Wagner lesend (Zeichnung vom 12. Februar 1883 in Venedig – das letzte Wagner-Porträt vom Vorabend seines Todes).

Ein Ausblick auf die Fabel des *Wieland*-Dramas beschließt zwar die Schrift, hat aber mehr den Charakter einer „Zugabe“, die von der eigentlichen Finalmetapher ablenken kann (oder soll).

> *Diese Not* trieb einst die *Israeliten*, da sie bereits zu stumpfen, schmutzigen Lasttieren geworden waren, durch das rote Meer; und durch das rote Meer muß auch uns die Not treiben, sollen wir, von unserer Schmach gereinigt, nach dem gelobten Lande gelangen. Wir werden in ihm nicht ertrinken, es ist nur den *Pharaonen* dieser Welt verderblich, die schon einst mit Mann und Maus, mit Roß und Reiter, drin verschlungen wurden, – die übermütigen stolzen Pharaonen, die da vergessen hatten, daß einst ein armer Hirtensohn durch seinen klugen Rat sie und ihr Land vor dem Hungertode bewahrte! *Das Volk*, das *auserwählte Volk*, zog aber unversehrt durch das Meer nach dem Lande der Verheißung, das es erreichte, nachdem der Sand der Wüste die letzten Flecken knechtischen Schmutzes von seinem Leibe gewaschen hatte. –[82]

Mit dieser überraschenden, revolutionstheologischen Exodus-Metapher geht *Das Kunstwerk der Zukunft* in sein utopisches Ziel. Wagner gesteht damit der hebräischen Bibel sogar den Status „der ewig neuen, ewig wahren *Volksdichtung*“ zu, ohne einen antijüdischen Affekt spüren zu lassen.[83]

Beide Revolutionsschriften lassen bis in die Begrifflichkeit hinein den Einfluß Feuerbachs spüren. Weniger deutlich zeichnen sich die gedanklichen Konturen einer Ästhetik ab, die Friedrich Schiller als Dramatiker entworfen und Wagner bis in die späten Jahre als Bezugspunkt benannt hat.[84] Neben der Reflexion *Über Anmut und Würde* (1793) kommen vor allem die Briefe *Über die ästhetische Erziehung des Menschen* (1794) in Betracht, während unmittelbare Bezüge auf die Ästhetiken Schellings und Hegels gänzlich fehlen – das „Absolutum“ der transzendentalphilosophischen Systeme ist Wagner zeitlebens fremd geblieben.[85] In Schiller mag er den verwandten Dramatiker erkannt haben, der, zwar ein zünftiger Philosophen-Schüler, aber letztlich ein Dilettant in Ästhetik und Geschichte, in diesen zwei Fachbereichen ganz Eigenständiges zu sagen hat: nicht aus der überlegenen Sicht des professionellen Theoretikers, sondern aus der Not des Künstlers, der sich über die eigene Produktion Rechenschaft gibt. Und ebenso selbstverständlich, wie Schiller „größtenteils

---

82 Ebd., 175.

83 Ebd.

84 Vgl. auch das entsprechende Kapitel über Wagner und Schiller in Franke, *Richard Wagners Zürcher Kunstschriften* 261-271; darin zu Schillers *Über den Gebrauch des Chores in der Tragödie* 263-271.

85 In einem Brief an den Zürcher Freund Jakob Sulzer rechtfertigt sich Wagner gegenüber dem Vorwurf, er dilettiere in Bereichen, über die er sich „durch fachstudium keine kenntnisse verschafft hätte“. Gemeint ist die Theorie des Wasserheilers J. H. Rausse (eigentlich Friedrich Franke) über den Wein. Der Autor von *Oper und Drama* ergänzt: „Ich möchte, Du begriffest, dass diese Zumuthung ziemlich ganz gleich derjenigen sei, nach welcher ich meine philosophisch-menschlichen ansichten über Gott aus der Theologie zum fachstudium machen sollte; ja – dass Du von Konsequenz zu Konsequenz so weit gehen müsstest, von mir zu verlangen, dass ich nicht eher künstlerische behauptungen aufstellen, ja – vielleicht sogar künstlerische productionen von mir geben sollte, bis ich nicht Hegel's aesthetik studirt hätte“ (vom 15. Dezember 1851; SB 4, 224/225). Die Wendung legt den Schluß nahe, er habe sie eben *nicht* studiert.

Kantische Grundsätze“ unterlegt und sie „als die verjährten Ansprüche der gemeinen Vernunft und als Tatsachen des moralischen Instinktes“ hinnimmt[86], bedient sich auch Wagner mancher linkshegelianischen Leitgedanken, die er beiläufig und bis auf weiteres in sein Gedankenrepertoire aufgenommen hat. Im Unterschied zu Schiller ordnet das Assimilationsgenie Wagner diesen Fundus allerdings immer wieder neu, ohne seine Anleihen eigens auszuweisen, und nicht selten mißverständlich, sei es, daß er Angeeignetes zweideutig einsetzt, sei es, daß das Angeeignete selbst – wie die Philosophie Schopenhauers – nicht insgesamt, sondern nur unter einem spezifischen Aspekt tauglich ist, seinen eigenen Gedanken die begrifflichen Formen zu leihen.[87] Ein gewisses Bedürfnis nach philosophischen und künstlerischen Hausgöttern prägt seinen Umgang mit fachlicher und schöner Literatur so, als suche er imaginäre Gefährten und Gesprächspartner. Die späteren Lesungen in der *Wahnfried*-Bibliothek und vor allem auch deren Gestalt, die schon in der Dresdener Sammlung vorgeprägt ist, imaginieren solche ideale Symposien. Sie sind mehr Suche nach Gefolgschaft und kollegialer Anerkennung als distanzierte fachliche Lektüre, was ihn allerdings nicht an origineller Kritik unter Gleichen hindert. Die Suche nach Lesespuren muß daher wörtlich genommen werden: als Suche nach Analogien zwischen Wagners Lektüren und Schriften und als Suche nach Anstreichungen und Gebrauch in den Exemplaren seiner Bibliotheken.[88]

Schillers ästhetische Briefe nehmen wesentliche Gedanken Wagners vorweg.[89] Auch sie setzen „der heutigen Form der Menschheit“ deren griechische Form entgegen, denn in „jenem schönen Erwachen der Geisteskräfte“ sind Sinne und Geist noch nicht geschieden, und „die ganze Menschheit fehlte in keinem einzelnen Gott“. Das Ganze bleibt den Individuen vorgeordnet; daher kann auch „der einzelne Grieche zum Repräsentanten seiner Zeit“ werden. Der Moderne hingegen erteile nicht „die alles vereinende Natur“, sondern „der alles trennende Verstand seine Formen“. Das gelte auch für die gesellschaftliche Verfassung, „die einfache Organisation der ersten Republiken“, während der moderne „Staat seinen Bürgern fremd“ bleibe.[90] Die „losgebundene Ge-

---

86 *Über die ästhetische Erziehung*: SW 3, 570/571.

87 Insofern darf, in Anlehnung an Thomas Manns Bonmot, Wagner durchaus ein intellektuelles „Pumpgenie“ genannt werden – allerdings in dem Sinne, daß er das erborgte Kapital zu eigenem Ertrag in Werken und Schriften produktiv investiert.

88 Ein solches Kompendium von Lesespuren existiert in dem akribischen Katalog, den Hans Ruppert für Goethes Bibliothek angelegt hat. Für Wagners Bibliotheken gibt es, da seine Schriften kaum als Forschungsbereich erschlossen sind, kein analoges Instrumentarium, wohl aber zwei Hilfen: 1. Westernhagens Katalog der Dresdener Bibliothek, der allerdings auch nur schwerpunktmäßige Hinweise auf Lesespuren gibt, und 2. den Katalog der Wahnfried-Bibliothek zum internen Gebrauch des Nationalarchivs der Richard-Wagner-Stiftung Bayreuth. Dieser Katalog enthält Hinweise auf Anstreichungen, die allerdings nur in wenigen Fällen auf den Bibliophilen Wagner selbst und öfter auf die Vorbesitzer seiner kostbaren Bücher zurückgehen. Für Belege zu den Lektüren Wagners sind jeweils eigene Recherchen erforderlich; für philosophische und theologische Literatur sowie bestimmte klassische Lektüren Wagners liegen sie meinen Studien zugrunde.

89 Vgl. Borchmeyer, *Das Theater Richard Wagners* 63-74 und passim.

90 *Über die ästhetische Erziehung*: SW 3, 582-585.

sellschaft“ verrohe in den „niedern und zahlreichen Klassen“, während „die zivilisierten Klassen den noch widrigern Anblick der Schlaffheit und Depravation des Charakters“ böten.[91] Die Begründung nimmt nicht einfach nur Wagners Ansatz vorweg, sondern ist durch Ludwig Börne und Heinrich Heine schon vor den deutschen Revolutionsjahren Allgemeingut geworden: „Der *Nutzen* ist das große Idol der Zeit, dem alle Kräfte fronen und alle Talente huldigen sollen“.[92] Dabei entsprechen sich „der spekulative Geist im Ideenreich“ und der „Geschäftsgeist“, denn beide sind in der Sinnenwelt fremd und verlieren „über der Form die Materie“.[93] „Ein alter Weiser“ gibt das revolutionäre Leitwort vor: „sapere aude“, und nur die schöne Kunst durchbricht den Zirkel im gegenseitigen Bedingungsverhältnis von theoretischer und praktischer Kultur, denn „die theoretische Kultur soll die praktische herbeiführen und die praktische doch die Bedingung der theoretischen sein“.[94] Schönheit ist „eine notwendige Bedingung der Menschheit“, und zu einem „reinen Begriff der Menschheit“ will sich Schiller ebenso erheben[95] wie Wagner seinerseits zum „Reinmenschlichen“. Während der sinnliche Trieb des Menschen auf Leben („absolute *Realität*“), der Formtrieb aber auf Gestalt („absolute *Formalität*“) zielt, überwindet das Spiel die Entgegensetzung beider. „Der Gegenstand des Spieltriebes [...] wird also *lebende* Gestalt heißen können“[96]; „der Mensch spielt nur, wo er in voller Bedeutung des Worts Mensch ist, und *er ist nur da ganz Mensch, wo er spielt*“[97]. So stellt das Schöne im Spiel, das den ganzen Menschen als Gattungswesen beansprucht und trägt, das Gleichgewicht von Anmut und Würde, von Realität und Form, von Gefühl und Begriff her: Die unendliche „Kluft“ wird im Schönen überspielt.[98] Setzt man für Schillers „Spiel“ nun Wagners „Drama“ oder, noch prägnanter: „Festspiel“, so zeigt sich die Analogie der beiden Gedankengänge deutlich. Denn die ästhetische „Gemütsstimmung, welche das Ganze der Menschheit in sich begreift, muß notwendig auch jede einzelne Äußerung derselben, dem Vermögen nach, in sich schließen“.[99] Daher sind potentiell in der ästhetischen Ganzheit alle ästhetischen Kräfte nicht addiert, sondern integriert; daher kann „die Vortrefflichkeit eines Kunstwerks bloß in seiner größern Annäherung zu

---

91 Ebd., 580.

92 Ebd., 572.

93 Ebd., 585. – „Der abstrakte Denker hat daher gar oft ein *kaltes* Herz, weil er die Eindrücke zergliedert, die doch nur als ein Ganzes die Seele rühren; der Geschäftsmann hat gar oft ein *enges* Herz, weil seine Einbildungskraft, in den einförmigen Kreis seines Berufs eingeschlossen, sich zu fremder Vorstellungsart gar nicht erweitern kann“ (586).

94 Ebd., 592.

95 Ebd., 600.

96 Ebd., 614 bzw. 603. – Werden „die zwei Fundamentalgesetze der sinnlich-vernünftigen Welt“ erfüllt, die auf absolute Realität bzw. Formalität dringen, so führen sie „zu dem Begriff der Gottheit zurücke, von dem ich ausgegangen bin“ – ein Weg zu der Gottheit gedacht als ein Weg, der in den Sinnen eröffnet ist, aber „niemals zum Ziele führt“ (603). Die Anlage zu diesem utopischen Ziel trage der Mensch als Gattung in sich.

97 Ebd., 618.

98 Vgl. ebd., 628.

99 Ebd., 637.

jenem Ideale ästhetischer Reinigkeit“ (auch dies ein Wort für Ganzheit!) bestehen.[100] Wenn das bloß physische Leben des Menschen so der Form unterworfen und ästhetisch gemacht wird, kann nun der moralische sich aus dem ästhetischen Zustand entwickeln, denn die Schönheit ist „das Werk der freien Betrachtung“.[101] Der frei spielende Mensch erzeugt Schönheit, indem er das bloß physische Leben jenseits von fremden Zwecken formt. So ist er in dem ästhetischen Zustand, zu dem er erzogen werden soll, frei von der Macht der Natur und kann sie daher in dem moralischen Zustand frei beherrschen.[102] Der Mensch steht dem anderen Menschen nur als Gestalt und Objekt des freien Spiels gegenüber: „*Freiheit zu geben durch Freiheit* ist das Grundgesetz dieses Reichs“, das als „*ästhetischer* Staat“ über dem „*dynamischen* Staat der Rechte“ steht. So sind Neigung und Pflicht, Anmut und Würde ästhetisch versöhnt. In diesem „Utopien“, das dem „Bedürfnis nach [...] in jeder feingestimmten Seele“ existiert, hat der reine Mensch „weder nötig [...], fremde Freiheit zu kränken, um die seinige zu behaupten, noch seine Würde wegzuwerfen, um Anmut zu zeigen“.[103]

Auch Schillers leise utopischer Versuch, das Unvereinbare ästhetisch zu versöhnen, ist zunächst ästhetischer Vor-Schein in der moralischen Welt, „d. h. Schein, der weder Realität vertreten will, noch von derselben vertreten zu werden braucht“.[104] Im Spiel erhebt er sich als Imagination und Vision, die aber „in der Kunst des Ideals“ kontrafaktisch zur Wirklichkeit stehen und eine eigene Realität vom Menschen fordern. Eben zu der „letztern bedarf es einer totalen Revolution in seiner ganzen Empfindungsweise, ohne welche er auch nicht einmal *auf dem Wege* zum Ideal sich befinden würde“. Diese ästhetische „Umwälzung“ verlagert nun die Revolution von der äußeren, bloß physischen Bühne der Geschichte (1789) auf die innere Bühne des freien Menschen (1794), der im freien Spiel erst Mensch unter Menschen ist.[105]

Schiller hat mit Wagner also, so wenig diesem auch die kantianische Begrifflichkeit zustatten kommt, das Paradigma der griechischen Antike gemein, vor deren Folie sich die „Depravation“ oder Dekadenz der Moderne deutlich abhebt. Politischer und ästhetischer Verfall bedingen einander, und die wiederzugewinnende ästhetische „Reinheit“ bzw. das „Reinmenschliche“ fordert einen nachrevolutionären, utopischen Zustand, indem sich das ästhetische Ganze nicht nur dem Bedürfnis nach als ein alle Kräfte integrierendes Ganzes entfaltet. Beide ästhetischen Entwürfe haben die Revolution in einer ihrer vielen Gestalten im Rücken, die Utopie aber vor Augen, die nach der „totalen“ Revolution Raum gewinnen soll. Zeitbedingt ist Wagners verschärfte politische Analyse des Ästhetischen, die auch das Griechentum nicht als wiederholbares Paradigma, sondern als geschichtlichen Musterfall mit Fehlern

[100] Ebd., 638.
[101] Ebd., 653; vgl. 643.
[102] Vgl. ebd., 646.
[103] Ebd., 669.
[104] Ebd., 660.
[105] Vgl. ebd., 662 bzw. 669.

durchschaut, wie sie auch dem politisch-ästhetischen Text der Moderne eingewoben sind. Diese Einsicht wird Nietzsche in seiner Adaption von Wagners dramatischer Ästhetik rasch wieder zuschütten, indem er das Griechische ahistorisch bzw. apolitisch faßt und daher ein „Absolutum" der Musik einfordert, das hinter Schillers und Wagners Ästhetik weit zurückfällt.[106] Wagner ist kein Klassizist; daher hält er Schillers *Braut von Messina* für ein Problem, aber nicht für ein Leitbild der dramatischen Gattung, obwohl gerade dieses Werk das Drama von der Rolle des Chores her entwirft. Als Musiker der Moderne nach Beethoven setzt Wagner beim modernen Chor an, um die Tragödie aus dem Geist der Musik hervorzubringen: beim *orchestra* der instrumentalen Sinfonie, dem noch die Szene fehlt. Erst hier stellt sich die klassische Frage des musikalischen Dramas neu: *prima la musica, doppo le parole* oder umgekehrt?[107] Wagner kennt verschiedene Lösungen in seiner Theorie, um das im eigenen Werk erreichte oder angezielte mit dem Begriff zu fassen und das Dilemma produktiv zu unterlaufen. Der Bogen der Ansätze reicht von *Oper und Drama* (1852) bis zum *Beethoven* (1870) und mündet schließlich in die theologischen Spätschriften zum *Parsifal* (1879-1883).

---

106 Vgl. unter Bezug auf Schiller: Borchmeyer, *Das Theater Richard Wagners* 151-175.

107 *Capriccio*, die letzte zu Lebzeiten von Richard Strauss' aufgeführte Oper, übersetzt diesen ästhetischen Diskurs Wagners in ein allegorisches „Konversationsstück für Musik". Ton und Wort, versöhnlich metaphorisch als „Bruder und Schwester" (statt als Frau und Mann wie in Wagners *Oper und Drama*, Ende des ersten Teils: 118-122) gedeutet, streben zur Einheit, und doch: „Eine Oper ist ein absurdes Ding", und für sie ist kaum ein Schluß zu finden, „der nicht trivial ist". Die Gräfin vor dem Spiegel, die *musiké* des „künstlerischen Gesamtwerks", steht ratlos fragend vor ihrem eigenen Spiegelbild, das ein finales Vexierbild des Ganzen ist. Hier könnten der Diskurs oder das Konversationsstück von vorn beginnen, denn das Ende ist der Anfang, der ästhetische Kreis als in sich kreisende Handlung geschlossen. Was Strauss von Wagner im Prinzip unterscheidet, auch wenn der bayerische Wagnerianer sich nie von den ästhetischen Forderungen in *Oper und Drama* löst, weiß Monsieur Taupe, als Souffleur „der unsichtbare Herrscher einer magischen Welt", besser als die allegorischen Protagonisten seines Stücks. „Wenn ich schlafe, werde ich zum Ereignis! Die Schauspieler sprechen nicht weiter – das Publikum erwacht!" Doch dieses Erwachen aus der szenischen Illusion zerstört nur den einschläfernden schönen Schein der Oper. Dessen Gegenbild ist nicht die Utopie, die über die Szene hinausweist, sondern die enttäuschte Wirklichkeit eines Publikums, das die Revolution noch vor sich hat. „Ist das nun alles ein Traum! – Oder bin ich schon wach?..." – mit dieser Frage verläßt der Souffleur die Bühne. Die „Mondscheinmusik" der letzten Szene überglänzt, ratlos und schön, Vergangenes, das sie beschwört; sie verheißt keine Zukunft. Kurz gesagt: Strauss adaptiert durchaus die *Technik* Wagners, aber unterschlägt restlos ihren *revolutionären Impuls*. Seine Musik ist nirgends „Zukunftsmusik", sondern verklärte Vergangenheit.

Da mir so unsinnige Theorien zugeschrieben werden konnten,
mußten natürlich auch die Musikwerke,
welche aus ihnen hervorgegangen,
von widerlichster Beschaffenheit sein [...].[108]

1.3. Das Judentum in der Musik: Theorie im Dienst der Biographie

Zwischen den Zürcher Revolutionsschriften und der gültigen Ästhetik von *Oper und Drama* steht eine hochproblematische Polemik. Der Aufsatz *Das Judentum in der Musik* von 1850 bezeichnet eine Stelle von Wagners Reflexion, an der ihr tragfähiger Boden einzubrechen und erdrutschartig Teile des Theoriegebäudes mit sich in die Tiefe zu reißen scheint. Das Bild ist bewußt gewählt und zeigt das Dilemma an, das sich rezeptionsgeschichtlich stellt.[109] Denn *entweder* ist die ästhetische Theorie Wagners und damit auch sein Werk, dessen Begriff sie formulieren will, gefährlich unterhöhlt und geradezu katastrophisch einsturzgefährdet: dann wäre die antijüdische Polemik mit ihrer revolutionären Vernichtungs-Metaphorik der Schlüssel zum Ganzen und lieferte das Argument, es *als Ganzes* zu verwerfen. *Oder* die strittige Schrift ließe sich vom übrigen Werk trennen und biographisch-psychologisch als eine Entgleisung bagatellisieren, die das Ganze nicht berührt. Überdies sind Wagners zahlreich anti- und auch philosemitische Äußerungen durchaus uneinheitlich; sie folgen nicht der Linie seiner antijüdischen Streitschrift, und dies schon deshalb nicht, weil sich auch hier keine einheitliche Linie in der Argumentation durchzieht.[110]

Das benannte Dilemma prägt die Geschichte der Wagner-Rezeption und zieht eine Front- und Kampflinie zwischen Antiwagnerianern und Wagnerianern. Die folgenden Überlegungen gelten bescheiden der Frage, wieweit sich die bisher erfaßten Argumentationslinien von Wagners Ästhetik mit seiner Schrift über das *Judentum in der Musik* grundsätzlich berühren und ob sich

---

108 *Das Judentum in der Musik* (Nachschrift an Marie Muchanoff) 177.

109 Vgl. zur Orientierung Borchmeyer, *Richard Wagner und der Antisemitismus*; aus der Fülle der Literatur vor allem die Beiträge des Schloß Elmau-Symposions von 1999, die eine große Zahl der möglichen und vertretenen Positionen – wenn auch durchaus nicht alle – prominent versammelt: *Richard Wagner im Dritten Reich* (dort auch weiterführende Literatur insbesondere im Verzeichnis der Autorinnen und Autoren (371-373). Als Gesamtdarstellung vgl. Scholz, *Richard Wagners Antisemitismus*, vor allem 72-82 (biographisch), 82-108 (werkbezogen).

110 Besser als manche wagnerische oder antiwagnerianische Abhandlung dürfte Friedrich Dieckmanns (bescheiden so genannte) „Collage“ *Richard Wagner in Venedig* in das Problem einführen. Der *Exkurs: Joseph Rubinstein* (über Wagners jüdischen Hausmusiker) bündelt die widersprüchlichen Aspekte des Themas und deutet eine Lösung an: das „Judentum“, wie Wagner es (miß-)versteht, „als revolutionäres Ersatzobjekt“, auf das alle Feindbildseligkeit projiziert wird (bes. 198-200). Das hieße aber, daß Wagner das Wort „Judentum“ *auch* als Chiffre oder Metapher für alles der Revolution widerständige gebraucht, nicht nur jedenfalls als Bezeichnung einer ethnischen Gruppe oder „Race“ – was er schlimmstenfalls *analog* zu Gobineaus Theorie, aber nicht in ihrem Sinne tut, wie sich zeigen wird (vgl. hier das Schlußkapitel von B III).

die antijüdische (und erst in der historischen Konsequenz antisemitische) Polemik dieser Schrift aus der argumentativen Konsistenz seiner Theorie zwingend ergibt.[111] Wagners Schrift erscheint im September 1850 in zwei Folgen unter dem sprechenden Pseudonym „K. Freigedank" in der *Neuen Zeitschrift für Musik*. Ungenannt bleibt auch das imaginäre Objekt seines Hasses, weil deutlich zu erkennen: Giacomo Meyerbeer. Das Biographische wird von vornherein derart ins Allgemeingültige gespielt, als bedürfe es hier keiner Namen, obwohl das Subjekt und das Objekt der „vernichtenden" Theorie ihr konkretes Gesicht tragen. Das ist paradox und verdächtig zugleich, und entsprechend unterschiedlich fallen die kritischen Annäherungen an Wagners Text aus: Sie begegnen ihm entweder argumentativ oder diagnostisch und greifen damit jeweils zu kurz. Wenn sich in dieser Schrift und auch in ihrer kommentierten Neuausgabe von 1869 beide Ebenen tatsächlich überlagern und gegenseitig entstellen, dann muß gerade diese Konfusion kritisch geprüft werden.[112]

Wagner entwirft sein Zerrbild des häßlichen Juden ausdrücklich in Reaktion auf die Assimilation und Emanzipation des Judentums. In der Religion seien Juden (ein „leider!" ist in dieser Klage mitzulesen) „längst keine hassenswürdigen Feinde mehr – Dank allen Denen, welche innerhalb der christlichen Religion selbst den Volkshaß auf sich gezogen haben!"[113] Wagner will „das *instinktiv Abstoßende*" des Jüdischen und damit „diese instinktive Abneigung" theoretisch rechtfertigen.[114] Dieses leitende Interesse deutet bereits an, daß der theoretische Anteil der Schrift sekundär in dem Sinne ist, als er sich theoretischer Versatzstücke aus den Revolutionsschriften bedient. Das Zerrbild, das Wagner ausführlich zeichnet, beherrscht seine Schrift; es liefert eine radikalisierte Variante eines literarischen Topos, der sich ernsthaft oder parodistisch allerdings selbst bei jüdischen Autoren findet.[115] Wagner wendet jedoch die Begriffe seiner ästhetischen Theorie unmittelbar auf diesen radikalisierten Topos an, um die heimlich bewunderten und beneideten Konkurrenten Mendelssohn und Meyerbeer und ihr *Judentum in der Musik* prinzipiell zu denunzieren.[116] Dieser gewaltsamen Konstruktion fällt auch das Dichtertum

---

111 Die hochspekulative Frage, ob sich das Bühnenpersonal Wagners in „deutsche" und „jüdische" Protagonisten aufteilen läßt, hat angesichts der Fülle und Ambivalenz des Materials verschiedenste Antworten erfahren – darunter auch diejenige, daß für solche Zuweisungen gerade die zu erwartenden Anhaltspunkte bei Wagner fehlen, selbst wenn sie möglich wären (zum Beispiel die ambivalenten *Ahasver*-Gestalten des Holländers und der Kundry, das dialektische Gegenüber von Wotan und Alberich usw.; vgl. Borchmeyer, *Richard Wagner und der Antisemitismus* 154-156, 159-161).

112 Vgl. als aufschlußreiches Dokument Wagners den Brief an Carl Tausig vom April 1869: SSD 16, 102/103.

113 *Das Judentum in der Musik* (hier zitiert nach der kritischen und kommentierten Ausgabe durch Jens Malte Fischer) 144.

114 Ebd., 145.

115 So Heines Spott in den *Reisebildern*: „Juden haben ihre eigentümlich ehrliche Miene, nicht weil sie von Abraham, Isaak und Jakob abstammen, sondern weil sie Kaufleute sind, und der Frankfurter christliche Kaufmann sieht dem Frankfurter jüdischen Kaufmanne ebenso ähnlich wie ein faules Ei dem andern" (Werke 3, 369).

116 Nochmals Heine, diesmal über den preußischen König und seinen Hofkomponisten Meyerbeer (Werke 2, 380):

Heines zum Opfer, der „seine gedichtete Lügen von unsren Komponisten in Musik gesetzt erhielt“[117] – auch von Wagner in französischer Übersetzung während der Pariser Jahre übrigens, wie er geflissentlich zu erwähnen vergißt (*Les deux grenadiers*: *WWV* 66). Damit öffnet der biographische Schlüssel wenigstens zum Teil das Verständnis solcher Passagen, soweit sich in ihnen das verunsicherte Selbstbewußtsein des Konkurrenten seit der Pariser Lehrzeit äußert. Mit Wagners ästhetischer Theorie hängt der sich hier formierende und eigentlich erst 1869, in der Neupublikation der Schrift, ausbrechende Antisemitismus indirekt ebenfalls zusammen. Den Anlaß zur Ausarbeitung von *Oper und Drama* mag der Artikel „Oper“ im Brockhaus-Konversationslexikon von 1850 gegeben haben.[118] Mendelssohn – so heißt es dort zum großen Ärger Wagners und in der Sache nicht eben genau – sei durch seinen frühen Tod gehindert worden, „das Rätsel der deutschen Oper zu lösen“, während sich Wagner „die große Errungenschaft Meyerbeer's in ihrer ganzen Ausdehnung“ angeeignet habe, jedoch „in inneren Widersprüchen befangen“ sei und nicht über dessen „klare Architektonik“ verfüge.[119] So provoziert Biographisches nun die Theorie: zunächst (und wiederum faktisch sekundär), um sich von dem in Mendelssohn und Meyerbeer personifizierten Feindbild abzusetzen, primär aber, um die in den Revolutionsschriften skizzierte Ästhetik ebenso systematisch voranzutreiben wie Text und Komposition der *Nibelungen*.[120] Die hochspekulative These, Wagners Antisemitismus habe umgekehrt seine Theorie erzeugt und kontaminiere sie unvermeidlich, dürfte sich kaum zwanglos belegen lassen; sie übernähme zudem eine untragbare Beweislast, wenn sie diese Theorie in ihrer Argumentation ernst nehmen wollte. Dann nämlich läge der Weg zum Beweis in einer Dekonstruktion dieser Argumentation und auch derjenigen Theorieformen, denen sie sich verdankt.

„Wie mir, ist auch zuwider ihm
Die Musik, das edle Ungetüm;
Aus diesem Grund protegiert auch er
Den Musikverderber, den Meyerbeer.
Der König bekam von ihm kein Geld,
Wie fälschlich behauptet die böse Welt.
Man lügt soviel! Auch keinen Dreier
Kostet der König dem Beerenmeyer.“

Heines unfreundliche Satire benutzt den Topos nicht, um ihn, wie Wagner, theoretisch zu verallgemeinern, sondern um ihn zu ironisieren. Dennoch liegt ihm ein ähnlich ambivalentes Bild Meyerbeers zugrunde, wie es Wagner später bösartig benutzt.

117 *Das Judentum in der Musik* 172/173.

118 Vgl. *Mein Leben* 472.

119 Artikel „Die moderne Oper“, in: *Die Gegenwart. Eine enzyklopädische Darstellung der Zeitgeschichte für alle Stände*, Bd. 4. Leipzig 1850, 555-576; hier zit. nach Kropfinger, *Nachwort* (zu *Oper und Drama*) 449.

120 Die Zweitpublikation der Schrift von 1869, von Jens Malte Fischer zu Recht als „der eigentliche Sündenfall Richard Wagners“ bezeichnet (*Dokumentation* 89), wiegt schwerer, weil sie im schützenden Kontext des nun vielfachen artikulierten Antisemitismus neuerer Prägung erfolgt. Der letzte Anlaß scheint auch hier biographisch zu sein, nämlich die scharfe Kritik Eduard Hanslicks an den im Juni 1868 in München uraufgeführten *Meistersingern*; Wagner schreibt seinem Kritiker eine „zierlich verdeckte, jüdische Abkunft“ zu (*Das Judentum in der Musik* 177) und kontert mit dieser verschärften Neuausgabe seiner Schrift, statt sich der Kritik argumentativ zu stellen.

Wagners Ausfälle leben von einer unmittelbaren Anwendung seiner Theorie auf sein Feindbild. Was in der revolutionären Theorie als „abstrakter Geldwert" und „Industrie" bestimmt wird, etikettiert Wagners Polemik nun mit dem Verdikt „jüdisch" – eine logisch unsinnige Verallgemeinerung, die der eigenen Theorie unterschoben und mit ihr gleichgesetzt wird. Umgekehrt hätte eine korrekte Anwendung der Theorie bestenfalls (oder schlimmstenfalls) formulieren können, es gäbe *auch*, aber eben *nicht ausschließlich* und *spezifisch*, jüdische Varianten der in der Theorie analysierten ästhetisch-politischen Erscheinungen.[121] Hier kontaminiert Wagner die eigene Theorie mit seiner antijüdischen Polemik – dies aber nachträglich und so, daß es die Konsistenz seiner Theorie schon deswegen nicht berühren kann, weil eine solche unmittelbare Anwendung bzw. umgekehrt die Verallgemeinerung eines empirischen Befundes ohnehin methodisch falsch ist. Wenn also bereits Wagners Anwendung seiner Theorie hier ein methodischer Mißbrauch ist, kann und darf ihm die Kritik unter ihren anderen Vorzeichen in diesem Mißbrauch nicht folgen.

Das gilt besonders von der berüchtigten Schlußpassage der *Judentum*-Polemik, die Ludwig Börne als Muster des assimilierten Juden beansprucht:

> Aus seiner Sonderstellung als Jude trat er Erlösung suchend unter uns: er fand sie nicht, und mußte sich bewußt werden, daß er sie nur *mit auch unsrer Erlösung zu wahrhaften Menschen* finden können würde. Gemeinschaftlich mit uns Mensch werden, heißt für den Juden aber zu allernächst so viel als: aufhören, Jude zu sein. *Börne* hat dies erfüllt.

Das Argument greift Bekanntes auf: die dialektischen Gegensätze von Egoismus und Kommunismus bzw. Partikularität und Allgemeinheit. Das „Judentum" als Partikularität müsse demnach in die Allgemeinheit des „Reinmenschlichen" aufgehoben werden; diese Aufhebung als Erlösung gilt ausdrücklich allen. Nur unter dieser Voraussetzung geben die beiden Schlußsätze der Schrift einen Sinn:

> Nehmt rücksichtslos an diesem durch Selbstvernichtung wiedergebärenden Erlösungswerke teil, so sind wir einig und ununterschieden! Aber bedenkt, daß nur Eines eure Erlösung von dem auf Euch lastenden Fluche sein kann: Die Erlösung Ahasvers, – der *Untergang*![122]

Dieser Appell, zugleich eine Reminiszenz an das *Holländer*-Finale, gibt weder grammatisch noch semantisch einen „eliminatorischen" oder gar „exterminatorischen" Sinn. Der Aufruf zur „Selbstvernichtung", zur „Erlösung" oder zum „Untergang" ergeht ausdrücklich an alle, nicht an Einzelne gegen Einzelne. Er proklamiert unter dieser Voraussetzung Einigkeit und Ununterschiedenheit. Daß Wagners ästhetische Theorie in ihrer *Anwendung* historisch *mittelbar* an der Katastrophe der Shoah beteiligt ist, muß ihm angelastet werden:

---

121 Insofern wäre Mime oder Beckmesser eben leider *auch* als antisemitische Karikaturen zu interpretierbar, aber keineswegs zwingend oder grundsätzlich so, als seien sie daraufhin angelegt.

122 *Das Judentum in der Musik* 173.

Er selbst hat diese Theorie als erster antijüdisch bzw. antisemitisch mißbraucht und diesen Mißbrauch nachdrücklich etabliert. Insofern ist er auch der erste Wagnerianer in dem schlimmsten Sinn des Wortes, der sich mit dem Bayreuther Kreis Hans von Wolzogens und Houston Stewart Chamberlains bis hin zu Adolf Hitler verbindet.[123]

Eine *relécture* des theoretischen Wagner darf nicht die Lesarten des ersten Wagnerianers, der Wagner selbst gewesen ist, unkritisch übernehmen. So unterscheidet sich eine Kritik Wagners durchaus argumentativ von einer Kritik des Wagnerianismus, auch wenn dieser im *Judentum in der Musik* schon durch Wagner selbst repräsentiert wird.[124]

123 Jens Malte Fischer unterscheidet diese typisch wagnersche und *deswegen* wagnerianische Konfusion von ästhetischer Theorie und deren polemischen Mißbrauch nicht, wenn er schreibt: „Die Verbissenheit der Wagner-Verteidiger bis heute rührt aus der menschlich verständlichen Unfähigkeit, beides gleichzeitig auszuhalten: die Gewalt der Musik und die Gewalttätigkeit der Ideologie. Das eine ist aber ohne das andere nicht zu haben, beides bedingt sich gegenseitig“ (*Dokumentation* 132) – was *de facto* durchaus richtig ist, *de iure* nach dem argumentativen Maßstab von Wagners Ästhetik aber gerade nicht.

124 Übrigens hat Wagner gelegentlich auch Korrekturen am eigenen Wagnerianismus angebracht. Er erklärt gegenüber Theodor Uhlig die Absicht, seine Schrift nicht als persönlichen Angriff auf Meyerbeer zu verstehen zu lassen und „manches dieser art noch zurücknehmen zu können: wenn ich es lese, klingt der spott nie giftig, – lesen es aber andere, so kann ich ihnen oft wie ein leidenschaftlich verbitterter vorkommen“ (vom 10. März 1851: SB 3, 522). Auch gegen Liszt äußert er, er habe pseudonym geschrieben, „um zu vermeiden, daß von den Juden die frage in das nackte Persönliche verschleppt würde“; es gehe ihm um den „vollkommenen Gegensatz in [!] Meyerbeer“ (vom 18. April 1851: ebd., 544/545). Die Taktik einmal abgerechnet, mit der er abwiegeln und das Erscheinen von *Oper und Drama* entlasten möchte: In solchen und anderen Bemerkungen spricht sich immerhin die Einsicht aus, im Ton und in der Sache erheblich weiter gegangen zu sein, als es seine ästhetische Theorie erlaubt. Entsprechend betont Wagner brieflich gegenüber Eduard Bernsdorf, der in der *Neuen Zeitschrift für Musik* kritisch Stellung gegen ihn bezogen hat: „Sie verdrehen meine Grundansicht, – *daß die Juden sich erst in unsre Kunst mischen konnten, als sie organisch lebensunfähig geworden war*, – dahin, als ob ich gesagt hätte, *unsre Kunst sei in Verfall gerathen, w e i l die Juden sich in sie gemischt hätten*“ (vom Ende Oktober 1850: SB 3, 462/463). Aber auch diese „Grundansicht“ ist nicht durch Wagners Theorie gedeckt.

Ist alles in gehöriger Ordnung, so lasse ich dann unter diesen umständen drei Aufführungen des Siegfried
in einer woche stattfinden: nach der dritten wird das theater eingerissen und meine partitur verbrannt.
Den leuten, denen die sache gefallen hat, sage ich dann: „nun macht's auch so!"[125]

2. Oper und Drama: die *Nibelungen*-Theorie

Unmittelbar vor der Niederschrift von *Oper und Drama* kündigt sich das *Nibelungen*-Werk mehrfach in brieflichen Festspielfanfaren an, die Wagners Freunde sollen aufhorchen lassen. Gegenüber dem Pariser Freund Ernst Benedikt Kietz bekräftigt er nicht nur den Entschluß, „den Siegfried wirklich noch in musik zu setzen" – allerdings verbunden „mit den allerkühnsten plänen" zur Aufführung, falls das nötige Geld („mindestens die summe von 10,000 Thaler") bereitstehe:

> Dann würde ich nämlich hier, wo ich gerade bin, nach meinem plane aus bretern ein theater errichten lassen, die geeignetsten sänger dazu mir kommen und Alles nöthige für diesen einen besonderen fall mir so herstellen lassen, daß ich einer vortrefflichen Aufführung der oper [!] gewiß sein könnte. Dann würde ich überall hin an diejenigen, die für meine werke sich interessiren, einladungen ausschreiben, für eine tüchtige besetzung der zuschauerräume sorgen und – natürlich gratis – drei vorstellungen in einer woche hintereinander geben, worauf dann das theater abgebrochen wird und die sache ihr ende hat. Nur so etwas kann mich noch reizen.[126]

Auch an den Dresdner Freund und ersten musikästhetischen Wagner-Propheten Theodor Uhlig meldet er dieselbe Festspiel-Idee; er wolle „auf einer schönen wiese bei der stadt von Bret und balken ein rohes theater" aufführen, das nach drei Vorstellungen abzureißen, die Partitur des *Siegfried* hingegen zu verbrennen sei. „Den leuten, denen die sache gefallen hat, sage ich dann: ‚nun macht's auch so!'"[127] Der improvisatorische Zug der *mise en scène* betont das

125 An Theodor Uhlig vom 20. September 1850: SB 3, 426. – Thomas Mann hat diesen Brief und die in ihm vorgestellte Idee des Festspiel-Provisoriums erst 1951 kennengelernt (aus der Sammlung Burrell) und nur mit Befremden „buchenswert" gefunden; seine detaillierte Wiedergabe nennt, bezeichnend genug, nicht das Verbrennen der Partituren – eine Vorstellung, die für den epischen Autor umfangreichster „Partituren", wie er sie selbst bedeutungsvoll genannt hat, eher erschreckend sein dürfte (*Briefe Richard Wagners*: GW 10, 801).

126 Das „Pumpgenie" (Thomas Mann) fügt mehr pragmatisch als utopistisch hinzu: „Wenn Karl Ritter's onkel stirbt, bekomme ich die summe" (vom 14. September 1850: SB 3, 404/405). Die revolutionäre Vision erscheint – vorübergehend – greifbar nahe.

127 Vom 20. September 1850: SB 3, 426. – Die offizielle Formulierung der Festspielidee findet sich im *Vorwort zur Herausgabe des Bühnenfestspiels „Der Ring des Nibelungen":* SSD 6, 273.

Festlich-Spielerische, ganz im Sinne der Schillerschen und der eigenen revolutionären Ästhetik. Das Werk ist die Aufführung, nicht die Partitur. Denn das Paradigma des Festspiels, der attische Tragödientag, ist ein gottesdienstliches Ereignis: „Der zum volksgemeinschaftlichen Schauplatze höchster menschlicher Kunst erweiterte Göttertempel war aber *das Theater*“.[128] Das Festspiel steht von vornherein in einer sakralen Aura; es repräsentiert gültig die Öffentlichkeit, die es trägt, indem es das Menschenopfer der Tragödie feiert: den Tod des Protagonisten. Diese sakrale Szene trennt Bühne und Publikum *real*, um beide durch die Vision der Handlung *ideal* wieder zu verbinden.

Allerdings entwickelt Wagner auch konkurrierende Konzeptionen des Theaters. Das improvisatorische Volkstheater, vor allem das Kasperl-Theater und die Stegreif-Komödie, aber auch die höchste artifizielle Aneignung dieses Volkstheaters im *Faust*, für die Wagner eine eigene szenische Realisierung anstrebt, scheinen auf ein anderes Ziel deuten: die Aufhebung auch der realen Trennung von Bühne und Publikum.[129] Allerdings herrscht hier „das *komische* Element“ vor.

> Der Held der Komödie wird der umgekehrte Held der Tragödie sein: wie dieser als Kommunist, d. h. als einzelner, der durch die Kraft seines Wesens aus innerer, freier Notwendigkeit in der Allgemeinheit aufgeht, sich unwillkürlich nur auf seine Umgebung und Gegensätze bezog, so wird jener als Egoist, als Feind der Allgemeinheit, sich dieser zu entziehen oder sie willkürlich auf sich allein zu beziehen streben, in diesem Streben aber von der Allgemeinheit in den mannigfaltigsten und abwechselndsten Gestalten bekämpft, gedrängt und endlich besiegt werden. Der Egoist wird *gezwungen* in die Allgemeinheit aufgehen, *diese* daher die eigentliche handelnde, vielfache Person sein [...]. Die künstlerische Genossenschaft, als Repräsentant der Allgemeinheit, wird somit in der Komödie einen noch unmittelbareren Anteil an der Dichtung selbst haben, als in der Tragödie.[130]

Wagner bestimmt die Gattungen von Tragödie und Komödie vom Protagonisten und seinem Verhältnis zur Allgemeinheit her; die Komödie ist strukturell die „Umkehrung“ der Tragödie und umgekehrt. Analog bestimmt er das Verhältnis von Szene und Publikum, das in der Tragödie *ideal*, in der Komödie dagegen *real* überwunden wird. Damit bleibt der Tragödie ein idealer, die Wirklichkeiten von Bühne und Publikum transzendierender und utopischer

---

128 *Das Kunstwerk der Zukunft*: SSD 3, 126.

129 Dieter Borchmeyer hat im Detail beide Konzeptionen Wagners erstmalig rekonstruiert (vgl. *Das Theater Richard Wagners* 40-63). „Müßte nicht, wenn die Öffentlichkeit durch den Geist der Musik und des Festspiels wieder ‚ästhetisch‘ geworden ist, die ideale Scheidemauer zwischen Bühne und Zuschauerraum fallen?“ Dieses „Endziel der Wagnerschen Theaterutopie“ (40) sei Wagners imaginierte *Faust*-Bühne oder auch die Zentralbühne, die er für eine Aufführung von Beethovens *Missa solemnis* anvisiert (6. Januar 1872: CT I, 478). „Der Zirkus als Modell des Wagnerschen Idealtheaters, das nicht nur die bestehende Schauspiel- und Opernbühne, sondern auch die für die Inszenierung des musikalischen Dramas entworfene Festspielbühne mit ihrer Trennung von Szene und Publikum utopisch transzendiert!“ (56).

130 *Das Kunstwerk der Zukunft*: SSD 3, 166, Anm. – Der Text liest sich, als kommentiere er die *Meistersinger* und ihren komödiantischen Protagonisten Beckmesser, der laut Regieanweisung Wagners buchstäblich in der Allgemeinheit aufgeht: er „*verliert sich unter dem Volke*“ (*Meistersinger* 488).

Rest. Die Versöhnung bleibt utopisch und ungreifbar, gleichwohl zeigt sie sich in der Imagination des Publikums und in der Vision der Bühne als lebendige Gestalt. Deren Inszenierung verschließt sich im Raum des Göttertempels (*templum*) und bewahrt sich etwas sakral-hermetisches. Die Aufführung ist auratisch und zeigt, jenseits des Improvisatorischen in der Komödie, die immer *pro fanum* bleibt, ein prägendes rituelles Element. Dazu gehört auch das epische Erinnern, das Verweisungszusammenhänge jenseits der eigentlichen Handlung herstellt und diese transzendiert – was übrigens ebenso für den Status des musikalischen Gewebes gilt[131] –: „Was spinnen und singen wir nicht?“[132] Erinnerung vergegenwärtigt im rituellen Drama der Tragödie das, was als Zukunft gegenwärtig noch aussteht. Weil es noch aussteht, läßt sich die Trennung von Bühne und Publikum zwar *ideal*, aber nicht *real* überwinden.

Dennoch gelten die Ideen zum Festspiel-Provisorium einem utopischen Ziel. Sie sind vorläufig noch „große Rosinen“, nämlich:

> drei Dramen, mit einem dreiaktigen Vorspiele. – Wenn alle deutsche [!] theater zusammenbrechen, schlage ich ein neues am Rheine auf, rufe zusammen und führe das Ganze im laufe einer Woche auf. –[133]

Daß ein solches Projekt keine gegenwärtige Öffentlichkeit gültig repräsentieren könne, deutet sich erneut an, mehr noch die Einsicht, erst die für 1852 erwartete Revolution in Frankreich könne ihm „die künstler und Zuhörer zuführen“, die er sich „aus den Trümmern“ des vorrevolutionären Theaters zusammenrufe werde. Die Tetralogie gäbe

> den menschen der Revolution dann die *bedeutung* dieser Revolution, nach ihrem edelsten sinne, zu erkennen. *Dieses publikum* wird mich verstehen: das jetzige kann es nicht.[134]

Der Hiatus, der sich auftut, das geschichtliche Niemandsland, in dem Wagner selbst mit seinen bisherigen Opern und seinem Dramenprojekt steht, verbalisiert sich im Titel seiner ästhetischen Hauptschrift: *Oper und Drama*. Vergan-

---

131 Richard Klein versteht „die Erzählungen [...] auch als ‚Kontrastfolie‘ zur Darstellung temporaler Negativität“, denn sie unterlaufen die plane temporale Semantik der Motivbezüge: „Die Rede von der zweiten Autonomie der Musik in der *Götterdämmerung* meint diesen dekonstruktiven Angriff auf das Ganze des Dramas“ (*Gebrochene Temporalität* 199).

132 *Götterdämmerung* 754. – Die zahlreichen vergegenwärtigenden Erzählungen konstituieren eine Meta-Handlung und verlassen den Zeit-Raum der eigentlichen Handlung: „zum Raum wird hier die Zeit“ – das vollendete Gewebe der Zeitebenen eröffnet einen neuen Spiel-Raum, in dem sich Text und Musik frei bewegen.

133 An Theodor Uhlig vom 11. Oktober 1851: SB 4, 131/132. – Vgl. Ackermann, *Richard Wagners „Ring des Nibelungen“ und die Dialektik der Aufklärung*.

134 An Theodor Uhlig vom 12. November 1851: SB 4, 176. – Wagner, ermutigt durch den Besuch einer sozialdemokratischen Wählerversammlung im Paris Frühjahr 1851, erwartet von den Wahlen in Frankreich 1852 eine neue Revolution. Über den 31.12. des Jahres hinaus datiert Wagner bis hin zum 50.[!]12.1851 in Erwartung der wirklichen „Großen Revolution“, auch nach dem Staatsstreich Louis Napoléons. Der Schluß seiner *Mitteilung an meine Freunde* hält dieselbe Absicht mit denselben Konnotationen fest, „denn nur *mit meinem Werke* seht ihr mich wieder!“ (344).

genheit der Oper, Zukunft des Dramas und der stetige Prozeß von Werk und Theorie, die ineinander verflochten sind. Für diesen Prozeß steht im Titel der Schrift dies nicht ganz so „süße Wörtlein: und“[135]. Wie soll die Transformation der Oper zum Drama aussehen, wie die Revolution aus der „modernen Zivilisation“ eine Demokratie des „Reinmenschlichen“ hervorbringen?

> Wie soll ein mensch, der durch und durch methode ist, meine natürliche anarchie begreifen können?
> Devr.[ient] ist durchaus Despot, er will die leute zwangsweise selig machen: vom revolutionär hat er keine spur.[136]

2.1. Kritik der Oper

Der ursprüngliche Titel des Manuskriptes „Das Wesen der modernen Oper“ mit dem Zusatz „von einem ehemaligen Opernkomponisten“ betont die Negation des Gegenwärtigen, die sich zunächst polemisch und distanzierend an die Adresse Giacomo Meyerbeers richtet. Erst später findet das utopische Ziel der Verneinung in den Titel, zunächst tastend in Umkehrung des ersten Titels[137] und zuletzt in der ausdrücklichen Dialektik von *Oper und Drama*. Die Niederschrift sondiert und strukturiert ein reiches Material: „Entwürfe. Gedanken. Fragmente“ liegen zusammen mit den Zürcher Revolutionsschriften vor[138], dramatische und kompositorische Entwürfe gehen mit ihrer theoretischen Formulierung einher[139], die bisherigen Aufführungen eigener und fremder Werke liefern hinreichend problematisches und teilweise schon erschlossenes Material. Der Arbeitsprozeß verläuft eruptiv.[140] Die Genese der Theorie zeigt sich kaum weniger schöpferisch-spontan als das Kunstwerk, das es reflektieren und ermöglichen soll – eher ein wenig übereilt, als gelte es, die Hürden der ästhetischen Theorie so rasch wie möglich zu nehmen und einige kleinere Stürze zu riskieren. Das Buch liefert eine *ad hoc*-Theorie, die dem Werk

[135] Vgl. *Tristan* 357.

[136] An Theodor Uhlig vom 6. oder 7. Mai 1852: SB 4, 357 (über das vermutete Unvermögen Eduard Devrients – als Theaterleiter und -schriftsteller –, *Oper und Drama* zu verstehen).

[137] So heißt es an Liszt vom 8. Oktober 1850, er wolle „in dieser schrift das wesen des musikalischen drama's nach meiner ansicht von ihm erörtern“ (SB 3, 439).

[138] Sie werden 1885 von Hans von Wolzogen ohne Namensnennung „aus nachgelassenen Papieren“ sorgfältig ediert und später in SSD 11 (325) und 12 (254-282, 309-316, 337-360) mit kleinen Umstellungen übernommen.

[139] Vgl. Westernhagen, *Die Entstehung des „Ring“* 25-27 und passim.

[140] Klaus Kropfinger spricht von einer „schriftstellerischen Gewaltleistung“, die sich der Manuskript-Gestalt unmittelbar ablesen läßt (vgl. sein Nachwort, bes. 453-467, hier 456). Einzelne Abschnitte läßt Wagner vorab in der *Deutschen Monatsschrift* erscheinen, mit dessen ebenfalls im Schweizer Exil lebenden Herausgeber Adolf Kolatschek er bekannt war.

dient, allerdings eben darin, daß sich in ihr theoretische Konstanten äußern, die nicht auf bloße Selbstverständigung oder -propaganda zu reduzieren sind. Nach Kontext und Zwecksetzung darf also manche Hypothese Wagners ebenso nachlässig behandelt werden, wie sie formuliert worden ist. Das gilt im großen Rahmen für die Geschichtsteleologie der Kunst, die in das musikalische Drama mündet, und im kleinen Rahmen für die Neben-Theorien wie die Stabreimlehre, mit der es Wagner selbst nicht übermäßig genau genommen hat. Es ist bezeichnend, daß er sich später selten systematisch und stringent auf die eigenen Theorien bezieht, sondern sie eher als *quid pro quo* einer Ästhetik behandelt, deren Formulierung er ausdrücklich nicht für seine Sache hält. Für ihn sind sie eher ein „Krampf" der Reflexion, der mit dem schöpferischen Prozeß notwendig verbunden ist. Das Werk in seiner Kontinuität ist der Kontext, der seine Schriften relativiert, aber auch die Kontinuität ihrer ästhetischen Ansätze über die jeweilige zweckgebundene Formulierung hinaus sichtbar macht.

Die ökonomische und die revolutionäre Naherwartung, mit der Wagner einmal auf die Unterstützung der Familie Ritter und zum anderen auf die Wahlen in Frankreich 1852 baut, aber auch eine in theoretischen Dingen eigentümliche Ungeduld prägen diese ästhetische Synthese. Ihre dreiteilige Form ist ungeplant. Sie erwächst zur Überraschung ihres Autors aus der Konsequenz ihres Ansatzes ebenso, wie die *Nibelungen*-Tetralogie sich aus der Vision ihres Schlußteils entwickelt. Der erste Teil („der kürzeste und Leichteste, vielleicht auch der unterhaltendste") konfrontiert „Die Oper und das Wesen der Musik", kurz: Meyerbeer und Beethoven. Der zweite Teil („geht tiefer") versucht „Das Schauspiel und das Wesen der dramatischen Dichtkunst" aus der attischen Tragödie herzuleiten, und der dritte Teil („ein Stück Arbeit")[141] gilt der utopischen Synthese von „Dichtkunst und Tonkunst im Drama der Zukunft".[142] Wagner selbst bezeichnet den produktiven Zustand, in dem neben den übrigen ästhetischen Schriften *Oper und Drama* entstanden ist, als „abnorm" und krampfartig.[143] Entsprechend sei seine „Theorie fast nichts anderes als ein abstrakter Ausdruck des in mir sich bildenden künstlerisch-produk-

141 Wagners Charakteristik seines Buches findet sich in seinem Brief an Theodor Uhlig vom 20. Januar 1851, also zehn Tage nach Abschluß des Manuskriptes (SB 3, 498).

142 *Eine Skizze zu „Oper und Drama"* (SSD 16, 93-95, bzw. *Oper und Drama* 464) illustriert die ästhetische Theorie insgesamt mit einer graphischen „figur", die einem Brief an Theodor Uhlig vom 12.12.1850 entnommen ist (SB 3, 477/478). Inhaltswiedergaben von *Oper und Drama* finden sich bei Kropfinger, *Nachwort* 478-495, und Kühnel, *Wagners Schriften* 510-520.

143 „Nichts kann aber der künstlerischen Natur fremder und peinigender sein als ein solches, seinem gewöhnlichen durchaus entgegengesetztes, Denkverfahren. Er gibt sich ihm daher nicht mit der nötigen kühlen Ruhe hin, die dem Theoretiker vom Fach zueigen ist; ihn drängt vielmehr eine leidenschaftliche Ungeduld, die ihm verwehrt, die nötige Zeit auf sorgfältige Behandlung des Stiles zu verwenden; die stets das ganze Bild seines Gegenstandes in sich schließende Anschauung möchte er in jedem Satze vollständig geben; Zweifel daran, ob ihm dies gelinge, treibt ihn zur fortgesetzten Wiederholung des Versuches, was ihn endlich mit Heftigkeit und einer Gereiztheit erfüllt, die dem Theoretiker durchaus fremd sein soll. Auch aller dieser Übel und Fehler wird er inne, und durch das gefühl von ihnen von neuem beunruhigt, endigt er hastig sein Werk mit dem Seufzer, doch wohl etwa nur von dem verstanden zu werden, der mit ihm schon die gleiche künstlerische Anschauung teilt" („*Zukunftsmusik":* SSD 7, 113; vgl. 88). Dem ist nichts hinzuzufügen.

tiven Prozesses“.[144] Gerade als solcher Ausdruck des Werks *in statu nascendi* hat Wagners Theorie doppelten Wert: nicht nur als origineller Beitrag eines Künstlers zur Ästhetik, sondern auch als Selbstzeugnis des schöpferischen Prozesses. Diese Doppelstellung hebt es aus der philosophischen Ästhetik heraus; sie fordert auch eine gewisse Rücksicht auf das eigentümliche Impromptu dieser Theorie, die nicht frei ist von gedanklichen Sprüngen und begrifflichen Unschärfen.

Auch in *Oper und Drama* ist die Geschichte des musikalischen Dramas eine Verfallsgeschichte. „Die Oper und das Wesen der Musik“ sind zweierlei, wie das erste Buch zu klären sucht. Die moderne Oper bezeichnet das Stadium einer Dekadenz, deren „Irrtum“ Wagner darin sieht,

> *daß ein Mittel des Ausdruckes (die Musik) zum Zwecke, der Zweck des Ausdruckes (das Drama) aber zum Mittel gemacht war* [...].[145]

Mit dieser Formel erschließt Wagner die Arie als Formprinzip der Oper; ihre „absolute“, nämlich von der Dichtung bzw. der *parola scenica* losgelöste Melodie dränge die eigentliche Handlung in das Rezitativ ab und erkläre sie kompositorisch damit zur Nebensache. Dazu passe das Verhältnis des Dichters zum Komponisten, dem er lediglich das Material zur Melodie liefere. Wagner gesteht nur Gluck und Mozart eine Ausnahme zu – in der Theorie[146] und auch in der eigenen Bühnenpraxis, für die er *Iphigénie* und *Don Giovanni* bearbeitet hat. „Die Geschichte der Oper ist seit Rossini im Grund nichts anderes mehr als die Geschichte der *Opernmelodie*“, und auch Webers Versuch einer deutschen Oper befreie sich nicht vom Diktat der „absoluten Melodie“[147], „ihrer Deutung vom künstlerisch spekulativen, und ihres Vortrages vom wirkungssüchtigen Standpunkte der Darstellung aus“.[148] Das Volk als Masse diene nur zur Staffage und solle „die öde Szene um den Ariensänger beleben“.[149] Die eigentliche dramatische Ursache jeder szenischen Wirkung entfalle, und so eröffne sich dem Opernkomponisten „das unabsehbar graue Nebelfeld reiner, absoluter Erfindung: die Aufforderung *zum Erschaffen aus Nichts*“. Die Oper werde historisch und exotisch nur, um dieses Nichts zu variieren und zu verdecken.[150]

Das ist Wagners Diagnose des Verfalls. Die Gesangsmelodie habe sich vom Wort ebenso wie von den Bedingungen der menschlichen Stimme abgelöst; sie wandere als Instrumentalmelodie in das Orchester und wieder zurück in den Gesang. Vom Ausdruck ohne Inhalt führt der Weg unmittelbar zum Effekt ohne Ursache. Den umgekehrten Weg sei Beethoven in der Instrumentalmusik gegangen.[151] Sie sei „die Geschichte eines künstlerischen Irrtums“, aller-

---

[144] SSD 7, 118.

[145] *Oper und Drama* 19.

[146] Ebd., 85/86.

[147] Vgl. ebd., 87/88.

[148] Ebd., 50.

[149] Ebd., 65.

[150] Ebd., 70.

[151] Vgl. zu Wagners Zürcher Beethoven-Rezeption Franke, *Richard Wagners Zürcher Kunstschriften* 111-128, sowie zur Beethoven-Rezeption in *Oper und Drama* Kropfinger, *Wagner und Beethoven* 164-172.

dings der produktive Irrtum eines „Kolumbus“, denn er habe die absolute Instrumentalmelodie durch thematische Arbeit unabsichtlich zur *„Kunst des Ausdruckes“* und zum Sprechen zurückgeführt – er habe die Genese der Melodie als den Akt ihrer Geburt vorgeführt. Berlioz[152] und vor allem Meyerbeer „vermöge seiner Allerweltskapazität“[153] treiben jedoch, so das letzte Wort von Wagners Dekadenz-Diagnose, in den „Effekt“: in die *„Wirkung ohne Ursache“*.[154] Sie bedienen sich der von Beethoven erschlossenen Ausdrucksmittel, ohne sie mit einem ihnen entsprechenden Inhalt zu vereinen. Wagner sieht seine eingangs aufgestellte These bestätigt, das Mittel des Ausdrucks bedinge in der modernen Oper die *„Absicht des Dramas“* und ersetze dessen Zweck. Die geschichtliche und systematische Bestimmung dieses dramatischen Zwecks ist die Aufgabe des zweiten Teils von *Oper und Drama.*

Als Ertrag des ersten Teils bleibt, von der Dekadenz-Diagnose abgesehen, eine Leitmetapher stehen, die erst nach und nach in den Begriff übersetzt und dort zu Aporien führen wird. Die Musik, für sich genommen und von jedem möglichen Inhalt ihres Ausdrucks abgelöst, ist „absolute“ Musik:

> *aller musikalische Organismus ist seiner Natur nach aber – ein weiblicher*, er ist ein nur *gebärender*, nicht aber ein *zeugender*; die zeugende Kraft liegt *außer ihm*, und ohne Befruchtung von dieser Kraft vermag sie eben nicht zu gebären. – Hier liegt das ganze Geheimnis der Unfruchtbarkeit der modernen Musik.[155]

---

152 Umgekehrt sei Hector Berlioz in mißverstandener Beethoven-Nachfolge – darin ein wesentlicher Konkurrent Wagners seit dessen erstem Pariser Aufenthalt! – diesen Kolumbus-Weg des seiner selbst nicht bewußten Entdeckers zurückgesegelt und habe die Errungenschaften Beethovens der Oper zurückerstattet. Die maschinelle Mechanik seiner Instrumentalmusik (analog zur „heutigen industriellen Mechanik“) versteht Wagner als Ausdruck ohne Inhalt. „Die Oper [...] verschluckte auch die Berliozsche Neuromantik als feiste, wohlschmeckende Auster, deren Genuß ihr von neuem ein glattes, grundbehagliches Ansehen gab“ (*Oper und Drama* 81). – Wagners Berlioz-Kritik ist ein Musterbeispiel seiner distanzlos-rhetorischen Freude am Wortwitz. Was im Gespräch vielleicht noch als ungiftiger Spott oder alberne Zuspitzung durchgehen mag (vgl. seinen selbstkritischen Brief an Uhlig vom 10. März 1851: SB 3, 522), steigert sich im Kontext der ästhetischen Theorie zur bösartigen Karikatur und schlägt auf die Theorie selbst zurück. Vgl. zu Wagners Berlioz-Kritik auch Franke, *Richard Wagners Zürcher Kunstschriften* 129-131.

153 Dieser Vorwurf (*Oper und Drama* 94) korrespondiert dem denunziatorischen Hinweis Wagners, Meyerbeer habe als Jude „keine Muttersprache“ (92), während er ihn noch in seinen Pariser Schriften als *deutschen* Komponisten und Erben Beethovens feiert (u. a. SSD 12, 22-30).

154 *Oper und Drama* 101. – Meyerbeer „faßte alles, was sich ihm so darbot, in eine ungeheuer buntgemischte Phrase zusammen, vor deren grellem Aufschrei plötzlich Auber und Rossini nicht mehr gehört wurden: der grimmige Teufel ‚Robert‘ holte sie alle miteinander“ (ebd., 94). Auch läßt sich Wagner von seiner Haßrhetorik weiter über das Ziel seiner ästhetischen Theorie hinaustreiben. Was sich ihr als Dekadenzphänomen im allgemeinen *darstellt*, wird Meyerbeer im besonderen als verwerfliche Tat in jeder Hinsicht *unterstellt*. Umgekehrt reißt ihn diese Rhetorik einer offensichtlich ehrlichen Bewunderung sofort wieder in die entgegengesetzte Richtung fort, wenn er „die Erfindung der wunderbar ergreifenden Melodie“ im vierten Akt der *Hugenotten* preist. Was er selbst Meyerbeer persönlich und künstlerisch verdankt, kann und darf seine auf Ausschließlichkeit angelegte Analyse nicht aussprechen.

155 *Oper und Drama* 116. – Wagner erinnert sich dieser Leitmetapher vom gebärenden Organismus eher beiläufig-ironisch in seinen Ausführungen *Über das Opern-Dichten und Komponieren im besonderen* (1879: in der Ausgabe von Voss 179/180).

Beethoven habe den Organismus der Musik in seiner Instrumentalmusik *„im Gebären“* geübt und „ihn die bereits fertige Melodie *wieder*gebären“ lassen; erst die Dichtung Schillers habe, im Finalsatz der 9. Sinfonie, den Ausdruck der Musik aus dem Wort erzeugt.[156] Diese Kardinalthese erlaubt Wagner zweierlei: zum einen den zwanglosen Übergang zum Zweck des Dramas, nämlich zum Wort und Inhalt der Dichtung, und zum anderen die Möglichkeit, sich selbst als Erben Beethovens anstelle von Berlioz und Meyerbeer zu legitimieren.[157]

Antigones Liebe war eine *vollbewußte.* Sie wußte, was sie tat –
sie wußte aber auch, daß sie es tun mußte, daß sie keine Wahl hatte
und nach der Notwendigkeit der Liebe handeln mußte;
sie wußte, daß sie dieser unbewußten zwingenden
Notwendigkeit *der Selbstvernichtung aus Sympathie* zu gehorchen hatte;
und in diesem Bewußtsein des Unbewußten war sie der vollkommene Mensch.[158]

2.2. Die Geburt der Tragödie

Was aber ist Inhalt des Dramas und somit Zweck der musikalischen Mittel des Ausdrucks? Dieser Frage geht das zweite Buch von *Oper und Drama* nach: „Das Schauspiel und das Wesen der dramatischen Dichtkunst“ will es bestimmen. Im Vorwort der französischen Prosa-Übersetzung von *Holländer*, *Tannhäuser* und *Lohengrin* 1860 knüpft Wagner an ein Bonmot Voltaires an: „Ce qui est trop sot pour être dit, on le chante“ – ein Wort, das Goethe durch seine „höchst seichten“ Operntexte entgegen seiner theoretischen Überzeugung bestätigt habe. Den Anstoß, von der Oper eine spezifische Blüte des Dramas zu erwarten, sei für Schiller und Goethe aber von Lessing ausgegangen.[159] Dessen Versuch, im *Laokoon* die Grenzen von Dichtkunst und Malerei aufzuzeigen, setze eine auf bloße Literatur reduzierte Dichtung und also eine *„künst-*

---

[156] Ebd., 117.

[157] Vgl. auch den Brief an Theodor Uhlig, in dem Wagner die Sinfonik Beethovens von einem unterstellten „dichterischen Gegenstand“ her bestimmt (vom 15. Februar 1852: SB 4, 287) und damit die Brücke zu „Sinfonischen Dichtung“ Franz Liszts schlägt. Auch die programmatische angeregte Musik ist auf autonome Weise Musik, denn *„die Musik kann nie und in keiner Verbindung, die sie eingeht, aufhören, die höchste, die erlösendste Kunst zu sein“* (SSD 5, 191; vgl. die briefliche Urfassung vom 17. November 1857 in SB 4, 265-282).

[158] *Oper und Drama* 198.

[159] *„Zukunftsmusik“:* SSD 7, 102; vgl. 94 – dieser in der Form eines offenen Briefes verfaßte Text bündelt die wichtigsten Gedanken der drei Zürcher Kunstschriften. Bereits Borchmeyer (*Das Theater Richard Wagners* 94) macht darauf aufmerksam, daß Wagner die vollständige Lessing-Ausgabe Lachmanns mit den Paralipomena zum *Laokoon* in seiner Dresdener Bibliothek besessen habe (Nr. 81 in Westernhagens Übersicht: *Richard Wagners Dresdener Bibliothek* 96).

liche Kunst“[160] anstelle des wirklichen Dramas voraus, das eben kein „*Literaturzweig*“ unter anderen sei.[161] Die „*Reinheit* der Kunstart“ schließe ihre „*Mischung*“, nicht aber ihre Vereinigung aus, die im „lebendigen *menschlichen Sprachton*“ oder im „*Gesangtone*“ ursprünglich für Dichtung und Musik schon angelegt ist.[162] Das moderne Drama hingegen und insbesondere seine Verfallsform, das Literatur- oder Lesedrama, leite sich her vom Roman einerseits und vom griechischen Drama andererseits, wie es von Aristoteles formalisiert und durch bemühte Reflexion anstelle lebendiger Tradition mißverstanden worden sei.[163] Shakespeares Theater dramatisiere den Roman, die klassische französische Tragödie Racines formalisiere das antike Drama. Aus ihr sei die Oper Glucks hervorgegangen: „die vorzeitige Blüte einer unreifen Frucht, auf unnatürlichem, künstlichem Boden gewachsen“.[164] Goethes Klassizität im Drama erschöpfe sich darin, mit seiner *Iphigenie* einen antiken Stoff zu rekonstruieren, nicht aber einen modernen Inhalt zu fassen; zu diesem Zweck habe er sich wieder dem Roman als Gattung des bürgerlichen Zeitalters zugewandt.[165] Schiller dagegen habe den dramatisierten Roman aufgegeben und in der *Braut von Messina* nun aus der antikisierenden „Form selbst den Stoff des Dramas“ gestalten wollen.[166]

Die moderne Dramatik erreiche nicht das Drama als eine Ganzheit von Stoff, Form und religiös-politischer Repräsentation, so wie sie paradigmatisch in der attischen Tragödie vorgebildet sei. Denn

---

160 *Oper und Drama* 128.

161 Ebd., 130.

162 Ebd., 129 bzw. 132. – Daß Lessing selbst eine solche gemeinsame Kunst von Dichtung und Musik angestrebt und beider Trennung für „nicht natürlich“ gehalten habe, haben zuerst Chamberlain (*Richard Wagner* 274) und grundsätzlich Borchmeyer (*Das Theater Richard Wagners* 97) aufgewiesen. Auch Eckermann überliefert eine noch weitergehende Äußerung Goethes – übrigens nach dem Brand des Weimarer Theaters! – , die Wagner gewiß bekannt gewesen ist: „Da ist Poesie, da ist Malerei, da ist Gesang und Musik, da ist Schauspielkunst, und was nicht noch Alles! Wenn alle diese Künste und Reize von Jugend und Schönheit an einem einzigen Abend, und zwar auf bedeutender Stufe, zusammenwirken, so gibt es ein Fest, das mit keinem andern zu vergleichen“ (MA 19, 504/505).

163 Nur nebenher sei darauf verwiesen, daß Thomas Manns *Versuch über das Theater* (1908) eine noch in ihrer Polemik unmittelbar von Wagner abhängige Sicht beibehält. Die Korrektur erfolgt lediglich in eigener Sache: zur Rettung von Epos und Roman, während die Sache des nachwagnerischen Bayreuther Ritus unangetastet bleibt (GW 10, 23-62). Vgl. auch hier Borchmeyer, *Das Theater Richard Wagners* 150/151.

164 *Oper und Drama* 142.

165 Eine wenigstens gesprächsweise Kenntnis von Hegels *Ästhetik*, etwa aus der Auseinandersetzung mit dem Züricher Freund Sulzer, darf für Wagners Wertung des Romans angenommen werden.

166 „[...] was Goethe in der Vermählung des Faust mit der Helena andeutete, sollte hier durch künstlerische Spekulation verwirklicht werden. Diese Verwirklichung glückte aber entschieden nicht: Stoff und Form wurden gleichmäßig getrübt, so daß weder der mittelalterliche, gewaltsam gedeutete Roman zur Wirkung noch auch die antike Form zur klaren Anschauung kam“ (*Oper und Drama* 155/156). Wagners spätere und in den beiden letzten Lebensjahrzehnten wohl ununterbrochene *Faust*-Lektüre, insbesondere der opernhaften Synthese von modernen Inhalten und antik(isierend)en Form im zweiten Akt von *Faust* II („Klassische Walpurgisnacht“), kennt allerdings erheblich komplexere Einsichten (festgehalten in den Tagebüchern Cosimas).

> nur der griechischen Weltanschauung konnte bis heute noch das wirkliche Kunstwerk des Dramas erblühen. Der Stoff dieses Dramas aber war der Mythos, und aus seinem Wesen können wir allein das höchste griechische Kunstwerk und seine uns berückende Form begreifen.[167]

Die Dichtungskraft des Volkes begreife in der Anschauung von Gott, Helden und Göttern das eigene menschliche Wesen als Ursache der „natürlichen Erscheinungen“. Im Mythos versinnliche das Volk als Kunstschöpfer „den weitesten Zusammenhang der mannigfaltigsten Erscheinungen in gedrängtester Gestalt“.[168] In der Tragödie verwirkliche sich dieser Inhalt des Mythos, und zwar in einer notwendigen und einheitlichen Handlung. Diese mythische Ganzheit zerlege umgekehrt der Logos des reflektierenden Verstandes in seine Einzelheiten, indem er die eingebildete sinnliche Gestalt der mythischen Tragödie aufgebe. Der christliche Mythos, so Wagners Dekadenzdiagnostik, entfremde den Menschen sich selbst und der Natur; sein Inhalt und Ziel sei das Sterben, „der Tod *an sich*“[169] bzw. „*Verklärung durch den Tod*“[170], der nicht wie der tragische Tod unwillkürlich notwendig sei und das Leben erfülle, sondern nur die Flucht vor dem wirklichen Leben vollende. Wagner treibt die Dialektik zwischen antiker Polis und christlicher Kirche vom Religiösen ins Politische: Während sich der Grieche von der nicht durchschauten „*Naturnotwendigkeit*“ als Individuum befreie[171], indem er sich in den Staat aufhebe, hebe das Christentum den Staat auf und verdichte sich in seiner Nachfolge zur Kirche.[172]

Das Verhältnis des Individuums zur Allgemeinheit des Staates und seinem Gesetz, „unwillkürlich“ unausweichlich und unverstanden, erzeuge den tragischen Konflikt. Dessen mythisches Urbild, die urdramatische Konstellation des Mythos selbst, sieht Wagner im Ödipus-Mythos, seine künstlerische Gestalt in der *Antigone* des Sophokles.[173] Im Konflikt zwischen familiärer Liebe und staatlichem Gesetz vernichtet sich die Protagonistin selbst. Und umgekehrt: „*der Liebesfluch Antigones vernichtete den Staat*!“[174] – der so aufgehobene Staat werde „im Tode *Mensch*“. Wagner ruft Antigone als „*Heilige*“ an; unter ihrer Fahne will er „*vernichten und erlösen*“. So kann er den religiös-politischen Erlösungstod Antigones als den paradigmatischen Inhalt des mythischen Dramas bestimmen: mythisch, weil dieser Inhalt „jederzeit wahr und [...] für alle Zeiten unerschöpflich ist“[175], dramatisch, weil er die Urkonstellation des Konfliktes sinnlich erfaßt.[176] Die Rekonstruktion dieses tra-

---

[167] *Oper und Drama* 161.
[168] Ebd., 162.
[169] Ebd., 168.
[170] Ebd., 167.
[171] Ebd., 187.
[172] Ebd., 175.
[173] Vgl. orientierend zum Ödipus-Mythos in Bezug auf den *Ring* ausführlich Franke, *Richard Wagners Zürcher Kunstschriften* 292-312.
[174] *Oper und Drama* 198.
[175] Ebd., 199.
[176] „Vorgangsfiguren attischer Tragödie durchziehen Wagners theoretische Reflexion und Geschehnisse der ‚Ring‘-Tetralogie (Walküre I), Tristans Monologe (Tristan III), Isoldes Abschied

gischen Mythos dekonstruiert ihn allerdings zugleich. Denn während die griechische Polis den Konflikt zwischen notwendiger („unwillkürlicher") Individualität und willkürlicher Politik weder versteht noch auflöst, will Wagner das „*Unbewußte* der menschlichen Natur *in der Gesellschaft zum Bewußtsein bringen*", nämlich „*die allen Gliedern der Gesellschaft gemeinsame Notwendigkeit der freien Selbstbestimmung des Individuums*" zu wissen und sinnlich zu erfahren geben. Damit geht die revolutionäre Ästhetik einmal mehr ins Ziel: Sie will in ihrer künstlerischen Aneignung des Mythos nichts geringeres als den so verstandenen „*Staat vernichten*"[177] und, im Medium ihrer szenischen Utopie, den objektiven in den absoluten Geist aufheben.

Wagners Drama zielt also keineswegs auf eine klassizistische Wiedergeburt der Tragödie aus deren Bedingungen, die historisch-politisch verstanden sein wollen, sondern auf eine künstlerische Selbstaufklärung des Publikums, das den alt-neuen, rekonstruiert-dekonstruierten Mythos in seiner dramatischen Gestalt erlebt. Auch die rituelle gottesdienstliche Aura des attischen Tragödientages, der eine gültige Repräsentation der ihn tragenden Polis gewesen ist, will es nicht restaurieren. Das Drama der Zukunft, im Vorgriff auf die Revolution oder auch nach der Revolution, wird eine andere Gesellschaft repräsentieren – nicht weniger auratisch als Kunstwerk, aber als ein Appell an Verstand und Gefühl zugleich. Darin unterscheidet es sich vom modernen Drama, das allein an den Verstand appelliert, aber auch von der antiken Tragödie, die Mitgefühl als Sympathie kathartisch wecken will, aber die Bedingungen des dargestellten dramatischen Konfliktes nicht versteht. Das Drama als Kunstwerk der Zukunft soll das religiöse Bewußtsein des „Reinmenschlichen" schaffen, das, darin analog zu Schillers ästhetischer Theorie des Spiels, aus sich heraus das diesem Bewußtsein entsprechende Handeln freisetzt, statt es aus äußerer Pflicht bloß zu fordern. Das dramatische Spiel ist nicht einfach „spielerisch" im Sinne einer „formalen" bzw. „absoluten", d. h. selbstbezüglichen und zweck- oder inhaltslosen Kunst, sondern vereint mit der Anmut auch Erhabenheit und Würde, mit der sie auf das Publikum wirkt.[178] Insofern gestaltet

---

(ebd.): Orestes, der, von Furien verfolgt, der Umwelt zuruft ‚Seht ihr sie nicht?', hält Einzug in Tristan-Isoldes Fragen, nur daß Gejagtsein in Flucht, in die innere Emigration sich verwandelte. Antigone wohnt in den Wälsungen, in der Liebe und Preisgabe, Kreon ist Hunding und Wotan oder Fricka; nicht darf Ödipos fehlen, nicht Teiresias, der blinde Seher: Als einäugiger Wanderer kehrt er wieder, verunglückt, depraviert freilich" (Rienäcker, *Richard Wagner* 110/111).

177 Ebd., 202.

178 Das „Erhabene" ist insofern kein Kontrastbegriff zum „Schönen", als es dessen erhebende *Wirkung* meint. Daher könne Musik „einzig nach der Kategorie des *Erhabenen* beurteilt werden, da sie, sobald sie uns erfüllt, die höchste Ekstase des Bewußtseins der Schrankenlosigkeit erregt". Diese erhabene Wirkung trete bei der Musik im Unterschied zur bildenden Kunst, die eine „Versenkung in das Anschauen" fordere, *unmittelbar* ein (*Beethoven*: SSD 9, 78). Am 29. April 1871 erklärt Wagner im Festsaal des Berliner „Hôtel de Rome", er verlange „von der Musik nur die *Wahrheit des Ausdruckes* [...]. Von einer erhabenen Kunst sei dieselbe zu einer bloß wohlgefälligen herabgesunken; sei sie wirklich die erhabene, so habe sie mit dem bloßen Wohlklang [!] nichts zu tun. Der deutsche Geist verhalte sich zur Musik, wie zur Religion: er verlange *Wahrheit*, nicht [nur] schöne Formen" (Glasenapp, *Das Leben Richard Wagners* 4, 352). Gegen eine Ästhetik des bloßen Wohlgefallens stellt Wagner eine Ästhetik, die einen ethischen

Wagners Drama der Zukunft auch eine religiöse und rituelle Wirklichkeit, aber nicht als täuschende Wiederholung und Beschwörung einer vergangenen Kunstform, sondern als der utopische Vor-Schein dessen, was sein kann oder sein soll und so die Gegenwart gültig repräsentiert. Doch diese Repräsentation legitimiert sich mit einem eschatologischen Vorbehalt auf die Zukunft; sie feiert nicht das Werk selbst und sein Publikum.[179]

> Der Untergang des Staates kann vernünftigerweise nichts anderes heißen, als *das sich verwirklichende religiöse Bewußtsein der Gesellschaft vor ihrem rein menschlichen Wesen.* [...] So lange werden wir aber auch Staaten und Religionen haben, bis wir nur *eine* Religion und *gar keinen* Staat mehr haben. [...] *In der freien Selbstbestimmung der Individualität liegt daher der Grund der gesellschaftlichen Religion der Zukunft* [...].[180]

In dieser Bestimmung des Dramas kulminiert Wagners linkshegelianische Fusion von Feuerbachs Begrifflichkeit und Schillers ästhetischem Ansatz. Sein religiös-politisches Drama der Zukunft zielt auf die „*Gefühlswerdung des Verstandes*“.[181] Es gibt keine Moral zu einem Handeln aus Pflicht vor, es beschränkt sich nicht darauf, Mitgefühl zu erwecken. Die vielzitierte Leit-Formel des *Parsifal* „durch Mitleid wissend“ übersetzt lediglich Wagners zentrale Zweckbestimmung des Dramas, wie sie bereits in *Oper und Drama* entwickelt wird, in die Handlung.

> Im Drama müssen wir *Wissende* werden durch das *Gefühl*. Der Verstand sagt uns: *So ist es*, erst wenn uns das Gefühl gesagt hat: *So muß es sein*. Das Gefühl wird sich aber nur durch sich selbst verständlich: es versteht keine andere Sprache als seine eigene. [...] Eine Handlung kann daher nur dann im Drama erklärt werden, wenn sie dem Gefühle vollkommen gerechtfertigt wird, und die Aufgabe des dramatischen Dichters ist es somit, nicht Handlungen zu erfinden, sondern eine Handlung aus der Notwendigkeit des Gefühles der Art zu verständlichen [!], daß wir der Hülfe des Verstandes zu ihrer Rechtfertigung gänzlich entbehren dürfen.[182]

In der Evidenz dessen, was ist und sein soll, sind Verstand und Gefühl also ursprünglich eins. Die Katharsis des Gefühls bedeutet zugleich, sich dessen, was im Gefühl erschlossen ist, bewußt zu werden und diesen doppelten Appell aufzunehmen. Eine moralische Rechtfertigung, die ein solches Gefühl nachträglich mit dem Begriff ins Recht setzen wollte, müßte eine äußerliche Pflicht

---

Anspruch im Sinne Schillers erhebt. Sein Musikalisch-Erhabenes steht also dem Musikalisch-Schönen Hanslicks nicht ausschließend gegenüber, sondern betont die unmittelbare Wirkung der Form, die umgekehrt nicht selbstbezüglich gedeutet werden kann – was Wagner Hanslick überspitzend in seiner als Replik gemeinten *Beethoven*-Schrift entgegenhält. Im übrigen betont Wagner die „höchste Ekstase des Bewußtseins“, nicht des Gefühls, und steht damit in der Sache Hanslick näher, als Wagnerianer und Anti-Wagnerianer sehen mochten. Vgl. aber kritisch zu Wagners Begrifflichkeit Kropfinger, *Wagner und Beethoven* 159/160.

179 Dieser Ansatz befreit Wagners Welttheater wenigstens der Intention nach von dem „Satansengel“, dessen „Repräsentationsglanz“ nicht den utopischen Vor-Schein, sondern Täuschung produziert; vgl. Bloch, *Das Prinzip Hoffnung* 973.

180 *Oper und Drama* 208/209.

181 Ebd., 215.

182 Ebd., 216.

formulieren und gäbe deren unmittelbare Evidenz auf. Wer „durch Mitleid wissend" wird, bleibt kein Zuschauer. Entsprechend ergeht, nachdem er den enthüllten Gral und auch die Wunde des Amfortas gesehen hat, an Parsifal die Frage:

> Was stehst du noch da?
> Weißt du, was du sahst?
> [...]
> Du bist doch eben nur ein Tor!

Die Altstimme „*aus der Höhe*" respondiert, hoffnungsvoll die Verheißung zitierend: „„Durch Mitleid wissen, der reine Tor...'".[183] Diese entscheidende, mit sparsamsten sprachlichen und kompositorischen Mitteln verdichtete Schlußszene des ersten Aufzugs von *Parsifal* setzt die zentrale Bestimmung des Dramas unmittelbar in die Handlung um. Sie „befaßt sich mit keiner *Moral*, sondern alle Moral beruht eben nur in der Rechtfertigung dieser Handlung aus dem unwillkürlichen menschlichen Gefühle". Insofern ist sie tatsächlich „sich selbst Zweck"[184], als in ihrer Gestalt das dramatische Ganze versinnlicht wird, so aber auch bei allen dramatischen Gegensätzen „eine große Handlung [...] in einem weiten Kreise von Beziehungen dargestellt werden" kann.[185] Wagner nennt diese „Verdichtung", „das eigentliche Werk des dichtenden Verstandes"[186], in ihrem Ergebnis „*das Wunder*".[187] Es führt zur staunenden Wahrnehmung in Gefühl und Verstand, an die es zugleich im dramatisch versinnlichten Mythos appelliert und in der es die Katharsis der Zuschauer einfordert – nicht als moralische Pflicht von außen, sondern als ästhetische Erkenntnis von innen her, die den Zuschauer in das freie Spiel des Dramas und der in ihm repräsentierten Wirklichkeit einbindet.[188]

---

183 „*Parsifal faßt sich krampfhaft am Herzen – und schüttelt dann ein wenig mit dem Haupte*" (*Parsifal*, Ende des ersten Aufzugs: 839).

184 *Oper und Drama* 217.

185 Ebd., 218.

186 Ebd.

187 Ebd., 219. – Das „Wunder" dient dem „Gefühlsverständnis", also der Wahrnehmung schlechthin, die der dichtende Verstand wecken soll (vgl. 219-222). Im „Wunder" erschließt sich das gesamte Drama von seinem höchsten Punkt aus, der allerdings außerhalb seiner steht. Zum Leitbegriff „Wunder", den Wagner in *Religion und Kunst* (1880) wieder aufnimmt und weiterführt, vgl. III/3.2.

188 Die sprachlichen Mittel, mit denen Wagner dieses Spiel spielen will, entwickelt er aus seiner Theorie der Tonsprache. Der tönende Laut der Vokale bekleidet sich mit Konsonanten; die so gebildeten *Sprachwurzeln* fügen sich durch Alliteration zum Stabreim, der eine natürliche Sprachmelodie „nach der natürlichen Fähigkeit des menschlichen Atems" zuläßt. Im Stabreim sieht Wagner die eigentliche (Wort-)Melodie vorgebildet; seine Musikfähigkeit unterläuft die schlechte Alternative von musikalischer Prosa (Rezitativ) und absoluter Melodie (Arie). Von dieser plausiblen Möglichkeit – plausibel auch im Blick auf die mythologischen Vorlagen des *Ring* und ihre sprachlichen Formen – macht Wagner ausgiebigen Gebrauch. Die Vehemenz, mit der er eine ausschließliche Geltung seiner Stabreimtheorie in *Oper und Drama* entfaltet, muß man nicht ernster nehmen, als es Wagner in späteren Dichtungen selbst getan hat. Überhaupt relativiert sich manche überzogene These seiner Ästhetik schon durch ihre Genese. Auch *Oper und Drama* ist zu guten Teilen eben eine *ad hoc*-Theorie, an der mehr die Konstanten im Korpus der ästhetischen Schriften als die entstehungsbedingten Variablen interessieren.

Auch das zweite Buch von *Oper und Drama* schließt emblematisch: mit der Metapher der Liebe von „männlicher“ Dichtung und „weiblicher“ Musik. Diese musikalische Metaphysik der Geschlechtsliebe, die vom *Holländer* an das dramatische Werk und von diesem ästhetischen Schlüsselwerk aus auch die Theorie Wagners prägt, kehrt gesteigert wieder, um schließlich, im dritten Buch, „den Akt der Gebärung des Stoffes“[189] zu veranschaulichen, nämlich, wie Nietzsche in direkter Anlehnung auch hier an Wagner formulieren wird, die „Geburt der Tragödie aus dem Geist der Musik“.[190] In dialektischer Steigerung ist die „*Tonsprache* [...] Anfang und Ende der Wortsprache, wie das *Gefühl* Anfang und Ende des Verstandes, der *Mythos* Anfang und Ende der Geschichte“.[191] Unterläuft aber nicht diese dialektische Bestimmung der Musik als Ur-Anfang und gesteigertes Ende der Wortsprache bereits die einfachere Gegensatzmetapher, in der Wagner die Musik zum passiven Gegenüber der Dichtung erklärt? Muß er damit der Musik nicht schon hier die um- und übergreifende Würde zugestehen, deren philosophische Deutung er erst bei Schopenhauer gefunden haben will?

> Der Künstler vermag es, eine noch ungestaltete Welt im voraus gestaltet zu sehen, eine noch ungewordene aus der Kraft seines Werdeverlangens im voraus zu genießen.[192]

2.3. „Unendliche Melodie“ als Melodie des Unendlichen

Die Musik als transzendierende Größe: Ansätze dazu und unaufgelöste Widersprüche in diesem wesentlichen Punkt bietet das dritte Buch von *Oper und Drama*: „Dichtkunst und Tonkunst im Drama der Zukunft“. Während die vorhergehenden Bücher angesichts der jeweiligen Verfallgeschichten von Oper und Drama das Wesen von Musik und dramatischer Dichtung geklärt haben,

---

189 *Oper und Drama* 244.

190 Die Musik als Tonsprache ist das „weibliche Mutterelement, aus dessen Schoße, dem urmelodischen Ausdrucksvermögen – als es von dem außer ihm liegenden natürlichen, wirklichen Gegenstande befruchtet ward, das Wort und die Wortsprache so hervorging, wie der Verstand aus dem Gefühle erwuchs, der somit die Verdichtung dieses Weiblichen zum Männlichen, Mitteilungsfähigen ist. Wie der Verstand nun wiederum das Gefühl zu befruchten hat – wie es ihn bei dieser Befruchtung drängt, sich von dem Gefühle umfaßt, in ihm sich gerechtfertigt, von ihm sich widergespiegelt, und in dieser Widerspiegelung sich selbst wiedererkennbar, d. h. sich überhaupt erkennbar, zu finden –, so drängt es das Wort des Verstandes, sich im Tone wiederzuerkennen, die Wortsprache in der Tonsprache sich gerechtfertigt zu finden“ (*Oper und Drama* 243).

191 Ebd., 230.

192 Ebd., 391.

sucht das letzte Buch die Synthese dieser Ergebnisse zu formulieren. Wagner entfaltet die Sprachwurzel-Lehre konsonantisch umkleideter Vokale. Der Stabreim hebt die Sprachwurzeln hervor und bedingt so die Versmelodie, auf deren Grundlage sich die „dichterisch-musikalische Periode“[193] als kleinste Formeinheit im musikalischen Drama bildet. Aber erst die

> Melodie [...] ist die Erlösung des unendlich bedingten dichterischen Gedankens zum tief empfundenen Unbewußtsein höchster Gefühlsfreiheit: sie ist das gewollte und dargetane Unwillkürliche, das bewußte und deutlich verkündete Unbewußte, die gerechtfertigte Notwendigkeit eines aus weitester Verzweigung zur bestimmtesten Gefühlsäußerung verdichteten, unendlich umfangreichen Inhaltes.[194]

Der dialektische Dreischritt des Argumentes ist damit abgeschlossen. 1. Die „mütterliche *Urmelodie*“ ist die ihrer selbst nicht bewußte Musik – „unwillkürlich“ und unbewußt als allumfassendes Gefühl. 2. Diese Urmelodie entzweit sich als Wortsprache mit sich selbst: sie läßt die Dichtung hervorgehen, die aber in ihrer Struktur den melodischen Ursprung bewahrt. 3. In der steigernden Synthese von Dichtung und Musik wird die Wortsprache endlich aufgehoben und erlöst. Wagner tritt unermüdlich dem möglichen Mißverständnis seiner dialektischen Konstruktion entgegen, wenn er betont, die „Melodie, deren Gebärung wir jetzt lauschen“, verhalte sich „zu jener mütterlichen Urmelodie als ein vollkommener Gegensatz“, denn als Synthese schreite sie vom Verstand zum Gefühl (zweiten Grades), während die Urmelodie „das Fortschreiten aus dem Gefühle zum Verstande (ersten Grades), aus der Melodie zur Wortphrase“ freisetze.[195] Besser als die „Metaphysik der Geschlechtsliebe“ eignet sich auch hier wiederum der Mythos von Ödipus, um das dialektische, durch das Wort der Dichtung vermittelte Verhältnis der Musik zu sich selbst zu veranschaulichen.

> Sollte es mir trivial ausgelegt werden können, wenn ich hier – mit Bezug auf meine Darstellung des betreffenden Mythos – an Oidipus erinnere, der von Jokaste geboren wurde und mit Jokaste die Erlöserin Antigone erzeugte?[196]

Mit dieser leicht überlesbaren Anmerkung nimmt Wagner die Schlußmetapher der beiden ersten Bücher zurück und korrigiert sie im Sinne der dialektischen Konstruktion insgesamt. Daß auch hier der entscheidende Mythos von Ödipus die anschauliche Einheit herstellt, bestätigt die intuitive Einheit seiner Konzeption, auch wenn so manche wuchernde Filiation einzelner Argumente die durchgehende Stringenz verdecken mag. Die mit der Begrifflichkeit Schopenhauers entfaltete Konzeption der Musik wird an dieser dialektischen Konstruktion nichts ändern. Was in den *Oper und Drama* intuitiv sicher, aber be-

---

193 Ebd. 307. – Die „dichterisch-musikalische Periode“ bestimme sich durch eine Haupttonart und bilde mit den aus ihr hervorgehenden Perioden das musikalisch-dramatische Gesamtgefüge. Auch wenn Wagner diesen Begriff durchaus konturiert, so bestimmt er ihn doch nicht übermäßig genau.

194 Ebd., 295. – Zu Wagners Begriff der Melodie vgl. ausführlich Franke, *Richard Wagners Zürcher Kunstschriften* 132-146.

195 Ebd., 297; vgl. entsprechend 230 bzw. 313.

196 Ebd., 243, Anmerkung.

grifflich changierend, irritierend und teilweise widersprüchlich als das Wesen der Musik im Blick auf das Drama exponiert wird, kann durch die späteren entlehnten Begriffe nur verlieren. Es ist nicht nötig, in Wagners Argumentation einen doppelten Begriff von („empirischer“ bzw. „metaphysischer“) Musik zu unterscheiden, wenn die dialektische Struktur des Ansatzes gegen Wagners eigene *ad hoc*-Hypothesen und spätere unentschiedene Begrifflichkeit festgehalten wird. Insgesamt entspricht auch der Aufbau von *Oper und Drama* diesem Dreischritt von „Urmelodie“, Dichtung und gesteigerter Melodie, wenn Wagner im ersten Teil das Wesen der Musik gegen ihren Verfall in der Oper stellt, im zweiten Teil die Dichtung auf den dramatischen Mythos zurückführt und im letzten Teil die Synthese beider als musikalisches Drama denkt.

Wagner bestimmt zwar erst in seinen Spätschriften zum *Parsifal* das Verhältnis von Religion und Kunst (1880/1881), deutet aber bereits hier das entscheidende Argument seiner Struktur nach an. Das Christentum habe die Einheit der menschlichen Gattung vorausverkündet, wie er mit Feuerbach formuliert, aber erst die Kunst habe diese „Evangelium“ aufgenommen und „zu schwelgerisch entzückender Kundgebung an das sinnliche Gefühl als moderne Tonsprache gestaltet“. Ihr „Anhalt“ sei „der *wirkliche* Mensch“, weshalb sie dieses Gefühl deuten und ins Bewußtsein heben könne.[197] So wäre der Gedankenansatz, der wie so mancher anderer in *Oper und Drama* beiläufig exponiert und dann fallen gelassen wird, fortzuführen: Die Kunst rettet und „erlöst“, was die Religion verkündet, weil erst die moderne und ihrer selbst bewußte Kunst den wirklichen Gehalt der Religion, den Menschen als Gattungswesen, in einer Synthese von Gefühl und Verstand deuten und gestalten kann. In diesem Sinne berührt sich Wagner in seiner Ästhetik hier mit Schelling, wenn er die Kunst als höchste Offenbarung und Synthese von Gefühl („Religion“) und Verstand („Philosophie“) über die anderen Arten von Erkenntnis setzt. Im selben Maße entfernt er sich allerdings damit auch von Hegels Ästhetik. Denn einmal repräsentiert die Kunst für Wagner als „erlösende“ Synthese von Gefühl und Verstand insgesamt das Unendlich-Ganze – so wäre seine „unendliche Melodie“ als Musik der Synthese eben auch die Melodie des Unendlichen –; zum anderen legitimiert sich für Wagner diese umfassende Repräsentanz nicht aus einer abgeschlossenen Vergangenheit, sondern durch einen utopischen („revolutionären“) Vorgriff auf die Zukunft. Damit bleibt die Gegenwart offen für eine Entwicklung, aber auch frei von der Last eines teleologischen Prozesses. Die „unendliche Melodie“ repräsentiert nicht allein *das Unendliche*, sondern repräsentiert es auch *geschichtlich unendlich*, nämlich unabschließbar und offen über jedes Finale hinaus. Allerdings wird der späte Wagner sich von Feuerbach lösen und das „Wesen des Christentums“ nicht mehr linkshegelianisch, sondern in einem identifizierbaren theologischen Kontext deuten. Dazu wird er das Verhältnis von Religion und Kunst dialektisch neu fassen und beide nicht mehr als schlichtes Gegensatzpaar konkurrierender Größen bestimmen.

---

[197] Ebd., 300/301.

Wie sich die Musik in unendlicher Melodik als gerichteter, aber offener Prozeß in der Horizontale bewegt, so entfaltet sie sich in der Vertikale „als *Polyphonie*, oder bestimmter noch als *polyphonische Symphonie*".[198] In ihr äußern sich alle Teilnehmer der Handlung als Individuen, die im Allgemeinen oder Ganzen des musikalischen Gewebes aufgehen. Von den Vokaltönen unterscheidet sich das Orchester, insofern es „das Vermögen der Kundgebung des *Unaussprechlichen* ist"[199] – dies aber realistisch und sinnfällig, da es Nichtsagbares als klingende „‚vielstimmige' Gebärde" zum Ausdruck bringt, denn „aus der charakteristisch beziehungsvollen Begegnung vieler Individuen" webt die orchestrale Polyphonie ein musikalisches Ganzes.[200] Hier entsteht, was Thomas Mann glücklich als ein „Beziehungsfest" der Motive bezeichnet hat. Dieses vergegenwärtigende Fest bezieht nicht kommentierend oder verdoppelnd die dramatischen Gebärden der Darstellung aufeinander; es stiftet vielmehr die Einheit der Handlung durch den Bezug der Motive in ihren Verwandlungen. Das Motiv als „Gedanke" ist zugleich „das in der Erinnerung wiederkehrende Bild". Dieses Netz motivischer Bezüge verknüpft die traditionellen Zeitebenen miteinander und hebt sie auf in diesem Gewebe höherer Ordnung, in der musikalischen Synthese der „unendlichen" Melodie. Damit setzt Wagner, ohne diese tatsächliche Konsequenz seiner Theorie und Praxis des symphonischen Gewebes schon hier zu ziehen, die gerichtete Temporalität des Dramas außer Kraft; die Musik erhält neuen Spielraum und neue Eigenständigkeit. Die Verlaufs-*Zeit* des Dramas wird zum musikalischen *Raum*, in dem die Handlung stehenbleibt.[201] Das erklärt die eigentümliche Statik, in der sich Wagners musikalische „Unendlichkeit" vom zielgerichteten dialektischen Prozeß in der Musik Beethovens im Prinzip unterscheidet. Wagner hat eine verheißene Zukunft zu erinnern und zu vergegenwärtigen, Beethoven hat eine dialektisch aus der Gegenwart hervortreibende Zukunft zu erreichen und läßt die Vergangenheit hinter sich.[202]

Die unendliche Melodie ist, im Unterschied zur klassischen Periode und ihrer „Quadratur", eben niemals nicht fertig und bedarf deswegen keines dia-

---

198 Ebd., 315. – „Das Orchester ist der verwirklichte Gedanke der Harmonie in höchster lebendigster Beweglichkeit. Es ist die Verdichtung der Glieder des vertikalen Akkordes zur selbständigen Kundgebung ihrer verwandtschaftlichen Neigungen nach einer horizontalen Richtung hin" (320). Daher kommt dem Leitton eine besondere Rolle zu, insofern er „aus einer Tonart in eine andere" und die vertikal-harmonische Verwandtschaft in eine zielgerichtete horizontale Bewegung umsetzt. Wagner denkt dieses Drängen ausdrücklich „als von dem Motive der Liebe" bestimmt (304).

199 Ebd., 329/330.

200 Ebd., 335.

201 Hans Melderis hat die Weltdeutung des *Ring* auf die moderne Kosmologie, die Weltdeutung des *Parsifal* auf die Relativitäts- bzw. Quantentheorie bezogen. Damit werden strukturale Analogien deutlich, die Wagners musikalisch-szenisches Raum-Zeit-Gefüge erschließen helfen (vgl. *Raum-Zeit-Mythos,* vor allem die Teile II und III).

202 Eine äußerliche klassische Einheitenlehre lehnt Wagner quasi-kantianisch für das Drama ab. „Die Einheit des Dramas in die Einheit von Raum und Zeit setzen heißt sie in *nichts* setzen, denn Raum und Zeit sind an sich nichts und werden erst etwas dadurch, daß sie von etwas *Wirklichem*, einer menschlichen Handlung und ihrer natürlichen Umgebung *verneint* werden. Diese menschliche Handlung muß das an sich Einheitliche, das ist: Zusammenhängende, sein" (ebd., 363/364).

lektischen Gegensatzes. Wagners lebenslange Träume von einer Symphonik, die einen Leitgedanken ohne die äußerliche Formalität des Sonaten-Hauptsatzes oder die innerliche Formalität der thematischen Dialektik frei ausspinnt, leben von diesem Begriff der Musik. Sie ist „ein Seiendes, dessen Werden in nächsten und weitesten Kreisen uns stets gegenwärtig ist“.

> Dadurch, daß der Dichter sein Kunstwerk uns im steten organischen Werden vorführt und uns selbst zu organisch mitwirkenden Zeugen dieses Werdens macht, befreit er seine Schöpfung eben von allen Spuren seines Schaffens, vermöge dessen er, ohne die Vertilgung seiner Spuren, uns nur in das gefühllos kalte Staunen versetzen könnte, mit dem uns das Anschauen eines Meisterstückes der Mechanik erfüllt.[203]

Wer eine verheißene Zukunft erinnert, ahnt, was noch unausgesprochen und unaussprechlich im Kommen ist. Solche elementaren Ahnungen spricht das Orchester aus.[204] Ihr Ort im Drama ist das Vorspiel oder Zwischenspiel als Teil der Handlung, das diese nicht vorwegnimmt (und so verdoppelt) oder ihre Sprünge überdeckt. Das Orchester kommentiert und appelliert, indem es gleichzeitig Teil der Handlung ist und sich von ihr reflektierend distanziert. Darin ähnelt es in seiner Funktion dem Chor in der *orchestra* der attischen Tragödie, insbesondere der *Oresteia* des Aischylos, ohne aber unhistorisch das antike Vorbild bloß in die Moderne zu übersetzen und zu restaurieren. Als symphonisches Orchester der Moderne dient es keinem symphonischen Selbstzweck, der ebenso dekorativ wie überflüssig-hinderlich in das Drama implantiert würde.[205] Das Kunstwerk ist also das Werk im Werden. Das Werden ist in der Partitur als eine Entwicklung vorgebildet, die erst in der Aufführung wirklich wird. Denn die Partitur als Handlungsanweisung des musikalischen Dramas ersetzt nicht das Drama, sondern ermöglicht es.[206]

---

203 Ebd., 351. – Adornos Kritik am industriellen Kunstprodukt, das die Spuren seiner Produktion verdecke und sich so als täuschendes Werk darstelle, verfehlt Wagners Ästhetik im Ansatz. Auch die sog. „Leitmotive“ sind Motive *in statu nascendi* und Teile eines organischen Werdens, aber gerade nicht feststehende und entwicklungsneutrale musikalische Partikel, die passend zum szenischen Vorgang montiert werden und die musikalische Autonomie im Ansatz verhindern. Carl Dahlhaus vergleicht die Leitmotivik treffend mit Goethes Metamorphosen-Lehre: Die Ur-Idee verwandelt sich stetig werdend in ihrer realen Erfahrbarkeit (*Die Musik* 208).

204 „Die Ahnung ist die Kundgebung einer unausgesprochenen, weil – im Sinne unsrer Wortsprache – noch unaussprechlichen Empfindung [...]. [...] Eine solche ahnungsvolle Stimmung hat der Dichter uns zu erwecken, *um aus ihrem Verlangen heraus uns selbst zum notwendigen Mitschöpfer des Kunstwerkes zu machen*“. Dies schaffe „die bedingende Kraft“, die erst eine entsprechende dramatische Gestaltung ermögliche (*Oper und Drama* 344/345).

205 Als Ausdrucksmittel dient es dem Gegenstand des Ausdrucks, „so daß gerade die *allerreichste* Orchestersprache mit dem künstlerischen Zwecke sich kundgeben soll, gewissermaßen gar nicht beachtet, *gar nicht gehört* zu werden, nämlich nicht in ihrer *mechanischen*, sondern nur in ihrer *organischen* Wirksamkeit, in der sie eins ist mit dem Drama“ (ebd., 387).

206 Die praktische Nutzanwendung aus diesem Ansatz zieht Wagner in seinem Brief an Liszt *Über die „Goethestiftung“* vom 8. Mai 1851. Der musikalisch-dramatische Künstler bedürfe der *„Möglichkeit, sein gedachtes und entworfenes Werk zu der, seiner Absicht entsprechenden Erscheinung zu bringen, in welcher diese seine Absicht erst wirklich verstanden, d. h. empfunden werden kann“* (SSD 5, 13). Wagner will ausdrücklich ein „**Originaltheater**“, das ausschließlich dieser Absicht dient (18). Gemeint ist ein deutsches Nationaltheater, das sich von der Pariser

> Das Ziel des vereinigten Strebens dieser drei Künstler, des Dichters, tonsetzers und des darstellers, kann somit einzig nur das in seiner leiblichsten Vorführung an die sinne verwirklichte Kunstwerk, also dem jetzt einzig gekannten gegenüber, das Kunstwerk der Zukunft sein.[207]

Dieses Drama im Vollzug seiner Aufführung vergegenwärtigt, was es an mythologischem Inhalt auszusprechen hat – darin analog zum attischen Tragödientag, von dem es sich religiös und politisch unterscheidet. Es ist nicht die gültige Repräsentanz des gegenwärtig Bestehenden, sondern der im Vorgriff vergegenwärtigten Zukunft als Utopie. Denn

> da ist es der *Künstler*, der mit klarem Auge Gestalten ersehen kann, wie sie der Sehnsucht sich zeigen, die nach dem einzig Wahren – *dem Menschen* – verlangt. Der Künstler vermag es, eine noch ungestaltete Welt im voraus gestaltet zu sehen, eine noch ungewordene aus der Kraft seines Werdeverlangens im voraus zu genießen.[208]

Wie der Künstler die Gestalt der Zukunft erahnt und schaut, so erkennt allerdings auch der Theoretiker Wagner hier bereits die Konturen, die dieses ästhetische *antizipando* der Zukunft in den Gestalten seines eigenen Werkes annimmt. Die Kompositionsskizze als Gesamtentwurf des *Rheingold* entsteht erst ab November 1853, also etwa eineinhalb Jahre nach Abschluß des Manuskriptes von *Oper und Drama*. Damit tritt nun das Werk selbst in dialektisch-fruchtbaren Gegensatz zu der ästhetischen Theorie, in der es sich angekündigt hat. In seiner Genese entfaltet es eine eigene Logik – auch jenseits dessen, was das ästhetische Hauptwerk nur in den Grundzügen und selten widerspruchsfrei skizziert.

Oper unterscheidet (vgl. *Ein Theater in Zürich*: SSD 5, 24ff.); vgl. außerdem die briefliche Urfassung des Textes in SB 4, 31-42.

207 An Franz Brendel im Januar 1852: SB 4, 267.

208 *Oper und Drama* 391. – „*Der Erzeuger des Kunstwerkes der Zukunft ist niemand anderes als der Künstler der Gegenwart, der das Leben der Zukunft ahnt, und in ihm enthalten zu sein sich sehnt. Wer diese Sehnsucht aus seinem eigensten Vermögen in sich nährt, der lebt schon jetzt in einem besseren Leben*“ (392/393).

Ich blickte auf mein Nibelungen-Gedicht und erkannte zu meinem Erstaunen, daß das, was mich jetzt in der Theorie so befangen machte, in meiner eigenen poetischen Konzeption mir längst vertraut geworden war.
So verstand ich erst selbst meinen Wotan und ging nun erschüttert von neuem an das genauere Studium des *Schopenhauer*schen Buches.[209]

3. Tragödientag, „göttliche Tragödie" oder Satyrspiel? Weder Lösung noch Erlösung im musikalischen Drama

Die Lektüre von Schopenhauers Hauptwerk *Die Welt als Wille und Vorstellung* markiert eine Zäsur in der Zäsur. Sie trifft ihn mitten in der Kompositionsskizze bzw. dem Gesamtentwurf des zweiten Aufzugs der *Walküre*, der seinerseits eine Zäsur und damit einen musikalisch-dramatisch toten Punkt in der Mitte der Handlung darstellt – allerdings einen toten Punkt, um den sich der Handlungskreis des *Ring* insgesamt zieht. Der Revolutionär Wagner, der *Oper und Drama* mit dem emphatischen Bekenntnis abschließt, mit dieser Welt keine Verträge schließen zu wollen[210], sieht sich in seinem Bühnengott zwischen revolutionärem Aufstand und resignativer Einsicht schwanken. Der Versuch Wotans, aus dem „Wälsungenblut" den freien Menschen erblühen zu lassen, der die Götter entsühnt und die Natur versöhnt, ist gleich mehrfach paradox wie jeder revolutionäre Glaube. Denn einmal kann Wotan als Garant der Vertragsherrschaft die menschliche Freiheit nur im Widerspruch zu seiner eigenen göttlichen Rolle wollen – und also eben nicht wirklich wollen. Zum anderen ist eine ausschließlich zu einem heteronomen Zweck bestimmte Freiheit keine wirkliche Freiheit. Die Einsicht Wotans in diesen unausweichlichen und selbstzerstörerischen Konflikt macht ihn zum „traurigen Gott" (Peter Wapnewski), der seiner „Götternot!"[211] nicht entgehen kann. Das unauflösliche Paradox in der revolutionären Idee der Freiheit, der keine Avantgarde vorangehen kann, ohne sie aufzuheben, wird zum Gegenstand der Reflexion auf der Bühne; Musik und Handlung stehen still, der aufbrechende tragische Zentralkonflikt läßt wie ein Sandtrichter alle angestrebten Lösungen in sich hineinstürzen und verschwinden.

O göttliche Not! [...]
Zum Ekel find ich
ewig nur mich

[209] *Mein Leben* 523.
[210] *Oper und Drama* 390.
[211] *Walküre* 611.

in Allem, was ich erwirke;
das Andre, das ich ersehne,
das Andre erseh ich nie:
denn selbst muß der Freie sich schaffen;
Knechte erknet ich mir nur.[212]

Wotans personifizierter Gedanke, der diesem Ersten Tag des Bühnenfestspiels den Namen *Die Walküre* gibt, wird zwischen göttlicher Unfreiheit und menschlicher Freiheit erfolgreich vermitteln, bis diese mögliche Vermittlung an Siegfrieds und Brünnhildes mangelndem Willen, die erlösenden Stellvertreter für die Götter zu spielen, tödlich scheitert. Mit Siegfrieds Tod dämmern die Götter, und daher kann Wagner den früheren heroischen Titel des Schlußtages gegen den Namen der *Götterdämmerung* konsequent austauschen. Des Heroen Siegfried tragischer Untergang ist auch der Untergang des obersten Gottes. Wotan bleibt die verzweifelte Einsicht, die den enttäuschten Revolutionär zum Nihilisten Bakuninscher Prägung macht : „Auf geb ich mein Werk: / nur Eines will ich noch: das Ende – / das Ende! -“.[213] Nicht die Revolution rettet jetzt das Kunstwerk der Zukunft in seiner religiös-politischen Dimension, sondern allein die Utopie als der Vor-Schein des Möglichen, ohne den auch das Wirkliche unmöglich wird. Mit Wotans Abschied dankt die Hoffnung ab, die Welt und sich selbst zu erlösen; sie weicht der Hoffnung wider alle Hoffnung, daß „Einer nur“ den rettenden Gedanken Wotans, personifiziert in der Walküre, „freit“ und so „erlöst“ bzw. zum „Reinmenschlichen“ erhebt:

Denn Einer nur freie die Braut,
der freier als ich, der Gott![214]

Diese Konsequenz ergibt sich unmittelbar und streng aus der durchgeführten mythologisch-dramatischen Gestalt, in der Wagner seine Idee der Zukunft „versinnlicht“. So wenig der Holländer Erlösung oder umgekehrt die erlösende Offenbarung Lohengrins Annahme findet[215], so wenig läßt sich eine Lösung konstruieren, die nicht eine bloße Auflösung des Konfliktes anzielte oder aber die Konstruktion dieses Welttheaters insgesamt dekonstruierte. Ein guter Beleg ist der umfangreiche Resignations-Brief, den Wagner am 26. Januar 1854 an August Röckel abschickt und der von Hans Mayer in einem bezeichnenden Irrtum als Zeugnis für Schopenhauers Einfluß gewertet worden ist – bezeichnend deswegen, weil der Brief noch vor Wagners Schopenhauer-Lektüre und auch gedanklich unabhängig von ihm geschrieben worden ist.[216] Freiheit sei innere Wahrhaftigkeit, belehrt Wagner den inhaftierten Gesinnungs-

---

212 Ebd., 615. – „Einen Freien kann ich nicht wollen: – „ (617).

213 Ebd., 616.

214 Ebd., 649 (Ende des dritten Aufzugs).

215 Das Schlußbild des *Tannhäuser* lebt von einer Lösung, die außerhalb des dramatischen Geschehens liegt und deswegen durch Requisiten wie den aufblühenden Stab angedeutet werden muß: von der Fürbitte der heiligen Elisabeth. So sehr diese theologische Anleihe „rührt“ und konsequent die einzige Lösung des entwickelten Konfliktes andeutet, so wenig gehört diese Lösung dem Theater an oder kann sie szenisch realisiert werden.

216 *Richard Wagner* 169.

freund[217], und in der Wahrheit aufgehen könne der Mensch als geborener Egoist nur durch Liebe: in der Vereinigung von Mann und Weib, die „(sinnlich und metaphysisch) den Menschen“ erzeuge“[218]. Sterben zu lernen und die Furcht vor dem Ende zu verlieren, ist der ethische Appell, wenn „die Furcht vor dem Ende [...] der Quell aller Lieblosigkeit“ ist und sich selbst aus Lieblosigkeit erzeugt. Die Lieblosigkeit der Götter ist Ursache ihrer Schuld und ihres Unterganges; daher ist es Wotans tragische Höhe, diesen Untergang als Folge seiner Schuld tragen zu wollen.[219] Brünnhilde hingegen ist, gemeinsam mit Wotan, „die wahre wissende Erlöserin: denn die Liebe ist eigentlich ‚das ewig Weibliche‘ selbst“.[220]

Noch einmal: die tragische Konsequenz liegt in der Konzeption der Tetralogie selbst. Zu ihrer völligen Erkenntnis und einer begrifflichen Fassung braucht es allerdings einen philosophischen Anstoß, wie ihn Wagner zu Beginn seiner Konzeption durch Feuerbach und während ihrer Durchführung durch Schopenhauer erfährt. Der revolutionäre Impuls seiner Ästhetik samt seiner Naherwartung auf das Wahl- und Revolutionsjahr 1852 in Frankreich scheitert im Werk selbst. Die Zürcher Schriften verfügen kaum über die nötige Begrifflichkeit, den ratlosen Autor über das eigene Werk aufzuklären. Damit erklärt sich die sogartige Wirkung Schopenhauers, dessen pessimistische Willensmetaphysik Wagner über die Jahre vielfach und im ersten Jahr gleich viermal nacheinander studiert.[221] Daß ihm Schopenhauers metaphysische Theorie der Musik zusagt, muß nicht eigens betont, aber auch nicht überbewertet werden – dies hieße die „Schopenhauer-Walze“ drehen, wie Wieland Wagner einmal treffend bemerkt hat – ; gerade in diesem Punkt läßt ihn die eigene Ästhetik nicht im Stich. Das Scheitern einer im Kern noch optimistischen Sicht seines Welttheaters, besser: das Scheitern überhaupt, ist es, das sich keiner Ästhetik und auch keiner anderen philosophischen Theorie fügt. Der Name Schopenhauers bezeichnet ab jetzt wie ein neues Schibboleth die-

217 SB 6, 60.

218 Ebd., 62/63. „In Wahrheit hört der Egoismus nur beim Aufgehen des ‚Ich‘ in das ‚Du‘ auf: dieses ‚Ich‘ und ‚Du‘ stellt sich aber nicht dar, sobald ich mit dem Ganzen der Welt zusammenstelle: ‚ich‘ und die ‚Welt‘ heisst nichts anderes, als ‚ich‘ allein; volle Wirklichkeit wird mir die Welt erst, wenn sie mir zum ‚Du‘ geworden ist, und diess wird sie nur in der Erscheinung des geliebten Individuums. Diese Erscheinung kann sich endlich im Kinde, im Freunde wiederholen; immer aber werden wir das Kind, den Freund erst ganz lieben können, wenn wir überhaupt schon lieben konnten, und diess lehrt dem Manne z. B. erst das Weib“ (64). Wagners philosophische Dialogik führt auf die Urmetapher des „Ewig-Weiblichen“ oder des „Weibes der Zukunft“ (Wagner in der *Mitteilung an seine Freunde*: SSD 4, 266) zurück, die in *Oper und Drama* mit der „unendlichen Melodie“ als der in der Wortdichtung gesteigerten Urmelodie – und mit der Mutter-Gattin Jokaste des Ödipus-Mythos – identifiziert wird. Die spätere ausdrückliche *Metaphysik der Geschlechtsliebe* (SSD 12, 291 – als Bruchstück eines Briefes an Schopenhauer 1858) findet auch Gestalt in der *Beethoven*-Schrift (SSD 9, 125; vgl. den Entwurf im *Braunen Buch* 211) und endet buchstäblich mit Wagners letztem Federstrich: mit dem venezianischen Fragment *Über das Weibliche im Menschen* (1883: SSD 12, 363-365).

219 SB 6, 67/68.

220 Ebd., 68.

221 Vgl. *Mein Leben* 523.

sen toten Punkt in Theorie und Welttheater Wagners.[222] Daß er nicht einfach Schopenhauers Denken adaptiert, sondern es in Reflexion und Werk kritisch befragt und zuletzt doch unangefochten seinen einmal eingeschlagenen Weg verfolgt, wird sich zeigen.

> Sie werden da wieder Schopenhauer riechen: es ist nun einmal bei mir so, dass man mir in entscheidenden u. wichtigen Dingen keine Selbständigkeit zutraut; [...]. Aber Sie grade sollten doch an Sch.[openhauer] sehen, dass man nur das begreift, was man begreifen *will*; wo aber der eigene Wille etwas fordert, kann man doch seine Selbständigkeit nicht verlieren [...].[223]

3.1. Der Tragödientag und sein Finale

Wagners Briefe weiten sich zeitweilig zu Lehrschreiben eines Einsamen aus. Sie dienen der Selbstaufklärung dienen und hoffen zugleich auf bestätigende Resonanz beim kompetenten Briefpartner.[224] Franz Liszt und Caroline von Sayn-Wittgenstein, Theodor Uhlig, August Röckel und Mathilde Wesendonck sind bevorzugte Adressaten solcher Schreiben, die gelegentlich auch als Aufsätze in die *Schriften* übergegangen sind. So spricht ein Brief vom April 1855 an den Musiker- und Revolutionsfreund Röckel, der noch immer im Zuchthaus Waldheim einsitzt, die unmittelbare Folge der von Schopenhauer her gedeuteten Resignation Wotans aus. Der „obstinate Optimist“ Röckel soll, ebenso wie der bekehrte und bekehrungsfreudige Wagner, „den letzten jüdischen Aberglauben“ an eine gute oder doch erlösbare Schöpfung ablegen. Die Welt als täuschender Zaubergarten Klingsors: einmal durchschaut, „schwinden allerdings wie mit einem Zauberschlage alle Täuschungen“.[225] Noch ist es nicht wie in *Parsifal* das zauberbannende Zeichen des Kreuzes, das über die Täuschungen aufklärt, sondern die philosophische Erkenntnis als *Kritik der rei-*

---

[222] Vgl. die Briefe an Emilie Ritter vom 29. Dezember 1854 (SB 6, 309) und an August Röckel vom 5. Februar 1855 (SB 6, 346-348). – In Wagners Schopenhauer-Enthusiasmus zeigt sich eine erstaunliche Parallele zu Goethes Spinoza-Rezeption, und zwar sowohl in der wiederholten Lektüre als auch der mit diesem Namen beschworenen Problematik der „Gott-Natur“, für die ihm die zeitgenössische Transzendentalphilosophie keine angemessene Begrifflichkeit bereitstellt (vgl. Hofmann, *Goethes Theologie* 92-111). Dasselbe gilt vom Problem des Scheiterns und des *malum metaphysicum*, des „Dämonischen“, für das er in Schellings Freiheitslehre wohl Hinweise, aber keine als gültig akzeptierte Auskunft erhält (vgl. ebd., 155-187 sowie 355-374).

[223] Wagner an die Fürstin Sayn-Wittgenstein vom 7. April 1857: SB 8, 299.

[224] So schreibt Wagner an Röckel: „Meine Demonstration geschah weniger, um Dich zu belehren (was Du gewiß selbst am allerbesten thun wirst), als vielmehr, um mich selbst wieder einmal recht klar zu machen“ (April 1855: SB 7, 131).

[225] SB 7, 127.

nen Vernunft. Denn mit Kant, aber in Schopenhauers Deutung, soll Röckel die Idealität aller Erscheinungen erkennen und auch die „letzte willkürliche Täuschung“ über die Welt ablegen.[226]

> Wir finden dann, daß derselbe Wille in allen wahrnehmbaren Erscheinungen als ein und derselbe vorhanden ist, daß somit alle individuellen Erscheinungen nur die unsrer Apperception, ihren Grundformen der Anschauung nach, gerade so erkennbaren Individualisationen desselben Willens sind, somit eines Wesens, das sich selbst immer auffrißt, um sich selbst immer wieder zu produciren; also eines Wesens, das mit sich selbst im beständigen Widerstreit, im ewigen Widerspruche ist, und als uns einzig fühlbares Moment dieses Widerspruches uns nur den Schmerz, das Leiden zeigt.

Die Erkenntnis des eigenes Wesens entdeckt das „Schreckliche“ dieses Willens und somit das „Mitleiden“, die „Sympathie“.[227] Die mitleidende Erkenntnis kann als mögliche Erlösung nur die „*bewußte Verneinung des Willens*“ als „Entsagung des *individuellen* Willens im Mitleiden“ anstreben.[228] Das Wissen durch Mitleid als Verstehen durch (Mit-)Gefühl hat Wagner allerdings in *Oper und Drama* gültig als Kern der dramatischen Ästhetik und der Katharsis bestimmt – und mitleidendes Verstehen kennzeichnet die erlösende Liebe einer Senta oder Elisabeth ebenso wie die offenbarende Selbstmitteilung Lohengrins.[229]

Wagner weist spätestens von hier an bis zu seinem Spätwerk jeden weltdeutenden Theismus ab und entwirft statt dessen eine utopische Soteriologie.

---

226 Ebd., 126.

227 Ebd., 128. – Daß die Sprache analog kein Wort für „Mitfreude“ bereithält, nimmt der stets etymologiefreudige Wagner als Indiz für die Triftigkeit von Schopenhauers Ansatz (ebd.); vgl. auch das Brief-Tagebuch an Mathilde Wesendonk, das Wagner nach seiner Flucht aus dem Asyl von August 1858 bis April 1859 führt (Notiz vom 1. Oktober 1858, in: *Richard Wagner an Mathilde Wesendonk* 51).

228 SB 7, 129. – Der Gedanke der Entsagung leitet Wagners wiederholte Lektüren von Goethes *Wanderjahren* und führt zu dem (im Sinne Goethes) „bedeutenden“ Entschluß, den einzigen Sohn Siegfried *Helferich* zu taufen und ihn, in Analogie zu der die Wanderjahre Wilhelm Meisters abschließenden Berufung, für den Beruf eines Arztes zu bestimmen. „ – kannst Du Dir eine *moralische Handlung* anders vorstellen, als unter dem Begriff der Entsagung? Und was ist die höchste Heiligkeit, d. h. die vollste Erlösung, anderes als die Grundlage dieses Princips für unser Handeln überhaupt?“ (an August Röckel vom 23. August 1856: SB 8, 154).

229 Die antijüdische Polemik verbindet sich hier mit der Adaption Schopenhauers, wenn als „der eigentliche Kern des Judenthums [...] jener geist- und herzlose Optimismus“ bezeichnet wird, „dem in Wahrheit alles ganz recht ist, wenn nur Magen und Beutel recht voll zu machen ist“ (SB 7, 130; vgl. App, *Richard Wagner und der Buddhismus* 22 bzw. 33, Anm. 12). Daß Wagner der revolutionär-utopische Messianismus der hebräischen Propheten (insbesondere des Amos und des Jesaja) unbekannt bleibt, ist ihm nicht anzulasten. Dieses Defizit teilt er mit der zeitgenössischen christlichen Theologie. Die abenteuerliche, auch in Wagners frühester Spekulation vertretene Meinung, der Gral werde in Indien gehütet (*Die Wibelungen*: SSD 2, 150), kehrt in der nicht weniger abenteuerlichen Auffassung wieder, daß „der ursprüngliche Gedanke des Christenthums seine Heimat in Indien“ habe und mit der Lehre des Buddha verwandt sei (SB 7, 130; vgl. auch die posthume Textfassung in SSD 16, 95-101). Wagner hat sie auch Liszt gegenüber vertreten, indem er ihm anläßlich der *Dante-Sinfonie* seine Skepsis mitteilt, das Paradies mit Dantes Worten statt in reinen Tönen zu malen (vgl. den Lehrbrief vom 7. Juni 1855: SB 7, 207-209).

> Das irrende Problem bleibt bei diesen Fragen immer, in diese furchtbare Welt, über die hinaus eben nur das Nichts übrig bleibt, sich einen Gott zu construiren, der uns die ungeheuren Leiden des Daseins zu nur scheinbaren, dagegen die ersehnte Erlösung als einen ganz real Wirklichen und mit Bewusstsein zu Geniessenden [!] machen soll.[230]

Diese „pöbelhaften Vorstellungen“, der „Philister“ könne sich durch „Contract“ solcher nützlicher Gegenleistungen seines „Gottes“ versichern, lehnt Wagner ab, denn sie sind Ausdruck und Teil einer Welt, mit der er keine Verträge schließen will.[231] Die Wahrnehmung des Leidens, das Mitleiden und die konsequente Verneinung des Willens zum Leben fordert Wagner als „die eigentliche Handlung des Heiligen“, dessen Urbild der Buddha bzw. der von diesem her neu gedeutete Jesus von Nazareth ist.[232] Nach Wotans Abschied trägt Brünnhilde allein die Handlung und führt die Verneinung des Lebenswillens zum Ende. Sie nimmt verzeihend Abschied von Siegfried, dem gescheiterten Hoffnungsträger („Wißt ihr, wie das ward?“), und sie singt dem obersten Gott, dessen nunmehr freier Gedanke sie *in persona* ist, das Requiem:

> Weiß ich nun, was dir frommt?
> Alles, alles,
> Alles weiß ich, –
> Alles ward mir nun frei.
> [...]
> Ruhe, ruhe, du Gott!

Mit Feuerbach, aber aus Wagners theoretisch und künstlerisch reflektierter Erfahrung des Scheiterns wird der Theismus verabschiedet und die Erlösung durch das „Ewig-Weibliche“ vollbracht, die den „Egoismus“, der sich im Willen zum Besitz des Ringes äußert, in die vernichtende Verneinung führt. Brünnhildes letztes Wort bekräftigt die *Metaphysik der Geschlechtsliebe*; es ist ihr Weltabschied und zugleich ihr Gruß an Siegfried:

> Siegfried! Siegfried! Sieh!
> Selig grüßt dich dein Weib![233]

Gegenüber der Urfassung von *Siegfrieds Tod* ist hier die Konsequenz gezogen: Wotans Herrschaft, die „theistische Herrschaft“ durch Kontrakt und Vertrag, kann als schuldhafter Selbstwiderspruch nicht restauriert, sondern nur verneint und aufgehoben werden.[234] Die erste Änderung des Schlusses vom Dezember 1852, von Hans Mayer als „feuerbachianisch“ gewertet[235], verab-

---

230 An Franz Liszt vom 7. Juni 1855: SB 7, 204.

231 Vgl. *Oper und Drama* 390.

232 Dies sei „den naiven, durch jüdische Dogmen befangenen Heiligen des Christenthumes“ entgangen (SB 7, 207/208). Daher tauge Dantes *Paradiso* („bei seiner Erklärung der göttlichen Naturen kommt er mir wenigstens oft wie ein kindischer Jesuit vor“) wenig für eine Tondichtung des Paradieses, wie sie Liszt für seine *Dante-Sinfonie* anstrebt (209).

233 *Götterdämmerung* 813/814.

234 Die Urfassung bestätigt Walhall und Walvater: „Nur einer herrsche: / Allvater! Herrlicher du!“ (SSD 2, 227).

235 Vgl. *Richard Wagner* 165-171.

schiedet die Götter mit ausdrücklicher Adresse.[236] Doch hat sich Wagner für diesen dramaturgischen Fremdkörper ebenso wenig entschieden[237] wie für eine zweite Änderung des Schlusses, die „schopenhauerisch“ (und ebenso sentenzenhaft wie die erste Änderung) vom erkannten „Wahn“ spricht.[238] Die tragische Konsequenz aus dem Wotan-Problem zieht einzig die Textfassung, die Wagner tatsächlich komponiert hat. Die Komposition widerlegt die vorübergehenden Selbstdeutungen und -mißverständnisse, die zwar die *Ring*-Konzeption variieren, aber kaum verdeutlichen. Wagner hat die Schlußfassungen selbst deutend schematisiert: 1. der Urschluß als „hellenistisch-optimistische Welt“, die dem Revolutionär greifbar nahe zu liegen schien; 2. der später komponierte gültige Schluß, der „unbewußt einer ganz anderen, viel tieferen Anschauung“ folgt; 3. die gewaltsam deutende Absicht der „tendenziösen Schlußphrase, welche Brünhilde [!] an die Umstehenden [!] richtet“ und in der sie eben die Liebe preist, deren verheerende Wirkung sich in der Tetralogie gestaltet[239]; 4. die aktuelle Deutung infolge „einer großen Umwälzung meiner Vernunftvorstellung, wie sie schließlich durch Sch.[openhauer] bewirkt wurde, um mir den Grund meiner Pein aufzudecken“[240].

Der Tragödientag der *Ring*-Tetralogie läßt nicht von der Erlösung durch „Weibes Wonne und Wert“.[241] Wotans Abschied gilt der Welt, aber vor allem seinem in der Walküre personifizierten Gedanken[242]; Siegfried und Brünnhilde feiern die „Geschlechtsliebe“ („Leuchtende Liebe, lachender Tod!“[243]), und Brünnhilde endet sich und die Welt, indem sie Siegfried „Selig [...]!“ grüßt[244].

---

236 „Ihr, blühenden Lebens / bleibend [!] Geschlecht: / was ich nun euch melde, / merket es wohl!“. Die Götter werden nicht nur über „Walhalls Ende“ belehrt, sondern auch über Feuerbachs Deutung ihres Wesens, als dessen Personifikationen oder Projektionen sie ab jetzt durchschaut und entbehrlich sind: „selig in Lust und Leid / läßt – die Liebe nur sein.-“ (SSD 6, 254/255).

237 Das gilt für die Tetralogie. Für Ludwig II. hat er die alternativen Schlußworte (ab „Verging wie Hauch“) allerdings im August 1876 eigens vertont, aber nicht als Variante, sondern vermutlich als separates Widmungsblatt zum Erstdruck der Partitur (vgl. *Wagner-Werk-Verzeichnis* 399/400).

238 „Aus Wunschheim zieh' ich fort, / Wahnheim flieh' ich auf immer; / des ew'gen Werdens / off'ne Tore / schließ' ich hinter mir zu: / nach dem wunsch- und wahnlos / heiligsten Wahlland, / der Welt-Wanderung Ziel, / von Wiedergeburt erlöst, / zieht nun die Wissende hin. / Alles Ew'gen / sel'ges Ende, / wißt ihr, wie ichs gewann? / Trauernder Liebe / tiefstes Leiden / schloß die Augen mir auf: / enden sah ich die Welt.-“ (SSD 6, 256).

239 Sie verweise „auf die einzig beseligende Liebe [...], ohne (leider!) eigentlich mit dieser ‚Liebe‘ selbst recht ins Reine zu kommen, die wir, im Verlaufe des Mythos, eigentlich doch als recht gründlich verheerend auftreten sahen. So blind machte mich aber an dieser einzigen Stelle die Dazwischenkunft meiner begrifflichen Absicht“ (an August Röckel vom 23. August 1856: SB 8, 153).

240 Ebd., 153/154.

241 *Rheingold* 543.

242 „Dem glücklichern Manne / leuchte sein [des Augenpaares] Stern: / dem unseligen Ew'gen / muß es scheidend sich schließen“ (*Walküre* 650).

243 *Siegfried* 738.

244 *Götterdämmerung* 814. – Für den Abschluß des ersten Bayreuther *Ring*-Zyklus berichtet Cosima folgendes: „R. [ichard], ohne jede Vorbereitung [!], spricht wundervoll, paraphrasiert den letzten Chor von ‚Faust‘, alles Vergängliche ist nur ein Gleichnis! Die Idee: Das ewig Weibliche zieht uns hinan“ (18. August 1876: CT I, 999).

Komm'! und bring' mir die Göttliche Komödie –
dann wollen wir sehen, wie wir uns über die göttliche Tragödie verständigen.[245]

3.2. Die „göttliche Tragödie“: *Tristan und Isolde*

Wagner hat es unter dem Eindruck Schopenhauers als Segen und Fluch zugleich verstanden, „nur Künstler“ und nicht „Heiliger“ (im buddhistischen Sinne!) zu sein, um so „das Leben auf die einfachste Weise für mich abgethan“ zu wissen und zu verneinen.[246] Dieses Eingeständnis stellt allerdings den Künstler, der eben als Künstler seine ästhetischen Theorie entwickelt, über den weltverneinenden Heiligen. Er kann das Leben nicht „abtun“, sondern muß es gestalten. Zunächst damit, also in seinem *Nibelungen*-Werk, legt er gegen das durch Schopenhauer vermittelte Selbstmißverständnis produktiven Widerspruch ein. Dieser Widerspruch klärt sich biographisch durch den Bruch, den die Beziehung zu Mathilde Wesendonck mit seiner nachrevolutionären Existenz in Zürich im August 1858 erzwingt. Die „Geschlechtsliebe“ ist stärker als alle epistemologische Lust der Verneinung, und der *Tristan* als ihre komponierte Metaphysik unterbricht daher folgerichtig auch die Tetralogie. Wagner läßt seinen *Siegfried* zwischen Erlösungshoffnung und Tod sitzen und verwirklicht mit seiner Konzeption des sinfonischen Dramas, was die ästhetischen Schriften als Kunstwerk der Zukunft vorausdeuten. Dem biographischen Bruch entspricht der produktive Bruch, aus dem *Tristan* entsteht; dem produktiv-künstlerischen Bruch entspricht tatsächlich auch der Bruch mit Schopenhauers Philosophie.

Das Brief-Fragment an Arthur Schopenhauer mit dem vielsagenden Titel *Metaphysik der Geschlechtsliebe* erhebt einen für Wagner typischen Gedanken zum Einwand. Die Annahme reizt ihn, auch der philosophische Mentor könne den „Fall von gemeinschaftlichem Selbstmord eines liebenden, aber durch äußere Umstände verhinderten Paares“ nicht erklären. Der Musterfall ist aber exakt das Argument des *Tristan* – wenn auch in einem „unvollkommenen und niederen Grad“.[247] Wagner vertritt die Anschauung, daß sich

> in der Anlage der Geschlechtsliebe ein Heilsweg zur Selbsterkenntnis und Selbstverneinung des Willens – und zwar nicht eben nur des individuellen Willens – darstellt.

245 Wagner an Liszt, dessen *Dante-Sinfonie* wortspielerisch dem *Tristan* gegenüberstellend, vom 20. Juli 1856 (SB 8, 122).

246 An August Röckel vom 23. August 1856: SB 8, 154.

247 Der Liebestrank ist intentional der Todestrank und umgekehrt (im ersten Aufzug des *Tristan*), im übrigen nicht mehr als ein deutendes Requisit für leuchtende Liebe und lachenden Tod, die hier wie auch sonst bei Wagner eins sind.

Wagner spart sich in diesem Fragment die dialektische Mühe, die das dramatische in ein philosophisches Argument verwandeln könnte, und dies mit gutem Grund, denn er hat diese Transformation bereits im zweiten Aufzug des *Tristan* durchgeführt. Die dialogischen „Sophismen“ Tristans und Isoldes analysieren die „Nacht“-Thematik der Liebe, wie sie im berühmten „Taglied“ Brangänes warnend auf den „tagenden“ Tod und seine vernichtende Gewalt bezogen wird.[248]

Tag und Tod,
mit gleichen Streichen,
sollten unsre
Lieb' erreichen?[249]

Die dramatisch-thematische Mitte der gesamten Handlung bringt das Argument gegen Schopenhauer an. Wagner deutet den Tod als Tag der tötenden Konvention, die Tristans und Isoldes „unwillkürliche“ Liebe verneint. Dieser Tod kann die Liebenden erreichen, nicht aber ihre Liebe. Was folgt, sind „Sophismen“, ist gesungener philosophischer Dialog:

Isolde. Doch – unsre Liebe,
heißt sie nicht Tristan
und – Isolde?
Dies süße Wörtlein: und,
was es bindet,
der Liebe Bund,
wenn Tristan stürb,
zerstört es nicht der Tod?
Tristan. Was stürbe dem Tod,
als was uns stört,
was Tristan wehrt,
Isolde zu lieben,
ewig ihr nur zu leben?
Isolde. Doch, dieses Wörtlein: und,
wär es zerstört,
wie anders als
mit Isoldes eig'nem Leben
wär Tristan der Tod gegeben?[250]

Liebe negiert die Negation und hebt die beiden Liebenden in die Nacht dieser (relativen) Negation auf. Das ist ihr „Heilsweg“, wie Wagner gegen Schopenhauer einwendet, denn sie negieren die durch schuldhafte Konventionen erzwungene Negation ihrer Liebe. Ihre „willkürliche“, nämlich weder freiwillige noch naturnotwendige Vereinzelung hebt der Tod als Konsequenz ihrer Liebe „unwillkürlich“ und endgültig auf. Am Ende der Handlung steht weder

---

[248] Zu Liebe und Unsterblichkeit in einem Nachtgespräch mit Cosima: „Das sind Dinge, so sicher und gewiß, und doch sind sie nicht zu definieren, man kann ihnen nur beikommen durch Sophismen, durch Spiel, wie im Tristan: Stürbe ich für meine Liebe, wie könnte meine Liebe sterben etc.“ (29. September 1870: CT I, 292).

[249] Zweiter Aufzug, zweite Szene: *Tristan* 356.

[250] Ebd., 359.

der Tag noch die Nacht, sondern Isoldes Verklärung, mithin ein Licht, das von anderswo herkommt.[251]

> Freunde! Seht!
> Fühlt und seht ihr's nicht? –
> Höre ich nur
> diese Weise [...]?[252]

Musik und Text evozieren eine Himmelfahrt: die heller schallende Weise, die „Wellen sanfter Lüfte“, „die Wolken wonniger Düfte“, ein lustvolles Eintauchen „in des Welt-Atems wehendem All“.[253] Diese Aufhebung ist nur in einer Hinsicht Vernichtung, nämlich Vernichtung von Trennung und der Liebenden als Getrennten („so starben wir, / um ungetrennt, / ewig einig / ohne End' / ohn Erwachen, / ohn Erbangen, / namenlos / in Lieb' umfangen, / ganz uns selbst gegeben, / der Liebe nur zu leben!“[254]). Sie ist wiederum, in der Terminologie von *Oper und Drama*, das von Wagner beschworene „Wunder“, das sich hier als eine *unio mystica* der Liebenden mit der Liebe erfüllt. „Gefühl“ und „Verstand“ kommen in einem Argument überein, das zugleich ein dramatisches und ein philosophisches Argument ist, wenn auch ein durchaus „sophistisches“. Die negierte Negation ist durchweg eine logische Position. Sie bestimmt aber nicht, was „Erlösung“ ihrem Gehalt nach sein soll.[255]

Allerdings richtet sich das Argument gegen Schopenhauer, plausibel vorgetragen im Schlüsselwerk der „göttlichen Tragödie“[256]. Eine vorwegnehmende Deutung findet sich in Wagners Brief-Tagebuch an Mathilde Wesendonck. Sie deutet sich im Brieffragment an Schopenhauer an. Die erneute Lektüre von „Freund Schopenhauers Hauptwerk“ habe ihn „ausserordentlich zur Erweiterung und – im Einzelnen – sogar zur Berichtigung seines Systems angeregt“. Er meint den im *Tristan* gestalteten,

---

251 Insofern ist der „Tod“ bei Wagner stets dramaturgische Metapher des Durchbruchs durch die negative Lebenswelt des „öden Tages“. So gilt gerade hier: „Auch am Schluß kann die Wagnersche Isolde nicht den konventionellen medizinischen Tod sterben, wenn man den ganzen *Tristan* – wie ich es versucht habe – als Mysterienspiel in der Nachfolge der spanischen Mysterienspiele, die Wagner gerade zur Zeit des Tristan täglich studiert hat, betrachtet. Text und Musik schildern eindeutig Isoldes Erlebnis der unio mystica mit der Tristan-Seele. Der sogenannte Tod ist bei Wagner immer der Durchbruch in die Transzendenz, das Erlebnis des kosmischen Eros“ (Wieland Wagner 1960 über seine *Tristan*-Inszenierung, zit. nach Mayer, *Richard Wagner* 406).

252 *Tristan* 384.

253 Borchmeyer deutet: „Isolde fühlt sich von Klängen, Lüften, Wogen und Düften umwallt und umrauscht – das als Präposition und Präfix ständig wiederholte ‚um‘ suggeriert ein von allen Seiten einschließendes elementares Medium, in das sich Isolde mit Tristan auflöst“, „in das göttliche All“ nämlich (*Das Theater Richard Wagners* 281).

254 *Tristan* 358. – Isoldes Schlußgesang wiederholt die musikalische Textur dieses Duetts steigernd und nicht durch das plötzliche Aufdämmern des tödlichen „Tages“ unterbrochen.

255 Was für das Finale des *Tristan* gilt, das gilt analog vom Schlußgesang Brünnhildes in *Götterdämmerung*: „R.[ichard] sagt, er habe schon so viel gemacht, bei der Ankunft der Leiche Siegfried's könnte er eigentlich auf die Partitur schreiben, vide Tristan III. Akt“ (17. März 1872: CT I, 501).

256 SB 8, 122.

> von keinem Philosophen, namentlich auch von Sch.[openhauer] nicht, erkannten Heilsweg zur vollkommenen Beruhigung des Willens durch die Liebe, und zwar nicht einer abstracten Menschenliebe, sondern der wirklich, aus dem Grund der Geschlechtsliebe, d. h. der Neigung zwischen Mann und Weib keimenden Liebe [...].[257]

Als Philosoph will Wagner dazu die Begrifflichkeit Schopenhauers verwenden, auf die er als Dichter nicht angewiesen sei. „Genialität“ sei der gesteigerte individuelle Intellekt, der, als Erkenntnisorgan der Gattung, den Willen selbst als das Ding an sich auffaßt. In den höchsten Momenten dieses genialen Erkennens erfahre der Intellekt eine „wunderbare, enthusiastische Freudigkeit und Entzücktheit, die Schopenhauer kaum zu kennen scheint, da er sie nur in der Ruhe und im Schweigen der Willens-Affecte zu finden vermag“. Die entzückte Genialität aber, diese „Erhebung über den individuellen Willenstrieb“ will Wagner als eine Möglichkeit der Liebe nachweisen. In ihr komme „der Gattungswille sich zum vollen Bewußtsein“ und damit zu „vollkommener Beruhigung“ in der Selbst-Aufhebung. Mit dieser originellen Kritik ergänzt Wagner allerdings nicht „die Lücken des Schopenhauer'schen Systemes vollkommen und befriedigend“, sondern unterläuft es durch eine konkurrierende, in Ansatz und Ergebnis völlig unterschiedliche philosophische Theorie. Ausgangspunkt ist der Dialog der Liebe, die nicht die Negation der geliebten Person, sondern deren „Aufhebung“ in der gemeinsamen Liebe anzielt. Das Analogon dieser Theorie zu Schopenhauers Lehre beschränkt sich auf die in beiden Bewegungen angestrebte „Beruhigung des Willens“. Die Theorien unterscheiden sich im qualitativen Ergebnis, das bei Schopenhauer völlige Negation, bei Wagner erfüllte Positivität ist (durch negierte Negation der Liebe).[258] Mit Wagners eigener früherer Begrifflichkeit formuliert: die Liebe hebt die Partikularität der jeweiligen Egoismen in die „Allgemeinsamkeit“ auf und erlöst sie so zu sich selbst. Was Wagner fortan unter dem beschwörenden Namen Schopenhauers festhalten wird, sind gedankliche Berührungen ohne jeglichen Systemzwang, die den Fragen von Mitleid, Negation und Erlösung gelten: „Doch ruminire ich so etwas lieber im Kopfe als dass ich es aufschriebe“.[259] Ähnliches gilt von Wagners freizügiger Adaption dessen, was er, ebenfalls in Anlehnung an Schopenhauer, als „Buddhaismus“ bezeichnet und immer wieder dramatisch gestalten will. Statt eines „buddhistischen“ *Sieger*-Dramas entsteht allerdings, in Überbietung des Siegfried-Mythos und in Anknüpfung an *Tristan,* zuletzt der *Parsifal*, der von allem etwas in sich zu

[257] *Richard Wagner an Mathilde Wesendonk* 79.

[258] Ebd., 80. – Nach Siegfried Melchinger und Curt von Westernhagen hat übrigens gerade Calderón de la Barca erwiesenermaßen den sachlichen und chronologischen Vorrang vor Schopenhauer, was den Einfluß aufs Tristans Liebe und Ehre angeht: der „Conflict dieser Ehre mit dem tiefmenschlichen Pflichtgefühl“ (Wagner an Liszt vom 23./24. Januar 1858: SB 9, 147; vgl. außerdem Westernhagen, *Richard Wagners Dresdener Bibliothek* 27). Auf eine erste Dresdener Lektüre folgen in Zürich bzw. Paris 1857/1858 und später ungezählte Lektüren, wie die Tagebücher Cosimas dokumentieren.

[259] *Richard Wagner an Mathilde Wesendonk* 110 (2. März 1859).

vereinen scheint und sich doch tatsächlich keine dieser philosophischen Lesarten bedient.[260]

Exkurs: Schopenhauer, Wagner und der Buddhismus

Hartmut Reinhardt hat angemahnt, das „Pflichtpensum der Wagner-Philologie“ gegenüber Schopenhauer zu erfüllen.[261] Das kann allerdings nicht heißen, „Schopenhauer“ zum Interpretament von Wagners Denken und Werk zu erklären, sondern die produktiven Aneignungen und Widersprüche zu untersuchen und eben als Aneignung von Angeeigneten sorgfältig zu unterscheiden. Eine umgekehrte Deutung Wagners von Schopenhauer her muß ihn verfehlen. So betont Gerd Rienäcker, „daß Wagner Schopenhauer nach Erfahrenem abhorchte, schlimmer noch, sich nach eigenem zurechtschnitt, und wenn Schopenhauers Extrakt hierbei ins Gegenteil sich verkehren mochte! Das letzte Wort über beider Verhältnis ist ohnedies ungesprochen!“[262] Vielleicht weniger ungesprochen als ungehört oder zu wenig beachtet, wenn eine Anmerkung Cosimas vom 13. Januar 1878 ernstzunehmen ist: „[...] weil er beim Lesen immer selbst so produktiv sei, daß er ein lebhaftes Bild sich macht, wovon er glaubt, es sei der Autor, den er lese, der es entworfen, welches er dann erstaunt ist dann nicht wieder zu finden!“[263] Das bedeutet, daß Wagners „Schopenhauer“ wesentlich seine Projektion ist und daher die Suche nach *unmittelbaren* Einflüssen von Schopenhauers Philosophie auf Wagner eine undurchschaute, ins Methodische übersetzte Fiktion, die auf Wagner selbst zurückgeht. Dann aber wären deren mögliche und tatsächliche Ergebnisse von vornherein verfehlt und unnütz. Kurz: Wagner ist auch als theoretischer Schriftsteller nicht der Philosoph, der eine Theorie Schopenhauers diskutierte, sondern der produktive Künstler im Medium der Selbstreflexion. Wagners Schopenhauer ist von einem beiden gemeinsamen Interpretament erschlossen: dem Buddhis-

---

260 So steht an derselben Stelle und als Fortsetzung des Gedankengangs im Brief-Tagebuch: „Dagegen stellen sich dichterische Entwürfe wieder sehr lebhaft vor mich hin. Der Parzival hat mich viel beschäftigt: namentlich geht mir eine eigenthümliche Schöpfung, ein wunderbar weltdämonisches Weib (die Gralsbotin) immer lebendiger und fesselnder auf“ (ebd.). „Weltdämonisch“ mag hier durchaus auf den „Weltwillen“ in seiner Ambivalenz deuten: zwischen der Gralswelt und der Scheinwelt Klingsors. Kundrys „Tod“ wäre dann ihre „Erlösung“ durch die unegoistische Liebe Parsifals, die sie ebenso unegoistisch erwidert.

261 Vgl. seine konzentrierte Übersicht *Richard Wagner und Schopenhauer* im *Wagner-Handbuch* 101-113, 112. – Joachim Köhler setzt in seiner Wagner-Biographie entschieden und überzeugend *Tristan* als Selbstaussage Wagners gegen dessen Selbstdeutung von Schopenhauer her (*Der Letzte der Titanen* 544-548, 562-566).

262 *Richard Wagner* 198.

263 CT II, 36.

mus, wie ihn beide verstanden. Schopenhauer hat die *Upanischaden* in der lateinischen Übersetzung von Anquetil-Duperron kennengelernt, „die vom buddhistischen Idealismus Indiens geprägt“ ist – des Mahayana-Buddhismus nämlich.[264] Wie Schopenhauer kennt auch Wagner von dorther eine „Gier nach Vernichtung“, die auch im *Tristan* präsent und selber ein Leidensgrund ist, nicht aber dessen Aufhebung im Sinne des Mahayana.[265] Urs App stellt in einer konzentrierten Studie über die Buddhismus-Rezeption Schopenhauers und Wagners den Gegensatz zweier Begriffe bei Wagner heraus, die seine Schopenhauer-Adaption und auch seine Kritik an ihm so ambivalent bestimmen: „*Liebe als Erlösung*“ und „*Liebe als Grundproblematik*“.[266] Dieser Spannung entspricht die Spannung „Liebe – Tragik“, die Wagners letztes Aufsatz-Fragment von 1883 bestimmt und die „Geschlechtsliebe“ sowie die „Emanzipation des Weibes“ buddhistisch entwickelt. „So wurde Schopenhauers Beelzebub in Venedig plötzlich zum Wagnerschen Erlöser: Die Geschlechtsliebe, die reinste Bejahung des Willens überhaupt, ersetzte die von Schopenhauer geforderte Askese, welche zur vollkommenen Verneinung des Willens führen soll.“[267] Entsprechend strebt Wagners Dramen-Projekt *Die Sieger* nicht eine Erlösung *durch* die Liebe, sondern *von* der Liebe als „amour“ (nach dem Wortgebrauch von Anquetil-Duperron in ihrer *Upanischaden*-Übersetzung) und „Gier“ an. Prakriti (*Die Sieger*) und Kundry pflegen diese „Gier“ nach dem Geliebten – eine Leidenschaft, die überhaupt Grund des Leidens ist und beide „endlos durch das Dasein quält“. Insofern nimmt der *Parsifal* das Thema der *Sieger* auf, wenn die Liebe als „Gier“ nach dem Geliebten bzw. als „Gier nach Vernichtung“ durch Mitleid überwunden werden soll. Die Verneinung *dieses* Willens gelingt in der Geschlechtsliebe, wie Wagner sie versteht. Seine Deutung aber ist eher christlich als buddhistisch, mehr den „Wahn“ mitleidig-wissend lenkend als ihn asketisch verneinend.[268] Diese Wagnersche Art der „Aufhebung“ ist so dialektisch wie die Tendenz des Mahayana, die App mit einem „darüberhinaus, höherhinaus, übersteigen“ (chinesisch: *xiang-shang*, japanisch: *kojo*) beschreibt.[269]

Urs Apps gediegene Studie zeigt nicht nur Wagners beeindruckende Kenntnis der gerade einsetzenden Buddhismus-Forschung[270], sondern auch seine Tendenz, Schopenhauer von dem gemeinsamen Bezugspunkt des Buddhismus her kritisch weiterzubestimmen. Das hat unmittelbar Folgen auch für die herkömmliche Deutung des *Parsifal*, die ganz auf Askese und Willensverneinung setzt, ja beides einer mißverstandenen christlich-kirchlichen Tradition zuweisen will.[271] Daran ist so viel richtig, daß Wagner im *Parsifal* wie auch sonst

---

264 App, *Richard Wagner und der Buddhismus* 11.
265 Vgl. ebd., 12/13.
266 Ebd., 15.
267 Vgl. ebd., 17.
268 „Bei dem Christentum ist erhabene Simplizität, im Buddhismus ist soviel Bildung, und Bildung ist sehr unkünstlerisch“ (6. Januar 1881: CT II, 659).
269 App, *Richard Wagner und der Buddhismus* 30.
270 Vgl. ebd., 18.
271 So zum Beispiel auch Voss, *Wagner und kein Ende* 219-221.

seine Institutionenkritik auf die Gralsrittergemeinschaft als Bild der „Kirche“ bzw. des „Reiches Gottes auf Erden“ anwendet. Hier muß die Erlösung, die Parsifal in den Gralstempel bringt, konsequent eine „Aufhebung“ im emphatischen Sinn als „Vernichtung“ bedeuten, wie sie Wagner sonst ebenfalls für Staat und Staats-Kirche fordert. Dann aber steht die Barrikade endgültig mitten im Gralstempel. Wie könnte auch der religiöse Revolutionär Parsifal den einmal enthüllten Gral je wieder verschließen? Wie könnte seine Revolution nur dazu dienen, die Tempelritterschaft zu restaurieren und insgesamt die intendierte Utopie in Restauration aufzuheben?

Mein Kind,
von Tristan und Isolde
kenn ich ein traurig Stück:
Hans Sachs war klug, und wollte
nichts von Herrn Markes Glück.[272]

3.3. Das Satyrspiel zur „göttlichen Tragödie“

Gleich zweifach sind die *Meistersinger* als Satyrspiel gedacht oder faktisch geraten: zum *Tannhäuser*, dessen Sängerkrieg sie parodieren und ins bürgerlich-demokratische Gebiet spielen sollen, und auch zum *Tristan*, dessen Nacht- und Tag-Welt analog auch im meistersingerlichen Nürnberg spukt. Wie auch sonst die „Verzweiflung“ immer wieder Wagner die „alte tolle Laune“ eingibt, so kehrt er nach dem *Tristan* erst über den klärenden Umweg der *Meistersinger* zum *Ring* zurück. Die Nahtstelle ist bekannt: Hans Sachs will nicht die Rolle König Markes in einer ähnlich beherrschten Tag-Welt spielen, zumal er die „Wahn“-Welt der Johannis-Nacht ohnehin erleben muß. Klug entsagt er einem tristanesken Glück, das wohl zur „göttlichen Tragödie“ taugt, aber nicht zum Muster praktischen Lebens. Überhaupt ist die Komödie ein Werk der Klugheit, die eine letzte tragische Konsequenz, wie sie auch in ihr angelegt ist, zu meiden sucht. Statt der Revolution, die den Staat vernichtet, kennt das Nürnberg Wagners nur noch die arrivierte Utopie in ihrer behaglichen Spielform. Es ist die bürgerliche Demokratie, die hier allerdings auch in ästhetischen Fragen eine Sache des Volkes und damit immer noch ein wenig revolutionär ist. Diese Sache hat in der Festoper zwei kontrastierende Exponenten: Hans Sachs als charismatische Gestalt, die zugleich Bürger und Genie ist, und den Kritiker Sixtus Beckmesser, der eben als Kritiker sowohl im sicheren „Gemerk“ als auch auf dem unsicheren Rasenhügel vor der Singerbühne ein wenig desintegriert wirkt. Er scheitert als Merker, als nächtlicher Minnesinger

272 *Meistersinger* (dritter Aufzug, vierte Szene) 477.

und als Werbelied-Sänger – Rollen, denen Sachs entsagt hat. Dennoch bilden Sachs und Beckmesser in ihrer Ambivalenz nahezu eine gemeinsame Hauptgestalt, denn die Stärken des einen bilden die Schwächen des anderen in Umkehrung ab.[273] Stolzing, Ritter und revolutionärer Dilettant in der Musik, in der Zunft und im bürgerlich-demokratischen Gemeinwesen, wird auf Kosten des restaurativen Kritikers integriert und zum Meister erhoben. Seine Muse Eva erhält er obendrein. Die *Metaphysik der Geschlechtsliebe* erweist sich stärker als der alte „Wahn“, den Hans Sachs durchschaut und entmachtet. Denn der nächtliche Exzeß des blinden Weltwillens treibt auch die Meistersinger, die Bürgerinnen und Bürger durch die nächtlichen Gassen Nürnbergs; der Nachtwächter bläst den Kampf ab und appelliert, „*mit leise bebender Stimme*“: „bewahrt euch vor Gespenstern und Spuk, / daß kein böser Geist eu'r Seel beruck!“[274]

Der „Wahn-Monolog“ Hans Sachsens liefert Deutung und Hoffnung, denn diese Welt regiert „Wahn! Wahn! / Überall Wahn!“ Die „Stadt- und Weltchronik“, in der Sachs nach dem Grund forscht – ob sie nun für die Schedelsche „Weltchronik“ oder auch für Schopenhauers *Welt als Wille und Vorstellung* gilt –, beschreibt, aber erklärt nicht. Inmitten der arrivierten bürgerlichen Utopie, die das „Reinmenschliche“ in demokratischer Ordnung kultiviert, bricht der Ungeist los.

> Ein Kobold half wohl da: –
> ein Glühwurm fand sein Weibchen nicht;
> der hat den Schaden angericht't. –
> Der Flieder war's: – Johannisnacht! –
> Nun aber kam Johannistag! –[275]

Die Diagnose stellt Sachs/Wagner, da der blinde Wille sich in nächtlichem Treiben ergeht, mit Schopenhauer. Auch dessen Traumlehre klingt im Morgentraum Stolzings an. Der allerdings bedarf poetischer Deutung, denn „all Dichtkunst und Poeterei / ist nichts als Wahrtraumdeuterei“.[276] Aber nicht Ver-

---

[273] Titel des Werkes ist: *Die Meistersinger von Nürnberg*, nicht „Hans Sachs“ oder „Sixtus Beckmesser“. Sachsens planvoll-boshaftes Spiel mit Beckmesser ist nicht weniger schlimm als dessen intrigantes Spiel gegen den Außenseiter Stolzing und sein Versuch, den eigenen künstlerischen Erfolg mit den dichterischen Mitteln des (vermeintlichen) Konkurrenten zu erzielen. Die Herkunft des Namens „Beckmesser“ dürfte zudem mehr Aufschluß geben als der wiederholte Verweis auf die zeitweilige, recht plumpe Anspielung auf Eduard Hanslick (im zweiten Entwurf: „Veit Hanslich“), wenn Wagners Etymologiefreude und seine offene politische Rechnung gegenüber dem Münchner Kabinettssekretär Ludwigs II., Franz Seraph von Pfistermeister, etwas zu bedeuten haben. Denn: „Pfister“, vom lateinischen „pistor“, bedeutet Bäcker, wie bei Grimm nachzulesen ist, Pfistermeister also Bäckermeister oder eben auch „Beckmesser“ – der ebenfalls „Sekretär“, nämlich Stadtschreiber ist. Vgl. dazu Glasenapp, *Das Leben Richard Wagners* 4, 443.

[274] Zweiter Aufzug, Schluß (ebd., 457).

[275] Dritter Aufzug, zweite Szene (ebd., 462).

[276] Dritter Aufzug, dritte Szene (ebd., 463). – In *Beethoven* greift Wagner die Traumtheorie ausdrücklich auf, um an ihr seine Theorie hellsichtiger Erkenntnis der Welt zu verdeutlichen. Er legt dort aber, anders als Schopenhauer, das Gewicht auf „den Angstschrei des aus dem bedrängenden Traumgesichte des tiefen Schlafes plötzlich Erwachenden“ (SSD 9, 110). Dieser Schrei des Erwachens „aus tiefster Not“ führt in das sprachlich-dichterische Bewußtsein; er führt auch

neinung, sondern Entsagung zugunsten eines anderen[277], und wiederum nicht bloße Verneinung, sondern „Aufhebung“ des blinden Willens in der Geschlechtsliebe ist das Ziel, das Sachs ansteuert. Damit ist keine bloße Domestizierung des Willens gemeint, die sicherheitshalber Glühwurm und Weibchen zum Ehepaar und einen singenden Dilettanten zum Meistersinger deklariert, sondern etwas qualitativ anderes: eine dialektische Negation, die eine Steigerung freisetzt und den blinden Willen in dieser Steigerung „beruhigt“. Wie Isolde eine *Assunta* ist, so vereint Eva in sich das „Reinmenschliche“ und seine künstlerische Steigerung – „Parnaß und Paradies“[278].

Überhaupt sind sich in der arrivierten Utopie Kunst und Kirche überraschend einig, denn nicht nur findet die ästhetische Singschul-Erziehung Stolzings in einem Nebenraum der Katharinenkirche statt, sondern auch umgekehrt eröffnet der Reformationschoral das Kunstfest auf der grünen Wiese – nachdem das Wahntreiben sich auf den nächtlichen Straßen des bürgerlichen Gemeinwesens ausgerast hat. Der Choral zum Johannisfest leitet die Handlung ein, und das „‚Wach auf, es nahet gen den Tag [...]‘“ bezeichnet – übrigens im Freien und spontan, ohne jegliche Kirchenhierarchie – den finalen Höhepunkt. Dieser Höhepunkt ist kein Abschluß, sondern gilt als Verheißung dem nahenden Tag, den die Reformation begrüßt. Das ist immerhin noch der notwendige Rest an Revolution, der die Utopie im bürgerlichen Alltag lebendig hält. Denn das „Reich“ als Staat „zerging in Dunst“: was nicht beklagt, sondern festgestellt und sogar gefeiert wird, denn zur „Vernichtung“ des Staates ist eben diese Kunst angetreten, die sich hier als gültige Repräsentanz einer demokratischen „Allgemeinsamkeit“ feiert.[279] So erfüllen auch und gerade die *Meistersinger*, was die Zürcher Schriften als revolutionäre Ästhetik fordern. Darüber hinaus aber realisieren Eva Pogner und Walther von Stolzing, die neue Eva und der neue Adam, im „Reinmenschlichen“ das, was Wagners *Metaphysik der Geschlechtsliebe* als philosophische Kritik Schopenhauers formuliert.

Damit ist Wagners Dialektik der Negation in der Positivität angekommen – künstlerisch und, da er Günstling Ludwigs II. wird, auch biographisch. Nicht Vernichtung, aber auch nicht ausschließliche Utopie, sondern ein schwer bestimmbares Mittleres deutet sich an. Es scheint, als zeige das Kunstwerk „eine noch ungestaltete Welt im voraus gestaltet“[280], die indes nicht als Werk abge-

---

aus der „absoluten“ Instrumentalmusik Beethovens in das Drama, wie das Baßsolo im Schlußsatz der neunten Sinfonie zeigt (111). Wiederum greift Wagner eine begriffliche Anregung Schopenhauers auf, die ihm unter der Hand zur eigenen Theorie gerät; vgl. dazu das erste Kapitel des nächsten Teils.

277 „Hans Sachs war klug, und wollte / nichts von Herrn Markes Glück“ (dritter Aufzug, vierte Szene: ebd., 477).

278 Dritter Akt, letzte Szene (ebd., 490).

279 Der Kritiker Beckmesser „*verliert sich unter dem Volke*“ (ebd., 488), und der Ritter Stolzing wird Meistersinger: eine doppelte finale Integration der beiden Kontrahenten, die zunächst nur ihr Außenseitertum gemeinsam haben. Und Sachs? Auch er, als Gegenspieler sowohl Beckmessers als auch Stolzings, steht zuletzt ein wenig traurig neben dem allgemeinen Jubel: als einer, der dem Glück Markes klug entsagt und so dem Gegenglück, dem Geist dient. Das *happy end* bleibt erfreulich unvollständig und läßt der Utopie Raum.

280 *Oper und Drama* 391.

schlossen werden kann, sondern grundsätzlich Werkstatt bleibt. Doch ist der „Wahn“ des Weltwillens nicht nur philosophisch durchschau- , sondern auch lenkbar. Daher wird die prinzipielle Einsicht nun politisch wirksam. Hier trifft sich Wagner mit einem anderen Schüler Feuerbachs, der programmatisch erklärt hat: „Die Philosophen haben die Welt nur verschieden *interpretiert*, es kömmt drauf an, sie zu *verändern*.“[281]

[281] Karl Marx, *1. Ad Feuerbach*: MEW 3, 7. – Doch kommt die Idee solcher Veränderung in der dramatischen Kunst Wagners nicht aus dem Drama und seinen Kräften selbst, sondern von außerhalb; sie ist keine Lösung, die aus dem Vorhergehenden erwüchse, sondern eine ersehnte Erlösung, die nur als Utopie zu erahnen und auch als diese nur im Zitat zu sagen ist. So wie der Jubel Sieglindes mit seiner „seligmachenden Melodie“ (Bloch) in der *Walküre* außerhalb des Geschehens steht und am Ende des *Ring* jenseits der offenen Handlung steht, so übersteigt das musikalische Schlußwort von *Parsifal* die Handlung: „modifiziert, gebrechlicher als zuvor, einem zwielichtig vagen Orakel gehorsam: ‚Erlösung dem Erlöser‘ – und wiederum jenseits des dramatischen Geschehens“ (Rienäcker, *Richard Wagner* 160).

Man könnte sagen,
daß da, wo die Religion künstlich wird, der Kunst es vorbehalten sei,
den Kern der Religion zu retten, indem sie die mythischen Symbole,
welche die erstere im eigentlichen Sinne als wahr geglaubt wissen will,
ihrem sinnbildlichen Werte nach erfaßt,
um durch ideale Darstellung derselben
die in ihnen verborgene tiefe Wahrheit erkennen zu lassen.[1]

III. „Wanderjahre": Soteriologie ohne Theismus

Ur-Konstellationen wiederholen und variieren sich. Was im *Nibelungen*-Projekt künstlerische und in der *Nibelungen*-Theorie von *Oper und Drama* ästhetisch-philosophische Gestalt anzunehmen beginnt, ist die produktive Antwort Wagners auf die tätig erfahrene Revolution. Diese Antwort weist zunehmend ins Utopische; sie sucht sich eine Werkgestalt und ein Publikum jenseits der Revolution und, nachdem sich die revolutionäre Naherwartung nicht erfüllt hat, doch eine Öffentlichkeit zumindest im stetigen Vorgriff auf die Revolution. Im doppelten Sinne bleibt das Kunstwerk also ein Kunstwerk der Zukunft. Es gehört schon im gegenwärtigen Entstehen einer neuen Zeit an, an der es sich mißt, und noch fehlt ebenso der Raum der Ausführung wie auch der Raum der Aufführung. Die Tetralogie bleibt vorläufig, also unvollendet, indem sie ihren Helden Siegfried am hohen Mittag des mittleren von drei Tagen – also an der Peripetie des Dramas – zurückläßt. Was ihm zu erleben bevorsteht, sondiert aber die *Metaphysik der Geschlechtsliebe*, in der sich Tristan und Isolde finden und verlieren – „ein traurig Stück". Hans Sachs überwindet die Nachtseite dieses Glücks; er entsagt ihm und versucht, den „alten Wahn" in die ordnungspolitische Zunft der Meistersinger zu lenken. Damit kommt Wagner dort wieder an, wo er ausgegangen ist: bei der Revolution. Sie ist der zum Scheitern verurteilte und daher zu bescheidener Reform gedrängte Vorgriff auf das, was sich als gesellschaftliche Utopie des Kunstwerkes gültig erst darstellen soll. Dazu braucht die musikalische Zeit der Kunst (insgesamt als *musiké)* den Raum, der ein Festspiel ermöglicht – das festlich dramatische Spiel des Tragödientages, der den Menschen als Gattung ganz Mensch sein läßt und so gültig, wenn auch kontrafaktisch, die Öffentlichkeit dieser Gattung repräsentiert.

Ziemlich genau ein Vierteljahrhundert nach der gescheiterten Dresdner Revolution und Wagners Flucht ins Exil scheint sich die revolutionäre Naherwartung doch noch zu erfüllen, die Wagner in seiner folgenreichen Rede *Wie*

---

[1] *Religion und Kunst*: SSD 10, 211.

verhalten sich republikanische Bestrebungen dem Königtum gegenüber? vom Juni 1848 ausspricht: Der „*König möge der erste und allerechteste Republikaner*“ sein, ja durch „die *Emanzipation des Königtums*“ selbst den „Untergang der *Monarchie*“ herbeiführen.[2] Dieser paradoxen politischen Aufgabe entspreche eine symbolische Tat des Königs, nämlich der Errichtung eines National- oder Originaltheaters als Festspielstätte. „Wird dieser Fürst sich finden?“, fragt Wagner am Schluß seines Vorwortes zur Herausgabe seiner *Nibelungen*-Dichtung.[3] Der eben majorenne König von Bayern, Ludwig II., meint im Juni 1864 die Antwort geben zu können. Wagner meint beides zu finden, einen Ort für sein Theater und auch für seine politische Wirksamkeit, von dem aus er den vermeintlichen „Wahn“ des öffentlichen Lebens lenken kann. Sein Bemühen um eine „deutsche Kunst“ und eine „deutsche Politik“ scheint am Ziel. Deren künstlerisches Symbol sind die *Meistersinger von Nürnberg* (1845-1868), ihr unmittelbarer Ausdruck die Schriften *Über Staat und Religion* (1864), *Was ist deutsch?* (1865), *Deutsche Kunst und deutsche Politik* (1867) und vor allem, hinsichtlich der musikalischen Ästhetik, die *Beethoven*-Schrift (1870). All dieses „Wähnen“ scheint 1874 mit der „arrivierten Utopie“ (Thomas Mann) des eigenen Hauses und 1876 mit dem ersten Festspiel-Zyklus in Bayreuth seinen Frieden zu finden. Scheint: denn gerade das erreichte Ziel verfehlt die Utopie, für die es stehen soll. So geht die Suche nach innen weiter, eine letzte Folge von Wanderjahren zwischen *Religion und Kunst*, deren Ergebnis eine gesteigerte Utopie ist. Das Drama wird zum „Bühnenweihfestspiel“, der dramatische Revolutionär wird zum Propheten einer utopischen Liturgie.

---

2 SSD 12, 225 bzw. 228.

3 SSD 6, 281.

[...] zerging in Dunst
das heil'ge röm'sche Reich,
uns bliebe gleich
die heil'ge deutsche Kunst![4]

1. Kunst und Politik, Staat und Religion

Immer sind Wagners ästhetische Schriften in den zeitgenössischen politischen Diskurs eingebunden, und immer gelten sie auch der Frage, wie der Staat zu „vernichten" oder „aufzuheben" sei in einer Religion, die „freiwilliges Entsagen und Leiden wirklich ausübt".[5] Die tragische Dialektik von partikularem Egoismus und „Kommunismus" (Revolutionsschriften), von Negation und verneinter Negation (Zürcher Kunstschriften), von wahnhafter Täuschung und hellsichtiger Erlösung (späte Schriften) spielt in vielen Gegensatzpaaren durch sein theoretisches Werk. In den späten Jahren leihen sich Bühnenwerke und Abhandlungen gegenseitig das Wort und die Begriffe. Sie bilden ein Kontinuum gegenseitiger Erläuterung.

1.1. Den Wahn lenken, die Lenkung aufheben: *Über Staat und Religion*

Die kunstpolitischen Schriften, die neben den *Meistersingern* von 1864 bis 1867 entstehen, gelten unmittelbar der ästhetischen Erziehung des Monarchen und Menschen Ludwig II. Die fast zeremoniale Widmungsadresse deutet auf einen königlichen Auftrag, über seine ästhetisch-politische Position aufzuklären, mithin Wagners politische Unbedenklichkeit in München herauszustellen. Die ersten Textzeilen nennen den Auftrag unumwunden, ebenso Wagners Rolle seinem Mäzen gegenüber.

> Ein hochgeliebter junger Freund wünscht von mir zu erfahren, ob und in welcher Art meine Ansichten über *Staat* und *Religion*, seit der Abfassung meiner Kunstschriften in den Jahren 1849 bis 1851, sich geändert haben.[6]

Die vorgetragenen Ansichten führen deutlich die Linie der Zürcher Schriften fort, obwohl Wagner salvatorisch beteuert, er sei „nie auf das Gebiet der ei-

4 *Meistersinger* 492/493 (Hans Sachs vorsingend, das Volk akklamierend).
5 *Über Staat und Religion*: SSD 8, 21.
6 *Über Staat und Religion*: SSD 8, 3.

gentlichen *Politik*“ herabgestiegen und habe, „mit Recht für unpraktisch gehalten“, gerade „die Rolle eines politischen Revolutionärs“ nicht gespielt.[7] Die Aussage ist irreführend, die Absicht aber klar: als Künstler, dessen „‚ [...] Reich nicht von dieser Welt [...]‘“ sei, will er kein ausdrücklich politischer Messias am bayerischen Hof sein, sondern durch seine Kunst ästhetisch-erziehend auf den jungen König wirken. Nicht der verhältnismäßige schlichte Bezug auf Schiller („ernst ist das Leben, heiter ist die Kunst“[8]), sondern die Tendenz der Schriften insgesamt und die Beitragsfolge *Deutsche Kunst und deutsche Politik* in der *Süddeutschen Presse* melden diesen offiziellen kunsterzieherischen Anspruch Wagners in der Nachfolge Schillers an.

Wagner bestimmt den Staat als gesellschaftlichen Vertrag zwecks gegenseitiger Gewaltbeschränkung, der sich im überparteilichen Gesetz stabilisiert und dieses Gesetz in der Person des Königs *real* verkörpert, so aber zugleich „sein eigentliches *Ideal*“ erreicht.[9] Diese paradoxe Bestimmung geht davon aus, der König verkörpere und sichere zwar die im Staat stabilisierten Interessen, überschreite sie aber als Interessen, da er dem Ganzen diene und nicht einer Partei. Parteien versteht Wagner als politische Partikularitäten, die der Selbsterhaltung dienen und daher für das über-egoistische Ganze – der frühere Wagner hätte von „Allgemeinsamkeit“ oder „Kommunismus“ gesprochen – blind seien.[10] Diese Blindheit nennt Wagner „Wahn“; dessen vorherrschende politische Erscheinung sei der Patriotismus, der sich des Königs zu Unrecht als Symbol bediene. Der Widerspruch zwischen Partikularität und Ganzheit findet seinen höchsten paradoxen Ausdruck gerade in der symbolischen Rolle des Königs als „die leibhaftige Verkörperung des Wahnes selbst“.[11] Die revolutionäre Kritik im Ansatz Wagners verschärft sich also da, wo er sie zurückzunehmen scheint. Sie gilt weiterhin dem „aufzuhebenden“ Staat an sich, der auf dem vertraglichen Abgleich wahnhafter partikularer Interessen besteht. Wagner wendet sie aber an auf die Idee des Nationalstaates, in dem sich die partikularen Interessen auf der nächsthöheren Stufe gewaltsam artikulieren – und wiederum das „Reinmenschliche“ als Ziel verfehlen, weil sie es nicht aber einmal konsequent anstreben können.[12]

---

[7] Ebd., 4. – Wagners taktisches Manöver dürfte durchschaubar gewesen sein, zumal der ehemalige sächsische Kultusminister von der Pfordten, der 1848/1849 dessen revolutionäre Karriere aus unmittelbarer Nähe miterlebt hat, im Dezember 1864 von Ludwig II. zum bayerischen Ministerpräsidenten ernannt wird.

[8] So das variierte Eingangsmotiv: ebd., 3-7.

[9] Ebd., 10.

[10] „Wie der Patriotismus den Bürger für die Interessen des Staates hellsehend macht, läßt er ihn noch in Blindheit für das Interesse der Menschheit überhaupt, ja, seine wirksamste Kraft übt er darin aus, daß er diese Blindheit, die im gemeinen Lebensverkehre von Mensch zu Mensch oft schon sich bricht, auf das eifrigste verstärkt“ (ebd., 13).

[11] Ebd., 13.

[12] Patriotismus entspreche nicht „dem Zwecke der menschlichen Gattung“ (ebd. 14). Noch nie habe „ein Demagog oder Intrigant ein Volk verführt, ohne es auf irgend eine Weise glauben zu machen, es sei in patriotischer Erregung begriffen. Im Patriotismus liegt somit selbst die Handhabe zur Verführung, und die Möglichkeit, die Mittel zu dieser Verführung sich stets offen zu halten, liegt in der künstlich gepflegten großen Bedeutung, welche man der ‚öffentlichen Meinung‘ zuzuerkennen vorgibt“ (15/16).

> Wenn moderne staatspolitische Optimisten von einem allgemeinen Rechtszustande, in welchem sich die Staaten heutzutage gegenseitig zueinander befänden, sprechen, darf man ihnen nur die Nötigung zur Unterhaltung und steten Steigerung der ungeheuren stehenden Heere vorführen, um sie im Gegenteile von der wirklichen Rechtlosigkeit des Zustandes zu überführen.[13]

Der außenpolitische Dauerkonflikt der Patriotismen entspricht also dem innenpolitischen Dauerkonflikt der Parteien als Interessengruppen – „Wahn! Wahn! Überall Wahn!" Aber der Wahn scheint Wagner lenkbar durch den König, der in seiner Person den Konflikt ausleidet zwischen dem humanen Ideal, das er verkörpert, und dem patriotischen Symbol, zu dem er gemacht wird.[14]

Der partikularistische Wahn, der sich innenpolitisch als Parteienegoismus und außenpolitisch als Patriotismus gebärdet, erhebt zwar „den Staatsbürger zu der höchsten ihm erreichbaren Höhe"; doch „vermag nur die *Religion* ihn zur eigentlichen Menschenwürde zu führen".[15] Diese zentrale These enthält zugleich die entscheidende Korrektur der Revolutionsschriften, ohne deren Schärfe zu mindern. Nicht mehr die Revolution als „Vernichtung" des Staates, sondern die Religion als „Erlösung" vom Staat und seine dialektische Aufhebung folgt aus Wagners Diagnose des „Wahns", der, als blinder Weltwille im Sinne Schopenhauers verstanden, den allseitigen Egoismus und Partikularismus verschleiert. Der täuschende Wahn ist vor allem ein politisch täuschender Wahn, den Wagner in der katholisch-konservativen Partei Bayerns erkennen will. Seine Staatskritik im Namen der „wahren Religion" als Verneinung der Welt und glaubend-entsagender Erlösung aus ihr[16] opponiert gleichzeitig gegen die kirchliche Religion und gegen die konservative Restauration des Staates. Die Religion Wagners verspricht Erlösung vom Staat und den Formen des „Wahns", die ihn tragen: „Weltüberwindung", die das Individuum in „die andre, bisher unerkannte Welt" aufhebt, die philosophisch „nur in negativer Form gefaßt werden", theologisch-dogmatisch jedoch „in positiver Form" dargestellt werden kann. Allerdings wird diese

> sich zu dem vom Religiösen unmittelbar Angeschauten nur dem ähnlich verhalten, wie sich der am Tage erzählte Traum zu dem wirklichen Traume der Nacht verhält.[17]

---

[13] „Indem es uns nicht einfällt, zeigen zu wollen, wie dies anders sein könnte, bestätigen wir eben nur, daß wir in beständigem, nur durch Waffenstillstände unterbrochenem Kriege nach außen leben, und daß diesem Zustand der innere Zustand des Staates nicht so wesentlich unähnlich ist, daß er als sein vollkommenes Gegenteil gelten dürfte" (ebd., 14). Die Parallele zu Kants Argumentation in seiner Schrift *Zum ewigen Frieden* (Werke 9, 191-251) ist augenfällig, deren anregende Wirkung auf Wagner wahrscheinlich. Sechzehn Jahre später resümiert Wagner seine Kritik deutscher Nationalstaatlichkeit so: „[...] ich kam in die elendeste Zeit, welche Deutschland je erlebt, mit diesem Sauhetzer [Bismarck] an der Spitze". Bezogen auf die Bayreuther Festspiele als faktischer Teil der Gründerzeit: „ [...] ja, sie kamen, die Frauen mit ihren Schwänzchen angewackelt, die Männer mit ihren Schnurrbärten, haben sich amüsiert, und da Kaiser und König dabei waren, so frägt man sich: Mein Gott, was will denn Wagner mehr? Will er noch mehr? – Ich glaube, vor 25 Jahren hätte ich meine Sache besser zu Stande gebracht" (18. März 1880: CT II, 506).

[14] SSD 8, 18.

[15] Ebd., 19.

[16] Ebd., 20.

[17] Ebd., 22 bzw. 23.

„Wahrtraumdeuterei“ ist also nicht nur die „Dichtkunst und Poeterei“[18], sondern analog auch die Religion, die sich im Dogma dem Laien mitteilt und ihm die Offenbarung auf Autorität hin anzunehmen gibt. Damit bestimmt Wagner das Wesen des Christentums nun ausdrücklich gegen Feuerbach und Schopenhauer wieder als positive Offenbarungsreligion. Er bleibt allerdings ausdrücklich religionskritisch, was das institutionelle und damit latent staatliche Christentum angeht. Dessen Theologie habe zwar rechtens unterschieden zwischen dem Inhalt der Offenbarung und ihrer dogmatischen Form, verdanke sich aber doch dem

> Eifer des gemeinen praktischen Verstandes, das religiöse Dogma sich nach den Kausalgesetzen des Zusammenhanges der Phänomene des natürlichen und bürgerlichen Lebens zu erklären, und was dieser Erklärungsweise widerstrebt, als vernunftloses Hirngespinst zu verwerfen.[19]

Wagners Kritik an rationalistischer und liberaler Theologie erbt das Pathos seiner revolutionären Religionskritik. Nicht die kirchlichen Institutionen hüten die Religion der Offenbarung, sondern diese hat

> ihren einzig richtigen Sitz [...] im tiefsten, heiligsten Innern des Individuums, da, wohin nie ein Streit der Rationalisten und Supraratonalisten, noch des Klerus und des Staates gelangte; denn, dieses eben ist das Wesen der wahren Religion, daß sie, dem täuschenden Tagesscheine der Welt ab, in der Nacht des tiefsten Innern des menschlichen Gemütes als andres, von der Weltsonne gänzlich verschiedenes, nur aus dieser Tiefe aber wahrnehmbares Licht leuchtet.

Dem Meistersinger Sachs, der den „Wahn“ als nächtlichen und alltäglichen Trug durchschaut und lenken will, leuchtet die rettende Religion wie ein tristaneskes Licht der Nacht. Wie die Meistersinger-Welt keine institutionell verfaßte, wohl aber eine lebendig-kirchliche Religion in ihren Chorälen feiert, so negiert auch hier wieder die Tristan-Nacht das trügende Licht des Tages. Wagner bleibt allerdings nicht in seiner Dialektik der Negation stehen, sondern formuliert ein erstes Mal ausdrücklich die Positivität christlicher Offenbarung, deren Erkenntnis „plötzlich wie durch Gnade erweckt wird“ und eine „innere, tief beseligende Anschauung“ mitteilt.[20] Diese Religion bezeugt ihre „Wahrhaftigkeit“ durch das Beispiel in Entsagung, Aufopferung, Sanftmut, „erhabene Heiterkeit des Ernstes“: „Der Heilige, der Märtyrer, ist daher der wahre Vermittler des Heiles“.[21] Damit fällt ein neues Licht auf Hans Sachs und seine Rolle in der scheinbar säkularen Meistersinger-Republik. Die spontan, nicht rituell geregelte Huldigung des Volkes an ihn folgt dem Muster der Heiligenverehrung, die das eigentlich zu Verehrende im Verehrten meint und dessen Entsagung preist. Entsprechend gilt der große „Wach auf“-Choral *indirekt* ihm, dem Autor und durch persönliche Wahrhaftigkeit überzeugenden Meister, *direkt* aber dem Tag der religiösen Reformation, die im Meisterlied der „witten-

---

[18] *Meistersinger* 463.
[19] SSD 8, 24/25.
[20] Ebd., 25.
[21] Ebd., 25/26.

bergisch Nachtigall“ vorweg erklingt. So liest sich die Thematik, die Wagner zur ästhetischen Erziehung des Königs exponiert, gleichzeitig wie ein Schlüssel-Kommentar zur politischen Ästhetik der eben entstehenden *Meistersinger*:

> und im entrücktesten Hinblicke auf dieses wundervolle Wahnspiel wird ihm endlich das unaussprechliche Traumbild der heiligsten Offenbarung, urverwandt sinnvoll, deutlich und hell wiederkehren, – dasselbe göttliche Traumbild, das, im Disput der Kirchen und Sekten ihm immer unkenntlicher geworden, als endlich fast unverständliches Dogma ihn nur noch ängstigen konnte.[22]

„Heil'ge deutsche Kunst“ bleibt, wenn das Reich vergeht – nicht in Revolution vernichtet, sondern durch Religion aufgehoben. „Heilig“ nennt Wagner diese Kunst, insofern sie sich ausdrücklich in Werk und Theorie auf Wagners Bestimmung von Religion bezieht, deren nächtliches Traumbild sie deutet und bewahrt. Diese Religionskritik im Namen der eigentlichen Religion und mit den Mitteln der Kunst tritt das Erbe der Revolution an, ohne es ästhetisch als Kunstreligion zu verraten. Denn der utopische Rest steht weiterhin aus; er entzieht sich der theoretischen Bestimmung ebenso wie der künstlerischen Gestaltung, die ihn nur so beschwören kann, daß sie ihn ausspart.

Wagners Deutschtum scheint insbesondere in den *Meistersingern* und den begleitenden ästhetisch-politischen Schriften eine ebenso unverträgliche wie plakative Gestalt anzunehmen. Seinem eigenen Ansatz nach kann dieses „Deutschtum“ allerdings weder unmittelbar „patriotisch“ noch nationalstaatlich fixiert werden, weil Patriotismus wie Staat partikularistische und daher aufzuhebende Größen sind – Formen eben, in denen sich der „Wahn“ des blinden Weltwillens artikuliert. Wie verträgt sich Wagners Begriff des „Deutschen“ mit seiner ins Religiös-Politische gewendeten Adaption von Schopenhauers Theorie des Weltwillens? Ein Aufsatz für Ludwig II., 1865 entstanden und erst 1878 mit Einleitung und Nachwort veröffentlicht, versucht eine Antwort, deren Begrifflichkeit in *Deutsche Kunst und Politik* bereits 1867 entfaltet wird.

> Es kommt im öffentlichen Leben Englands und Frankreichs bei weitem seltener vor, daß man von „englischen“ und „französischen Tugenden“ spreche; wogegen die Deutschen sich fortwährend auf „deutsche Tiefe“, „deutschen Ernst“, „deutsche Treue“ u. dgl. m. zu berufen pflegen. Leider ist es in sehr vielen Fällen offenbar geworden, daß diese Berufung nicht vollständig begründet war [...].[23]

Der offenkundigen Ironie Wagners sekundiert die philologische Gründlichkeit, mit er das Wort „deutsch“ unter Berufung auf Jakob Grimm nicht als „bestimmten Volksnamen“, sondern als Gegensatz zu „wälsch“ bestimmt: „als das, was uns, den in uns verständlicher Sprache Redenden, heimisch ist“, so daß der Begriff an „der Sprache und der Urheimat haftet“[24] und eine kulturelle, nicht aber staatlich-politische Herkunft erinnert. Daher glänze der deutsche Name besonders in „derjenigen Periode [...], welche dem deutschen Wesen verderblich war, nämlich der Periode der Macht der Deutschen über

---

22 Ebd., 29.
23 *Was ist deutsch?*: SSD 10, 37.
24 Ebd., 37 bzw. 38.

außerdeutsche Völker“.[25] Erst mit dem Verfall politischer Macht entwickle sich das deutsche Wesen. Wagner bestimmt in genau diesem Punkt den Begriff des Deutschen analog zu seinem Begriff der christlichen Religion, die ebenfalls „keinem nationalen Volksstamme eigens“ angehöre, sondern sich im christlichen Dogma „an die reinmenschliche Natur“ wende.[26] Dies scheint *positive, non exclusive* zu gelten. Mit dieser bemerkenswerten Einsicht deutet sich allerdings auch der Fehlschluß an, deutscher Geist und christliche Religion seien in besonderer Weise füreinander prädestiniert, der politische Partikularismus deutscher Fürsten habe jedoch dieses Verhältnis dauerhaft gestört und so die Freiräume eröffnet, die „der Jude“ neben „dem Junker“ und „dem Juristen“ ausgebeutet habe.[27] Wagners Grundbegriff des „Deutschen“ bleibt entschieden unpolitisch und kunstbezogen, wenn er als Ziel bestimmt,

> *daß das Schöne und Edle nicht um des Vorteils, ja selbst nicht um des Ruhmes und der Anerkennung willen in die Welt tritt*: und alles, was im Sinne dieser Lehre gewirkt wird, ist „*deutsch*“, und deshalb ist der Deutsche groß; *und nur, was in diesem Sinne gewirkt wird, kann zur Größe Deutschlands führen.*[28]

Das „Deutsche“ und „Echte“ lebt also in der Ehre „deutscher Meister“, insbesondere in der Ehre Johann Sebastian Bachs[29], und nicht in einem deutschen Staatsgebilde („was deutsch und echt, wüßt Keiner mehr, / lebt's nicht in deutscher Meister Ehr“[30]). Konsequent lehnt Wagner die „Wacht am Rhein“ als „ein ziemlich flaues Liedertafelprodukt“ ab und verweist, weniger konsequent, auf den eigenen *Kaisermarsch* (*WWV* 104)[31], der das „Deutsche“ mit einem

---

25 Ebd., 38.

26 Ebd., 41.

27 Ebd., 42/43. – Hier liegt einer der Ansatzpunkte für Wagners Judenfeindschaft, die im Rahmen seiner Kritik von „Moderne“ und „Zivilisation“ wieder auflebt; die Neuausgabe seines *Judentum in der Musik* 1869 und die antijüdische Polemik in *Modern* 1878 richten sich immer schärfer gegen ein so mißdeutetes „liberales Judentum“, das nicht der Hauptschuld, wohl aber der entscheidenden Mittäterschaft am vermeintlichen kulturellen und künstlerischen Verfall angeklagt wird. Denn die „Zivilisation“ habe „aus dem gesundheitstrahlenden Germanen unsern skrophulösen, aus Haut und Knochen gewebten Leineweber, aus jenem Siegfried einen Gottlieb, aus Speerschwingern Dütendreher, Hofräte und Herrjesusmänner zustande gebracht, – [...] der Ruhm dieses glorreichen Werkes gehört unsrer *pfäffischen Pandektenzivilisation* mit all' ihren Resultaten, unter denen, neben unsrer Industrie, auch unsre unwürdige, Herz und Geist verkümmernde *Kunst* ihren Ehrenplatz einnimmt, und welche schnurgerade aus jener, unsrer Natur ganz fremden Zivilisation [...] herzuleiten sind“ (*Kunst und Klima*: SSD 3, 215). Im Begriff der „Pandektenzivilisation“ sind „Junker“ und „Jurist“ bereits vereint gedacht. Sie liefert für Wagner die politischen und sozialgeschichtlichen Rahmenbedingungen für das Phantombild, das er vom „Judentum“ in Kunst und Presse zeichnet. Von Antisemitismus im strengen Wortsinn wäre also *hier* nicht zu sprechen, da Wagner deutlich zivilisationskritisch, nicht rassistisch argumentiert. Nicht einmal die oft einander gegenübergestellten Begriffe „deutsch“ und „jüdisch“ bezeichnen eine „Rasse“ oder ein „Volk“, sondern ein geschichtlich-gesellschaftliches Phänomen – dies allerdings in einer Mischung aus Animosität und Unklarheit, die zu Mißdeutung und Mißbrauch allen Anlaß gegeben hat.

28 *Was ist deutsch?*: SSD 10, 48.

29 Ebd., 47.

30 *Meistersinger* 492.

31 SSD 10, 52. – Wagners Kampflied *An das deutsche Heer vor Paris* (Januar 1871) verspottet bereits die „Wacht am Rhein“ namentlich (SSD 9, 1). Im zu Wagners Lebzeiten nicht veröffent-

Zitat von Luthers „Ein feste Burg" verknüpft, ganz im genannten problematischen Sinn einer gegenseitigen Prädestination von Christentum und Deutschtum, das allerdings kein kaiserlich-preußisches Deutschtum im Sinne des neuen Reiches ist.[32] Zudem wäre auch hier Wagners Theorie vor ihm selbst zu verteidigen; wiederum ist er der erste Wagnerianer, der das eigene Denken instrumentalisiert und gegen seine Grundbegriffe wendet.

---

lichten Schluß der *Beethoven*-Schrift stellt er Luthers „fester Burg" ironisch das neue deutsche „„Rheinwachthäuschen"" gegenüber (SSD 16, 109).

32 Der Kaiser wird im chorisch gesungenen Text als „Aller Deutschen Hort und Freiheitswehr!" angesprochen: als symbolischer „Hort" allerdings eben desjenigen Patriotismus, den Wagner in seinen theoretischen Schriften selbst strikt verwirft („Feind zum Trutz, / Freund zum Schutz, / allem Volk das deutsche Reich zu Heil und Nutz!"; vgl. aber auch Wagners Selbstparodie des Textes als *Triebschener Kinderhymne*: SSD 16, 226). Dieses Deutschland bestimmt seine Identität mehr gegen den „Feind" („als mit dir wir Frankreich schlugen!": SSD 12, 376) denn aus seiner Kultur geschichtlicher Erinnerung und Kunst. Das liegt auf der Linie des verunglückten „Lustspiels in antiker Manier" über die Belagerung von Paris 1870 mit dem Titel „Eine Kapitulation" (*WWV* 102: SSD 9, 3-41). Es richte sich, so Wagner später, nicht beleidigend an die Franzosen, sondern belehrend an die eigenen „Landsleute" und deren „Nachahmung" Frankreichs noch im Krieg. So mache es „die deutschen Theaterzustände lächerlich" (an Gabriel Monod vom 25. Oktober 1876: SSD 16, 123/124). Beides bleibt hier festzuhalten: Wagners im Ansatz glückliche Theorie des Deutschen *und* seine unglückliche Inkonsequenz gerade in diesem Nebenwerk. Andererseits soll die wiedererstandene „deutsche Kaiserwürde" „in der Legitimität in heutiger Zeit Stütze und Damm gegen den Einheitsstaat" finden – ein konsequent föderalistischer Gedanke Wagners, den sein Marsch propagieren hilft, indem er sinnfällig an das verbindende kulturelle Anliegen der Reformation erinnert (26. Januar 1871: CT I, 347/348). Er glaubt an die „deutsche Kunst" weiterhin mit einer 1848er Gesinnung: „Denn wir sind das Volk des Föderalismus und vermögen deshalb große Dinge auf dem Wege der Assoziation zu vollbringen [...]. Diese Idee habe ich seit etwa 20 Jahren mit mir herumgetragen, und sie ist es, welche mir die Nibelungen-Trilogie eingab, deren Aufführung auf einer gewöhnlichen Bühne entschieden eine Absurdität wäre" (Brief an den Herausgeber der *Amerikanischen Revue*, Dexter Smith [dort fälschlich „Smitte"], vom Juni 1874: SSD 16, 119; aus dem Englischen rückübersetzt). Daher enttäuscht ihn, daß das neue Reich „die schwarz-rot-goldenen Farben für die Fahne" ablehnt und zur Berliner Friedensfeier die verhaßte „Wacht am Rhein" anstimmt (4. Februar 1871:CT I, 351). Noch während des Krieges ruft Wagner emphatisch aus, er „wünsche den Franzosen Sieg" angesichts einer solch elenden deutschen Kultur (26. September 1870: 291). Später meint er, es sei „den Elsässern nicht zu verdenken, wenn sie lieber in Paris als in Berlin sind. Aber von Kulturgedanken ist man entfernt, und von der ganzen Reichsgeschichte bleibt die preußische Uniform" – ein Bonmot vom 11. März 1874 (CT I, 800). Schließlich, angesichts eigener Auswanderungssehnsüchte, erzählt er den Scherz: „„Wie nur der massenhaften Auswanderung abhelfen?' – ‚Machen Sie nur Amerika preußisch, dann geht kein Mensch hin.'" (31. Mai 1880: CT II, 539). Geibels Gedicht zur Sedan-Feier ist ein „Dégout" (!), die Figur der Germania gleichfalls („„Wenn ich nur so einen Kerl mit geflügeltem Helm sehe, wird mir übel.""), die „Anrede des Kaisers an das Heer, welche mit den Worten schließt, seine letzten Gedanken werden für die Armee sein, <bringen R.[ichard] zu dem Ausruf: ‚Ich dachte für's Ballett. – Weiter ist so einer nichts als so ein Armee-Jockel, sie kennen gar nichts anderes.'" -> (6. September 1880: 594; die mit <> bezeichnete Passage ist im Manuskript von fremder Hand mit Tinte unkenntlich gemacht). Insgesamt sei Deutschland „ein bis an die Zähne gewappneter Bettler. Es ist nicht gut, uns auf der Straße zu begegnen" (1. Dezember 1881: 836). Ganz öffentlich erklärt Wagner: „die deutsche Einheit muß überallhin die Zähne weisen können, selbst wenn sie nichts damit zu kauen mehr haben sollte". Bismarck wird ohne Namensnennung mit Robespierre verglichen, die deutsche Kultur als „Kriegszivilisation" bezeichnet („*Was nützt diese Erkenntnis?":* SSD 10, 254/255). Soviel zum „Deutschtum" Wagners – von der Ahnungslosigkeit mancher seiner Interpreten wäre manches hinzuzufügen und einer eigenen Studie wert (vgl. dazu auch Scholz, *Ein deutsches Mißverständnis*).

Wagners zentrale Bestimmung des „Deutschen“ in *Deutsche Kunst und Politik* greift die eben genannte ältere Formel auf und vereinfacht sie. Deutsch sei, „die Sache, die man treibt, um ihrer selbst und der Freude an ihr willen treiben“ und sich so vom „Nützlichkeitswesen“ zu unterscheiden, das eine Sache aus partikularen Interessen betreibt.[33] Das klingt ganz im Sinne Schillers nach selbstzwecklichem Spiel, in dem der Mensch erst ganz er selbst ist und so das „Reinmenschliche“ auch nationale Partikularismen aufhebt, und entspräche Wagners ursprünglichem dialektischen Ansatz beim Gegensatz von Partikularität und Allgemeinheit. Läßt sich aus dieser Formel nicht aber doch ein Anspruch auf Superiorität herleiten, der „Deutschtum“ und eine Kultur des Schönen und Edlen um seiner selbst willen ebenso miteinander identifiziert, wie Wagner eine gegenseitige Prädestination von Deutschtum und Christentum gelegentlich nahelegt?

Die kunstpolitische Bestimmung dessen, was „deutsch“ sei, kann indes nicht absichtslos und unpolitisch bleiben, wenn es um die öffentliche Erziehung eines deutschen Königs geht. Eine solche öffentliche ästhetische Erziehung in politischer Absicht betreibt Wagner in seiner Artikelreihe *Deutsche Kunst und deutsche Politik*, die von September bis Dezember 1867 in der halboffiziellen *Süddeutschen Presse* erscheint und mit dem zwölften Artikel auf Befehl des Königs abgebrochen wird.[34] Gleich der erste Satz beruft sich auf Wagners bevorzugten politischen Schriftsteller Constantin Frantz und leitet mit einem Zitat aus dessen *Untersuchungen über das europäische Gleichgewicht* von 1859 den Anspruch ein, sich der „materialistischen Zivilisation Frankreichs zu entziehen“ und „Deutschlands Beruf“ wahrzunehmen, „eine edlere Bildung zur Geltung zu bringen“.[35] Weniger die antifranzösische Haltung, die mit Frantz im Namen des europäischen Gleichgewichts beschworen wird, als vielmehr ein bayerischer und damit föderalistischer Anspruch auf deutsche Führung wird hier formuliert. Das ist zwischen den Zeilen ein eleganter Affront gegen den preußischen Führungsanspruch Bismarcks, zumal Wagner, taktisch klug und scheinbar bescheiden, das unverdächtige ältere Werk Frantz’ zitiert und nicht dessen *Wiederherstellung Deutschlands* von 1865, die er zuvor gründlich studiert hat. Diese föderalistische und gegen preußische Suprematie gerichtete Idee der Wiederherstellung aber ist das eigentliche Thema der Artikelserie und auch ein Hauptthema der *Meistersinger*, die den Verlust des Reiches klaglos feststellen und seine Aufhebung in der deutschen Kunst feiern.[36] Und auch in der Widmung der zweiten Auflage von *Oper und Drama*

---

[33] *Deutsche Kunst und deutsche Politik*: SSD 8, 96/97.

[34] Die Buchausgabe erscheint 1868. Die *Gesammelten Schriften* ordnen den Text nach dem Widmungsgedicht an Ludwig II. und dem programmatisch-gewichtigen Aufsatz *Über Kunst und Religion* in Band 8 ein. Die unmittelbaren Folgen deuten sich im angeschlossenen *Bericht an Seine Majestät den König Ludwig II. von Bayern über eine in München zu errichtende deutsche Musikschule* an: München soll Wagners deutscher Schwerpunkt werden, und auch Ludwig II. will dort nach Sempers Plänen das „Originaltheater“ als Nationaltheater errichten, das Wagners Anspruch legitimiert.

[35] So zitiert in *Deutsche Kunst und deutsche Politik*: SSD 8, 30.

[36] Frantz besucht Wagner Ende August 1866 in Tribschen.

verweist Wagner darauf, daß er zu „Erläuterungen" zu dem dort von ihm „geforderten ‚Untergange des Staates'" veranlaßt worden sei.[37] Diese Erläuterungen finden als Artikelserie Eingang in die *Süddeutsche Presse*.

Um Fürstenerziehung und unmittelbar politische Einflußnahme des Künstlers geht es, wenn der erste Artikel programmatisch erklärt,

> *die französische Zivilisation sei ohne das Volk, die deutsche Kunst ohne die Fürsten entstanden; die erstere könne zu keiner gemütlichen Tiefe gelangen, weil sie das Volk nur überkleide, nicht aber ihm in das Herz dringe; der zweiten gebräche es dagegen an Macht und adeliger Vollendung, weil sie die Höfe der Fürsten noch nicht erreichen und die Herzen der Herrscher dem deutschen Geiste noch nicht erschließen konnte.*[38]

Der deutsche Geist sei im 18. Jahrhundert durch Winkelmann und Lessing, Schiller und Goethe, Mozart und Beethoven wiedergeboren worden und habe erst mit der Schlacht bei Königgrätz 1866 seine politische Präsenz durch „ein wahrhaftes Volksheer" bezeugt.[39] Das Drama habe vom Theater aus die deutsche Wiedergeburt zwar befördert, die moderne deutsche Zivilisation als bloße modische Adaption der französischen Zivilisation habe es jedoch wieder verschüttet: „‚deutsch', ‚deutsch', so tönt die Glocke laut über die kosmopolitische Synagoge der ‚Jetztzeit' dahin", wie Wagner böse formuliert.[40] Aber diese Zivilisation aus zweiter Hand lasse den französischen Anstand vermissen und erscheine als provinzielle Karikatur des Vorbildes.[41] Die deutsche Kunst müsse aber so universal sein wie die Bestimmung ihres Volkes, und dazu müsse den deutschen Fürsten „aus ihrer Mitte hierfür selbst dieses rechte *Beispiel* gegeben werden".[42]

Weniger die kunst- und theatergeschichtlichen Varianten dessen, was Wagner in *Oper und Drama* im Ansatz bereits ausgeführt hat, als vielmehr die kunstpolitischen Utopien am Ende der Artikelfolge deuten Neues an – und gerade sie, die Artikel XIII bis XVI, sind auf Befehl des Königs nicht mehr in der *Süddeutschen Presse* erschienen. Daher schließt Wagners Reihe zunächst mit einer bezeichnenden Ansprache der katholische Kirche, die gewiß auch taktisch gemeint ist, aber auch Wagners Dialektik von Religion und Kunst aufgreift. Denn beide, die kirchliche Religion ebenso wie die öffentliche Kunst, litten gemeinsam unter der Nützlichkeitsdoktrin des Staates und dem dieser Doktrin entsprechenden „Mangel an Ehrfurcht".[43] Die Kirche habe sich zu ihrer besten Zeit den Gesetzen des ästhetisch Schönen unterworfen, während umgekehrt die moderne Zivilisation dieses naheliegende Bündnis von Reli-

---

37 Die Widmungsadresse antwortet also auch auf „gefährliche Tendenzen", die Wagner und seiner politischen Ästhetik zugesprochen worden sind (SSD 8, 195-199, 196).

38 *Deutsche Kunst und deutsche Politik*: SSD 8, 34.

39 Ebd., 40/41.

40 Ebd., 46.

41 Ebd., 48.

42 Ebd., 54; vgl. 97. – Wagners vorrevolutionärer Fürstenspiegel setzt noch nicht ausschließlich auf kunstpolitische Reform, sondern ganz ungebrochen auf Umsturz (*Deutschland und seine Fürsten* [1848]: SSD 12, 415-419).

43 SSD 8, 100.

gion und Kunst untergrabe.[44] Das „neuerdings zum Kanon erhobene Dogma der unbefleckten Empfängnis“ stoße gerade in der Zivilisation katholischer Länder auf ein frivoles Echo, während Goethe als Deutscher den *Faust* „mit der beseligenden Anbetung der *Mater gloriosa* als höchsten Ideales des fleckenlos Reinen“ schließe.[45] Wagner verweist geschickt auch auf die „Pädagogische Provinz“ in Goethes *Wanderjahren*, die in solcher kunstpolitischen Fiktion den Religionsunterricht aus den Händen der dazu unfähigen kirchlichen Institution übernähme. Wagners „genau bezeichnetes ästhetisches Prinzip“ dessen, was er „deutsch“ nennt, „dürfte in keiner unförderlichen Übereinstimmung mit dem höchsten Prinzip der Kirche gedacht werden können“.[46]

Der Staat als institutionalisierte Nützlichkeit kann aber unmittelbar weder der Religion noch der Kunst dienen. Um so größer ist für Wagner „die ideale Bedeutung des *Königtums*“, dessen paradoxe Bestimmung in seinem Aufsatz *Über Staat und Religion* er erneut aufnimmt und weiterentwickelt.[47] Im Recht der Begnadigung übe der König den einzigen Akt positiver Freiheit im Staat aus und sei so „von dem den ganzen Staat bindenden Zweckmäßigkeitsgesetze entbunden, somit von jeder Not, welche jenes allgemeine Zweckmäßigkeitsgesetz hervorrief, vollständig befreit“. Der König erfüllt damit „das dem Staate einzig erkenntliche und allen seinen Tendenzen vorschwebende Ideal der erreichten negativen Freiheit“, die umgekehrt wiederum im Staat „das ideale Gesetz der reinen Freiheit veredelnd und beglückend zur Geltung“ bringt.[48] So vereint der König in seiner symbolischen Person das Unvereinbare, das Wotan (als unfreier Herr durch Verträge) und Siegfried (als freier Herr ohne Verträge) wie eine unerreichbare Utopie und Erlösung vorschwebt und im Welttheater des *Ring* notwendig zum Scheitern führt. Wagner krönt seine monarchistische Lösung mit der Idee eines königlichen Ordens, der durch „das Recht der Exemtion vom gemeinen Nützlichkeitszweckgesetz“ eine Art ästhetischen Staat im Staate und damit eine neue geistige Aristokratie begründen soll – eine Art Gralsritterschaft um den immer wieder von Wagner als „Parcival“ angeredeten König. Zwischen dem Staat und dem Orden soll nun das Theater vermitteln, das sich vom Nützlichkeitszweck befreit; es ist der Ort des

---

[44] Ein Ausfall gegen Meyerbeers *Hugenotten* fügt sich nahtlos in diese taktische Werbung ein, wenn er diese Oper nennt, „in welcher [...] Mörder und Mordbrenner im heiligsten Kirchengewande den gräßlichsten Priesterjargon ihrer immerhin effektvollen Terzetten anstimmen“ (ebd., 101).

[45] Ebd., 101.

[46] „Vielleicht haben die Leiter der römischen Kirche ihrer Zeit in der Beurteilung und Behandlung des deutschen Geistes denselben Fehler begangen, welchen wir in der neueren Geschichte den deutschen Fürsten nachwiesen: was zu ihrer Rettung sich belebte, dürfte leicht von beiden gleich verderblich für alle Teile verkannt und zurückgewiesen worden sein“ (ebd., 102). Dieser Hinweis gilt zunächst der Reformation und ihrer Geschichte, hat aber aktuelle Bedeutung, wenn Wagner zugleich damit die „Politik einer vollständigen Trennung Deutschland in eine katholische und eine protestantische Hälfte, durch Begünstigung einer politisch Preußen und Österreich einzig übriglassenden Mainlinie“ (103), meint. Die taktische, aber durchaus theoretisch stimmige Absicht wird deutlich, Bayern und seinen Monarchen in die Mitte eines föderalistischen Deutschland zu setzen, München und eine möglicherweise dort entstehende Wagnersche Nationaloper politisch nahezulegen.

[47] Ebd., 105.

[48] Ebd., 106/107.

Utopischen, an dem „der feingebildete Kunstgeschmack der Eximierten mit dem Bedürfnisse des Volkes und der bürgerlichen Welt [...] sich begegnet".[49] Dieses Theater ist die Bildungsanstalt, das die ästhetische Erziehung des Menschen zu leisten hat, nur mittelbar getragen vom Staat, der nur durch die von ihm "eximierten" Kräfte tätig wird. Daß diese Lösung nicht weniger paradox ist als Wagners Konstruktion des monarchischen Ideals, zeigt sich spätestens, als diese großangelegte und ästhetisch-politisch entwickelte Reform ebenso scheitert wie die immer wieder angestrebte Revolution.[50] Kunstpolitisch bleibt einzig der Weg gangbar, den Wagner noch in Dresden erahnt und in Zürich durchdacht hat: das Festspiel als eigenständige Institution – ohne Staat, ohne König, ohne Orden, eher nach dem Vorbild der antiken Polisdemokratie von einer künstlerischen Genossenschaft getragen. Die *Beethoven*-Schrift von 1870 markiert diese Wende zum Festspiel. Sie verzichtet auf die politischen Planspiele der vorhergehenden Schriften und versucht, die Idee des Tragödientages und die ihr entsprechende Musik genauer zu bestimmen, als es in *Oper und Drama* gelungen ist.

Die Geistergestalten Shakespeares würden durch das völlige Wachwerden des inneren Musikorganes zum Ertönen gebracht werden, oder auch: Beethovens Motive würden das depotenzierte Gesicht zum deutlichen Gewahren jener Gestalten begeistern, in welchen verkörpert diese jetzt vor unserem hellsichtig gewordenen Auge sich bewegten. In dem einen wie dem anderen der an sich wesentlich identischen Fälle müßte die ungeheuere Kraft, welche hier, gegen die Ordnung der Naturgesetze, in

49 Ebd., 116.

50 Wie sehr diese Kunstpolitik Wagners zugleich mit den *Meistersingern* auf die Person des Königs zielt, spricht einer seiner Briefe an Ludwig II. aus. Sie sollen „mit Unsren ‚Musteraufführungen'" jenseits der „schändlichen Repertoireleistungen Unsrer Residenztheater" in Nürnberg aufgeführt werden, das als alte Reichsstadt der Nation „Unsre Kunstschule in ihre Mitte" bekommen soll. Aber nicht nur das. Auch den König will Wagner „aus jenem von Pfaffen verhetzten schwerblütigen Münchener Pöbel" entfernen und „in dem nahen Bayreuth [...] seine Lieblingsresidenz" finden lassen. So könne er „die ganze Regierung in dieses Herz Deutschlands nach Sich" ziehen. Denn: „Dieses Werk war zugleich auf Ihre Befreiung berechnet. Ja! die Meistersinger – ‚in Nürnberg' – sollten den König von Bayern aus seiner ‚Münch'-residenz hinaus in das frische, freiatmige Franken entführen – in dasselbe ‚Franken', wo mein ‚Walther' sich heimisch weiß, da, ‚wo er Meister im Haus' – und Hans ‚Sachs' – der Sachse – sollte den Walther in Nürnberg krönen. – Das war mein ruhig wohlwollender Plan [...]. Nun verlieren Sie aber die Geduld: mein Walther will verzweiflungsvoll davon", nämlich abdanken (an Ludwig II. vom 24. Juli 1866: *Briefe* 449/450). So hoch fliegen Wagners kunstpolitische Pläne, so wenig ist der junge König dem Zwiespalt zwischen ihnen und der Realpolitik seiner Residenz gewachsen. Die Artikelfolge *Deutsche Kunst und deutsche Politik* hat auch diesen Plan noch im Auge und verfolgt ihn halboffiziell in der *Süddeutschen Presse*. Zwangsläufig hat der König selbst die Reihe dieser ästhetische Briefe zu seiner Erziehung mit der zwölften Folge einstellen lassen. – Der Brief liefert nebenbei auch einen interessanten Inszenierungsansatz: Stolzing als Ludwig II., Wagner als Sachs und Lenker des „Wahns", Nürnberg als utopische Hauptstadt des Reichs, die den monarchischen Bürger in seine kunstpolitische Zunft und Zukunft aufnimmt und aufhebt.

dem angegebenen Sinne der Erscheinungsbildung von innen nach außen sich bewegte, aus einer tiefsten Not sich erzeugen, und es würde diese Not wahrscheinlich dieselbe sein, welche im gemeinen Lebensvorgange den Angstschrei des aus bedrängenden Traumgesichte des tiefen Schlafes plötzlich Erwachenden hervorbringt; nur daß hier, im außerordentlichen, ungeheueren, das Leben des Genius der Menschheit gestaltenden Falle, die Not dem Erwachen in einer neuen, durch dieses Erwachen einzig offen zu legenden Welt hellsten Erkennens und höchster Befähigung zuführt.[51]

1.2. Beethoven: Der Primat der Musik

Eine fiktive „Festrede bei einer idealen Feier“ zum hundersten Geburtstag Beethovens: so stellt sich die Schrift dar, in der Wagner seine späte Musikästhetik formuliert. Er will aus seiner reflektierten Begeisterung für Beethoven ausdrücklich „einen Beitrag zur Philosophie der Musik“ entwickeln[52], für die Schopenhauer seine begrifflichen Mittel bereitstelle. Damit sind die Hauptthemen des eigentlich dreiteiligen Essays genannt: ein philosophischer Begriff der Musik, eine musikästhetische Würdigung Beethovens und schließlich eine aus beiden Argumentationslinien gewonnene Theorie des musikalischen Dramas, das in Beethovens idealer Musik bereits angelegt und im Bühnenfestspiel noch zu entfalten ist. Zugleich will sich Wagner musikgeschichtlich als Erbe Beethovens legitimieren; dazu muß er die Gegensätze von autonomer sinfonischer und funktionaler dramatischer Musik austragen und aufheben. Gleichzeitig zum *Beethoven*-Essay entsteht auch der Gesamtentwurf (als Kompositions- und Orchesterskizze) des ersten Aufzuges der *Götterdämmerung*, mithin das musikalisch-dramatische Werk, dem der hier entfaltete musikphilosophische Begriff eigentlich gilt.

Während bildende Künste und Dichtkunst die Ideen in ihren Erscheinungen erfassen, gibt die Musik selbst unmittelbar die Idee der Welt zu erkennen. Dieses begriffliche Paradoxon Schopenhauers, den Wagner als musikalischen Laien relativiert und dem er den entscheidenden, weil das Wesen der Musik erschließenden Bezug auf Beethoven abspricht, will philosophisch „richtig erklärt und gelöst“ sein; dazu will sich Wagner „dieses vom Philosophen uns zugestellten Materials“ bedienen.[53] Die Idee sei aber nicht das Wesen des Dinges an sich, sondern „die Offenbarung des objektiven Charakters der Dinge [...] nach ihrer Erscheinung“ und daher nur zu verstehen, wenn das innere We-

---

[51] *Beethoven*: SSD 9, 110/111. – Beim „Schrei des Erwachens“ darf unmittelbar schon an Brünnhildes Erwachen (*Siegfried*, dritter Aufzug) und Siegfrieds Tod (*Götterdämmerung*, dritter Aufzug), vor allem aber an die Schreie Kundrys und Parsifals im zweiten Aufzug von *Parsifal* gedacht werden: Schreie, die das musikalische Gewebe zerreißen und auf höherer Ebene wiederherstellen in einer zweiten Autonomie der Musik, von der noch ausführlich (wieder) zu sprechen sein wird.

[52] Ebd., 61.

[53] Ebd., 67. – Diese leise, aber deutliche Kritik Wagners bekräftigt seinen Anspruch, mit Schopenhauer auch hier gegen ihn zu philosophieren und keineswegs ein fertiges Argument nur anzuwenden.

sen der Dinge nicht bloß aus objektiver Erkenntnis, sondern aus der subjektiven Teilnahme des Erkennenden an der Natur immer schon erschlossen sei. Die musikalische Konzeption könne also „nur in jener Seite des Bewußtseins ihren Ursprung haben [...], welche Schopenhauer als dem Inneren zugekehrt bezeichnet" habe – ein Bewußtsein allerdings, das als Selbst-Bewußtsein des „Willens" eben diesen Willen niederhalten müsse, um einer reinen Anschauung fähig zu sein. Dieses Paradox des sich im reinen Anschauen verneinenden und seiner selbst bewußten Willens helfe die Traumtheorie Schopenhauers überwinden.

> Gelangt in jenem Phänomen nämlich das nach innen gekehrte Bewußtsein zu wirklicher Hellsichtigkeit, d. h. zu dem Vermögen des Sehens dort, wo unser wachendes, dem Tage zugekehrtes Bewußtsein nur den nächtigen Grund unsrer Willensaffekte dunkel empfindet, so dringt aus dieser Nacht aber der *Ton* in die wirklich wache Wahrnehmung, als unmittelbare Äußerung des Willens.[54]

Die Schallwelt verhalte sich zu der Lichtwelt wie der Traum zum Wachen, das nach innen gewandte Bewußtsein des Willens arbeite analog zum „Traumorgan". Im Übergang vom Traum zum Wachen, im Erwachen selbst äußere sich der Wille ganz unmittelbar bei „den beängstigendsten solcher Träume" in einem „*Schrei*", mit dem er in die Schallwelt eintrete.[55] Diese Theorie des Angstschreies, mit dem der Wille im Erwachen zu sich selbst und zur Welt kommt, ist „das Grundelement jeder menschlichen Kundgebung an das Gehör", also auch der Musik.[56] „Noch allen Ästhetikern hat es anstößig geschienen, aus einem, ihnen so dünkenden, rein pathologischen Elemente eine wirkliche Kunst herleiten zu sollen".[57] Eben dies kennzeichnet jedoch Wagners Musiktheorie, die sich im genauen Wortsinn „pathologisch" nennen läßt. Denn durch Sympathie, durch Mit-Erleiden kann der erwachte Wille in den äußeren Dingen „dasselbe Grundwesen erkennen, welches im Bewußtsein von uns selbst als unser eigenes sich kundgibt". Das bloße unmittelbare Sehen der Außenwelt im Tageslicht führt zu der Täuschung, das Gesehene als etwas vom Sehenden gänzlich Verschiedenes wahrzunehmen, die erst in der geistigen mit-

---

54 Ebd., 68.

55 „[...] wie der Traum des tiefsten Schlafes nur in die Sprache eines zweiten, dem Erwachen unmittelbar vorausgehenden, allegorischen Traumes übersetzt, in das wache Bewußtsein übergehen kann, schafft sich der Wille für das unmittelbare Bild seiner Selbstschau ein zweites Mitteilungsorgan, welches, während es mit der einen Seite seiner inneren Schau zugekehrt ist, mit der anderen die mit dem Erwachen nun wieder hervortretende Außenwelt durch einzig unmittelbar sympathische Kundgebung des Tones berührt. Er ruft; und an dem Gegenruf erkennt er sich auch wieder: so wird ihm Ruf und Gegenruf ein tröstendes, endlich ein entzückendes Spiel mit sich selbst" (ebd., 73/74). Dieser vielstimmige Monolog des Weltwillens ist ganz im Sinne Schopenhauers konzipiert; das dialogische Konzept, das Wagner selbst in *Oper und Drama* verfolgt, kommt in den Grenzen dieser Begrifflichkeit wenig zum Tragen. – Über Wagner als „Träumer von Träumen" (so Thomas Mann über seinen Joseph) vgl. ausführlich Gregor-Dellin, *Richard Wagner* 694-707; Weismüller, *Musik, Traum und Medien* 77-137, 153-174, 237-260.

56 Ebd., 69/70. – Dies gilt auch für die „Religion, welche gleich der Musik vom Schrei auszugehen hat, bis zur Klage (und endlich zum Spielen mit der Klage in der Kunst), und zur Erlösung" (19. September 1873: CT I, 730).

57 *Beethoven*: SSD 9, 72.

telbaren Schau der Ideen durchschaut wird – als täuschender Schein der Dinge. Doch dieses reine Schauspiel der Ideen bleibt unfaßlich für den Begriff und die sinnliche Wahrnehmung, wenn nicht die Musik als eine Form der Offenbarung und der Erkenntnis dessen hinzutritt, was sich unmittelbar in den Gegenständen und mittelbar in den Ideen als Wille manifestiert, denn in der Musik

> spricht die äußere Welt so unvergleichlich verständlich zu uns, weil sie durch das Gehör vermöge der Klangwirkung uns ganz dasselbe mitteilt, was wir aus tiefstem Inneren selbst ihr zurufen. Das Objekt des vernommenen Tones fällt unmittelbar mit dem Subjekt des ausgegebenen Tones zusammen: wir verstehen ohne jede Begriffsvermittelung, was uns der vernommene Hilfe-, Klage- oder Freudenruf sagt, und antworten ihm in dem entsprechenden Sinne.[58]

So geht „aus diesem unmittelbaren Bewußtsein der Einheit unsres inneren Wesens mit dem der äußeren Welt“ die Musik als eine Kunst hervor, die sich im Ansatz von den ästhetischen Gesetzen der anderen Künste unterscheiden muß. Der Prozeß der künstlerischen Produktion erschließt diesen Unterschied deutlich, denn der Musiker hat und gibt kein Objekt für ein Anschauen, das von Willen bzw. Interesse frei ist, sondern überschreitet „alle Schranken der Individualität“ auf den sich in der Musik manifestierenden universellen Willen hin. Die Musik ist so Idee dieser Welt und dieses Willens, der Zustand des künstlerischen Produzierens mit einer Entzückung und Entrückung verbunden, den nur der Zustand des Heiligen übertrifft, weil er, wie Wagner ergänzt, „andauernd und untrübbar“ sei. Die Entzückung des Musikers jedoch bleibt temporär – eine Art vorübergehender *unio mystica* mit dem, „was die Welt im Innersten zusammenhält“: dem Weltwillen. Insofern ist diese in ihrer Genese pathologische Kunst selbst auch eine Kunst des Mit-Leidens und des Wissens im Mit-Leiden. Eben darum verhalte sich die Musik „zum Komplex aller anderen Künste wie die *Religion* zur *Kirche*“.[59] In ihr sei die Manifestation des Willens unmittelbar von innen her enthalten, die in den übrigen Formen nur mittelbar von außen her wahrgenommen wird.[60] Der traumartige Zustand, in dem „das sympathische Gehör“ den musikalischen Laut wahrnimmt, depotenziert den Gesichtssinn, der leicht der Täuschung einer vom Subjekt völlig verschiedenen Welt im Tageslicht erliegt. Daher spricht auch die Musik die menschliche Gebärde, auf die der Tanz als rhythmisch-musikalische Ausdrucksform gründet, von ihrem innersten Wesen her und unmittelbar als plastische Bewegung aus. Die übrigen Künste müssen hingegen diese Bewegung räumlich fixieren und sie „der reflektierenden Anschauung zu supplieren überlassen“.[61] Die Musik ist, indem sie den Gesichtssinn depotenziert und das We-

---

[58] Ebd., 71.

[59] Ebd., 73.

[60] Das nächtliche Venedig mit seinen rufenden und antwortenden Gondoliere-Gesängen beschreibt Wagner, als habe er den Weltwillen im Gespräch mit sich selbst belauscht: „Was konnte mir das von der Sonne bestrahlte, bunt durchwimmelte Venedig des Tages von sich sagen, das jener tönende Nachttraum mir nicht unendlich tiefer unmittelbar zu Bewußtsein gebracht hätte?“ (ebd., 74).

[61] Ebd., 76. – Ein knapper Exkurs richtet sich ohne Namensnennung gegen Eduard Hanslicks Theorie *Vom Musikalisch-Schönen*, die ihre Maßstäbe aus der bildenden Kunst auf die Musik über-

sen der Dinge unmittelbar zu fühlen gibt, nicht einfachhin „schön", sondern wirkt pathetisch erhaben im Sinne Schillers. Sie hat „die Kraft der Erlösung von der Schuld der Erscheinung"[62] und gibt so ein inneres Traumbild der Wirklichkeit, das nachträglich zu deuten bleibt.

In dieser „pathologischen" Ästhetik der Musik spricht Wagners Werk deutlich vernehmlich mit; es erhebt sein Stimme eher und entschiedener als die ästhetische Theorie, in der es sein Autor wieder einholen will. Die poetische Theorie des Traums in den *Meistersingern*, in dem „Parnaß und Paradies" unmittelbar geschaut werden, und dessen Deutung im Licht des Tages spielen mit der Nacht-Tag-Dialektik des *Tristan*. Auch dort wird die einende und wissende Weltennacht dem trügenden Schein des trennenden Tages entgegengestellt. Doch das Werk ist klüger als der Autor, der sich in ihm deutet und dazu die fremden Kategorien Schopenhauers ein wenig unvermittelt anwendet. Ein im *Braunen Buch* erhaltener Entwurf Wagners zur *Beethoven*-Schrift nennt zwei Textpassagen aus *Die Welt als Wille und Vorstellung* als direkten Ausgangspunkt der Theorie („Der dunkle Hintergrund im Bewusstsein für die Idee" – „Unterschied in dem nach aussen u.[nd] dem nach innen gekehrten Bewußtsein"), außerdem die längst von Wagner produktiv angeeignete Traumtheorie. Worauf zielt Wagners ästhetische Theorie vor ihrer Ausführung in Anlehnung an Schopenhauer?

> Der Schrecken über die innere Welt Grund des Erhabenen: ihre Form aber die der Schönheit, d. i. zunächst Befreiung des Individuum's von der Vorstellung der Causalität. – Die Musikalische Schönheit ist die Form, in welcher der Musiker mit

---

trage. Musik sei demnach „die Erregung des *Gefallens an schönen Formen*" – ein Kriterium der *Anschauung* von Erscheinungen und gerade nicht des *Hörens*, dessen Gebrauch als Kriterium schon einen Verfall der bildenden Künste voraussetze (ebd., 77). Musik, so hält Wagner dagegen, befreie „als reine, von Gegenständlichkeit befreite Form", von der Außenwelt und lasse unmittelbar „in das innere Wesen aller Dinge blicken", während die Anschauung bildender Kunst ein solches interesseloses Wohlgefallen am Gegenstand erst durch die Wirkung der Schönheit erzielen könne. Daher sei Musik „einzig nach der Kategorie des *Erhabenen*" zu beurteilen (vgl. 75) – zu ergänzen wäre: nach Schillers Kategorie des „Pathetisch-Erhabenen" (was nicht bedeutet, daß Wagner das „Erhabene" und das „Schöne" nur als „Kontrastpaar" versteht, wie Kropfinger deutet: *Wagner und Beethoven* 160). Der Entwurf im *Braunen Buch* (zwischen dem 13. April und dem 2. Juli 1870) formuliert knapper und treffender: „Das Objectiv Schöne? – Die Wirkung des Schönen ist erst die Bedingung für den Eintritt der wahren Wirkung des Kunstwerkes, nämlich der erhabenen. In der Musik wird die erste Wirkung sofort und durchgehends durch ihre Form erreicht, eben weil sie reine Form ist. – Führt es nicht zur erhabenen Wirkung, so ist überhaupt das Schöne nur Spielerei. Daher die Aequivoque [in der Handschrift nicht eindeutig lesbar] des Wortes, welches in jedem frivolen Sinne angewendet werden kann, was nie mit dem Erhabenen denkbar ist. – Nicht durch Helena, sondern durch Gretchen wird Faust erlös't" – ein deutlicher Hinweis auf Wagners moralisches Pathos des Erhabenen gegen den bloßen schönen Schein. Ein ärgerlicher Verweis auf Hanslick, wiederum ohne Namensnennung, folgt auch hier: „Was aber von einer Nation denken, in welcher derjenige, der solch elendes Zeug schwatzt, sobald er dafür gebührend zurechtgewiesen, für diese Kränkung sogleich zu einem höheren akademischen Grad als Tröstung, befördert wird. Gehört diesen Beethoven an?" (*Das Braune Buch* 211). Der vorletzte Satz bezieht sich auf die Ernennung Hanslicks zum ordentlichen Professor der Wiener Universität 1870.

62 SSD 9, 81.

> dem Erhabenen spielt. Beeth.[oven] = Schopenhauer: seine Musik in Begriffe umgesetzt gäbe diese Philosophie.[63]

Wirklich? Für Wagners Bestimmung des pathetisch Erhabenen, das „pathologischen“ Schrecken auslöst, aber im Mitfühlen (Sym*pathie*) die Verwandtschaft der scheinbar fremden Objektwelt mit dem Subjekt zu erkennen gibt, reicht der Rückgriff auf die Ästhetik Schillers völlig aus. Denn in *Oper und Drama* fordert Wagner, Verstand und Gefühl sollten ihre ursprüngliche Einheit zurückgewinnen; das bedeutet für das Drama, die Zuhörer und Zuschauer müssen „*Wissende* werden durch *Gefühl*“[64], das als Mitgefühl Mit*leiden* ist. Diesen Wissen durch Mitleid – das Leid- und Leitmotiv im *Parsifal* schlechthin – erfüllt die „zwei Hauptbedingungen“, die Schiller an das „*Pathetischerhabene*“ stellt, nämlich erstens den durch die Vorstellung des Leides erregten Affekt des Mitleidens, zweitens die durch die „Vorstellung des *Widerstandes* gegen das Leiden“ bewußte „innre Gemütsfreiheit“. Das erste macht den Gegenstand *pathetisch*, das zweite macht das Pathetische *erhaben*.[65] Dieser Widerstand aus Freiheit gegen das Leiden, durch den der pathologische Schrecken erst das Erhabene erfährt, läßt zwar die übergreifende Einheit mit dem Gegenstand des Mitleidens wahrnehmen, aber auch die individuelle Verschiedenheit von Leidendem und Mitleidendem innerhalb dieser Einheit. Für eine hinreichende Bestimmung dieser Freiheit dürfte aber Schopenhauers Grundbegriff des Weltwillens kaum den nötigen Raum lassen, wenn Wagner diesen Begriff des Erhabenen durchhalten will. Dasselbe gilt für die ausdrückliche Dialogik, die er in seiner schopenhauerkritischen *Metaphysik der Geschlechtsliebe* entwickelt und die er als den eigentlichen Weg der „Erlösung“ begreift. Umgekehrt wäre zu fragen, wie die unmittelbare Erfassung des Weltwillens jenseits der Gegenstände von eben diesem Willen sollte „erlösen“ können, wenn damit weder ein bewußtloses Eintauchen in diese Nacht des Willens *ohne Freiheit* noch eine ihrer selbst bewußte Einheit mit diesem Willen gemeint sein kann, die ihn gerade so nicht „aufhebt“. Der mißverständliche Rückgriff Wagners auf Grundbegriffe Schopenhauers verunklärt auch hier seinen ästhetischen Ansatz, der im Entwurf zur *Beethoven*-Schrift klarer und in *Oper und Drama* stringent durchgeführt ist. Von einer durch Schopenhauer bewirkten Wandlung seines ästhetischen Ansatzes kann nicht im Ernst die Rede sein, denn das erklärte Ziel der *Beethoven*-Schrift unterscheidet sich nicht von dem der Zürcher Kunstschriften und auch nicht von der produktiven Umsetzung im Werk, vor allem im *Parsifal*.

Wagner entwickelt also einen durchaus zweideutigen, aber einen, vor dem Hintergrund der Zürcher Kunstschriften, immerhin sinnvoll lesbaren Musikbegriff in seiner philosophischen Ästhetik. Diesen Begriff wendet er im mittleren Teil seines Essays unmittelbar auf Beethovens Werk an, das er mit ei-

---

[63] *Das Braune Buch* 210.

[64] *Oper und Drama* 216.

[65] „Aus diesem Grundsatz fließen die beiden Fundamentalgesetze aller tragischen Kunst. Diese sind *erstlich*: Darstellung der leidenden Natur; *zweitens*: Darstellung der moralischen Selbständigkeit im Leiden“ (*Vom Erhabenen*: SW 5, 489-512, hier 512).

nem gemalten „Transparentbild“ vergleicht, wie es in der Regel bei Tageslicht betrachtet wird.

> Nun aber stellt Beethoven dieses Bild in das Schweigen der Nacht, zwischen die Welt der Erscheinung und in die tief innere des Wesens aller Dinge, aus welcher er jetzt das Licht des Hellsichtigen hinter das Bild leitet: da lebt denn dieses in wundervoller Weise vor uns auf, und eine zweite Welt steht vor uns [...].[66]

Nicht zufällig erinnert die Metapher an die Traumvision, die Wagner mit seiner durch die Scherwände perspektivisch vergrößerten Bayreuther Bühne im geplanten Festspielhaus erzielen will – auch hier ein Bild im musikalischen „Schweigen der Nacht“, dem unerleuchteten und durch den unsichtbaren Orchestergraben von der Bühne getrennten Raum des Festspielhauses, das eine „zweite Welt“ beschwört. Ein solches Bild indes ist ein Produkt der Imagination und nicht ein Produkt täuschender Bühnentechnik, deren Naturalismen allenfalls eine Illusion, nicht aber die ersehnte Vision erzeugen können. Diese Vision, zwei Jahre vor der Grundsteinlegung von 1872 und sechs Jahre vor dem ersten *Ring*-Zyklus, verdankt sich nicht zuletzt der Beethoven-Deutung und der immer erneuten Interpretation der neunten Sinfonie, in der alles Melodie und also sprechende Musik wird – so wie es Wagner für die „unendliche Melodie“ des eigenen Werkes beansprucht.[67] Beethoven zwischen Haydn und Mozart, blind für die Welt der Erscheinungen, taub auch für das äußere Erklingen der inneren Welt: Er ist für Wagner „das An-sich der Welt als wandelnder Mensch“[68], ja „der Weltenschöpfer Brahma“, der über sich selbst wie über eine durchschaute Täuschung lacht. „Die wiedergewonnene Unschuld spielt scherzend mit dem Stachel der gesühnten Schuld [...]“, und so „predigen diese wundervollen Werke Reue und Buße im tiefsten Sinne einer göttlichen Offenbarung“.[69] Dieses ästhetische Spiel höherer Ordnung unterscheidet sich von einem äußerlichen Spiel mit täuschenden schönen Formen, denn es bewirkt eine Heiterkeit oder Naivität zweiter Ordnung, eine Erfahrung des wiedergefundenen Paradieses.

Dazu bedarf es aber nach Schiller eines erfahrenen oder vorgestellten Widerstandes gegen das Leiden, um die innere Gemütsfreiheit zu gewinnen und so die Wirkung des Erhabenen wahrzunehmen. Diesen Widerspruch gegen das Leiden und den Affekt des Mitleidens findet Wagner aber im Finalsatz der neunten Sinfonie:

> wir begegnen seinem Ausdrucke unmittelbar, als er dem Rasen der, nach jeder Beschwichtigung immer widerkehrenden Verzweiflung, wie mit dem Angstrufe des

---

66 *Beethoven*: SSD 9, 87. – Vgl. schon den Brief an Marie von Sayn-Wittgenstein im Dezember 1857: „Meine inneren Lebensträume kann ich auch nur in der Sprache unserer Kunst – wie gleichnisweise – mitteilen; gerade aber wie der Somnambule zu seinen Aussagen verhalte ich mich zu meiner Kunst“ (SB 9, 94).

67 Es gebe bei Beethoven „keine Zutat, keine Einrahmung der Melodie mehr, sondern alles wird Melodie, jede Stimme der Begleitung, jede rhythmische Note, ja selbst die Pause“ (vgl. ebd., 87). Das entspricht in etwa dem, was Wagner als die „dichterisch-musikalische Periode“ bezeichnet und in einer motivisch strukturierten Kunst des Übergangs zu einer Art Meta-Periode (als „unendliche Melodie“) ausbaut.

68 Ebd., 92.

69 Ebd., 93.

> aus furchtbarem Traume Erwachenden das wirklich gesprochene Wort zuruft, dessen idealer Sinn kein anderer ist, als: „der Mensch ist *doch* gut!“[70]

Durch den Einsatz der menschlichen Stimme und dem mit ihr erhobenen Freiheitseinspruch sieht die musikalische Ästhetik des Schönen „den Meister hier plötzlich aus der Musik herausfallen, gleichsam aus dem von ihm selbst gezogenen Zauberkreise heraustreten“.[71] Mit diesem „kunstgeschichtlichen Fortschritt“ reicht die Musik „weit über das Gebiet des ästhetisch Schönen in die Sphäre des durchaus Erhabenen“; sie gewinnt in der *sprechenden* Melodie eine Art zweite Naivität und „Natureinfachheit“, die auch das Selbstverständnis von Vokal- und Instrumentalmusik sowie das Verhältnis beider neu bestimmt. Die Musik erreicht eine neue Qualität des Ausdrucks und scheint daher, wie Wagner am Beispiel der *Leonoren*-Ouvertüre erläutert, auch das *Drama* intentional zu enthalten.

> Die Musik, welche nicht die in den Erscheinungen der Welt enthaltenen Ideen darstellt, dagegen selbst eine, und zwar eine umfassende Idee der Welt ist, schließt das Drama ganz von selbst in sich, da das Drama wiederum selbst die einzige der Musik adäquate Idee der Welt ausdrückt.[72]

Mit dieser Synthese, die seinen philosophischen Musikbegriff und die Kunst Beethovens dialektisch verbindet, eröffnet Wagner den dritten Abschnitt seines Essays. Musik ist also weder die schöne „absolute“ Form dieser Kunst noch etwa Programm-Musik, die das mitgeteilte Erhabene einer heteronomen Idee oder einem äußerlichen Gegenstand entnimmt, sondern die sich unmittelbar musikalisch darstellende Idee der Welt, die im Prinzip von vornherein dramatisch ist und sich im Drama zu sich selbst entfaltet. Dabei decken sich Shakespeares Gestaltenwelt und Beethovens Motivwelt in analoger Entsprechung derart, daß, wenn die Musik als intentionales Drama „die Offenbarung des innersten Traumbildes vom Wesen der Welt ist“, umgekehrt „Shakespeare als der im Wachen fortträumende Beethoven gelten“ kann.[73] Das Erwachen aus der Leidensnot dieses Traumes vom Wesen der Welt artikuliert sich musikgeschichtlich in eben dem „der gemeinen ästhetischen Kritik so anstößig gebliebenen Übersprunge der Instrumentalmusik in die Vokalmusik“, den das Baßsolo im Finalsatz von Beethovens neunter Sinfonie bedeutet. Das „*vollendetste Drama*“[74] müßte hier eigentlich, befreit von den jeweiligen Konventionen der Dramatik und der Sinfonik, aus diesem „Angstschrei des aus dem bedrängenden Traumgesicht des tiefen Schlafes

[70] Ebd., 100.

[71] Ebd., 101. – Gemeint ist Beethovens 9. Sinfonie, 4. Satz, Takt 216: „O Freunde, nicht diese Töne!“

[72] Ebd., 105.

[73] Ebd., 108/108. – Vgl. 109/110: „Die Geistergestalten Shakespeares würden durch das völlige Wachwerden des inneren Musikorganes zum Ertönen gebracht werden, oder auch: Beethovens Motive würden das depotenzierte Gesicht zum deutlichen Gewahren jener Gestalten begeistern, in welchen verkörpert diese jetzt vor unserem hellsichtig gewordenen Auge sich bewegten“ (110); vgl. CT I, 263 (31. August 1870).

[74] Ebd., 111.

plötzlich Erwachenden"[75] folgen. Doch geht Beethoven tatsächlich in seiner letzten Sinfonie diesen letzten Schritt nicht, sondern kehrt „einfach zur förmlichen Chorkantate mit Orchester" zurück.[76] Nicht das Werk in seiner faktischen Gestalt, sondern die musikgeschichtlich revolutionäre „*Tat* des Musikers" ist es daher, die Wagner als den genialen Höhepunkt im Schaffen Beethovens festmacht. Er deutet sie in dieser Apologie des eigenen Bühnenfestspiels als eine geradezu utopische Verheißung.[77] Deren Einlösung durch den Bau des Festspielhauses und vor allem durch den ersten *Ring*-Zyklus feiert er konsequent mit der Aufführung eben dieser Sinfonie – bezeichnet sie doch den Sprung und Übergang aus der Sinfonie in das Drama.

Die effektvolle Coda des Essays variiert die Hauptthemen vor dem zeitgeschichtlichen Hintergrund des deutsch-französischen Krieges: „Mode" und „moderner Geschmack" der französischen Zivilisation stünden der deutschen Kunst entgegen, deren Zauber nun wieder vereinten, was die „Mode *frech* geteilt" habe.[78] Zwei Beobachtungen verleihen aber auch diesem etwas lärmenden Abschluß seinen Wert. Wagner verrät eine gewisse Kenntnis von Hegels *Ästhetik*, wenn er dem „‚papierenen'" Zeitgeist vorwirft, „der bildenden Kunst nur noch in der Zusammenstellung und Verwendung überkommener Typen eine, allerdings von Originalität entkleidete, lediglich reproduzierende Wirksamkeit zusprechen" zu wollen.[79] Folgerichtig bestimmt er den utopischen Überschuß gerade der musikalischen Kunst gegen Hegel aus dem „Geist des Christentums", denn so, wie dieses aus der „römischen Universalzivilisation [...] hervortrat, so bricht jetzt aus dem Chaos der modernen Zivilisation die *Musik* hervor". Sie ist als Kunst kein Vergangenes, sondern in ihrer „Seele" durch den „Geist des Christentums" wiederbelebt worden.[80] So wird das

---

75 Ebd., 110; vgl. zu Wagners eigener Erfahrung von Angsttraum und Erwachensschrei CT I, 263 (1. August 1870). – Über die 5. Sinfonie in c-moll heißt es schon im *Kunstwerk der Zukunft*: Beethoven „vermochte es, den Ausdruck seiner Musik bis *fast* zum moralischen Entschlusse zu steigern, dennoch aber nicht ihn selbst auszusprechen; und nach jedem Ansatze des Willens fühlen wir uns, ohne sittlichen Anhalt, von der Möglichkeit beängstigt, ebenso gut, als zum Siege auch zum Rückfall in das Leiden geführt zu werden" (SSD 3, 93). Wagner vermißt der Sache nach das im gesungenen Wort ausdrückliche Moment der sittlichen Freiheit, das für Schiller zum Pathetisch-Erhabenen gehört. Er hört es im genannten Baßsolo der neunten Sinfonie (ebd., 96).

76 Ebd., 111. – Analog zu Wagners böser Bestimmung des Oratoriums als „geschlechtsloser Opernembryo" (*Das Kunstwerk der Zukunft*: SSD 3, 101) ließe sich hier mit einem gewissen Recht dieser Finalsatz als Embryo desjenigen Dramas bezeichnen, das Wagner selbst anstrebt.

77 Ebd., 112.

78 Wagner bezieht sich auf den in den älteren Editionen der neunten Sinfonie überlieferten Lesefehler: „[...] was die Mode *frech* geteilt" (statt richtig: „streng geteilt"): ebd., 122. – Das Thema „Mode" ist ein Rückgriff auf entsprechende Ausführungen im *Kunstwerk der Zukunft* (SSD 3, 57-60).

79 Ebd., 113.

80 Ebd., 120 bzw. 121. – Cosima notiert: „‚Warte, wenn ich meine Abhandlung über Philosophie der Musik schreibe, wird Kirche und Staat supprimiert. Die Religion ist ganz anders Fleisch und Blut geworden als in diesen dogmatischen Formen – die Musik, das ist der unmittelbare Ausfluß des Christentums, und der Heilige, wie Franciscus von Assisi, welcher die ganze Kirche wie die ganze Welt aufhebt.' (Gestern abend spielte uns R.[ichard] den Anfang der Nornenszene vor)." (14. November 1869: CT I, 170).

Kunstwerk der Zukunft, wie schon in den Artikeln über *Deutsche Kunst und deutsche Politik*, nochmals aus dem Geist des Christentums bestimmt und ein Verhältnis von Religion und Kunst angedeutet, das erst die späten Regenerationsschriften genauer entfalten werden. Denn die entscheidende Frage, wie das Wesen des Christentums jenseits von Feuerbach und Schopenhauer zu bestimmen sei, kann Wagner allerdings im Rahmen des *Beethoven*-Essays kaum beantworten. Das gilt allerdings *mutatis mutandis* auch für den philosophischen Begriff der Musik, der einem solchen Begriff des Christentums korrespondiert. Die Musik als ein autonomes Gewebe, das intentional bereits dramatisch ist und in der *sprechenden* Melodie des Bühnenfestspiels wirklich Drama wird, gewinnt eine neue Qualität. Sie knüpft als dramatisches Kunstwerk ein autonomes Gewebe zweiter Ordnung, in dem sie nicht die Handlung in instrumentalen Gebärden kommentiert, sondern diese Gebärden selbst musikalisch-plastisch gestaltet und eine eigene sinfonische Dimension entfaltet.

> Daher muß „die neue Form der dramatischen Musik, um wiederum als Musik ein Kunstwerk zu bilden, die Einheit des Symphoniesatzes aufweisen, und dies erreicht sie, wenn sie, im innigsten Zusammenhang mit demselben, über das ganze Drama sich erstreckt, nicht nur über einzelne kleinere, willkürlich herausgehobene Teile desselben. Diese Einheit gibt sich dann in einem das ganze Kunstwerk durchziehenden Gewebe der Grundthemen, welche sich, ähnlich wie im Symphoniesatze, gegenüberstehen, ergänzen, neu gestalten, trennen und verbinden; nur daß hier die ausgeführte und aufgeführte dramatische Handlung die Gesetze der Scheidungen und Verbindungen gibt, welche dort allerursprünglichst den Bewegungen des Tanzes entnommen waren. –[81]

Diese dramatische Sinfonik schafft sich einen eigenen vielschichtigen Zeit-Raum, der keine ausschließlich eindimensionale, lineare Entwicklung auf ein erreichbares Ziel mehr kennt, wie es in der Dialektik des Sonatenhauptsatzes bei Beethoven angelegt ist. Die Temporalität als eine bloße Dimension des Verlaufs zerbricht. Auch das ist ein Inhalt der *Götterdämmerung*, deren „gebrochene Temporalität“ (Richard Klein) scheinbar zu den alten Formtypen der Oper zurückkehrt, sie aber tatsächlich bewahrend und steigernd aufhebt. Vollends im *Parsifal* erreicht diese Entwicklung ihren Höhepunkt. Die musikalische Zeit wird zum Handlungsraum und umgekehrt der Raum der Handlung zur musikalischen Verschränkung der Zeitebenen, verknüpft durch die Erinnerung – „zum Raum wird hier die Zeit“.[82] Das vielbeschworene Rätselwort erschließt, wie sich zeigen wird, ästhetisch und musikalisch-strukturell das Spätwerk. Cosima Wagner notiert hierzu: „R.[ichard] hat seinen rhythmischen Kampf überstanden und sagt mir, wie er von der Arbeit kommt: Ich habe heute einen philosophischen Satz komponiert; ‚hier wird der Raum zur Zeit‘.“[83]

---

[81] *Über die Anwendung der Musik auf das Drama* (ed. E. Voss) 202.
[82] *Parsifal* 834.
[83] 21. Dezember 1877: CT I, 1098.

Die erste Norn. Welch Licht leuchtet dort?
Die zweite Norn. Dämmert der Tag schon auf?
Dritte Norn. [...] Noch ist's Nacht.
Was spinnen und singen wir nicht?[84]

1.3. Zeit-Raum der Erinnerung: Die Festspielidee und ihr Haus

Erinnerung der Leitmotive über den Zeit-Raum eines Lebens: so ließe sich Wagners *Vorwort* zur Herausgabe seine *Gesammelten Schriften und Dichtung* von 1871 betiteln. Diese Erinnerung gilt der

> aufgezeichneten Lebenstätigkeit eines Künstlers [...], der in seiner Kunst selbst, über das Schema hinweg, das Leben suchte. Dieses Leben aber heißt eben die *wahre Musik*, die ich als die einzige wirkliche Kunst der Gegenwart wie der Zukunft erkenne.[85]

Wagner wird sich selbst historisch, aber seine Erinnerung gilt der Gegenwart und der Zukunft. Die Erinnerungsarbeit der *Gesammelten Schriften* legt dazu einen theoretischen Grundstein analog zu dem des Festspielhauses. *Der Ring des Nibelungen* heißt das Stück, das gegeben werden soll, „Festspiel" die Utopie, die Gestalt annimmt. Wagner selbst tritt als arrivierter Revolutionär mit einem programmatischen Vortrag *Über die Bestimmung der Oper* vor die Mitglieder der Königlichen Akademie der Künste in Berlin, der er seit 1869 angehört. Darin spricht er die Oper von eben der Schuld am Verfall des Theaters frei, die er ihr selbst zugeschrieben hat. „Falsches Pathos" im Schauspiel und die analoge Lust am „Effekt" in der Oper indiziere in beiden Gattungen den Verfall des Dramas, den die Oper nur auf ihre Art „*offenbar gemacht*", aber nicht herbeigeführt hat. Nur sie allein aber könne das Theater wieder aufrichten – so die These des Vortrags, für die ein Jahr später die Grundsteinlegung des Festspielhauses in Bayreuth symbolisch eintreten wird.[86] Das musikalische Drama Glucks (*Iphigénie*) und Mozarts (*Don Giovanni*)[87] habe jedoch „durch die Wirkung der Musik das Drama sofort in die Sphäre der Idealität entrückt", und diese Idealität appelliere an das Mitgefühl.[88] Darin sieht Wagner das Musikalisch-Erhabene verwirklicht, das in den konventionellen Formen keinen Platz finden könne. Shakespeare, der paradigmatische neuzeitliche Dichter des Erhabenen sei allerdings „ein *Schauspieler* und *Theaterun-*

[84] *Götterdämmerung* 753.
[85] SSD 1, VI.
[86] *Über die Bestimmung der Oper* (ed. Egon Voss) 14/15.
[87] Wagner nennt die Opern, die er selbst eingerichtet hat.
[88] *Über die Bestimmung der Oper* 19.

ternehmer“ gewesen, sein Drama „eine *fixierte mimische Improvisation*“.[89] Das Kunstwerk ist weniger ein fertiggestelltes Werk, das als industrielle Ware gegen Geld gegeben wird, als vielmehr das Werk der auratischen Aufführung, in der es sich immer wieder provisorisch und vorläufig verwirklicht – ein festliches Spiel in einem Raum der Exemtion.[90] Diese zugleich musiksoziologische und aufführungsästhetische Kritik am Werkbegriff greift in einer neuen Variante auf, was die Revolutionsschriften bereits als ein Hauptthema durchgeführt haben. Wagner löst das Problem der „fixierten mimischen Improvisation“ allerdings „nach unfehlbaren Gesetzen der sichersten Technik“, wenn er als „Tonsetzer mit größter Bestimmtheit“ – „Deutlichkeit!“ ist das spätere Leitmotiv der Festspielhaus-Dramaturgie[91] – gleichzeitig „der Mime jeder seiner Rollen“ sein will.[92] Dieses musikalische Drama

> ist der „Oper“ so nahe verwandt, daß wir es geradeswegs als die erreichte Bestimmung derselben für unsre gegenwärtige Betrachtung zu bezeichnen uns berechtigt fühlen können: keine der uns aufgegangenen Möglichkeiten hätte uns einleuchtend werden dürfen, wenn sie nicht in der Oper im allgemeinen, und in den vorzüglichsten Werken großer Opernkomponisten im besonderen, für uns zutage getreten wäre.[93]

Wagner bestimmt das Verhältnis von Oper und Drama also erstaunlich konziliant, und dieser theoretischen Duldsamkeit entspricht die musikalische Autonomie zweiter Ordnung, die sich im Gewebe der *Götterdämmerung* realisiert – opernhaft, aber nicht *als* Oper. Dennoch löst sich Wagners Bestimmung des Dramas aus dem Geist der Improvisation von der ästhetischen Konzeption des fertigen Werkes.

> Das Komponieren ist bei mir auch ein seltsamer Zustand; beim Phantasieren habe ich alles, endlos, nun heißt es fixieren, da kommen einem die physischen Griffe schon in den Weg, wie war es denn, heißt es dann, nicht wie ist es, wie soll es sein, wie war es, und nun suchen, bis man es wiederfindet.[94]

Die Komposition als Anamnese und Erinnerungsarbeit des Autors: ihr entspricht die Anamnese der Protagonisten des Dramas. Das Drama geht hervor aus der imaginierten Aufführung, die als Improvisation fixiert und wiederum quasi-improvisatorisch in der szenischen Aufführung verwirklicht wird. So steht die Traumvision des Autors am Anfang des Dramas, die Traumvision des Publikums am Ende der Aufführung.[95]

---

89 Ebd., 23/24. – Vgl. dazu Borchmeyer, *Das Theater Richard Wagners* 57-63.

90 Vgl. Friedrich, *Das auratische Kunstwerk* 198-206.

91 So Wagners „Letzte Bitte an meine lieben Genossen“ vom 13. August 1876 – ein Aushang, der die wichtigste Anforderung an die Ausführung formuliert: „!*Deutlichkeit*! Die grossen Noten kommen von selbst; die kleine Noten und ihr Text sind die Hauptsache.–“ (SSD 16, 160; abgebildet in Mack/Voss, *Richard* Wagner 191).

92 *Über die Bestimmung der Oper* 33.

93 Ebd., 37.

94 23. Juni 1871: CT I, 404.

95 „Was ist das Geschriebene gegen die Inspiration, was ist gegen das Phantasieren das Notieren; letztres tritt unter bestimmte Gesetze der Konvention, ersteres ist frei, grenzenlos“ (4. Dezember 1870: CT I, 319). Und: „Improvisieren soll ein jeder, in der Improvisation kann jeder gute

Das Festspielhaus soll dieser Vision Raum und Rahmen geben. Seine Einrichtung will

> das Sehen selbst zur genauen Wahrnehmung eines Bildes [...] bestimmen, welches nur durch die gänzliche Ablenkung des Gesichtes von der Wahrnehmung jeder dazwischen liegenden Realität, wie sie dem technischen Apparate zur Hervorbringung des Bildes eigen ist, gelingen kann.[96]

Der Gesichtssinn soll nicht allein durch die autonome Wirkung der Musik, sondern durch die Anlage des Hauses und die Technik der Bühne depotenziert werden, um das Traumbild zu erzeugen und zu steigern. Die Technik der Illusion steht im Dienst der Vision, aber sie wird im Ergebnis verdeckt. Dabei soll das Orchester als der eigentliche musikalische Träger des Dramas im „,mystischen Abgrund'" des Grabens verschwinden, um die illusionär erzeugte Vision nicht zu stören, allerdings auch, um die akustische Wirkung der Musik in sich selbst zu steigern.[97] Damit erliegt Wagners räumlich-technische Umsetzung des Dramas allerdings weitgehend dem Bedürfnis, die tatsächliche Produktion des Werkes in seiner Aufführung und ebenso die musikalisch erzeugte Traumvision durch technische Illusion zu verdecken – ein Weg der Umsetzung, der vom Drama selbst und seiner musikalischen Konzeption grundsätzlich unterschieden bleibt. Immerhin spricht Wagner auch darin nicht sein letztes dramaturgisches Wort, wenn er ausdrücklich an „die Einrichtung eines *provisorischen* Theaters" erinnert und gerade so auch das Festspielhaus verstanden wissen will.[98] Spätestens der erste Festspielzyklus läßt (nicht nur)

Musiker etwas Interessantes leisten; aufschreiben aber ist ein ganz anderer Prozeß, da muß es Sonate werden, Suite etc." (22. Januar 1871: 345). Weiter: „Am Morgen sagt mir R.[ichard]: ,Ich habe in der Frühe schon komponiert.' Und was? ,Der Hagedorn sticht nun nicht mehr [*Götterdämmerung* 785: zweiter Aufzug, dritte Szene].' Aufgeschrieben? ,Ach nein, im Kopfe wird derlei fertig gemacht.'" (2. September 1871: 433). Insgesamt: „Und mein Musik-Machen ist eigentlich ein Zaubern, denn mechanisch und ruhig kann ich gar nicht musizieren, [...] während ich in der Extase die tollsten Stimmführungen ohne eine Spur von Schwanken ausführe, es kommt wie aus einer Maschine so sicher heraus; ruhig kann ich aber gar nichts" (19. November 1871: 461). – Nicht aus dem Anschauen der Figurinen, sondern aus der Traumvision und ihrem schöpferischen „Dämmerlicht" komme dem dramatischen Musiker der „*Einfall*", „ein sogenanntes musikalisches *Motiv*" im Unterschied zu bloßen „*hübschen Melodien*" (*Über das Opern-Dichten und Komponieren im besonderen* von 1879 [ed. E. Voss] 186/187).

96 *Das Bühnenfestspielhaus in Bayreuth*: SSD 9, 336.

97 Der Zuschauer im Festspielhaus „befindet sich [...], sobald er seinen Sitz eingenommen hat, recht eigentlich in einem ,Theatron', d. h. einem Raume, der für nichts anderes berechnet ist, als darin zu schauen, und zwar dorthin, wohin seine Stelle ihn weist. Zwischen ihm und dem zu erschauenden Bilde befindet sich nichts deutlich Wahrnehmbares, sondern nur eine, zwischen den beiden Proszenien durch architektonische Vermittlung gleichsam im Schweben gehaltene Entfernung, welche das durch sie ihm entrückte Bild in der Unnahbarkeit einer Traumerscheinung zeigt, während die aus dem ,mystischen Abgrunde' geisterhaft erklingende Musik, gleich den, unter dem Sitze der Pythia dem heiligen Urschoße Gaias entsteigenden Dämpfen, ihn in jenen begeisterten Zustand des Hellsehens versetzt, in welchem das erschaute szenische Bild jetzt zum wahrhaftigen Abbilde des Lebens selbst wird" (ebd., 337). Der Grat ist schmal, den jede Aufführung hier betritt. Er soll weg von der Manipulation des Publikums und hin zur spielerischen Freiheit der Imagination führen.

98 Ebd., 339. – So heißt es auch in seiner Rede zur Grundsteinlegung des Hauses: „Sei es jetzt auch bloß ein provisorisches, so wird es dieses nur in dem gleichen Sinne sein, in welchem seit Jahr-

Wagner erfahren, daß die arrivierte und technisch manipulierte Utopie keine mehr ist, sondern zur gewöhnlichen Oper tendiert. Das Drama scheint in der Oper unterzugehen, aus der es in der Traumvision seines Autors wieder erstanden schien. Cosima Wagner berichtet, Wagners „Hauptempfindung während der Aufführungen sei ‚nie wieder, nie wieder‘ gewesen“.[99] Die anschließende Reise nach Italien gleicht einer Flucht vor der szenischen und technischen Wirklichkeit des eigenen Werkes, die sich durchaus mit der Flucht des in Dresden gescheiterten Revolutionärs vergleichen läßt. Wagners utopische Freude wird es nun sein, dieses Werk im *Parsifal* bei seinem Entstehen zu belauschen.[100] Denn er beobachtet schon vor der Grundsteinlegung das „Nibelungentheater mit einer kalten Freude“ und auch mit dem Wissen, es eigentlich nicht zu brauchen: „unsere Freuden liegen in der Idee“.[101] Der Widerspruch zwischen Vision und Aufführung klafft unversöhnt wie eine offene Wunde, die auch durch die Schönheit seiner kalligraphisch geschriebenen Partituren nicht geheilt werden kann:

> [...] eine Partitur, die ist wie gar nicht vorhanden, bis sie aufgeführt wird, und mit diesen meinen Arbeiten wende ich mich an den allergroteskesten Teil des Publikums – das Theater-Publikum![102]

Nach dem ersten *Ring*-Zyklus wird sich Wagner noch einmal an dieses „Theater-Publikum“ wenden und ein letztes Mal versuchen, die offene Wunde zwischen Realität und Idealität zu schließen. Der utopische Überschuß im *Ring* wird zu einem soteriologischen Verweis, in dem sein Theater sich selbst transzendiert. Das Bühnenfestspiel wird den Bezugspunkt wechseln und deswegen schließlich Bühnen*weih*festspiel heißen.

---

hunderten alle äußere Form des deutschen Wesens eine provisorische war. Dies aber ist das Wesen des deutschen Geistes, daß er von innen baut: der ewige Gott lebt in ihm wahrhaftig, ehe er sich auch den Tempel seiner Ehre baut“ (ebd., 329).

99 10. November 1876: CT I, 1013; vgl. Glasenapp, *Das Leben Richard Wagners* 4, Kap. XIII.

100 Denn: „Was habe ich von den Aufführungen doch nur Mühe und Sorge, und einzig die Befriedigung, daß nichts dazwischen kommt, aber keinen Eindruck mehr. Freude machen mir meine Sachen nur bis zu der ersten Tintenausarbeitung, wenn der nebelhafte Bleistiftgedanke plötzlich klar und deutlich vor mir steht. Die Instrumentierung gehört schon zu sehr der Welt an“ (7. Januar 1872: CT I, 338). Das kann nur heißen, daß auch sie bereits eine Technik sei, die das Hörbild fixieren solle.

101 21. Mai 1871: CT I, 390. – Sehr plastisch eine Jugenderinnerung des Kindes, das Pappwolken an Stühlen befestigt und vergeblich versucht, darauf zu schweben; „‚so‘, – fährt er fort, ‚geht es mir noch heute, ich bringe die Realität und Idealität nicht zusammen‘“ (10. Juni 1871: 397).

102 11. Juli 1871: CT I, 547.

Gurnemanz. Sag, Knab' – erkennst du deine große Schuld?
Wie konntest du sie begehn?
Parsifal. Ich wußte sie nicht.
Gurnemanz. Wo bist du her?
Parsifal. Das weiß ich nicht.
Gurnemanz. Wer ist dein Vater?
Parsifal. Das weiß ich nicht.
Gurnemanz. Wer sandte dich dieses Weges?
Parsifal. Das weiß ich nicht.
Gurnemanz. Dein Name denn?
Parsifal. Ich hatte viele,
doch weiß ich ihrer keinen mehr.[103]

2. *Parsifal*: Das Bühnenweihfestspiel als utopische Liturgie

Wagners ästhetische und biographische Entwicklung kennt zwei Zäsuren, die sich jeweils als Flucht des Idealisten vor der scheinbar realisierten künstlerisch-revolutionären Utopie zu erkennen geben. Die erste Flucht führt Wagner 1849 aus Dresden in die Schweiz und wird im *Ring* produktiv bewältigt. Die zweite Flucht steigert das Problem jedoch, weil sie eine Flucht nach dem ersten Bayreuther Festspielbetrieb und somit eine Flucht vor der realisierten Vision ist, die ihn äußerlich immer wieder nach Italien und innerlich in das *opus summum* treibt.[104] Das Festspielhaus, die realisierte Kunstbarrikade im Kulturbetrieb, löst ästhetisch die Verheißung nicht ein, nachdem alle revolutionäre Naherwartung enttäuscht ist.[105] Walhall, wie es von den Wagners zeitweilig genannt wird, ist „,Qualhall'" geworden.[106] Die Revolution geht nicht auf im Bayreuther Reform-Projekt und Reform-Produkt.

---

103 *Parsifal* (erster Aufzug) 831.

104 Cosima notiert seine Klage über „die kummervolle Zeit nach den Aufführungen, und wie, um sich zu helfen und sich zu retten, er den ‚Parsifal' dichtete" (Palermo, 21. Dezember 1881: CT II, 854).

105 Wagner will „das Nibelungenwerk überall" verkaufen und „gedenkt nie mehr eines Theaters" (3. März 1877: CT I, 1035). Der Traum mutiert zum Albtraum: „Er träumt von einer Aufführung des Ringes vor lauter Toten, Tausig, Gaspérini, Schwester Luise, aber alle schmählich unkenntlich" (5. April 1877: 1042). In der nüchternen Phantasie des Tages bedeutet dies, „nach München zu gehen, um möglicherweise die Bayreuther Spiele dort von der Intendanz aufnehmen zu lassen" (17. Juni 1877: 1055).

106 So am 29. Oktober 1876 in Sorrent (CT I, 1011). Parallel drängt sich übrigens *Parsifal*-Material auf, wenn er die geplante „Trauersymphonie für die im Krieg [1870/1871] Gefallenen" imaginiert und dazu das „Thema zu Romeo und Julie" (*WWV* 99) bestimmt, dessen Kopfmotiv schließlich im Trauerzug der Gralsritter zum toten Titurel aufklingt (im dritten Aufzug von *Parsifal* T. 493ff. und 800ff.). Vgl. CT II, 203: „,Am Ende verputze ich den ganzen Romeo- und Julie-Marsch für Titurel'" (19. Oktober 1878).

2.1. Heillose Anamnese: die Erinnerungsarbeit in der *Götterdämmerung*

Es lohnt, das *Nibelungen*-Werk gegen seine vorgebliche Entwicklungsrichtung zu lesen und damit den Prozeß der Handlung so umzukehren, daß er seine nicht-lineare Raum-Zeit-Struktur preisgibt. Zu kurz greift, wer nach Lévi-Strauss in „Wagner den unabweisbaren Vater der strukturalen Analyse der Mythen“[107] oder mit Adorno das teleologische Defizit des (end-losen) Musikdramas[108] allein thematisiert. Aus dem nichtabgegoltenen Konflikt von Struktur und Prozeß bzw. von Mythos und Drama bricht die anamnetische Spannung des Gefüges auf. Das Werk stellt scheinbar die Genese dar vom Uranfang des *Rheingold*-Es-Dur an, während es doch tatsächlich mit der Anamnese von *Siegfrieds Tod* einsetzt: als musikalische Trauerarbeit des Tragödientags insgesamt. In diesem Tod, der feiernd erinnert wird, ist die *Götterdämmerung* schon beschlossen – also auch im Paar-Jubel Brünnhildes und Siegfrieds (als tönende *Metaphysik der Geschlechtsliebe*)[109], im atomisierten Waldweben vor der „Neidhöhle“, „in den hintersinnigen Schwertliedern“ (Adorno)[110], im Feuerzauber um den Schlaf des Vergessens, im Tod Siegmunds, in der tödlichen Blüte des Wälsungenbluts, im dröhnend-ängstlichen Einzug in Walhall und zuletzt oder zuerst in den drohend-leeren Baßquinten des Uranfangs. Dies alles strömt, vom Ende her konzipiert und entsprechend wiedergelesen, bewußtlos und ohne Halten auf die Vernichtung zu. Allen gilt Loges Schlußwort:

> Ihrem Ende eilen sie zu,
> die so stark im Bestehen sich wähnen. –
> Fast schäm ich mich, mit ihnen zu schaffen;
> zur leckenden Lohe mich wieder zu wandeln,
> spür ich lockende Lust:
> sie aufzuzehren,
> die einst mich gezähmt,
> statt mit den Blinden
> blöd zu vergehn,
> und wären es göttlichste Götter! –
> Nicht dumm dünkte mich das!

---

107 *Mythologica I. Das Rohe und das Gekochte* 30. Vgl. dazu Kropfinger, *Wagner und Beethoven* 172-176.

108 „[...] ‚es gibt keinen Schluß für die Musik‘, sagt er, ‚sie ist wie die Genesis aller Dinge, sie kann immer von vorne wieder anfangen, in das Gegenteil übergehen, aber fertig ist sie eigentlich nie“ (23. Juli 1872, während der abschließenden Arbeit am Gesamtentwurf der *Götterdämmerung*: CT I, 552).

109 Denn „nur in der Vereinigung von Mann und Weib existirt erst der wirkliche Mensch, erst durch die Liebe wird daher der Mann wie das Weib – Mensch“. Daher gilt: „Auch Siegfried allein (der Mann allein) ist nicht der vollkommene ‚Mensch‘: er ist nur die Hälfte, erst mit *Brünnhilde* wird er zum Erlöser, denn *Einer* kann nicht Alles“ (Wagner an August Röckel vom 25./26. Januar 1854: SB 6, 63 bzw. 68).

110 *Wagners Aktualität* 550, in: Mack, *Richard Wagner*.

Bedenken will ich's: –
wer weiß, was ich tu'![111]

(Selbst-)Gespräche solchen Bedenkens und Erinnerns, des Befragens und Vergewisserns durchziehen in einer Vielfalt von Varianten das dramatische Gewebe, da die reine Handlung, so vertrackt und analytisch durchleuchtet sie ist, im strengen Sinn auf dieses Nichts zielt und es, als dessen Vor-Geschichte, plausibel machen will. Die Analogie zum Epos oder epischen Theater führt insofern irre, weil Anamnese gerade das dramatische *Struktur*gesetz des *Ring* ist, das den *Prozeß* der Handlung freisetzt: allerdings als reversibler Prozeß der Anamnese, der sich seines Ortes in der mythischen Struktur des Ganzen versichern will. Der *Ring* folgt keinem linearen Schema des Erzählens, das auf irgendetwas *hinaus* will, sondern ist geradezu ärchäologisch bestimmt. In seinem Gewebe bildet die mythische Struktur die Kettfäden, die immer wieder aus- und einsetzende Handlung den Einschlag, der das Gewebe fortführt, bis die Kettfäden nachgeben, das Muster sich ins Unkenntliche verzerrt und zuletzt alles zerreißt.[112]

Immer wieder werden die Worte hervorgesucht, die vom Anfang reden. Nicht nur die Nornen „spinnen und singen" in der Nacht vor dem letzten und jüngsten Tag der *Götterdämmerung* (die Wagner zeitweilig in *Göttergericht* umbenennen will), aber sie schaffen am Webstuhl dieser dramatischen Raum-Zeit. Ihr Wechselgesang ist weniger „weihevoller Weltenklatsch" (Thomas Mann) als das ewig-drehende Lied

> der Welt; dieses kindisch kreischende Greisen-Kinderlied; ich habe es in den Terzen der Nornen ausgesprochen, mir ist es, als ob ich es hörte, jetzt ist Frühjahr, jetzt ist Winter, jetzt ist Krieg, jetzt ist Frieden, alles gleich.[113]

Diese mythisch-kreisende Vergegenwärtigung hat keine eigentliche Zeit, sondern bildet ein Binnengewebe im Prozeß des Ganzen, das an frühere Einschläge anknüpft. Die Dreiklang-Figurationen des Urstromes werden fortgesponnen, allerdings nach es-moll verschattet und verfestigt, motivisch vielfach schadhaft und verworren („verflochten ist das Geflecht", „verwirrt ist das Geweb", „Zu locker das Seil, – mir langt es nicht"[114]), schließlich zerissen. Die Mütter, Matrizen des Welt-Wissens, haben den Faden verloren und tauchen zur Urmutter hinab. Die Anamnese ist mißlungen, auch das Wissen der Urmutter Erda „verweht" in „ew'gem Schlaf"[115]; bewußtlos und selbstvergessen treten Brünnhilde und Siegfried ins Tageslicht, das bei Wagner immer auch für die Selbst-

---

111 *Rheingold* 576.

112 Die Metapher vom Webstuhl, ein Grundwort auch Goethes, scheint für Wagners Kompositionsarbeit geläufig zu sein, wie eine Notiz Cosimas andeutet: „R.[ichard] an seinem Webstuhl, ich bei meinen Kindern; R.[ichard] zufrieden mit seiner Arbeit, ‚wie Nachtvogelflattern klingt es; alles kommt auf Natureindrücke an, hier in der Nornenscene sehe ich die hohe Tanne beim Felsen und höre das nächtliche Rauschen" (21. Januar 1870: CT I, 190).

113 10. Dezember 1870: CT I, 322.

114 *Götterdämmerung* (Vorspiel) 756/757.

115 *Siegfried* (dritter Aufzug, erste Szene) 720/721.

täuschung steht.[116] Die Nornen jedoch sind als Erinnernde nicht nur Protagonisten, sondern selbst schon Erinnerung, die das Drama kommentiert. Und alle erinnernden Protagonisten sind einander fremd und stehenden in täuschenden Verhältnissen gegeneinander – der Ring schließt sich fluchvoll, der Tarnhelm verdeckt alles bis zur Unkenntlichkeit für die Handelnden, entstellt aber *ad spectatores* alles und alle bis zur Kenntlichkeit. Das gilt auch für das musikalische Material, das erst jetzt zum alles verbindenden und deswegen zerreißenden Gewebe wird. Es gewinnt einen eigenen musikalischen Autonomie-Raum jenseits der Handlungszeit. Ein synchrones „Beziehungsfest" (Thomas Mann) aller Partikel schafft die sinfonisch-symbolische Einheit dessen, was gerade jetzt am Zerbrechen ist.[117] Dieses „Beziehungsfest" aktualisiert die Bezüge durch die Tetralogie hindurch; es stiftet eine General-Anamnese, indem es die diachronen, räumlich geschiedenen Elemente versammelt. Das ist die Paradoxie der *Götterdämmerungs*-Musik. Zum Raum wird hier die Zeit, die zerbricht, und die mythisch vergegenwärtigte Welt, die verdämmert. Wagners sukzessive Rekonstruktion des Mythos und in ihr der vergegenwärtigten Welt gibt sich als simultane Dekonstruktion zu erkennen, die auf „Vernichtung" einer immanent unerlösbaren Welt hinausläuft. Dies zeigt sich im musikalischen Material. Es weiß ohnehin stets mehr und besseres, als die Protagonisten zu sagen haben; es dekomponiert ihr explizites Wissen oder komponiert wider ihr schlechteres Wissen. Hier antwortet es auf das zerrissene Seil des Wissens, das gesponnen und besungen werden kann, mit einem „durchgehaltenen Septklang und Paukenwirbel; hier kommt Musik zum Erliegen, tonlos fällt sie in sich zusammen" und stellt insgesamt einen neuen Begründungszusammenhang jenseits des Dramas her. „Unbekannt-undurchschaubare Gestalten, nicht allein unterjochen sie den Erzähler, als Ursache seiner Ohnmacht geben sie sich zu erkennen: Dem Adressaten, nicht der Figur!" (Gerd Rienäcker)[118]

Wagners „Kunst des Ueberganges" bezeichnet – bewußt spätestens mit dem *Tristan*, in der Sache schon mit dem *Rheingold* – dieses formale Neue auch theoretisch. Diese Kunst umgreift das Themengewebe nicht als zielgerichteten dialektischen Prozeß, sondern als stetige dramatische Metamorphose interagierender Motive, die ihre musikalische Gestalt niemals unabhängig vom Ort ihrer Aktion haben. Katalogisierbare „Leitmotive" sind dann so lange eine Lesehilfe für den musikalischen Text, als sie den Kontext nicht ausblenden und keine definitive Gestalt der Themen vorgeben, die zwar immer mit sich identisch, nie aber gleich sind.

---

116 „Des Wissens bar, / doch des Wunsches voll" (*Götterdämmerung* 757) geht Siegfried als blinder Triebtäter in die Welt – nicht um den Weltplan Wotans, sondern den Gegenplan Hagens zu erfüllen und also in keinem Fall frei.

117 Oder mit Adorno: „Die Sukzession exponiert bloß, was dem Sinne nach simultan ist" (*Philosophie der neuen Musik*, in: GS 18, 172) – Zeit also in Raum zurückgenommen und damit jenseits des Dramas als Handlung. Solche Simultaneität gilt aber für die *Anamnese* des Entstehend-Vergehenden, nicht für dessen *Prozeß* selbst.

118 *Richard Wagner* 151/153; Rienäcker verweist bei diesen Schritten Wagners über die Handlungsebene des Dramas hinaus immer wieder auf Brechts episches Theater und seine Technik der Verfremdung, die Entfremdetes Entfremdeten kenntlich macht.

> Meine feinste und tiefste Kunst möchte ich jetzt die Kunst des Ueberganges nennen, denn mein ganzes Kunstgewerbe besteht aus solchen Uebergängen. [...] Das ist denn nun auch das Geheimnis meiner musikalischen Form, von der ich kühn behaupte, dass sie in solcher Uebereinstimmung und jedes Détail umfassenden klaren Ausdehnung noch nie auch nur geahnt worden ist. [...] Verstanden zu werden, ist so unerlässlich wichtig. Wie nun in der Kunst die äussersten, grossen Lebensstimmungen zum Verständnis gebracht werden sollen, die eigentlich dem allgemeinen Menschenleben [...] unbekannt bleiben, so ist diess Verständniss eben nur durch die bestimmeste und zwingenste Motivirung der Uebergänge zu erreichen, und mein ganzes Kunstwerk besteht eben darin, durch diese Motivirung die nöthige, willige Gefühlsstimmung hervorzubringen.[119]

„Übergang" als *terminus technicus* für die musikalisch-zeitliche Relation oder Interaktion zielt auf den Gesamtkontext des Dramas, dessen musikalische Gestalt immer „Verwandlungsmusik" ist – nicht nur an den ausdrücklich so bezeichneten Stellen. Denn die Sukzession läßt das im thematischen Material bereits simultan Bestehende auseinander hervor- und den strukturellen musikalischen Raum in Zeit aufgehen und umgekehrt.[120] Damit kehrt die Ambivalenz von Struktur und Prozeß, von Mythos und Drama im musikalischen Gewebe und seiner Synopsis wieder, das nicht nur mit „leitenden" (besser: dramatisch agierenden) Motiven und rhythmometrischen Figuren, sondern auch mit Klangfarbenschichtungen und instrumentalem Changieren arbeitet.[121] Diese kompositorische Arbeit koloriert nicht etwa musikalisch die Szene, wie es Filmmusik täte, sondern stellt ein tieferes Verstehen her, das zugleich an das Gefühl appelliert – eine musikalische Aufklärung durch (Mit-)Gefühl, ein Wissen durch Mit-Leiden. Das Welttheater ist kein Rauschtheater, sondern macht den musikalischen Subtext des dramatischen Mythos zugleich als dessen Kritik lesbar, bis die in ihm vergegenwärtigte Welt selbst aber schließlich unlesbar wird. Kein Text kommentiert sie erschöpfend, keine Lösung findet das Rätsel, das sich mit jedem neuen Tag nach dem Vorabend der Tetralogie katastrophisch potenziert, so „daß gerade der Versuch Wagners, kompositionstechnisch die Statik als Dynamik, die Synchronisierung als irreversiblen Fortschritt zu behaupten, zu einer *offenen* Struktur führt" (Richard Klein).[122]

---

119 An Mathilde Wesendonck vom 29. Oktober 1859: SB 11, 329/330.

120 „Die Kunst des feinsten Übergangs, sie überführt den status quo des Uneigentlichen oder Zauberspiels, zerreißt den Vorhang, der zuvor mit aller Raffinesse gewebt wurde, entlarvt das unerkannt Verlarvte, treibt Schein und Sein auseinander" (Rienäcker, *Richard Wagner* 185).

121 Rienäckers einläßliche Analysen arbeiten eben dies im musikalischen Gewebe Wagners heraus; vgl. *Richard Wagner* 123-162 (zum *Ring*), 163-193 („Verwandlungen"), 236-303 (ebenfalls zum *Ring*). Vgl. in Ansatz und Ergebnis ganz ähnlich Richard Kleins Analysen zum *Ring*: *Gebrochene Temporalität*, bes. 196-214.

122 *Der Kampf mit dem Höllenfürst* 182/183. – Kleins Essay gelingt es, Adornos phänomenologische Einsichten in seinem *Versuch über Wagner* vor der ideologiekritischen Dogmatik und ihrer Geschichtsteleologie zu retten. Adornos (selbst im Jargon erstarrendes) Modell von Modernität denkt Geschichte „nach dem Schema der progressiven Negation und Überbietung des je Bestehenden" (168) – eine „höhere Kritik", die zur kulturpolitischen Ideologie neigt und darin „zumindest *wie* eine bloß marxisierende Verdoppelung oder Amplifikation der [Wagner-]Kritik Nietzsches inszeniert ist" (170). So sucht sich Adorno durch exzessiven Gebrauch der Ka-

Der Prozeß der Anamnese stellt im musikalischen Drama Wagners Identität durch geschichtlich agierendes Erinnern der Figuren und des kommentierenden Orchesters dar.[123] Er hebt damit den *status quo* des Prozesses als dessen Ende rückschreitend wieder auf. Es gibt keine teleologisch notwendige Konsequenz, auf die das Drama zielt, sondern eine Geschichte von Brüchen, die ineinander übergehen und zum endlichen Zusammenbruch führen. Vom Tod des Protagonisten geht das Drama aus und entwickelt sich quasi stromaufwärts zum Uranfang des *Rheingold* zurück, dies allerdings als Anamnese des Unheils und des Verfalls, für den kein Heil und keine Erlösung in Sicht ist. So ist auch der Uranfang aus der Perspektive erinnerten Unheils, nämlich von Siegfrieds Tod her, erschlossen. Er zeigt kein Paradies vor dem Fall, sondern Vorgängergeschichten, die auch in dieser Richtung ins Bodenlose führen: Alberichs Raub des Goldes (durch Fluch auf die Liebe), Wotans machtgeschützte Innerlichkeit (durch den trügenden Glanz Walhalls). Nur der unausgesprochene, in der Musik erschlossene Horizont der Antizipation reicht noch über diese Welttragödie hinaus und findet musikalische Chiffren für das Utopische, das auf der Weltbühne keinen Raum hat. So verfolgt der *Ring*, kreisend und in jeder Richtung lesbar, die dramatische Ur-Konstellation: trügende, getäuschte, vergessende, verfluchte und immer wieder ersehnte und sehnende Liebe, von den elementaren Kräften des Feuers erhoben (Brünnhilde und Siegfried) oder des Wassers hinab gezogen (Hagen). Elementare Höhe und Tiefe, kein Ort aber für Menschliches. Nur die Regieanweisung deutet an: *„aus den Trümmern der zusammengestürzten Halle sehen die Männer und Frauen, in höchster Ergriffenheit, dem wachsenden Feuerscheine am Himmel zu*“, dann „*fällt der Vorhang*“.[124] Was folgt? Das Unauflösbare, das Unerlös-

tegorien des Progressiven und des Regressiven des faszinierenden „Höllenfürsten“ Wagner zu erwehren, wie Walter Benjamin bereits dem Freund vorhält (vgl. 172-174). Adornos Kampf „der Ratio mit den Sirenen“ verdeckt mit seinen unversöhnlichen Entgegensetzungen („Konstruktion versus Klang, Farbe versus Struktur“) die produktiven Einsichten, die isoliert und unfruchtbar im *Versuch über Wagner* stehenbleiben. Der Mikroanalyse entgeht die „Einheit des Problems“ (Walter Benjamin), weil sie, kritisch fixiert auf ihren isolierten musikalischen Gegenstand, keine Kategorien für dessen phänomenalen Horizont bereitstellt; daher kann Adorno zwar eine subjektive „illusionäre Präsenz“ [*Versuch über Wagner* 93] oder „Aura“ benennen, aber nicht wirklich erfassen (vgl. 188; 191, Anm. 97; 193). „Durch Wagners Klang- und Kompositionstechnik wird das Verhältnis von Musik und Sprache auf eine Weise dynamisiert, die – einmal präzise und vorurteilsfrei wahrgenommen – den ideologischen Dauerdisput um Autonomie und Heteronomie, Eigenständigkeit versus dramatische Funktionsbindung der Tonkunst, empirischen und metaphysischen Musikbegriff, als ein weitgehend überflüssiges Unternehmen erscheinen läßt. Die Frage nach dem ‚Geheimnis der Form bei Richard Wagner‘ (Alfred Lorenz) erweist sich als angemessen dann erst gestellt, wenn sie [...] die Autonomieleistung des Musikdramas gerade in seiner Verschränkung divergierender Medien und deren gegenseitiger Resonanz und Emergenz wahrzunehmen und anzuerkennen beginnt“ (194/195). Gefühl und Verständlichkeit, Mit-Leiden und Wissen oder auch „Sound“ und „Sinn“ bezeichnen weder einen kontradiktorischen noch einen dialektisch vermittelten Gegensatz, sondern die Spannungs- und Konfliktpole des Musikdramas (199-203).

[123] Nicht nur die „Tarnhelmmusik“, sondern die anamnetische Musik der *Götterdämmerung* insgesamt „schildert die Tragödie einer verlorenen Identität“, wie Hans Mayer im Gespräch mit Pierre Boulez formuliert (*Richard Wagner* 459).

[124] *Götterdämmerung* 815.

bare ist Ereignis geworden. Eine Antwort kündigt sich an im Maß ihrer schmerzlich vermißten Abwesenheit, aber das Schlußwort des Wagnerschen „Chores", des Orchesters, tönt nur. Ausgesprochen wird nichts.

Der objektiven Anamnese, die das Werk darstellt, entspricht die subjektive Anamnese seiner Entstehung. Wagner stilisiert den Kompositionsprozeß als stufenweises Notat einer Art Traumvision bzw. Rekonstruktion eines fiktiven Ganzen, das in der methodischen Arbeit der Aneignung gerade destruiert wird und daher des auratischen Aufführungsprozesses bedarf, um erneut als Traumvision rezipiert zu werden. Dieses Komponieren, wörtlich genommen als Wiederzusammensetzen der erlebten Traumeinheit, ist für Wagner eine Suche nach der gefundenen und wieder verlorenen Einheit.

Der Topos des Suchens durchzieht Wagners Selbstauskünfte[125] und meint ein Wiederfinden. Der anamnetische Prozeß bestimmt dabei die Arbeitsschritte der Komposition. Sie beginnt mit Notaten, die nicht unmittelbar dem musikalischem Material gelten, sondern bereits dessen dramatischer Gestalt insgesamt. Eine solche Kompositionsskizze hat die Szene im Blick und versucht, diese Schritt für Schritt zu konturieren: im Particell bzw. in der Orchesterskizze, die dramatische Klangschichten komponiert und nicht nur lineare Verläufe zeichnet. Solche Skizzen gehen über in den Zusammenhang eines Entwurfes, und Entwürfe entfalten sich zu einem Gesamtentwurf dessen, was von der Skizze an irgendwie schon mitgedacht ist. Die Zwanglosigkeit, mit der Wagners *work in progress* simultan Anvisiertes sukzessiv vor- oder rückschreitend entfaltet – beim *Ring* hinsichtlich des Textbuches rück-, hinsichtlich der durchgeführten Komposition vorschreitend – bestätigt die zitierte Selbstauskunft.[126] Am Ende der in Bleistift ausgeführten Partitur steht der Prozeß des „Überziehens". Das noch fließende, Modulation und Klangbild experimentell suchende Notat wird schließlich mit Tinte „überzogen" und so als gültige Rekonstruktion der initialen Vision fixiert. Dies geschieht mit einer kalligraphischen Sorgfalt, die Genialität und Pedanterie (so Wagner selbst) verbindet. Aber sie gilt doch weniger dem fertigen „Werk" als vielmehr dem Scharnier der beiden Werkprozesse, das eine solche Partitur Wagners darstellt: dem Prozeß rückläufiger Suche nach der ursprünglichen Gestalt und dem Prozeß der vorläufigen Suche nach der szenischen Gestalt, die erst die Aufführung für den auratischen Augenblick herstellt. In diesen zweiten Prozeß hinein verflüssigt sich das Fixierte wieder, pendelt so zwischen Rekonstruktion des Schaffens und Dekonstruktion des interpretierenden Neuschaffens hin und her, ohne ein Ende zu finden. Der Versuch, die Aura einer solchen schöpferischen Anamnese in Permanenz hinzustellen, könnte nur ihren Verfall festhalten, nicht das „Werk" selbst.[127]

---

125 „Das Komponieren ist ein Suchen nach dem, was einem Gott weiß wie, wo und wann einfällt" (24. Juli 1874: CT I, 840). Daher die Schwierigkeit nachträglicher technischer Variation oder generell thematischer Entwicklung, die nicht erinnerter Teil einer vorgängigen „Vision" ist: „er könne überhaupt nie wiederholen, da fände er selbst den Ton zum Transkribieren nicht" (22. September 1874: 853).

126 Vgl. das durch Westerhagen erschlossene Skizzen- und Entwurfsmaterial zum *Ring*, bes. 13-27.

127 Das Gegenteil zu einem Werkstatt-Theater ist das Theater-Museum, für das nichts neues mehr zu erfinden, sondern nur die im Moment ihres Verfalls fixierte Aura festzuhalten wäre: eine äs-

Die ersten *Ring*-Zyklen von 1876 bringen das ästhetische Problem der ausgeführten Festspielidee zu schmerzlicher Erscheinung. Wagners „Nie wieder!“ gilt der Erfahrung, wie weit sich seine Werkästhetik von der zeitgenössischen Aufführungspraxis und vom Publikum tatsächlich entfernt hat, das noch immer nicht das immer schon ersehnte Publikum „nach der Revolution“ ist.

Auch hier will er mit dieser Welt keine Verträge schließen, wie schon der Schluß von *Oper und Drama* trotzig erklärt hat.[128] Die Barrikaden werden nicht aufgegeben, sondern nach der proklamierten *Götterdämmerung* erneut aufgestellt: im Gralstempel des „Bühnenweihfestspiels“ *Parsifal*, das als *Weih*festspiel das Publikum ins Ritual nötigen und ästhetisch noch entschiedener erziehen soll. Wiederholung, Polarität und Steigerung – der *Parsifal* ist nicht Wagners Rückzug, sondern radikalisiert, was als dramatische Urkonstellation im Werk von Anfang angelegt und immer entschiedener erinnert wird. Er vertieft die Konflikte und weist einen anderen Weg, sie aufzuheben. Eine Anamnese auch dieses Wegs als eine schöpferische Suchbewegung nach einer möglichen Lösung muß zurückverfolgen, wie die dramatische Konstellation des *Parsifal* aus dem *Tristan* und dem *Ring* hervortreibt.

2.2. Negation und Steigerung: Amfortas als Tristan, Parsifal als Siegfried

Mit *Tristan und Isolde* als musikalische Handlung löst Wagner den Ernst seines Anspruches ein, „das große Leid des Lebens zu fühlen zu geben“.[129] Im dreifachen Tragödientag des *Ring* nimmt die „Weltgeschichte aus der Sage“ (so der Untertitel des *Wibelungen*-Aufsatzes) als musikdramatisches Weltgericht aus dem Mythos Festspielgestalt an. „Verneinung“, „Vernichtung“, „Erlösung“ oder, moderner ausgedrückt, Destruktion durch Rekonstruktion ist das Ziel der Anamnese, die hier als Kunstwerk erscheint. Negation ist in der Welt: durch pure Existenz, im Anschluß an Schopenhauer als „Schuld des Daseins“ gewertet, und durch initiale Schuld, deren Konsequenzen vererbt und durch

---

thetische Leiche. Solche Leichen werden nicht nur in „werktreuen“ Inszenierungen ausgestellt; sie haben auch die Gestalt akustischer Mitschnitte, die als letztgültige Verwirklichung statt als Dokument einer verfallenen und nicht beliebig wiederherstellbaren Aura gehört werden sollen. Schlimmer noch: Studioproduktionen, die vorgebliche „Werktreue“ mit industrieller Perfektion der aufbereiteten „takes“ verbinden und eine gefällige Täuschung zur beliebigen Reproduktion liefern (sog. „Jahrhundert-Ringe“ aus einer Fertigung, die in künstlerischer und technischer Hinsicht den Produktionsprozeß verdeckt und eine gewissermaßen „animierte“ Leiche vorführt). Mit Wagners Festspielidee hat derlei nichts mehr zu tun, wohl aber mit einem „Klingenden Museum“ – wenn es als solches gemeint und vom Festspiel bewußt unterschieden wird, hat es allerdings sein Recht als Dokument.

128 *Oper und Drama* 390.

129 Wagner an Mathilde Wesendonck, 1.10.1858 (*Richard Wagner an Mathilde Wesendonk* 53).

erneute Schuld ratifiziert werden. Dies wird im Zeichen des Todes erinnert, der alles auslöschen soll, als wäre nichts gewesen. „Das Land, das Tristan meint“[130], ist das Niemandsland des Todes, der die Negation des Lebens negieren soll. Siegfrieds Tod ist sein eigentliches Erwachen. Sterbend ist er wissend und durchschaut den Trug des Lebens; auch sein Tod negiert, was das Leben zuvor negiert hat. Beider Ziele liegen außerhalb der dramatischen Handlung und fordern den deutenden Epilog.

Die sachliche Einheit der Konstellation erklärt sich aus der Genese der Werke. Der *Tristan*-Stoff schiebt sich quer in die *Ring*-Tetralogie und variiert fortführend deren scheinbar unterbrochene Handlung (nach dem zweiten Aufzug von *Siegfried*). Tristans Brautwerbung für König Marke ist so ambivalent wie Siegfrieds Werbung an Stelle König Gunthers, denn beide werben täuschend für einen Dritten, was sie sich selbst zuvor erworben haben, und beider Werbegeschichte hat eine Vorgeschichte, deren Erinnerung und Vergessen das eigentliche Movens der Handlung ist. So wie Tristan seine Liebe zu Isolde „vergißt“ und im Liebes-Todes-Trank wiederum dieses Vergessen vergißt, so „vergißt“ auch Siegfried seine Liebe zu Brünnhilde.[131] Beide fallen von der Hand des zwiespältigen Gefährten: Tristan durch Melot, Siegfried durch Hagen. Dies sind nur die zentralen Konstellationen.[132] Die wiederaufgenommene Arbeit am *Ring* wiederholt, steigert und vertieft das Ergebnis des *Tristan*: dieselbe Konstellation wird in das komplexe Gewebe des Welttheaters übersetzt und erschließt so ihren vollen Bedeutungsraum. Hier ist mehr „vergessen“ worden seit Urbeginn; also ist hier auch mehr zu „erinnern“ über das einzelne Lebensschicksal eines oder weniger Protagonisten hinaus. Zwar sagt Wagner während seiner Arbeit am Schlußakt der *Götterdämmerung*,

> er habe das Komponieren sehr satt, er habe schon so viel gemacht, bei der Ankunft der Leiche Siegfried's könnte er eigentlich auf die Partitur schreiben, vide Tristan III. Akt.[133]

Aber das stimmt und stimmt nicht. Zwar gehört beidenfalls der Epilog dem „Ewig-Weiblichen“, das treu bis zum Tod in die Vernichtung des Geliebten

---

130 *Tristan* (zweiter Aufzug, dritte Szene) 364.

131 Er vergißt auch das Fürchten, das er „kaum gelernt“ in der Begegnung mit Brünnhilde; seine Angst „wird nicht als überwundene, aufgehobene bewahrt“ (Voss, *Wagner und kein Ende* 200).

132 Rienäcker erweitert den Kreis noch: „Vorgänge und Figuren der Walküre, sie ziehen ein: Siegmund und Sieglinde verwandeln sich in Tristan und Isolde, Wotan in König Marke, nur daß ein trauriger Gott zum Verräter wird. Als Brünnhilde erwacht Isolde zu neuer Liebesvision, zu beleidigter Rache, die nur den Liebsten rehabilitieren möchte, zu neuer Emigration; nur Siegfried wird Tristans Einsicht kaum gewinnen, wenn seine Stunde kommt; daß er verspielt habe, erneut beginnen müsse im Sterben, ist erahnt, nicht gewußt. König Marke hingegen verkommt zu König Gunther – verraten, beleidigt, verwundet, zerstört auch er – versucht, das Geschehene zu wenden im verzweifelten Aufbegehren gegen Hagen. Darin jedoch zeigt er sein Jämmerliches, und daß er Marke fast imitiert, denunziert ihn schlimmer noch als jeder Eigenbau. Wotan der andere, Vorgänger und Erbe zugleich, hat anderen Zuschnitt: Marke teilt mit ihm wenigstens die große Trauer, den freiwilligen – oder ins freiwillige stilisierten – Abschied: Zum Wanderer ist König Marke geworden, soweit er Größe bewahrte im Scheitern, zu König Gunther, soweit er Größe verlor!“ (*Richard Wagner* 233).

133 17. März 1872: CT I, 501.

folgt. Doch deutet Brünnhilde das Geschehen, indem sie zitierend die Wissensspielfrage der Nornen aufgreift („Wißt ihr, wie das ward?“) und, als Anklage gegen die Götter gewendet, mit ihrem Leben beantwortet. Das dreifache, emphatisch beschworene „Alles“ erschließt sich ihr im Wissen, „Alles ward mir nun frei“, nämlich die von Siegfried erwartete Tat der Welterlösung zu vollbringen und sich aus dem verhängnisvollen Ring zu befreien, in dem sich eine Schuld in strenger Folge an die andere schließt. Daher steht das musikalische Gewebe dieses Epilogs in einem anderen Verhältnis zum *Ring* insgesamt – analog dem Verhältnis der *Götterdämmerung* zu den vorhergehenden Tagen des Bühnenfestspieles –, als der *Tristan*-Schluß zu seiner Handlung steht. Wo dieser ungebrochen an den gestörten Zwiegesang des zweiten Aufzugs anknüpft und ihn über den Tod hinaus einfach fortsetzt, fragmentiert der *Ring*-Epilog dessen musikalisches Material und fügt es so in verfremdende Kombinationen eigener Ordnung, daß es sich selbst gleichsam auslöscht und Raum schafft für das breit ausschwingende „Jubel“-Motiv. Dessen utopisches Melos, sein Sekund-Kreisen um den Grundton und die nach unten auspendelnde Septime mit Rückkehr über die Skala zum Ausgangston, hat im Verlauf der Tetralogie keinerlei dramatische Funktion. Es gehört nicht zur verbrauchten Substanz an musikalischem Material und bedeutet keinen finalen Sieg eines Themas über andere Themen oder Motive. Strenggenommen formt es weniger ein ausgebildetes Thema als ein Aufatmen und Ausschwingen, nachdem das hypertrophe Motivmaterial in seinen Beziehungen erschöpft ist.[134]

Auch der Kompositionsprozeß des *Tristan* ist bereits mehrfach vom künftigen *Parsifal* so überlagert, als blende sich der eine Stoff in den anderen über. Parzival am Siechbett Tristans im dritten Aufzug – so sieht es ein Konzept vom Oktober 1854 vor und erwächst damit unmittelbar aus dem Gesamtentwurf des zweiten Aufzuges der *Walküre*. Denn der *Tristan*-Stoff wiederholt und steigert, zurück- und vorausgreifend, die Siegmund-Sieglinde- und die Siegfried-Brünnhilde-Konstellation. Zwischen beiden Konstellationen steht als Monolog die Selbstaufklärung Wotans, seine Anamnese des im Ring verdinglichten und versinnlichten Unheils, den kein freier Erlöser von innen durchbrechen kann. „Auf geb ich mein Werk: / nur Eines will ich noch: / das Ende – / das Ende! –“[135] Die Destruktion des Mythos erreicht hier ihren tiefsten Punkt und desillusioniert Wotan/Wagner über die Möglichkeiten dessen, was die *Ring*-Tetralogie als Ganzes gestalten kann. Der reduzierte Mythos verhüllt die nihilistische Konsequenz des Ganzen, wenn die tragische Negation der Liebe nochmals in Liebe aufzuheben ist und damit das endliche Nichts, der Liebestod, verklärbar scheint. Die finale Musik bietet keine Lösung und weiß es schlechter, denn sie führt nicht über den Zwiegesang des zweiten Aktes hinaus, sondern führt ihn einsam, wenn auch „mild und leise“, zu Ende. Tristans Qual ist unheilbar:

---

134 Vgl. Rienäcker, *Richard Wagner* 160-162.

135 *Walküre* 616.

> „Leben – Sehnen – Sehnen und – nicht sterben können? – Nun ruft sie nach der Helferin – kann sie mir Ruhe bringen? [...] Gibt's einen Balsam, der mein Sehnen kühle? [...] Eine Todeswunde heilte sie mir einst, doch um den Gifttrank mir zu reichen! Nun schloß die Wunde sich, doch blutete das Herz – [...] Kein Tod kann mich erlösen: die Nacht wirft mich dem Tag zurück, um meine Leiden neu der Sonne zu (enthüllen) [!] zeigen! [...] endlose Qual – lebend sterben, sterbend leben! Verfluchte Liebe, laß mich los![136]

Das deutet voraus auf Amfortas, der sich so wenig dem enthüllten Gral aussetzen mag wie Tristan der Sonne; kein Balsam heilt die Wunde im Herzen („Amfortas! ... / Die Wunde! – Die Wunde! – / Sie brennt in meinem Herzen!"[137]), und Isolde bleibt seltsam fern und damit zweideutig, darin der Balsam bringenden Kundry verdächtig verwandt.[138] Vor der Raserei des innerlich Verblutenden könne nur eine mittelmäßige Aufführung retten, denn es „wird was *furchtbares*! Dieser letzte Akt!!!"[139], der auch in der Polyphonie seines Gewebes nicht zufällig an Bachs Passionsmusik anknüpft. Das *espressivo* des Schreies durchbricht den streng kontrapunktischen Satz, wiederum *Parsifal* vorwegnehmend[140], und zerreißt das Gewebe, als könne von außen Antwort kommen.[141] Bereits ein Notenblatt vom Sommer 1858, mitten in der Raserei des zweiten *Tristan*-Aufzuges, hält den komponierten Wunsch fest, dem Treibhaus der negierten Liebe und der liebenden Negationen zu entkommen. Choralartig und insgesamt konventionell heißt es da: „Wo find' ich dich, du heil'-ger Gral, dich sucht voll Sehnsucht mein Herze".[142] Beide Wegspuren vereinigen sich während der Kompositionsarbeit am dritten *Tristan*-Aufzug zu einer ersten *Parcival*-Konzeption, in der folgerichtig Tristan/Amfortas zum Protagonisten bestimmt wird:

> es ist mein Tristan des dritten Aktes mit einer undenklichen Steigerung. Die Speerwunde, und wohl noch eine andre – im Herzen, kennt der Arme in seinen fürch-

136 Entwurf zum dritten Aufzug von *Tristan und Isolde* (Sommer 1857): SSD 11, 340/341.

137 *Parsifal* 849.

138 Wagner ist sich der Ambivalenz im Charakter Kundrys früh bewußt, wenn er sie am 14. Januar 1865 – also gut ein halbes Jahr vor der Niederschrift des ersten *Parcival*-Entwurfs im August 1865 – als „ein Weib, das *zwei Naturen* habe" (so die Bülow-Schülerin Emmy Heintz lt. Glasenapp, *Das Leben Richard Wagners* 4, 61), bezeichnet.

139 An Mathilde Wesendonck vom 10. (?) April 1859: *Richard Wagner an Mathilde Wesendonk* 123.

140 „Die Musik macht mich nun einmal eigentlich nur zum exclamativen Menschen, und das Ausrufungszeichen ist im Grunde die einzige mir genügende Interpunction, sobald ich meine Töne verlasse!" (an Mathilde Wesendonck vom 28. September 1861: ebd., 285).

141 Die schöpferische Freude darüber ist groß: „Ich habe keinen Menschen, mich zu loben, grade wie's dem lieben Gott damals – vor circa 6000 Jahren – ging, und so sagte ich mir denn unter andrem: Richard, Du bist ein T[eufels]-kerl! -" (an Mathilde Wesendonck vom 3. Juni 1859: ebd., 149).

142 Darunter an Mathilde Wesendonck: „Du liebes irrendes Kind! Sieh, das wollte ich eben aufschreiben, als ich Deine schönen, edlen Verse fand!" (ebd., 26) – vermutlich das von Wagner vertonte Gedicht „Im Treibhaus" (Nr. 3 und die Mitte der Wesendonck-Lieder mit der charakteristischen Wendung: „Weit in sehnendem Verlangen / breitet ihr die Arme aus, / und umschlinget wahnbefangen / öder Leere nicht'gen Graus. Wohl, ich weiss es, arme Pflanze: / Ein Geschicke teilen wir, / ob umstrahlt von Licht und Glanze; / unsre Heimat ist nicht hier!").

> terlichen Schmerzen keine andere Sehnsucht, als die zu sterben; dieses höchste Labsal zu gewinnen, verlangt es ihn immer wieder nach dem Anblick des Grals, ob der ihm wenigstens die Wunden schlösse, denn Alles Andere ist ja unvermögend, nichts – nichts vermag zu helfen: – aber der Gral giebt ihm immer nur das Eine wieder, eben dass er nicht sterben kann; gerade sein Anblick vermehrt die Qualen, indem er ihnen noch Unsterblichkeit giebt. Der Gral ist nun, nach *meiner* Auffassung, die Trinkschale des Abendmahles, in welcher Joseph von Arimathia das Blut des Heilands am Kreuze auffing. [...] Wo ist Ende, wo Erlösung? Leiden der Menschheit in alle Ewigkeit fort! [...] Und so etwas soll ich noch ausführen? und gar noch Musik dazu machen? – Bedanke mich schönstens![143]

Die rhetorische Abwehr betont, wie sehr Wagner diesem tragischen Stoff von Ende und Erlösung *par excellence* längst verfallen ist, wenn er die dramatische Verdichtung der (gegen Wolfram von Eschenbach) neu zu erfindenden Fabel gleich anschließend skizziert, um erneut die Ausführung zu verweigern: lieber sich mit der alten „Freundin Brünnhilde in den Scheiterhaufen“ stürzen und „auf ein seliges Ende“ hoffen – „Dabei bleib’ es! Amen!“ Was bedeutet: die endgültige Gestalt der dramatischen Urkonstellation ist gefunden und beschlossen; Wagner hat sich „einmal schön vergralt“, wie das verräterische Witzwort am Briefschluß bekräftigt.[144] Nicht zum ersten Mal, da der Gral der früheren *Wibelungen*-Theorie zufolge den „idealen Inhalt des [Nibelungen-] Hortes“ in sich aufgehoben hat.[145] Das Gralsdrama bildet demnach, diesem von Anfang an gefaßten und durchgehaltenen Konzept nach, die „ideale“ Fortsetzung des historisch-materialistischen Nibelungen-Mythos, als dessen verdoppelte Nebenhandlung der *Tristan*-Stoff abgeschieden wird, allerdings voller nach beiden Richtungen hin lesbarer Spuren. Daraus ergeben sich weitere Analogien, wenn für Wagner der germanische Hochgott „Wuotan“ mit dem christlichen Gott „gänzlich identifiziert werden“ konnte. Dieser „traurige Gott“ (Peter Wapnewski) steht tragisch und resigniert abseits vom heillosen Weltgeschehen – verdämmernd in den Destruktionen des alten Mythos und des neuen Theismus. Wagners durchgängige vehemente Ablehnung des Weltenschöpfers „Jehova“ als ein „jüdisches“ Mißverständnis, aber auch als ein von Platon „mißverstandenes ägyptisches Mysterium“[146], bildet die Negativ-Folie, von der sich sein mitleidender „Gott“ abheben soll. Dagegen steht allerdings auch, als Ergebnis seiner Studien über jüdische Mystiker nach Gfrörer, Wagners Einsicht,

> daß man das Christentum von seiner jüdischen Grundlage nicht trennen kann. Der Vater im Himmel gehört dazu, und naiv kindlich einfach muß eine Religion bleiben, der liebe Gott, der alles gut gemacht hat, wenn wir es auch nicht verstehen, ist der einzige Trost, die einzige Anleitung zur Resignation für den gemeinen Mann.[147]

[143] An Mathilde Wesendonck vom 30. Mai 1859: SB 11, 104/105.
[144] Ebd., 108.
[145] SSD 2, 144; vgl. 151.
[146] 4. November 1872: CT I, 590; vgl. 366, 535, 640.
[147] 29. Januar 1875: ebd., 891.

Nicht jedoch für Wagner, dessen Resignation eine Entsagung meint, die als ethische Konsequenz der Einsicht in den „Wahn“ des „Weltwillens“ folgt. Der „optimistische“ jüdische Gedanke eines Weltschöpfers[148] und Goethes Glaube an die (allerdings „dämonisch“ durchbrochene) „Gott-Natur“ rufen seine heftige Abwehr hervor:

> ich kann nicht zwei Zeilen von Goethe lesen, ohne den jüdischen Jehovah zu erkennen; Jesus ist ihm eine problematische Erscheinung, aber Gott ist ihm klar wie Kloßbrühe.[149]

---

148 Vgl. die Notiz vom 28. Januar 1882 (881) und „*Was nützt diese Erkenntnis?*“ (SSD 10, 256).

149 Cosima ergänzt: „Er legt uns dar, wie der Theos von Platon auf den jüdischen Gott vorbereitet hatte“ (10. Februar 1880: CT II, 490). Festzuhalten ist, daß ihm der abgelehnte Theismus nicht für spezifisch jüdisch gilt, sondern zugleich der Gott der Philosophen und auch Goethes ist. So beklagt er, daß Goethe „den Begriff Gott nie losgeworden sei, der in der Natur hinter der Natur stecke, nach dem man nicht forschen solle, der aber da sei, und nun müsse man in Folge dessen Christus, *Gottes Sohn*, als problematisches Wesen ansehen. ‚Es wäre wohl schon der Mühe wert, den Begriff Gott festzuhalten, aber wer soll es tun.‘“ (7. Januar 1880: ebd., 472; auch „*Was nützt diese Erkenntnis?*“: SSD 10, 256). Goethes „Gefühl der Heiligkeit der Natur“ sei nachzuvollziehen (23. Januar 1881: 673), allerdings verberge die Natur faktisch den Schöpfer und trage stenggenommen nicht sein Bild. „Man spricht vom Tintenfisch und wie er sich rette und verschwände, und R.[ichard] sagt: ‚So hat der liebe Gott es gemacht, als er die Welt geschaffen hat, er ist verschwunden“ (27. September 1881: 799). Schopenhauer hingegen habe ihm „das Christentum erschlossen“ (19. Februar 1879: 307; vgl. 305), indem er ihm das (Mit-) Leiden Jesu als göttliche Tat habe erkennen lassen. Insofern sei nicht der mitleidende Christus, sondern der Schöpferglaube Israels problematisch; „daß Christus unter ihm [Israel] geboren, gereiche ihm nicht zu Ehren, denn so wie in äußerster Armut, auch aus der äußersten Schlechtigkeit mußte der Gott erstehen“ (18. August 1879: 399). Erst hier wird das Jüdische zur negativen Kontrastfolie für den Christus herabgewürdigt. „Neulich, wie einer sagte, Jesus sei ein Jude, sagt er, daß sei ungefähr, wie wenn einer sagte, Mozart käme den Salzburgern zugute“ (12. Januar 1881: 664); „dann eifert er dagegen, daß Jesus ein Jude war, es sei nicht erwiesen, er habe syrochaldäisch gesprochen“, und das Judentum trenne vom Heiland (27. November 1878: 242). Gegenüber indischer Mythologie und insbesondere der Bagavadghita sei „die ganze jüdische Mythologie nur Schusterwerk“ (1. Oktober 1878: 187; vgl. 120/121). Aber auch hier kann der Kontext nicht eindeutig als antisemitisch gewertet werden, denn er ist bestimmt von der mehrfach variierten These: „Wenn ich noch einmal über die Juden schriebe, würde ich sagen, es sei nichts gegen sie einzuwenden, nur seien sie zu früh zu uns Deutschen getreten, wir seien nicht fest genug gewesen, um dieses Element in uns aufnehmen zu können“ (22. November 1878: 236/237; vgl. im selben Sinn 829, außerdem 240, 242,. 247, 273, 290; differenziert bis ablehnend über den Antisemitismus des Hofpredigers Stoecker 424, 442; uneinheitlich bis tendentiell immer judenfreundlicher 460-485, 750-766). Den rassistischen Ansatz des Grafen Gobineau lehnt er nach anfänglicher Faszination prinzipiell und strikt ab: „Auch das Buch von Gobineau [über Religion und Philosophie Zentralasiens] ist mir jetzt peinlich wie alles, was Geschichte ist. Und ich bin immer für die Rebellen, jetzt z. B. für die verfolgten Babis“ (17. Juni 1881: 750). Anläßlich der *Coriolan*-Ouvertüre Beethovens notiert selbst Cosima seine Ironie und spricht deren implizite Kritik aus: „‚Das ist Race, das ist für Gobineau‘; und ich: Tristan ist die Musik für die Aufhebung aller Schranken, also auch der Racen“ (19. Juni 1881: 751). Vgl. dazu klärend Scholz, *Richard Wagners Antisemitismus* 72-82, bes. 81; außerdem Borchmeyer, *Erlösung und Apokatastasis* 142 (der Wagners Deutung des Alten Testaments in die markionitische Tradition stellt). Doch dürfte sich Wagners Deutung unmittelbar von Schopenhauer herschreiben, der den Begriff „Optimismus“ für die Annahme eines guten Schöpfergottes und einer guten Schöpfung im Unterschied zu seinem „Pessimus“ geprägt hat, der die Welt als „Wille und Vorstellung“, mithin als leidvolle Täuschung erkennt und verneint (vgl. dazu nochmals die wichtige Studie von Urs App, *Richard Wagner und der Bud-*

Problematisch ist die Welt mit ihren verdinglichten und schuldverhafteten Besitz- bzw. Eigentumsverhältnissen. Als wahnhafte Vorstellung des Willens manifestiert sie nicht einen guten Schöpfer, sondern eben dieses „Grund-Übel von allem“ als Welt – „Wie der liebe Gott, um sich zu zerstreuen, einen dummen Streich machen wollte, hat er sie geschaffen“.[150] Nicht die Schöpfung als entzauberte, in ihrem Wahn durchschaute und als Vorstellung aufzuhebende Wirklichkeit sei göttlich[151], sondern „eine solche Erscheinung wie die Jesu von N.[azareth]“, in dem „eine erhabene Not“ walte, „welche immer doch zum Guten führt“. Dieser „Gott, der in uns wohnt“, sei „das angeborene Gegengift gegen den Willen“, und er „glaube, daß das Christentum in dieser Weise noch einmal rein und wahr der Welt gepredigt werden könne“.[152]

Diese Predigt deutet auf den *Parsifal* hin, dessen Vorspiel ausdrücklich mit den aufgestellten Themen einer Predigt verglichen wird[153], aber auch auf die scherzhaft erklärte Absicht, er müsse „noch einen Artikel über Gott schreiben“[154], was allerdings auf den von ihm geschätzten vermeintlichen Erfolg der Leben-Jesu-Forschung und auch der historischen Evangelien-Kritik überhaupt zielt, „uns Jesus ganz rein wiederzugeben“. Dieses Ergebnis scheint sich unausgesprochen mit den eigenen Jesus-Studien der Dresdener Zeit und ihrem schöpferischen Resultat, dem Projekt *Jesus von Nazareth*, zu decken. So fällt der Satz: „‚Ich muß durchaus einmal meine Theologie schreiben‘“, mit dem er allerdings „vom Ernst zum Scherz“ übergeht: vom Ernst der historischen

dhismus 22 bzw. 33, dort Anm. 12). Diese Entgegensetzung von „jüdischem“ Optimismus und „christlichem“ Pessimismus in der Nachfolge Schopenhauers hat nicht nur eine gewisse markionitische Schlagseite, wenn ein guter Gott der Schöpfung abgelehnt wird; er entwickelt auch früh eine ausdrücklich antisemitische Tendenz, die bereits von Arthur Seidl in seinem Aufsatz *Richard Wagners „Parsifal“ und Schopenhauers „Nirwâna“* 1883 (1888) in Wagners letztes Werk hineingelesen wird (*Wagneriana* I 62-163, bes. 98-106). Der Text ist ein frühes Musterbeispiel, wie ein wuchernder Wagnerianismus unmittelbar an den ersten Wagnerianer, der Wagner selbst gewesen ist, anknüpft und mit seiner Lesart das Werk buchstäblich unleserlich macht. Dies im doppelten Sinn des Wortes: unleserlich, weil wirkungsvoll mißdeutet in seiner originären Aussage, und unleserlich auch für die Nichteingeweihten außerhalb der Bayreuther Hermetik, die schon jetzt Züge einer quasi-gnostischen Heilslehre annimmt.

150 28. September 1882: CT II, 1008.

151 „Die Frage nach dem Warum der Dinge erwähnt er – immer dabei mit großer Vorliebe Luther mit den Ruten des lieben Gottes zitierend [die für diejenigen geschnitten seien, die solche Fragen stellten] – als eine der törichtsten und sagt, er habe sich wohl gehütet, sie in seiner Abhandlung [*Religion und Kunst* oder einem der zugehörigen Aufsätze] zu streifen“ (7. Oktober 1882: ebd., 1018). Ausdrücklich weicht er hier der unvermeidlichen Theodizee-Frage aus. Cosima notiert vier Wochen vor seinem Tod: „Im Traume [!] höre ich R.[ichard] sagen: ‚Wenn er mich geschaffen hat, wer hat's ihm geheißen, und wenn ich sein Ebenbild bin, ist es die Frage, ob es mir angenehm ist.‘“ (11. Januar 1883: 1089). Doch darf sie eine der schönsten Liebeserklärungen ihres Mannes hören: „Du bist ein himmlisches Geschenk! Deinetwegen glaube ich an Gott!“ (30. Januar 1878: 41).

152 11. bzw. 12. Juni 1878: ebd., 114/115.

153 23. September 1879: ebd., 413. – Cosima notiert: „Über das Vorspiel zu Parsifal sagt R.[ichard]: ‚Hier nichts und da nichts, aus nichts hat Gott die Welt gemacht.‘ Er meint nämlich, er habe die Themen wie der Prediger seine Stellen aus der Bibel neben einander gestellt“ (22. September 1880: 603).

154 1. November 1878: ebd., 216.

Evangelien-Kritik, den er sich produktiv aneignet, zum Scherz eines expliziten theologischen Anspruchs.[155] Dies gilt allerdings nur vorläufig, denn ein solcher ernsthafter Anspruch wird in den späten Kunstschriften implizit erhoben und im *Parsifal* künstlerisch eingelöst.

Dem „traurigen Gott" Wotan, der repräsentiert, was von der optimistischen Idee eines guten Weltschöpfers für Wagner übrigbleibt, steht der penetrant frohe Mensch Siegfried entgegen:

> denn an ihm fand sich mit Christus, Gottes Sohne, selbst die entscheidende Ähnlichkeit vor, daß auch er gestorben war, beklagt und gerächt wurde, – wie wir noch heute an den Juden Christus rächen.[156]

So habe es Friedrich I. gesehen, dem das charakteristische Dramenprojekt von 1846 bzw. 1848/1849 gilt; er stamme aus dem ältesten Königsgeschlecht der Welt und damit „von einem Sohne Gottes her, der seinem nächsten Geschlechte selbst *Siegfried*, den übrigen Völkern der Erde aber Christus heißt", wie Wagner unbekümmert phantasiert.[157] Die Analogie aber gilt, denn so, wie der Tod Jesu „die Tragödie kat ex ochen"[158] sei, so ist auch *Siegfrieds Tod* die tragische Mitte des *Ring*, von der her sich anamnetisch das Wissen um Ursprung und Untergang der Welt erschließt. Die Welttragödie als Passionsspiel, die Trauermusik der *Götterdämmerung* als Passionsmusik – auch diese Analogien ergeben sich zwanglos aus der über Jahrzehnte nahezu bruchlos durchgehaltenen Konzeption des Werkes. Sofern *Parsifal* diese Linie der Konzeption vom frühen *Jesus*-Drama her aufgreift und ausführt, verweist das *Ring*-Personal umgekehrt in das eigentliche Passionsspiel Wagners. Titurel ist auch Wotan; „in der Weltentsagenheit [!] wird ihm die Erlösung zu Teil, ihm wird das höchste Gut anvertraut, und nun hütet er es kriegerisch göttlich".[159] Amfortas ist als Liebender der gesteigerte Tristan, jedoch als Gralskönig der gesteigerte Wotan. Mit Parsifal kehrt ebenfalls der vertiefte Tristan in seiner Beziehung zu Kundry und auch der vertiefte Siegfried als der reine Tor wieder, der nicht erst im Tod „durch Mitleid wissend", sondern schon in der Anamnese des alles vergegenwärtigenden Kusses zum handelnden Erlöser wird. Dieser Kuß und der ihm unmittelbar folgende Schrei erinnernden Erwachens („Amfortas...! Die Wunde!") überbietet die selbstgenügsame Ekstase Tristans und Isoldens, aber auch die zu späte Erinnerung Siegfrieds; sie bildet, in produktiver Umsetzung der in der *Beethoven*-Schrift entwickelten musikalischen Ästhe-

---

155 15. November 1878: ebd., 231.

156 *Die Wibelungen*: SSD 2, 144.

157 Ebd., 146.

158 11. Februar 1875: CT I, 896.

159 Cosima ergänzt: „Ich sage, man müßte den Namen Wotan im Namen Titurel wiederfinden, er sagt: Titurel, der kleine Titus, Titus das Sinnbild für königliches Ansehen und Macht, Wotan der Gott-König" (19. Februar 1878: ebd., 47/48). Klingsor stehe für „das Eigentümliche, welches das Christentum in die Welt gebracht; er glaubt nicht an das Gute, ganz wie die Jesuiten, dies seine Macht, aber auch sein Untergang, denn *Einen* gibt es durch die Äonen doch ein Mal!" (2. März 1878: 52). Damit spiegelt er Amfortas ebenso, wie Alberich im *Ring* Wotan spiegelt als die dunkle Kehrseite des „traurigen Gottes": mit gleichen Wunden und mit gleicher Entsagung.

tik, die Peripetie des *Parsifal*. Ab hier wird die Erinnerung produktiv und handelnd; der wissende Tor leidet mit Amfortas und vermag so, was noch kein anderer Protagonist Wagners vermochte: die ersehnte und unter vielen Titeln angezielte Erlösung nicht als abstrakte „Vernichtung“ oder „Aufhebung“, sondern als Heilung zu vollbringen. So heißt es präzise im Schlußwort Parsifals, das kein rekapitulierender Epilog wie im *Tristan* und im *Ring*, sondern entschiedene Handlung ist:

> Sei heil, entsündigt und entsühnt!
> [...]
> Gesegnet sei dein Leiden,
> das Mitleids höchste Kraft
> und reinsten Wissens Macht
> dem zagen Toren gab! –[160]

Parsifals Performativ „Sei heil [...]!“ über das Leiden Amfortas' ist ein Segen als Tathandlung. Ihm folgt unmittelbar die soteriologische Deutung: Leiden ist Segen, weil es die höchste Kraft des Mitleids und die Macht des Wissens freisetzt. Freigesetzt und erlöst, nämlich enthüllt und für immer unverschlossen, ist damit auch der Gral als Symbol des Erlösers. „Erlösung dem Erlöser!“ bezeichnet ohne jedes formelhafte Rätsel eben diese Öffnung des Schreins. Der Befreier (die Religion des Mitleidens bzw. Jesus Christus als ihr „Symbol“) ist befreit vom Schrein der vereinnahmenden Religionsausübung (dem „Christentum“ oder der „Kirchlichkeit“ der Gralsritterschaft). Damit sind die Barrikaden des Revolutionärs Wagner auch im Gralstempel wieder errichtet, und Tempel wie Schrein fallen ihnen zum Opfer. Die Revolution befreit die Religion; die Regeneration einer stagnierenden oder verfallenden Menschheit ist möglich und wirklich.[161]

> Das wird die *volle Emanzipation des Menschengeschlechtes*, das wird die *Erfüllung der reinen Christuslehre* sein, die sie uns neidisch verbergen hinter prunkenden Dogmen, einst erfunden, um die rohe Welt einfältiger Barbaren zu binden und für eine Entwicklung vorzubereiten, deren höherer Vollendung wir nun mit klarem Bewußtsein zuschreiten sollen.[162]

Diese Revolution als Emanzipation aus dem Geist der Religion allerdings kann nicht, wie noch um 1848 erhofft, in der unmittelbaren Naherwartung solcher

---

160 *Parsifal* 864.

161 Bermbach hält mit Blick auf den alten Wagner generell fest: „Keine altersweise Versöhnung also mit dem Vorhandenen, kein sich einpassendes Abfinden mit dem Status quo“ (*Der Wahn des Gesamtkunstwerks* 73). Das bedeutet für den *Parsifal*: „Der Schluß ist keine Restauration des ursprünglichen Zustandes. Die Polarität von Titurel- und Klingsor-Welt, die sich in ihrer Erstarrung und Verzerrung gegenseitig bedingen, wird von Parsifal aufgehoben. Seine erlösende Tat besitzt die Sprengkraft, die Auseinandersetzung nicht für die Gralswelt in ihrer bisherigen Form zu entscheiden, sondern These und Antithese zugunsten einer utopischen Hoffnung aufzuheben. [...] Im hellen, offenen Raum, unverschlossen, sind die Mitleidssymbole Gral und Speer allen zugänglich, sollen sie für alle wirksam sei. Mitleid auch als soziale Qualität“ (Wolfgang Wagner zu seiner Bayreuther Inszenierung des *Parsifal* von 1975, zit. nach Mayer, *Richard Wagner* 427).

162 *Wie verhalten sich republikanische Bestrebungen dem Königtum gegenüber?* (1848): SSD 12, 223.

Erlösung erzwungen werden, wenn sie nicht notwendig wie Siegfried an sich selbst und dem Verhängnis des *Ring* scheitern soll. In dieser Einsicht und Wendung unterscheidet sich der Neuansatz des *Parsifal* von derselben dramatischen Konstellation, die auch der *Ring* durchführt und bis zum tragischen Scheitern vorantreibt.

> Und noch dazu hat's mit dem Parzival eine Schwierigkeit mehr. Er ist unerlässlich nötig als der ersehnte Erlöser des Anfortas [!]: soll Anfortas aber in das wahre, ihm gebührende Licht gestellt werden, so wird er von so ungeheuer tragischem Interesse, dass es fast mehr als schwer wird, ein zweites Hauptinteresse gegen ihn aufkommen zu lassen, und doch müsste dieses Hauptinteresse sich dem Parzival zuwenden, wenn er nicht als kalt lassender Deus ex machina eben nur schliesslich hinzutreten sollte. Somit ist Parzivals Entwickelung, seine erhabenste Läuterung, wenn auch prädestiniert durch sein ganzes sinniges, tief mitleidsvolles Naturell, wieder in den Vordergrund zu stellen.

Vorerst nimmt Wagner „Abschied von diesem unsinnigen Vorhaben“[163], um sich ihm zielstrebig über die Umwege von *Ring* und *Tristan* doch wieder zu nähern: eine produktive Gralssuche und Irrfahrt also auch in seinem Lebenswerk selbst.[164] Vorab heißt es brieflich an Ludwig II., der den Entwurf zu *Parzival* (und auch zu *Die Sieger*) am 21. August schließlich dringend einfordert:

> Heut' ist wieder Char-Freitag! – O, heiliger Tag! Tief bedeutsamster der Welt! Tag der Erlösung! Gott im Leiden!! Wer fasst das Ungeheure? Und doch, gerade diess Unsägliche – das Allervertrauteste der Menschheit! Gott der Schöpfer, – er muss der Welt völlig unbegreiflich bleiben: – Gott, der liebevoll Lehrende, er wird innig geliebt, aber nicht verstanden: – aber Gott der Leidende, – mit Flammen schreibt er sich in unser Herz; allen Eigensinn des Daseins schwemmt der ungeheure Schmerz hinweg, Gott im Leiden zu sehen! Die Lehre, die wir nicht begriffen, sie ergreift jetzt uns: Gott ist in uns, – die Welt ist überwunden! Wer schuf sie? Müssige Frage! Wer überwand sie? Gott in unsrem Herzen, – der im tiefsten Schmerz des Mitgefühles begriffene Gott! –[165]

Dies ist in der Tat ein theologisches Programm und keineswegs eine vereinzelte emphatische Äußerung, wie sich weiter zeigen wird.

---

163 An Mathilde Wesendonck vom 30. Mai 1859: SB 11, 107.

164 Zwischen *Tristan* und *Meistersinger* entsteht, bei immer noch andrängendem *Nibelungen*-Werk, der Prosa-Entwurf des *Parzival* (27. bis 30. August 1865) mit der aufschlußreichen, quer über die Seite geschriebenen Schlußnotiz: „So! das war Hülfe in der Noth!!“ (*Das Braune Buch* 70).

165 Vom 14. April 1865: *Briefe* 432/433.

2.3. Anamnese des Heils: Erinnerungsarbeit im Parsifal

Soteriologisches

Wagners Interesse gilt dem leidenden und scheiternden Helden. Das Leid-Motiv bewegt die Handlung und läßt sie bei keiner Lösung stillstehen, in der nicht Erlösung aufschiene.[166] Damit bündeln sich, über den utopischen Anspruch des Festspieles hinaus, verschiedene Motive in der musikalischen Tragödie Wagners. Er erhebt 1. den Anspruch der Religion gegen deren institutionelle Vergegenwärtigung (in ästhetischer Theorie und Bühnenpraxis), 2. will er ihre Bedeutung durch künstlerische Vergegenwärtigung retten, und 3. tritt so das dramatische Kunstwerk nicht als Kunstreligion in Konkurrenz zur eigentlichen Religion, sondern ergänzt und erläutert sie als religiöses Kunstwerk der *memoria*. Es erzeugt nicht selbst die „Weihe“, die es feiert, sondern zeigt entweder (*ex negativo*) im *Ring des Nibelungen* die Verwiesenheit auf diese auratische Antizipation oder gibt im *Parsifal* dem Antizipierten ein christliches Gesicht. Nicht die erstgenannte Form des Festspieles also, die reine Utopie als Verweis ins Offene, sondern der ausdrückliche Bezug auf das, was Wagner als Kern christlichen Glaubens ausmacht, steht mit diesem problematischen Werk zur Frage. Die dreifache These soll nun am musikalisch-dramatischen Kern des „Bühnenweihfestspiels“ überprüft werden. Dabei leitet weniger der ideologiekritische Gedanke Adornos, der seinerseits (auch durch seinen Autor) eher historisch als prinzipiell das Anliegen seines *Versuchs über Wagner* gewesen ist, als vielmehr Benjamins Begriff der „Rettung“ die hier vertretene Lesart.[167] Diese Rettung gilt dem utopischen Potential im Werk Wagners, das als „Trost“ und „Einspruch“ gegen erfahrenen Widersinn und das Leiden daran sichtbar wird. „Rettung“ steht damit nicht schlicht „konservativ“, nämlich retardierend und entschuldigend, dem „progressiven“ Moment der Ideologiekritik entgegen[168], sondern gehört zusammen mit ihr zu einer „bewußtmachenden“ Synthese beider. Rettung ohne Kritik wäre blinde Affirmation; umgekehrt aber gilt: Kritik ohne Rettung wäre ebenso blinde Destruktion.[169] Damit ist der leitende Begriff dieser Lesart semantisch eng mit Wagners Leitmotiv einer „Erlösung“ verknüpft, die zugleich richtet und rettet.

---

[166] Dies zeigt sich auch in Wagners Überarbeitung von Glucks *Iphigénie* für die Dresdener Aufführung 1847. Artemis im 3. Akt verzichtet *nicht* auf das Opfer Iphigenies, sondern entrückt sie zum sühnenden und versöhnenden Gottes-Dienst nach Tauris. Ihr Opfer ist stellvertretende Sühne. Gerhart Hauptmann wählt in seiner späten Atriden-Tetralogie eine ganz ähnliche Handlungsführung.

[167] Vgl. H. Kaulen, Art. „Rettung“, in: Opitz/Wizisla, *Benjamins Begriffe*. 2 651-653.

[168] So der undialektische Einwand von Habermas, *Bewußtmachende oder rettende Kritik* 185-191.

[169] Auch hier geht es einfach um die Kritik im ursprünglichen Sinne, also um die Aufgabe einer „Unterscheidung der Geister“, wie sie Ignatius von Loyola in der Vorbemerkung seiner „Geistlichen Übungen“ als praktische Anweisung gibt: so müsse „jeder gute Christ mehr dazu bereit sein [...], die Aussage des Nächsten für glaubwürdig zu halten, als sie zu verurteilen“, damit jener „sich rette“ (25).

Parsifal bündelt die Leid- und Erlösungsmotive nahezu aller vorhergehenden Werke Wagners. Er zielt damit auf die endgültige und umfassende Lösung des thematischen und dramaturgischen Problems. Diese zitierte oder anvisierte, nicht aber werkimmanent erzeugte oder vorgetäuschte Rettung gibt dem Festspiel die Weihe. Wie dies geschieht, erhellt die Tatsache, daß mit dem Fortschreiten von Text und Komposition Wagners einläßliche und zunächst uneingeschränkt zustimmende Lektüre von Ernest Renans *Vie de Jésus* (1863-1883) einhergeht. Denn: „Er liebt Jesus, während [David Friedrich] Strauß es nicht tut".[170] Diese erstaunliche Begründung erklärt, warum während der Arbeit am *Parsifal* Wagners kritische Distanz zu Goethe und seiner *Faust*-Dichtung wächst. Fausts Weiterleben nach dem Tode Gretchens sei „ein Zug, der einen empört, wenn man nicht bedenkt, daß eben Gott keinen Anteil mehr an ihm hat, also das göttliche Gefühl der zerknirschenden Reue ihm fernbleibt und er bloß auf natürlichem Wege der Befreiung dem Tod entgegen geht".[171] Das „Absolutorium" der Reue bestimmt aber der späte Wagner als „die einzige Religion", ohne die der Mensch nicht auskomme.[172] Goethes vermeintlich ästhetische Religion der Natur, der Gedanke eines Gottes, „der in der Natur hinter der Natur stecke", verdecke den Blick auf „Christus, *Gottes Sohn*", der infolgedessen „als problematisches Wesen" gelte.[173] „Jesus ist ihm eine problematische Erscheinung, aber Gott ist ihm „klar wie Kloßbrühe", heißt es an anderer Stelle derb. Auf diesen „jüdischen" Gottesbegriff des Schöpfers oder Verursachers habe Platon vorbereitet; der Begriff des Erlösers sei davon zu trennen.[174] Wagner greift gleich zweimal ein Goethe-Wort (vom 8. Juni 1830) auf, das ihm offensichtlich aus *Goethes Unterhaltungen mit dem Kanzler Friedrich von Müller* (1870) geläufig ist. Goethe nennt darin Christus „ein höchst bedeutendes, aber problematisches Wesen" und verbindet diese skeptisch-freundliche Wertung mit einer Diagnose der „religiösen Krisis", in der die Menschheit nach aufklärerischer und historischer Kritik stecke.[175] Wagners vehemente Abwehr einer aufklärerischen Kritik an Jesus Christus bezeichnet das Doppelproblem des *Parsifal* und der ihn begleitenden expliziten Theologie. Wie läßt sich ein Bild Jesu Christi formen, das zugleich seine Botschaft rettet und der religiösen Krisis des Glaubens standhält?[176] Von „Gott" könne dabei, so Wagner, nicht ungebrochen die Rede sein[177], um so mehr aber vom

170 CT II, 522 (18.4.1880); vgl. 152.

171 Unter Bezug auf die Kommentare zu „Faust" I und II von H. Düntzer (jeweils zuerst 1850, mehrfach überarbeitet): CT I, 639 (11.2.1873).

172 CT II, 473 (9.1.1880).

173 CT II, 472 (7.1.1880).

174 CT II, 490 (10.12.1880).

175 Der Text Müllers findet sich in *Goethes Gespräche* 3/2, 638.

176 Es wäre eine reizvolle theologiegeschichtliche Frage, wie Wagner in Absetzung von Strauß eine eigene Christozentrik entwickelt und im *Parsifal* gestaltet. Hier müssen Hinweise genügen.

177 „Gott" ist für Wagner eher eine mystische Chiffre. Seine Hafis-, Tauler- und Eckhart-Lektüren wären daraufhin zu untersuchen (vgl. vorläufig orientierend Aberbach, *Richard Wagner's Religious Ideas* 131ff., 194ff.).

Erlöser. Der von Sünde befreiende, selbst sündenlose Jesus[178] sei göttlich, weil mit Gott eins.[179]

Parallel zu Wagners christologischen Überlegungen und wiederholten Renan-Lektüren entsteht die Kuß-Szene des zweiten *Parsifal*-Aktes. Sie erreicht den dramatischen Höhe- und Wendepunkt des Werkes.[180] Der Kuß Kundrys, Gralsbotin und Verführerin in einer Person, macht den Toren Parsifal „durch Mitleid wissend“; der Kuß gibt ihm Teil am Leiden des gescheiterten Gralskönigs Amfortas, denn er läßt ihn die „Heilands-“ bzw. „Gottesklage“ des leidenden Gottes und Erlösers vernehmen. Zugleich wird Parsifal, geküßt von Schuld und Leid der Welt, er selbst, indem er Herkunft und Namen erfährt und seine Aufgabe erkennt.[181] Doch ist er so wenig der „Erlöser“ wie Amfortas („Ich habe an den Heiland dabei gar nicht gedacht“[182]), auch wenn beide Charaktere ebenso wie Kundry durchaus als „christusförmig“ gelten können. Er aktualisiert jedoch, was „Erlösung“ bedeutet, ohne als Medium der Erlösung an ihr im strengen Sinne zu partizipieren.[183] Christus ist an den dramaturgisch wesentlichen Stellen des Textes im Zitat vertreten. Dazu gehören 1. als textlich-musikalisches Leitmotiv die Verheißung „Durch Mitleid wissend, / der reine Tor, / harre sein, / den ich [! – wer, wenn nicht der Erlöser Jesus Christus selbst!] erkor!“[184], 2. die chorisch-liturgisch zitierten Abendmahlsworte Jesu[185] (im 1. Aufzug), 3. Parsifals Zitat der „Gottesklage“ (im 2. Aufzug) sowie 4. die Schlußworte des *chorus mysticus* „Erlösung dem Erlöser!“, die ebensosehr Appell wie utopische Feststellung dessen sind, was als das eigentliche

---

178 Mehrfach betont, bes. CT II, 411 (20. September 1879), Anm.

179 12. Juni 1878: CT II, 115. Dieser „Gott, der in uns wohnt“, „das angeborene Gegengift gegen den Willen [im Sinne Schopenhauers]“, sei „gar nicht der Faustische Gott [...], der nach außen nichts bewegen kann, denn mit unserem Gott verschreibt man sich nicht dem Teufel“ (ebd.).

180 „Der Entscheidungspunkt der großen Szene, der Aufschrei Parsifals, nachdem ihm mit Kundrys Kuß die plötzliche Erleuchtung gekommen, der große entscheidende Riß, der die Szene in zwei Teile zerschneidet und dem gesamten Drama die Wendung aus Not und Schuld zur Erlösung gibt“ (Glasenapp, *Das Leben Richard Wagners* 6, 107). – Vgl. als psychologisches Schema das sog. „Parsifalkreuz“ Wieland Wagners *(Richard- Wagner-Lexikon* 348/349). Das (im Einzelnen problematische) Schema geht auf das *Parsifal-Buch* seines Lehrers Kurt Overhoff (1949 bzw. 1951) zurück.

181 Kundry beugt sich über Parsifal und *„heftet nun ihre Lippen zu einem langen Kusse auf seinen Mund.* PARSIFAL *fährt plötzlich mit einer Gebärde des höchsten Schreckens auf: seine Haltung drückt eine furchtbare Veränderung aus; er stemmt seine Hände gewaltsam gegen das Herz, wie um einen zerreißenden Schmerz zu bewältigen.* Amfortas!... / Die Wunde! – Die Wunde! – / Sie brennt in meinem Herzen! – [...] Nur hier im Herzen will die Qual nicht weichen. / Des Heilands Klage da vernehm ich, / die Klage, ach, die Klage / um das entweihte Heiligtum: / ‚Erlöse, rette mich / aus schuldbefleckten Händen!‘ / So rief die Gottesklage / furchtbar laut mir in die Seele“ (*Parsifal* 849f.).

182 Wagner in abgrenzender Kritik zu Hans von Wolzogens Aufsatz „Bühnenweihfestspiel“, der Parsifal als Christusabbild bestimmt (20. Oktober 1878: CT II, 205).

183 So Parsifal zu Amfortas: „Sei heil, entsündigt und gesühnt! [...] Gesegnet sei dein Leiden, / das Mitleids höchste Kraft / und reinsten Wissens Macht / dem zagen Toren gab!-“ (nach der Berührung von Amfortas' Wunde durch den Kreuzesspeer: *Parsifal* 864).

184 Ebd., 825, 829, 830.

185 Ebd., 837. Der Zitatcharakter unterscheidet die *memoria* im religiösen Kunstwerk von der quasi-sakralen Vergegenwärtigung in einer Kunstreligion.

dramatische Argument des *Parsifal* gelten kann. Soll Erlösung werden, oder ist sie schon? Dabei ist die musikalische Textur zu beachten. Sie verbindet die Schlußformel mit dem sog. „Glaubensmotiv", das den *Parsifal* im Vorspiel eröffnet und bestimmt. Wagners revolutionäre Utopie mündet in die religiöse Verheißung. Doch läßt sich dergleichen aufführen und als Festspiel institutionalisieren, ohne daß es wiederum der Konsequenz verfällt, vor der das Kunstwerk die Religion retten und von der es den „Erlöser" erlösen sollte – retten nämlich vor der Konsequenz einer Religion, die als Institution „künstlich" wird und zum trügenden Schein degeneriert?[186] Der kryptische Schluß des *Parsifal* kann als Mahnung, als Aufforderung oder als Feststellung gehört werden: „Erlösung dem Erlöser!". Jedenfalls hat er den Interpreten viel Kopfzerbrechen bereitet, denn er läßt sich weder theologisch einfach herleiten noch in sich eindeutig fassen.

Christologisches

Der Befund könnte auf eine „christentümliche" Privatreligion[187] oder gar auf eine sakralisierende Chiffrierung eines möglicherweise antisemitischen „Blut-Mythos"[188] deuten, deren Grundgedanken allerdings nicht in Wagners späten theoretischen Schriften aufzuspüren und an der Partitur zu verifizieren sind. Er müsse „noch einen Artikel über Gott schreiben", notiert Cosima während der parallelen Renan-Lektüre und Komposition des *Parsifal*[189]. Aber Renan habe „den Gott nicht erkannt", wenn es auch „der Erfolg von unserer heutigen Kritik sein" könne, „uns Jesus ganz rein wiederzugeben". Im Anschluß fällt der Satz: „Ich muß durchaus einmal meine Theologie schreiben"[190]. Wenn

---

186 Bezeichnend die Überlegung Wagners: „‚Auch Christus [...], wenn er sein Werk gesehen, hätte auch wohl gedacht: >Der römische Imperator ist euch gerade recht.< Und nun diese >scheußlichen< Konsistorialräte als Luther's Nachfolger!' Auch die scheinbar besten Erscheinungen dieser Welt seien schlimm [...]. An all dieses knüpfen wir den Wunsch, daß Parsifal nicht aufgeführt werde" (24. Oktober 1878: CT II, 209).

187 Vgl. Maier, *Mythos und Christentum*.

188 Der späte Aufsatz *Heldentum und Christentum* scheint dies nahezulegen, stellt aber gerade Blut Jesu über alle „Rassen", denn Jesus sei „nicht für das Interesse einer noch so bevorzugten Rasse", sondern für die gesamte Menschheit gestorben. So hebe das wahre Christentum den „Antagonismus der Rassen" auf (SSD 10, 283). Wie immer diese Blut-Lehre zu deuten ist: sie „explodiert [...] förmlich zu Gunsten des Christlichen gegenüber dem Racengedanken" (3. Juni 1881: CT II, 744); vgl. ablehnend zur Rassenlehre des angeblich so hochgeschätzten Grafen Gobineau auch CT II, 850 („die Racen haben ausgespielt": 17. Dezember 1881) und 936 (Gobineau habe „das eine ganz außer acht gelassen [...], was einmal der Menschheit gegeben wurde, einen Heiland, der für sie litt und sich kreuzigen ließ": 23. April 1882). Zum nationalsozialistischen Blutmythos führt hier keine Spur, und auch der führende Blutmythologe Hitler empfahl dringende Retuschen am *Parsifal* (Nike Wagner, *Wagner Theater* 224ff.).

189 1. November 1878: CT II, 216.

190 „[...] vom Ernst zum Scherz übergehend", wie Cosima ergänzt: (15. November 1878: CT II, 231). – Zu dieser Theologie gehört die wiederholte Ablehnung des „hebräischen" Gottes, die wohl weniger als Antisemitismus als vielmehr als zeittypisches Mißverständnis des Gottesbil-

das Vorspiel zu *Parsifal* „wie die Vorrede zu der Predigt sei, weil die Themen einfach nebeneinandergelegt sind“[191], so müssen sich Gegenstand und Vorarbeiten dieser Predigt erschließen lassen, als die Wagner seine Partitur sehen will. Dazu zählen neben den Tagebuchaufzeichnungen Cosima Wagners die späten Schriften *Über Staat und Religion* (1864) und *Religion und Kunst* (1880) nebst dreier Folgeschriften, die manches Anliegen der Zürcher Revolutionsschriften modifiziert weiterführen.

Revolutionäre Kunst existiere nur „im Gegensatz zur gültigen Allgemeinheit“ der christlich-bürgerlichen Gesellschaft[192] und dem „Fieberparoxysmus“ ihrer privatisierten Kunstübung[193]. Denn „zugunsten der Reichen ist Gott Industrie geworden“, die ihren Opfern eine „bessere Welt“ vorspiegelt[194], wie Wagner gut linkshegelianisch zwischen Feuerbach und Marx (und lange vor Benjamin und Adorno) formuliert. Das Kunstwerk hat keine Zukunft als Luxusware der modernen Industriegesellschaft und ihrer Maschinenkultur, ein *Jesus von Nazareth* läßt sich weder auf die bürgerliche noch auf die revolutionäre Bühne stellen. Die christentümlich-bürgerliche Gesellschaft und ihre Kirchen bieten der christlichen Religion keinen Raum. Das Argument des *Parsifal* schließt unmittelbar an diesen kritischen Kunstbegriff der Zürcher Zeit an. Während Wager „die Bildung des Grals ganz abseits von der Kirche wie eine friedsame Loslösung von ihr“[195] deutet, verkörpere Klingsor nicht einfach das Heidnische, sondern „das Eigentümliche, welches das Christentum in die Welt gebracht“: er glaube „ganz wie die Jesuiten“ nicht an das Gute, was seine Macht wie auch sein Untergang sei.[196] Der nichtkirchlichen Gralswelt steht so das manipulierte *paradis artificiel* des Zaubergartens mit dem falschen Schein seiner künstlichen Blumen entgegen.[197] Dieser Zauber falscher Göttlichkeit kann im Feuer der *Götterdämmerung* untergehen, aber nicht wirklich gebrochen werden. Zu einer positiven Erlösung findet der „Ring“ nicht,

---

des im Ersten Testament zu lesen ist und tatsächlich eine Traditionslinie über Gerhart Hauptmanns *Jehova*-Buch (Erstveröffentlichung: *Zur Chararakteristik Jehovas. Glossen zum Alten Testament* 1999) bis in die Gegenwart bildet. Abgelehnt werden die Begriffe eines „außerweltlichen“ Schöpfer- und „innerweltlichen“ Zorngottes, der einer „Nation“ oder „Race“ zugehört (CT II 237 und 242). Dem „christlichen“ Antisemitismus des Berliner Hofpredigers Stoecker widerspricht er ausdrücklich und wertet ihn als politisches Manöver (442, 1053). Der Kampf der Juden „sei der der Nicht-Besitzenden gegen die Besitzenden“ und damit „der allergerechtfertigste“ (1031); „es sei nichts gegen sie einzuwenden, nur seien sie zu früh zu uns Deutschen getreten“ (236). Neben den vielzitierten kruden Antisemitismen Wagners verdienen diese Äußerungen, ernster und systematischer als bisher üblich gelesen zu werden.

191 23. September 1879: CT II, 413.

192 *Die Kunst und die Revolution*: SSD 3, 28.

193 In der Revolutionsschrift von GSD getilgtes Wort, aber enthalten in SSD 12, 253.

194 SSD 3, 25/26.

195 2. September 1875: CT I, 932.

196 2. März 1878: CT II, 52.

197 Allerdings hat auch der falsche Zauber seinen echten Kern, die „Unschuld der Natur“, ihre „Sehnsucht“ und ihr „süßes Klagen“ (30. Mai 1878: CT II, 102). Der „Karfreitagszauber“ des dritten *Parsifal*-Aufzuges bezieht sie ein in „die entsündigte Natur“, die mit Parsifals wissender Wiederkehr „ihren Unschuldstag erwirbt“. Parsifal vergißt das Leid der manipulierten Natur nicht, wenn er fragt: „Ich sah sie welken, die einst mir lachten; / ob heut sie nach Erlösung schmachten?“ (*Parsifal* 861).

sondern er deutet den Weg ins Offene nur an. So ist das „Erlösungsmotiv" des Endes zugleich ein Zitat des „Verkündigungsmotives" in der *Walküre*, wo es Siegfried gilt – unerfüllt und unerfüllbar, wie sich herausstellt. Dies ist der Überschuß an Verheißung und Positivität, mit dem der *Ring* in hoffnungsvoller Utopie endet.[198] Die unerfüllte und, ihm Rahmen des *Rings*, tragisch unerfüllbare Freiheit Siegfrieds besiegt den Zauber falscher Göttlichkeit jedoch nicht. Erst der nicht-manipulierbare „reine Tor" Parsifal, in dem etwas von der Göttlichkeit Jesu aufscheint, überwindet die Perversion der Liebe in Macht, für die Alberich und Klingsor jeweils stehen.[199]

Wagners revolutionäre Christozentrik geht mit ursprünglicher Kirchenkritik einher. Die emanzipatorische Naherwartung der Aufklärung schlägt wieder um in die ursprünglich christliche Naherwartung Jesu Christi. Damit darf im *Parsifal* die Zeit stillstehen und den allseitig offenen Raum der Erlösung bilden. Geschlossene Formen von Erlösung und Unerlöstheit, mithin der Gralstempel und Klingsors Zaubergarten, können darin nur im Zustand ihrer Auflösung erscheinen. Der Kreuzesspeer stürzt nicht nur „die trügende Pracht"[200] des letzteren (ein revolutionärer Barrikadengestus Parsifals mit dem Kreuzesspeer in der Hand!); er ermöglicht auch die endgültige, eschatologische Enthüllung des Grals als Symbol der göttlichen Liebe. Damit steht der *Parsifal* prinzipiell kritisch zu jeder Organisation von Heil oder Unheil, wie sie in der Person Kundrys tragisch verknüpft sind. Sein Protagonist verkündet die „Anarchie" des Heils, gerade wenn er das Gralsamt als uneingeschränkten Dienst respektiert.[201]

---

198 „Ich brauchte der Hypothese des Christentums nicht [...] wie Laplace der Hypothese Gott nicht, um die Verneinung des Willens im Ring auszudrücken" (7. April 1878: CT II, 80/81).

199 „An Gott glaube ich nicht, aber an das Göttliche, welches sich im *sündenlosen* Jesus offenbart" (20. September 1879: CT II, 411). Wagners Kritik richtet sich unmittelbar an David Friedrich Strauß und dessen Satz, „mit einem sündenlosen Jesus ‚*weiß die Geschichte nichts anzufangen*'. Dieses absurde Verhältnis der Geschichte zu dieser Erscheinung und die Ausdrucksweise erheitern ihn sehr" (2. August 1878: CT II, 152).

200 *Parsifal* 854.

201 Dieter Borchmeyer wendet ein: „Nichts aber deutet darauf hin, daß der Gral nach vollzogener Handlung nicht wieder – wie stets – verhüllt und in den Tabernakel zurückgestellt wird. In der Enthüllung des Grals das Symbol einer Öffnung der hermetischen Gralsgemeinschaft zu sehen, entspringt kaum einer haltbaren Textauslegung. Wenn der Gral ‚nicht mehr' verschlossen sein soll, nachdem er es so lange gewesen ist, heißt das nicht, daß er *nie mehr* verschlossen sein soll" (in seiner Kritik an Hans Mayers „Traumbild vom demokratischen Fest", das an diese Vision einer „künftigen Gralswelt" gebunden ist: *Erlösung und Apokatastasis* 133). Wenn sich die Textauslegung allein auf den genannten Passus stützte, wäre sie in der Tat argumentativ nicht sonderlich stark und könnte bloß (immerhin!) eine *mögliche* Lesart herausstellen. Im Kontext des gesamten Dramas stellt sich die Sache anders dar. Die Welten des Amfortas und des Klingsor, Gralsritter wie Blumenmädchen, stehen einander dialektisch gegenüber, in ihrer Ambivalenz verschränkt in der Gestalt Kundrys, die beiden Welten zugehört. Umgekehrt gilt dies ebenfalls von Parsifal, der beiden Welten von Anfang an fremd gegenüber steht, auch wenn er beide „vernichtend" bzw. „erlösend" verbindet. Auch musikalisch sind beide Welten so eng verwandt, daß sie nahezu substantiell identisch sind, wie Egon Voss aufgezeigt hat (*Wagner und kein Ende* 227-230; so stehen z. B. das „Dresdener Amen" und der Gesang der Blumenmädchen nicht nur beide in der Grundtonart As [und setzen motivisch ähnlich mit Sekund- und Terzschritten an!], sondern schreiten in Sekunden aufwärts von der Quinte zur Oktave in par-

„Christus und die Evangelien werden ewig leben“, sagt R[ichard]., aber mit dem Beginn der Kirche sei schon die ganze Sache verpfuscht, ja mit den Interpolationen in den Evangelien. Denn die ersten Christen erwarteten die Wiederkehr Christi nur als Welt-Aufhebung, als Ende des Weltzustandes.[202]

---

allelen Sexten: ebd., 228). Kundry und Parsifal durchbrechen diese Scheinalternative von hermetischer („kirchlicher“) Ritterwelt und dekadentem „paradis artificiel“ – auch eine Analogie zur Scheinalternative von Religion und Kunst, die jede ausschließlich für sich zu stehen meinen, während sie doch aufeinander bezogen sind. Kundry überschreitet diese Grenze im Negativen, wenn sie in den widersprüchlichen Diensten Amfortas‘ und Klingsors durch die Welten irrt (weil durch „Zauberschlaf“ gebannt von Klingsor und nicht nur als „die heidnische, die noch unerlöste Natur“ im „Winterschlaf“, wie Borchmeyer formuliert: l. c., 136). Parsifal durchbricht die Grenze im Positiven, wenn er im Zeichen des Speeres bzw. des Kreuzes „vernichtet“ bzw. „erlöst“. Kundry und Parsifal, Frau und Mann, heben beide die Grenze auf, wenn sie, von Gurnemanz geleitet, in den Tempel einziehen. Auch hier also eine *Metaphysik der Geschlechtsliebe* im Großen, was die beiden ambivalent-alternativen Welten des Dramas betrifft, und im Kleinen, was die beiden Protagonisten Kundry und Parsifal angeht. Und „nur in der Vereinigung von Mann und Weib existirt erst der wirkliche Mensch, erst durch die Liebe wird daher der Mann wie das Weib – Mensch“. So, wie Siegfried „erst mit *Brünnhilde* [...] zum Erlöser wird“, muß dasselbe auch von Parsifal in seinem Bezug auf Kundry gelten (vgl. Wagner an August Röckel vom 24. August 1851: SB 6, 63). In seinem Zentrum ist der *Parsifal* keineswegs „das einzige von Schopenhauer nicht ablösbare Werk“ (Borchmeyer, l.c., 157), so daß „Askese als Enthaltung vom Sexus das zentrale Problem wäre“ (ebd.), denn es zeigt auf beiden Seiten seiner Welt nur deformierte Menschlichkeit: der elitären Askese mit Machtanspruch steht artifizielle Sinnlichkeit mit nicht geringerem Machtanspruch gegenüber. Im Gegenteil: ein Schlußbild wäre denkbar und zwingend, daß nicht nur Parsifal und Kundry vereint, sondern auch die Ritter und die Blumenmädchen versöhnt zeigt. (Als Gegenprobe: Wäre dergleichen denkbar für das Personal der Gegenwelten im *Tannhäuser*, für die Wartburggesellschaft und die Insassen des Venusbergs, die zwar beide durch Tannhäuser verbunden sind, aber nicht durch Elisabeth erlöst werden?) Und warum sollte, da der Bezug auf Schopenhauer hier wie sonst bei Wagner recht äußerlich gegeben ist, ausgerechnet im *Parsifal* geschehen, was in Wagners Dramen nie geschieht: eine *restitutio in integrum*, selbst auf höherem Niveau, weil Vergangenes eben als Gewesenes bleibt? Wozu Wagners Kritik von Kirche und Staat, wenn Parsifals Mitleiden nur dazu dient, beide wieder in ihre Rechte einzusetzen und Kundry „entseelt zu Boden“ sinken zu lassen? Denn Wagner überträgt im *Parsifal* seine Institutionenkritik auf die Gralsrittergemeinschaft als Bild der „Kirche“ bzw. des „Reiches Gottes auf Erden“. Darum muß die Erlösung, die Parsifal in den Gralstempel bringt, eine „Aufhebung“ im emphatischen Sinn als „Vernichtung“ bedeuten, wie sie Wagner sonst ebenfalls für Staat und Staats-Kirche fordert. Dann aber steht die Barrikade doch im Gralstempel – wie könnte der religiöse Revolutionär Parsifal den einmal enthüllten Gral je wieder verschließen? Wie könnte seine Revolution nur dazu dienen, die Tempelritterschaft zu restaurieren? „Unverschlossen“ bliebe der Gral, weil er nicht mehr das Privileg einer hermetischen Ritterwelt darstellt, die sich negativ zur Außenwelt („üpp’ges Heidenland“) definiert und sie derart vom „Heil“ ausschließt – „unverschlossen“ bliebe er im weiteren Wortsinne auch dann, wenn er wieder in den Schrein verschlossen würde (was ja ohnedies nicht Teil der Bühnenhandlung sein kann und daher für die Sache des Dramas genaugenommen belanglos ist). Kurz: Der unverschlossene Gral wäre ein „offenbares Geheimnis“ so, wie es Goethe sieht, nicht aber ein bewußt verrätseltes und sekretiertes Geheimnis, über das nur eine religiöse Institution oder bestimmte Adepten elitär und mißbräuchlich verfügten. Wagners handschriftliche Urkunde zur Grundsteinlegung des Festspielhauses vom 22. Mai 1872 scheint auf dieses zentrale Wort Goethes übrigens bewußt anzuspielen: „Hier schließ’ ich ein *Geheimnis* ein, da ruh’ es viele hundert Jahr’: / so lange es verwahrt der Stein, macht es der Welt sich *offenbar*“ (zit. nach Glasenapp, *Das Leben Richard Wagners* 4, 424; Hervorhebung v. P. H.).

202 20. Oktober 1878: CT II, 204. „Vom Christentum sagt R[ichard]., es sei für ihn ganz im Abendmahl enthalten. Aber die Möglichkeit der Gründung einer Kirche, und daß solch ein herrlich

Für Wagner ist zwischen Kirche und Staat kein Platz für wirkliches Christentum; es sei „noch nicht in das Leben getreten, und wie die ersten Christen erwarte ich eine Wiederkunft von Christus".[203] Mit dieser erstaunlichen Äußerung – darf man sie ein Bekenntnis nennen? – verabschiedet Wagner die aufgeklärte Jesus-Kritik von Voltaire[204] bis hin zu Goethe samt ihrer säkularisierten Naherwartung.[205] Noch einmal müsse das Christentum „rein und wahr der Welt gepredigt werden".[206] Anläßlich der Kommunion seiner Stieftochter Blandine betont er die grundlegende „Bedeutung der Beichte und des Abendmahles", in denen sich „das ganze Wesen des Christentums, Bekennen und Erlösung", zeige. Der Kontext, in dem Feuerbachs berühmtes Titelwort hier steht, zeigt das ganze Ausmaß der Abkehr von linkshegelianischer Religionskritik und darüber hinaus die Hoffnung, „das Christentum noch für die kommenden Zeiten zu retten".[207] Der Ort der Rettung ist das Heilige, wenn es sich personal zeigt: „Wahrhaft groß dem Leben gegenüber ist doch nur der Heilige!"[208] Doch verhalte sich Jesus als der göttliche Mensch zu den Heiligen wie der Offenbarende zu den Empfangenden.[209] Seine Göttlichkeit und auch Geschichtlichkeit stehen für Wagner außer Frage. Jesus ist weder eine revo-

sanftes Wesen wie Franciscus nun in Demut vor dem Haupte derselben beuge, mache das Christentum so bedenklich" (1. Oktober 1882: CT II, 1012/1013).

203 15. Juli 1879: CT II, 382. – Schon von dieser Naherwartung eines noch nicht Eingetroffenen her verbietet es sich, eine mythisch-zyklische *restitutio in integrum*, eine „Wiederherstellung aller Dinge" (als *apokatastasis*) als das „zyklische Modell" von Wagners Weltsicht zu konstruieren, wie es Borchmeyer thesenartig expliziert (*Erlösung und Apokatastasis*, bes. 128-132 und passim). Sie sei „das Telos der Handlung", und „ihr Ende [...] die Rückkehr in den Anfang, dessen gesteigerte [!] Wiederkehr" (ebd., 130; vgl. auch Borchmeyers *Ring*-Deutung: *Der Mythos des 19. Jahrhunderts in zwiefacher Gestalt:* Faust *und* Der Ring des Nibelungen, in: *Goethe. Der Zeitbürger* 334-359). Gerade eine *gesteigerte* Wiederkehr sprengt ein zyklisches Weltmodell auf und verheißt einen utopischen Überschuß. Die Welt wird nicht restauriert, sondern steigernd aufgehoben. Die *apokatastasis* ist dafür aber kein geeignetes Modell, und dies aus zwei Gründen. Zum einen gehört sie zur Mechanik des neuplatonischen Emanationsmodells, das von einer gestuften Materialisierung des *nous* ausgeht; dieser „Verfall" wird gegenläufig wieder aufgehoben und die ursprüngliche Einheit hergestellt. Die Emanation als Bild des Verfalls hat indes nichts zu tun mit der Geschichte menschlicher Schuld; sie beschreibt ein reines *malum metaphysicum*. Für Wagners Begriffspaar „Erlösung" und „Sünde" taugte die Kategorie der Allversöhnung nur dann, wenn „Sünde" in einem uneigentlichen Sinn als „Schuld des Daseins" von Schopenhauer her zu deuten wäre. Das aber hieße, Schopenhauers Philosophie als Interpretament für den *Parsifal* entschieden überzubewerten. Hier geht es um „Sünde" als zu verantwortende Tat aller Protagonisten, nicht um ein metaphysisches Grundübel ihrer Existenz überhaupt. Zum anderen galt die Kategorie der „Wiederbringung aller Dinge" in der christlichen Dogmengeschichte nie als taugliche Beschreibung von Erlösung, sondern allenfalls als ein begründeter Ausdruck der Hoffnung auf eine erlösende „Allverzeihung" durch Gott und gewissermaßen als Ausdruck einer Utopie.

204 31. Mai 1878: CT II, 103.

205 „Er kann immer weniger die hämischen Auslassungen gegen das Christentum leiden. Gestern rief er in Bezug auf Volks-Beglückung durch Erziehung aus: ‚Wie kann man nur von irgend so etwas sprechen, wenn die Bettler einem die lahmen Hände entgegenstrecken!'" (17. Januar 1880: CT II, 479).

206 12. Juni 1878: CT II, 115 .

207 15. Juni 1878: CT II, 117.

208 5. Juni 1878: CT II, 109.

209 18. Juni 1878: CT II, 119.

lutionäre Chiffre noch ein ästhetischer Mythos.[210] Nicht seine Kreuzigung oder sein Tod, den Wagner als „die Tragödie kat ex ochen“[211] versteht, „sondern die Auferstehung [habe] die Religion gestiftet“[212]. Stifter und Stiftung stünden so über bloßer Weltverneinung im Sinne Buddhas oder Schopenhauers.[213]

---

[210] Wagner deutet das Christentum im *Parsifal* ebenso wenig mythisch, wie das Drama als Ganzes zyklisch angelegt ist. Hier wird nicht „das Christentum auf bestimmte Grundmuster reduziert“ (so Borchmeyer in der Diskussion zu seinem Vortrag *Erlösung und Apokatastasis* 156), die sich in ihrer mythischen Symbolik für die künstlerische Adaption eignen, sondern das spezifisch Christliche ist im Zitat gegenwärtig und damit als etwas bewußt und gewußt, was über das künstlerische Symbol hinausweist. Dieses Zitat im Drama tritt mit der Erlösungsverheißung und mit den Abendmahlsworten Jesu (und entsprechend stets in Anführungszeichen!) aus der Bühnenhandlung heraus. Es sprengt dessen Immanenz als Kunstwerk durch diesen Außenbezug, ohne deswegen nun selber zum allegorischen Spiel über solche außerkünstlerischen Gehalte zu werden. Insofern gehört Wagners Mysterienspiel durchaus nicht zur Kategorie der *Autos sacramentales* im Sinne der kirchlichen Mysterienspiele Calderóns, die sich allegorisch auf kirchlich-dogmatische Wahrheiten beziehen (vgl. Borchmeyer, *Die Festspielidee im Spannungsfeld von Hofkultur und Kunstreligion* 22, mit Berufung auf den Sprachgebrauch von Richard und auch Cosima Wagner; außerdem ders., *Erlösung und Apokatastasis* 146). Die Figuren des *Parsifal* stehen für sich; sie sind insofern künstlerische *Symbole*, keine religiösen *Allegorien*. Wagner unterscheidet in den Eingangssätzen von *Religion und Kunst* ausdrücklich beide Begriffe (SSD 10, 211); er kommt damit dem Sprachgebrauch Goethes nahe, ohne ausdrücklich darauf zu verweisen (vgl. Hofmann, *Goethes Theologie* 313-323).

[211] 11. Februar 1875: CT I, 896.

[212] 12. April 1879: CT II, 330. – „[...] ‚der Heiland im Leichentuch auferstehend, verklärt, das ist das schönste Symbol‘“ (17. Juni 1878: ebd., 118). – Die Auffassung, „daß in Wagners höchst unorthodoxem Alterschristentum die Auferstehung Jesu keine Rolle spielt“ und er nahezu ausschließlich ein „Karfreitags-, kein Osterchristentum vertrete“ (Borchmeyer, *Erlösung und Apokatastasis* 144), trifft hier buchstäblich nicht zu. Das gilt auch prinzipiell, denn 1. hat eine Christologie des Karfreitags nur dann einen über den Tod Jesu hinausreichenden Sinn, wenn sie auf ihre göttliche Bestätigung in der Auferstehung angelegt ist – denn ein bloßer „Mitleidstod“ kann wohl vorbildlich, aber nicht „erlösend“ sein. 2. hat gerade die Auferstehung eine eschatologische Komponente. Sie weist über das als sinnvoll gedeutete Geschehen des Todes hinaus in die Zukunft und wird immer als Anbruch, nicht als das Ende der Erlösung gedeutet, wenn von Jesus Christus als dem „Ersten der Entschlafenen“ (1 Kor 15) gesprochen wird. Auferstehung hat zudem eine utopische Komponente, weil sie vorläufig und unvollendet bleibt – sie ist ein *antizipando*. Diese Auferstehung als Hoffnung oder utopischer Überschuß kündigt sich im *Parsifal* an, wenn die Karfreitagsaue aufblüht; sie kündigt sich selbst im *Ring* an, wenn der endgültigen Destruktion das „Wunder-Motiv“ mehr eröffnend als abschließend folgt. Was in der Welt des *Ring* wie ein Zyklus ewiger Wiederkehr bei steter Steigerung aussieht, öffnet sich im *Parsifal*, wenn die Natur „entsündigt“, Amfortas „geheilt“, Kundry „entsühnt“ und der Gral „enthüllt“ ist. Wagners Verständnis der Auferstehung, die vom Karfreitag nicht abzulösen und als „nachklappendes“ Wunder zu bestimmen ist, findet sich nicht nur in August Friedrich Gefrörers *Geschichte des Urchristentums* (Stuttgart 1838), deren ersten Band Wagner intensiv studiert und mit Cosima besprochen hat (vgl. Borchmeyer 144/145), sondern in vielen anspruchsvollen Christologien verschiedener Epochen, die sich der schlichten Alternative „Karfreitag“ oder „Auferstehung“ im Ansatz entziehen. Daß Wagner sich nicht einer vorgeblich künstlerischen Lizenz bedient, diesen Kern der Soteriologie zu simplifizieren, ist aller Ehren wert.

[213] 22. November 1873: CT I, 754; vgl. 759. – Von „Wagners Idee der ‚wahren Religion‘, des reinen, mit dem ethischen Kern des Buddhismus identischen Christentums“ (Borchmeyer, *Erlösung und Apokatastasis* 147; vgl. 141) kann nur in einem sehr ungefähren Sinn gesprochen werden. Die von Wagner häufig betonte buddhistische Erkenntnis des „Tat vam asi“ („Das bist du selbst!“), die im fremden Lebenswillen denselben Weltwillen wie in sich selbst erfaßt und deswegen diesen fremden Lebenswillen respektiert, unterscheidet sich durchaus vom christli-

Eine private Religion der Weisen dürfe sich keiner bilden: „„Christus ist unser Vermittler, er führt uns aus diesem Leben'", und daher sei „Religion [...] *Band*, man kann keine Religion für sich haben".[214]

Das Christentum könne eine Religion, nicht aber eine Kirche sein, „welche durch den Widerspruch mit der Welt gegen die Welt notwendig eine organisierte Heuchelei sein muß. Das wahre, unkirchliche Christentum ruft aus dem Leben, und alle Leidenden werden seinen Ruf hören!"[215] Damit erscheint das vielfach variierte und im *Parsifal* gestaltbildende Leid-Motiv des Schreies. Die Religion habe „gleich der Musik vom Schrei auszugehen [...], bis zur Klage (und endlich zum Spielen mit der Klage in der Kunst), und zur Erlösung"[216], denn „„Alles *schreit*!'"[217]. Die programmatische *Beethoven*-Schrift (1870) schließt sich an Schopenhauers Traumtheorie an und bestimmt den Schrei als Erwachen als den eigentlich musikalischen Ur-Übergang von unbewußter Innenwelt in bewußte Außenwelt.[218] Das Wesen der Musik formt sich so als die „selige Morgentraum-Deutweise"[219], und „alle Dichtkunst und Poeterei / ist nichts als Wahrtraumdeuterei"[220]. Der Schrei des Erwachens ist die musikalische Ur-Gestalt, in der sich „das (geistige) Erschauen der Ideen" seiner selbst bewußt wird. In ihm kommt „das Grundwesen der Welt außer uns mit dem unsrigen" zur völligen Identität und schließt so „jene dem Sehen dünkende Kluft" zwischen Subjekt und Objekt „sofort".[221] Der Schrei zwischen täuschendem Traum und Erwachen, der Schrei des Leides nach Erlösung antwortet auf die „Heilandsklage" im *Parsifal*. Beide verbinden sich in der zentralen Kußszene des 2. Aufzuges. Der Aufschrei Parsifals gilt dem Leiden Amfortas', das er erst jetzt erfaßt. In dessen Leiden vernimmt er des „Heilands Klage"; es ist die „Gottesklage" des Erlösers, der „aus schuldbefleckten Händen" erlöst sein will, genauer: aus der schuldbefleckten Institution der Gralswelt, die das „Heiltum" für sich eigennützig verschließt. Diesem Schrei Parsifals, der die Klage des leidenden Gottes erst hörbar werden läßt, entspricht spiegelbildlich – eben um diese Achse der „Gottesklage" gespiegelt und sicht- bzw. hörbar gemacht – das Lachen Kundrys, die den Erlöser wie ein weiblicher Ahasver sucht. „Ich sah – Ihn – Ihn – / und ... lachte: / da traf mich sein Blick! – / Nun such ich ihn von Welt zu Welt, / ihm

chen Mitleiden, das dem Anderen gerade deswegen gilt, weil er ein unterschiedenes Mitgeschöpf desselben gemeinsamen Schöpfers und daher im positiven Sinn ein Individuum ist (und bleiben soll). Was Wagner in Anlehnung an Schopenhauer als buddhistische Ethik deutet, gründet sich auf die Erkenntnis des verbindenden Einen in Allem und ist also eine „Weisheit", die sich im Handeln bewährt. Das christliche Mitleid zielt hingegen auf das einzelne Leben selbst: nicht aus „Weisheit", sondern aus „Liebe", wie Wagner vielfach und abgrenzend betont.

214 13. Dezember 1873: CT I, 762/763.

215 16. August 1878: CT II, 161.

216 19. September 1873: CT I, 730.

217 „Es ist dasselbe im Venusberg wie im Tristan, hier verliert es sich in die Anmut, dort in den Tod – überall der Schrei, die Klage" (20. Juli 1880: CT II, 573).

218 SSD 9, 61-126, 68-71, vgl. 108-111.

219 *Meistersinger*, 3. Aufzug: 478.

220 Ebd., 463.

221 *Beethoven*: SSD 9, 71.

wieder zu begegnen“.[222] Der abstürzende, jegliche melodische Linie zerreißende Leidensgestus dieser beiden Schreie rahmt das Motiv „Gottesklage“, die mit dem Vorspiel zum 1. Aufzug als Teil des „Glaubensmotives“ definiert ist. Die Klage ist Teil des Glaubens, wie ihn das Vorspiel exponiert. In der dramatischen Entwicklung zerreißt die „unendliche Melodie“ gleich doppelt. Hier, im Zentrum der Darstellung eines Leidens, das jenseits jeder Ästhetisierung steht, versagt sich Wagner die virtuose „Kunst des Übergangs“, mit dem sonst die Leitmotive in stetiger Metamorphose („Bildung“ in Goethes aktiv-passivischem Wortsinn) auseinander hervortreiben und lebendig wachsen. Die Musik als metaphysische Größe verstummt vor diesem Schrei.[223] Damit gewinnt die Textur des *Parsifal* eine doppelte Offenheit. Zunächst ist ohnehin „das Werk als eine offene Struktur zu denken“ (Pierre Boulez), die sich in Motiven nur vorübergehend verfestigt.[224] Statt eines zielgerichteten Verlaufes, den Adorno von einer dialektischen Musik und ihrer inneren Zeitstruktur noch fordern mochte, knüpft die Musik des *Parsifal* (und auch die der vorhergehenden „Musikdramen“) ein Beziehungsnetz von Motiven, das den Raum als gegenwärtige Zeit erfahrbar macht. Alles ist zu jeder Zeit präsent, weil es vergegenwärtigt wird, und verweist auf das jeweils andere.[225] Alles ist „Verwandlungsmusik“, Schwelle, Übergang, Passage[226] und dabei so latent surrealistisch, so daß es sich jenseits der Musik nur in Ansätzen szenisch realisieren läßt. Kein Motiv oder Thema steht festgefügt außerhalb dieses sich stetig verwandelnden Zeit-Raums des Musikdramas, das immer wieder in einem Netz von motivischen Verweisungen die geschehene Erlösung im Zitat erinnert, nicht aber liturgisch-sakramental vergegenwärtigt.[227] Dazu dienen

---

222 *Parsifal* 849-851. – Vgl. vor allem Wolfgang Hofers Charakteristik Kundrys (*Zwischen Lachen und Schweigen. Nachruf auf Kundry*, in seinem Nachwort zu Hans Mayers *Richard Wagner*: 594-608, bes. 597 und 602; außerdem Sinopoli, *Bewußtseinsbildung und Individuation*.

223 Solche gestaltbildenden Zäsuren bzw. Pausen sprechen für sich. Sie lassen sich in allen Werken ab dem *Rheingold* an entscheidender Stelle aufweisen.

224 Dies gilt besonders, wenn die Musik in ihrer Ambivalenz sich nicht mit dem Text völlig deckt und ihm als „musikalisch-dichterische Periode“ – wie so oft! – nicht das Wort redet. Egon Voss resümiert am Schluß seine „Skizze zur Charakterisierung der *Parsifal*-Musik“: „Es ist oftmals, als stelle die Musik im *Parsifal* den Text in Frage, der so bestimmt und zielstrebig scheint, so entschieden-eindeutig in seinen Lösungen und Antworten. Der Komponist Wagner fällt dem Textautor gleichsam in den Arm und beläßt es – darin ganz ein Autor der Moderne – beim Formulieren von Fragen, vermutlich weil er sich der Antworten nicht mehr sicher ist“ (Voss, *Wagner und keine Ende* 233).

225 „Nichts, und vor allem nicht die musikalische Textur, ist endgültig zum Stillstand gebracht, nichts kann sich wirklich vollenden“ (Boulez, *Die neuerforschte Zeit* 309).

226 Dies ist jedoch im Unterschied etwa zu Walter Benjamin nicht als „raumgewordene Vergangenheit“ der Pariser „Passagen“ gemeint, sondern als raumwerdende *Gegenwart* des Heils – *nunc stans*, erfüllter („ewiger“) Augenblick oder „vollzählige Zeit“ (Rilke).

227 Dieser Interpretationsansatz findet sich auch bei Boulez, *Wege zu „Parsifal“* (1970), bes. 215-222. – Vgl. die philosophiegeschichtliche Bestimmung des *Parsifal* als „Kunst der memoria“ bei A. Nowak (*Wagners Parsifal und die Idee der Kunstreligion* 172-174). Adolf Nowak resümiert: „Wagners ‚Parsifal‘ ist durchzogen von einem Moment des Verzichts auf das, was Hegel ‚subjektive Rundung‘ genannt hätte. Das [...] Abreißen oder Innehalten der Bewegung, die in die Pausen hinein nachklingenden oder, anstelle einer Auflösung, einstimmig fortgeführten Dissonanzen [...], der Verzicht auf Ornamentales in einem teilweise sehr reduzierten Satz [...],

die quasi-liturgischen Chöre des ersten Aufzuges, die keine Bühnenliturgie betreiben, sondern an etwas erinnern, was außerhalb dieser Kunst liegt.[228] Das Abendmahl auf der Bühne hingegen kehrt die eucharistische Wandlung um, wenn das heilige Blut des Erlösers in das Lebensmittel Wein verwandelt wird, und zeigt damit, wie der Glaube zu Leben und ethischem Handeln wird.[229] Entsprechend bietet der *Parsifal* in genauer Steigerung über den *Ring* hinaus ein Bühnenfestspiel mit explizitem religiösen Außenbezug. Der strittige Terminus „Bühnenweihfestspiel" ist nichts anderes als der Versuch, diese religiöse Bindung des Mysterienspieles zu formulieren. Denn: „Das Kunstwerk ist die lebendig dargestellte Religion; – Religionen aber erfindet nicht der Künstler".[230]

Religion und Kunst

Schließt sich das Spiel nicht doch selbstgenügsam in sich ab? Zunächst wahrt Wagner den ausdrücklichen Bezug auf eine religiöse Dimension, die nicht das Resultat des Kunstwerkes selbst ist. Ferner verzichtet gerade der musikalisch unabschließbar-offene Schluß auf jegliche Apotheose, mit der sich Autor und Werk selbst feierten.[231] Die Handlung selbst mündet notwendig ins Offene. In

schließlich das Meiden des Apotheosenhaften im III. Akt durch ein ‚sempre piano' in Partien, die die Erlösung besingen. Gerade der ‚Mimomane [...] scheint Mißtrauen empfunden zu haben gegenüber der Eigenmacht des Könnens, gegenüber dem Anspruch auf Erlösung durch Kunst. [...] Parsifal ist ein Werk, in dem die Idee der Kunstreligion dergestalt realisiert ist, daß selbst die Grenzen dieser Idee erfahrbar werden" (174).

228 Nur die Chöre zitieren die Abendmahlsworte; die Bühne hingegen zeigt eine *agape*. Insofern verliert Igor Strawinskys zeitbedingt fromme Abneigung jeden Anhalt am Werk selbst, wenn sie es als „Frevel" verurteilt (vgl. *Parsifal* [1912], in: Barth, *Der Festspielhügel* 116-118).

229 Beides kann nicht miteinander verwechselt werden: Kunst und Religion bleiben jeweils sie selbst, gerade wenn sich aufeinander beziehen, statt sich im anderen nur abzubilden und es damit dienlich zu machen. Vgl. unter Bezug auf diese Beobachtung Hans Küngs (im Programmheft zur Bayreuther *Parsifal*-Aufführung von 1982) auch Borchmeyer, *Erlösung und Apokatastasis* 146.

230 *Das Kunstwerk der Zukunft*: SSD 3, 63. Außerdem: „Das lyrische wie das dramatische Kunstwerk war ein *religiöser* Akt: bereits aber gab sich in diesem Akte, der ursprünglichen einfachen religiösen Feiern gegenüber gehalten, ein gleichsam künstliches Bestreben kund, nämlich das Bestreben, willkürlich und absichtlich diejenige gemeinschaftliche Erinnerung sich vorzuführen, die im gemeinen Leben an unmittelbar lebendigem Eindrucke schon verloren hatte. Die Tragödie war somit die zum Kunstwerke gewordene religiöse Feier, neben welcher die herkömmlich fortgesetzte wirkliche religiöse Tempelfeier notwendig an Innigkeit und Wahrheit so sehr einbüßte, daß sie eben zur gedankenlosen herkömmlichen Zeremonie wurde, während ihr Kern im Kunstwerke fortlebte" (132). Auch die späte Schrift über *Kunst und Religion* (1880) vertieft und variiert nur diesen revolutionären Gedanken im Abschluß an *Parsifal*. Die folgerichtigen Versuche Wagners, den *Parsifal* für Bayreuth zu reservieren, zielten hauptsächlich darauf, ihn vor der Produktion als Ware zu schützen.

231 Solche Apotheose störe ihn an den symphonischen Schlüssen Beethovens (5. Sinfonie) und Liszts (*Tasso*). Er verabschiedet sich ausdrücklich „von der Notwendigkeit, welche früher schien, daß jedes Finale ‚wie ein Taumel, ein besoffener Unsinn von Leiden und Freude [...]'" sein müsse (21. März 1878: CT II, 66) – und teilt darin aus denselben Gründen Blochs Abneigung vor aller „Verabredung" zu falschem, weil affirmativem Final-Glanz.

allen drei Aufzügen ist es Parsifal, der ein geschlossenes System mit dessen totalen Anspruch verläßt: am Ende des 1. Aktes die Welt der Gralsritter, die ihn ausstößt, am Ende des 2. Aktes die Scheinwelt Klingsors, die er als Durchschautes aufhebt, und am Ende des 3. Aktes wiederum die Gralswelt, die ihn als Nachfolger des Amfortas zum Gralskönig bestimmt. Diese letzte Öffnung verdient besondere Aufmerksamkeit. Die angeschlagene Gralswelt in ihrem mitleidlosen Heilsbesitz ist Wagners Allegorie des Kirchlichen. Parsifal restauriert sie nicht, sondern hebt auch sie, die als Kehrseite der Klingsorwelt mit ihr auf Heil und Verderb verbunden ist, endgültig auf. Die finale Enthüllung des Grals nimmt buchstäblich einen apokalyptischen Zug an, der eine Wiederverhüllung geradezu ausschließt. Mit der erfüllten Naherwartung ist auch hier das Ende der (Bühnen-)Geschichte gekommen und die Utopie eines „reinen Christentums“ jenseits seiner Erstarrung zwischen Kirche und Staat angedeutet. Die letzten Worte Parsifals lauten: „Nicht soll der [Gral] mehr verschlossen sein: – / Enthüllet den Gral – öffnet den Schrein!“ Ihnen respondieren „alle“, zusammen mit dem *chorus mysticus* aus der höchsten Höhe: „Höchsten Heiles Wunder: / Erlösung dem Erlöser!“[232] Vielleicht ließe sich selbst die *Metaphysik der Geschlechtsliebe* hier in ihr finales Recht setzen. Denn Amfortas und Klingsor verkörpern dasselbe Leiden in verschiedenen Welten und Rollen, zwischen denen Parsifal und Kundry in ihrer ganzen Ambivalenz hin und her irren: die starre Welt der Gralsritter und der blühende Schein der Blumenmädchen. Sollten nicht beide Welten, wenn der „trügende Schein“ Klingsors dahin fällt und die Starre der Ritterschaft vor dem enthüllten Gral zerfließt, miteinander versöhnt sein und ineinander verschmelzen? Sollten nicht Kundry und Parsifal gemeinsam das „Amt“ verwalten und die Vision des „Hohen Paares“ (Ernst Bloch) auch verkörpern? Dann wäre das Bühnenweihfestspiel endlich das Bild einer erlösten „Ambivalenz“.[233] So öffnete sich gerade der *Parsifal* – und genaugenommen nur er – insgesamt auf das hin, was von Wagner her grundsätzlich positiv als christlicher Glaube und damit nicht mehr als bloße religiöse Utopie zu bezeichnen wäre.[234] Denn ausdrücklich beansprucht solche Kunst,

> den Kern der Religion zu retten, indem sie die mythischen Symbole, welche die erstere im eigentlichen Sinne als wahr geglaubt wissen will, ihrem sinnbildlichen Werte nach erfaßt, um durch ideale Darstellung derselben die in ihnen verborgene tiefe Wahrheit erkennen zu lassen.[235]

---

232 *Parsifal* 864. – Vgl. CT I, 1035 (28.3.1877): „– Der entfesselte Erlöser!...“ Die bisher in der Literatur unbeachtete Formulierung erinnert zugleich an Prometheus und den künftigen *Parsifal*-Schluß; jedenfalls nimmt sie den endgültigen Text des *Parsifal*-Schlusses vorweg (die Dichtung entstand vom 14. März bis zum 13. April 1877). Sie deutet eine Empörung gegen den Vater-Gott an, aber auch dessen Zuwendung zur Menschheit.

233 Hans Mayer hat den *Parsifal* einleuchtend (nicht nur psychologisch) von der „Ambivalenz“ her erschlossen (*Richard Wagner* 207-209).

234 „Vielleicht ist letztlich dies die Lehre aus dem Gesamtkunstwerk: das totale Werk lebt nur in der Fiktion des Absoluten, das sich dem Zugriff entzieht. In Abwandlung Claudels sage ich: Diese Stimme, die uns ruft, wir müssen sie unbedingt erreichen; ohne sie verlöre Wagners Klang das Unwiederbringliche, das Unerreichbare, eine unerschöpfliche Quelle von Wonnen und Verzweiflung“ (Boulez, *Wege zu Parsifal* 241).

235 *Religion und Kunst*: SSD 10, 211-253, 211.

Die Kunst soll den Gehalt der Religion aus religiösen und ästhetischen Motiven zugleich retten. Ihr ästhetisches *symbolon* hat damit Teil am religiösen *symbolon*, ohne daß beide dasselbe wären. Das Ziel bleibt, die Entfremdung zwischen dem wahren Christentum und seiner institutionellen Form aufzuheben. Das ist die Sache der Musik, und eben sie ist für Wagner die „einzige, dem christlichen Glauben ganz entsprechende Kunst".[236]

Exkurs: *Parsifal* – keine „Kunstreligion", keine „Religionskunst"

Läßt sich nun der Stellenwert des Bühnenweihfestspiels *Parsifal* genauer bestimmen – als Antwort auf eine Frage, die derart schlichte Alternativen stellt? Daß Wagners Festspiel das Drama reauratisiert und dem Kunstwerk kultische Züge wiedergewinnt, daß es aber andererseits keine kunstreligiöse Botschaft vermittelt, sondern in offenen Strukturen auf Utopisches ausgreift: dies sollte deutlich geworden sein. Auch inhaltlich bietet Wagner keinen Privatmythos, sondern die Destruktion des Mythischen mit mythologischen bzw. psychologischen Mitteln. Am Ende steht jeweils der Schrei nach Erlösung, dessen religiöse Beantwortung er sich nur im *Parsifal* gestattet – aber nicht, indem er selber die Antwort gibt, sondern indem er sie aus christlicher Theologie und Liturgie zitiert.

Diese zitierende Antwort kann extrem unterschiedlich bewertet werden. Negativ ist auf der Basis der Spätschrift *Heldentum und Christentum* (1881) gegen Wagners Intention und Aussage der Gedanke eines arisch-germanischen Erlösers beschworen worden, der in Schopenhauers Verneinung des Willens dessen jüdische Bejahung, repräsentiert vom weiblichen Ahasver Kundry, überwindet, bekehrt und erlöst.[237] Robert Gutman hat diese These 1968 zugespitzt und meint, hinter der christlichen Fassade des Werkes verberge sich Wagners rassistische Eugenik. Der *Parsifal* sei nicht „unchristlich", sondern „antichristlich", die Tempelszenen im ersten bzw. dritten Akt seien geradezu „Schwarze Messen".[238] Diese Hypothese widerspricht der *Parsifal-Dichtung* ebenso wie den Kernaussagen der späten Religionsschrift, die genau umgekehrt das „Blut Christi" (weder semitisch noch arisch) über jede Rasse und

236 Ebd., 221. – Schopenhauers Metaphysik der Musik bestätigte nur Wagners bis dahin unzureichend fundierten Begriff. „Weiß es Gott, mir erscheint manchmal die Musik als das einzig Wirkliche" (31. Dezember 1881: CT II, 860).

237 So Arthur Seidl in seiner *Parsifal*-Abhandlung von 1888 (vgl. dazu C. Floros, *Studien zur* Parsifal-*Rezeption* 27f.).

238 Vgl. Floros ebd., 28-32.

Nation stellt und damit ausdrücklich die Rassenlehre des Grafen Gobineau zurückweist.[239] Diese Soteriologie des späten Wagner mag sich zu eigenwilligen Wendungen versteigen, betont in der Sache aber lediglich das christlich-theologische *pro nobis* und „durch sein Blut“ der Erlösung – „Blut“ nicht mehr „rassentheoretisch“ und empirisch, sondern symbolisch und theologisch verstanden. Gutmans Kritik mag für einen polemischen Typus der Abwehr einer bestimmten Wagner-Rezeption stehen, die sich und ihre abstrusen Hypothesen allerdings längst überlebt hat. Sie findet an Partitur und Texten keinen Anhalt, sondern explizite Widerlegung, zumal sie im Ansatz nicht einmal zwischen dem Werk und dessen Rezeption unterscheidet.

Einen gegenläufigen Weg scheint der Religionsphilosoph Herbert Huber gehen zu wollen. Von Hegel her gewinnt er die Einsicht, „daß Gott und Mensch ihre jeweilige Identität nur in der Einheit miteinander haben“.[240] Ob und wieweit dieser identitätsphilosophische Satz theologisch überhaupt stichhält, sei hier nicht diskutiert. Für *Parsifal* ist jedenfalls damit gesagt: Gott finde seine geschichtlich-vermittelte Identität im Anderen seiner. Diese Einsicht ergänzt für Huber die dogmatische, nämlich „jüdisch geprägte Einseitigkeit des Christentums“.[241] Daher sei Parsifal „Metaerlöser (Erlöser des Erlösers)“, denn er erlöse „den die Erlösung vollbracht habenden Gott“.[242] Damit komme dem *Parsifal* als Kunstwerk „selbst dogmatische Dignität“ zu; der liturgische Nachvollzug der Erlösung bedürfe der „Ergänzung durch den Nachvollzug des ‚Parsifal‘“.[243] Komplementär müsse also der Christ, drastisch gesagt, sowohl an der christlichen Liturgie als auch am Bayreuther Festspiel teilnehmen. Wo Gutman einen strikt ausschließlichen Gegensatz konstatiert, konstruiert Huber die differenzierte Identität beider. Auch dies gibt *Parsifal* so wenig her wie die ihn begleitenden Texte Wagners. Einerseits befaßt sich Huber nicht mit der philosophischen Problematik des „Gesamtkunstwerkes“ und der Kunst-Religion überhaupt, die nicht aus sich Erlösung bringen, sondern nur ins Utopische ausgreifen oder antizipieren können. Parsifal ist eben kein „Metaerlöser“, sondern eine Bühnengestalt, auch wenn er aus der Sicht Hubers für den glaubenden Menschen schlechthin stehen mag. Sie lebt ihr Bühnenleben von der vorgängigen Möglichkeit und Wirklichkeit der Erlösung her. Andererseits beansprucht Wagner gerade keinen Komplementär- oder Konkurrenzkult, sondern ausdrücklich die „Rettung“ dessen, was in institutioneller Gestalt sich

239 Vgl. hier in Teil III das Kap. 3.3; außerdem die erschöpfende Kritik an Gutman bei Floros, ebd. 30-32.

240 Vgl. Huber, *Richard Wagners „Parsifal“*, bes. 71-80.

241 Die Formulierung erinnert bedenklich an ähnliche Antijudaismen aus Wagners Zeit, auch wenn sie gewiß nicht deren Intention teilt. Theologisch ist es allemal falsch, den Juden Jesus von seinem jüdischen Glauben „erlösen“ zu wollen.

242 Ebd., 82.

243 Ebd., 85. – „Innerhalb von Hegels enzyklopädischem System wäre ‚Parsifal‘ als ein Moment des Systemteils ‚Absoluter Geist‘, genauer als Vollendung und Abschluß der mittleren Stufe der (Selbst-)Explikation des absoluten Geistes, welche sich als die Triade Kunst-Religion-Philosophie vollzieht, zu begreifen“ (86). Diese insgesamt nahezu gnostisch anmutende Schlußpointe des ansonsten sorgfältig argumentierenden Aufsatzes ist schon von Hans Küng abgewiesen worden.

mühsam und oft undeutlich vergegenwärtigt. Das ist im Anliegen legitim und in der Ausführung konsequent, wenn er auf den falschen Schein einer Bühnenliturgie verzichtet und die geschehene, christlich geglaubte und vergegenwärtigte Erlösung zitiert. Allerdings steht Wagner bewußt zwischen den Kategorien, mit denen er häufig erfaßt werden soll. Er liefert weder eine hermetische Kunstreligion, die den Kern der Religion „rettet", indem sie ihn „aufhebt", noch eine religiöse Kunst, die lediglich vorgegebene dogmatische Wahrheiten einer Religion allegorisch gestaltet. Im ersten Fall könnte Wagner auf den ästhetisch problematischen Außenbezug seines „Bühnenweihfestspiels" verzichten, mit dem er die Immanenz des Kunstwerks aufbricht. Das Drama selbst wäre dann in sich das vollkommene Symbol dessen, was die Religion vergeblich und undeutlich verkündet. Im zweiten Fall müßte Wagner ein Mysterienspiel konstruieren, daß wie die *Autos sacramentales* Calderóns mit Allegorien hantiert – eine reizvolle Alternative, die Wagner immer wieder beschäftigt und letztlich zur entschiedenen Ablehnung dieser Gattung geführt hat.[244] Das „Bühnenweihfestspiel" stellt sich nicht in den Dienst der christlichen Religion, indem sie deren Inhalte allegorisch übersetzt; es dient aber auch nicht als Kunstreligion sich selbst, indem es auch den Inhalt der Religion symbolisch auflöst und zur Kunstgestalt ästhetisiert. Diese irritierende Spannung bleibt auszuhalten. Sie erklärt auch, warum der *Parsifal* weder in den Kirchenraum gehört noch ursprünglich nach Wagners Absicht in den Repertoirebetrieb der Theater. Denn als Kunstwerk sperrt er sich in seinem Eigenstand gegen den Kirchenraum, als religiöses Kunstwerk aber gegen eine ästhetisierende Rezeption, die eben diesen Sinnüberschuß ausschlösse. Jede Deutung, die im *Parsifal* das Leiden an mangelndem Sinn hervorhebt, nähert sich diesem Sinnüberschuß ebenfalls legitim: nicht, indem sie Wagners ausdrücklich religiöses Sinnangebot annimmt, aber indem sie dessen Ausbleiben realisiert und damit die Utopie negativ bestimmt. In beiden Fällen bleibt die Utopie stärker als der affirmative Schein, der weder „Erlösung" erhoffen noch deren Ausbleiben befürchten kann.

Dieses eigentümliche Mehr hat Walter Benjamin glücklich als die „Aura" des Kunstwerkes bestimmt, als „einmalige Erscheinung einer Ferne, so nah sie sein mag" – unnahbar wie ein Kultbild, auch wenn dessen „Materie" eine gewisse Nähe zuläßt.[245] Dieser Aura soll Wagners Festspiel dienen und damit dem Kunstwerk, das mehr ist als nur ein Kunstwerk, den Freiraum offenhalten, in dem sich seine „Aura" herstellen kann. „Reauratisierung", als Wieder-

---

[244] Bei aller Bewunderung berichten Cosimas Tagebücher davon, daß Wagner seine Lektüre der *Autos* Calderóns häufig unbefriedigt abbricht. Diese Gattung als kirchliches Festspiel steht dabei in Analogie zu den höfischen Festspielen noch der Goethe-Zeit, für die Goethe selbst immer wieder allegorische Texte zu gegebenen Anlässen verfaßt hat (vgl. Borchmeyer, *Die Festspielidee im Spannungsfeld von Hofkultur und Kunstreligion*, bes. 20-22). Allerdings tendieren auch Goethes ausdrücklich so benannte „Festspiele" über die Grenzen der Gattung hinaus, insbesondere die *Pandora*, die anders als *Palaeophron und Neoterpe* oder *Des Epimenides Erwachen* an keinen Anlaß gebunden ist. Die *Faust*-Tragödie als Fest- und Mysterienspiel begleitet Wagner in lebenslänglicher Lektüre und schöpferischer Aneignung.

[245] *Das Kunstwerk im Zeitalter seiner technischen Reproduzierbarkeit* 16 (und Anm. 7).

herstellung oder Rettung dieser Aura, meint also ein Drittes zwischen ästhetizistischer Kunstreligion und zweckdienlicher religiöser Kunst. Sie zielt auf eine Kunst, die der Religion fern und frei gegenübersteht, obwohl sie sich konstitutiv auf sie bezieht. Umgekehrt steht auch die Religion einer solchen Kunst frei gegenüber und kann sie als Medium ihrer Selbsterkenntnis erfahren.[246]

In diesem differenzierten Sinne darf Wagners *Parsifal* durchaus als ein christliches Werk verstanden werden – weder in ausschließender Differenz zum christlichen Glauben noch in differenzierter Identität mit ihm und seiner liturgischen Gestalt. Daß das dramatische Argument Wagners auch dann stichhält, wenn der *Parsifal* auf der Bühne ohne seine „theologische Fabel“ inszeniert wird, zeigt *ex negativo* den Ernst seines Anspruches, „das große Leid des Lebens zu fühlen zu geben“.[247] Übrig bliebe ein „Leidenszustand, der um so krasser modern ist, als er seine Ursache nicht mehr kennt, sich selber unverstanden und anonym bleibt, heillos“ (Nike Wagner).[248] Dann bliebe die Wunde offen, von deren Heilung in der Tat nur religiös gesprochen werden kann und deren Heilungsprozeß auch dann noch nicht abgeschlossen ist. Aber, über alle zeitgenössische und in der Sache oft verlegene Aufführungspraxis hinaus, zitiert und beschwört Wagners Werk die Erinnerung an die Erlösung, um ihre christliche Gegenwart und Zukunft zu retten. Das ist durchaus modern und eine Herausforderung der Theologie, die hier scheinbar von außen auf sie zu kommt. So wie es für die Musik offenbar „kein Loskommen“ (Wolfgang Rihm)[249] vom *Parsifal* gibt, so dürfte es auch für die Theologie kein Loskommen vom soteriologischen Anspruch dieses Werkes geben.

---

[246] Eine solche Kunst ist dann durchaus christlich, muß aber in keinem Sinne kirchlich sein; sie hat als eine Kunst der Erhabenheit ebenso eine ethische Konsequenz, wie sie der christliche Glaube immer dann haben muß, wenn er (nach der Begrifflichkeit Kants) „praktisch“ wird (vgl. Borchmeyers Exkurs in *Erlösung und Apokatastasis* 146/147).

[247] Wagner an Mathilde Wesendonck, 1.10.1858 (*Richard Wagner an Mathilde Wesendonk* 53).

[248] *Wagner Theater* 233. – Wagner über das reine Leiden des Amfortas: „Die Andacht wird ihm selbst zur Qual! Wo ist Ende, wo Erlösung? Leiden der Menschheit in alle Ewigkeit fort!–“ (an Mathilde Wesendonck, 29./30.5.1859, in: SB 11, 105). Das Leiden bestimmt Wagners politisch-ästhetisches Interesse zum ethischen Handeln. Nochmals sei zitiert: „Stets konnte ich nur für den Leidenden Partei nehmen, und zwar ganz in dem Grade eifrig, als er sich gegen irgend welchen Druck wehrte: niemals habe ich es vermocht, irgend einer politisch konstruktiven Idee zu lieb diese Parteinahme fallen zu lassen“. Dieses „drängende Motiv“ führt zu „einer Gestaltung, die eben nur durch Vernichtung der sinnlichen Form der Gegenwart, also durch Revolution zu gewinnen ist“ (*Eine Mitteilung an meine Freunde*: SSD 4, 309). Gleichzeitig ist sich der Revolutionär Wagner des Utopischen bewußt, das sich im Leidmotiv enthüllt – er gestaltet theoretisch wie praktisch das heimatlose „Verlangen nach einem Neuen, Unbekannten, noch nicht sichtbar Vorhandenen, aber im voraus Empfundenen“ (ebd., 265; vgl. 270).

[249] Zit. bei Nike Wagner, *Wagner Theater* 234.

[...] ich muß gestehen, daß Renan der erste ist, der *etwas* dem Punkte sich genähert hat, aber nur etwas, er hat auch den Gott nicht erkannt".
„Das könnte der Erfolg von unserer heutigen Kritik sein, uns Jesus ganz rein wiederzugeben, denn wie vieles muß man nicht auch in den Evangelien abstrahieren." „Ich muß durchaus einmal meine Theologie schreiben", sagt er halb ernst, halb scherzend, oder vielmehr vom Ernst zum Scherz übergehend.[250]

3. Regeneration statt Revolution: Spätschriften zu *Religion und Kunst*

Am Anfang steht die „intentionierte Politische Revolution" schlechthin, die dann, als künstlerische Revolution verfehlt, schließlich Religion wird – so ließen sich die drei Phasen im Denken und Schaffen Wagners gegeneinander abgrenzen und zugleich in ihrer inneren Einheit erfassen. Zwei Zäsuren markieren die qualitativen Sprünge in der Entwicklung seines Denkens: einmal der Dresdener Maiaufstand von 1849 und Wagners jahrelange Flucht, zum anderen der nur scheinbare Triumph des Bühnenfestspiels 1876 in Bayreuth, dem wiederum eine letzte Flucht vor der Welt in das Werk folgt.

> Verdankte ja auch der „Parsifal" selbst nur der Flucht vor derselben seine Entstehung und Ausbildung! Wer kann ein Leben lang mit offenen Sinnen und freiem Herzen in diese Welt des durch Lug, Trug und Heuchelei organisierten und legalisierten Mordes und Raubes blicken, ohne zuzeiten mit schaudervollem Ekel sich von ihr abwenden zu müssen? Wohin trifft dann sein Blick? Gar oft wohl in die Tiefe des Todes. Dem anders Berufenen und hierfür durch das Schicksal Abgesonderten erscheint dann aber wohl das wahrhaftigste Abbild der Welt selbst als Erlösung weissagende Mahnung ihrer innersten Seele. Über diesem wahrtraumhaften Abbilde die wirkliche Welt des Truges selbst vergessen zu dürfen, dünkt dann der Lohn für die leidenvolle Wahrhaftigkeit, mit welcher sie eben als jammervoll von ihm erkannt worden war.[251]

Der Wille zur Utopie, der niemals „mit dieser Welt Verträge schließen will", und die revolutionäre Sehnsucht, als Künstler „eine noch ungestaltete Welt im voraus zu gestalten"[252], bestimmen noch in diesem späten Rückblick auf die Uraufführung des *Parsifal* Wagners Denken. Die Kritik am schönen Schein einer dekadenten Welt, der Weltekel des Amfortas/Klingsor und der Vorgriff auf den Tod formen sich, gemäß der ästhetischen Theorie der *Beethoven*-Schrift, zum „wahrtraumhaften Abbilde" dieser Welt, das allerdings auch „Er-

250 15. November 1878: CT II, 231.
251 *Das Bühnenweihfestspiel in Bayreuth 1882*: SSD 10, 307/308.
252 *Oper und Drama* 390/391.

lösung“ ankündigt: negativ, indem es die Unerlöstheit dieser Welt zur Erscheinung bringt, positiv, indem es zitatweise die geschehene Erlösung verkündet. Das Grundwort „Erlösung“ wandert dabei mit durch die Kontexte von Kunst, Revolution und Religion. Es erzeugt dabei schließlich einen neuen Kontext, den Wagner mit dem Gegenbegriff zu *décadence* oder „Degeneration“ benennt: „Regeneration“. Auf ihn bezieht Wagner die Praxis der „Erlösung“ und verbindet so Religion und Kunst in Bezug auf *Parsifal* aufs neue. Die wenigen und verhältnismäßig knappen Spätschriften, die „Regenerationsschriften“, legen das stets latente theologische Anliegen von Wagners Ästhetik frei, ohne dabei, trotz allen durchgehenden Bezüge auf die Leben-Jesus-Forschung insbesondere bei Ernest Renan, sich in fachtheologische Diskussionen zu mischen. Im Mittelpunkt steht der größere Essay *Religion und Kunst* (1880), eingeleitet durch ein *Offenes Schreiben an Herrn Ernst von Weber* (1879) zur Frage der Vivisektion und ergänzt durch den Nachtrag *„Was nützt diese Erkenntnis?“* (1880), weitergeführt durch die Essays *„Erkenne dich selbst“* sowie *Heldentum und Christentum* (1881). Auch der Rückblick auf *„Das Bühnenweihfestspiel in Bayreuth 1882* (1882) sowie das Aufsatzfragment *Über das Weibliche im Menschlichen* (1883) nebst aphoristischen Notizen zählen zum weiteren Kontext.

3.1. Wagners Idee einer Theologie

Wagners Theologie kennt keinen fachspezifischen Ehrgeiz, wohl aber Spott für die akademischen Zünfte im allgemeinen und die der Philologen und Theologen im besonderen. Dieser Spott gilt auch „der theologischen Wissenschaft, welche die Seelsorger unsrer Gemeinden mit der Kenntnis göttlicher Unerforschlichkeiten ausstattet“, vor allem in Bezug auf die dogmatische Bestimmung der Welt als Schöpfung eines guten Gottes – für den Schopenhauer-Adepten Wagner ein „seichter“, „jüdischer“ Euphemismus oder „Optimismus“, der sich schwer vereinbare mit dem geforderten Mitleid für die Opfer der Vivisektion.[253] Mitleiden als ebenfalls von Schopenhauer her gewonnene Einsicht in das gemeinsame Leiden aller lebendigen Wesen erwächst aus einer Welt, in der und als die sich der „Wille“ vorstellend und handelnd verkörpert; Mitleiden ist aber auch unabhängig von Schopenhauer ein (durch dessen spätere Lek-

253 *Offenes Schreiben an Herrn Ernst von Weber*: SSD 10, 198. – „Wenn Mephistopheles vor dem ‚verborgenen Gifte‘ der Theologie warnt, so wollen wir diese Warnung für ebenso boshaft ansehen, als sein verdächtige Anpreisung der Medizin“, wie Wagner mit verdoppelter Ironie ergänzt (ebd., 199). – Wagners frühere Kritik im Namen einer „sinnlichen“ Naturerfahrung und des „Lebens“ an den Naturwissenschaften findet sich in den Revolutionsschriften vorgebildet. Franke wertet als „Bildungsfeindlichkeit“ (*Richard Wagners Zürcher Kunstschriften* 252), was tatsächlich die bei Wagner durchgängige Kritik am „zünftig“ akademischen Wissen ist und sich polemisch besonders in *Publikum und Popularität* ausspricht.

türe erst zugeschärfter) Grundgedanke Wagners, der in seinen Bühnenwerken mit „Erlösung" konstitutiv verknüpft und auch früh schon in seiner ästhetischen Theorie des Erkennens durch Mitleiden („Durch Mitleid wissend") und des Mitleidens durch Erkennen entfaltet ist. Das „Gefühl" soll „Verstand" werden und umgekehrt. Das Medium dieser Metamorphose des Erkennens ist das dramatische Spiel der Tragödie. Im Mitleiden bewährt sich erkennend und handelnd das „Reinmenschliche". Es zielt dabei auf den „Untergang des Staates", was nichts anderes heißt „als *das sich verwirklichende religiöse Bewußtsein der Gesellschaft vor ihrem rein menschlichen Wesen*"[254] – dies ist das zentrale Argument in Wagners ästhetischer Theorie des Dramas. Das „Reinmenschliche" zeigt sich unter den Bedingungen der wirklichen Welt als ein Leidendes; darum ist dessen Tod das zentrale Thema des Dramas. Für die politische Parteinahme Wagners heißt das unmittelbar (und daher nochmals zitiert):

> Stets konnte ich nur für den Leidenden Partei nehmen, und zwar ganz in dem Grade eifrig, als er sich gegen irgend welchen Druck wehrte: niemals habe ich es vermocht, irgend einer politisch konstruktiven Idee zu lieb diese Parteinahme fallen zu lassen. [255]

Dieser Pessimismus, der sich durch Schopenhauer tiefer (miß-)verstehen lernt, ist konstruktiv in Werk, Theorie und ungezählten Aktivitäten neben der Festspielorganisation: niemals jedoch derjenige fröhliche Anarchismus, als den ihn Nietzsche verstanden haben will. Insofern bricht *Parsifal* nicht mit Wagners Ästhetik, sondern führt sie zu ihrer letzten, immer schon offengelegten Konsequenz, indem er den Bruch in Welt und Werk vertieft und thematisiert.[256] Religion wäre dann die Antizipation möglicher oder wirklicher Versöhnung, ohne die auch das Kunstwerk brüchig bliebe und die eigene Verheißung nicht gestalten könnte. Versöhnung als vorwegnehmende Verheißung (kurz: die „Erlösung" bzw. der „Erlöser") bindet Religion und Kunst aneinander. Wagners späte Schriften kreisen weniger um eine klassische „theologische" Fragestellung als vielmehr um das Problem, wie das Verhältnis zwischen Religion und Kunst von diesem *tertium* her zu bestimmen ist. Wagner erwartet dabei von der fachlichen Theologie grundsätzlich keine wirkliche Hilfe. Dies aus drei Gründen: Einerseits gehöre sie dem „*Nützlichkeitskreislauf* unseres akademischen Staatslebens" an und reproduziere nur den Staatsdienst, andererseits bleibe sie im „idealen" Nützlichkeitskreislauf reiner akademischer Wissenschaft stecken, die einen Wissenschaftsfortschritt nur für die Naturwissenschaften erwarten lasse – allerdings mit dem Ergebnis einer „fortschreitend wissenschaftlicheren Lebensverfälschung".[257] Schließlich wittert Wagner in

---

254 *Oper und Drama* 208.

255 *Eine Mitteilung an meine Freunde*: SSD 4, 309.

256 Daß Nietzsche diese Konsequenz in Wagners Denken erst spät und schrittweise widerwillig erkannt hat, wirft die Frage auf, wieweit er dieses Denken mißverstehen und das eigene Mißverständnis stilisieren *wollte*, um auf dieser Negativfolie das eigene Erlösungsevangelium Zarathustras zu verkünden.

257 *Publikum und Popularität* (1878): SSD 10, 81/82. „[...] die Welt wußte die Sünde bald gänzlich abzuschaffen, und die Erlösung vom Übel erwartet man jetzt gläubig durch Physik und

nahezu allen Disziplinen die nivellierenden „Erfolge der neueren, sogenannten ‚historischen‘ Methode der Wissenschaft) [...], welchen nach das rein erkennende Subjekt, auf dem Katheder sitzend, allein als existenzberechtigt übrig bleibt. Eine würdige Erscheinung am Schlusse der Welttragödie!“[258] Von der „Staatstheologie“[259] sei also nichts zu erwarten, auch wenn ihre Vertreter unmittelbar auf das Volk wirkten und – eine Anspielung auf den Kulturkampf Bismarcks mit der römisch-katholischen Kirche – das Christentum auch in seinen „ältesten kirchlichen Institutionen [...] mit einer Festigkeit bestehe, die manchen um die Staatskultur Bemühten sogar desperat und feig macht“. So sei „der Gottschöpfer“ wissenschaftlich „immer unmöglicher“ zu behaupten;

> der von Jesus uns geoffenbarte Gott ist uns aber von Beginn der Kirche an durch die Theologen aus einer erhabensten Einsichtigkeit zu einem immer unverständlicheren Probleme gemacht worden.[260]

Die historische Kritik „stehe mitten unter dem Judentum“, wenn sie sich ebenfalls und ebenso wie dieses über das staatskirchlich verordnete Gedenken „für einen vor zweitausend Jahren gekreuzigten Juden“ wundere.[261] Der Nützlichkeitskreislauf des Staates habe auch die Religion in sich aufgesogen und steuere in einem Prozeß der zivilisatorischen Degeneration einem „Zustande von Barbarei“ entgegen. Die bei Wagner stets latente revolutionäre Naherwartung

---

Chemie“ („*Was nützt diese Erkenntnis?“:* SSD 10, 256). Nach Wagners „Wissenschaftssoziologie“ scheinen „die Universitätsjahre, mit eigentlichem staatspädagogischem Instinkte, für das Ausrasen der Jugendkraft freigegeben zu sein. Namentlich der zukünftige Staatsdiener sieht hier, bei übrigens vollkommen freigelassener Verwendung seiner Zeit, nur dem Schreckgespenste des schließlichen Staatsexamens entgegen, welchem er endlich aber in allerletzter Zeit durch tüchtiges Auswendiglernen der Staatsgerechtigkeits-Rezepte beizukommen weiß. Die schönen Zwischenjahre benützt er zu seiner Ausbildung als ‚Student‘. Da wird der ‚Comment‘ geübt; die ‚Mensur‘, die ‚Korpsfarbe‘ verschönern seine rhetorischen Bilder bis in seine dereinstige Parlaments-, ja Kanzlerwirksamkeit [!] hinein; der ‚Biersalamander‘ übernimmt das Amt des Kummers und der Sorge, welche einst *Falstaff* ‚aufblähten und vor der Zeit dick machten‘. Dann kommt die ‚Büffelei‘, das Examen, endlich die Anstellung, und der – ‚Philister‘ ist fertig, dem der gehörige Servilismus und das nötige Sitzefleisch mit der Zeit bis auf die glorreichsten Höhen der Staatslenkerschaft verhelfen, wo dann wieder von neuem nach unten hin angeordnet und die Schule tüchtig überwacht wird, damit es keinem einmal besser ergehe, als dem Herrn Minister selbst es ergangen ist.“ Damit schließt sich der Kreis staatstragender Wissenschaft und ihrer Vertreter: „Als Theaterpublikum lieben sie den Genre des ‚Einen Jux will er sich machen‘“ (SSD 10, 81).

258 „Wie es diesem einzelnen Erkennenden schließlich dann zu Mute sein dürfte, ist nicht leicht vorzustellen, und wünschen wir ihm gern, daß er dann, am Ende seiner Laufbahn, nicht die Ausrufe des *Faust* am Beginne der Goetheschen Tragödie wiederhole“ (ebd., 85). – Dieser Passus gilt sicher *auch* Nietzsches Schrift *Menschliches, Allzumenschliches* (zuvor 1878 erschienen), mehr und grundsätzlich aber dem potentiellen „Publikum“ des Bühnenfestspiels, das seiner Struktur nach nicht „populär“ sein und das „deutsche Publikum“ repräsentieren könne. Außerdem dürfte ein Nachlaß-Xenion Goethes – auch dieser ein autodidaktischer Dilettant *in theologicis* wie Wagner – im Hintergrund stehen: „Was wollt ihr mit eurem Hohn / Über das All und Eine? / Der Professor ist eine Person, / Gott ist keine“ (*Zahme Xenien* aus dem Nachlaß: MA 18.1, 59).

259 *Publikum und Popularität*: SSD 10, 82.

260 Ebd., 86.

261 Ebd., 87.

gibt sich nun ganz offen als eine religiöse Naherwartung zu erkennen, wie sie ihm aus seinen Studien christlicher Theologiegeschichte geläufig ist:

> Ich glaube, daß die von den ersten Christen noch für ihre Lebenszeit erwartete, dann als mystisches Dogma festgehaltene Wiederkehr des Heilandes, vielleicht selbst unter den in der Apokalypse geschilderten nicht ganz unähnlichen Vorgängen, für jene vorauszusehende Zeit einen Sinn haben dürfte.[262]

Damit ist die revolutionäre Heilserwartung endgültig und explizit auf eine eschatologische Pointe bezogen, in der Vernichtung und Erlösung politisch und religiös zusammentreffen. Wie immer Wagners Satz am Ende von *Publikum und Popularität* positiv zu deuten sein mag, so schließt er doch einen unmittelbar kirchlich-staatstragenden Bezug aus. Die Barrikade steht im Gralstempel, der Barrikadenkämpfer mit der neuen Losung „Erlösung dem Erlöser!" droht nun, eben diesen Tempel zu schleifen.[263] Diese kirchenkritische Komponente in Wagners Theologie bleibt ambivalent.[264] Der Luther-Choral im *Kaisermarsch* jedenfalls verherrlicht nicht Staat und (Staats-)Kirche, sondern konfrontiert den Kaiser, von Wagner zum Repräsentanten des Volkes und föderalistischen Damm gegen den deutschen Einheitsstaat bestimmt[265], mit dem reformatorischen Glauben. Das aber ist ein Appell und keineswegs eine Apotheose, wie Wagners Verse zunächst bei oberflächlicher Lektüre vermuten lassen. Er beklagt indes „diese Kluft – welche zwischen der Kirche und uns besteht, es ist sehr bös!"[266] Auch hier soll die dramatische Theologie des *Parsifal* Versöhnung schaffen, schützend flankiert von den späten ästhetischen Schriften, die allerdings den spezifisch theologischen Gehalt mehr ahnen lassen, der in den Gesprächen ungeschützt (und ohne Blick auf eine mißverstehende Nachwelt) zu Wort kommt. So habe „nicht der Tod, sondern die Auferstehung die Religion gestiftet", und, darin Renan zustimmend, will Wagner „in der Lie-

---

262 Ebd., 89. – Wagner hat u. a. August F. Gfrörers umfangreiche *Geschichte des Urchristenthums* (Stuttgart 1838) 1874/1875 sowie 1879/1880 studiert. In diese Zeit gehört die Aussage: „Für mich ist das Christentum noch nicht in das Leben getreten, und wie die ersten Christen erwarte ich eine Wiederkunft von Christus" (15. Juli 1879: CT II, 382).

263 Eine Anekdote illustriert das Gemeinte: „Bei Tisch besprechen wir noch den protestantischen Pfarrer von K., und R.[ichard] sagt: ‚Er ist einzig. Gott gibt er auf, aus Christus macht er einen guten Mann, aber die Kirche, die wird gewahrt'" (3. November 1879: CT II, 436). Im Gegensatz zu dieser staats- und kirchentragenden Theologie entwickelt er den Gedanken, „daß von dem Arbeiter (Industriellen) aus, der Liebe für die Arbeiter haben wird, einst die neue Religion ausgehen wird" (27. Juni 1879: 372).

264 „R.[ichard] ärgert sich, daß M.[alwida von Meysenbug] sich gegen die religiösen Akte ausspricht; [...] das begriffe er nicht, wie man sich gegen die Taufe wehre, wenn man in dieser Gemeinsamkeit geboren wäre, wenn er auch zugebe, daß, außerhalb dieser Gemeinsamkeit geboren, es keinen Sinn habe, jetzt sich darin aufnehmen zu lassen, weil es zu schlimm mit den Kirchen [!] stünde. Ihm sei ein Pfaff das Unausstehlichste, was er kenne, aber das habe mit dem Akt der Taufe und mit dem Symbol der Erlösung nichts zu tun" (27. April 1879: CT II, 337). Andererseits pflegt Wagner mit dem Schweizer Pfarrer Tschudi und mit dem Bayreuther Dekan Dittmar engen freundschaftlichen Umgang und theologischen Austausch, der in Cosimas Tagebüchern dokumentiert ist.

265 Vgl. CT I, 347/348 (26. Januar 1871).

266 8. Juni 1879: CT II, 362.

be der Frau die Gründung des Christentums“ finden.[267] Jesus sei selbst „sündenlos“ gewesen; eben darin drücke der sich selbst verneinende Wille seine Göttlichkeit aus.[268] Doch

> mit dem Beginn der Kirche sei schon die ganze Sache verpfuscht, ja mit den Interpolationen in den Evangelien. Denn die ersten Christen erwarteten die Wiederkehr Christi nur als Welt-Aufhebung, als Ende des Weltzustandes.[269]

So ist die Erlösung als „Welt-Aufhebung“ die Tat des göttlichen Revolutionärs, als der nun Jesus von Nazareth wiederkehrt. Sein verneinender, „sündloser“ Wille läßt der Kirche allenfalls den Zeitraum eines Interim zwischen Erlösung und Naherwartung. Daher ist der Erlöser selbst von einer Kirche zu erlösen, die dieses Interim im Gralstempel fixiert und wie ein Amfortas weder leben noch sterben kann, bis endlich der „reine Tor“ den verschlossenen Gral enthüllt.[270] Dieses theologische Programm erfüllt der *Parsifal*, und so will das Bühnenweihfestspiel zwischen Religion und Kunst „regenerierend“ vermitteln.[271] Denn ein Interim ist auch das Festspiel als Aufführung, das sich nur im Augenblick der Vergegenwärtigung erfahren läßt. Als Interim ist ursprünglich auch die Institution des Festspiels gedacht, nämlich der Theaterbau als einmaliges Provisorium und selbst die Partitur, die nach der Aufführung zu verbrennen ist.

---

267 12. April 1879: ebd., 330. – Er bezieht sich ausdrücklich auf die drei Frauen am Grab Jesu sowie auf Maria Magdalena, das Vorbild der Kundry.

268 *Religion und Kunst*: SSD 10, 216; vgl. die Äußerungen vom 12. Mai (CT II, 348) und vom 20. September 1879 (411). Zuvor übt er in diesem Punkt ausdrückliche Kritik am Historismus von David Friedrich Strauß und über das „absurde Verhältnis der Geschichte zu dieser Erscheinung [Jesu]“ (2. August 1878: 152).

269 20. Oktober 1878: CT II, 204.

270 Schon deswegen kann Parsifal keine Christus-Gestalt sein: „Ich habe an den Heiland dabei gar nicht gedacht“, wehrt Wagner diese frühe und zählebige Fehldeutung seiner Intention durch Hans von Wolzogen ab (ebd., 205). Borchmeyer hat in Anlehnung an Hans Küng deutlich herausgestellt, daß Parsifal selbst ein sündiges Medium der Erlösung ist und allenfalls in einer genau zu bestimmenden Analogie zu Christus als „Erlöser“ bezeichnet werden kann. Wenn Kundry ihn als solchen anspricht, spricht sie als „Verführerin“, als *donna serpente* und Schlange des Paradieses, wie Wagner selbst gegenüber Ludwig II. in seinem Brief vom 7. September 1865 betont (*Erlösung und Apokatastasis* 133/134). Borchmeyer führt die *Parsifal-Nachklänge* Hans von Wolzogens als Beleg dafür an, daß nicht einmal die *Bayreuther Blätter* Parsifal mit Christus gleichsetzen und damit einer Kunstreligion das Wort reden, die in ihrer Bühnenliturgie die Religion ersetzte (ebd., 150-155). Mit dieser philologischen Klärung, die von Küngs theologischem Beitrag im Programmheft für den Bayreuther *Parsifal* 1982 ausgeht und den Bogen zurück zu Wolzogen schlägt, erledigt sich die Legende von einer Bayreuther Religionsstiftung, wie sie von Wagnerianern und Antiwagnerianern bis heute undifferenziert vorgetragen wird.

271 Der Vollständigkeit halber gehört die Anekdote hierher, die von dem Versuch erzählt, Wagner kirchenamtlich zu belehren. Ein protestantischer Pfarrer ersucht ihn, „die Interessen der Kirche zu verteidigen, dann aber bittet er ihn, nichts mehr gegen die Sittlichkeit zu schreiben. ‚Nun, was denn?‘ ‚Nun, z. B. die *Seejungfern*.‘ R.[ichard]: ‚Sie sind ja ein ganz dummer Mensch, da wären ja Bäume, Vögel und alle Natur unsittlich.‘ Er: ‚Ja, Sie hören nur Schmeichler, wollen die Wahrheit nicht vernehmen.‘ R.[ichard] ist so gut und gibt ihm ein Exemplar des Parsifal, ‚daraus werden Sie sehen, daß ich christlicher bin wie Sie‘. Er: ‚Das werden wir wissen, wenn wir zur Rechten Gottes stehen‘, R.[ichard]: ‚Oder zur Linken des Teufels‘, mit diesen Worten entläßt er den Zudringlichen. Wie R.[ichard] sagt, ärgert er sich mehr über sich, daß er den Menschen nicht einfach zurückgewiesen, als über diesen selbst“ (16. September 1878: CT II, 176/177).

3.2. Die Kunst als Erlöserin der Religion: „Erlösung dem Erlöser!“

Auch wenn Wagner ausdrücklich und mit wiederholter Empfehlung Denkformen und Begriffe bei Schopenhauer ausleiht, amalgamiert er sie in seiner persönlichen Lesart mit eigenen, von den Revolutionsschriften an durchgehaltenen ästhetischen Theorien. Angesichts der Lektüre von Schopenhauers Briefen nennt er dessen Erscheinung „skurril“: „Wahrhaft groß dem Leben gegenüber ist doch nur der Heilige!“[272] Schopenhauer hingegen sei zwar „ein Philosoph, aber kein Weiser“.[273] Der Heilige, der *Taten* des (Mit-)Leidens vollbringt, bleibt nach Wagners Verständnis ein politischer Mensch. So versteht sich auch Wagner, wenn er die Evangelien von Schopenhauer her liest. Sein emphatischer Protest gegen die Vivisektion verweist auf beides: das Schopenhauersche Interpretament und das Wagnersche Engagement, das sich nicht in der künstlerischen Produktion erschöpfen kann.[274] Ein *Offenes Schreiben an Herrn Ernst von Weber, Verfasser der Schrift: „Die Folterkammern der Wissenschaft“* (1879) geht unmittelbar *Religion und Kunst* (1880) voraus und steckt den begrifflichen Rahmen für den Gedanken einer christlichen „Regenerationslehre“ ab. Sie wendet sich gegen das Gespenst einer „‚Wissenschaft‘“, die „in unsrer entgeisteten Zeit vom Seziertische bis zur Schießgewehrfabrik sich zum Dämon des einzig für staatsfreundlich geltenden Nützlichkeitskultus aufgeschwungen hat“ – eine dezidierte und einsam dastehende ästhetisch-ethische Kritik am vivisezierenden, das Leben mitleidlos zerlegenden Wissenschaftsbetrieb.[275] Eines „anderen Antriebes [...] als den des reinen Mitleidens“ bedürfe es nicht, um berechtigten Einspruch zu erheben; das Argument der Nützlichkeit, für oder gegen das Leben angewandt, sei unsittlich, weil äußerlich und der ethischen Frage unangemessen, vor der nur „das in der tiefsten Natur des menschlichen Willens begründete *Mitleid* als die einzige wahre Grundlage aller Sittlichkeit nachzuweisen“ sei.[276] Staat und Gesellschaft organisierten sich hingegen nach dem Prinzip der Nützlichkeit und den Gesetzen der Mechanik so, „daß es darin ohne Mitleid und Nächstenliebe ganz

---

272 5. Juni 1878: CT II, 109.

273 12. November 1881: ebd., 824.

274 „Seine Schrift über die Vivisektion, die er wiederliest, gibt ihm Veranlassung wieder auszurufen: ‚Was soll meine Kunst in solch einer Welt.‘“ (12. März 1880: CT II, 502).

275 „Diesen in der Angst ihrer Verlogenheit auf dem Baum der Erkenntnis herumkletternden Affen dürfte aber jedenfalls zu empfehlen sein, nicht sowohl in das aufgeschlitzte Innere eines lebenden Tieres, als vielmehr mit einiger Ruhe und Besonnenheit in das Auge desselben zu blicken; vielleicht fände der wissenschaftliche Forscher hier zum ersten Male das Allermenschenwürdigste ausgedrückt, nämlich: *Wahrhaftigkeit*, die Unmöglichkeit der Lüge, worin, wenn er noch tiefer hineinschaute, die erhabene Wehmut der Natur über seinen eigenen jammervoll sündhaften Daseinsdünkel zu ihm sprechen würde; denn da, wo er wissenschaftlichen Scherz treibt, nimmt es das Tier ernst“ (*Offenes Schreiben an Herrn Ernst von Weber*: SSD 10, 207).

276 *Offenes Schreiben an Herrn Ernst von Weber*: SSD 10, 194-196.

erträglich abgehen solle“.[277] Wagner deutet und begründet Schopenhauers „Mitleid“ vom christlichen Begriff der Nächstenliebe her, ohne das Verhältnis beider Begriffe genauer zu bestimmen. Der in allem Leben gemeinsame Wille ermögliche demnach das Mitleiden, das wissende Handeln aus Mitleiden hingegen gründe in der göttlichen Person des Erlösers, in dem der Wille zu sich selbst und damit zu seiner Aufhebung in der mitleidenden Liebe komme.

> Die ungeheure Schuld alles dieses Daseins nahm ein sündenloses göttliches Wesen selbst auf sich und sühnte sie mit seinem eigenen qualvollen Tode. Durch diesen Sühnungstod durfte sich alles, was atmet und lebt, erlöst wissen, sobald er als Beispiel und Vorbild zur Nachahmung ergriffen wurde. Es geschah dies von allen den Märtyrern und Heiligen, die es unwiderstehlich zu freiwilligem Leiden hinriß, um im Quelle des Mitleidens bis zur Vernichtung jedes Weltenwahnes zu schwelgen.[278]

Das Handeln aus Mitleid, das sich auf ein „göttliches Wesen“ wie Jesus von Nazareth beruft, sei unmittelbar auch ein politisches Handeln.[279] Es leite sich philosophisch von dem Gedanken der Menschenwürde und christlich-theologisch von Jesus her:

> *Denn unser Schluß in betreff der* ***Menschenwürde*** *sei dahin gefaßt, daß diese genau erst auf dem Punkte sich dokumentiere, wo der Mensch vom Tiere sich durch das Mitleid auch mit dem Tiere zu unterscheiden vermag, da wir vom Tiere anderseits selbst das Mitleiden mit dem Menschen erlernen können, sobald dieses vernünftig und menschenwürdig behandelt wird.*[280]

Damit ist allerdings die Frage weder gestellt noch im Ansatz beantwortet, ob eine philosophische Herleitung solcher Mitleids-Ethik aus dem gemeinsamen, seiner selbst bewußten Willen zum Leben einem naturalistischen Zirkelschluß entgeht und Schopenhauers Ethik auf eine Ethik der *Nächsten*liebe zielen kann, wenn sich in allem Leidenden der Wille zum Leben nur *selbst* erkennt. Wagner scheint sich auf Schopenhauer nur insoweit zu berufen, als er das Mit-Leiden aus dem allen lebenden Wesen gemeinsamen Willen her erschließt. Im Unterschied zu seinem Hausphilosophen bestimmt er das *Wissen* und *Handeln* durch Mitleid zunächst *soteriologisch*, wenn er sich auf Jesus von Nazareth und die Evangelien beruft – darin gibt er sich als Theologe. Er bestimmt

---

[277] Ebd., 197.

[278] Ebd., 202.

[279] So sei „der gewaltsame Einbruch in solch ein Vivisektionsoperatorium zu Leipzig [...] einem rohem Ausbruche subversiver sozialistischer Umtriebe gegen das Eigentumsrecht zugeschrieben worden“; man habe die vivisezierten Tiere getötet und den Wachmann verprügelt. Wagner schließt die, angesichts der Bismarckschen Sozialistengesetze vom Oktober 1878, erstaunliche Frage an: „Wer aber möchte nun nicht Sozialist werden, wenn er erleben sollte, daß wir von Staat und Reich mit unsrem Vorgehen gegen die Fortdauer der Vivisektion und mit der Forderung der unbedingten Abschaffung derselben, abgewiesen würden?“ (ebd., 209). Damit rückt er sich und seine Druckschrift in den Bereich damals verbotener „sozialistischer“ Agitation und unverhüllter Opposition gegen Bismarck.

[280] Ebd., 209.

es aber auch *phänomenologisch*, wenn er den Appell des Leidenden an den Mitleidenden aus der Begegnung beider erhellt – das ist sein philosophischer Zugang. Den Vivisektoren empfiehlt Wagner daher den *Blick* in das Auge des lebenden Tieres, um einen ethischen Anspruch überhaupt erfahren zu können. Dieser phänomenologische Zugang nimmt im *Parsifal* musikalisch-dramatische Gestalt an: Kundry läßt sich vom *Blick* des Erlösers treffen; ihr Kuß macht Parsifal sehend und handelnd, indem er ihn zum Entschluß nötigt. „Blick" und „Auge" (für Siegfried, der erinnernd wieder zu sich und zu Brünnhilde findet: „ewig nun offen"[281]) sind überhaupt zentrale Wortfelder Wagners immer dort, wo Leiden und Wissen zusammenfinden.[282] Dies gilt selbst für die „Natur", die im Menschen zu sich kommt und zum Erlöser findet: „Ihn selbst am Kreuze kann sie nicht erschauen; / da blickt sie zum erlösten Menschen auf".[283] Wagner geht den Schritt

> vom philosophierenden Nachdenker zum dramatisierenden Klarseher. Sehen, sehen, wirklich *sehen*, – das ist es, woran es allen gebricht. „Habt Ihr Augen? Habt Ihr Augen?" – möchte man immer dieser ewig schwatzenden und horchenden Welt zurufen, in welcher das Gaffen das Sehen vertritt. Wer je wirklich sah, weiß, woran er mit ihr ist.[284]

Diesem erlösten Menschen zwischen *Religion und Kunst* gilt Wagners späte Schrift. In drei Kapiteln entfaltet sie Ideal und Begriff dessen, was beide verbindet, ferner eine spekulative Skizze der Degeneration sowie die ästhetisch-ethisch formulierte Aufgabe der Regeneration. Wenn „Regeneration" als Kontrastbegriff zu „Verfall" bzw. „Dekadenz" und überdies als „Wiedergeburt" zu verstehen ist, so bezeichnet er in Wagners Denken keine neue Idee. Als „Wiedergeburt" der attischen Tragödie – allerdings unter veränderten Vorzeichen und keineswegs unhistorisch im Sinne bloßer Wiederholung – und als poli-

---

281 *Götterdämmerung* (dritter Aufzug) 807.

282 Wotans Auge, das er einerseits als für Frickas Brautwerbung und andererseits für den Erwerb von Weisheit opfert, deutet in dieselbe Richtung. Der Einäugige sieht nur eindimensional; für Liebe und Weisheit verzichtet er auf den eigenen räumlichen Blick, den er nur zusammen mit seinem Gegenüber haben kann. So kommt in Siegfried, dem ersehnten „Freien", Wotan sehenden Auges auf sich selbst zu: in einer explosiven Begegnung der Blicke („Mit dem Auge, / das als andres mir fehlt, / erblickst du selber das eine, / das mir zum Sehen verblieb": *Siegfried* 724). Siegfried, das Selbst im Gegenüber, bricht angesichts dessen in Gelächter aus. Die Erkenntnis bleibt tragisch einseitig Wotans Sache. Zur Sache Siegfrieds wird sie erst in seinem Tod und in seiner erinnernden Erkenntnis Brünnhildes. Diese aber ist niemand anders als der personifizierte „Wunsch" und Gedanke Wotans, der sich ihm in Liebe zuwendet.

283 *Parsifal* (dritter Aufzug) 861. – Parsifals mitleidige Erinnerung schließt auch die Gegenwelt zur Gralswirklichkeit ein: „Ich *sah* sie welken, die einst mir lachten; / ob heut sie nach Erlösung schmachten?" (ebd., Hervorhebung von P. H.).

284 *Brief an H. v. Stein*: SSD 10, 317 (vgl. die Frage des Gurnemanz an Parsifal: „Weißt du, was du sahst?" – Ende des ersten Aufzugs: *Parsifal* 839.) – Dem thesenartigen Einstieg des Briefes folgt Wagners Beschreibung eines Blickwechsels. Am Schlußtag der Pariser Weltausstellung bewegt ihn der Anblick der Pariser Schulkinder und der Gedanke an ihre Zukunft zu Tränen, die von einer „geistlichen Lehrschwester" bemerkt und („offensichtlich") verstanden werden. „Ein langes tiefes Schweigen erholte mich von dem Eindrucke jenes ungeheueren Sehens. [...] Nur wer aus solchem Schweigen seine Stimme erhebt, darf endlich auch gehört werden" (ebd., 318).

tisch-religiöse Größe will Wagner schon das Festspiel verstanden wissen.[285] Der ungewöhnlich konzentrierte Eingangsatz des ersten Teils stellt die dialektische These auf:

> Man könnte sagen, daß da, wo die Religion künstlich wird, der Kunst es vorbehalten sei, den Kern der Religion zu retten, indem sie die mythischen Symbole, welche die erstere im eigentlichen Sinne als wahr geglaubt wissen will, ihrem sinnbildlichen Werte nach erfaßt, um durch ideale Darstellung derselben die in ihnen verborgene tiefe Wahrheit erkennen zu lassen.[286]

Die These läßt sich zweifach lesen: Künstlich wird die Religion, indem sie in der Kunst eine sinnliche Gestalt erhält, künstlich aber auch (im Sinne Hegels als „objektiver Geist“), indem sie zugleich institutionelle Gestalt als Staatsreligion mit einer Staatstheologie erhält und sich dem „Nützlichkeitskreislauf“ des Staates einordnet. Damit wird sie, statt ihr gegenüber zu stehen, Teil einer degenerierenden Zivilisation, deren zentrale Kategorien Geld, Eigentum bzw. Besitz, Industrie und Unterhaltung sind. Wagner beabsichtigt nicht,

> den eigentlichen Gehalt der Kirche, das religiöse Dogma, zu berühren, sondern lediglich die äußere Gestalt, mit welcher sie in die Öffentlichkeit des bürgerlichen Lebens tritt und dieses sinnfällig anstreift,

wobei sie „unweigerlich den Gesetzen des ästhetisch Schönen sich zu unterwerfen hat“.[287] Eben dadurch aber finde sie zu weiterem „Ausbau ihrer dogmatischen Symbole sich genötigt“ und verdecke so „das Eine, Wahre und Göttliche in ihr“. Das Begriffs-Bild werde zum Fetisch, während umgekehrt die bildende Kunst in ihrer idealen Darstellung den Kern der Religion wahre.[288]

Was aber ist Religion? Sie entstehe „in der Erkenntnis der Hinfälligkeit der Welt“ und äußere sich in „der hieraus entnommenen Anweisung zur Befreiung von derselben“, wie Wagner ohne Rückgriff auf theistische Kategorien bestimmt. Während sich die brahmanische Lehre als Weisheitslehre an die Weisen wende, spreche Jesus die „Armen im Geiste“ an. So gelte für die christliche Religion:

---

[285] Das entsprechende Wortfeld und sein Kontext findet sich daher ausdrücklich schon 1866 in *Deutsche Kunst und deutsche Politik* und schließt selbst den problematischen Begriff des „Blutes“ ein. Wagner behauptet, „daß eine *Erlösung* aus diesem ersichtlichen *Verkommnis* der europäischen Menschheit an Wichtigkeit nicht ungleich der Tat der Zertrümmerung des römischen Weltreiches mit seiner nivellierenden, endlich ertötenden Zivilisation erachtet werden könnte. Wie dort eine völlige *Regeneration* des europäischen Völker*blutes* nötig war, dürfte hier eine *Wiedergeburt* des Völkergeistes erforderlich sein“, die sich von der „Wiedergeburt“ der „Renaissance“ unterscheide (SSD 8, 33; Hervorhebungen von P. H.).

[286] *Religion und Kunst*: SSD 10, 211. – Wagner unterscheidet das „mythische Symbol“ der Religion als sinnliche Gestalt ihrer geschichtlich-übergeschichtlichen Wahrheit von deren künstlerischer „Allegorie“, mit der eine solche Wahrheit nachträglich und zweckdienlich „versinnlicht“ würde. Künstlerische Symbole können also *eo ipso* keine Allegorien sein, ein autonomes Kunstwerk kann nicht als solches im Dienst eines ihm fremden Sinngehaltes stehen – was nicht ausschließt, daß es sich auf einen solchen Gehalt frei und bewußt bezieht und auch diesen Bezug ausdrücklich mitgestaltet.

[287] *Deutsche Kunst und deutsche Politik*: SSD 8, 100.

[288] *Religion und Kunst*: SSD 10, 211/212.

> Ihr Gründer war nicht weise, sondern göttlich; seine Lehre war die Tat des freiwilligen Leidens: an ihn glauben, hieß: ihm nacheifern, und Erlösung hoffen, hieß: mit ihm Vereinigung suchen. Den „Armen im Geiste" war keine metaphysische Erklärung der Welt nötig; die Erkenntnis ihres Leidens lag der Empfindung offen, und nur diese nicht verschlossen zu halten war göttliche Forderung an den Gläubigen.[289]

Diese „einfachste Religion" sei den „Reichen" zu einfach gewesen und daher durch die „Geistreichen", auch „gegen alle philosophische Ausdeutung", zu einem „ungemein komplizierten Mythenapparat" ausgeformt worden. Eine zentrale Kategorie, um diesen Prozeß zu verstehen und zu beurteilen, ist Wagners Begriff des „Wunders", den er schon in *Oper und Drama* 1852 vorab zu seiner Rezeption Schopenhauers formuliert. Wagner nennt die künstlerisch gestaltende „Verdichtung" eines Stoffes „das eigentliche Werk des dichtenden Verstandes"[290], und ihr Ergebnis ist „*das Wunder*".[291] Es führt zur staunenden Wahrnehmung in Gefühl und Verstand, an die es zugleich im dramatisch versinnlichten Mythos appelliert und durch die es die Katharsis der Zuschauer einfordert – nicht als moralische Pflicht von außen, sondern als ästhetische Erkenntnis von innen her, die den Zuschauer in das freie Spiel des Dramas und der in ihm repräsentierten Wirklichkeit einbindet. In *Religion und Kunst* verdecken die Kategorien Schopenhauers eher die eigentliche Intention Wagners, wenn er dort das Wunder „als ein fast notwendiges Ergebnis der gegen alle Natur sich erklärenden Umkehr des Willens zum Leben" begreift, die in Jesus Gestalt annehme und als Selbstaufhebung des Willens göttlich sei, indem sie das „Reich Gottes" eröffne. Das strittige Prädikat „göttlich" – strittig, weil Wagner auf die Klärung und Verwendung theistischer Kategorien im wesentlichen verzichtet – wird also von Schopenhauer her erschlossen. Wieweit es (und ob es überhaupt) in solchen Kategorien aufgeht, sagt Wagner nicht.[292] Die Umkehr des Willens zum Leben äußere sich als „der Wunder allergrößtes", ja als „Offenbarung".

> Dieses andere nannte *Jesus* seinen Armen das „Reich Gottes", im Gegensatze zu dem „Reiche der Welt"; der die Mühseligen und Belasteten, Leidenden und Ver-

---

289 Ebd., 212/213. – Es ist bezeichnend, daß Wagner jeden Bezug auf die klassische Schöpfungstheologie (im Kontext der „natürlichen Theologie" oder „theologischen Gotteslehre") ebenso meidet wie einen Bezug auf die jüdisch-christliche Bundestheologie. Diese Kategorie dürfte ihm die zeitgenössische Theologie kaum zur Verfügung gestellt haben; jene Kategorie lehnt er als „seicht" und „optimistisch" ab, weil sie weder mit seiner Welterfahrung noch mit deren Formulierung in den Begriffen Schopenhauers zusammenstimmt.

290 Ebd.

291 *Oper und Drama* 219. – Das „Wunder" dient dem „Gefühlsverständnis", also der Wahrnehmung schlechthin, die der dichtende Verstand wecken soll (vgl. 219-222). Im „Wunder" erschließt sich das gesamte Drama von seinem höchsten Punkt aus, der allerdings außerhalb seiner steht.

292 „Unter *Gott* sucht sich der Mensch genau genommen das Wesen vorzustellen, welches den Leiden des Daseins (der Welt) nicht unterworfen ist, somit über der Welt steht – dies ist nun Jesus (Buddha) [!], der die Welt überwindet. – Der Welten*schöpfer* ist nie wahrhaft geläufig gewesen und geglaubt worden" (nachgelassener Aphorismus aus dem Umkreis von *Religion und Kunst*: SSD 12, 338).

> folgten, Duldsamen und Sanftmütigen, Feindesfreundlichen und Alliebenden zu sich berief, war ihr „himmlischer Vater“, als dessen „Sohn“ er zu ihnen, „seinen Brüdern“, gesandt war.[293]

Diese Wort-Bilder oder dogmatischen Symbole der Religion gestaltet die Kunst vorrangig im Bild des Gekreuzigten, das weniger „Symbol“ als vielmehr „Bild, wirkliches Abbild“ ist.[294] Das gilt auch für „das höchste Wunder, die Geburt des Gottes selbst“, die jungfräulich in Umkehr des Willens zum Leben geschieht. Wagner stützt ausdrücklich von seinem Wunder-Begriff her die Lehre von der „unbefleckten Empfängnis“ Marias. Da Jesus, als Gestalt des sich selbst aufhebenden Willens zum Leben, notwendig sündelos sei, müsse „in ihm schon vor seiner Geburt der Wille vollständig gebrochen sein, so daß er nicht mehr leiden, sondern nur noch mitleiden“ könne. So sei „aus innerster Verneinung der Welt die Bejahung der Erlösung geboren“.[295] Schopenhauers Grundbegriff dient für Wagner nun dazu, die „Erbsünde“ als den Weltwillen und deren Überwindung als Selbstüberwindung dieses Willens zu bestimmen – ein weiterer Beleg für den freizügigen Umgang Wagners mit philosophischen Begriffen, die den eigenen Gedanken zu stützen scheinen.[296] Er will den Gehalt „des religiösen Dogmas in unverschleierter Offenbarung [...] nicht mehr der grübelnden Vernunft, sondern der entzückten Anschauung“ zuführen.[297] Dieser Anschauung des „Wunders“ als Offenbarung des Göttlichen und zugleich als staunenswerte Peripetie des eigentlich Dramatischen dient selbst der Einband, mit dem er die Partitur des *Parsifal* ausstattet. Auf den oberen Deckel des Samteinbandes ist eine gestickte byzantinisierende Marien-Ikone geheftet als sinnfälliger Ausdruck des Wunders, von dem das Kunstwerk handelt und das es nach Wagners ästhetischer Theorie selbst darstellt.[298] Es

---

293 *Religion und Kunst*: SSD 10, 214.

294 Ebd., 215; vgl. 220. – Erst kirchlicher und cäsarischer Machtanspruch habe den „jüdischen ‚Schöpfer des Himmels und der Erde'“ wieder inthronisiert (215/216).

295 Ebd., 216/217.

296 Ikonographisch belegt Wagner seine These mit dem Tympanon des Südportals der Würzburger Marienkapelle (irrtümlich spricht er von der „Kirche des hl. Kilian“: ebd., 217) und durch die „Sixtinische Madonna“ Raffaels (ebd.).

297 Ebd., 217/218.

298 Vgl. hier Abb. 18 – Nochmals: im „Wunder“ erschließt sich das gesamte Drama von seinem höchsten Punkt aus, der allerdings außerhalb seiner liegt (vgl. *Oper und Drama* 219-222). So heißt die „seligmachende Melodie“, mit der *Götterdämmerung* endet, das „Wunder-Motiv“, denn es trägt Sieglindes Antwort auf die Verheißung Siegfrieds: „hehrstes Wunder“ (*Walküre* 638). „Sieglindes Jubel [...] steht außerhalb des Geschehenen ringsum, es bringt auf den musikalischen Begriff, was dem Endspiel alter Welt nicht mehr angehört: Hoffnung, Utopie, zugewandt den Überlebenden und Nachkommen“ (Rienäcker, *Richard Wagner* 160; vgl. 299). Das erst mit der vollendeten Götterdämmerung erfüllte Wunder ist ein Äußerstes, das Wagner in Analogie zum christlichen Topos der Verkündigung an Maria wagt. Auch Isoldes Verklärung deutet er bekanntlich ikonographisch von der Himmelfahrt Mariens her; das Vorbild ist die bewunderte *Assunta* Tizians, diese wiederum durch den *Faust*-Schluß erfahren und gedeutet (vgl. Borchmeyer, *Das Theater Richard Wagners* 281-287). Humoristisch und beziehungsvoll kehrt das „Wunder-Motiv“ im *Kinder-Katechismus zu Kosel's Geburtstag* von 1874 (*WWV* 106) wieder. Das kleine Werk feiert Wagners „Ewig-Weibliches“ in der Person Cosimas: als „Rose am Maitag“ und als Rose des Weihnachtsfestes (mit Anklang an das Lied „O du fröhliche“ und abschließendem Zitat des Schlusses von *Götterdämmerung*, also dem „Wunder-Motiv“). Das

verweist ikonographisch auf Wagners Topos des „Ewig-Weiblichen“, das „jungfräulich“ die Erlösung gebiert, und auch auf das Kunstwerk der Erlösung, das als Tragödie aus dem „mütterlichen“ Geist der Musik geboren wird.

Wagners These zielt „nicht auf eine Darstellung der geschichtlichen Entwicklung der Kunst aus der religiösen Vorstellung, sondern nur auf die Bezeichnung der Affinitäten beider“, wenn er in bildender Kunst und Malerei die angemessene sinnliche Gestaltung von *bildlichen* dogmatischen Begriffen wiederfindet.[299] So lebe in der christlichen Kunst das griechische Ideal wieder auf, aber nicht als „jene Einheit der griechischen Kunst mit der antiken Religion“, der nicht der Gehalt, sondern nur der „Formensinn“ abzulernen sei.[300] Die christliche Dichtung nimmt eine Sonderstellung ein: Sie müsse einerseits den Begriff „im kanonisch festgesetzten Wortstile“ behandeln, könne aber andererseits „in den rein musikalischen Ausdruck sich ergießen“. So ist die Musik, für die es kein antikes Paradigma gibt, erst aus der christlichen liturgischen Dichtung geboren worden.

> Streng genommen ist die Musik die einzige dem christlichen Glauben ganz entsprechende Kunst, wie die einzige Musik, welche wir, zum mindesten jetzt, als jeder anderen ebenbürtige Kunst kennen, lediglich ein Produkt des Christentums ist.[301]

Wagner setzt die Musik „in dasselbe Verhältnis zur Religion [...], in welchem wir den Gottesknaben zur jungfräulichen Mutter“ sehen. Sie gibt den vom Begriff „erlösten“ göttlichen Gehalt über die Möglichkeiten der übrigen Künste hinaus.[302] Die Musik selbst, so verstanden, ist der Erlöser und „durch Mitleid wissend“, sofern sie dem Willen der Welt und seiner Selbstaufhebung Gestalt verleiht. Neu ist diese genetische Herleitung der Musik aus der Religion, nicht aber ihre Bestimmung im allgemeinen. So heißt es in dem wichtigen Brief Wagners an Marie von Sayn-Wittgenstein vom 17. Februar 1857:

> Hören Sie meinen Glauben [!]: die Musik kann nie und in keiner Verbindung, die sie eingeht, aufhören, die höchste, die erlösendste Kunst zu sein; es ist diess ihr

private Wunder und das Wunder der Tetralogie finden zusammen und beziehen sich beide auf den marianischen Topos der Rose. Beide Motive verbinden sich in Wagners Gruß an Cosima: „‚Mater Gloriosa‘, ‚Mater Amorosa‘“ (30. Dezember 1872: CT I, 619). Vgl. auch Voss, *Wagner und kein Ende* 206-210.

299 *Kunst und Religion*: SSD 10, 219. – Damit ist nicht gesagt, daß dogmatische Begriffe *eo ipso* bildlich seien. So habe Dante in seiner *Commedia divina* dogmatische Begriffe abstrakter Art nur als Fremdkörper in seine Gestaltung einbeziehen können (ebd. 219/220). Die begriffliche Form des Dogmas müsse in der christlichen Kunst unangetastet bleiben und entziehe sich so der unmittelbaren Gestaltung (221).

300 Ebd., 220. – Da auch die antike Kunst eine problematische Gesellschaft repräsentiert, wie die Zürcher Kunstschriften ausführen, vermeidet also Wagner hier entschieden, ein Ideal geschichtlich herzuleiten, auch wenn der Geschichte durchaus ein historisches Paradigma für eine angemessene künstlerische Gestaltung entnommen werden kann.

301 Ebd., 221.

302 Im Dogma sei der Gehalt der Religion nur negativ gefaßt; es verhalte sich zur göttlichen Offenbarung, zu der Wagner auch die Musik rechnet, „wie sich der am Tage erzählte Traum zu dem wirklichen Traume der Nacht verhält“ (*Über Staat und Religion*: SSD 8, 23) – also wiederum gemäß der Analogie von Religion und Musik.

> Wesen, dass, was alle andere[n] Künste nur andeuten, durch sie u.[nd] in ihr zur unbezweifeltsten Gewissheit, zur allerunmittelbarst bestimmenden Wahrheit wird.[303]

Die emphatische Glaubensgewißheit des *Musikers* Wagner sucht hier ihre innere Begründung darin, daß die Musik, wie sie genetisch von der Religion her zu bestimmen ist, auch prinzipiell mit ihr dieselbe Aussage und faktisch dieselbe Dignität hat – wenn auch auf abgeleitete Weise. Was der Begriff „bedeutet“, „das ist“ die Musik, wie Wagner in deutlicher Anspielung auf die Frage nach der Präsenz Christi im Abendmahlsstreit zwischen Calvin und Luther formuliert.[304] Damit ist die „metaphysische“ Autonomie der Musik, wie sie Wagner in den früheren ästhetischen Schriften entwickelt, durchaus gewahrt, auch wenn ihre Genese und ihr Gehalt von der christlichen Religion her bestimmt werden.

Dieser Idealbestimmung der Musik aus der Religion steht Wagners Diagnose einer „verfallenden Kirche“ im zweiten Teil von *Religion und Kunst* entgegen.[305] Er stellt sie in den Kontext einer allgemeinen Degeneration, die er durch die „Lehre von der Sündhaftigkeit der Menschen“ als „Verfall des geschichtlich unsrer Beurteilung vorliegenden Menschengeschlechtes“ bestimmt – sowohl vom „Buddhaismus“ (im Verständnis Schopenhauers) als auch von der christlichen Erbsündenlehre aus.[306] Diese Lehre erscheint bei Wagner in einer nahezu historisch-materialistischen Variante, wenn er den menschlichen Sündenfall im Abfall von der vegetarischen Nahrung bestimmt.[307] Eine „Entartung“ oder Degeneration liege in der menschlichen Natur nicht unbedingt begründet, sondern sei durch klimatische Katastrophen erzeugt[308] und der Mensch als Raubtier das Produkt einer Degeneration, die geschichtlich durch Zivilisation überformt und verdeckt werde. Dieser Degeneration trete der „Heiland“ entgegen:

> sein eigenes Fleisch und Blut gab er, als letztes höchstes Sühnungsopfer für alles sündhaft vergossene Blut und geschlachtete Fleisch dahin, und reichte dafür sei-

303 SB 8, 274.

304 „Hier heißt es: ‚das bedeutet‘. Die Musik aber sagt uns: ‚das ist‘, – weil sie jeden Zwiespalt zwischen Begriff und Empfindung aufhebt, und dies zwar durch die der Erscheinungswelt gänzlich abgewendete, dagegen unser Gemüt wie durch Gnade einnehmende, mit nichts Realem vergleichbare Tongestalt“ (ebd., 222).

305 *Religion und Kunst*: SSD 10, 222.

306 Ebd., 223/224.

307 Ebd., 224-228, 237-241.

308 Die „alttestamentarische christliche Kirche“ erkläre diesen Sündenfall aus dem Adam-Mythos, demzufolge der Mensch sich die verbotene Baumfrucht angeeignet habe; umgekehrt bemängelt Wagner, „daß der Judengott das fette Lammopfer Abels schmackhafter fand als das Feldfruchtopfer Kains“ (ebd., 241). Diese kulturhistorische interessante Anmerkung steht allerdings von vornherein in einem antijüdischen Kontext, der keineswegs zwingend aus Wagners ästhetisch-theologischen Ansatz folgt. So behauptet er, das Judentum friste, in seiner „Sonderstellung von allen Völkern gleich gehaßt und verachtet, ohne eigene Produktivität, nur durch Ausbeutung des allgemeinen Verfalles sein Dasein“ (ebd., 231), ja es sei „der plastische Dämon des Verfalles der Menschheit in triumphierender Sicherheit“, wie es in dem antijüdischen Nachtrag „*Erkenne dich selbst*“ zur Religions-Schrift heißt (ebd., 272). Zu dieser Begrifflichkeit vgl. das nächste Kapitel.

> nen Jüngern Wein und Brot zum täglichen Mahle: – „solches allein genießet zu meinem Angedenken.“ Dieses das einzige Heilamt [Sakrament] des christlichen Glaubens: mit seiner Pflege ist alle Lehre des Erlösers ausgeübt.[309]

Dieses „Sühneblut“ regeneriere symbolisch den Menschen – in einer Welt, in der sich nach Wagners Meinung „der Jude mit dem Junker“ über den Besitz verständige, „während der Jurist mit dem Jesuiten über das Recht“ befinde.[310] Regeneration durch „Sühneblut“ ist auch ein Leitmotiv des *Parsifal*, das in Umkehr der christlichen Abendmahlsfeier „Blut“ in Lebenskraft zurückverwandelt.[311] Damit wird der Glaube „praktisch“ und lebt. So wie das sakramentale Blut zum Lebensmittel Wein wird, so wird in dieser Umkehrung des eucharistischen Wandlungsvorganges der Glaube zu einem Leben, das ethisches Handeln unmittelbar (und nicht als nachträgliches „Werk“) einschließt.

Der dritte Teil von *Religion und Kunst* greift die Regenerationsthese vertiefend auf und nennt die möglichen Aufgaben, die bereits durch „*Vegetarianer*“, „*Vereine zum Schutz der Tiere*“ und „*Mäßigkeitsvereine*“ im Ansatz wahrgenommen würden.[312] Wagner geht trotz den aktuellen Sozialistengesetzen Bismarcks (des „Junkers“!) so weit, sich zustimmend für die „großen Arbeitervereinigungen“ und „den heutigen Sozialismus“ zu erklären, die „die Berechtigung dieser Gesellschaft“ selbst in Frage stellten. In diesen Bewegungen sieht er die „Wurzel [...] eines religiösen Bewußtseins“, das sich als „Erkenntnis der tiefen Unsittlichkeit unsrer Zivilisation“ äußere.[313] Insgesamt: Der Wille äußere sich in der Verneinung alles ihm Entgegenstehenden als Selbstverneinung,

> und hierüber zur Selbstbesinnung zu gelangen darf endlich nur das dem Leiden entkeimende Mitleiden ermöglichen, welches dann als Aufhebung des Willens die Negation einer Negation ausdrückt, die wir nach den Regeln der Logik als Affirmation verstehen.

Wagner versteht den geschichtlichen Prozeß der Degeneration daher „als die strenge Schule des Leidens, welche der Wille in seiner Blindheit sich selbst auferlegte, um sehend zu werden“.[314] Dann aber – so wäre einzuwenden – läßt die interne Logik dieser Schopenhauerschen Begrifflichkeit keinerlei Spielraum mehr für das, was Wagner Offenbarung und Religion nennt, sofern er beides nicht als Funktion des metaphysischen Weltwillens bestimmen und damit ausschließen will. Das „Wunder“ der Umkehr des Willens, das als Selbstaufhebung aus Selbsterkenntnis hervorgehen soll, entspränge dann dem Leiden als eine Art „List des Weltwillens“ – eine paradoxe Vorstellung, die sich

309 Ebd., 230.

310 Ebd., 234. „Jude und Junker“ bezieht sich auf die Beteiligung deutscher Juden an der Reichsregierung Bismarcks, „Jurist und Jesuit“ auf das, was Wagner an anderer Stelle einer „*pfäffischen Pandektenzivilisation*“ zuschreibt (*Kunst und Klima*: SSD 3, 215).

311 Vgl. die entsprechenden chorischen Texte zum Ende des ersten Aufzuges (837/838).

312 *Religion und Kunst*: SSD 10, 239.

313 Ebd., 240/241.

314 Ebd., 245; vgl. 246 (die „Geschichte dieses Abfalls [...] als die Schule des Leidens des Menschengeschlechtes betrachten“).

weder mit Wagners Ausgangsthese über die Analogie von Religion und Kunst noch mit der Pointe der Schrift verträgt. Denn die Religion, die aus der Selbstaufhebung des Willens entspringen soll, sei nicht „erst neu zu stiften“: „Feierten wir denn nicht schon in unsrem täglichen Mahle den Erlöser?“ Analog gehöre „nur dem unterliegenden, nicht dem siegenden Helden unsre Teilnahme“[315] – eine ethische Forderung, die Wagners dramatische Werke durchgehend und ausdrücklich einlösen. Wie sehr Wagner für seine Kunst den unmittelbaren Bezug auf die Religion beansprucht, verdeutlicht manche Allusion des zunehmend begrifflich unscharfen Gedankenganges:

> Ihr edelstes Erbe hinterließ uns die christliche Kirche als *alles klagende, alles sagende, tönende Seele* der christlichen Religion. Den Tempelmauern entschwebt, durfte die heilige Musik jeden Raum der Natur neu belebend durchdringen, der erlösungsbedürftigen Menschheit eine neue Sprache lehrend, in der das Schrankenloseste sich nun mit unmißverständlicher Bestimmtheit aussprechen konnte.[316]

Die Anspielung auf Isolde als musikalisch-dramatische Gegenfigur zur *Assunta* Tizians ist evident. Die himmelwärts schwebende Mutter Gottes als Inbild der Religion entspricht einer Verkörperung der Tonkunst in Isolde.[317] Denn nur sie hört „diese Weise, / die so wunder- /voll und leise, / Wonne klagend, / Alles sagend, / mild versöhnend / aus ihm tönend / in mich dringet, / auf sich schwinget, / hold erhallend / um mich klingend“ – und sie antwortet in verklärtes Entschweben nach oben hin.[318] Auch hier mündet die Negation negierter Liebe in die endgültige Affirmation, eine Bejahung höherer Ordnung als die einfache ursprüngliche Bejahung, und ihre Feier im Festspiel ist ein religiöser Akt im Medium der Musik. Der Schlußsatz von *Religion und Kunst* vor dem kurzen Epilog faßt zusammen:

> Über alle Denkbarkeit des Begriffes hinaus, offenbart uns aber der tondichterische Seher das Unaussprechbare: wir ahnen, ja wir fühlen und sehen es, daß auch diese unentrinnbar dünkende Welt des Willens nur ein Zustand ist, vergehend vor dem einen: „Ich weiß, daß mein Erlöser lebt!“[319]

In welchem Verhältnis dieses „eine“ zur metaphysischen Dynamik des Willens steht, klärt Wagner nicht. Doch läßt er immerhin die paradoxe Spannung zwischen beiden unaufgelöst. Er erhebt nicht den Anspruch, von Schopenhauer her eine neue Religion zu stiften, sondern im Medium seiner Tonkunst den Gehalt der christlichen Religion zu bewahren, den er auch als Gehalt der Musik bestimmt, so daß beide darin „vollkommen *eins*“ seien. Eins allerdings auch

---

315 Ebd., 246/247. – In diesem Sinn versteht Wagner die attische Tragödie und die Dramen Shakespeares; „diese *Werke* der *Leidenden* sollen uns nun geleiten und angehören, während die Taten der Handelnden der Geschichte nur durch jene uns noch vorhanden sein werden“ (248).

316 Ebd., 250 (Hervorhebung v. P. H.).

317 Isolde in der Liebes-Verklärung: Sie erblickt Wagner in der *Assunta* (22. Oktober 1882: CT II, 1029; vgl. 634), aber auch in der *Sixtinischen Madonna* Raffaels (4. September 1879: CT II, 404).

318 *Tristan* 384.

319 *Religion und Kunst*: SSD 10, 250/251. – Das Ijob-Zitat (19,25) am Schluß zitiert folgerichtig einen leidenden Helden.

darin, daß beide einer weltlichen „Kriegsmaschine“ gegenüberstehen; diese habe „die rohesten Kräfte der niederen Naturgewalten in ein künstliches Spiel gesetzt, in welches, trotz aller Mathematik und Arithmetik, der blinde Wille, in seiner Weise einmal mit elementarischer Macht losbrechend, sich einmischen könnte“.[320] Dieser Schluß und sein ambivalentes Verhältnis zum zivilisatorischen Fortschritt widerlegt die Deutung, Wagner vertrete einen „dialektischen“ Geschichtsbegriff in einem Dreischritt von historischem Paradigma, Verfall und Wiederherstellung. „Regeneration“ bleibt ein unerreichbares Ideal, das als ethischer Appell mit einiger Verzweiflung ausgesprochen und geschichtlich als Utopie bestimmt wird. Die Kunst leistet dabei in der katastrophischen Geschichte, die sich in allen reifen Bühnenwerken Wagners spiegelt, zweierlei: Sie *erinnert* einen religiösen, ästhetisch-ethisch vermittelten Gehalt, und sie *antizipiert* dessen zukünftige, aber über das Ende der Geschichte hinausweisende Wirklichkeit. Erinnerte Vergangenheit und antizipierte Zukunft im Gegenwärtigen eröffnen den Zeit-Raum des Bühnenfestspiels. Sie konstituieren seine vergängliche „Aura“, in der das Rettende nah, aber nicht greifbar und schmerzlich vorübergehend ist: Aura als eine künstlerische Gestalt des *noli me tangere*.

3.3. „Was nützt diese Erkenntnis?“

Vier Aufsätze schließen sich an den programmatischen Essay an, die nochmals zentrale Aspekte aufgreifen und ausführen. Der erste von ihnen stellt als „Nachtrag“ die Frage: „*Was nützt diese Erkenntnis?*“ (1881). Wagner erhärtet seine Diagnose des Menschheitsverfalles und bekräftigt seinen Glauben an die „*Notwendigkeit einer Regeneration*“; er will sich ihr unter „Mitarbeit einer [...] Genossenschaft“ widmen, die über das „Patronat von Bühnenfestspielen“ und den Wirkungskreis der „Bayreuther Blätter“ „weit hinaus“ gehen müs-

320 Ebd., 252. – „Bereits bieten uns die gepanzerten Monitors, gegen welche sich das stolze, herrliche Segelschiff nicht mehr behaupten kann, einen gespenstischen grausenhaften Anblick: stumm ergebene Menschen, die aber gar nicht mehr wie Menschen aussehen, bedienen diese Ungeheuer, und selbst aus der entsetzlichen Heizkammer werden sie nicht mehr desertieren: aber wie in der Natur alles seinen zerstörenden Feind hat, so bildet auch die Kunst im Meere Torpedos und überall sonst Dynamitpatronen u. dgl. Man sollte glauben, dieses alles, mit Kunst, Wissenschaft, Tapferkeit und Ehrenpunkt, Leben und Habe, könnte einmal durch ein unberechenbares Versehen in die Luft fliegen. Zu solchen Ereignissen in großartigstem Stile dürfte, nachdem unser Friedenswohlstand dort verpufft wäre, nur noch die langsam, aber mit blinder Unfehlbarkeit vorbereitete allgemeine Hungersnot ausbrechen: so stünden wir etwa wieder da, von wo unsre weltgeschichtliche Entwicklung ausging, und es könnte wirklich den Anschein erhalten, ‚als habe Gott die Welt erschaffen, damit sie der Teufel hole‘, wie unser großer Philosoph dies im jüdisch-christlichen Dogma ausgedrückt fand“ (252/253). Die Sorge Wagners ist echt, die Intuition seines pessimistischen Realismus berechtigt.

se.[321] Der „Staatenlenker“ Bismarck verschließe sich solcher Erkenntnis und agiere nach dem „Bild Robespierres“, indem er nach Beseitigung aller Hindernisse durch die Guillotine nun „Tugendhaftigkeit“ einfordere. Der Sozialistengesetzgeber steht da als Lenker des deutschen Staatsterrors, der nach „dem freventlich heraufbeschworenen furchtbaren Kriege“ von 1870/1871 eine „Kriegszivilisation“ statt dem phantasierend beschworenen „Weltfrieden“ entwickelt habe.[322] Diese zornige Suada des alten Wagner übertrifft bei weitem die Schärfe seiner Dresdener Revolutionsreden.

> Jedenfalls dürften wir finden, daß, wenn *unsre* Erkenntnis für unnütz angesehen werden sollte, die Weltkenntnis unserer großen Staatsmänner sogar uns noch hart zum Schaden gereicht. –[323]

Dem Kaiserreich bestreitet er die religiöse Legitimation, die es selbst beansprucht; er beruft sich auf Luthers Empörung gegen die weltliche Abschaffung der Sünde und beklagt die im neuen Reich erwartete analoge „Erlösung vom Übel [...] durch Physik und Chemie“. Er erkennt darin eine materialistisch degenerierte Form von Religion, die an den „‚steten Fortschritt‘“ glaubt, aber mit dem nun zur Bildungsikone avancierten Goethe „Christus für problematisch“ erklärt.[324] Mit Schopenhauer als Philosoph und mit Luther als Theologe will Wagner das äußerliche Religionsgesetz in die Religion des Mitleids aufheben, so wie Schiller den kantischen Imperativ in die freie Neigung des Christentums habe aufheben wollen. Dies sei „‚die einzige *ästhetische* Religion‘“, wie er Schiller emphatisch zustimmend zitiert.[325] Nur die Kunst könne deren Anliegen nach dem „Zusammenbruch“ des kirchlich-dogmatischen Gebäudes retten, wenn es darum gehe, „dem natürlichen Menschen die hierzu nötige Erkenntnis“ und aus ihr „die Anerkennung einer *moralischen Bedeutung der Welt*“ zu erwecken.[326]

---

321 Der Herbst 1881 zeigt Wagners wachsende Enttäuschung durch das recht begrenzte intellektuelle Format seines Publikationsorgans. Die Motiv-Kataloge Hans von Wolzogens, inzwischen in die Klavierauszüge der letzten Werke eingezogen, befremden ihn („am Ende glauben die Leute, daß solcher Unsinn auf meine Anregung geschieht!“: 1. August 1881/CT II, 772). Einer von Wolzogens Aufsätzen sei nach dem Urteil Paul Joukowskis „wie im Haschisch-Rausch geschrieben“, wie Wagner zustimmend zitiert (7. April 1882: 926). Insgesamt läßt Wagner die befremdende, im nachhinein unheilvolle Entwicklung der Blätter resigniert gehen, obwohl er sich von ihnen distanziert. Cosima notiert: „Wie wir im Hofgarten von der Wendung dieser Blätter sprechen, sagt R.[ichard]: ‚Laß doch das Gespenst machen, was es will.‘“ (19. September 1881: 796). Ein „Gespenst“ also, in Wagners Sprachgebrauch gleichbedeutend mit „Dämon“ – ein Wort, das er allerdings auch auf das Judentum bezieht.

322 *„Was nützt diese Erkenntnis?“:* SSD 10, 254/255.

323 Ebd., 255.

324 Ebd., 256.

325 Ebd., 258.

326 Ebd., 260/261. – „Nun verlangt es aber das Volk, dem wir leider so jammervoll ferne stehen, nach einer sinnlich realen Vorstellung der göttlichen Ewigkeit im affirmativen Sinne, wie sie ihm selbst von der Theologie nur im negativen Sinne der ‚Außerzeitlichkeit‘ gegeben werden kann. Auch die Religion konnte dieses Verlangen nur durch allegorische Mythen und Bilder beruhigen, daraus dann die Kirche ihr dogmatisches Gebäude aufführte, dessen Zusammenbruch uns nun offenkundig ward. Wie dessen zerbröckelnde Bausteine zur Grundlage einer der antiken Welt noch unbekannten Kunst wurden, bemühte ich mich in meinem vorangehenden Aufsatze über ‚Religion und Kunst‘ zu zeigen; von welcher Bedeutung aber wiederum diese

Von einer solchen Erkenntnis, die sich zugleich auf die Erkenntniskritik Kants, das *gnothi seauton* der Pythia und das *Tat twam asi* des Brahmanen berufen könne, handelt die erste der beiden *Ausführungen zu „Religion und Kunst": „Erkenne dich selbst"* (1881). Zu solcher Selbsterkenntnis dürften „Wissenschaft und Staatskunst" mangels „jedes wahrhaft religiösen Kernes" nichts beitragen; als Teil der „Kriegszivilisation" und als Motor der „Degeneration" durchschauten sie nicht, daß und warum eine „fast größere Heiligkeit als die Religion [...] in unsrem staatsgesellschaftlichen Gewissen das ‚Eigentum' erhalten" habe. Nur dazu sei „die bewaffnete Macht" da: als „Beschützung der Besitzenden gegen die Nichtbesitzenden". Wagner knüpft unmittelbar an seine Schrift *Über das Judentum in der Musik* (1850) an, wenn er diese Diagnose mit der Erklärungshypothese überbelastet und entstellt, das Judentum sei für diese Degeneration unmittelbar verantwortlich.

> Allerdings sind diese darin Virtuosen, worin wir Stümper sind: allein die Kunst des Geldmachens aus nichts hat unsre Zivilisation doch selbst erfunden, oder, tragen die Juden daran die Schuld, so ist es, weil unsre ganze Zivilisation ein barbarisch-judaistisches Gemisch ist, keineswegs aber eine christliche Schöpfung.[327]

Die beklagte Zivilisation hat also die Gestalt eines degenerierten Christentums, die durch das Judentum allenfalls zur Kenntlichkeit entstellt wird, und die Diagnose dieser Degeneration bedarf im Ansatz keines Rückgriffs auf antisemitische Zusatzhypothesen.[328] Einen grundsätzlichen „Antagonismus der *Rassen*", auf den Wagner in Anspielung auf die Rassenlehre Gobineaus hinweist, läßt er nicht unmodifiziert gelten. Er wird im *conjunctivus irrealis* bestimmt[329] und mit dem Hinweis abgetan, „daß, wenn wir von einer deutschen ‚Rasse' reden wollten [!], diese mit einer so ungemein ausgesprochenen und unverändert erhaltenen, wie der jüdischen verglichen, sehr schwer, ja fast kaum, mit Bestimmtheit zu spezifizieren sei".[330] Die Rolle, die Wagner dem Judentum feindselig zuweist, ist die eines Spiegels, nicht einer Ursache für die Degeneration der „Menschheit" (und nicht nur einer einzelnen „Rasse").[331]

Kunst, durch ihre volle Befreiung von unsittlichen Ansprüchen an sie, auf dem Boden einer neuen moralischen Weltordnung, namentlich auch für das ‚Volk' werden könnte, hätten wir mit strengen Ernste zu erwägen" (261). Kurz: Wie kann die ästhetische Erziehung des Menschen durch das Festspiel gelingen?

327 Ebd., 268.

328 In *Religion und Kunst* finden sich keine Hypothesen dieser Art angedeutet, und *„Erkenne dich selbst"*, dieser erste Nachtrag zum Nachtrag des grundlegenden Essays, gibt keine eindeutige antisemitische Hypothese für die *Ursache* der Degeneration. Zwar betont Wagner, wir „scheinen nicht übel Lust zu haben, den Juden lediglich die Schuld hiervon beizumessen. Allerdings sind diese darin Virtuosen, worin wir Stümper sind" (ebd., 268), d. h. an ihnen sei die Degeneration besonders deutlich *abzulesen*, die insgesamt die Gesellschaft bedrohe.

329 „In diesem Sinne *wäre* uns eine neue Einkehr zur Selbsterkenntnis veranlaßt" (ebd., 269; Hervorhebung v. P. H.) – sie *ist* es offenbar aber nicht.

330 „Wenn die Gelehrten sich darüber unterhalten, ob gemischte oder rein bewahrte Rassen für die Ausbildung der Menschheit wertvoller seien, so kommt es für die Entscheidung wohl nur darauf an, was wir unter einer fortschrittlichen Ausbildung der Menschheit verstehen" (ebd., 269).

331 Hier fällt das verhängnisvolle Wort: „Eine wunderbare, unvergleichliche Erscheinung; der plastische Dämon des Verfalles der Menschheit in triumphierender Sicherheit, und dazu deutscher

Die zweite der *Ausführungen zu „Religion und Kunst“* mit dem bezeichnenden Titel *Heldentum und Christentum* (1881) verwirft den Rassismus Gobineaus grundsätzlich, weil dessen Theorie der Degeneration „die veränderte Nahrung [...] durchaus unbeachtet“ lasse und also ungeschichtlich-spekulativ argumentiere, wenn sie den Verfall „einzig von der Vermischung der Rassen“ herleite.[332] Gerade beim Überblick aller Rassen sei „die Einheit der menschlichen *Gattung* unmöglich zu verkennen“. Wagner will diese Einheit „im edelsten Sinne als Fähigkeit zu bewußtem Leiden, in dieser Fähigkeit aber die Anlage zur höchsten moralischen Entwicklung erfassen“. So könne es lediglich unterschiedliche große „Vorrate an Grundeigentümlichkeiten“ geben; wichtiger seien aber „Heldennaturen“, wobei der „Held“ kaum anders „als in einer vom Schicksal ihm bereiteten leidenden Stellung“ anzutreffen sei: als tragischer Held mithin.[333] Ein solcher „Held“ träte der „Verderbnis seines Stammes, seiner Sitte, seiner Ehre“ entgegen und sei „im *Heiligen* als göttlichen Helden [!] wiederzufinden“. Dieser übertreffe den Helden darin, Leiden zu ertragen und sich für andere aufzuopfern.[334] Wagner versteht „Blut“ als religiöse Metapher und als kirchliches Sakrament. Er verwendet offensichtlich keinen empirischen Begriff, wenn er behauptet, mit dem „Blut des Christentums“ sei zugleich auch „das Blut des Erlösers selbst“ degeneriert, nämlich das religiöse Bild und kirchliche Sakrament durch Mißbrauch undeutlich bzw. unzugänglich geworden. So verbietet sich jede im strikten Sinne „rassistische“ Deutung des „Blutes“:

> Das Blut des Heilandes, von seinem Haupte, aus seinen Wunden am Kreuz fließend, – wer wollte frevelnd [!] fragen, ob es der weißen, oder welcher Rasse sonst angehörte? Wenn wir es göttlich nennen, so dürfte seinem Quelle ahnungsvoll einzig in dem, was wir als Einheit der menschlichen Gattung ausmachend bezeichneten, zu nahen sein, nämlich in der Fähigkeit zu bewußtem Leiden. Diese Fähigkeit müssen wir als die letzte Stufe betrachten, welche die Natur in der

---

Staatsbürger mosaischer Konfession, der Liebling liberaler Prinzen und Garant unsrer Reichseinheit! -“ (ebd., 272). Was aber soll „der plastische Dämon“ bedeuten? Vom „Gespenste der ‚Wissenschaft‘“ ist in der Schrift gegen die Vivisektion die Rede (*Offenes Schreiben*: SSD 10, 194), im Anschluß an Goethes *Faust* II vom „Teufelsspuk“ des Papiergeldes (268), außerdem vom jüdischen „Truggespinst des Dämons der leidenden Menschheit“ (274): jeweils ein täuschendes *phantasma* (als Spuk, Gespenst oder Gespinst), das aber zugleich ein entlarvendes Gegenbild zur gesellschaftlichen Wirklichkeit liefert, aber „plastisch“ im Sinne von Gestalthaftigkeit und wirklicher Präsenz ist. Wenn dieser „Dämon [...] kein Wo und Wann zu seiner Bergung unter uns mehr aufzufinden vermag, wird es auch – keinen Juden mehr geben“. Diese den Deutschen mögliche „große Lösung“ (274) ist häufig als Andeutung einer „globalen Judenvernichtung“ verstanden worden (Kühnel, *Wagners Schriften* 554). Global ist diese „Lösung“ schon deswegen nicht zu deuten, weil sie ausdrücklich als deutsches Problem verhandelt wird. Von „Vernichtung“ wird mit derselben Vorsicht zu reden sein, die auch sonst der linkshegelianische Sprachgebrauch Wagners erfordert: Quasi-philosophisch wäre von „Aufhebung“ zu sprechen, bei Wagner häufig synonym mit „Erlösung“; quasi-theologisch müßte Wagners recht befremdlicher, aber nicht „vernichtender“ Anspruch einbezogen werden, das Judentum der ihm befreundeten Juden durch die Taufe aufzuheben.

332 *Heldentum und Christentum*: SSD 10, 275/276; vgl. 284.

333 Ebd., 277/278. – Als Beispiel des tragischen Helden dienen Herakles und Siegfried.

334 Ebd., 279/280.

aufsteigenden Reihe ihrer Bildungen erreichte; von hier an bringt sie keine neuen, höheren Gattungen mehr hervor, denn in dieser, des bewußten Leidens fähigen Gattung erreicht sie selbst ihre einzige Freiheit durch Aufhebung des rastlos sich selbst widerstreitenden Willens.[335]

[335] Ebd., 281. – Ein Blick in die Tagebücher Cosimas liefert wertvollen Aufschluß über Wagners „Anti-Gobineau". Gegenüber Cosima betont Wagner, es komme nicht an auf „Racenstärke, gedenkt man des Evangeliums" (14. Februar 1881: CT II, 690); er weist Gobineaus These persönlich zurück, die Iren seien „unfähig zur Arbeit". „R.[ichard] wird sehr heftig, auch er würde nicht arbeiten unter den Bedingungen, und er geißelt die englischen Vornehmen. Der Graf geht in seinem Gespräch so weit, dem Evangelium einen Vorwurf zu machen, für die Armen eingetreten zu sein" (18. Mai 1881: 739). „Regeneration der Menschheit" hänge mit der „Bildung einer Gemeinde" zusammen (5. März 1881: 706). „Eine Pression seitens einer antijüdischen Zeitung erwidert er sofort mit einer Postkarte. Mag mit dieser Sache nichts zu tun haben, überhaupt mit dem deutschen Reich" (14. März 1881: 710). „Bei Tisch explodiert er förmlich zu Gunsten des Christlichen gegenüber dem Racengedanken" (3. Juni 1881: 744), beklagt sich anläßlich eines Briefes an den antisemitischen Agitator Bernhard Förster, den Bruder Elisabeth Nietzsches, „wie peinlich solche Beziehungen ihm seien, wo man an lügenhafte, beschränkte, phrasenmachende und doch wiederum begeisterte Leute zu schreiben hat" (12. Juni 1881: 747). Anläßlich von Beethovens *Coriolan*-Ouvertüre bemerkt er gegen Cosima ironisch: „‚Das ist Race, das ist für Gobineau'; und ich: Tristan ist die Musik für die Aufhebung aller Schranken, also auch der Racen" (19. Juni 1881: 751). Angesichts der Abbildung eines schönen Nubiers meint er, „die weiße Race stamme denn doch von der schwarzen ab" (13. Oktober 1881: 807), und wenige Tage später: „[...] so seien die Südlichen keine rechten Deutschen", hätten aber laut Cosima „die meiste Anlage zur Kunst, ‚nun ja', sagt er, ‚das ist eben schwarzer Einfluß – wie Gobineau es ansieht'. — Wir stehen darüber heiter auf" (16. Oktober 1881: 809). Am 17. Dezember 1881, nach der Abfassung von *Heldentum und Christentum*, heißt es dezidiert: „Eines ist aber sicher, die Racen haben ausgespielt, nun kann nur noch, wie ich es gewagt habe auszudrücken, das Blut Christi wirken" (850). Vor diesem Hintergrund klingt die Aussage („im heftigen Scherz") besonders grell, weil völlig unvermittelt, „es sollten alle Juden in einer Aufführung des ‚Nathan' verbrennen" (anläßlich des Wiener Theaterbrandes: 18. Dezember 1881: 852). „Dann erwähnt er Gobineau's tiefsinnige Bemerkung über die Sprache, und wie die verschiedenen Racen sie behandelten, und bedauert, dem ausgezeichneten Mann nichts sein zu können. Die Antwort Gob.[ineau]'s auf seinen Brief zeigt ihm, daß er in eine vollständige Pfütze getreten ist" (25. Februar 1882: 897; vgl. 951). Denn er „wirft es Gob.[ineau] vor, das eine ganz außer acht gelassen zu haben, was einmal der Menschheit gegeben wurde, einen Heiland, der für sie litt und sich kreuzigen ließ!" (3. April 1882: 936). Er vergleicht „Gobineau's Art, welche auch, wie Mephisto, nur vor dem einen sich beuge" (23. Mai 1882: 946; vgl. 958). Gerade im „Verhältnis der überlegenen Race zu den inferioren" gelte, es sei „der schönste Triumph des intellektuell Überlegenen, Liebe und Hingebung sich von den Unteren zu gewinnen" (persönlich zu Gobineau: 2. Juni 1882: 952). Wagners Judenfeindschaft hat keinen rassistischen Aspekt, auch nicht in seinem Werk: „In der Frühe heute gingen wir die Gestalten des R.[ing] des Nibelungen durch vom Gesichtspunkt der Racen aus, die Götter, die weiß, die Zwerge, die Gelben (Mongolen), die Schwarzen die Äthiopier; Loge der métis [Mestize]" (17. November 1882: 1051). Die antisemitische Agitation durchschaut er als politische Strategie: „Beim Frühstück gedenkt er der Judenfrage und erklärt sie sich ungefähr also, daß man den drohenden Sozialismus (Stoecker im Einvernehmen mit Bismarck) gegen die Juden gelenkt habe" (19. November 1882: 1053). Die *Bayreuther Blätter* des Jahrgang 1882 enthalten einen anonymen Aufsatz mit dem Titel *Graf Arthur Gobineau. Ein Erinnerungsbild aus Wahnfried* (341-352), der im Manuskript von Cosima und in der Reinschrift von Richard Wagner erhalten ist (so verzeichnet von Otto Strobel im Archiv der Richard-Wagner-Stfitung Bayreuth). Dieser Aufsatz ist bisher weder neu ediert noch überhaupt bearbeitet worden. Die in Wagners Bibliotheken extrem seltenen Randstriche und Vermerke von seiner Hand finden sich in den *Bayreuther Blättern* nur einmal, nämlich hier. Ein aufschlußreicher Absatz, mit ingesamt drei Kreuzen am Rand

Dieser Widerstreit des Willens mit sich selbst wäre allenfalls als „Antagonismus der Rassen“ innerhalb der „Einheit der menschlichen Gattung“ zu deuten. Im „Blut des Heilandes“ werde er unüberbietbar durch bewußtes Leiden aufgehoben[336], ja dieses „Blut“ sei „aus der äußersten Anstrengung des Erlösung wollenden Willens [...] als göttliches Sublimat der Gattung selbst entflossen“ – eine „zwischen Physik und Metaphysik schwankende Spekulation“, die Wagner allerdings nicht weiter verfolgen will.[337] Dieses Schwanken zwischen Physik und Metaphysik, zwischen Geschichte und Theologie ist allerdings allen soteriologischen Modellen eigen, die zwischen einer geschichtlich-kontingenten Heilserfahrung und einem übergeschichtlich-göttlichen Heil vermitteln wollen. Wagners Mangel an begrifflicher Schärfe, vor allem aber die in bedenklichen theoretischen Farben spielenden Ränder seiner Begrifflichkeit und deren scheinbare Nähe zur Rassenlehre Gobineaus verdecken das im Grunde einfache soteriologische Argument. Im „Blut“ des Erlösers hebe

---

und drei Unterstreichungen im Text, verteidigt ausdrücklich Wagners „Auffassung des Christenthums“ gegen Gobineau, der „persönlich [...] von der Religion der Armen, d. h. der Massen, mit welchen er das große Individuum stäts in Zwiespalt sah, nicht viel wissen“ wollte. Zwei große Kreuze Wagners markieren nun am Rand den entscheidenden Differenzpunkt: „In einer Welt des Elendes den Armen – als solchen – dem Reichen, den Einfältigen dem Weisen, den Krüppel dem Gesunden, vorziehen, heisst einen Irrthum begehen, dessen kein Inder je sich schuldig machen würde“. Wagner habe „der Härte dieser Thesis die milde Ethik des Christenthums zum möglichsten Auskommen hienieden“ entgegengehalten , sei aber dabei auf „das schweigsam trotzige Dahinnehmen“, ja „das geringschätzige Verzichten“ Gobineaus (347) gestoßen. Auch die aufschlußreiche Korrespondenz zwischen Wahnfried und Gobineau liegt inzwischen kommentiert vor – und überrascht dadurch, daß sie, von einem unterhaltsam-anekdotischen Beitrag Wagners abgesehen, komplett von Cosima geführt worden ist (Eugène, *Richard et Cosima Wagner – Arthur Gobineau: Correspondence 1880-1882*). – Die Dokumente ergeben also eindeutig kein rassistisches oder antisemitisches Bild von Wagners Denken, sondern eine dezidierte Kritik Gobineaus und der antisemitischen Agitation, soweit sie über Wagners zivilisations- bzw. degenerationskritische Judenfeindschaft hinausgeht. Eine Tendenz zum rassistischen Gedanken eines Genozids läßt sich nicht nur nicht ablesen; sie ist auch argumentativ von Wagners Ansatz her nicht möglich. Der bösartige „Scherz“ über den Wiener Theaterbrand bestätigt paradoxerweise diese Deutung, denn er gilt unmittelbar und zunächst dem Theater als Institution der „Zerstreuung“ und Faktor der Degeneration, die Wagner darin sehen will (am 8. Dezember 1881 sterben über 400 Menschen bei einem Brand des Wiener Ringtheaters, der kurz vor Offenbachs *Hoffmanns Erzählungen* ausbricht). Es spricht sehr gegen Wagner, wie er diese menschliche Katastrophe schlicht ignoriert. Es spricht aber kaum für einen rassistischen, zu einer globalen Vernichtung der Juden tendierenden Antisemitismus, in welchem *Kontext* Wagner sich hier äußert.

336 Einen Vorzug will Wagner allenfalls darin sehen, daß „dem Blute der sogenannten [!] weißen Rasse die Fähigkeit des bewußten Leidens in besonderem Grade zu eigen“ sei (*Heldentum und Christentum*: SSD 10, 281).

337 Ebd., 282/283. – Die brahmanische Religion unterscheide sich von der christlichen Religion gerade durch „den einzigen Fehler, daß sie eine Rassenreligion war“ (281), wie Wagners religionssoziologische Skizze ausführt. „Eine Meisterschöpfung sondergleichen: Herrscher und grauenvoll Bedrückte in ein Band metaphysischer Übereinstimmung solchermaßen verschlingend, daß eine Auflehnung der Bedrückten undenklich gemacht ist; wie denn auch die weitherzige Bewegung des Buddha zugunsten der menschlichen Gattung an dem Widerstande der starren Rassenkraft der weißen Herrscher sich brechen mußte, um als bieder abergläubige Heilsordnung von der gelben Rasse zu neuer Erstarrung aufgenommen zu werden“ (282). Die Rassenherrschaft begründe „eine schlechthin unmoralische Weltordnung“ (284).

sich der antagonistische Wille selbst durch bewußtes Leiden auf und „regeneriere“ so die Einheit der menschlichen Gattung.

> Das in jener wundervollen Geburt sich sublimierende Blut der ganzen leidenden menschlichen Gattung konnte nicht für das Interesse einer noch so bevorzugten Rasse fließen; vielmehr spendet es sich dem ganzen menschlichem Geschlechte zur edelsten Reinigung von allen Flecken seines Blutes.

Insofern sieht Wagner im „Blut“ Jesu und dessen symbolischen Genuß, „dem einzigen echten Sakramente der christlichen Religion“, das „Antidot“ gegen jede Degeneration.[338] Nur das „wahrhaftige Christentum“ könne, gegründet „auf den Gewinn einer allgemeinen moralischen Übereinstimmung“, zu einer „ästhetischen Weltordnung“ und Gleichheit der Rassen führen und „eine wahrhaftige ästhetische Kunstblüte“ erzeugen. Darin ergänzen und „erlösen“ sich Religion und Kunst also gegenseitig, daß sie sich auf diesen regenerierenden Gehalt beziehen: sakramental vergegenwärtigend die Religion, symbolisch dies erinnernd und antizipierend die (Ton-)Kunst, die aus ihr hervorgeht.

Der Gedankenkreis der Regenerationsschriften beschäftigt Wagner unmittelbar bis zu seinem Tod. Das letzte Wort gilt dem „Ewig-Weiblichen“ und seiner gesellschaftlichen Regeneration, die er politisch als Emanzipation der Frau bestimmt. Denn nicht nur der „Abfall von der natürlichen Nahrung“ und die „degenerierende Vermischung“ des „Blutes“, sondern auch die menschliche „Herkunft aus einem, wenn auch vollkommen stammesgemäßen, aber ohne Liebe geschlossenen Ehebunde“ führe den Verfall herbei – diesen letztgenannten Hinweis am Schluß von *Heldentum und Christentum*[339] nimmt Wagner in seinem Fragment *Über das Weibliche im Menschen* vom 11. bis 13. Februar 1883 ausdrücklich im Zitat auf.[340] Ein solches assoziatives Anknüpfen an Gedanken, die im vorigen Kontext eher beiläufig auftauchen und wirken, ist besonders in den späten Schriften typisch. Wagner entwickelt *ad hoc*-Theorien, die insgesamt einer gemeinsamen argumentativen Linie folgen, ohne sie allerdings systematisch zu entfalten und durchzuhalten. Das Männlich-Weibliche erscheint in diesem letzten Fragment als ein Antagonismus, der ebenso wie der Antagonismus der Rassen in das Reinmenschliche aufzuheben ist. Die „auf Eigentum und Besitz berechneten Konventionsheiraten“ indizieren für Wagner eine Degeneration der Ehe, die als moralische Institution den Menschen gerade vor dem Tier auszeichne, ihn aber als Produkt der Degeneration hingegen „bis unter die Tierwelt“ zurückfallen lasse. Die Natur habe ein Interesse nur am Erhalt der Gattung; der „aus dem tierischen Gattungsgesetze“ ausgeschiedene Mensch jedoch wende sich entschieden dem Individuum zu und erhebe sich so kulturell über die Natur.

---

338 Ebd., 283. – Vgl. die Notiz im *Braunen Buch*: „Ist Christus für uns endlich selbst nur noch ein edelstes Gedicht, so ist es zugleich realisirbarer, als jedes andere dichterische Ideal, – im täglichen Abendmahle mit Wein und Brod“ (242).

339 SSD 10, 284.

340 SSD 12, 343.

> Liebestreue: Ehe; hier liegt die Macht des Menschen über die Natur, und wir nennen sie göttlich. Sie ist die Bildnerin der edlen Rassen. Leicht dürfte das Hervorgehen dieser aus den zurückbleibenden niedereren Rassen durch das Hervortreten der Monogamie aus der Polygamie erklärt werden können.[341]

Damit nimmt Wagner den Gedanken der „Rasse“ allerdings auch kulturanthropologisch zurück. Er weicht auch hierin von Gobineaus rassistischem Naturalismus ab, wenn er es als einen schönen „Zug der Legende“ rühmt, daß der Buddha auch die Frau nicht von der „Möglichkeit der Heiligwerdung“ ausgeschlossen habe. Er fordert den notwendigen „Prozeß der Emanzipation des Weibes“, der „nur unter ekstatischen Zuckungen vor sich“ gehe und ein moralischer Sieg über die Natur sei. Einen solchen Prozeß hat Wagner mit der Figur Kundrys zum letzten Mal auf die Bühne gestellt und damit an das Ende einer Reihe von Gestaltungen, die von Senta über Elisabeth und Elsa über Brünnhilde und Isolde reicht. Sie alle verbindet die tragische Negation der lieblosen Konvention, die auch das Männlich-Weibliche antagonistisch unter das Vertragsverhältnis von Besitz und Eigentum stellt und daran scheitern läßt.[342] Scheitern allerdings so, daß auch hier aus der Negation der Negation eine utopische Affirmation hervorgeht.[343] Auf diese Utopie zielt die Emanzipation des „Rein-Menschlichen“ aus Natur bzw. „Rasse“ und degenerierter Kultur oder Konvention. Die letzten Worte im Manuskript: „Liebe – Tragik“, enden in einem abstürzenden Federstrich – er zieht die Spur von Wagners tödlichem Zu-

---

341 Ebd., 344/345.

342 Die Notate *Über das Männliche u. Weibliche in Kultur und Kunst*, in Acireale zwischen dem 21. März und 9. April 1882 entstanden, formulieren noch deutlicher: „Solange uns für die Beurtheilung natürlicher und menschlicher Dinge die Getheilheit des Geschlechtes in ihrer verschiedenen Wirksamkeit einzig erkennbar wird, steht die Gattung [!] noch dem Ideale fern. Auch eine Kultur und Kunst könnten nur vollkommen sein, wenn sie ein Ergebniss der That jener Aufhebung der Getheiltheit der Einheit des Männlichen und Weiblichen wären“. Wagner erklärt den „Verfall der Racen durch unrichtige Vermählungen: physischer Verderb mit dem moralischen vereinigt“. Diese Notiz vermengt noch Gobineau mit Darwin, von dem Wagner *Die Entstehung der Arten*, *Die Abstammung des Menschen*, *Das Variieren der Tiere und Pflanzen* sowie *Der Ausdruck der Gemütsbewegung beim Menschen und bei den Tieren* in der Wahnfried-Bibliothek besitzt. Mit Gobineau aber läßt sich der anschließende Gedanke kaum vereinbaren, der sich wie eine Anmerkung zum Antagonismus Wotan-Fricka liest: „Genau: vorsichtige Ausbeutung der Gewalt-Macht zum Genuss des Besitzes. (Männlich.) Scheinbar: Correction der – wiederum doch nur anscheinend – zwecklos bildenden Natur; zugleich aber Unverständnis des wahren Zweckes der Natur, der auf Befreiung aus sich selbst zielt: (Weiblich.)“ (*Das Braune Buch* 245/246; es enthält auch sonst aufschlußreiche Notizen zu den übrigen Regenerationsschriften: 239-244).

343 Vgl. im *Braunen Buch* die Notiz: „Sonate (111) Sansâra – u. Nirwâna. Letzteres als affirmati. [!]“ (241). Gemeint ist de affirmative Aufhebung des Wollens in die heitere Ruhe, für die in Wagners Deutung der zweite Satz von Beethoven letzter Klaviersonate (c-moll, op. 111) steht. Die „Aufnahme des Weibes“ und ihre „Heiligwerdung“, ihre Apotheose ins „Ewig-Weibliche“ hingegen ist eine Grundtendenz Wagners, der entsprechende Satz am Schluß des Fragments derart, daß er „vielleicht manch ‚Anstößiges‘ im Schlußbild neuerer *Parsifal*-Inszenierungen nicht nur verständlich macht, sondern auch legitimiert“ (Kühnel, *Wagners Schriften* 556). Gemeint ist Kundrys „entseeltes Niedersinken“ vor Parsifal im Schlußbild: ein Tribut an die Konvention auch hier, der *nach Wagners Intention* und damit *gegen seine eigene Regieanweisung und Inszenierung* so zu revidieren wäre, daß Kundry gemeinsam mit Parsifal den Gral enthüllte.

sammenbruch am 13. Februar 1883 als Schlußstrich mitten durch das Fragment, das nochmals – zum letzten Male – eine *Metaphysik der Geschlechtsliebe* entwirft, die zugleich aufklären und verklären, emanzipieren und erlösen will.

Philosophie, wie sie angesichts der Verzweiflung einzig noch zu verantworten ist, wäre der Versuch, alle Dinge so zu betrachten, wie sie vom Standpunkt der Erlösung aus sich darstellen, Perspektiven müßten hergestellt werden, in denen die Welt ähnlich sich versetzt, verfremdet, ihre Risse und Schründe offenbart, wie sie einmal als bedürftig und entstellt im Messianischen Lichte daliegen wird.

Theodor W. Adorno[344]

Epilog

I.

Ein Epilog hat etwas Mißliches. Wenn schon eine Reprise wesentlich wiederholt und noch einmal als These fixiert, wovon heuristisch auszugehen ist, wenn eine Coda bloß nachsetzend bestätigt und beschließt: so könnte gerade ein Epilog überflüssig erscheinen – vorausgesetzt, es wäre abschließbar und fertig, was bereits gesagt ist. Eben das aber paßt nicht zur Intention der revolutionären Utopie in Wagners Denken und Werk, die zwischen Kunst und Religion irrt (vielleicht weil sie beides verfehlt oder zumindest zu versöhnen verfehlt und deswegen auf der Suche bleibt?).

So gilt dieser Epilog einer vorläufigen Antwort auf die Frage, die heuristisch die hier ingesamt vertretene Lesart von Wagners Werken und Schriften bestimmt hat. Wagners Werk, so hieß es in Anlehnung an Goethes bekannten Aphorismus über die christliche Religion, sei eine intentionierte künstlerische Revolution, die, verfehlt, schließlich Religion geworden ist.[345] Und auch die Umkehrung dieses Satzes ergäbe mehr als ein bedenkenswertes Bonmot: nämlich die Einsicht, daß eine Suche nach „Erlösung" und ihren vielfältigen Chiffren unmittelbar praktisch geworden ist in revolutionären und reformerischen Versuchen, an deren Ende zwei Fluchten (aus Dresden und München) und die Gründung des Bayreuther Festspielhauses stehen. So ist Wagner in revolutionärer Zeit Revolutionär und Reformer, in der späteren Gründerzeit selbst Gründer gewesen. Was aber – nochmals gefragt – hat dieses Leben und Schaffen zusammengehalten derart, daß nur angesichts dieses Zusammenhalts sinnvoll von seinen Brüchen und Irrgängen, von Dekonstruktion und Utopie zu reden ist?

Eine „politische Theologie" zwischen Kunst und Religion: so könnte die thesenartige Antwort auf die Frage nach Wagners Denken lauten. Nun ist der zentrale Begriff dieser Antwort diffus und zunächst einmal von „politischer Religion" bzw. *theologia civilis* zu unterscheiden, mit dem sich das Phänomen „Bayreuth" zu bestimmten Teilen beschreiben ließe.[346] Denn Institution

---

344 *Minima Moralia* (Nr. 153) 480/481.

345 „Die christliche Religion / Ist eine intentionierte Politische Revolution / die, verfehlt, nachher moralisch geworden ist": Goethe, *Maximen und Reflexionen* 819 (MA 17, 865).

346 Vgl. Gebhardt/Zingerle, *Pilgerfahrt ins Ich*.

und Festspielpraxis tragen von Anfang an die Züge einer ästhetischen Religion, die allerdings in Konkurrenz zur kaiserzeitlichen Zivilreligion und selbst zu ihrer Inanspruchnahme durch den Nationalsozialismus ein „Hier gilt's der Kunst!" proklamiert hat. Damit sichert sich die Institution des Festspieles ihre Freiheit gegenüber bzw. für den Staat. Einerseits agiert sie als Kunstinstitut, das in Kontrast zum Staat revolutionär eine Gesellschaft antizipieren will, da sich das Bühnenfestspiel Wagners im Unterschied zur attischen Tragödie gerade nicht als zeitgenössische Repräsentanz der tatsächlichen Gesellschaft und ihrer politischen Verfassung verstehen kann. Andererseits kann diese Freiheit in ein subtiles Einvernehmen umschlagen, wenn dieselbe Institution gegenüber dem Staat und der zeitgenössischen Gesellschaft unmittelbar deren Werte zu vertreten meint. Die erste Freiheit ist die revolutionäre Freiheit, die Wagner selbst in seinen Kunstschriften durchgehend beansprucht; sie steht dem Staat so gegenüber, daß sie ihn „vernichten" und aufheben will. Die zweite Freiheit ist die gleichzeitig einsetzende Inanspruchnahme der Bayreuther Festspiele als nationale Institution und zeitgenössische Repräsentanz des Staates bzw. der ihn tragenden Gesellschaft, die einen großen Teil des Publikums stellt und in Wagners Festspiel den nationalen Mythos, nicht aber dessen revolutionäre Dekonstruktion sehen will. Karl Marx meint mit seinem Wort vom „Bayreuther Narrenfest" und dem „Staatsmusikanten" Wagner eben diese gleichzeitige Einvernahme der Festspiele, deren Tradition sich ohne wesentliche Brüche nach dem Ersten Weltkrieg fortsetzen und zur Liturgie der politischen Religion im Dritten Reich bestimmen läßt. Diese „wagnerianische" Tradition überschattet das neue Bayreuth nach 1945, ohne dessen Rückkehr zu Wagner verhindern. Dem revolutionären Ansatz Wagners aber entspricht der Status des Bühnenfestspiels als „Werkstatt" und *work in progress*. Es bleibt ein Experiment in permanenter künstlerischer Revolution, das den Intentionen seines Autors und vor allem dem Überschuß an „Bedeutung" in seinem Werk nachspürt.

II.

Die nötige Unterscheidung zeichnet sich deutlich ab. Diente der „Wagnerianismus" mit Gralstempel und Gralshütern einer „politischen Religion", die sowohl staatskritisch (um einer bewahrten höheren Idee des Staates willen) als auch staatstragend sein kann, so hebt sich von diesem Sekundärphänomen Wagners Werk und Denken grundsätzlich ab. Er dekonstruiert die affirmativen Mythen und Anschauungsformen, um sie zu „vernichten" und das „Reinmenschliche" in ihnen zu „erlösen". Er wendet sich den Leidensgeschichten seiner Protagonisten zu und leistet die Anamnese, die Erinnerungsarbeit, in der sich ein unerlöster Anspruch auf Utopie artikuliert. Geschichte ist „pathisch", Weltentwürfe sind brüchig, Helden scheitern. Damit ist kein Staat zu machen. Statt dessen setzt Wagner auf die erhabene Wirkung des Kunstwerkes, die Katharsis, die sein Publikum „durch Mitleid wissend“ werden läßt.

Was nach der scharfen These Carl Schmitts aus seiner *Politischen Theologie* vom Juristischen gelten soll, läßt sich mit einigem Recht gerade von Wagners Werk und ästhetischer Theorie sagen: nicht nur die „prägnanten Begriffe der modernen Staatslehre sind säkularisierte theologische Begriffe“[347], sondern auch die poetischen und theoretischen Grundworte Wagners. „Erlösung“, „Wiedergeburt“, „Regeneration“, „Liebe“, „heilig“, „Gott“, um nur einige Begriffe zu nennen – sie durchziehen das Werk und werden in wechselnden Kontexten bestimmt. In den theoretischen Schriften ist nicht einmal durchweg eindeutig auszumachen, wie weit diese theologischen Grundworte tatsächlich säkularisiert sind. Auch in den von Feuerbach mitgeprägten Zürcher Schriften gehen sie nicht in einer „Kunstreligion“ auf, sondern bleiben revolutionär offen sowohl für eine weitergehende theologische als auch eine politische Bestimmung. Das Beispiel des Dramenfragmentes *Jesus von Nazareth*, dessen Geschichte bis in den *Parsifal* hineinreicht, zeigt diese Ambivalenz. Denn für ein Mysterienspiel agiert es zu unmittelbar politisch im Kontext der Revolutionen von 1848 und 1849; für ein politisches Lehrstück taugt der Überschuß an Leid und Verheißung nicht. Wagner ist sich dieser Ambivalenz bewußt. Er löst sie niemals, auch nicht im „Bühnenweihfestspiel“, völlig auf, sondern errichtet gerade im Gralstempel die vertrauten Barrikaden neu, wie G. B. Shaw hellhörig bemerkt hat. Nie vertraut er der „trügenden Pracht“ künstlicher Paradiese oder den Wahrheiten geschlossener Institutionen. Nicht einmal der eigenen, wenn noch in den spätesten Jahren „Amerika“ ganz in der politischen Tradition von Goethes *Wilhelm Meister* das utopische Gegenbild zum gründerzeitlichen Festspielhaus aufscheint. Statt einer Lösung, die weder revolutionär noch reformerisch zu haben ist, weiß er sich nur den Rat, das Problem zu bewahren. Dazu dient ihm seine Kunst, und wenn die Religion wesentlich Leidenserfahrung und Erlösungswissen erinnert, dann bewahrt gerade diese Kunst Wagners „den Kern der Religion“ und ihre „Wahrheit“[348], ohne sich an ihre Stelle setzen und ihrerseits eine „ästhetische Religion“ stiften zu wollen[349].

III.

Von einer „politischen Religion“ Wagners kann also nicht die Rede sein, wohl aber von einer „politischen Theologie“, die als ästhetische Theorie eben diese religiöse Intention seiner Kunst reflektiert und sie auf ihre gesellschaftlichen Be-

---

347 Schmitt, *Politische Theologie* 49.
348 Vgl. den Eingangssatz von *Religion und Kunst*: SSD 10, 211.
349 Vgl. ebd., 251.

dingungen bezieht. „Erlösung“ scheint auf als das Unmögliche, aber zugleich als das Unverzichtbare. Sie ist Erlösung von „Verfall“, „Degeneration“, „Wahn“, „Weltwillen“ und insgesamt von allem, was das „Reinmenschliche“ zerstört. Sie hält Leben und Werk Wagners zusammen. Im *Parsifal* allein hat er es unternommen, diese negative Theologie, die sich als Dekonstruktion von Mythen im Werk und revolutionäre Ästhetik in den Schriften äußert, auf eine bestimmte Verheißung des Heils zu beziehen und der Utopie einen christlichen Namen zu geben. Die „bestimmte Negation“ also schlägt um nicht nur in „Antizipation“, in ein Vorwegdeuten auf das Unmögliche, das allein rettet oder retten könnte, sondern unmittelbar in das Zitat der „Rettung“ durch den, der als „Retter“ Gründer und Grund der christlichen Religion ist. „Erlösung dem Erlöser“ heißt das Schlußwort. Was es besagt, ist weniger ein Rätsel als vielmehr das „offenbare Geheimnis“ der christlichen Religion, beschworen durch Wagners Kunst. Daß diese Kunst und ihre Theorie utopisch ungenügsam bleiben und sich nicht mit nichts Gegebenem abfinden, daß sie weder eine Kunstreligion befestigen noch als Kunst einer Religion dienen, macht ihre Größe aus und auch ihre beständige Irritation.

Aber nichts in dieser „politischen Theologie“ Wagners bezieht sich eigenmächtig auf das utopische Ziel von Kunst und Religion. Eine Leerstelle bleibt, die auf Erfüllung verweist. Diese Erfüllung kann nicht als „Erlösung“ geleistet oder hergestellt, wohl aber erinnert und eingeklagt werden. Klage und Erinnerung, Schrei und Suche nach einer alles überbietenden Identität, „Heilandsklage“ und Gralssuche formen den *Parsifal*. Wenn Wagner die „Erlösung“ beschwört, dann tut er es im verzweifelten und trotzigen Zitat, das sich und anderen die letzte Hoffnung nicht versagen oder vorenthalten kann. Denn: „So ward es uns verhießen“.[350]

---

350 *Parsifal* 860; vgl. 837. – Erst auf die „aporetische Situation“ (Bermbach, *Der Wahn des Gesamtkunstwerks* 306), in die das Bühnenfestspiel tragisch hineinführt, antworten die Verheißungsworte, die das *opus ultimum* überglänzen: „durch hell erschauter Wortezeichen Male: ‚durch Mitleid wissend, / der reine Tor, / harre sein, / den ich erkor!‘“ (*Parsifal* 829). Die Erfüllung und Einlösung dieser Verheißung, so utopisch sie auch ist, schafft *Erlösung*; deren ästhetische Vergegenwärtigung wiederum macht das Bühnenfestspiel zum Bühnen*weih*festspiel. Oder mit den Worten Bermbachs, der zu einem ähnlichen Ergebnis kommt: „Der *Parsifal* wird damit zum fünften Teil des *Ring*, er ist der abendfüllende, neue und nichtresignative Schluß der *Götterdämmerung*“ (ebd., 311). Damit ist er zugleich auch letzter, ästhetisch-religiöser Schluß dessen, was als Revolution immer schon angezielt war und nun in die Utopie mündet, weil es geschichtlich nicht ins Ziel gehen kann. Denn Wagners Revolution zielt auf ein Jenseits zu dem, was ist. Darin liegt ihre strukturelle Analogie und Affinität zur Religion. Darum wird Wagners Reflexion der Revolution auch zur „Politischen Theologie“. Die ersten Sätze von Walter Benjamins *Theologisch-politischem Fragment* lesen sich wie ein Kommentar zum dritten Akt des *Parsifal*: „Erst der Messias selbst vollendet alles historische Geschehen, und zwar in dem Sinne, daß er dessen Beziehung auf das Messianische selbst erst erlöst, vollendet, schafft. Darum kann nichts Historisches von sich aus sich auf Messianisches beziehen wollen. Darum ist das Reich Gottes nicht das Telos der historischen Dynamis; es kann nicht zum Ziel gesetzt werden. Historisch gesehen ist es nicht das Ziel, sondern Ende. Darum kann die Ordnung des Profanen nicht am Gedanken des Gottesreiches aufgebaut werden, darum hat die Theokratie keinen politischen, sondern allein einen religiösen Sinn“ (Gesammelte Schriften II/1, 203).

Quellen und Literatur

A. Zur Zitation der Werke Richard Wagners

Komponierte Bühnenwerke werden mit kursivem Titel und Seitenzahl zitiert nach:

	– Richard Wagner, Die Musikdramen. Vollständige Ausgabe. Mit einem Vorwort von Joachim Kaiser. Hamburg 1971
WWV	Werk Wagners mit nachgestellter Ziffer des *Wagner-Werk-Verzeichnis*

*

B. Schriften Richard Wagners

SSD	Sämtliche Schriften und Dichtung Leipzig o. J. (Volksausgabe in 16 Bänden; Druckfehler für Bde. 1-10 korrigiert nach der Ausgabe durch Wolfgang Golther, Richard Wagners Leben und Werke [10 Bde.]. Berlin/Leipzig/Wien/Stuttgart o. J.)
	– Graf Arthur Gobineau. Ein Erinnerungsbild aus Wahnfried. In: Bayreuther Blätter 1882, 341-352 [anonym publiziert, erhalten in der Handschrift Cosimas und in der Reinschrift Richard Wagners]
Entwürfe	Entwürfe. Gedanken. Fragmente. Aus nachgelassenen Papieren zusammengestellt. Leipzig 1885
Leubald	Leubald. Ein Trauerspiel. Erstveröffentlichung im Programmheft zu *Die Meistersinger von Nürnberg*. Hg. v. W. Wagner, Bayreuth 1988
Oper und Drama	Oper und Drama. Hg. u. kommentiert v. Klaus Kropfinger. Stuttgart 1994 (1984)
Das Braune Buch	Das Braune Buch. Tagebuchaufzeichnungen 1865 bis 1882. Vorgelegt und kommentiert von Joachim Bergfeld. Zürich 1975
Mein Leben	Mein Leben. Vollständige, kommentierte Ausgabe. Hg. v. Martin Gregor-Dellin. München 1976 (1963)
	– Schriften eines revolutionären Genies. Ausgewählt u. kommentiert v. E. Voss. Frankfurt am Main 1976
	– Späte Schriften zur Dramaturgie der Oper. Ausgewählt und mit einem Nachwort hg. v. Egon Voss. Stuttgart 1996
Das Judentum in der Musik	Jens Malte Fischer (Hg.), Richard Wagners „Das Judentum in der Musik“. Eine kritische Dokumentation als Beitrag zur Geschichte des Antisemitismus. Frankfurt am Main/Leipzig 2000, 139-196

*

C. Briefe Richard Wagners

SB — Sämtliche Briefe. Hg. im Auftrage der Richard-Wagner-Stiftung Bayreuth (versch. Hg.). Bd. 1-9: Leipzig 1967-2000. Ab Bd. 10: Wiesbaden/Leipzig/Paris 2000 (bisher 12 Bde.)

Briefe — Richard Wagner; Briefe. Ausgewählt u. hg. v. Hans-Joachim Bauer. Stuttgart 1995.

Richard Wagner an Mathilde Wesendonck — Richard Wagner an Mathilde Wesendonck. Tagebuchblätter und Briefe 1853-1871 (39. durchges. Aufl.). Leipzig 1908 (1911)

CT — Cosima Wagner, Die Tagebücher. Ediert u. kommentiert v. Martin Gregor-Dellin u. Dietrich Mack. 2 Bde. München/Zürich 1976-1977
[die röm. Ziffer nach dem Sigel gibt den Band an]

*

D. Hilfsmittel

Wagner-Werk-Verzeichnis — Verweis auf erläuternde Texte des *WWV*

WWV — J. Deathridge/M. Geck/E. Voss, Wagner-Werk-Verzeichnis (WWV). Verzeichnis der musikalischen Werke Richard Wagners und ihrer Quellen. Erarbeitet im Rahmen der Richard Wagner-Gesamtausgabe. Mainz/London/New York/Tokyo 1986
– W. Breig/M. Dürrer/A. Mielke, Chronologisches Verzeichnis der Briefe von Richard Wagner . Wagner-Briefe-Verzeichnis (WBV) . erstellt in Zusammenarbeit mit der Richard Wagner-Gesamtausgabe. Wiesbaden/Leipzig/Paris 1998
– Katalog der Wahnfried-Bibliothek Richard Wagner (Textdatei der Richard-Wagner-Stiftung Bayreuth)

Wagner-Handbuch — Wagner-Handbuch. Unter Mitarbeit zahlreicher Fachwissenschaftler hg. v. Ulrich Müller u. P. Wapnewski. Stuttgart 1986

Richard-Wagner-Lexikon — Hans-Joachim Bauer, Richard-Wagner-Lexikon. Bergisch-Gladbach 1988
– Hans-Joachim Bauer, Reclams Musikführer . Richard Wagner. Stuttgart 1992

Nietzsche-Chronik — Friedrich Nietzsche. Chronik in Bildern und Texten. Im Auftrag der Stiftung Weimarer Klassik zusammengestellt v. Raymond J. Benders u. Stephan Oettermann unter Mitarbeit v. Hauke Reich u. Sibylle Spiegel. München-Wien 2000

*

E. Sekundärliteratur

Bibliographien zusätzlich zu angegebenen Nachschlagewerken:
- Henrik Barth, Internationale Wagner-Bibliographie 1945-1955. Bayreuth 1956
- Henrik Barth, Internationale Wagner-Bibliographie 1956-1960. Bayreuth 1961
- Henrik Barth, Internationale Wagner-Bibliographie 1961-1966. Bayreuth 1968
- Herbert Barth, Internationale Wagner-Bibliographie 1967-1978. Bayreuth 1979

Literatur

Aberbach, A. D.,
Richard Wagner's Religious Ideas. A Spriritual Journey. Lewiston/Queenston/Lampeter 1996
Ackermann, Peter,
Richard Wagners „Ring des Nibelungen" und die Dialektik der Aufklärung (=Frankfurter Beiträge zur Musikwissenschaft, Bd. 9, hg. v. musikwissenschaftl. Institut der Johann Wolfgang Goethe-Universität). Tutzing 1981
Adorno, Theodor W.,
Minima Moralia. Reflexionen aus dem beschädigten Leben. Frankfurt am Main 1951
- ders., Gesammelte Schriften, hg. v. G. Adorno u. H. Tiedemann. Frankfurt am Main 1970ff. [Sigel: GS]
- ders., Prismen. Kulturkritik und Gesellschaft. Frankfurt am Main 1972.

App, Urs,
Richard Wagner und der Buddhismus. Liebe – Tragik. Zürich 1997

Balthasar, Hans Urs von,
Herrlichkeit. Eine theologische Ästhetik III/1. Im Raum der Metaphysik. Teil 1: Altertum. Einsiedeln 1965; Teil 2: Neuzeit. Einsiedeln 1965
Barth, Herbert (Hg.),
Der Festspielhügel. Richard Wagners Werk in Bayreuth 1876-1976. München 1976
Barzun, Jacques,
Darwin, Marx, Wagner. Critique of a heritage. Garden City/New York 1958 (2. Aufl.)
Bauer, Hans-Joachim,
Wagners Parsifal. Kriterien der Kompositionstechnik. München 1977
- ders., Richard Wagner. Sein Leben und Wirken oder Die Gefühlwerdung der Vernunft. Berlin 1995

Bauer, Oswald Georg, Richard Wagner. Die Bühnenwerke von der Uraufführung bis heute. Frankfurt am Main/Berlin/Wien 1982
Benjamin, Walter,
Gesammelte Schriften, hg. v. R. Tiedemann u. H. Schweppenhäuser, Frankfurt am Main 1972ff.
Benz, Bernhard,
Zeitstrukturen in Richard Wagners „Ring"-Tetralogie. Frankfurt am Main 1994
Bermbach, Udo,
(Hg.), In den Trümmern der eignen Welt. Richard Wagners „Der Ring des Nibelungen". Hamburg 1989
- ders., Der Wahn des Gesamtkunstwerks. Richard Wagners politisch-ästhetische Utopie. Frankfurt am Main 1994
- ders./Borchmeyer, D. (Hg.),

Richard Wagner – „Der Ring des Nibelungen“: Ansichten des Mythos. Stuttgart/Weimar 1995

– ders., Liturgietransfer. Über einen Aspekt des Zusammenhangs von Richard Wagner mit Hitler und dem Dritten Reich. In: Riedländer/Rüsen (Hg.), Richard Wagner im Dritten Reich, 40-65

Bloch, Ernst,

Paradoxa und Pastorale. In: ders., Zur Philosophie der Musik, ausgewählt u. hg. v. C. Bloch. Frankfurt am Main 1974, 218-255; zit. n. Barth (Hg.), Der Festspielhügel 165-168

– ders., Das Prinzip Hoffnung (Gesamtausgabe Bde. 3-5). Frankfurt am Main 1959/1985

Blumenberg, Hans,

Arbeit am Mythos. Frankfurt am Main 1985 (2. Auflage)

Böhm, H.,

Hans von Wolzogen als Herausgeber der „Bayreuther Blätter“. München 1943 (Diss.)

Borchmeyer, Dieter,

Das Theater Richard Wagners. Idee – Dichtung – Wirkung. Stuttgart 1982

– ders. (Hg.), Wege des Mythos in der Moderne. Richard Wagner, ‚Der Ring des Nibelungen‘. Eine Münchner Ringvorlesung, München 1987

– ders., Richard Wagner und Nietzsche. In: Wagner-Handbuch 114-136

– ders., Richard Wagner und der Antisemitismus. In: Wagner-Handbuch 137-161

– ders., Erlösung und Apokatastasis. ‚Parsifal‘ und die Religion des späten Wagner. In: Gerhard Heldt (Hg.), Richard Wagner: Mittler zwischen Zeiten. Festvorträge und Diskussionen aus Anlaß des 100. Todestages. Schloß Thurnau 1983. Anif/Salzburg 1990, 127-157

– ders., Nachwort zu: Nietzsche und Wagner. Stationen einer epochalen Begegnung. Hg. v. D. Borchmeyer u. J. Salaquarda. Bd. 2. Frankfurt am Main 1994, 1271-1386

– ders., Wagners Mythos vom Anfang und Ende der Welt. In: Bermbach/Borchmeyer, Richard Wagner – „Der Ring des Nibelungen“ 1-26

– ders., Art. „Gesamtkunstwerk“. In: MGG (1995), Bd. III, Sp. 1282-1290

– ders., Renaissance und Instrumentalisierung des Mythos. Richard Wagner und die Folgen. In: Friedländer/Rüsen (Hg.), Richard Wagner im Dritten Reich 66-91

– ders., Die Festspielidee im Spannungsfeld von Hofkultur und Kunstreligion. In: Bayreuther Festspiele 2001, hg. v. Wolfgang Wagner, Bayreuth 2001, 18-25

Boulez, Pierre,

Die neuerforschte Zeit [1976], in: D. Mack, Richard Wagner 293-318

– ders., Wege zu Parsifal [1970], in: H. Barth, Der Festspielhügel 215-241

Brecht, Bertolt,

Arbeitsjournal, Bd. 1: 1938-1942. Frankfurt am Main 1973.

Breuer, Stefan,

Richard Wagners Fundamentalismus. In: R. Klein, Narben des Gesamtkunstwerks 33-52

Chamberlain, Houston Stewart,

Richard Wagner. München 1901 (Neue Ausgabe)

– ders., Worte Christi. Mit einer einleitenden Apologie u. erläuternden Anm. v. H. St. Chamberlain. München 1901

Claudel, Paul,

Vom Sichtbaren und Unsichtbaren. Gedanken zur Kunst und Musik (dt. v. E. M. Landau). München 1963

Dahlhaus, Carl, (Hg.),

Richard Wagner. Werk und Wirkung (= Studien z. Musikgeschichte des 19. Jh.s, Bd. 26). Regensburg 1971

– ders., Die Idee der absoluten Musik. Kassel 1978
– ders. (Hg. zus. mit E. Voss), Wagnerliteratur und Wagnerforschung. Referate vom Münchner Wagner-Symposions 1983
– ders., Die Musik. In: Wagner-Handbuch 197-221
– ders., Richard Wagners Musikdramen. Stuttgart 1996 (1971/1985)
Deathridge, John,
Grundzüge der Wagner-Forschung. In: Wagner-Handbuch 803-830
Dieckmann, Friedrich,
Richard Wagner in Venedig. Eine Collage. Leipzig 1983 (2. durchgeseh. Aufl. o. J.)
Donington, Robert,
Richard Wagners „Ring des Nibelungen" und seine Symbole. Musik und Mythos. Dt. v. J. Schulze. Stuttgart 1976 (4. Aufl. 1995) (engl. Orig.-Ausg.: Wagner's ‚Ring' and its Symbols. The Music and the Myth. London: ^{3}1974)

Eckert, Nora,
Der Ring des Nibelungen und seine Inszenierungen von 1876 bis 2001. Hamburg 2001
Eger, Manfred,
Wenn ich Wagnern den Krieg mache... Der Fall Nietzsche und das Menschliche, Allzumenschliche. Wien 1988 (1991)
– ders., Richard-Wagner-Museum Bayreuth. Braunschweig 1992
– ders., Nietzsches Wagner, Nietzsches Spiegel. In: Bayreuther Festspiele 2000, hg. v. Wolfgang Wagner, Bayreuth 2000, 88-96
– ders., Nietzsches Bayreuther Passion. Freiburg i. Br. 2001
Ette, Wolfram,
Vom Ursprung weg und in den Ursprung hinein. Zum Mythos bei Wagner und Thomas Mann, in: Mahnkopf, C.- S. (Hg.), Richard Wagner 227-259
– ders., Mythos und negative Dialektik in Wagners *Ring* . Mit einem Anhang zur „modernen Mythenforschung". In: Klein, R. (Hg.), Narben des Gesamtkunstwerks 133-149 bzw. 150-165
Eugène, Eric (Hg.),
Richard et Cosima Wagner . Arthur Gobineau: Correspondence 1880-1882. Texte présenté, établi et annoté par E. E. Saint-Genouph 2000

Feuerbach, Ludwig,
Sämtliche Werke, hg. v. W. Bolin und F. Jodl. Stuttgart 1903-1911
Figal, Günter,
Der moderne Künstler par excellence. Wagner in Nietzsches philosophischer Perspektive. In: Klein, R. (Hg.), Narben des Gesamtkunstwerks 53-64
Fischer, Jens Malte,
Richard Wagners „Das Judentum in der Musik". Eine kritische Dokumentation als Beitrag zur Geschichte des Antisemitismus. Frankfurt am Main 2000
Floros, Constantin,
Studien zur *Parsifal*-Rezeption, in: H.-K. Metzger/R. Riehn (Hg.), Musik-Konzepte 25: Richard Wagner, *Parsifal* (=Edition Text und Kritik), 14-57
Frank, Manfred,
Der *Ring*-Mythos als „Totschlägerreihe". In: Klein, R. (Hg.), Narben des Gesamtkunstwerks 81-102
Franke, Rainer,
Richard Wagners Zürcher Kunstschriften. Politische und ästhetische Entwürfe auf seinem Weg zum „Ring des Nibelungen" (=Hamburger Beiträge zur Musikwissenschaft, Bd. 26). Hamburg 1983

Friedländer, Saul,
Hitler und Wagner. In: Friedländer/Rüsen (Hg.), Richard Wagner im Dritten Reich 165-178
Friedländer, S./**Rüsen**, J. (Hg.),
Richard Wagner im Dritten Reich. Ein Schloss Elmau-Symposion. München 2000
Friedrich, Sven,
Das auratische Kunstwerk. Zur Ästhetik von Richard Wagners Musiktheater-Utopie (=Theatron. Studien zur Geschichte und Theorie der dramatischen Künste, Bd. 19). Tübingen 1996
– ders., „Mit diesem Werke schreib ich mir mein Todesurteil". Tannhäuser und die „Grand Opéra". In: I. Erfen (Hg.), „...der Welt noch den Tannhäuser schuldig". Richard Wagner: Tannhäuser und der Sängerkrieg auf der Wartburg (=Wartburg-Jahrbuch, Sonderbd. 1997). Regensburg 1999, 47-73
– ders., Ambivalenz der Leidenschaft – Thomas Mann und Richard Wagner. In: Bayreuther Festspiele 2000, hg. v. Wolfgang Wagner, Bayreuth 2000, 134-141 (auf S. 142: „Protest der Richard-Wagner-Stadt München", Nachdruck aus „Münchner Neueste Nachrichten" v. 16./17.4.1933)
Fürnkäs, Josef,
Art. „Aura". In: Opitz, M./Wizsla, E. (Hg.), Benjamins Begriffe 1, 95-146

Gebhardt, Winfried/**Zingerle**, Arnold,
Pilgerfahrt ins Ich. Die Bayreuther Festspiele und ihr Publikum. Konstanz 1998
Glasenapp, Carl Friedrich
Wagner-Lexikon. Hauptbegriffe der Kunst- und Weltanschauung Richard Wagners. Stuttgart 1883
– ders.,Wagner-Encyklopädie. Haupterscheinungen der Kunst- und Kulturgeschichte im Lichte der Anschauung Richard Wagners. Leipzig 1891 (Repr. Hildesheim 1977)
– ders., Das Leben Richard Wagners. Sechs Bde. Leipzig 1905-1912
Gockel, Heinz (Hg.),
– Wagner – Nietzsche – Thomas Mann. FS für Eckhard Heftrich. Frankfurt am Main 1993
Goethe, Johann Wolfgang
Goethes Gespräche. Eine Sammlung zeitgenössischer Berichte aus seinem Umgang auf Grund der Ausgabe und des Nachlasses v. Flodoard Freiherr von Biedermann erg. u. hg. v. Wolfgang Herwig. 4 Bde. Stuttgart 1965-1984
– ders., Sämtliche Werke nach Epochen seines Schaffens (hg. v. Karl Richter). 20 Bde. in 33 Tln. München 1985-1998 [Sigel: MA]
– ders., Werke. Hg. im Auftrage der Großherzogin Sophie von Sachsen. Abt. I-IV. 133 Bde. in 143 Tln. Weimar 1887-1919 (Repr. München 1987) [Sigel: WA]
Gregor-Dellin, Martin,
Wagner-Chronik . Daten zu Leben und Werk. Zusammengest. v. M. Gregor-Dellin. Hamburg 1972
– ders., Richard Wagner . Sein Leben . Sein Werk . Sein Jahrhundert. München/Zürich 1980

Habermas, J.,
Bewußtmachende oder rettende Kritik – die Aktualität Walter Benjamins. In: Siegfried Unseld (Hg.), Zur Aktualität Walter Benjamins. Frankfurt am Main 1972, 173-223
Hanisch, Ernst,
Die politisch-ideologische Wirkung und „Verwendung" Wagners. In: Wagner-Handbuch 625-646

Hartwich, Otto,
Richard Wagner und das Christentum. Leipzig 1903
Hauptmann, Gerhart, Zur Charakteristik Jehovas. Glossen zum Alten Testament, hg. v. H. D. Tschörtner. Leipzig 1999
Hegel, Georg Wilhelm Friedrich,
Werke in zwanzig Bdn. (Red. Eva Moldenhauer u. Karl Markus Michel). Frankfurt am Main 1969-1979
Hein, Annette,
Es ist viel „Hitler" in Wagner. Antisemitismus und Deutschtumsideologie in den Bayreuther Blättern. Tübingen 1997
Heine, Heinrich,
Werke u. Briefe in zehn Bdn., hg. v. H. Kaufmann. Hamburg 1961-64
Heinse, Wilhelm,
Ardinghello und die glückseligen Inseln. Leipzig 1961
Hildebrandt, Kurt,
Wagner und Nietzsche. Ihr Kampf gegen das 19. Jahrhundert. Breslau 1924
Hofer, Wolfgang,
Aus Wagners Welt. Dialektische Bilder. Nachwort zu : Hans Mayer, Richard Wagner 545-608
Hofmann, Peter,
Goethes Theologie. Paderborn/München/Wien/Zürich 2001
– ders., Richard Wagners „Parsifal". Kunstreligion oder religiöse Kunst? In: Theologie und Philosophie 77 (2002), 75-109
– ders., Rezension zu Manfred Eger, *Nietzsches Bayreuther Passion*. In: Theologie und Philosophie 77 (2002), 450-453
– ders., Versuch über das Scheitern. Zu Gerhart Hauptmanns Geburt der Tragödie aus dem Geist des (Selbst-)Opfers. In: Deutsche Vierteljahresschrift für Literaturwissenschaft und Geistesgeschichte 76 (2002), 138-162
Huber, Herbert
Richard Wagners „Parsifal" und das Christentum. Zur religionsphilosophischen Bedeutung der Dichtung. In: PhJb 87 (1980) 57-86
– ders., Nemo contra Deum, nisi Deus ipse. Das Wotan-Problem in Richard Wagners „Ring des Nibelungen". In: Neue Zs. f. syst. Theol. u. Rel.-Phil. 23 (1981) 272-296
– ders., Der Ring des Nibelungen. Nach seinem mythologischen, theologischen und philosophischen Gehalt Vers für Vers erklärt von Herbert Huber, Weinheim 1988
Hübner, Kurt,
Die Wahrheit des Mythos. München 1985
– ders., Die moderne Mythosforschung – eine noch nicht erkannte Revolution. In: Borchmeyer (Hg.), Wege des Mythos in der Moderne 238-259

Ignatius von Loyola, Geistliche Übungen. Übertrg. u. Erkl. v. A. Haas. Freiburg i. Br. 1976

Jungheinrich, Hansjörg
Richard Wagners Weltschau . Verhängnis oder Verheißung? Berlin 1999

Kaiser, Joachim,
Vorwort zu : Richard Wagner, Die Musikdramen 9-41
– ders., Leben mit Wagner. München 1999

Kant, Immanuel,
Werke in zehn Bdn., hg. v. W. Weischedel. Darmstadt 1983
Katz, Jacob,
Richard Wagner. Vorbote des Antisemitismus. Königstein 1985
Kaulen, Heinrich,
Art. „Rettung". In: Opitz, M./Wizisla, E., Benjamins Begriffe 2, 619-664
Kesting, Hanjo Das schlechte Gewissen an der Musik. Stuttgart 1991
Klein, Richard,
Solidarität mit Metaphysik? Ein Versuch über die musikphilosophische Problematik der Wagner-Kritik Theodor W. Adornos. Würzburg 1991
– ders., Der Kampf mit dem Höllenfürst, oder: Die vielen Gesichter des „Versuch über Wagner". In: Klein, R./Mahnkopf, C.-S. (Hg.), Mit den Ohren denken. Adornos Philosophie der Musik. Frankfurt am Main 1998, 167-205
– ders., Wagners plurale Moderne. Eine Konstruktion von Unvereinbarkeiten. In: C.-S. Mahnkopf (Hg.), Richard Wagner 185-225
– ders. (Hg.), Narben des Gesamtkunstwerks. Wagners *Ring des Nibelungen*. München 2001
– ders., Der sichtbare und der unsichtbare Gott. Versuch über Wotan. In: ders. (Hg.), Narben des Gesamtkunstwerks 103-132
– ders., Gebrochene Temporalität. Die Revolution der musikalischen Zeit im *Ring des Nibelungen*. In: ders. (Hg.), Narben des Gesamtkunstwerks 169-214
Köhler, Joachim,
Wagners Hitler. Der Prophet und sein Vollstrecker. München 1999
– ders., Der Letzte der Titanen. Richard Wagners Leben und Werk. München 2001
Konrad, Ulrich,
Robert Schumann und Richard Wagner. Studien und Dokumente. In: Augsburger Jahrbuch f. Musikwissenschaft IV (1987) 218-223
Kreckel, Manfred,
Richard Wagner und die französischen Frühsozialisten. Die Bedeutung der Kunst und des Künstlers für eine neue Gesellschaft (=Europäische Hochschulschriften, Reihe 3: Geschichte u. ihre Hilfswissenschaften, Bd. 284). Frankfurt am Main/Bern/New York 1986 (Diss.)
Krippendorff, Ekkehart, RWs Ring-Parabel von den Aporien der Macht und des Staates. In: ders., Politische Interpretationen. Shakespeare, Stendhal, Balzac, Wagner, Hasek, Kafka, Kraus. Frankfurt am Main 1990, 72-94
Kropfinger, Klaus,
Wagner und Beethoven. Untersuchungen zur Beethoven-Rezeption Richard Wagners (=Studien z. Musikgeschichte des 19. Jh.s, Bd. 29). Regensburg 1975
– ders., Nachwort zu: Richard Wagner, Oper und Drama 430-533
Kühnel, Jürgen,
Wagners Schriften. In: Wagner-Handbuch 471-588.
Küng, Hans,
Sehnsucht nach Erlösung. 100 Jahre später. In: „Parsifal". Programmheft der Bayreuther Festspiele 1982, 1-38

Lanczkowski, Günter,
Die Bedeutung des indischen Denkens für Richard Wagner und seinen Freundeskreis. Eine religionswissenschaftliche Untersuchung. [Marburg] o. O. [1947] (=Diss. masch.)
Levin, David J.,
Die Dramaturgie der Alterität. In: Friedländer/Rüsen (Hg.), Richard Wagner im Dritten Reich 142-164

Lévi-Strauss, Claude,
Mythologica I: Das Rohe und das Gekochte. Frankfurt am Main 1971 (franz. Orig.-Ausg.: Mythologiques. Le Cru et la Cuit. Paris 1964)
Lorenz, Alfred,
Das Geheimnis der Form bei Richard Wagner. Vier Bde. (1924/1926/1930/1933). Tutzing 1966 (Repr.)

Mack, D./**Voss**,E. (Hg.),
Richard Wagner . Leben und Werk in Daten und Bildern. Frankfurt am Main 1978
Mack, Dietrich (Hg.),
Cosima Wagner. Das zweite Leben. Briefe und Aufzeichnungen 1883-1930. München-Zürich 1980
– ders. (Hg.), Richard Wagner. Das Betroffensein der Nachwelt. Beiträge zur Wirkungsgeschichte. Darmstadt 1984
Mahnkopf, Claus-Steffen (Hg.),
Richard Wagner. Konstrukteur der Moderne. Stuttgart 1999
Maier, H.,
Mythos und Christentum. In: Bermbach/Borchmeyer, Richard Wagner – „Der Ring des Nibelungen" 143-155
Mann, Thomas,
Der Zauberberg (Ges. Werke in Einzelbd.). Frankfurt am Main 1981
– ders., Joseph, der Ernährer. (Joseph und seine Brüder, Bd. 4). Amsterdam 1949
– ders., Gesammelte Werke in dreizehn Bdn. Frankfurt am Main 1960 [Sigel: GW]
– ders., Wagner und unsere Zeit. Aufsätze – Betrachtungen – Briefe, hg. v. Erika Mann. Frankfurt am Main 1963
Marquard, Odo,
Gesamtkunstwerk und Identitätssystem. In: Aesthetica und Anaesthetica. Philosophische Überlegungen, Paderborn 1989, 100-112
Marx, Karl,
(+Engels, Friedrich) Werke. Berlin 1956ff. [Sigel: MEW]
Mayer, Hans,
Richard Wagner mit Selbstzeugnissen und Bilddokumenten dargestellt v. H. Mayer. Hamburg 1959 (1998)
– ders., Richard Wagner. Frankfurt am Main 1998 (2. Aufl.)
Melderis, Hans,
Raum – Zeit – Mythos. Richard Wagner und die modernen Naturwissenschaften. Hamburg 2001

Nietzsche, Friedrich,
Sämtliche Werke. Kritische Studienausgabe in 15 Bdn., hg. v. G. Colli u. M. Montinari. Berlin/New York 1988 [Sigel: KSA]
– ders., Frühe Schriften 1854-1869. 5 Bde. München 1933f. [Sigel: BAW]
Nowak, A,
Wagners *Parsifal* und die Idee einer Kunstreligion, in: C. Dahlhaus (Hg.), Richard Wagner 161-174

Orel, A.,
Der Ring des Nibelungen. Klosterneuenburg 1936
Overhoff, Kurt,
Richard Wagners Parsifal. Lindau im Bodensee 1951
– ders., Richard Wagners germanisch-christlicher Mythos. Einführung in den „Ring des Nibelungen" und „Parsifal". Dinkelsbühl 1955

Praetorius, Ernst, Vorwort zur Partitur von Richard Wagners Faust-Ouvertüre. Leipzig 1934, III-VII
Puschner, U./Schmitz, W./Ulbricht, J. H. (Hg.),
Handbuch zur „Völkischen Bewegung“ 1871-1918. München 1996

Rienäcker, Gerd,
Richard Wagner. Nachdenken über sein Gewebe. Berlin 2001
Roch, Eckhard,
Psychodrama: Richard Wagner im Symbol. Stuttgart/Weimar 1995
Rohls, Jan,
Der Mythos nach dem Tode Gottes, in: Borchmeyer (Hg.), Wege des Mythos in der Moderne 75-95
Rose, Paul Lawrence,
Wagner, Hitler und historische Prophetie. Der geschichtliche Kontext von „Untergang“, „Vernichtung“ und „Ausrottung“. In: Friedländer/Rüsen (Hg.), Richard Wagner im Dritten Reich 283-308
Rüsen, Jörn,
„Wagner im Dritten Reich“. Von der Schwierigkeit, einen historischen Zusammenhang in den Blick zu nehmen. In: Friedländer/Rüsen (Hg.), Richard Wagner im Dritten Reich 15-23

Schadewaldt, Wolfgang,
Richard Wagner und die Griechen. In: Richard Wagner und das neue Bayreuth, hg. v. Wieland Wagner. München 1962, 149-174
Schiller, Friedrich,
Sämtliche Werke in fünf Bdn. München 1987 (8. Aufl.)
Schlegel, Friedrich,
Schriften und Fragmente, hg. v. E. Behler. Stuttgart 1956
Schmitt, Carl,
Politische Theologie. Vier Kapitel zur Lehre von der Souveränität. Berlin 1985 (1922/1934)
Scholz, Dieter David,
Ein deutsches Mißverständnis. Richard Wagner zwischen Barrikade und Walhalla. Berlin 1997
– ders. Richard Wagner im Jahre 2000. Ein Ende der Mißverständnisse in Sicht? Eine Rede. In: Bayreuther Festspiele 2000, hg. v. Wolfgang Wagner, Bayreuth 2000, 22-28
– ders., Richard Wagners Antisemitismus. Jahrhundertgenie im Zwielicht – Eine Korrektur. Berlin 2000
Schweitzer, Albert,
Bach, le musicien-poète. Paris/Leipzig 1905
– ders., Ausgewählte Werke in fünf Bdn., hg. u. eingel. v. R. Grabs. [Sigel: AW]
Seidl, Arthur,
Neue Wagneriana. Gesammelte Aufsätze und Studien. Erster Band. Regensburg o. J. (1914)
Shaw, [George] Bernard,
Ein Wagner-Brevier. Kommentar zum Ring des Nibelungen. Dt. v. B. Vondenhoff, Vorw. v. J. Kaiser. Frankfurt am Main 1973 (engl. Orig.-Titel: The perfect Wagnerite)
Sinopoli, Giuseppe,
Bewußtseinsbildung und Individuation. Symbolische Verwandlungen der Figur der Kundry in Richard Wagners Parsifal. Wien 1997
– ders., Parsifal in Venedig. dt. v. M. Pflug. München 2001 (ital. Orig.-Fassung: Parsifal a Venezia. Venezia 1993)

Snook, Lynn,
Rheingold oder der Götter Macht und Selbstherrlichkeit. Gedanken zum Umgang mit Mythischem;
– ders., Die Walküre oder der Abschied von den Göttern. Gedanken zum Umgang mit Mythischem;
– ders., Siegfried oder das große Wagnis. Gedanken zum Umgang mit Mythischem;
– ders., Götterdämmerung und der Menschen Selbstherrlichkeit. Gedanken zum Umgang mit Mythischem; sämtlich in: Programmhefte der Bayreuther Festspiele. Bayreuth 1965 bzw. Texthefte zur Schallplatten-/CD-Ausgabe des *Ring*-Mitschnittes von 1967 (Bayreuther Festspiele/Wieland Wagner/Karl Böhm)
Soden, Michael von/**Loesch**, Andreas (Hg.),
Richard Wagner, Die Feen [Texte, Dokumente, Materialien zur Aufführungsgeschichte]. Frankfurt am Main 1983; darin der Beitrag von Sodens *Die Feen – ein unbekanntes Werk* 265-286
Strauss, Richard,
Capriccio. Geleitwort zur Partitur. Mainz 1942

Voss, Egon,
Richard Wagner und die Instrumentalmusik. Wagners symphonischer Ehrgeiz. Wilhelmshaven 1977
– ders., Nachwort zu: Richard Wagner, Späte Schriften zur Dramaturgie der Oper 217-228
– ders., „Wagner und kein Ende". Betrachtungen und Studien. Zürich/Mainz 1996

Wagner, Cosima,
Das zweite Leben. Briefe und Aufzeichnungen, hg. v. D. Mack. München/Zürich 1980
Wagner, Nike,
Wagner Theater. Frankfurt am Main/Leipzig 1998
Wagner, Wolfgang,
Lebens-Akte. Autobiographie. München 1994 (2. Aufl.)
Wapnewski, Peter,
Der traurige Gott. Richard Wagner in seinen Helden. München 1978
– ders., Der Ring des Nibelungen. Richard Wagners Weltendrama. München 1998
Weber, Samuel,
Der *Ring* als Dekonstruktion der Moderne. Wagner mit Benjamin. In: Klein, R. (Hg.), Narben des Gesamtkunstwerks 65-80
Weiner, Marc A.,
Richard Wagner and the Anti-Semitic Imagination. Lincoln/London 1995 (2. Aufl. 1997; dt.: Antisemitische Fantasien. Die Musikdramen Richard Wagners. Berlin 2000)
– ders., Über Wagner sprechen. Ideologie und Methodenstreit. In: Friedländer/Rüsen (Hg.), Richard Wagner im Dritten Reich 342-362
Weismüller, Christoph,
Musik, Traum und Medien. Philosophie des musikdramatischen Gesamtkunstwerks. Ein medienphilosophischer Beitrag zu Richard Wagners öffentlicher Traumarbeit. Würzburg 2001
Westernhagen, Curt von,
Richard Wagners Dresdener Bibliothek 1842-1849. Neue Dokumente zur Geschichte seines Schaffens. Wiesbaden 1966
– ders., Richard Wagner. Zürich 1968 (2. überarb. Aufl. 1979)
– ders., Die Entstehung des „Ring". Dargestellt an den Kompositionsskizzen Richard Wagners. Zürich 1973

Wilberg, Petra-Hildegard,
Richard Wagners mythische Welt. Versuche wider den Historismus. Freiburg i. Br. 1996
Winkler, Friedrich,
Richard Wagner, Der Ring des Nibelungen, verbunden mit einer Betrachtung über das Parsifal-Mysterium des Grals. Versuch zu einem tiefen Verstehen. Schaffhausen 1981
Wolzogen, Hans von,
Wagneriana. Gesammelte Aufsätze über R. Wagner's Werke vom Ring bis zum Gral. Leipzig 1888 (Repr. Wiesbaden 1977)

Zehelein, Klaus,
Das Ganze und seine Stücke. Gespräch mit Klaus Zehelein. In: Klein, R. (Hg.) Narben des Gesamtkunstwerks 277-292
Zelinsky, Hartmut,
Richard Wagner, ein deutsches Thema. Eine Dokumentation zur Wirkungsgeschichte Richard Wagners 1876-1976. Berlin 1983 (3. Aufl.)
- ders., Die „feuerkur“ des Richard Wagner oder die „neue Religion“ der „Erlösung“ durch „Vernichtung“. In: Richard Wagner. Wie antisemitisch darf ein Künstler sein? (=Musik-Konzepte 5). München 1978, 79-112
- ders., Der „Plenipotentarius des Untergangs“ oder der Herrschaftsanspruch der antisemitischen Kunstreligion des selbsternannten Bayreuther Erlösers Richard Wagner. Anmerkungen zu Cosima Wagners Tagebüchern 1869-1883. In: Neohelicon IX (1982) 145-176
- Verfall, Vernichtung, Weltentrückung. Richard Wagners antisemitische Werk-Idee als Kunstreligion und Zivilisationskritik und ihre Verbreitung bis 1933. In: Friedländer/Rüsen (Hg.), Richard Wagner im Dritten Reich 309-341